La Bible
Nouveau Testament

La Bible

Nouveau Testament

Traduction œcuménique
de la Bible

Le Livre de Poche

La photocomposition de cette édition a été réalisée par l'Imprimerie Nationale de Paris.

PRÉSENTATION
DE LA TRADUCTION OECUMÉNIQUE

Le projet d'une traduction française de la Bible commune aux diverses confessions chrétiennes n'est pas entièrement nouveau. Déjà, au dix-septième siècle, le théologien catholique Richard SIMON, de la Congrégation de l'Oratoire et, au siècle dernier, la *Société Nationale pour une traduction nouvelle des Livres saints en langue française* avaient fait des tentatives dans ce sens. Cependant, les conditions n'étaient pas encore réunies pour le succès de telles entreprises. Aujourd'hui, par contre, la réalisation d'une traduction oecuménique de la Bible est chose possible.

Trois facteurs historiques principaux ont permis de mener à bien la présente traduction.

D'abord, le développement spectaculaire des sciences bibliques, une même soumission aux disciplines de l'analyse philologique, littéraire et historique, des contacts et des échanges personnels au cours de rencontres internationales et interconfessionnelles ont permis aux spécialistes de l'étude de la Bible d'être très proches dans les méthodes de travail et les conceptions générales. L'expérience de traductions communes s'est alors naturellement imposée à eux; en même temps que, dans un très large public, se faisait sentir le besoin d'éditions répondant aux exigences scientifiques actuelles, telles qu'on les trouve réalisées, par exemple, dans les versions protestante de la *Bible du Centenaire* (1917-1948) et catholique de *la Sainte Bible traduite er français sous la direction de l'Ecole biblique de Jérusalem* (1947-1955).

En second lieu, les progrès du mouvement oecuménique sous ses multiples formes ont créé, dans les Eglises, un climat favorable de dialogue, dans une commune référence à l'Ecriture; d'où l'intérêt et l'urgence de l'effort visant à offrir aux chrétiens encore divisés une version nouvelle, vraiment oecuménique, du texte de l'Ecriture. Certes, la présente traduction n'entend nullement mettre un terme à la recherche d'une meilleure compréhension du texte dans les diverses confessions, pas plus qu'elle ne vise à éliminer les traductions en usage aujourd'hui. Elle n'implique pas qu'une fin ait été mise aux divergences doctrinales qui séparent les Eglises. Elle atteste seulement qu'il est devenu possible d'établir aujourd'hui un texte oecuméniquement traduit et annoté de la Bible.

Enfin, évangélisation et mission ne peuvent atteindre leur vraie dimension sans la diffusion et la lecture effectives des Ecritures. Cette vérité, remise en lumière au siècle dernier par le mouvement missionnaire protestant, a été soulignée, du côté catholique, dans les décrets du dernier Concile du Vatican où la collaboration oecuménique dans ce domaine est également mentionnée. Qui dit « traduction oecuménique » dit donc, par là même, perspective *missionnaire :* bien des hommes dans le monde entier ne lisent pas la Bible parce qu'elle leur est présentée dans des versions différentes par des Eglises séparées. Qui sait si une version oecuménique de l'Ecriture ne sera pas, pour eux, un signe que les divisions des chrétiens n'arrêtent pas la Parole de Dieu et que l'Esprit Saint, qui a guidé les auteurs bibliques, inspire aujourd'hui encore un témoignage commun ?

La traduction oecuménique de la Bible est à la fois moins originale et plus nouvelle que les autres, anciennes ou contemporaines. *Moins originale,* parce que le risque de l'entreprise et le caractère collectif du travail ont exclu dès le départ certaines options personnelles et libertés dans la traduction qui font l'intérêt d'autres versions. *Plus nouvelle,* parce que les vérifications impitoyables auxquelles ont été soumises les différentes traductions ont fait surgir des exigences et des apports complémentaires qui apparaissent souvent dans le texte. Ajoutons que le résultat majeur de cette entreprise est la découverte qu'il est désormais possible d'établir en commun un texte et des notes, sans qu'apparaissent les signes de divisions et de désaccords confessionnels que certains annonçaient et que beaucoup redoutaient.

Entreprise dans la reconnaissance de l'autorité souveraine de la Parole de Dieu et dans l'espérance que tous les chrétiens parviennent un jour à une intelligence commune de l'Ecriture, la TOB est le signe qu'une nouvelle étape a été franchie sous la conduite de l'Esprit Saint, dans la longue et parfois douloureuse marche des chrétiens vers un témoignage commun dans l'unité voulue par le Christ pour l'évangélisation du monde.

Le Livre de Poche est heureux de présenter dans sa collection — et de pouvoir mettre ainsi à la portée du plus grand nombre — le texte intégral de la Bible dans sa version oecuménique.

INTRODUCTION

Ce *troisième volume* contient le NOUVEAU TESTAMENT, deuxième grande section de la Bible. Après l'ANCIEN TESTAMENT, consacré aux relations de Dieu et du peuple d'Israël au cours des âges, et livre saint commun au Judaïsme et au Christianisme, le NOUVEAU TESTAMENT n'est reconnu comme Ecriture Sainte que par les chrétiens. Tous les livres qui le composent considèrent en effet la personne de Jésus de Nazareth comme le *Christ* (équivalent grec du titre hébreu de *Messie)*, c'est-à-dire comme le roi-sauveur promis par les prophètes de Dieu.

LE NOUVEAU TESTAMENT nous est parvenu en grec, la langue commune parlée dans tout le bassin oriental de la Méditerranée au premier siècle de notre ère.

A. — Il comprend 27 livres, reconnus comme canoniques[1] par toutes les Eglises chrétiennes. Les décisions officielles concernant le CANON du Nouveau Testament ont été assez tardives; elles n'ont fait qu'entériner un usage déjà admis. En d'autres termes la plupart des livres du Nouveau Testament se sont imposés d'eux-mêmes aux Eglises des premiers siècles comme livres saints.

Comme pour l'Ancien Testament ce canon du Nouveau Testament s'est constitué par étapes. Le plus ancien groupe de livres reconnus comme faisant autorité pour la foi est l'ensemble des *épîtres de Paul* (voir 2 P 3.16), auxquelles s'adjoignirent bientôt les *évangiles*. Plus tard, et non sans discussions, furent admis des écrits comme l'épître aux Hébreux, l'épître de Jacques, la seconde de Pierre, celle de Jude et l'Apocalypse. L'usage de tous ces livres pour la lecture publique lors du culte finit par prévaloir sur celui d'autres écrits, qui furent écartés parce qu'on ne pouvait garantir qu'ils remontent aux apôtres.

B. — Comme l'Ancien Testament le Nouveau Testament comprend plusieurs catégories de LIVRES. Les uns sont en forme de récit (les quatre Evangiles, les Actes des Apôtres), d'autres en forme de lettre (les épîtres de Paul, de Pierre, de Jean ...); le dernier, l'Apocalypse, expose une série de visions dans le genre de celles qu'on peut lire en Dn 7-12.

Le mot *Evangile,* directement dérivé du grec *euangelion* (bonne nouvelle), désigne à l'origine le message de salut annoncé par Jésus (Mc 1.14) ou concernant Jésus (Mc 1.1). Il a servi ensuite à désigner les

---

1. Sur la définition du *canon* biblique voir l'Introduction au premier volume.

quatre livres qui rapportent un certain nombre de paroles et d'actes de Jésus. Ces évangiles ne sont pas des biographies de Jésus, mais des *témoignages* le concernant : à partir de ce que Jésus a dit et de ce qu'il a fait, les quatre évangiles veulent apporter, chacun à sa manière, une réponse à la question : « Qui est Jésus ? »

Les trois premiers, Matthieu, Marc et Luc, peuvent être groupés sous le titre de *synoptiques,* c'est-à-dire susceptibles d'être examinés ensemble. Leur plan général et les nombreux points de détail qu'ils ont en commun permettent, en effet, de les disposer en colonnes parallèles pour les comparer.

Chacun des évangiles a son objectif propre. L'évangile selon *MARC,* le plus ancien et le plus bref, a pu être composé trente ou quarante ans après la mort de Jésus à l'intention de non-Juifs vivant hors de Palestine. Il invite ses lecteurs à *suivre* Jésus, le Fils de Dieu, qui reste à l'oeuvre par l'Evangile au milieu des hommes. — Dans l'évangile selon *MATTHIEU,* l'essentiel de l'enseignement de Jésus a été regroupé en cinq grands « discours » (chap. 5-7; 10; 13; 18; 24-25). En particulier cet évangile souligne comment Jésus est celui qui *accomplit* les Ecritures de l'Ancien Testament. Il semble avoir été rédigé pour une communauté chrétienne formée principalement de croyants venus du Judaïsme. — L'évangile selon *LUC* n'est que la première partie d'un ouvrage qui se continue par les *Actes des Apôtres* (comparer Lc 1.1-4 et Ac 1.1). L'ensemble paraît avoir été destiné à des lecteurs de culture grecque. L'évangile s'attache à présenter Jésus comme le Sauveur de tous les hommes, avec une attention particulière pour les petits, les marginaux et les païens. Il le montre montant à Jérusalem pour y subir la mort et ressusciter. Ce mystère de la mort et de la résurrection de Jésus, qui est au centre de l'Evangile, est le message qui va être annoncé « jusqu'aux extrémités de la terre » (Ac 1.1). Le livre des *ACTES DES APÔTRES* le montre porté à partir de Jérusalem vers la Judée et la Samarie, puis gagnant la Phénicie, Chypre et la Syrie, d'où il repart pour l'Asie Mineure et la Grèce, avant de parvenir à Rome, capitale du monde romain. Les acteurs de cette progression de l'Evangile, mobilisés et animés par l'Esprit Saint, sont tour à tour les *apôtres* (Pierre, Jean ...), puis les *Sept* (Etienne, Philippe ...; voir Ac 6.1-6) et enfin *Paul.*

Par rapport aux évangiles synoptiques l'évangile selon *JEAN* est particulièrement original. Il a voulu retenir, en les développant, un nombre restreint d'enseignements de Jésus et d'épisodes de son ministère. Visant probablement des lecteurs qui vivaient au carrefour des cultures grecque et orientale, il leur présente l'Evangile dans leur propre langage. Son but est d'appeler tous les lecteurs à croire en Jésus et à découvrir ainsi la vraie vie (Jn 20.30-31).

Les *épîtres de Paul* sont des lettres de circonstance, que cet apôtre adressa à des églises qu'il avait fondées lors de ses voyages missionnaires (Thessalonique, Philippes, Corinthe, etc.) ou qu'il se proposait de visiter (Rome). Certaines sont adressées à tel de ses collaborateurs

(Timothée, Tite) ou de ses amis (Philémon). Elles sont actuellement classées par ordre de longueur décroissante.

Dans sa lettre aux *ROMAINS* l'apôtre s'adresse à une église qu'il ne connaît pas encore, et à laquelle il se présente en développant d'une manière méthodique les grands thèmes de son message : puissance de la grâce de Dieu, malédiction du péché, justification par la foi, mort et vie avec le Christ ressuscité, action de l'Esprit, etc. — La *PREMIÈRE ÉPÎTRE AUX CORINTHIENS* est adressée à l'église que l'apôtre a fondée lors d'un séjour de dix-huit mois qu'il fit à Corinthe (Ac 18.11). Paul écrit pour rétablir la paix dans une communauté divisée, remédier à certains abus et répondre à des questions qu'on lui avait posées par lettre concernant des problèmes de vie et de foi. — La *DEUXIÈME ÉPÎTRE AUX CORINTHIENS* traite d'abord des relations difficiles entre l'apôtre et la communauté chrétienne de Corinthe, puis d'une collecte qu'il organise en faveur des chrétiens de Jérusalem, et elle se termine par un plaidoyer dans lequel Paul défend l'authenticité de son ministère. — La lettre aux *GALATES* veut, elle aussi, remédier à une crise. Mais c'est une crise de la foi, causée par le passage de contre-missionnaires porteurs d'un évangile perverti. — Quant à la lettre aux *ÉPHÉSIENS*, elle est centrée sur le thème du dessein de Dieu, réalisé en la personne de Jésus-Christ, révélé à l'apôtre et actualisé dans l'Eglise. Paul écrit aux *PHILIPPIENS* pour donner de ses nouvelles et pour remercier ses correspondants de l'aide matérielle qu'ils lui ont fait parvenir. Il se trouve en effet en prison et en instance de son jugement à cause de son activité missionnaire. — La lettre aux *CO-LOSSIENS* évoque d'abord le ministère de l'apôtre, avant de mettre en garde les destinataires contre les falsifications de l'Evangile par certains prédicateurs nouvellement arrivés et prétendant apporter mieux que l'Evangile révélé aux apôtres. — La *PREMIÈRE ÉPÎTRE AUX THESSALONICIENS* est la plus ancienne des lettres connues de l'apôtre. Paul l'écrivit pour fortifier une communauté chrétienne qu'il avait dû quitter prématurément, et qui se trouvait en butte à des persécutions de la part des milieux juifs de la ville. — Quant à la *DEUXIÈME ÉPÎTRE AUX THESSALONICIENS,* elle répond aux préoccupations de chrétiens inquiets de ne pas voir arriver l'avènement glorieux du Seigneur.

Les deux épîtres à *TIMOTHÉE* et celle à *TITE* peuvent être groupées sous le titre d'*épîtres pastorales,* car elles apportent à deux collaborateurs de l'apôtre les conseils nécessaires pour conduire les églises dont ils ont la responsabilité.

Dans le billet qu'il adresse à *PHILÉMON,* Paul recommande d'accueillir comme un frère en Christ l'esclave fugitif Onésime, qui est devenu chrétien auprès de l'apôtre.

L'épître aux *HÉBREUX* dont l'auteur et les destinataires nous restent inconnus, est plus une prédication qu'une lettre proprement dite. En se référant à l'Ancien Testament elle présente l'oeuvre du Christ comme celle du Grand Prêtre par excellence.

Les sept petites épîtres qui suivent sont dites aussi *épîtres catholi-ques*, c'est-à-dire universelles. Sauf la deuxième et la troisième de Jean, elles sont en effet adressées à un cercle beaucoup plus large de fidèles que les autres épîtres. — Celle de *JACQUES* développe les consé-quences pratiques de la foi, en particulier en ce qui concerne les relations humaines à l'intérieur de la communauté chrétienne et le problème de la richesse. — Les chrétiens auxquels est adressée la *PREMIÈRE ÉPÎTRE DE PIERRE* sont tentés de se laisser aller au découragement et de se relâcher du fait des persécutions dirigées contre eux. Par cette lettre l'apôtre veut raviver et fortifier leur foi. — La *DEUXIÈME ÉPÎTRE DE PIERRE* et celle de *JUDE* mettent leurs lecteurs en garde contre des propagateurs de fausses doctrines infiltrés dans l'Eglise. — C'est également pour aider des communautés chré-tiennes en difficulté qu'ont été rédigées les trois *ÉPÎTRES DE JEAN.* Les adversaires qu'elles démasquent sont d'anciens membres de la communauté qui prétendent dissocier le Jésus de l'Histoire et le Fils de Dieu. D'autre part, ils se déclarent sans péché et libres à l'égard du commandement d'amour. Face à cette grave déviation l'apôtre indique à quels signes on reconnaît les vrais enfants de Dieu.

Le Nouveau Testament se termine par l'*APOCALYPSE,* dont le titre, tiré du grec, signifie *la révélation* ou *le dévoilement.* Après sept courtes lettres adressées à des églises d'Asie Mineure, elle rapporte une succes-sion de visions, composées de nombreux symboles. Celles-ci veulent révéler le plan de Dieu pour sauver le monde et montrent comment ce plan s'achemine vers l'avènement glorieux du Christ. Il s'agit ici encore d'un écrit de circonstance dont le but est de fortifier les chrétiens soumis à la persécution.

C. — En ce qui concerne le TEXTE du Nouveau Testament, on se trouve devant le même problème global que pour l'Ancien Testament : connaître le libellé original, alors qu'on ne possède que des copies, les manuscrits. Le travail des spécialistes est cependant beaucoup plus avancé que pour l'Ancien Testament. Il a bénéficié de plusieurs facteurs favorables. D'abord les manuscrits dont on dispose sont, dans le temps, plus proches de l'original : les plus anciens manuscrits complets datent en effet du quatrième siècle après J. C., mais on possède de nombreux fragments plus anciens. Ensuite ces manuscrits sont beaucoup plus nombreux : on en compte plus de 5000.

Pour obtenir la copie exacte d'un original on peut recourir aujourd'-hui à la photocopie. Mais les meilleurs copistes humains sont inévita-blement sujets à des défaillances : l'attention la plus soutenue finit par se relâcher. Malgré un travail remarquablement soigné les copistes anciens n'ont pu éviter les fautes. Or chacune d'elles était enregistrée par le copiste suivant. On ne saurait donc s'étonner que les nombreux manuscrits bibliques présentent des différences.

Mais, par un patient travail de classement et de comparaison, il a été possible de repérer ces fautes de copie et de les éliminer au profit des formes du texte correctement conservées. Ce long travail des spécialistes, entrepris depuis environ un siècle et demi, a ainsi permis de reconstituer un texte beaucoup plus proche de l'original que les meilleurs manuscrits conservés. Aujourd'hui on peut estimer le texte du Nouveau Testament comme très solidement établi, beaucoup mieux, par exemple, que les textes classiques de l'antiquité grecque ou latine. C'est ce texte qui a évidemment servi de base à la présente traduction.

Le lecteur de la Bible peut donc rendre grâce à Dieu pour la somme prodigieuse de travail qui, directement ou indirectement, a permis d'aboutir à cette édition : copistes appliqués de jadis, spécialistes modernes du texte, grammairiens et lexicologues de l'hébreu, de l'araméen et du grec bibliques (et de nombreuses autres langues anciennes), biblistes exégètes, traducteurs ou annotateurs, sans oublier éditeurs, correcteurs et imprimeurs. Tous ont en commun une grande passion pour ces vieux textes. Cette passion commune est suscitée et entretenue par une conviction : c'est que ces textes recèlent un merveilleux secret, celui de l'amour que Dieu porte à l'humanité, qu'il a manifesté en la personne de Jésus-Christ, et qui, par la force de l'Esprit, triomphera tôt ou tard sur la terre des hommes.

ABRÉVIATIONS ET SIGLES UTILISÉS

DANS LE TEXTE

Sous-titres

Ils n'appartiennent pas au texte biblique, mais sont proposés par la rédaction. On y a parfois ajouté une ou plusieurs références à des passages parallèles.

Appels de notes

Exemple : J'avais consacré mon premier livre [1]... Le chiffre [1] renvoie à une *note en bas de page,* qu'on trouvera en face du chiffre 1.

Renvois au glossaire

Exemple : ... et non pas comme leurs *scribes...
Un astérisque* devant un mot renvoie au *glossaire en fin de volume.* Les mots expliqués dans le glossaire sont classés par ordre alphabétique.

Citations d'un texte biblique

Il arrive qu'un livre biblique cite tel ou tel passage d'un autre livre biblique. Le cas est surtout fréquent dans le Nouveau Testament, qui cite l'Ancien. Dans tous les cas le passage cité est noté en *caractères italiques.* La référence exacte du texte cité est indiquée, à la fin du Nouveau Testament, dans la Table des textes de l'Ancien Testament cités dans le Nouveau Testament.

RÉFÉRENCE A UN PASSAGE BIBLIQUE

Lc 5.12
renvoie à l'Évangile selon Luc, chapitre 5, verset 12.

Jr 1.4-10
renvoie au livre de Jérémie, chapitre 1, du verset 4 au verset 10 inclus.

Es 36—39
renvoie aux chapitres 36 ; 37 ; 38 ; 39 du livre d'Esaïe.

Jn 18.28—19.16
renvoie, dans l'Évangile selon Jean, au passage qui commence au chapitre 18, verset 28, et s'achève au chapitre 19, verset 16.

Divers passages bibliques cités successivement sont séparés par un *point-virgule.*
Ainsi Rm 6.15-20 ; 15.18
Ph 2.9 ; 1 P 1.21

DANS LES NOTES

A.T.	Ancien Testament
ap. J.C.	après Jésus-Christ
av. J.C.	avant Jésus-Christ
chap.	chapitre
litt.	littéralement
N.T.	Nouveau Testament
v.	verset. Exemple : v. 13 signifie *verset 13*

ABRÉVIATIONS POUR LES LIVRES BIBLIQUES

ANCIEN TESTAMENT

Ab	Abdias	Jos	Josué
Ag	Aggée	Jr	Jérémie
Am	Amos	Lm	Lamentations
1 Ch	Premier livre des Chroniques	Lv	Lévitique
		Mi	Michée
2 Ch	Deuxième livre des Chroniques	Ml	Malachie
		Na	Nahoum
Ct	Cantique des Cantiques	Nb	Nombres
Dn	Daniel	Ne	Néhémie
Dt	Deutéronome	Os	Osée
Es	Ésaïe	Pr	Proverbes
Esd	Esdras	Ps	Psaumes
Est	Esther	Qo	Qohéleth (Ecclésiaste)
Ex	Exode	1 R	Premier livre des Rois
Ez	Ézéchiel	2 R	Deuxième livre des Rois
Gn	Genèse	Rt	Ruth
Ha	Habaquq	1 S	Premier livre de Samuel
Jb	Job	2 S	Deuxième livre de Samuel
Jg	Juges	So	Sophonie
Jl	Joël	Za	Zacharie
Jon	Jonas		

Livres deutérocanoniques ou apocryphes

Ba	Baruch	1 M	Premier livre des Maccabées
Dn grec	Daniel grec	2 M	Deuxième livre des Maccabées
Est grec	Esther grec	Sg	Sagesse
Jdt	Judith	Si	Siracide (Ecclésiastique)
Lt-Jr	Lettre de Jérémie	Tb	Tobit

NOUVEAU TESTAMENT

Ac	Actes des Apôtres	Lc	Évangile selon Luc
Ap	Apocalypse	Mc	Évangile selon Marc
1 Co	Première épître aux Corinthiens	Mt	Évangile selon Matthieu
		1 P	Première épître de Pierre
2 Co	Deuxième épître aux Corinthiens	2 P	Deuxième épître de Pierre
		Ph	Épître aux Philippiens
Col	Épître aux Colossiens	Phm	Épître à Philémon
Ep	Épître aux Éphésiens	Rm	Épître aux Romains
Ga	Épître aux Galates	1 Th	Première épître aux Thessaloniciens
He	Épître aux Hébreux		
Jc	Épître de Jacques	2 Th	Deuxième épître aux Thessaloniciens
Jn	Évangile selon Jean		
1 Jn	Première épître de Jean	1 Tm	Première épître à Timothée
2 Jn	Deuxième épître de Jean	2 Tm	Deuxième épître à Timothée
3 Jn	Troisième épître de Jean	Tt	Épître à Tite
Jude	Épître de Jude		

ÉVANGILE SELON MATTHIEU

D'Abraham à Jésus Christ

1 1 Livre des origines de Jésus Christ, fils de David, fils d'Abraham.

2 Abraham engendra Isaac,
Isaac engendra Jacob,
Jacob engendra Juda et ses frères,

3 Juda engendra Pharès et Zara, de Thamar,
Pharès engendra Esrôm,
Esrôm engendra Aram,

4 Aram engendra Aminadab,
Aminadab engendra Naassôn,
Naassôn engendra Salmon,

5 Salmon engendra Booz, de Rahab,
Booz engendra Jobed, de Ruth,
Jobed engendra Jessé,

6 Jessé engendra le roi David,
David engendra Salomon, de la femme d'Urie,

7 Salomon engendra Roboam,
Roboam engendra Abia,
Abia engendra Asa,

8 Asa engendra Josaphat,
Josaphat engendra Joram,
Joram engendra Ozias,

9 Ozias engendra Joathan,
Joathan engendra Achaz,
Achaz engendra Ezéchias,

10 Ezéchias engendra Manassé,
Manassé engendra Amon,
Amon engendra Josias,

11 Josias engendra Jéchonias et ses frères;
ce fut alors la déportation à Babylone.

12 Après la déportation à Babylone,
Jéchonias engendra Salathiel,
Salathiel engendra Zorobabel,

13 Zorobabel engendra Abioud,
Abioud engendra Eliakim,
Eliakim engendra Azor,

14 Azor engendra Sadok,
Sadok engendra Akhim,
Akhim engendra Elioud,

15 Elioud engendra Eléazar,
Eléazar engendra Mathan,
Mathan engendra Jacob,

16 Jacob engendra Joseph, l'époux de Marie,
de laquelle est né Jésus, que l'on appelle *Christ.

17 Le nombre total des générations est donc : quatorze d'Abraham à David, quatorze de David à la déportation de Babylone, quatorze de la déportation de Babylone au Christ.

La naissance de Jésus

18 Voici quelle fut l'origine de Jésus Christ. Marie, sa mère, était accordée en mariage à Joseph; or, avant qu'ils aient habité ensemble, elle se trouva enceinte par le fait de l'Esprit Saint. 19 Joseph, son époux, qui était un homme juste et ne voulait pas la diffamer publiquement, résolut de la répudier secrètement. 20 Il avait formé ce projet, et voici que

l'Ange du Seigneur[1] lui apparut en songe et lui dit : « Joseph, fils de David, ne crains pas de prendre chez toi Marie, ton épouse : ce qui a été engendré en elle vient de l'Esprit Saint 21 et elle enfantera un fils auquel tu donneras le nom de Jésus[2], car c'est lui qui sauvera son peuple de ses péchés. » 22 Tout cela arriva pour que s'accomplisse ce que le Seigneur avait dit par le *prophète : 23 *Voici que la vierge concevra et enfantera un fils auquel on donnera le nom d'Emmanuel,* ce qui se traduit : « *Dieu avec nous.* » 24 À son réveil, Joseph fit ce que l'Ange du Seigneur lui avait prescrit : il prit chez lui son épouse 25 mais il ne la connut pas[3] jusqu'à ce qu'elle eût enfanté un fils auquel il donna le nom de Jésus.

La visite des Mages

2 1 Jésus étant né à Bethléem[4] de Judée, au temps du roi Hérode[5], voici que des mages[6] venus d'Orient arrivèrent à Jérusalem 2 et demandèrent : « Où est le roi des Juifs qui vient de naître ? Nous avons vu son astre à l'Orient[7] et nous sommes venus lui rendre hommage. » 3 À cette nouvelle, le roi Hérode fut troublé, et tout Jérusalem avec lui. 4 Il assembla tous les *grands prêtres et les scribes du peuple, et s'enquit auprès d'eux du lieu où le *Messie devait naître. 5 « À Bethléem de Judée, lui dirent-ils, car c'est ce qui est écrit par le prophète : 6 *Et toi, Bethléem, terre de Juda, tu n'es certes pas le plus petit des chefs-lieux de Juda : car c'est de toi que sortira le chef qui fera paître Israël, mon peuple.* » 7 Alors Hérode fit appeler secrètement les mages, se fit préciser par eux l'époque à laquelle l'astre apparaissait, 8 et les envoya à Bethléem en disant : « Allez vous renseigner avec précision sur l'enfant; et, quand vous l'aurez trouvé, avertissez-moi pour que, moi aussi, j'aille lui rendre hommage. » 9 Sur ces paroles du roi, ils se mirent en route; et voici que l'astre, qu'ils avaient vu à l'Orient, avançait devant eux jusqu'à ce qu'il vint s'arrêter au-dessus de l'endroit où était l'enfant. 10 À la vue de l'astre, ils éprouvèrent une très grande joie. 11 Entrant dans la maison, ils virent l'enfant avec Marie, sa mère[6], et, se prosternant, ils lui rendirent hommage; ouvrant leurs coffrets, ils lui offrirent en présent de l'or, de l'encens et de la myrrhe[1]. 12 Puis, divinement avertis en songe de ne pas retourner auprès d'Hérode, ils se retirèrent dans leur pays par un autre chemin.

La fuite en Egypte

13 Après leur départ, voici que l'Ange du Seigneur[2] apparaît en songe à Joseph et lui dit : «

---

1. Expression familière à l'A. T. (Gn 16.7, 13; Ex 3.24, etc.) pour rapporter une intervention de Dieu lui-même. Voir Mt 2.13, 19.
2. *Jésus,* forme grecque de *Josué,* signifie : le Seigneur est (ou donne) le salut.
3. Voir Gn 4.1, 17, etc.; C'est le terme biblique traditionnel pour désigner la relation conjugale.
4. Selon 1 S 16.1, Bethléem est la patrie de David.
5. Il s'agit d'*Hérode le Grand* qui régna à Jérusalem de 37 à 4 av. J. C.
6. Voir Dn 2.2, 11. Sans doute des astrologues babyloniens.
7. ou *à son lever.*

1. Parfums traditionnels de l'Arabie.
2. Voir Mt 1.20 et note.

Lève-toi, prends avec toi l'enfant et sa mère, et fuis en Egypte; restes-y jusqu'à nouvel ordre, car Hérode va rechercher l'enfant pour le faire périr. » 14 Joseph se leva, prit avec lui l'enfant et sa mère, de nuit, et se retira en Egypte. 15 Il y resta jusqu'à la mort d'Hérode, pour que s'accomplisse ce qu'avait dit le Seigneur par le prophète : *D'Egypte, j'ai appelé mon fils.*

Le massacre des enfants à Bethléem

16 Alors Hérode, se voyant joué par les mages, entra dans une grande fureur et envoya tuer, dans Bethléem et tout son territoire, tous les enfants jusqu'à deux ans, d'après l'époque qu'il s'était fait préciser par les mages. 17 Alors s'accomplit ce qui avait été dit par le prophète Jérémie : 18 *Une voix dans Rama s'est fait entendre,*
   des pleurs et une longue plainte :
   c'est Rachel qui pleure ses enfants
   et ne veut pas être consolée, parce qu'ils ne sont plus.

Le retour d'Egypte

19 Après la mort d'Hérode, l'Ange du Seigneur apparaît en songe à Joseph, en Egypte, 20 et lui dit : « Lève-toi, prends avec toi l'enfant et sa mère, et mets-toi en route pour la terre d'Israël; en effet, ils sont morts, ceux qui en voulaient à la vie de l'enfant. »

21 Joseph se leva, prit avec lui l'enfant et sa mère, et il entra dans la terre d'Israël. 22 Mais apprenant qu'Archélaüs[1] régnait sur la Judée à la place de son père Hérode, il eut peur de s'y rendre; et divinement averti en songe, il se retira dans la région de Galilée 23 et vint habiter une ville appelée Nazareth, pour que s'accomplisse ce qui avait été dit par les *prophètes : *Il sera appelé Nazôréen.*

Jean le Baptiste
(*Mc 1.2-6; Lc 3.1-6; Jn 1.19-23*)

3 1 En ces jours-là paraît Jean le Baptiste, proclamant dans le désert de Judée[2] : 2 « Convertissez-vous : le *règne des cieux[3] s'est approché ! » 3 C'est lui dont avait parlé le prophète Esaïe quand il disait : « *Une voix crie dans le désert : Préparez le chemin du Seigneur, rendez droits ses sentiers.* » 4 Jean avait un vêtement de poil de chameau et une ceinture de cuir autour des reins; il se nourrissait de sauterelles et de miel sauvage. 5 Alors Jérusalem, toute la Judée et toute la région du Jourdain se rendaient auprès de lui; 6 ils se faisaient baptiser par lui dans le Jourdain en confessant leurs péchés.

1. Fils et successeur d'Hérode le Grand; il régna de 4 av. J. C. à 6 ap. J. C.
2. Région à peine peuplée située entre la ligne de crête Jérusalem-Hébron et la Mer Morte ou le Jourdain inférieur.
3. *Règne des cieux :* règne de Dieu (voir au glossaire). Mt se conforme ici à l'usage juif qui évite d'avoir à prononcer le nom de Dieu. Autres exemples de tournures analogues : Mt 21.25, et les formules impersonnelles de Mt 7.2, 7, etc.

Le message de Jean le Baptiste
(Lc 3.7-9)

7 Comme il voyait beaucoup de *pharisiens et de sadducéens venir à son baptême, il leur dit : « Engeance de vipères, qui vous a montré le moyen d'échapper à la colère qui vient[1] ? 8 Produisez donc du fruit qui témoigne de votre conversion ; 9 et ne vous avisez pas de dire en vous-mêmes : Nous avons pour père[2] Abraham. Car je vous le dis, des pierres que voici, Dieu peut susciter des enfants à Abraham. 10 Déjà la hache est prête à attaquer la racine des arbres ; tout arbre donc qui ne produit pas de bon fruit va être coupé et jeté au feu.

Celui qui vient
(Mc 1.7-8 ; Lc 3.15-18 ; cf. Jn 1.24-28)

11 Moi, je vous baptise dans l'eau en vue de la conversion mais celui qui vient après moi est plus fort que moi : je ne suis pas digne de lui ôter ses sandales ; lui, il vous baptisera dans l'Esprit Saint et le feu. 12 Il a sa pelle à vanner à la main, il va nettoyer son aire et recueillir son blé dans le grenier ; mais la balle, il la brûlera au feu qui ne s'éteint pas. »

Jésus vient se faire baptiser
(Mc 1.9-11 ; Lc 3.21-22 ; cf. Jn 1.29-34)

13 Alors paraît Jésus, venu de Galilée jusqu'au Jourdain auprès de Jean pour se faire baptiser par lui. 14 Jean voulut s'y opposer : « C'est moi, disait-il, qui ai besoin d'être baptisé par toi, et c'est toi qui viens à moi ! » 15 Mais Jésus lui répliqua : « Laisse faire maintenant : c'est ainsi qu'il nous convient d'accomplir toute justice[1]. » Alors, il le laisse faire. 16 Dès qu'il fut baptisé, Jésus sortit de l'eau. Voici que les *cieux s'ouvrirent et il vit l'Esprit de Dieu descendre comme une colombe et venir sur lui. 17 Et voici qu'une voix venant des cieux disait : « Celui-ci est mon Fils bien-aimé, celui qu'il m'a plu de choisir. »

Jésus est tenté par le diable
(Mc 1.12-13 ; Lc 4.1-13)

4 1 Alors Jésus fut conduit par l'Esprit au désert, pour être tenté par le *diable. 2 Après avoir *jeûné 40 jours et 40 nuits, il finit par avoir faim. 3 Le tentateur s'approcha et lui dit : « Si tu es le Fils de Dieu, ordonne que ces pierres deviennent des pains. » 4 Mais il répliqua : « Il est écrit : *Ce n'est pas seulement de pain que l'homme vivra, mais de toute parole sortant de la bouche de Dieu.* » 5 Alors le diable l'emmène à la Ville Sainte[2], le place sur le faîte du *Temple 6 et lui dit : « Si tu es le Fils de Dieu, jette-toi en bas, car il est écrit : *Il donnera pour toi des ordres à ses anges et ils te porteront sur leurs mains pour t'éviter de heurter du pied quelque pierre.* » 7 Jésus lui dit : « Il est aussi écrit : *Tu ne mettras pas à l'épreuve le Seigneur ton Dieu.* » 8 Le diable l'emmène encore sur une très haute montagne ; il lui montre tous les

---

1. Il s'agit de la colère de Dieu (voir la note précédente).
2. C'est-à-dire comme ancêtre.

1. L'idée fondamentale du terme rendu ici par justice est celle de conformité (ou de fidélité) à la volonté de Dieu. Voir 5.6, 10, 20 ; 6.33 ; 21.32, etc.
2. C'est-à-dire Jérusalem.

royaumes du monde avec leur gloire 9 et lui dit : « Tout cela je te le donnerai, si tu te prosternes et m'adores. » 10 Alors Jésus lui dit : « Retire-toi, *Satan ! Car il est écrit : *Le Seigneur ton Dieu tu adoreras et c'est à lui seul que tu rendras un culte.* » 11 Alors le diable le laisse, et voici que des anges s'approchèrent, et ils le servaient.

Jésus commence à prêcher en Galilée
(Mc 1.14-15; Lc 4.14-15)

12 Ayant appris que Jean[1] avait été livré, Jésus se retira en Galilée. 13 Puis, abandonnant Nazara[2], il vint habiter à Capharnaüm, au bord de la mer[3], dans les territoires de Zabulon et de Nephtali, 14 pour que s'accomplisse ce qu'avait dit le prophète Esaïe :

15 *Terre de Zabulon, terre de Nephtali,*
route de la mer, pays au-delà du Jourdain,
galilée des Nations !
16 *Le peuple qui se trouvait dans les ténèbres*
a vu une grande lumière;
pour ceux qui se trouvaient dans le sombre pays de la mort
une lumière s'est levée.

17 À partir de ce moment, Jésus commença à proclamer : « Convertissez-vous : le *règne des cieux[4] s'est approché. »

Les quatre premiers disciples
(Mc 1.16-20; Lc 5.1-11)

18 Comme il marchait le long de la mer de Galilée, il vit deux frères, Simon appelé Pierre et André, son frère, en train de jeter le filet dans la mer : c'étaient des pêcheurs. 19 Il leur dit : « Venez à ma suite et je vous ferai pêcheurs d'hommes. » 20 Laissant aussitôt leurs filets, ils le suivirent. 21 Avançant encore, il vit deux autres frères : Jacques, fils de Zébédée, et Jean son frère, dans leur barque, avec Zébédée leur père, en train d'arranger leurs filets. Il les appela. 22 Laissant aussitôt leur barque et leur père, ils le suivirent.

Jésus enseigne, prêche et guérit
(Mc 1.39; Lc 4.44; 6.17-18)

23 Puis, parcourant toute la Galilée, il enseignait dans leurs *synagogues, proclamait la Bonne Nouvelle du Règne et guérissait toute maladie et toute infirmité parmi le peuple. 24 Sa renommée gagna toute la Syrie[1], et on lui amena tous ceux qui souffraient, en proie à toutes sortes de maladies et de tourments : *démoniaques, lunatiques, paralysés; il les guérit. 25 Et de grandes foules le suivirent, venues de la Galilée et de la Décapole[2], de Jérusalem et de la Judée, et d'au-delà du Jourdain.

---

1. Voir 3.1. Il s'agit de Jean le Baptiste. Voir Mc 1.14 et note.
2. Forme rare de Nazareth (2.23).
3. Voir Mc 1.16 et note. *Zabulon* et *Nephtali* sont deux anciennes tribus septentrionales d'Israël.
4. Voir Mt 3.2 et note.

1. Région païenne située au Nord de la Palestine juive.
2. Voir Mc 5.20 et note.

Le Sermon sur la montagne
(Mc 3.13; Lc 6.12-13, 20)

5 1 À la vue des foules, Jésus monta dans la montagne. Il s'assit, et ses disciples s'approchèrent de lui. 2 Et, prenant la parole, il les enseignait :

Un bonheur inespéré
(Lc 6.20-26)

3 « Heureux les pauvres de coeur : le *royaume des cieux est à eux.

4 Heureux les doux : ils auront la terre en partage.

5 Heureux ceux qui pleurent : ils seront consolés.

6 Heureux ceux qui ont faim et soif de la justice : ils seront rassasiés.

7 Heureux les miséricordieux : il leur sera fait miséricorde.

8 Heureux les *coeurs purs : ils verront Dieu.

9 Heureux ceux qui font oeuvre de paix : ils seront appelés fils de Dieu.

10 Heureux ceux qui sont persécutés pour la justice : le royaume des cieux est à eux.

11 Heureux êtes-vous lorsque l'on vous insulte, que l'on vous persécute et que l'on dit faussement contre vous toute sorte de mal à cause de moi. 12 Soyez dans la joie et l'allégresse, car votre récompense est grande dans les *cieux; c'est ainsi en effet qu'on a persécuté les *prophètes qui vous ont précédés.

Sel de la terre et lumière du monde
(Mc 9.50; 4.21; Lc 14.34-35; 8.16; 18.33)

13 Vous êtes le sel de la terre. Si le sel perd sa saveur, comment redeviendra-t-il du sel ? Il ne vaut plus rien; on le jette dehors et il est foulé aux pieds par les hommes. 14 Vous êtes la lumière du monde. Une ville située sur une hauteur ne peut être cachée. 15 Quand on allume une lampe, ce n'est pas pour la mettre sous le boisseau, mais sur son support et elle brille pour tous ceux qui sont dans la maison[1]. 16 De même, que votre lumière brille aux yeux des hommes, pour qu'en voyant vos bonnes actions ils rendent gloire à votre Père qui est aux cieux.

Jésus et la Loi

17 N'allez pas croire que je sois venu abroger la Loi ou les Prophètes[2] : je ne suis pas venu abroger, mais accomplir. 18 Car, en vérité je vous le déclare, avant que ne passent le ciel et la terre, pas un *i*, pas un point sur l'*i* ne passera de la Loi que tout ne soit arrivé. 19 Dès lors celui qui transgressera un seul de ces plus petits commandements et enseignera aux hommes à faire de même sera déclaré le plus petit dans le royaume des cieux; au contraire, celui qui les mettra en pratique et les enseignera, celui-là sera déclaré grand dans le royaume des cieux. 20 Car je vous le dis : si votre justice[3] ne surpasse pas celle des scribes et des *phari-

1. En Orient la maison des gens simples comprend une seule pièce.
2. Voir Rm 3.19 et note.
3. Voir 3.15 et note.

siens, non, vous n'entrerez pas dans le royaume des cieux.

Sur l'offense et la réconciliation
(*Mc 11.25; Lc 12.57-59*)

21 Vous avez appris qu'il a été dit aux anciens[1] : *Tu ne commettras pas de meurtre;* celui qui commettra un meurtre en répondra au tribunal. 22 Et moi je vous dis : quiconque se met en colère contre son frère en répondra au tribunal; celui qui dira à son frère : imbécile sera justiciable du *sanhédrin; celui qui dira fou sera passible de la *géhenne de feu. 23 Quand donc tu vas présenter ton offrande à l'*autel, si là tu te souviens que ton frère a quelque chose contre toi, 24 laisse là ton offrande, devant l'autel, et va d'abord te réconcilier avec ton frère; viens alors présenter ton offrande. 25 Mets-toi vite d'accord avec ton adversaire, tant que tu es encore en chemin avec lui, de peur que cet adversaire ne te livre au juge, le juge au gendarme, et que tu ne sois jeté en prison. 26 En vérité, je te le déclare : tu n'en sortiras pas tant que tu n'auras pas payé jusqu'au dernier centime.

Sur l'adultère et les pièges pour la foi
(*Mt 18.8-9; Mc 9.43, 47-48*)

27 Vous avez appris qu'il a été dit : *Tu ne commettras pas d'adultère.* 28 Et moi, je vous dis : quiconque regarde une femme avec convoitise a déjà, dans son *coeur, commis l'adultère avec elle.

29 Si ton oeil droit entraîne ta chute[1], arrache-le et jette-le loin de toi : car il est préférable pour toi que périsse un seul de tes membres et que ton corps tout entier ne soit pas jeté dans la *géhenne. 30 Et si ta main droite entraîne ta chute, coupe-la et jette-la loin de toi : car il est préférable pour toi que périsse un seul de tes membres et que ton corps tout entier ne s'en aille pas dans la géhenne.

Sur le divorce
(*Mt 19.7-9; Mc 10.4-5, 10-12; Lc 16.18*)

31 D'autre part il a été dit : *Si quelqu'un répudie sa femme, qu'il lui remette un certificat de répudiation.* 32 Et moi, je vous dis : quiconque répudie sa femme — sauf en cas d'union illégale — l'expose à l'adultère; et si quelqu'un épouse une répudiée, il est adultère.

Sur les serments

33 Vous avez encore appris qu'il a été dit aux anciens : *Tu ne te parjureras pas,* mais *tu t'acquitteras envers le Seigneur de tes serments.* 34 Et moi je vous dis de ne pas jurer du tout : *ni par le ciel car c'est le trône de Dieu,* 35 *ni par la terre car c'est l'escabeau de ses pieds,* ni par Jérusalem car c'est *la Ville du grand Roi.* 36 Ne jure pas non plus par ta tête, car tu ne peux en rendre un seul cheveu blanc ou noir. 37 Quand vous parlez, dites Oui

---

1. Comme en Lc 9.8, 19 *les anciens* sont ici les Israélites d'autrefois.

1. Certains traduisent : *te scandalise.* Voir Mc 9.42 et note.

ou Non : tout le reste vient du Malin.

Sur la vengeance
(*Lc 6.29-30*)

38 Vous avez appris qu'il a été dit : *Oeil pour oeil et dent pour dent.* 39 Et moi, je vous dis de ne pas résister au méchant. Au contraire, si quelqu'un te gifle sur la joue droite, tends-lui aussi l'autre. 40 À qui veut te mener devant le juge pour prendre ta tunique, laisse aussi ton manteau. 41 Si quelqu'un te force à faire mille pas[1], fais-en 2.000 avec lui. 42 À qui te demande, donne; à qui veut t'emprunter, ne tourne pas le dos.

Sur l'amour pour les ennemis
(*Lc 6.27-28, 32-36*)

43 Vous avez appris qu'il a été dit : *Tu aimeras ton prochain* et tu haïras ton ennemi. 44 Et moi, je vous dis : Aimez vos ennemis et priez pour ceux qui vous persécutent, 45 afin d'être vraiment les fils de votre Père qui est aux *cieux, car il fait lever son soleil sur les méchants et sur les bons, et tomber la pluie sur les justes et les injustes. 46 Car si vous aimez ceux qui vous aiment, quelle récompense[2] allez-vous en avoir ? Les collecteurs d'impôts[3] eux-mêmes n'en font-ils pas autant ? 47 Et si vous saluez seulement vos frères, que faites-vous d'extraordinaire ? Les *païens

n'en font-ils pas autant ? 48 Vous donc, *vous serez parfaits* comme votre Père céleste est parfait.

Sur la manière de donner

6 1 Gardez-vous de pratiquer votre religion devant les hommes pour attirer leurs regards; sinon, pas de récompense pour vous auprès de votre Père qui est aux cieux. 2 Quand donc tu fais l'aumône, ne le fais pas claironner devant toi, comme font les hypocrites dans les *synagogues et dans les rues, en vue de la gloire qui vient des hommes. En vérité, je vous le déclare : ils ont reçu leur récompense. 3 Pour toi, quand tu fais l'aumône, que ta main gauche ignore ce que fait ta main droite, 4 afin que ton aumône reste dans le secret; et ton Père, qui voit dans le secret, te le rendra.

Sur deux fausses manières de prier

5 Et quand vous priez, ne soyez pas comme les hypocrites qui aiment faire leurs prières debout dans les synagogues et les carrefours[1], afin d'être vus des hommes. En vérité, je vous le déclare : ils ont reçu leur récompense. 6 Pour toi, quand tu veux prier, entre dans ta chambre la plus retirée, verrouille ta porte et adresse ta prière à ton Père qui est là dans le secret. Et ton Père, qui voit dans le secret, te le rendra. 7 Quand vous priez, ne rabâ-

---

1. C'est-à-dire 1.000 double-pas, soit environ 1.500 mètres — Allusion probable aux réquisitions pratiquées par les militaires ou les fonctionnaires romains.
2. ou *quel salaire.*
3. Voir Mc 2.15 et note.

---

1. La prière des juifs pieux devant se faire à heures fixes, c'est en ces lieux publics que certains trouvaient une bonne occasion de faire remarquer leur piété.

chez pas comme les *païens; ils s'imaginent que c'est à force de paroles qu'ils se feront exaucer. 8 Ne leur ressemblez donc pas, car votre Père sait ce dont vous avez besoin, avant que vous le lui demandiez.

Le « Notre Père »

(Lc 11.2-4)

9 Vous donc, priez ainsi :
Notre Père céleste,
fais-toi reconnaître comme Dieu,
10 fais venir ton règne,
fais se réaliser ta volonté
sur la terre à l'image du *ciel.
11 Donne-nous aujourd'hui le pain dont nous avons besoin,
12 pardonne-nous nos torts envers toi,
comme nous-mêmes nous avons pardonné à ceux qui avaient des torts envers nous,
13 et ne nous expose pas à la tentation,
mais délivre-nous du Tentateur[1].
14 En effet si vous pardonnez aux hommes leurs fautes, votre Père céleste vous pardonnera à vous aussi; 15 mais si vous ne pardonnez pas aux hommes, votre Père non plus ne vous pardonnera pas vos fautes.

Sur la manière de jeûner

16 Quand vous *jeûnez, ne prenez pas un air sombre, comme font les hypocrites : ils prennent une mine défaite pour bien montrer aux hommes qu'ils jeûnent.

En vérité, je vous le déclare : ils ont reçu leur récompense. 17 Pour toi, quand tu jeûnes, parfume-toi la tête et lave-toi le visage, 18 pour ne pas montrer aux hommes que tu jeûnes, mais seulement à ton Père qui est là dans le secret; et ton Père, qui voit dans le secret, te le rendra.

Des trésors dans le ciel

(Lc 12.33-34)

19 Ne vous amassez pas de trésors sur la terre, où les mites et les vers font tout disparaître, où les voleurs percent les murs[1] et dérobent. 20 Mais amassez-vous des trésors dans le *ciel, où ni les mites ni les vers ne font de ravages, où les voleurs ne percent ni ne dérobent. 21 Car où est ton trésor, là aussi sera ton *cœur.

L'oeil sain et l'oeil malade

(Lc 11.34-36)

22 La lampe du corps, c'est l'oeil. Si donc ton oeil est sain, ton corps tout entier sera dans la lumière. 23 Mais si ton oeil est malade, ton corps tout entier sera dans les ténèbres. Si donc la lumière qui est en toi est ténèbres, quelles ténèbres !

Dieu ou l'Argent

(Lc 16.13)

24 Nul ne peut servir deux maîtres : ou bien il haïra l'un et aimera l'autre, ou bien il s'attachera à l'un et méprisera l'autre. Vous ne pouvez servir Dieu et l'Argent.

---

1. Ou *du mal* (5.11; 6.23); ou encore *du Malin*, ou *du Méchant* (13.19 ...). Certains manuscrits ajoutent ici : *Car le règne, la puissance et la gloire sont à toi pour toujours.*

1. Les maisons palestiniennes étaient bâties en torchis, amalgame d'argile et de paille.

Sur l'inquiétude

(Lc 12.22-31)

25 Voilà pourquoi je vous dis : Ne vous inquiétez pas pour votre vie de ce que vous mangerez, ni pour votre corps de quoi vous le vêtirez. La vie n'est-elle pas plus que la nourriture, et le corps plus que le vêtement ? 26 Regardez les oiseaux du ciel : ils sèment ni ne moissonnent, ils n'amassent point dans des greniers; et votre Père céleste les nourrit ! Ne valez-vous pas beaucoup plus qu'eux ? 27 Et qui d'entre vous peut, par son inquiétude, prolonger tant soit peu son existence ? 28 Et du vêtement, pourquoi vous inquiéter ? Observez les lis des champs, comme ils croissent : ils ne peinent ni ne filent, 29 et, je vous le dis, Salomon lui-même, dans toute sa gloire, n'a jamais été vêtu comme l'un d'eux. 30 Si Dieu habille ainsi l'herbe des champs, qui est là aujourd'hui et qui demain sera jetée au feu, ne fera-t-il pas bien plus pour vous, gens de peu de foi ! 31 Ne vous inquiétez donc pas, en disant : Qu'allons-nous manger ? qu'allons-nous boire ? de quoi allons-nous vêtir ? 32 — Tout cela, les *païens le recherchent sans répit —, il sait bien, votre Père céleste, que vous avez besoin de toutes ces choses. 33 Cherchez d'abord le *royaume et la justice de Dieu, et tout cela vous sera donné par surcroît. 34 Ne vous inquiétez donc pas pour le lendemain : le lendemain s'inquiétera de lui-même. À chaque jour suffit sa peine.

La paille et la poutre

(Lc 6.37-38, 41-42)

7 1 Ne vous posez pas en juge, afin de n'être pas jugés; 2 car c'est de la façon dont vous jugez qu'on vous jugera[1], et c'est la mesure dont vous vous servez qui servira de mesure pour vous. 3 Qu'as-tu à regarder la paille qui est dans l'oeil de ton frère ? Et la poutre qui est dans ton oeil, tu ne la remarques pas ? 4 Ou bien, comment vas-tu dire à ton frère : Attends ! Que j'ôte la paille de ton oeil ? Seulement voilà : la poutre est dans ton oeil ! 5 Homme au jugement perverti[2], ôte d'abord la poutre de ton oeil, et alors tu verras clair pour ôter la paille de l'oeil de ton frère.

Demandez, cherchez, frappez à la porte

(Lc 11.9-13)

6 Ne donnez pas aux chiens ce qui est sacré, ne jetez pas vos perles aux porcs, de peur qu'ils ne les piétinent et que, se retournant, ils ne vous déchirent.

7 Demandez, on vous donnera; cherchez, vous trouverez; frappez, on vous ouvrira. 8 En effet quiconque demande reçoit, qui cherche trouve, à qui frappe on ouvrira. 9 Ou encore qui d'entre vous, si son fils lui demande du pain, lui donnera une pierre ? 10 Ou s'il demande un poisson, lui donnera-t-il un serpent ? 11 Si donc vous, qui êtes mauvais, savez donner de bonnes choses à

---

1. Cette tournure impersonnelle est une manière de parler de Dieu sans avoir à le nommer. Voir note sur Mt 3.2.

2. ou *hypocrite*. Le terme désigne les gens qui masquent leur vraie personnalité derrière des apparences flatteuses.

vos enfants, combien plus votre Père qui est aux *cieux, donnera-t-il de bonnes choses à ceux qui le lui demandent.

Comment traiter les autres
(Lc 6.31)

12 Ainsi, tout ce que vous voulez que les hommes fassent pour vous, faites-le vous-mêmes pour eux : c'est la Loi et les Prophètes[1].

Les deux portes
(Lc 13.23-24)

13 Entrez par la porte étroite. Large est la porte et spacieux le chemin qui mène à la perdition, et nombreux ceux qui s'y engagent; 14 combien étroite est la porte et resserré le chemin qui mène à la *vie, et peu nombreux ceux qui le trouvent.

On reconnaît l'arbre à ses fruits
(Mt 12.33; Lc 6.43-44)

15 Gardez-vous des faux prophètes, qui viennent à vous vêtus en brebis mais qui au-dedans sont des loups rapaces. 16 C'est à leurs fruits que vous les reconnaîtrez. Cueille-t-on des raisins sur un buisson d'épines, ou des figues sur des chardons ? 17 Ainsi tout bon arbre produit de bons fruits, mais l'arbre malade produit de mauvais fruits. 18 Un bon arbre ne peut pas porter de mauvais fruits, ni un arbre malade porter de bons fruits. 19 Tout arbre qui ne produit pas un bon fruit, on le coupe et on le jette au feu.

20 Ainsi donc, c'est à leurs fruits que vous les reconnaîtrez.

Dire et faire
(Lc 6.46; 13.27)

21 Il ne suffit pas de me dire : Seigneur, Seigneur ! pour entrer dans le *royaume des cieux; il faut faire la volonté de mon Père qui est aux *cieux. 22 Beaucoup me diront en ce jour-là : Seigneur, Seigneur ! n'est-ce pas en ton *nom que nous avons *prophétisé ? en ton nom que nous avons chassé les *démons ? en ton nom que nous avons fait de nombreux miracles ? 23 Alors je leur déclarerai : Je ne vous ai jamais connus; écartez-vous de moi, vous qui commettez l'iniquité.

La parabole des deux maisons
(Lc 6.47-49)

24 Ainsi tout homme qui entend les paroles que je viens de dire et les met en pratique, peut être comparé à un homme avisé qui a bâti sa maison sur le roc. 25 La pluie est tombée, les torrents sont venus, les vents ont soufflé; ils se sont précipités contre cette maison et elle ne s'est pas écroulée, car ses fondations étaient sur le roc. 26 Et tout homme qui entend les paroles que je viens de dire et ne les met pas en pratique, peut être comparé à un homme insensé qui a bâti sa maison sur le sable. 27 La pluie est tombée, les torrents sont venus, les vents ont soufflé; ils sont venus battre cette maison, elle s'est écroulée, et grande fut sa ruine. »

1. Voir Rm 3.19 et note.

L'autorité de Jésus

(Mc 1.22; Lc 4.32)

28 Or, quand Jésus eut achevé ces instructions, les foules restèrent frappées de son enseignement; 29 car il les enseignait en homme qui a autorité et non pas comme leurs *scribes.

Jésus guérit un lépreux

(Mc 1.40-44; Lc 5.12-14)

8 1 Comme il descendait de la montagne, de grandes foules le suivirent. 2 Voici qu'un *lépreux s'approcha et, prosterné devant lui, disait : « Seigneur, si tu le veux, tu peux me *purifier. » 3 Il étendit la main, le toucha et dit : « Je le veux, sois purifié ! » À l'instant, il fut purifié de sa lèpre. 4 Et Jésus lui dit : « Garde-toi d'en dire mot à personne, mais va te montrer au *prêtre et présente l'offrande que Moïse a prescrite; ils auront là un témoignage.

Jésus et le centurion de Capharnaüm

(Lc 7.1-10; cf. Jn 4.46-54)

5 Jésus entrait dans Capharnaüm quand un centurion[1] s'approcha de lui et le supplia 6 en ces termes : « Seigneur, mon serviteur est couché à la maison, atteint de paralysie et souffrant terriblement. » 7 Jésus lui dit : « Moi, j'irai le guérir[2] ? » 8 Mais le centu-

1. Voir Mc 15.39 et note.
2. ou je vais aller le guérir.

rion reprit : « Seigneur, je ne suis pas digne que tu entres sous mon toit : dis seulement un mot et mon serviteur sera guéri. 9 Ainsi moi, je suis soumis à une autorité avec des soldats sous mes ordres, et je dis à l'un : Va et il va, à un autre : Viens et il vient, et à mon esclave : Fais ceci et il le fait. » 10 En l'entendant, Jésus fut plein d'admiration et dit à ceux qui le suivaient : « En vérité, je vous le déclare, chez personne en Israël je n'ai trouvé une telle foi. 11 Aussi, je vous le dis, beaucoup viendront du levant et du couchant prendre place au festin avec Abraham, Isaac et Jacob dans le *royaume des cieux, 12 tandis que les héritiers du Royaume seront jetés dans les ténèbres du dehors : là seront les pleurs et les grincements de dents. » 13 Et Jésus dit au centurion : « Rentre chez toi ! Qu'il te soit fait comme tu as cru. » Et le serviteur fut guéri à cette heure-là.

Guérisons de malades

(Mc 1.29-34; Lc 4.38-41)

14 Comme Jésus entrait dans la maison de Pierre, il vit sa belle-mère couchée, et avec de la fièvre. 15 Il lui toucha la main, et la fièvre la quitta; elle se leva et se mit à le servir.

16 Le soir venu, on lui amena de nombreux *démoniaques. Il chassa les esprits d'un mot et il guérit tous les malades, 17 pour que s'accomplisse ce qui avait été dit par le prophète Ésaïe : C'est

lui qui a pris nos infirmités et s'est chargé de nos maladies.

Deux hommes voudraient suivre Jésus
(*Lc 9.57-60*)

18 Voyant de grandes foules autour de lui, Jésus donna l'ordre de s'en aller sur l'autre rive. 19 Un *scribe s'approcha et lui dit : « Maître, je te suivrai partout où tu iras. » 20 Jésus lui dit : « Les renards ont des terriers et les oiseaux du ciel des nids; le *Fils de l'homme, lui, n'a pas où poser la tête. » 21 Un autre des disciples lui dit : « Seigneur, permets-moi d'aller d'abord enterrer mon père. » 22 Mais Jésus lui dit : « Suis-moi, et laisse les morts enterrer leurs morts. »

Jésus apaise une tempête
(*Mc 4.31-41; Lc 8.23-25*)

23 Il monta dans la barque et ses disciples le suivirent. 24 Et voici qu'il y eut sur la mer une grande tempête, au point que la barque allait être recouverte par les vagues. Lui cependant dormait. 25 Ils s'approchèrent et le réveillèrent en disant : « Seigneur, au secours ! Nous périssons. » 26 Il leur dit : « Pourquoi avez-vous peur, hommes de peu de foi ? » Alors, debout, il menaça les vents et la mer, et il se fit un grand calme. 27 Les hommes s'émerveillèrent, et ils disaient : « Quel est-il, celui-ci, pour que même les vents et la mer lui obéissent ! »

Jésus guérit deux possédés
(*Mc 5.1-20; Lc 8.26-39*)

28 Comme il était arrivé de l'autre côté, au pays des Gadaréniens[1], vinrent à sa rencontre deux démoniaques sortant des tombeaux, si dangereux que personne ne pouvait passer par ce chemin-là. 29 Et les voilà qui se mirent à crier : « De quoi te mêles-tu, Fils de Dieu ? Es-tu venu ici pour nous tourmenter avant le temps ? »

30 Or, à quelque distance, il y avait un grand troupeau de porcs en train de paître. 31 Les démons suppliaient Jésus, disant : « Si tu nous chasses, envoie-nous dans le troupeau de porcs. » 32 Il leur dit : « Allez ! » Ils sortirent et s'en allèrent dans les porcs; et tout le troupeau se précipita du haut de l'escarpement dans la mer, et ils périrent dans les eaux. 33 Les gardiens prirent la fuite, s'en allèrent à la ville et rapportèrent tout, ainsi que l'affaire des démoniaques. 34 Alors toute la ville sortit à la rencontre de Jésus; dès qu'ils le virent, ils le supplièrent de quitter leur territoire.

Le paralysé de Capharnaüm
(*Mc 2.1-12; Lc 5.17-25*)

9 1 Jésus monta donc dans la barque, retraversa la mer et vint dans sa ville[2]. 2 Voici qu'on lui amenait un paralysé étendu sur une civière. Voyant leur foi, Jésus dit au paralysé : « Confiance, mon fils, tes péchés

---

1. *Gadara* : ville païenne située à 10 km environ, au S. E. du lac de Gennésareth. Son territoire s'étendait peut-être jusqu'au lac. Sur les *démoniaques* voir Mc 1.32 et note.
2. D'après Mc 2.1, c'est Capharnaüm qui est ici considéré comme la ville de Jésus.

sont pardonnés. » 3 Or, quelques *scribes se dirent en eux-mêmes : « Cet homme *blasphème ! » 4 Sachant ce qu'ils pensaient, Jésus dit : « Pourquoi ces pensées mauvaises dans vos *coeurs ? 5 Qu'y a-t-il donc de plus facile, de dire : Tes péchés sont pardonnés, ou bien de dire : Lève-toi et marche ? 6 Eh bien; afin que vous sachiez que le *Fils de l'homme a sur la terre autorité pour pardonner les péchés — il dit alors au paralysé : « Lève-toi, prends ta civière et va dans ta maison. » 7 L'homme se leva et s'en alla dans sa maison. 8 Voyant cela, les foules furent saisies de crainte et rendirent gloire à Dieu qui a donné une telle autorité aux hommes.

Le repas chez Matthieu

(*Mc* 2.13-17; *Lc* 5.27-32)

9 Jésus vit, en passant, assis au bureau des taxes, un homme qui s'appelait Matthieu. Il lui dit : « - Suis-moi. » 10 Il se leva et le suivit. 10 Or, comme il était à table dans sa maison[1], il arriva que beaucoup de collecteurs d'impôts et de *pécheurs étaient venus prendre place avec Jésus et ses disciples. 11 Voyant cela, les *pharisiens disaient à ses disciples : « Pourquoi votre maître mange-t-il avec[2] les collecteurs d'impôts et les pécheurs ? » 12 Mais Jésus, qui avait entendu, déclara : « Ce ne sont pas les bien-portants qui ont besoin de médecin, mais les malades. 13 Allez donc apprendre ce que signifie : C'est la miséricorde que je veux, non le *sacrifice. Car

je suis venu appeler non pas les justes, mais les pécheurs. »

Le jeûne; vieilles outres et vin nouveau

(*Mc* 2.18-22; *Lc* 5.33-39)

14 Alors les *disciples de Jean[1] l'abordent et lui disent : « Pourquoi, alors que nous et les *pharisiens nous jeûnons, tes disciples ne *jeûnent-ils pas ? » 15 Jésus leur dit : « Les invités à la noce peuvent-ils être en deuil tant que l'époux est avec eux ? Mais des jours viendront où l'époux leur aura été enlevé : c'est alors qu'ils jeûneront. 16 Personne ne met une pièce d'étoffe neuve à un vieux vêtement; car le morceau rajouté tire sur le vêtement, et la déchirure est pire. 17 On ne met pas du vin nouveau dans de vieilles outres; sinon, les outres éclatent, le vin se répand et les outres sont perdues. On met au contraire le vin nouveau dans des outres neuves, et l'un et l'autre se conservent. »

La femme souffrant d'hémorragie; la fillette rappelée à la vie

(*Mc* 5.21-43; *Lc* 8.40-56)

18 Comme il leur parlait ainsi, voici qu'un notable s'approcha et, prosterné, il lui disait : « Ma fille est morte à l'instant; mais viens lui *imposer la main, et elle vivra. » 19 S'étant levé, Jésus le suivait avec ses disciples. 20 Or une femme, souffrant d'hémorragie depuis douze ans, s'approcha par

---

1. C'est-à-dire la maison de Matthieu (*Lc* 5.29).
2. Selon les prescriptions rabbiniques on se mettait en état d'impureté en partageant le repas d'une personne réputée impure.

1. Il s'agit de Jean le Baptiste.

derrière et toucha la frange[1] de son vêtement. 21 Elle se disait : « Si j'arrive seulement à toucher son vêtement, je serai sauvée. » 22 Mais Jésus, se retournant et la voyant, dit : « Confiance, ma fille ! Ta foi t'a sauvée[2]. » Et la femme fut sauvée dès cette heure-là. 23 À son arrivée à la maison du notable, voyant les joueurs de flûte[3] et l'agitation de la foule, Jésus dit : 24 « Retirez-vous : elle n'est pas morte, la fillette, elle dort. » Et ils se moquaient de lui. 25 Quand on eut mis la foule dehors, il entra, prit la main de l'enfant et la fillette se réveilla. 26 La nouvelle s'en répandit dans toute cette région.

Jésus guérit deux aveugles

27 Comme Jésus s'en allait, deux aveugles le suivirent en criant : « Aie pitié de nous, *Fils de David ! » 28 Quand il fut entré dans la maison, les aveugles s'avancèrent vers lui, et Jésus leur dit : « Croyez-vous que je puis faire cela ? » — « Oui, Seigneur », lui disent-ils. 29 Alors il leur toucha les yeux en disant : « Qu'il vous advienne selon votre foi. » 30 Et leurs yeux s'ouvrirent. Puis Jésus leur dit avec sévérité : « Attention ! Que personne ne le sache ! » 31 Mais eux, à peine sortis, parlèrent de lui dans toute cette région.

Jésus guérit un possédé muet
(Lc 11.14-15)

32 Comme ils sortaient, voici qu'on lui amena un possédé muet[1]. 33 Le *démon chassé, le muet se mit à parler. Et les foules s'émerveillèrent et dirent : « Jamais rien de tel ne s'est vu en Israël ! » 34 Mais les *pharisiens disaient. « C'est par le chef des démons qu'il chasse les démons. »

Jésus et les foules sans berger
(Mc 6.6b; Lc 10.2)

35 Jésus parcourait toutes les villes et les villages, il y enseignait dans leurs *synagogues, proclamant la Bonne Nouvelle du *Royaume et guérissant toute maladie et toute infirmité. 36 Voyant les foules, il fut pris de pitié pour elles, parce qu'elles étaient harassées et prostrées comme des brebis qui n'ont pas de berger. 37 Alors il dit à ses disciples : « La moisson est abondante, mais les ouvriers peu nombreux; 38 priez donc le maître de la moisson d'envoyer des ouvriers dans sa moisson. »

Les douze apôtres
(Mc 3.16-19; Lc 6.14-16)

10 1 Ayant fait venir ses douze disciples, Jésus leur donna autorité sur les esprits impurs[2], pour qu'ils les chassent et qu'ils guérissent toute maladie et toute infirmité.

2 Voici les noms des douze *apôtres. Le premier, Simon, que l'on appelle Pierre, et André, son

---

1. Voir Mc 6.56 et note.
2. ou *t'a guérie*.
3. Les *joueurs de flûte* accompagnaient les pleureuses professionnelles pour les bruyantes cérémonies qui commençaient à la maison mortuaire.

1. C'est-à-dire un homme possédé par un démon qui le rendait muet. Voir Mc 9.17 et note.
2. Voir Mc 1.23 et note.

frère; Jacques, fils de Zébédée, et Jean son frère; 3 Philippe et Barthélemy; Thomas et Matthieu le collecteur d'impôts; Jacques, fils d'Alphée et Thaddée; 4 Simon le zélote et Judas Iscarioth, celui-là même qui le livra.

Jésus envoie les Douze en mission

(Mc 6.7-11; Lc 9.2-5; cf. Lc 10.3-12)

5 Ces douze, Jésus les envoya en mission avec les instructions suivantes : « Ne prenez pas le chemin des *païens et n'entrez pas dans une ville de Samaritains[1]; 6 allez plutôt vers les brebis perdues de la maison d'Israël. 7 En chemin, proclamez que le *règne des cieux[2] s'est approché. 8 Guérissez les malades, ressuscitez les morts, purifiez les *lépreux, chassez les *démons. Vous avez reçu gratuitement, donnez gratuitement.

9 Ne vous procurez ni or, ni argent, ni monnaie à mettre dans vos ceintures, 10 ni sac pour la route, ni deux tuniques, ni sandales ni bâton, car l'ouvrier a droit à sa nourriture. 11 Dans quelque ville ou village que vous entriez, informez-vous pour savoir qui est digne de vous recevoir, et demeurez-là jusqu'à votre départ. 12 En entrant dans la maison, saluez-la; 13 si cette maison en est digne, que votre paix[3] vienne sur elle; mais si elle n'en est pas digne, que votre paix revienne à vous. 14 Si l'on ne vous

accueille pas et si l'on n'écoute pas vos paroles, en quittant cette maison ou cette ville, secouez la poussière de vos pieds[1]. 15 En vérité, je vous le déclare : au jour du jugement, le pays de Sodome et de Gomorrhe sera traité avec moins de rigueur que cette ville.

Avertissement au sujet des persécutions

(Mc 13.9-13; Lc 12.11-12; 21.12-19)

16 Voici que moi, je vous envoie comme des brebis au milieu des loups; soyez donc rusés comme les serpents et candides comme les colombes.

17 Prenez garde aux hommes : ils vous livreront aux tribunaux[2] et vous flagelleront dans leurs *synagogues. 18 Vous serez traduits devant des gouverneurs et des rois, à cause de moi : ils auront là un témoignage, eux et les *païens. 19 Lorsqu'ils vous livreront, ne vous inquiétez pas de savoir comment parler ou que dire : ce que vous aurez à dire vous sera donné à cette heure-là. 20 car ce n'est pas vous qui parlerez, c'est l'Esprit de votre Père qui parlera en vous. 21 Le frère livrera son frère à la mort, et le père son enfant; les enfants se dresseront contre leurs parents et les feront condamner à mort. 22 Vous serez haïs de tous à cause de mon *Nom. Mais celui qui tiendra jusqu'à la fin, celui-là sera sauvé. 23 Quand on vous pourchassera dans telle ville, fuyez dans telle autre; en vérité, je vous le déclare, vous n'achèverez pas le tour des

---

1. Les *Samaritains* constituaient une population d'origine mélangée occupant la région située entre la Judée et la Galilée. Depuis le retour de l'exil les juifs tenaient les Samaritains à l'écart.
2. Voir Mt 3.2 et note.
3. La salutation juive (v. 12) consistait à souhaiter la paix.

1. Voir Mc 6.11 et note.
2. Il s'agit des « petits sanhédrins », tribunaux de 23 notables attachés à certaines synagogues.

villes d'Israël avant que ne vienne le *Fils de l'homme. 24 Le *disciple n'est pas au-dessus de son maître, ni le serviteur au-dessus de son seigneur. 25 Au disciple il suffit d'être comme son maître, et au serviteur d'être comme son seigneur. Puisqu'ils ont traité de Béelzéboul[1] le maître de maison, à combien plus forte raison le diront-ils de ceux de sa maison !

Ceux qui se déclareront pour Jésus

(Mc 8.38; Lc 12.2-9)

26 Ne les craignez donc pas ! Rien n'est voilé qui ne sera dévoilé, rien n'est secret qui ne sera connu. 27 Ce que je vous dis dans l'ombre, dites-le au grand jour; ce que vous entendez dans le creux de l'oreille, proclamez-le sur les terrasses[2]. 28 Ne craignez pas ceux qui tuent le corps, mais ne peuvent tuer l'âme; craignez bien plutôt celui qui peut faire périr âme et corps dans la *géhenne. 29 Est-ce que l'on ne vend pas deux moineaux pour un sou ? Pourtant, pas un d'entre eux ne tombe à terre indépendamment de votre Père. 30 Quant à vous, même vos cheveux sont tous comptés. 31 Soyez donc sans crainte : vous valez mieux, vous, que tous les moineaux. 32 Quiconque se déclarera pour moi devant les hommes, je me déclarerai moi aussi pour lui devant mon Père qui est aux *cieux; 33 mais quiconque me reniera devant les hommes, je le renierai moi aussi

devant mon Père qui est aux cieux.

Non la paix, mais le glaive

(Lc 12.51-53)

34 « N'allez pas croire que je sois venu apporter la paix sur la terre; je ne suis pas venu apporter la paix, mais bien le glaive. 35 Oui, je suis venu séparer *l'homme de son père, la fille de sa mère, la belle-fille de sa belle-mère* : 36 *on aura pour ennemis les gens de sa maison.*

Priorité de l'attachement à Jésus

(Mc 8.34-35; Lc 14.26-27; 9.23-24)

37 Qui aime son père ou sa mère plus que moi n'est pas digne de moi; qui aime son fils ou sa fille plus que moi n'est pas digne de moi. 38 Qui ne se charge pas de sa croix et ne me suit pas n'est pas digne de moi. 39 Qui aura assuré sa vie la perdra et qui perdra sa vie à cause de moi l'assurera.

Qui vous accueille, m'accueille

(Mc 9.37, 41; Lc 9.48; 10.16; Jn 13.20)

40 Qui vous accueille m'accueille moi-même, et qui m'accueille accueille Celui qui m'a envoyé. 41 Qui accueille un *prophète en sa qualité de prophète recevra une récompense de prophète, et qui accueille un juste en sa qualité de juste recevra une récompense de juste. 42 Quiconque donnera à boire, ne serait-ce qu'un verre d'eau fraîche, à l'un de ces petits en sa qualité de disciple, en vérité, je vous le

1. Voir Mc 3.22 et note.
2. Voir Lc 12.3 et note.

déclare, il ne perdra pas sa récompense. »

11 1 Or, quand Jésus eut achevé de donner ces instructions à ses douze disciples, il partit de là enseigner et prêcher dans leurs villes.

La question de Jean le Baptiste
(Lc 7.18-35)

2 Or Jean[1], dans sa prison, avait entendu parler des oeuvres du Christ. Il lui envoya demander par ses *disciples : 3 « Es-tu Celui qui doit venir[2] ou devons-nous en attendre un autre ? » 4 Jésus leur répondit : « Allez rapporter à Jean ce que vous entendez et voyez : 5 *les aveugles retrouvent la vue et les boiteux marchent droit,* les *lépreux sont purifiés et *les sourds entendent,* les morts ressuscitent et *la Bonne Nouvelle est annoncée aux pauvres;* 6 et heureux celui qui ne tombera pas[3] à cause de moi ! »

7 Comme ils s'en allaient, Jésus se mit à parler de Jean aux foules : « Qu'êtes-vous allés regarder au désert ? Un roseau agité par le vent ? 8 Alors, qu'êtes-vous allés voir ? Un homme vêtu d'habits élégants ? Mais ceux qui portent des habits élégants sont dans les demeures des rois. 9 Alors qu'êtes-vous allés voir ? Un *prophète ? Oui, je vous le déclare, et plus qu'un prophète. 10 C'est celui dont il est écrit : *Voici, j'envoie mon messager en avant de toi; il préparera ton chemin devant toi.* 11 En vérité, je vous le déclare,

parmi ceux qui sont nés d'une femme, il ne s'en est pas levé de plus grand que Jean le Baptiste; et cependant le plus petit dans le *royaume des cieux est plus grand que lui. 12 Depuis les jours de Jean le Baptiste jusqu'à présent, le royaume des cieux est assailli avec violence; ce sont des violents qui l'arrachent. 13 Tous les prophètes en effet, ainsi que la Loi[1], ont prophétisé jusqu'à Jean. 14 C'est lui, si vous voulez bien comprendre, l'Elie qui doit revenir. 15 Celui qui a des oreilles, qu'il entende ! 16 À qui vais-je comparer cette génération ? Elle est comparable à des enfants assis sur les places, qui en interpellent d'autres :

17 Nous vous avons joué de la
   flûte, et vous n'avez pas dansé !
Nous avons entonné un chant
   funèbre, et vous ne vous êtes
   pas frappé la poitrine !

18 En effet, Jean est venu, il ne mange ni ne boit, et l'on dit : Il a perdu la tête. 19 Le *Fils de l'homme est venu, il mange, il boit, et l'on dit : Voilà un glouton et un ivrogne, un ami des collecteurs d'impôts et des *pécheurs ! Mais la Sagesse a été reconnue juste d'après ses oeuvres. »

Malheureuses villes de Galilée !
(Mt 10.15; Lc 10.12-15)

20 Alors il se mit à invectiver contre les villes où avaient eu lieu la plupart de ses miracles, parce qu'elles ne s'étaient pas conver-

---

1. Il s'agit de Jean le Baptiste (voir 14.3-12).
2. *Celui qui doit venir :* l'un des titres du Messie attendu (voir Mt 3.11).
3. ou *qui ne viendra pas à être scandalisé par moi.* Voir Mc 9.42 et note.

1. *la Loi :* voir Rm 3.19 et note.

ties. 21 « Malheureuse es-tu, Chorazin ! Malheureuse es-tu, Bethsaïda[1] ! Car si les miracles qui ont
eu lieu chez vous avaient eu lieu à
Tyr et à Sidon, il y a longtemps
que, sous le sac et la cendre[2], elles
se seraient converties. 22 Oui, je
vous le déclare, au jour du Jugement, Tyr et Sidon seront traitées
avec moins de rigueur que vous.
23 Et toi, Capharnaüm,
    seras-tu élevée jusqu'au ciel ?
    Tu descendras jusqu'au séjour
    des morts !
Car si les miracles qui ont eu
lieu chez toi avaient eu lieu à
Sodome, elle subsisterait encore
aujourd'hui. 24 Aussi bien, je vous le déclare,
au jour du Jugement, le pays de
Sodome sera traité avec moins de
rigueur que toi. »

Les petits ; le Père et le Fils
(Lc 10.21-22)

25 En ce temps-là, Jésus prit la
parole et dit : « Je te loue, Père,
Seigneur du ciel et de la terre,
d'avoir caché cela aux sages et
aux intelligents et de l'avoir révélé aux tout-petits. 26 Oui, Père,
c'est ainsi que tu en as disposé
dans ta bienveillance. 27 Tout m'a
été remis par mon Père. Nul ne
connaît le Fils si ce n'est le Père,
et nul ne connaît le Père si ce
n'est le Fils, et celui à qui le Fils
veut bien le révéler.

Jésus lance l'appel : Venez à moi !

28 Venez à moi, vous tous qui
peinez sous le poids du fardeau,
et moi je vous donnerai le repos.
29 Prenez sur vous mon joug[1] et
mettez-vous à mon école, car je
suis doux et humble de coeur, et
vous trouverez le repos de vos
âmes. 30 Oui, mon joug est facile
à porter et mon fardeau léger. »

Les épis arrachés
(Mc 2.23-28; Lc 6.1-5)

12 1 En ce temps-là, un jour
de *sabbat, Jésus vint à
passer à travers des champs de
blé. Ses disciples eurent faim et se
mirent à arracher des épis et à les
manger. 2 Voyant cela, les *pharisiens lui dirent : « Vois tes disciples qui font ce qu'il n'est pas
permis de faire pendant le sabbat. » 3 Il leur répondit : « N'a-
vez-vous pas lu ce que fit David,
lorsqu'il eut faim, lui et ses compagnons, 4 comment il est entré
dans la maison de Dieu et comment ils ont mangé les pains de
l'offrande qu'il ne lui, ni ses compagnons n'avaient le droit de
manger, mais seulement les *prêtres ? 5 Ou n'avez-vous pas lu
dans la *Loi que, le jour du sabbat, dans le Temple, les prêtres
violent le sabbat sans être en
faute ? 6 Or, je vous le déclare, il y
a ici plus grand que le *Temple.
7 Si vous aviez compris ce que
signifie : *C'est la miséricorde que
je veux, non le sacrifice,* vous
n'auriez pas condamné ces
hommes qui ne sont pas en faute.

---

1. *Chorazin* et *Bethsaïda* : villes voisines de Capharnaüm. *Tyr et Sidon* : voir Mc 3.8 et note.
2. Voir Jr 6.26; Jon 3.5-8 : c'est le geste traditionnel en Israël pour exprimer qu'on se reconnaît
pécheur.

1. *Le joug* : lourde pièce taillée dans le bois pour
atteler les boeufs. Jésus emploie ici le terme d'une
manière symbolique.

8 Car il est maître du sabbat, le *Fils de l'homme. »

L'homme à la main paralysée
(Mc 3.1-6; Lc 6.6-11)

9 De là, il se dirigea vers leur synagogue et y entra. 10 Or se trouvait là un homme qui avait une main paralysée; ils lui posèrent cette question : « Est-il permis de faire une guérison le jour du *sabbat ? » C'était pour l'accuser. 11 Mais il leur dit : « Qui d'entre vous, s'il n'a qu'une brebis et qu'elle tombe dans un trou le jour du sabbat, n'ira la prendre et l'en retirer ? 12 Or, combien l'homme l'emporte sur la brebis ! Il est donc permis de faire le bien le jour du sabbat. » 13 Alors il dit à cet homme : « Étends la main. » Il l'étendit et elle fut remise en état, aussi saine que l'autre. 14 Une fois sortis, les *pharisiens tinrent conseil contre lui, sur les moyens de le faire périr.

Jésus, le serviteur de Dieu

15 L'ayant appris, Jésus se retira de là. Beaucoup le suivirent; il les guérit tous. 16 Il leur commanda sévèrement de ne pas le faire connaître, 17 afin que soit accompli ce qu'a dit le prophète Esaïe :
18 *Voici mon serviteur que j'ai élu,*
mon Bien-aimé qu'il m'a plu de choisir,
je mettrai mon Esprit sur lui,
et il annoncera le droit[1] aux nations.

19 *Il ne cherchera pas de querelles, il ne poussera pas de cris,*
on n'entendra pas sa voix sur les places.
20 *Il ne brisera pas le roseau froissé[1],*
il n'éteindra pas la mèche qui fume encore,
jusqu'à ce qu'il ait conduit le droit à la victoire.
21 *En son *nom les nations mettront leur espérance.*

Jésus a-t-il partie liée avec Satan ?
(Mc 3.22-30; Lc 11.14-23; 12.10)

22 Alors on lui amena un possédé[2] aveugle et muet; il le guérit, en sorte que le muet parlait et voyait. 23 Bouleversées, toutes les foules disaient : « Celui-ci n'est-il pas le *Fils de David ? » 24 Mais les pharisiens, entendant cela, dirent : « Celui-là ne chasse les démons que par Béelzéboul, le chef des *démons. »

25 Connaissant leurs pensées, il leur dit : « Tout royaume divisé contre lui-même court à la ruine; aucune ville, aucune famille, divisée contre elle-même, ne se maintiendra. 26 Si donc *Satan expulse Satan, il est divisé contre lui-même : comment alors son royaume se maintiendra-t-il ? 27 Et si c'est par Béelzéboul que moi, je chasse les démons, vos disciples, par qui les chassent-ils ? Ils seront donc eux-mêmes vos juges. 28 Mais si c'est par l'Esprit de Dieu que je chasse les démons, alors le *règne de Dieu vient de

---

1. Le texte sous-entend ici (le droit) *de Dieu.*

1. Certains pensent que *briser le roseau froissé* était le geste par lequel le juge annonçait un verdict de condamnation.
2. Voir Mt 9.32 et note.

vous atteindre. 29 Ou encore,
comment quelqu'un pourrait-il
entrer dans la maison de l'homme
fort et s'emparer de ses biens, s'il
n'a d'abord ligoté l'homme fort ?
Alors il pillera sa maison. 30 Qui
n'est pas avec moi est contre moi,
et qui ne rassemble pas avec moi
disperse.

31 Voilà pourquoi, je vous le
déclare, tout péché, tout *blasphème sera pardonné aux
hommes, mais le blasphème
contre l'Esprit ne sera pas pardonné. 32 Et si quelqu'un dit une
parole contre le *Fils de l'homme,
cela lui sera pardonné ; mais s'il
parle contre l'Esprit-Saint, cela
ne lui sera pardonné ni en ce
monde ni dans le monde à venir. »

L'homme sera jugé sur ses pa-
roles
(Mt 7.16-17; Lc 6.44-45)

33 Supposez qu'un arbre soit
bon, son fruit sera bon ; suppo-
sez-le malade, son fruit sera malade : c'est au fruit qu'on reconnaît l'arbre. 34 Engeance de vipères, comment pourriez-vous
dire de bonnes choses, alors que
vous êtes mauvais ? Car ce que
dit la bouche, c'est ce qui déborde
du *cœur. 35 L'homme bon, de
son bon trésor, retire de bonnes
choses ; l'homme mauvais, de son
mauvais trésor, retire de mauvaises choses. 36 Or je vous le dis :
les hommes rendront compte au
jour du jugement de toute parole
sans portée[1] qu'ils auront profé-
rée. 37 Car c'est d'après tes paroles que tu seras justifié, et c'est

d'après tes paroles que tu seras
condamné.

Le signe de Jonas ; la reine de
Saba
(Mt 16.1-4; Mc 8.11-12; Lc 11.16, 29-32)

38 Alors quelques scribes et
*pharisiens prirent la parole :
« Maître, nous voudrions que tu
nous fasses voir un *signe. » 39 Il
leur répondit : « Génération mauvaise et adultère qui réclame un
signe ! En fait de signe, il ne lui
en sera pas donné d'autre que le
signe du prophète Jonas. 40 Car
tout comme *Jonas fut dans le
ventre du monstre marin trois
jours et trois nuits,* ainsi le *Fils
de l'homme sera dans le sein de la
terre trois jours et trois nuits.
41 Lors du jugement, les hommes
de Ninive se lèveront avec cette
génération et ils la condamneront, car ils se sont convertis à la
prédication de Jonas ; eh bien ! ici
il y a plus que Jonas. 42 Lors du
jugement la reine du Midi se lèvera avec cette génération et elle
la condamnera, car elle est venue
du bout du monde pour écouter
la sagesse de Salomon. Eh bien !
ici il y a plus que Salomon.

Le retour en force de l'esprit im-
pur
(Lc 11.24-26)

43 Lorsque l'esprit impur est
sorti d'un homme, il parcourt les
régions arides en quête de repos,
mais il n'en trouve pas. 44 Alors il
se dit : Je vais retourner dans
mon logis, d'où je suis sorti. À son
arrivée, il le trouve inoccupé, balayé, mis en ordre. 45 Alors il va
prendre avec lui sept autres es-

---

1. ou *sans fondement.*

prits plus mauvais que lui, ils y entrent et s'y installent. Et le dernier état de cet homme devient pire que le premier. Ainsi en sera-t-il également de cette génération mauvaise. »

La vraie famille de Jésus
(Mc 3.31-35; Lc 8.19-21)

46 Comme il parlait encore aux foules, voici que sa mère et ses frères se tenaient dehors, cherchant à lui parler. 47 (Quelqu'un lui dit : « Voici que ta mère et tes frères se tiennent dehors; ils cherchent à te parler[1].) » 48 À celui qui venait lui parler, Jésus répondit : « Qui est ma mère et qui sont mes frères ? » 49 Montrant de la main ses disciples, il dit : « Voici ma mère et mes frères; 50 quiconque fait la volonté de mon Père qui est aux *cieux, c'est lui mon frère, ma soeur, ma mère. »

La parabole du semeur
(Mc 4.1-9; Lc 8.4-8)

13 1 En ce jour-là, Jésus sortit de la maison[2] et s'assit au bord de la mer[3]. 2 De grandes foules se rassemblèrent près de lui, si bien qu'il monta dans une barque où il s'assit; toute la foule se tenait sur le rivage. 3 Il leur dit beaucoup de choses en *paraboles. « Voici que le semeur est sorti pour semer. 4 Comme il semait, des grains sont tombés au bord du chemin; et les oiseaux du ciel sont venus et ont tout mangé. 5 D'autres sont tombés dans les endroits pierreux,

où ils n'avaient pas beaucoup de terre; ils ont aussitôt levé parce qu'ils n'avaient pas de terre en profondeur; 6 le soleil étant monté, ils ont été brûlés et, faute de racine, ils ont séché. 7 D'autres sont tombés dans les épines; les épines ont monté et les ont étouffés. 8 D'autres sont tombés dans la bonne terre et ont donné du fruit, l'un cent, l'autre 60, l'autre 30. 9 Entende qui a des oreilles ! »

Pourquoi Jésus parle en paraboles
(Mc 4.10-12; Lc 10.9-10)

10 Les disciples s'approchèrent et lui dirent : « Pourquoi leur parles-tu en *paraboles ? » 11 Il répondit : « Parce qu'à vous il est donné de connaître les *mystères du *royaume des cieux, tandis qu'à ceux-là ce n'est pas donné. 12 Car à celui qui a il sera donné, et il sera dans la surabondance; mais à celui qui n'a pas, même ce qu'il a lui sera retiré. 13 Voici pourquoi je leur parle en paraboles : parce qu'ils regardent sans regarder et qu'ils entendent sans entendre ni comprendre; 14 et pour eux s'accomplit la prophétie d'Esaïe, qui dit :

Vous aurez beau entendre,
vous ne comprendrez pas;
vous aurez beau regarder, vous
ne verrez pas.
15 *Car le coeur de ce peuple s'est*
épaissi,
ils sont devenus durs d'oreille,
ils se se sont bouché les yeux,
pour ne pas voir de leurs yeux,
ne pas entendre de leurs
oreilles,
ne pas comprendre avec leur
*coeur,

1. Ce verset manque dans plusieurs manuscrits importants.
2. Voir Mc 2.1 et note.
3. Voir Mc 1.16 et note.

et pour ne pas se convertir.
Et je les aurais guéris !

16 Mais vous, heureux vos yeux
parce qu'ils voient, et vos
oreilles parce qu'elles entendent. 17 En vérité, je vous le
déclare, beaucoup de *prophètes, beaucoup de justes ont
désiré voir ce que vous voyez
et ne l'ont pas vu, entendre ce
que vous entendez et ne l'ont
pas entendu.

Une application de la parabole du semeur

(Mc 4.13-20; Lc 8.11-15)

18 Vous donc, écoutez la parabole du semeur. 19 Quand
l'homme entend la parole du
*Royaume et ne comprend pas,
c'est que le Malin vient et s'empare de ce qui a été semé dans
son coeur; tel est celui qui a été
ensemencé au bord du chemin.
20 Celui qui a été ensemencé en
des endroits pierreux, c'est celui
qui, entendant la Parole, la reçoit
aussitôt avec joie; 21 mais il n'a
pas en lui de racine, il est
l'homme d'un moment : dès que
vient la détresse ou la persécution
à cause de la Parole, il tombe.
22 Celui qui a été ensemencé dans
les épines, c'est celui qui entend la
Parole, mais le souci du monde et
la séduction des richesses étouffent la Parole, et il reste sans
fruit[1]. 23 Celui qui a été ensemencé dans la bonne terre, c'est
celui qui entend la Parole et comprend : alors, il porte du fruit et
produit l'un cent, l'autre 60,
l'autre 30. »

La parabole de l'ivraie

24 Il leur proposa une autre
*parabole : « Il en va du
*Royaume des cieux comme d'un
homme qui a semé du bon grain
dans son champ. 25 Pendant que
les gens dormaient, son ennemi
est venu; par-dessus, il a semé de
l'ivraie[1] en plein milieu du blé, et
il s'en est allé. 26 Quand l'herbe
eut poussé et produit l'épi, alors
apparut aussi l'ivraie. 27 Les serviteurs du maître de maison vinrent
lui dire : Seigneur, n'est-ce pas du
bon grain que tu as semé dans
ton champ ? D'où vient donc qu'il
s'y trouve de l'ivraie ? 28 Il leur
dit : C'est un ennemi qui a fait
cela. — Les serviteurs lui disent :
Alors, veux-tu que nous allions la
ramasser ? 29 Non, dit-il, de peur
qu'en ramassant l'ivraie vous ne
déraciniez le blé avec elle. 30 Laissez l'un et l'autre croître ensemble
jusqu'à la moisson, et au temps
de la moisson je dirai aux moissonneurs : Ramassez d'abord
l'ivraie et liez-la en bottes pour
la brûler; quant au blé, recueil-
lez-le dans mon grenier. »

La parabole du grain de moutarde

(Mc 4.30-32; Lc 13.18-19)

31 Il leur proposa une autre
*parabole : « Le *royaume des
cieux est comparable à un grain
de moutarde qu'un homme sème
dans son champ. 32 C'est bien la
plus petite de toutes les semences;
mais, quand elle a poussé, elle est
la plus grande des plantes potagères : elle devient un arbre, si

---

1. ou *elle* (la Parole) *devient inféconde.*

1. *Ivraie :* plante de la même famille que le blé;
ses grains provoquent un empoisonnement en
forme d'ivresse.

bien que les oiseaux du ciel viennent faire leurs nids dans ses
branches. »

La parabole du levain

(Lc 13.20-21)

33 Il leur dit une autre *parabole : « Le royaume des cieux est
comparable à du *levain qu'une
femme prend et enfouit dans
trois *mesures de farine, si bien
que toute la masse lève. »

L'enseignement par les para-
boles

(Mc 4.33-34)

34 Tout cela, Jésus le dit aux
foules en *paraboles, et il ne leur
disait rien sans paraboles, 35 afin
que s'accomplisse ce qui avait été
dit par le prophète : *J'ouvrirai la
bouche pour dire des paraboles,
je proclamerai des choses cachées
depuis la fondation du monde.*

Développement de la parabole
de l'ivraie

36 Alors, laissant les foules, il
vint à la maison[1], et ses disciples
s'approchèrent de lui et lui dirent : « Explique-nous la parabole
de l'ivraie dans le champ. » 37 Il
leur répondit : « Celui qui sème le
bon grain, c'est le *Fils de
l'homme; 38 le champ, c'est le
monde; le bon grain, ce sont les
sujets du Royaume : l'ivraie, ce
sont les sujets du Malin; 39 l'ennemi qui l'a semée, c'est le
*diable; la moisson, c'est la fin du
monde; les moissonneurs, ce sont
les *anges. 40 De même que l'on
ramasse l'ivraie pour la brûler au
feu, ainsi en sera-t-il à la fin du
monde : 41 le Fils de l'homme enverra ses anges; ils ramasseront,
pour les mettre hors de son
royaume, toutes les causes de
chute[1] et tous ceux qui commettent l'iniquité, 42 et ils les jetteront
dans la fournaise de feu; là seront
les pleurs et les grincements de
dents. 43 Alors les justes resplen-
diront comme le soleil dans le
*royaume de leur Père. Entende
qui a des oreilles ! »

Les paraboles du trésor et de la
perle

44 Le royaume des cieux est
comparable à un trésor qui était
caché dans un champ et qu'un
homme a découvert : il le cache à
nouveau et, dans sa joie, il s'en va,
met en vente tout ce qu'il a, et il
achète ce champ. 45 Le royaume
des cieux est encore comparable
à un marchand qui cherchait des
perles fines. 46 Ayant trouvé une
perle de grand prix, il s'en est allé
vendre tout ce qu'il avait, et il l'a
achetée.

La parabole du filet

47 Le royaume des cieux est encore comparable à un filet qu'on
jette en mer et qui ramène toutes
sortes de poissons. 48 Quand il est
plein, on le tire sur le rivage puis,
on s'assied, on ramasse dans des
paniers ce qui est bon et l'on rejette ce qui ne vaut rien. 49 Ainsi
en sera-t-il à la fin du monde : les

---

1. Voir Mc 2.1 et note.

1. ou *les scandales* : voir Mc 9.42 et note.

*anges surviendront et sépareront les mauvais d'avec les justes, 50 et ils les jetteront dans la fournaise de feu; là seront les pleurs et les grincements de dents.

Anciennes et nouvelles vérités

51 «Avez-vous compris tout cela?» — «Oui», lui répondent-ils. 52 Et il leur dit : «Ainsi donc tout *scribe instruit du *royaume des cieux est comparable à un maître de maison qui tire de son trésor du neuf et du vieux.»

Jésus et les gens de Nazareth

(Mc 6.1-6; Lc 4.16-24)

53 Or, quand Jésus eut achevé ces *paraboles, il partit de là. 54 Étant venu dans sa patrie[1], il enseignait les habitants dans leur *synagogue de telle façon que, frappés d'étonnement, ils disaient : «D'où lui viennent cette sagesse et ces miracles? 55 N'est-ce pas le fils du charpentier? Sa mère ne s'appelle-t-elle pas Marie, et ses frères Jacques, Joseph, Simon et Jude? 56 Et ses sœurs ne sont-elles pas toutes chez nous? D'où lui vient donc tout cela?» 57 Et il était pour eux une occasion de chute. Jésus leur dit : «Un *prophète n'est méprisé que dans sa patrie et dans sa maison.» 58 Et là, il ne fit pas beaucoup de miracles, parce qu'ils ne croyaient pas.

La mort de Jean le Baptiste

(Mc 6.14-29; Lc 9.7-9; 3.19-20)

14 1 En ce temps-là, Hérode le tétrarque[1] apprit la renommée de Jésus 2 et il dit à ses familiers : «Cet homme est Jean le Baptiste! C'est lui, ressuscité des morts; voilà pourquoi le pouvoir de faire des miracles agit en lui.» 3 En effet Hérode avait fait arrêter et enchaîner Jean et l'avait emprisonné, à cause d'Hérodiade, la femme de son frère Philippe; 4 car Jean lui disait : «Il ne t'est pas permis de la garder pour femme.» 5 Bien qu'il voulût le faire mourir, Hérode eut peur de la foule qui tenait Jean pour un *prophète. 6 Or, à l'anniversaire d'Hérode, la fille d'Hérodiade exécuta une danse devant les invités et plut à Hérode. 7 Aussi s'engagea-t-il par serment à lui donner tout ce qu'elle demanderait. 8 Poussée par sa mère, elle lui dit : «Donne-moi ici, sur un plat, la tête de Jean le Baptiste.» 9 Le roi[2] en fut attristé; mais, à cause de son serment et des convives, il commanda de la lui donner 10 et envoya décapiter Jean dans sa prison. 11 Sa tête fut apportée sur un plat et donnée à la jeune fille qui l'apporta à sa mère. 12 Les *disciples de Jean vinrent prendre le cadavre et l'ensevelirent; puis ils allèrent informer Jésus.

---

1. D'après Lc 4.16-24 il s'agit de Nazareth; voir aussi Mt 2.23.

1. Voir Mc 1.14; 6.14, 17 et notes.
2. C'est-à-dire Hérode le tétrarque.

Jésus nourrit cinq mille hommes
(Mc 6.30-44; Lc 9.10-17; Jn 6.1-15)

13 À cette nouvelle, Jésus se retira de là en barque vers un lieu désert, à l'écart. L'ayant appris, les foules le suivirent à pied[1] de leurs diverses villes. 14 En débarquant, il vit une grande foule; il fut pris de pitié pour eux et guérit leurs infirmes. 15 Le soir venu, les disciples s'approchèrent de lui et lui dirent : « L'endroit est désert et déjà l'heure est tardive; renvoie donc les foules, qu'elles aillent dans les villages s'acheter des vivres. » 16 Mais Jésus leur dit : « Elles n'ont pas besoin d'y aller : donnez-leur vous-mêmes à manger. » 17 Alors ils lui disent : « Nous n'avons ici que cinq pains et deux poissons. » 18 « Apportez-les moi ici », dit-il. 19 Et, ayant donné l'ordre aux foules de s'installer sur l'herbe, il prit les cinq pains et les deux poissons et, levant son regard vers le ciel, il prononça la bénédiction; puis, rompant les pains, il les donna aux disciples, et les disciples aux foules. 20 Ils mangèrent tous et furent rassasiés; et l'on emporta ce qui restait des morceaux : douze paniers pleins ! 21 Or ceux qui avaient mangé étaient environ 5.000 hommes, sans compter les femmes et les enfants.

Jésus marche sur le lac
(Mc 6.45-52; Jn 6.16-21)

22 Aussitôt Jésus obligea les disciples à remonter dans la barque et à le précéder sur l'autre rive, pendant qu'il renverrait les foules. 23 Et après avoir renvoyé les foules, il monta dans la montagne pour prier à l'écart. Le soir venu, il était là, seul. 24 La barque se trouvait déjà à plusieurs centaines de mètres de la terre; elle était battue par les vagues, le vent étant contraire. 25 Vers la fin de la nuit, il vint vers eux en marchant sur la mer. 26 En le voyant marcher sur la mer, les disciples furent affolés : « C'est un fantôme », disaient-ils, et, de peur, ils poussèrent des cris. 27 Mais aussitôt Jésus leur parla : « Confiance, c'est moi, n'ayez pas peur ! » 28 S'adressant à lui, Pierre lui dit : « Seigneur, si c'est bien toi, ordonne-moi de venir vers toi sur les eaux. » 29 « Viens », dit-il. Et Pierre, descendu de la barque, marcha sur les eaux et alla vers Jésus. 30 Mais, remarquant le vent, il eut peur et, commençant à couler, il s'écria : « Seigneur, sauve-moi ! » 31 Aussitôt, Jésus, tendant la main, le saisit en lui disant : « Homme de peu de foi, pourquoi as-tu douté ? » 32 Et quand ils furent montés dans la barque, le vent tomba. 33 Ceux qui étaient dans la barque se prosternèrent devant lui et lui dirent : « Vraiment, tu es Fils de Dieu ! »

Guérisons à Gennésareth
(Mc 6.53-56)

34 Après la traversée, ils touchèrent terre à Gennésareth. 35 Les gens de cet endroit le reconnurent, firent prévenir toute la

---

1. En longeant le rivage.

région, et on lui amena tous les malades. 36 On le suppliait de les laisser seulement toucher la frange de son vêtement; et ceux qui la touchèrent furent tous guéris[1].

Jésus met en question la tradition
(*Mc 7.1-13*)

15 1 Alors des *pharisiens et des scribes de Jérusalem s'avancent vers Jésus et lui disent : 2 « Pourquoi tes *disciples transgressent-ils la tradition des *anciens ? En effet ils ne se lavent pas les mains, quand ils prennent leur repas. » 3 Il leur répliqua : « Et vous, pourquoi transgressez-vous le commandement de Dieu au nom de votre tradition ? 4 Dieu a dit en effet : *Honore ton père et ta mère* et encore : *Celui qui maudit père ou mère, qu'il soit puni de mort.* 5 Mais vous, vous dites : Quiconque dit à son père ou à sa mère : Le secours que je devais recevoir de moi est offrande sacrée, 6 celui-là n'aura pas à honorer son père. Et ainsi vous avez annulé la parole de Dieu au nom de votre tradition. 7 Hypocrites ! Esaïe a bien prophétisé à votre sujet, quand il a dit :

8 *Ce peuple m'honore des lèvres, mais son *coeur est loin de moi.*

9 *C'est en vain qu'ils me rendent un culte, car les doctrines qu'ils enseignent ne sont que préceptes d'hommes. »*

1. ou furent sauvés.

Ce qui rend l'homme impur
(*Mc 7.14-23*)

10 Puis, appelant la foule, il leur dit : « Ecoutez et comprenez ! 11 Ce n'est pas ce qui entre dans la bouche qui rend l'homme *impur; mais ce qui sort de la bouche, voilà ce qui rend l'homme impur. » 12 Alors les disciples s'approchèrent et lui dirent : « Sais-tu qu'en entendant cette parole, les *pharisiens ont été scandalisés ? » 13 Il répondit : « Tout plant que n'a pas planté mon Père céleste sera arraché. 14 Laissez-les : ce sont des aveugles qui guident des aveugles. Or si un aveugle guide un aveugle, tous les deux tomberont dans un trou ! » 15 Pierre intervint et lui dit : « Explique-nous cette parole énigmatique. » 16 Jésus dit : « - Etes-vous encore, vous aussi, sans intelligence ? 17 Ne savez-vous pas que tout ce qui pénètre dans la bouche passe dans le ventre, puis est rejeté dans la fosse ? 18 Mais ce qui sort de la bouche provient du *coeur, et c'est cela qui rend l'homme impur. 19 Du coeur en effet proviennent intentions mauvaises, meurtres, adultères, inconduite, vols, faux témoignages, injures. 20 C'est là ce qui rend l'homme impur; mais manger sans s'être lavé les mains ne rend pas l'homme impur. »

La foi d'une femme Cananéenne
(*Mc 7.24-30*)

21 Partant de là, Jésus se retira dans la région de Tyr et de Sidon.

22 Et voici qu'une Cananéenne[1] vint de là et elle se mit à crier : « Aie pitié de moi, Seigneur, *fils de David ! Ma fille est cruellement tourmentée par un démon[2]. » 23 Mais il ne lui répondit pas un mot. Ses disciples s'approchant, lui firent cette demande : « Renvoie-la[3], car elle nous poursuit de ses cris. » 24 Jésus répondit : « Je n'ai été envoyé qu'aux brebis perdues de la maison d'Israël. » 25 Mais la femme vint se prosterner devant lui : « Seigneur, dit-elle, viens à mon secours ! » 26 Il lui répondit : « Il n'est pas bien de prendre le pain des enfants pour le jeter aux petits chiens. » 27 « C'est vrai[4], Seigneur ! reprit-elle; et justement les petits chiens mangent les miettes qui tombent de la table de leurs maîtres. » 28 Alors Jésus lui répondit : « Femme, ta foi est grande ! Qu'il t'arrive comme tu le veux ! » Et sa fille fut guérie dès cette heure-là.

Guérisons au bord du lac

(Mc 7.31)

29 De là Jésus gagna les bords de la mer[5] de Galilée. Il monta dans la montagne, et là il s'assit. 30 Des gens en grande foule vinrent à lui, ayant avec eux des boiteux, des aveugles, des estropiés, des muets et bien d'autres encore. Ils les déposèrent à ses pieds, et il les guérit. 31 Aussi les foules s'émerveillaient-elles à la vue des muets qui parlaient, des estropiés qui redevenaient valides, des boiteux qui marchaient droit et des aveugles qui recouvraient la vue. Et elles rendirent gloire au Dieu d'Israël.

Jésus nourrit quatre mille hommes

(Mc 8.1-10; cf. Mt 14.13-21par)

32 Jésus appela ses disciples et leur dit : « J'ai pitié de cette foule, car voilà déjà trois jours qu'ils restent auprès de moi, et ils n'ont pas de quoi manger. Je ne veux pas les renvoyer à jeun : ils pourraient défaillir en chemin. » 33 Les disciples lui dirent : « D'où nous viendra-t-il dans un désert assez de pains pour rassasier une telle foule ? » 34 Jésus leur dit : « Combien de pains avez-vous ? » « Sept, dirent-ils, et quelques petits poissons. » 35 Il ordonna à la foule de s'étendre par terre, 36 prit les sept pains et les poissons, et, après avoir rendu grâce, il les rompit et les donnait aux disciples, et les disciples aux foules. 37 Et ils mangèrent tous et furent rassasiés; on emporta ce qui restait des morceaux : sept corbeilles pleines. 38 Or, ceux qui avaient mangé étaient au nombre de 4.000 hommes, sans compter les femmes et les enfants. 39 Après avoir renvoyé les foules, Jésus monta dans la barque et se rendit dans le territoire de Magadan[1].

---

1. L'appellation *Cananéenne* désigne cette femme comme appartenant à la population autochtone de cette partie de la Phénicie. Qu'elle soit païenne n'exclut pas qu'elle ait entendu parler de lui.
2. Voir note sur Mc 1.23.
3. ou *fais-lui grâce*.
4. ou *de grâce !*
5. Voir Mc 1.16 et note.

1. Localité inconnue; variante : *Magdala*.

Il n'y aura pas de signe venant du ciel

(Mt 12.38-39; Mc 8.11-13; Lc 11.16, 29; 12.54-56)

16 1 Les *pharisiens et les sadducéens s'avancèrent et, pour lui tendre un piège, lui demandèrent de leur montrer un *signe qui vienne du *ciel. 2 Il leur répondit[1] : « Le soir venu, vous dites : Il va faire beau temps, car le ciel est rouge feu; 3 et le matin : Aujourd'hui, mauvais temps, car le ciel est rouge sombre. Ainsi vous savez interpréter l'aspect du ciel, et les signes des temps, vous n'en êtes pas capables ! 4 Génération mauvaise et adultère qui réclame un signe ! En fait de signe, il ne lui en sera pas donné d'autre que le signe de Jonas. » Il les planta là et partit.

Manque d'intelligence des disciples

(Mc 8.14-21; Lc 12.1-6)

5 En passant sur l'autre rive, les disciples oublièrent de prendre des pains. 6 Jésus leur dit : « Attention ! Gardez-vous du *levain des pharisiens et des sadducéens ! » 7 Eux se faisaient cette réflexion : « C'est que nous n'avons pas pris de pains. » 8 Mais Jésus s'en aperçut et leur dit : « Gens de peu de foi, pourquoi cette réflexion sur le fait que vous n'avez pas pris de pains ? 9 Vous ne saisissez pas encore ? Vous ne vous rappelez pas les cinq pains pour les 5.000, et combien de paniers vous avez remportés ? 10 Ni les sept pains pour les 4.000 et combien de corbeilles vous avez

remportées ? 11 Comment ne saisissez-vous pas que je ne vous parlais pas de pains, quand je vous disais : « Gardez-vous du levain des pharisiens et des sadducéens ! » 12 Alors ils comprirent qu'il n'avait pas dit de se garder du levain des pains, mais de l'enseignement des pharisiens et des sadducéens.

Pierre reconnaît en Jésus le Fils de Dieu

(Mc 8.27-30; Lc 9.18-21)

13 Arrivé dans la région de Césarée de Philippe, Jésus interrogeait ses disciples : « Au dire des hommes, qui est le *Fils de l'homme ? » 14 Ils dirent : « Pour les uns, Jean le Baptiste; pour d'autres, Elie; pour d'autres encore, Jérémie ou l'un des *prophètes. » 15 Il leur dit : « Et vous, qui dites-vous que je suis ? » 16 Prenant la parole, Simon-Pierre répondit : « Tu es le *Christ, le Fils du Dieu vivant. » 17 Reprenant alors la parole, Jésus lui déclara : « Heureux es-tu, Simon fils de Jonas, car ce n'est pas la chair et le sang[1] qui t'ont révélé cela, mais mon Père qui est aux *cieux. 18 Et moi, je te le déclare : Tu es Pierre, et sur cette pierre je bâtirai mon Eglise, et la Puissance de la Mort n'aura pas de force contre elle. 19 Je te donnerai les clefs du *Royaume des cieux; tout ce que tu lieras sur la terre sera lié aux *cieux, et tout ce que tu délieras sur la terre sera délié aux cieux. » 20 Alors il commanda sévèrement aux disciples

---

1. La suite du v. 2 et le v. 3 manquent dans plusieurs manuscrits importants.

1. Même expression sémitique en 1 Co 15.50 et Ga 1.16, pour désigner l'homme tout entier comme être faible et incapable. Voir note sur Rm 7.5.

de ne dire à personne qu'il était le Christ.

Jésus annonce sa mort et sa résurrection

(Mc 8.31-33; Lc 9.22)

21 À partir de ce moment, Jésus Christ commença à montrer à ses disciples qu'il lui fallait s'en aller à Jérusalem, souffrir beaucoup de la part des anciens, des *grands prêtres et des scribes, être mis à mort et, le troisième jour, ressusciter. 22 Pierre, le tirant à part, se mit à le réprimander, en disant : « Dieu t'en préserve, Seigneur ! Non, cela ne t'arrivera pas ! » 23 Mais lui, se retournant, dit à Pierre : « Retire-toi ! Derrière moi, *Satan ! Tu es pour moi occasion de chute[1], car tes vues ne sont pas celles de Dieu, mais celles des hommes. »

Comment suivre Jésus

(Mc 8.34-9.1; Lc 9.23-27)

24 Alors Jésus dit à ses disciples : « Si quelqu'un veut venir à ma suite, qu'il renonce à lui-même et prenne sa croix, et qu'il me suive. 25 En effet quiconque veut sauver sa vie, la perdra; mais quiconque perd sa vie à cause de moi, l'assurera. 26 Et quel avantage l'homme aura-t-il à gagner le monde entier, s'il le paie de sa vie ? Ou bien que donnera l'homme qui ait la valeur de sa vie ? 27 Car le *Fils de l'homme va venir avec ses *anges dans la gloire de son père; et alors il ren-

dra à chacun selon sa conduite. 28 En vérité, je vous le déclare, parmi ceux qui sont ici, certains ne mourront pas avant de voir le Fils de l'homme venir comme roi.

Jésus transfiguré

(Mc 9.2-9; Lc 9.28-36)

17 1 Six jours après, Jésus prend avec lui Pierre, Jacques et Jean son frère, et les emmène à l'écart sur une haute montagne. 2 Il fut transfiguré devant eux : son visage resplendit comme le soleil, ses vêtements devinrent blancs comme la lumière. 3 Et voici que leur apparurent Moïse et Elie qui s'entretenaient avec lui. 4 Intervenant, Pierre dit à Jésus : « Seigneur, il est bon que nous soyons ici; si tu le veux, je vais dresser ici trois tentes, une pour toi, une pour Moïse, une pour Elie. » 5 Comme il parlait encore, voici qu'une nuée lumineuse les recouvrit. Et voici que, de la nuée, une voix disait : « Celui-ci est mon Fils bien-aimé, celui qu'il m'a plu de choisir. Ecoutez-le ! » 6 En entendant cela, les disciples tombèrent la face contre terre, saisis d'une grande crainte. 7 Jésus s'approcha, il les toucha et dit : « Relevez-vous ! soyez sans crainte ! » 8 Levant les yeux, ils ne virent plus que Jésus, lui seul. 9 Comme ils descendaient de la montagne, Jésus leur donna cet ordre : « Ne dites mot à personne de ce qui s'est fait voir de vous, jusqu'à ce que le *Fils de l'homme soit ressuscité des morts. »

---

1. Certains traduisent : *tu es un scandale pour moi.* Voir note sur Mc 9.42.

Les disciples questionnent Jésus sur Elie
(Mc 9.11-13)

10 Et les disciples l'interrogèrent : « Pourquoi donc les *scribes disent-ils qu'Elie doit venir d'abord ? » 11 Il répondit : « Certes Elie va venir et il rétablira tout; 12 mais, je vous le déclare, Elie est déjà venu, et, au lieu de le reconnaître, ils ont fait de lui tout ce qu'ils ont voulu. Le *Fils de l'homme lui aussi va souffrir par eux. » 13 Alors les disciples comprirent qu'il leur parlait de Jean le Baptiste.

Jésus guérit un enfant lunatique
(Mc 9.14-29; Lc 9.37-43)

14 Comme ils arrivaient près de la foule, un homme s'approcha de lui et lui dit en tombant à genoux : 15 « Seigneur, aie pitié de mon fils : il est lunatique[1] et souffre beaucoup, il tombe souvent dans le feu ou dans l'eau. 16 Je l'ai bien amené à tes disciples, mais ils n'ont pas pu le guérir. » 17 Prenant la parole, Jésus dit : « Génération incrédule et pervertie, jusqu'à quand serai-je avec vous ? Jusqu'à quand aurai-je à vous supporter ? Amenez-le moi ici. » 18 Jésus menaça le démon[2], qui sortit de l'enfant, et celui-ci fut guéri dès cette heure-là. 19 Alors les disciples, s'approchant de Jésus, lui dirent en particulier : « Et nous, pourquoi n'avons-nous pu le chasser ? » 20 Il leur dit : « A cause de la pauvreté

de votre foi. Car, en vérité je vous le déclare, si un jour vous avez de la foi gros comme une graine de moutarde, vous direz à cette montagne : Passe d'ici là-bas, et elle y passera. Rien ne vous sera impossible. 21 Et puis ce genre de démon ne peut s'en aller, sinon par la prière et le *jeûne. »

Jésus annonce à nouveau sa mort et sa résurrection
(Mc 9.30-32; Lc 9.43-45)

22 Comme ils s'étaient rassemblés en Galilée, Jésus leur dit : « Le *Fils de l'homme va être livré aux mains des hommes; 23 ils le tueront et, le troisième jour, il ressuscitera. » Et ils furent profondément attristés.

Jésus et Pierre paient l'impôt du Temple

24 Comme ils étaient arrivés à Capharnaüm, ceux qui perçoivent les didrachmes[1] s'avancèrent vers Pierre et lui dirent : « Est-ce que votre maître ne paie pas les didrachmes ? » 25 « Si », dit-il. Quand Pierre fut arrivé à la maison, Jésus, prenant les devants, lui dit : « Quel est ton avis, Simon ? Les rois de la terre, de qui perçoivent-ils taxes ou impôts ? De leurs fils, ou des étrangers ? » 26 Et comme il répondait : « Des étrangers », Jésus lui dit : « Par conséquent, les fils sont libres. 27 Toutefois, pour ne pas causer la chute[2] de ces gens-là, va à la

---

1. La description des symptômes de la maladie fait penser à l'épilepsie, affection que l'on a cru longtemps liée aux phases de la lune.
2. Voir Mc 1.23 et note.

1. *Didrachme* : pièce de deux drachmes représentant le montant annuel de l'impôt pour le Temple de Jérusalem, exigé de tout Israélite mâle. Voir note sur Mc 11.15, et au glossaire MONNAIES.
2. ou *pour que nous ne les scandalisions pas.*

mer, jette l'hameçon, saisis le premier poisson qui mordra, et ou-
vre-lui la bouche : tu y trouveras
un statère[1]. Prends-le et donne-le
leur, pour moi et pour toi. »

Le plus grand dans le royaume des cieux
(Mc 9.33-37; Lc 9.46-48)

18 1 À cette heure-là, les disciples s'approchèrent de Jé-
sus et lui dirent : « Qui donc est le
plus grand dans le *royaume des
cieux ? » 2 Appelant un enfant, il
le plaça au milieu d'eux 3 et dit :
« En vérité, je vous le déclare, si
vous ne changez et ne devenez
comme les enfants, non, vous
n'entrerez pas dans le royaume
des cieux. 4 Celui-là donc qui se
fera petit comme cet enfant, voilà
le plus grand dans le royaume
des cieux. 5 Qui accueille en mon
*nom un enfant comme celui-là,
m'accueille moi-même.

A propos des pièges pour la foi
(Mc 9.42-48; Lc 17.1-2)

6 Mais quiconque entraînera la
chute d'un seul de ces petits qui
croient en moi, il est préférable
pour lui qu'on lui attache au cou
une grosse meule et qu'on le pré-
cipite dans l'abîme de la mer.
7 Malheureux le monde, qui cause
tant de chutes ! Certes il est nécessaire qu'il y en ait, mais malheureux l'homme par qui la chute
arrive ! 8 Si ta main ou ton pied
entraînent ta chute, coupe-les et
jette-les loin de toi; mieux vaut
pour toi entrer dans la *vie man-

chot ou estropié que d'être jeté
avec tes deux mains ou tes deux
pieds dans le feu éternel ! 9 Et si
ton oeil entraîne ta chute, arrache-le et jette-le loin de toi;
mieux vaut pour toi entrer
borgne dans la vie que d'être jeté
avec tes deux yeux dans la *géhenne de feu !

La parabole de la brebis égarée
(Lc 15.1-7)

10 Gardez-vous de mépriser aucun de ces petits, car, je vous le
dis, aux *cieux leurs *anges se
tiennent sans cesse en présence de
mon Père qui est aux cieux[1].
12 Quel est votre avis ? Si un
homme a cent brebis et que l'une
d'entre elles vienne à s'égarer, ne
va-t-il pas laisser les 99 autres
dans la montagne pour aller à la
recherche de celle qui s'est éga-
rée ? 13 Et s'il parvient à la retrouver, en vérité je vous le déclare, il en a plus de joie que des
99 qui ne se sont pas égarées.
14 Ainsi votre Père qui est aux
cieux veut qu'aucun de ces petits
ne se perde.

Pour gagner le frère qui a péché

15 Si ton frère vient à pécher,
va le trouver et fais-lui les repro-
ches seul à seul. S'il t'écoute, tu
auras gagné ton frère. 16 S'il ne
t'écoute pas, prends encore avec
toi une ou deux personnes pour
que *toute affaire soit décidée sur
la parole de deux ou trois témoins.* 17 S'il refuse de les écouter,
dis-le à l'Eglise, et s'il refuse d'é-

---

1. *statère* : pièce de monnaie valant quatre
drachmes (deux didrachmes). Voir au glossaire
MONNAIES.

1. Quelques manuscrits ajoutent ici un v. 11
reproduisant Lc 19.10 : *Car le Fils de l'homme est
venu sauver ce qui était perdu.*

couter même l'Eglise, qu'il soit pour toi comme le *païen et le collecteur d'impôts. 18 En vérité, je vous le déclare : tout ce que vous lierez sur la terre sera lié au *ciel, et tout ce que vous délierez sur la terre sera délié au ciel.

La prière en commun

19 Je vous le déclare encore, si deux d'entre vous, sur la terre, se mettent d'accord pour demander quoi que ce soit, cela leur sera accordé par mon Père qui est aux cieux. 20 Car, là où deux ou trois se trouvent réunis en mon *nom, je suis au milieu d'eux. »

Le pardon entre frères
(Lc 17.4)

21 Alors Pierre s'approcha et lui dit : « Seigneur, quand mon frère commettra une faute à mon égard, combien de fois lui pardonnerai-je ? Jusqu'à sept fois ? » 22 Jésus lui dit : « Je ne te dis pas jusqu'à sept fois, mais jusqu'à 70 fois sept fois. »

La parabole du débiteur sans pitié

23 Ainsi en va-t-il du *royaume des cieux comme d'un roi qui voulut régler ses comptes avec ses serviteurs. 24 Pour commencer, on lui en amena un qui devait 10.000 talents[1]. 25 Comme il n'avait pas de quoi rembourser, le maître donna l'ordre de le vendre ainsi que sa femme, ses enfants et tout ce qu'il avait, en remboursement de sa dette. 26 Se jetant alors à ses

1. Une somme de 10.000 talents correspond au salaire de 60 millions de journées de travail.

pieds, le serviteur, prosterné, lui disait : « Prends patience envers moi, et je te rembourserai tout. 27 Pris de pitié, le maître de ce serviteur le laissa aller et lui remit sa dette. 28 En sortant, ce serviteur rencontra un de ses compagnons, qui lui devait cent pièces d'argent; il le prit à la gorge et le serrait à l'étrangler, en lui disant : Rembourse ce que tu dois. 29 Son compagnon se jeta donc à ses pieds et il le suppliait en disant : Prends patience envers moi, et je te rembourserai. 30 Mais l'autre refusa; bien plus, il s'en alla le faire jeter en prison, en attendant qu'il eût remboursé ce qu'il devait. 31 Voyant ce qui venait de se passer, ses compagnons furent profondément attristés et ils allèrent informer leur maître de tout ce qui était arrivé. 32 Alors, le faisant venir, son maître lui dit : Mauvais serviteur, je t'avais remis toute cette dette, parce que tu m'en avais supplié. 33 Ne devais-tu pas toi aussi, avoir pitié de ton compagnon, comme moi-même j'avais eu pitié de toi ? 34 Et, dans sa colère, son maître le livra aux tortionnaires, en attendant qu'il eût remboursé tout ce qu'il lui devait. 35 C'est ainsi que mon Père céleste vous traitera, si chacun de vous ne pardonne pas à son frère du fond du coeur.

Jésus parle du mariage et du divorce
(Mc 10.1-12; Lc 16.18)

19 1 Or, quand Jésus eut achevé ces instructions, il partit de la Galilée et vint dans le territoire de la Judée au-delà du

Jourdain[1]. 2 De grandes foules le suivirent, et là il les guérit. 3 Des *pharisiens s'avancèrent vers lui et lui dirent pour lui tendre un piège : « Est-il permis de répudier sa femme pour n'importe quel motif ? » 4 Il répondit : « N'a-vez-vous pas lu que le créateur, au commencement, *les fit mâle et femelle* 5 et qu'il a dit : *C'est pourquoi l'homme quittera son père et sa mère et s'attachera à sa femme, et les deux ne feront qu'une seule chair.* 6 Ainsi ils ne sont plus deux, mais une seule chair. Que l'homme donc ne sé-pare pas ce que Dieu a uni ! » 7 Ils lui disent : « Pourquoi donc Moïse a-t-il prescrit de *délivrer un certi-ficat de répudiation* quand on ré-pudie ? » 8 Il leur dit : « C'est à cause de la dureté de votre cœur que Moïse vous a permis de répu-dier vos femmes ; mais au com-mencement il n'en était pas ainsi. 9 Je vous le dis : si quelqu'un ré-pudie sa femme — sauf en cas d'union illégale — et en épouse une autre, il est adultère. »

Jésus parle du mariage et du célibat

10 Les disciples lui dirent : « Si telle est la condition de l'homme envers sa femme, il n'y a pas inté-rêt à se marier. » 11 Il leur répon-dit : « Tous ne comprennent pas ce langage, mais seulement ceux à qui c'est donné. 12 En effet il y a des eunuques qui sont nés ainsi du sein maternel ; il y a des eunu-ques qui ont été rendus tels par les hommes ; et il y en a qui se sont eux-mêmes rendus eunuques

à cause du *royaume des cieux. Comprenne qui peut com-prendre ! »

Jésus accueille des enfants
(Mc 10.13-16 ; Lc 18.15-17)

13 Alors des gens lui amenèrent des enfants, pour qu'il leur impo-sât les mains en disant une prière. Mais les disciples les rabrouèrent. 14 Jésus dit : « Laissez faire ces enfants, ne les empêchez pas de venir à moi, car le *royaume des cieux est à ceux qui sont comme eux. » 15 Et, après leur avoir im-posé les mains, il partit de là.

Jésus et le jeune homme riche
(Mc 10.17-31 ; Lc 18.18-30 ; 13.30)

16 Et voici qu'un homme s'ap-procha de lui et lui dit : « Maître, que dois-je faire de bon pour avoir la *vie éternelle ? » 17 Jésus lui dit : « Pourquoi m'interro-ges-tu sur le bon ? Unique est ce-lui qui est bon. Si tu veux entrer dans la vie, garde les commande-ments. » 18 « Lesquels ? », Lui dit-il ? Jésus répondit : *« Tu ne commettras pas de meurtre. Tu ne commettras pas d'adultère. Tu ne voleras pas. Tu ne porteras pas de faux témoignage. 19 Ho-nore ton père et ta mère.* Enfin : *Tu aimeras ton prochain comme toi-même. »* 20 Le jeune homme lui dit : « Tout cela, je l'ai observé. Que me manque-t-il encore ? » 21 Jésus lui dit : « Si tu veux être parfait, va, vends ce que tu pos-sèdes, donne-le aux pauvres, et tu auras un trésor dans les *cieux. Puis viens, suis-moi ! » 22 À cette parole, le jeune homme s'en alla

---

1. *au-delà du Jourdain :* c'est-à-dire à l'Est du fleuve.

tout triste, car il avait de grands biens.

23 Et Jésus dit à ses disciples : « En vérité, je vous le déclare, un riche entrera difficilement dans le royaume des cieux. 24 Je vous le répète, il est plus facile à un chameau de passer par un trou d'aiguille qu'à un riche d'entrer dans le royaume de Dieu. » 25 À ces mots, les disciples étaient très impressionnés et ils disaient : « Qui donc peut être sauvé ? » 26 Fixant sur eux son regard, Jésus leur dit : « Aux hommes c'est impossible, mais à Dieu tout est possible. »

27 Alors, prenant la parole, Pierre lui dit : « Eh bien ! nous, nous avons tout laissé et nous t'avons suivi. Qu'en sera-t-il donc pour nous ? » 28 Jésus leur dit : « En vérité, je vous le déclare : Lors du renouvellement de toutes choses, quand le *Fils de l'homme siégera sur son trône de gloire, vous qui m'avez suivi, vous siégerez vous aussi sur douze trônes pour juger les douze tribus d'Israël. 29 Et quiconque aura laissé maisons, frères, sœurs, père, mère, enfants ou champs, à cause de mon *Nom, recevra beaucoup plus et, en partage, la *vie éternelle. 30 Beaucoup de premiers seront derniers et beaucoup de derniers premiers.

Parabole des ouvriers de la onzième heure

20 1 Le *royaume des cieux est comparable, en effet, à un maître de maison qui sortit de grand matin, afin d'embaucher des ouvriers pour sa vigne. 2 Il convint avec les ouvriers d'une pièce d'argent pour la journée et les envoya à sa vigne. 3 Sorti vers la troisième heure[1], il en vit d'autres qui se tenaient sur la place, sans travail, 4 et il leur dit : Allez, vous aussi, à ma vigne, et je vous donnerai ce qui est juste. 5 Ils y allèrent. Sorti de nouveau vers la sixième heure, puis vers la neuvième, il fit de même. 6 Vers la onzième heure, il sortit encore, en trouva d'autres qui se tenaient là et leur dit : Pourquoi êtes-vous restés là tout le jour, sans travail ? 7 C'est que, lui disent-ils, personne ne nous a embauchés. Il leur dit : Allez, vous aussi, à ma vigne. 8 Le soir venu, le maître de la vigne dit à son intendant : Appelle les ouvriers, et remets à chacun son salaire, en commençant par les derniers pour finir par les premiers. 9 Ceux de la onzième heure vinrent donc et reçurent chacun une pièce d'argent. 10 Les premiers, venant à leur tour, pensèrent qu'ils allaient recevoir davantage ; mais ils reçurent, eux aussi, chacun une pièce d'argent. 11 En la recevant, ils murmuraient contre le maître de maison : 12 Ces derniers venus, disaient-ils, n'ont travaillé qu'une heure, et tu les traites comme nous, qui avons supporté le poids du jour et la grosse chaleur. 13 Mais, il répliqua à l'un d'eux : Mon ami, je ne te fais pas de tort ; n'es-tu pas convenu avec moi d'une pièce d'argent ? 14 Emporte ce qui est à toi et va-t-en. Je veux donner à ce dernier autant qu'à toi. 15 Ne m'est-il pas permis de faire ce que je veux de mon bien ? Ou alors ton œil est-il mauvais parce que je suis bon ! 16 Ainsi les der-

---

1. La *troisième heure* : 9 h du matin ; la *sixième heure* (v. 5) : midi ; la *neuvième heure* (v. 5) : 3 h de l'après-midi ; la *onzième heure* : 5 h de l'après-midi.

niers seront premiers, et les premiers seront derniers. »

Jésus annonce encore sa passion et sa résurrection

(Mc 10.32-34; Lc 18.31-34)

17 Sur le point de monter à Jérusalem, Jésus prit les Douze à part et leur dit en chemin : 18 Voici que nous montons à Jérusalem, et le *Fils de l'homme sera livré aux *grands prêtres et aux scribes; ils le condamneront à mort 19 et le livreront aux *païens pour qu'ils se moquent de lui, le flagellent, le crucifient; et, le troisième jour, il ressuscitera. »

Démarche de la mère des fils de Zébédée

(Mc 10.35-45; Lc 22.25-27)

20 Alors la mère des fils de Zébédée s'approcha de lui, avec ses fils, et elle se prosterna pour lui faire une demande. 21 Il lui dit : « Que veux-tu ? » « Ordonne, lui dit-elle, que dans ton royaume mes deux fils que voici siègent l'un à ta droite et l'autre à ta gauche. » 22 Jésus répondit : « Vous ne savez pas ce que vous demandez. Pouvez-vous boire la coupe que je vais boire ? » Ils lui disent : « Nous le pouvons. » 23 Il leur dit : « Ma coupe, vous la boirez; quant à siéger à ma droite et à ma gauche, il ne m'appartient pas de l'accorder : ce sera donné à ceux pour qui mon père l'a préparé. » 24 Les dix, qui avaient entendu, s'indignèrent contre les deux frères. 25 Mais Jésus les appela et leur dit : « Vous le savez, les chefs des nations les tiennent sous leur pouvoir et les grands

sous leur domination. 26 Il ne doit pas en être ainsi parmi vous. Au contraire, si quelqu'un veut être grand parmi vous, qu'il soit votre serviteur, 27 et si quelqu'un veut être le premier parmi vous, qu'il soit votre esclave. 28 C'est ainsi que le *Fils de l'homme est venu non pour être servi, mais pour servir et donner sa vie en rançon pour la multitude. »

Jésus guérit deux aveugles à Jéricho

(Mc 10.46-52; Lc 18.35-43)

29 Comme ils sortaient de Jéricho, une grande foule le suivit. 30 Et voici que deux aveugles, assis au bord du chemin, apprenant que c'était Jésus qui passait, se mirent à crier : « Seigneur, *Fils de David, aie pitié de nous ! » 31 La foule les rabrouaient pour qu'ils se taisent. Mais ils crièrent encore plus fort : « Seigneur ! Fils de David, aie pitié de nous ! » 32 Jésus s'arrêta, les appela et leur dit : « Que voulez-vous que je fasse pour vous ? » 33 Ils lui disent : « Seigneur, que nos yeux s'ouvrent ! » 34 Pris de pitié, Jésus leur toucha les yeux. Aussitôt ils retrouvèrent la vue. Et ils le suivirent.

L'entrée de Jésus à Jérusalem

(Mc 11.1-11; Lc 19.28-40; Jn 12.12-16)

21 1 Lorsqu'ils approchèrent de Jérusalem et arrivèrent près de Bethphagé, au mont des Oliviers, alors Jésus envoya deux disciples 2 en leur disant : « Allez au village qui est devant vous : vous trouverez aussitôt une ânesse attachée et un ânon avec

elle : détachez-la et amenez-les moi. 3 Et si quelqu'un vous dit quelque chose, vous répondrez : Le Seigneur en a besoin, et il les laissera aller tout de suite. » 4 Cela est arrivé pour que s'accomplisse ce qu'a dit le prophète : 5 *Dites à la fille de *Sion : Voici que ton roi vient à toi, humble et monté sur une ânesse et sur un ânon, le petit d'une bête de somme.* 6 Les disciples s'en allèrent et, comme Jésus le leur avait prescrit, ils amenèrent l'ânesse et l'ânon; puis ils disposèrent sur eux leurs vêtements, et Jésus s'assit dessus. 8 Le peuple, en foule, étendit ses vêtements sur la route; certains coupaient des branches aux arbres et en jonchaient la route. 9 Les foules qui marchaient devant lui et celles qui le suivaient, criaient : « *Hosanna* au *Fils de David ! *Béni soit au *nom du Seigneur celui qui vient ! Hosanna* au plus haut des cieux ! » 10 Quand Jésus entra dans Jérusalem, toute la ville fut en émoi : « Qui est-ce ? », disait-on : 11 et les foules répondaient : « C'est le *prophète Jésus, de Nazareth en Galilée. »

Jésus chasse les vendeurs du Temple

(*Mc 11.15-19; Lc 19.45-48; Jn 2.13-16*)

12 Puis Jésus entra dans le *Temple et chassa tous ceux qui vendaient et achetaient dans le Temple; il renversa les tables des changeurs et les sièges des marchands de colombes. 13 Et il leur dit : « Il est écrit : *Ma maison sera appelée maison de prière;* mais vous, vous en faites *une caverne*

de bandits ! » 14 Des aveugles et des boiteux s'avancèrent vers lui dans le Temple, et il les guérit. 15 Voyant les choses étonnantes qu'il venait de faire et ces enfants qui criaient dans le Temple : « Hosanna au *Fils de David ! », les *grands prêtres et les scribes furent indignés 16 et ils lui dirent : « Tu entends ce qu'ils disent ? » Mais Jésus leur dit : « Oui. N'avez-vous jamais lu ce texte : *Par la bouche des tout-petits et des nourrissons, tu t'es préparé une louange ?* 17 Puis il les planta là et sortit de la ville pour se rendre à Béthanie, où il passa la nuit.

Le figuier sans figues

(*Mc 11.12-14, 20-25*)

18 Comme il revenait à la ville de bon matin, il eut faim. 19 Voyant un figuier près du chemin, il s'en approcha, mais il n'y trouva rien, que des feuilles. Il lui dit : « Jamais plus tu ne porteras de fruit ! » À l'instant même, le figuier sécha. 20 Voyant cela, les disciples furent saisis d'étonnement et dirent : « Comment à l'instant même, le figuier a-t-il séché ? » 21 Jésus leur répondit : « En vérité, je vous le déclare, si un jour vous avez la foi et ne doutez pas, non seulement vous ferez ce que je viens de faire au figuier, mais même si vous dites à cette montagne : Ote-toi de là et jette-toi à la mer, cela se fera. 22 Tout ce que vous demanderez dans la prière avec foi, vous le recevrez. »

L'autorité de Jésus est mise en question
(Mc 11.27-33; Lc 20.1-8)

23 Quand il fut entré dans le *Temple, les *grands prêtres et les anciens du peuple s'avancèrent vers lui pendant qu'il enseignait, et ils lui dirent : « En vertu de quelle autorité fais-tu cela ? Et qui t'a donné cette autorité ? » 24 Jésus leur répondit : « Moi aussi, je vais vous poser une question, une seule; si vous me répondez, je vous dirai à mon tour en vertu de quelle autorité je fais cela. 25 Le baptême de Jean, d'où venait-il ? Du *ciel[1] ou des hommes ? » Ils raisonnèrent en eux-mêmes : « Si nous disons : Du ciel, il nous dira : Pourquoi donc n'avez-vous pas cru en lui ? 26 Et si nous disons : Des hommes, nous devons redouter la foule, car tous tiennent Jean pour un *prophète. » 27 Alors ils répondirent à Jésus : « Nous ne savons pas. » Et lui aussi leur dit : « Moi non plus, je ne vous dis pas en vertu de quelle autorité je fais cela. »

La parabole des deux fils

28 « Quel est votre avis ? Un homme avait deux fils. S'avançant vers le premier, il lui dit : Mon enfant, va donc aujourd'hui travailler à la vigne. 29 Celui-ci lui répondit : Je ne veux pas; un peu plus tard, s'étant repenti, il y alla. 30 S'avançant vers le second, il lui dit la même chose. Celui-ci lui répondit : J'y vais, Seigneur; mais il n'y alla pas. 31 Lequel des deux a fait la volonté du père ? » « Le premier », répondirent-ils. Jésus

leur dit : « En vérité, je vous le déclare, collecteurs d'impôts et prostituées vous précèdent dans le *royaume de Dieu. 32 En effet, Jean[1] est venu à vous dans le chemin de la justice, et vous ne l'avez pas cru; collecteurs d'impôts et prostituées, au contraire, l'ont cru. Et vous, voyant cela, vous ne vous êtes pas davantage repentis dans la suite pour le croire. »

La parabole des vignerons meurtriers
(Mc 12.1-12; Lc 20.9-19)

33 « Ecoutez une autre *parabole. Il y avait un propriétaire qui *planta une vigne, l'entoura d'une clôture, y creusa un pressoir et bâtit une tour; puis il la donna en fermage à des vignerons et partit en voyage. 34 Quand le temps des fruits approcha, il envoya ses serviteurs aux vignerons pour recevoir les fruits qui lui revenaient. 35 Mais les vignerons saisirent ces serviteurs; l'un, ils le rouèrent de coups; un autre, ils le tuèrent; un autre ils le lapidèrent. 36 Il envoya encore d'autres serviteurs, plus nombreux que les premiers; ils les traitèrent de même. 37 Finalement, il leur envoya son fils, en se disant : Ils respecteront mon fils. 38 Mais les vignerons, voyant le fils, se dirent entre eux : C'est l'héritier. Venez ! Tuons-le et emparons-nous de l'héritage. 39 Ils se saisirent de lui, le jetèrent hors de la vigne et le tuèrent. 40 Eh bien ! Lorsque viendra le maître de la vigne, que fera-t-il à ces vignerons-là ? » 41 Ils lui répondirent : « Il fera périr miséra-

---

1. Voir Mt 3.2 et note.   1. Jean le Baptiste.

blement ces misérables, et il donnera la vigne en fermage à d'autres vignerons, qui lui remettront les fruits en temps voulu. » 42 Jésus leur dit : « N'avez-vous jamais lu dans les Ecritures :

La pierre qu'ont rejetée les bâtisseurs,

c'est elle qui est devenue la pierre angulaire;

c'est là l'oeuvre du Seigneur : Quelle merveille à nos yeux.

43 Aussi je vous le déclare : le *royaume de Dieu vous sera enlevé, et il sera donné à un peuple qui en produira les fruits. 44 Celui qui tombera sur cette pierre sera brisé, et celui sur qui elle tombera, elle l'écrasera. » 45 En entendant ses paraboles, les *grands prêtres et les pharisiens comprirent que c'était d'eux qu'il parlait. 46 Ils cherchaient à l'arrêter, mais ils eurent peur des foules, car elles le tenaient pour un *prophète.

La parabole des invités
(*Lc 14.15-24*)

22 1 Et Jésus se remit à leur parler en *paraboles : 2 « Il en va du *royaume des cieux comme d'un roi qui fit un festin de noces pour son fils. 3 Il envoya ses serviteurs appeler à la noce les invités. Mais eux ne voulaient pas venir. 4 Il envoya encore d'autres serviteurs chargés de dire aux invités : Voici, j'ai apprêté mon banquet, mes taureaux et mes bêtes grasses sont égorgés, tout est prêt, venez aux noces. 5 Mais eux, sans en tenir compte, s'en allèrent, l'un à son champ, l'autre à son commerce; 6 les autres, saisissant les serviteurs, les maltrai-

tèrent et les tuèrent. 7 Le roi se mit en colère; il envoya ses troupes, fit périr ces assassins et incendia leur ville. 8 Alors il dit à ses serviteurs : La noce est prête, mais les invités n'en étaient pas dignes. 9 Allez donc aux places d'où partent les chemins et convoquez à la noce tous ceux que vous trouverez. 10 Ces serviteurs s'en allèrent par les chemins et rassemblèrent tous ceux qu'ils trouvèrent, mauvais et bons. Et la salle de noce fut remplie de convives. 11 Entré pour regarder les convives, le roi aperçut là un homme qui ne portait pas de vêtement de noce. 12 Mon ami, lui dit-il, comment es-tu entré ici sans avoir de vêtement de noce ? Celui-ci resta muet. 13 Alors le roi dit aux servants : Jetez-le, pieds et poings liés, dans les ténèbres du dehors : là seront les pleurs et les grincements de dents. 14 Certes, la multitude est appelée, mais peu sont élus. »

L'impôt dû à César
(*Mc 12.13-17; Lc 20.20-26*)

15 Alors les *pharisiens allèrent tenir conseil afin de le prendre au piège en le faisant parler. 16 Ils lui envoient leurs *disciples avec les Hérodiens[1], pour lui dire : « Maître, nous savons que tu es franc et que tu enseignes les chemins de Dieu en toute vérité, sans te laisser influencer par qui que ce soit, car tu ne tiens pas compte de la condition des gens. 17 Dis-nous donc ton avis : Est-il permis, oui ou non, de payer le tribut à César ? » 18 Mais Jésus, s'apercevant de leur malice, dit :

1. Voir note sur Mc 3.6.

« Hypocrites ! Pourquoi me tendez-vous un piège ? 19 Montrez-moi la monnaie qui sert à payer le tribut. » Ils lui présentèrent une pièce d'argent. 20 Il leur dit : « Cette effigie et cette inscription, de qui sont-elles ? » 21 Ils répondent : « De César. » Alors il leur dit : « Rendez donc à César ce qui est à César, et à Dieu ce qui est à Dieu. » 22 À ces mots, ils furent tout étonnés et, le laissant, ils s'en allèrent.

Une question sur la résurrection
(Mc 12.18-27; Lc 20.27-38)

23 Ce jour-là, des *sadducéens s'approchèrent de lui. Les sadducéens disent qu'il n'y a pas de résurrection. Ils lui posèrent cette question : 24 « Maître, Moïse a dit : *Si quelqu'un meurt sans avoir d'enfants, son frère épousera la veuve, pour donner une descendance à son frère.* 25 Or il y avait chez nous sept frères. Le premier, qui était marié, mourut; et comme il n'avait pas de descendance, il laissa sa femme à son frère; 26 de même le deuxième, le troisième, et ainsi jusqu'au septième. 27 Finalement, après eux tous, la femme mourut. 28 Eh bien ! À la résurrection, duquel des sept sera-t-elle la femme, puisque tous l'ont eue pour femme ? » 29 Jésus leur répondit : « Vous êtes dans l'erreur, parce que vous ne connaissez ni les Écritures ni la puissance de Dieu. 30 À la résurrection, en effet, on ne prend ni femme ni mari; mais on est comme des *anges dans le ciel. 31 Et pour ce qui est de la résurrection des morts, n'avez-vous pas lu la parole que

Dieu vous a dite : 32 *Je suis le Dieu d'Abraham, le Dieu d'Isaac et le Dieu de Jacob ?* Il n'est pas le Dieu des morts, mais des vivants. » 33 En entendant cela, les foules étaient frappées de son enseignement.

Le plus grand commandement de la Loi
(Mc 12.28-34; cf. Lc 10.25-28)

34 Apprenant qu'il avait fermé la bouche aux *sadducéens, les pharisiens se réunirent. 35 Et l'un d'eux, un *légiste, lui demanda pour lui tendre un piège : 36 « Maître, quel est le grand commandement dans la *Loi ? » 37 Jésus lui déclara : « *Tu aimeras le Seigneur ton Dieu de tout ton cœur, de toute ton âme et de toute ta pensée.* 38 C'est là le grand, le premier commandement. 39 Un second est aussi important[1] : *Tu aimeras ton prochain comme toi-même.* 40 De ces deux commandements dépendent toute la Loi et les Prophètes[2]. »

Le Messie et David
(Mc 12.35-37; Lc 20.41-44)

41 Comme les *pharisiens se trouvaient réunis, Jésus leur posa cette question : 42 Quelle est votre opinion au sujet du Messie ? De qui est-il fils ? » Ils lui répondent : « De David[3]. » 43 Jésus leur dit : « Comment donc David, inspiré par l'Esprit, l'appelle-t-il Seigneur, en disant :
44 *Le Seigneur a dit à mon Seigneur :*

1. ou semblable.
2. Voir note sur Rm 3.19.
3. Voir au glossaire FILS DE DAVID.

*siège à ma droite
jusqu'à ce que j'aie mis tes ennemis sous tes pieds ?*

45 Si donc David l'appelle Seigneur, comment est-il son fils ? »
46 Personne ne fut capable de lui
répondre un mot. Et, depuis ce
jour-là, nul n'osa plus l'interroger.

Jésus démasque scribes et phari-
siens

(Mc 12.38-40; Lc 20.45-47; 11.39-52)

23 1 Alors Jésus s'adressa aux
foules et à ses *disciples :
2 « Les scribes et les *pharisiens
siègent dans la chaire de Moïse[1] :
3 faites donc et observez tout ce
qu'ils peuvent vous dire, mais ne
vous réglez pas sur leurs actes;
car ils disent et ne font pas. 4 Ils
lient de pesants fardeaux et les
mettent sur les épaules des
hommes, alors qu'eux-mêmes se
refusent à les remuer du doigt.
5 Toutes leurs actions, ils les font
pour se faire remarquer des
hommes. Ils élargissent leurs phylactères et allongent leurs
franges[2]. 6 Ils aiment à occuper
les premières places dans les dîners et les premiers sièges dans
les *synagogues, 7 à être salués
sur les places publiques et à s'entendre appeler Maître par les
hommes. 8 Pour vous, ne vous
faites pas appeler Maître : car
vous n'avez qu'un seul maître et
vous êtes tous frères. 9 N'appelez
personne sur la *terre votre Père :
car vous n'en avez qu'un seul, le
Père céleste. 10 Ne vous faites pas

non plus appeler Docteurs : car
vous n'avez qu'un seul Docteur, le
Christ. 11 Le plus grand parmi
vous sera votre serviteur; 12 quiconque s'élèvera sera abaissé, et
quiconque s'abaissera sera élevé.
13 Malheureux êtes-vous, scribes
et pharisiens hypocrites, vous qui
barrez aux hommes l'entrée du
*royaume des cieux ! Vous-mêmes
en effet n'y entrez pas et vous
ne laissez pas entrer ceux qui
le voudraient ! 15 Malheureux
êtes-vous, scribes et pharisiens
hypocrites, vous qui parcourez
mers et continents pour gagner
un seul prosélyte[2], et, quand il
l'est devenu, vous le rendez digne
de la *géhenne, deux fois plus que
vous ! 16 Malheureux êtes-vous,
guides aveugles, vous qui dites : Si
l'on jure par le *sanctuaire, cela
ne compte pas; mais si l'on jure
par l'or du sanctuaire, on est tenu.
17 Insensés et aveugles ! Qu'est-ce
donc qui l'emporte, l'or ou le
sanctuaire qui a rendu sacré cet
or ? 18 Vous dites encore : Si l'on
jure par l'*autel, cela ne compte
pas, mais si l'on jure par l'offrande placée dessus, on est tenu.
19 Aveugles ! Qu'est-ce donc qui
l'emporte, l'offrande ou l'autel qui
rend sacrée cette offrande ?
20 Aussi bien, celui qui jure par
l'autel jure-t-il par lui et par tout
ce qui est dessus; 21 celui qui jure
par le sanctuaire jure par lui et
par Celui qui l'habite; 22 celui qui
jure par le *ciel jure par le trône

---

1. La chaire de Moïse est le symbole de l'autorité officielle conférée à ceux qui sont chargés
d'enseigner et d'appliquer la Loi.
2. *Phylactères :* petits étuis contenant la copie
des passages essentiels de la Loi (Ex 13.1-16; Dt
6.4-9; 11.13-21). Sur les *franges* aux vêtements,
voir note sur Mc 6.56.

1. Certains manuscrits introduisent ici un v. 14
*Malheureux êtes-vous, scribes et pharisiens hypo-
crites, vous qui dévorez les biens des veuves et
faites pour l'apparence de longues prières : pour
cela vous recevrez une condamnation particulièrement sévère.*
2. *prosélyte :* terme spécifique pour désigner un
païen converti à la foi juive et rattaché au peuple
élu par la circoncision.

de Dieu et par Celui qui y siège. 23 Malheureux êtes-vous, scribes et pharisiens hypocrites, vous qui versez la dîme de la menthe, du fenouil et du cumin[1], alors que vous négligez ce qu'il y a de plus grave dans la *Loi : la justice, la miséricorde et la fidélité; c'est ceci qu'il fallait faire, sans négliger cela. 24 Guides aveugles, qui arrêtez au filtre le moucheron et avalez le chameau ! 25 Malheureux êtes-vous, scribes et pharisiens hypocrites, vous qui purifiez l'extérieur de la coupe et du plat, alors que l'intérieur est rempli des produits de la rapine et de l'intempérance. 26 Pharisien aveugle ! purifie d'abord le dedans de la coupe, pour que le dehors aussi devienne pur. 27 Malheureux êtes-vous, scribes et pharisiens hypocrites, vous qui ressemblez à des sépulcres blanchis[2] : au-dehors ils ont belle apparence, mais au-dedans ils sont pleins d'ossements de morts et d'*impuretés de toutes sortes. 28 Ainsi de vous : au-dehors vous offrez aux hommes l'apparence de justes, alors qu'au-dedans vous êtes remplis d'hypocrisie et d'iniquité. 29 Malheureux, scribes et pharisiens hypocrites, vous qui bâtissez les sépulcres des *prophètes et décorez les tombeaux des justes, 30 et vous dites : Si nous avions vécu du temps de nos pères, nous n'aurions pas été leurs complices pour verser le sang des prophètes. 31 Ainsi vous témoignez contre vous-mêmes : vous êtes les fils de ceux qui ont assassiné les prophètes ! 32 Eh bien ! vous, comblez

la mesure de vos pères ! 33 Serpents, engeance de vipères, comment pourriez-vous échapper au châtiment de la géhenne ? 34 C'est pourquoi, voici que moi, j'envoie vers vous des *prophètes, des sages et des *scribes. Vous en tuerez et mettrez en croix, vous en flagellerez dans vos *synagogues et vous les pourchasserez de ville en ville, 35 pour que retombe sur vous tout le sang des justes[1] répandu sur la terre, depuis le sang d'Abel le juste jusqu'au sang de Zacharie, fils de Barachie, que vous avez assassiné entre le sanctuaire et l'autel. 36 En vérité, je vous le déclare, tout cela va retomber sur cette génération.

Complainte de Jésus sur Jérusalem
(Lc 13.34-35)

37 Jérusalem, Jérusalem, toi qui tues les *prophètes et lapides ceux qui te sont envoyés, que de fois j'ai voulu rassembler tes enfants comme une poule rassemble ses poussins sous ses ailes, et vous n'avez pas voulu ! 38 Eh bien ! *elle va vous être laissée déserte, votre maison.* 39 Car, je vous le dis, désormais vous ne me verrez plus, jusqu'à ce que vous disiez : *Béni soit au *nom du Seigneur Celui qui vient !* »

Jésus annonce la ruine du Temple
(Mc 13.1-4; Lc 21.5-7)

24 1 Jésus était sorti du *Temple et s'en allait. Ses disciples s'avancèrent pour lui faire remarquer les constructions

---

1. *Menthe, fenouil, cumin* : plantes potagères.
2. Les tombeaux palestiniens étaient peints en blanc pour éviter qu'on ne les touche la nuit et qu'on ne soit tenu ainsi à des rites de purification.

1. Voir notes sur Mt 27.24-25.

du Temple. 2 Prenant la parole, il leur dit : « Vous voyez tout cela, n'est-ce pas ? En vérité, je vous le déclare, il ne restera pas ici pierre sur pierre : tout sera détruit. » 3 Comme il était assis, au mont des Oliviers[1], les disciples s'avancèrent vers lui, à l'écart, et lui dirent : « Dis-nous quand cela arrivera, et quel sera le signe de ton *avènement et de la fin du monde ? »

Les signes annonciateurs de la crise

(Mc 13.5-13; Lc 21.8-19)

4 Jésus leur répondit : « Prenez garde que personne ne vous égare[2]. 5 Car beaucoup viendront en prenant mon nom; ils diront : C'est moi, le *Messie, et ils égareront bien des gens. 6 Vous allez entendre parler de guerres et de rumeurs de guerres. Attention ! Ne vous alarmez pas : *il faut que cela arrive,* mais ce n'est pas encore la fin. 7 Car on se dressera nation contre nation et royaume contre royaume; il y aura en divers endroits des famines et des tremblements de terre. 8 Et tout cela sera le commencement des douleurs de l'enfantement. 9 Alors on vous livrera à la détresse, on vous tuera, vous serez haïs de tous les *païens à cause de mon *nom; 10 et alors un grand nombre succomberont[3]. Ils se livreront les uns les autres, ils se haïront entre eux. 11 Des faux *prophètes surgiront en foule et égareront beaucoup d'hommes. 12 Par suite de l'iniquité crois-

sante, l'amour du plus grand nombre se refroidira; 13 mais celui qui tiendra jusqu'à la fin, celui-là sera sauvé. 14 Cette Bonne Nouvelle du *Royaume sera proclamée dans le monde entier; tous les païens auront là un témoignage. Et alors viendra la fin.

La grande détresse

(Mc 13.14-23; Lc 21.20-.24)

15 Quand donc vous verrez *installé dans le lieu *saint l'Odieux Dévastateur,* dont a parlé le prophète Daniel — que le lecteur comprenne ! — 16 alors, ceux qui seront en Judée, qu'ils fuient dans les montagnes; 17 celui qui sera sur la terrasse, qu'il ne descende pas pour emporter ce qu'il y a dans sa maison; 18 celui qui sera au champ, qu'il ne retourne pas en arrière pour prendre son manteau. 19 Malheureuses celles qui seront enceintes et celles qui allaiteront en ces jours-là ! 20 Priez pour que vous n'ayez pas à fuir en hiver ni un jour de *sabbat. 21 Il y aura en effet une grande *détresse, telle qu'il n'y en a pas eu depuis le commencement du monde jusqu'à maintenant* et qu'il n'y en aura jamais plus. 22 Et si ces jours-là n'étaient abrégés, personne n'aurait la vie sauve; mais à cause des élus, ces jours-là seront abrégés. 23 Alors, si quelqu'un vous dit : Le *Messie est ici ou bien Il est là, n'allez pas le croire. 24 En effet, de faux messies, et de faux *prophètes se lèveront et produiront des signes formidables et des prodiges, au point d'égarer, s'il était possible,

---

1. Voir note sur Mc 11.1.
2. ou *ne vous séduise.*
3. Certains traduisent : *seront scandalisés* (voir note sur Mc 9.42).

même les élus. 25 Voilà, je vous ai prévenus.

L'avènement du Fils de l'homme
(Mc 13.24-31; Lc 17.23-24; 21.25-31)

26 Si donc on vous dit : Le voici dans le désert, ne vous y rendez pas. Le voici dans les lieux retirés, n'allez pas le croire. 27 En effet, comme l'éclair part du levant et brille jusqu'au couchant, ainsi en sera-t-il de l'*avènement du *Fils de l'homme. 28 Où que soit le cadavre, là se rassembleront les vautours. 29 Aussitôt après la détresse de ces jours-là, *le soleil s'obscurcira, la lune ne brillera plus, les étoiles tomberont du ciel, et les puissances des cieux seront ébranlées.* 30 Alors apparaîtra dans le ciel le signe du Fils de l'homme; alors *toutes les tribus de la terre se frapperont la poitrine;* et elles verront *le Fils de l'homme venir sur les nuées du ciel* dans la plénitude de la puissance et de la gloire. 31 Et il enverra ses *anges *avec la grande trompette,* et, *des quatre vents, d'une extrémité des cieux à l'autre,* ils *rassembleront ses élus.* 32 Comprenez cette comparaison empruntée au figuier : dès que ses rameaux deviennent tendres et que poussent ses feuilles, vous reconnaissez que l'été est proche. 33 De même, vous aussi, quand vous verrez tout cela, sachez que le Fils de l'homme est proche, qu'il est à vos portes. 34 En vérité, je vous le déclare, cette génération ne passera pas que tout cela n'arrive. 35 Le ciel et la terre passeront, mes paroles ne passeront pas.

Personne n'en connaît ni le jour ni l'heure
(Mc 13.32, 35; Lc 17.26-27, 34-35; 12.39-40)

36 Mais ce jour et cette heure, nul ne les connaît, ni les *anges des cieux, ni le Fils, personne sinon le Père, et lui seul. 37 Tels furent les jours de Noé, tel sera l'*avènement du *Fils de l'homme; 38 car de même qu'en ces jours d'avant le déluge, on mangeait et on buvait, l'on se mariait ou l'on donnait en mariage, jusqu'au jour où *Noé entra dans l'arche,* 39 et on ne se doutait de rien jusqu'à ce que vint le déluge, qui les emporta tous : tel sera aussi l'*avènement du Fils de l'homme. 40 Alors deux hommes seront aux champs : l'un est pris, l'autre laissé; 41 deux femmes seront en train de moudre à la meule : l'une est prise, l'autre laissée. 42 Veillez donc, car vous ne savez pas quel jour votre Seigneur va venir. 43 Vous le savez : si le maître de maison connaissait l'heure de la nuit à laquelle le voleur va venir, il veillerait et ne laisserait pas percer le mur de sa maison[1]. 44 Voilà pourquoi, vous aussi, tenez-vous prêts, car c'est à l'heure que vous ignorez que le Fils de l'homme va venir.

La parabole du serviteur fidèle
(Lc 12.42-46)

45 Quel est donc le serviteur fidèle et avisé que le maître a établi sur les gens de sa maison pour leur donner la nourriture en temps voulu ? 46 Heureux ce serviteur que son maître en arrivant trouvera en train de faire ce tra-

---

1. Voir note sur Mt 6.19.

vail. 47 En vérité, je vous le déclare, il l'établira sur tous ses biens. 48 Mais si ce mauvais serviteur se dit en son *coeur : Mon maître tarde, 49 et qu'il se mette à battre ses compagnons de service, qu'il mange et boive avec les ivrognes, 50 le maître de ce serviteur arrivera au jour qu'il n'attend pas et à l'heure qu'il ne sait pas; 51 il le chassera[1] et lui fera partager le sort des hypocrites : là seront les pleurs et les grincements de dents.

La parabole des dix vierges

25 1 Alors il en sera du *royaume des cieux comme de dix jeunes filles qui prirent leurs lampes et sortirent à la rencontre de l'époux. 2 Cinq d'entre elles étaient insensées et cinq étaient avisées. 3 En prenant leurs lampes, les filles insensées n'avaient pas emporté d'huile; 4 les filles avisées, elles, avaient pris, avec leurs lampes, de l'huile dans des fioles. 5 Comme l'époux tardait, elles s'assoupirent toutes et s'endormirent. 6 Au milieu de la nuit, un cri retentit : Voici l'époux ! Sortez à sa rencontre. 7 Alors toutes ces jeunes filles se réveillèrent et apprêtèrent leurs lampes. 8 Les insensées dirent aux avisées : Donnez-nous de votre huile, car nos lampes s'éteignent. 9 Les avisées répondirent : Certes pas, il n'y en aurait pas assez pour nous et pour vous ! Allez plutôt chez les marchands et achetez-en pour vous. 10 Pendant qu'elles allaient en acheter, l'époux arriva; celles qui étaient prêtes entrèrent avec lui dans la salle des noces, et l'on ferma la porte. 11 Finalement, arrivent à leur tour les autres jeunes filles, qui disent : Seigneur, seigneur, ouvre-nous ! 12 Mais il répondit : En vérité, je vous le déclare, je ne vous connais pas. 13 Veillez donc, car vous ne savez ni le jour ni l'heure. »

La parabole des talents
(Lc 19.12-27)

14 « En effet il en va comme d'un homme qui, partant en voyage, appela ses serviteurs et leur confia ses biens. 15 À l'un il remit cinq talents[1], à un autre deux, à un autre une seul, à chacun selon ses capacités, puis il partit. Aussitôt 16 celui qui avait reçu les cinq talents s'en alla le faire valoir et en gagna cinq autres. 17 De même celui des deux talents en gagna deux autres. 18 Mais celui qui n'en avait reçu qu'une s'en alla creuser un trou dans la terre et y cacha l'argent de son maître. 19 Longtemps après, arrive le maître de ces serviteurs, et il règle ses comptes avec eux. 20 Celui qui avait reçu les cinq talents s'avança et en présenta cinq autres, en disant : Maître, tu m'avais confié cinq talents; voici cinq autres talents que j'ai gagnés. 21 Son maître lui dit : C'est bien, bon et fidèle serviteur, tu as été fidèle en peu de choses, sur beaucoup je t'établirai; viens te réjouir avec ton maître. 22 Celui des deux talents s'avança à son tour et dit : Maître, tu m'avais confié deux talents; voici deux autres talents que j'ai ga-

---

1. A la lumière des textes de Qumrân on pense qu'il est question ici d'une sorte d'excommunication ou de mise en quarantaine.

1. Voir au glossaire MONNAIES.

gnés. 23 Son maître lui dit : C'est bien, bon et fidèle serviteur, tu as été fidèle en peu de choses, sur beaucoup je t'établirai; viens te réjouir avec ton maître. 24 S'avançant à son tour, celui qui avait reçu une seul talent dit : Maître, je savais que tu es un homme dur : tu moissonnes où tu n'as pas semé, tu ramasses où tu n'as pas répandu; 25 par peur, je suis allé cacher ton talent dans la terre : le voici, tu as ton bien. 26 Mais son Maître lui répondit : Mauvais serviteur, timoré ! Tu savais que je moissonne où je n'ai pas semé et que je ramasse où je n'ai rien répandu. 27 Il te fallait donc placer mon argent chez les banquiers : à mon retour, j'aurais recouvré mon bien avec un intérêt. 28 Retirez-lui donc son talent et donnez-le à celui qui a les dix talents. 29 Car à tout homme qui a, l'on donnera et il sera dans la surabondance; mais à celui qui n'a pas, même ce qu'il a lui sera retiré. 30 Quant à ce serviteur bon à rien, jetez-le dans les ténèbres du dehors : là seront les pleurs et les grincements de dents. »

Le jugement dernier

31 « Quand le *Fils de l'homme viendra dans sa gloire, accompagné de tous les *anges, alors il siégera sur son trône de gloire. 32 Devant lui seront rassemblées toutes les nations, et il séparera les hommes les uns des autres, comme le *berger sépare les brebis des chèvres. 33 Il placera les brebis à sa droite et les chèvres à sa gauche. 34 Alors le roi dira à ceux qui seront à sa droite : Venez, les bénis de mon Père, recevez en partage le Royaume qui a été préparé pour vous depuis la fondation du monde. 35 Car j'ai eu faim et vous m'avez donné à manger; j'ai eu soif et vous m'avez donné à boire; j'étais un étranger et vous m'avez recueilli; 36 nu, et vous m'avez vêtu; malade, et vous m'avez visité; en prison, et vous êtes venus à moi. 37 Alors les justes lui répondront : Seigneur, quand nous est-il arrivé de te voir affamé et de te nourrir, assoiffé et de te donner à boire ? 38 Quand nous est-il arrivé de te voir étranger et de te recueillir, nu et de te vêtir ? 39 Quand nous est-il arrivé de te voir malade ou en prison, et de venir à toi ? 40 Et le roi leur répondra : En vérité, je vous le déclare, chaque fois que vous l'avez fait à l'un de ces plus petits, qui sont mes frères, c'est à moi que vous l'avez fait ! 41 Alors il dira à ceux qui sont à sa gauche : Allez-vous en loin de moi, maudits, au feu éternel qui a été préparé pour le *diable et pour ses anges. 42 Car j'ai eu faim et vous ne m'avez pas donné à manger; j'ai eu soif et vous ne m'avez pas donné à boire, 43 j'étais un étranger et vous ne m'avez pas recueilli; nu, et vous ne m'avez pas vêtu; malade et en prison, et vous ne m'avez pas visité. 44 Alors eux aussi répondront : Seigneur, quand nous est-il arrivé de te voir affamé ou assoiffé, étranger ou nu, malade ou en prison, sans venir t'assister ? 45 Alors il leur répondra : En vérité, je vous le déclare, chaque fois que vous ne l'avez pas fait à l'un de ces plus petits, à moi non plus vous ne l'avez pas fait. 46 Et ils s'en iront, ceux-ci au châtiment

éternel, et les justes à la *vie éternelle. »

Le complot contre Jésus
(Mc 14.1-2; Lc 22.1-2; Jn 11.47, 49, 53)

26 1 Or, quand Jésus eut achevé toutes ces instructions, il dit à ses disciples : 2 « Vous le savez, dans deux jours, c'est la *Pâque : le *Fils de l'homme va être livré pour être crucifié. » 3 Alors les *grands prêtres et les anciens du peuple se réunirent dans le palais du Grand Prêtre, qui s'appelait Caïphe. 4 Ils tombèrent d'accord pour arrêter Jésus par ruse et le tuer. 5 Toutefois ils disaient : « Pas en pleine fête, pour éviter des troubles dans le peuple. »

L'onction à Béthanie
(Mc 14.3-9; Jn 12.1-8)

6 Comme Jésus se trouvait à Béthanie[1], dans la maison de Simon le lépreux, 7 une femme s'approcha de lui, avec un flacon d'albâtre contenant un parfum de grand prix ; elle le versa sur la tête de Jésus pendant qu'il était à table. 8 Voyant cela, les disciples s'indignèrent : « À quoi bon, disaient-ils, cette perte ? 9 On aurait pu le vendre très cher et donner la somme à des pauvres. » 10 S'en apercevant, Jésus leur dit : « Pourquoi tracasser cette femme ? C'est une bonne oeuvre qu'elle vient d'accomplir envers moi. 11 Des pauvres, en effet, vous en avez toujours avec vous; mais moi,

vous ne m'avez pas pour toujours. 12 En répandant ce parfum sur mon corps, elle a préparé mon ensevelissement. 13 En vérité, je vous le déclare : partout où sera proclamé cet *Evangile dans le monde entier, on racontera aussi, en souvenir d'elle, ce qu'elle a fait. »

Judas s'apprête à trahir Jésus
(Mc 14.10-11; Lc 22.3-6)

14 Alors l'un des Douze, qui s'appelait Judas Iscarioth[1], se rendit chez les *grands prêtres 15 et leur dit : « Que voulez-vous me donner, et je vous le livrerai ? » Ceux-ci lui fixèrent 30 pièces d'argent. 16 Dès lors il cherchait une occasion favorable pour le livrer.

Jésus fait préparer la Pâque
(Mc 14.12-16; Lc 22.7-13)

17 Le premier jour des pains sans levain, les disciples vinrent dire à Jésus : « Où veux-tu que nous te préparions le repas de la *Pâque ? » 18 Il dit : « Allez à la ville chez un tel et dites-lui : Le Maître dit : Mon temps est proche; c'est chez toi que je célèbre la Pâque avec mes disciples. » 19 Les disciples firent comme Jésus le leur avait prescrit et préparèrent la Pâque.

Jésus annonce qu'il va être trahi
(Mc 14.17-21; Lc 22.14; Jn 13.21-30)

20 Le soir venu, il était à table avec les Douze. 21 Pendant qu'ils mangeaient, il dit : « En vérité, je vous le déclare, l'un de vous va

1. Voir Mc 11.1 et note.

1. Voir note sur Mc 3.19.

me livrer. » 22 Profondément attristés, ils se mirent chacun à lui dire : « Serait-ce moi, Seigneur ? » 23 En réponse, il dit : « Il a plongé la main avec moi dans le plat, celui qui va me livrer. 24 Le *Fils de l'homme s'en va selon ce qui est écrit de lui; mais malheureux l'homme par qui le Fils de l'homme est livré ! Il aurait mieux valu pour lui qu'il ne fût pas né, cet homme-là ! » 25 Judas, qui le livrait, prit la parole et dit : « Serait-ce moi, rabbi ? » Il lui répondit : « Tu l'as dit ! »

Le pain et la coupe de la cène
(*Mc 14.22-25; Lc 22.15-20; 1 Co 11.23-26*)

26 Pendant le repas, Jésus prit du pain et, après avoir prononcé la bénédiction, il le rompit; puis, le donnant aux disciples, il dit : « Prenez, mangez, ceci est mon corps. » 27 Puis il prit une coupe et, après avoir rendu grâce, il la leur donna en disant : « Buvez-en tous, 28 car ceci est mon sang, le sang de l'*Alliance, versé pour la multitude, pour le pardon des péchés. 29 Je vous le déclare : je ne boirai plus désormais de ce fruit de la vigne jusqu'au jour où je le boirai, nouveau, avec vous dans le *royaume de mon Père. »

Jésus annonce que Pierre le reniera
(*Mc 14.26-31; Lc 22.33-34, 39; Jn 13.37-38*)

30 Après avoir chanté les psaumes, ils sortirent pour aller au mont des Oliviers. 31 Alors Jésus leur dit : « Cette nuit même, vous allez tous tomber à cause de moi. Il est écrit, en effet : *Je frapperai le *berger et les brebis du troupeau seront dispersées.* 32 Mais, une fois ressuscité, je vous précéderai en Galilée. » 33 Prenant la parole, Pierre lui dit : « Même si tous tombent à cause de toi, moi je ne tomberai jamais. » 34 Jésus lui dit : « En vérité, je te le déclare, cette nuit même, avant que le coq chante, tu m'auras renié trois fois. » 35 Pierre lui dit : « Même s'il faut que je meure avec toi, non, je ne te renierai pas. » Et tous les disciples en dirent autant.

La prière de Jésus à Gethsémani
(*Mc 14.32-42; Lc 22.40-46*)

36 Alors Jésus arrive avec eux à un domaine appelé Gethsémani et il dit aux disciples : « Restez ici pendant que j'irai prier là-bas. » 37 Emmenant Pierre et les deux fils de Zébédée, il commença à ressentir tristesse et angoisse. 38 Il leur dit alors : « Mon âme est triste à en mourir. Demeurez ici et veillez avec moi. » 39 Et allant un peu plus loin et tombant la face contre terre il priait, disant : « Mon Père, s'il est possible, que cette coupe passe loin de moi ! Pourtant, non pas comme je veux, mais comme tu veux ! » 40 Il vient vers les disciples et les trouve en train de dormir; il dit à Pierre : « Ainsi vous n'avez pas eu la force de veiller une heure avec moi ! 41 Veillez et priez afin de ne pas tomber au pouvoir de la *tentation. L'esprit est plein d'ardeur, mais la chair est faible. » 42 De nouveau pour la deuxième fois, il s'éloigna et pria, disant : « Mon Père, si cette coupe ne peut passer sans que je la boive, que ta

volonté se réalise ! » 43 Puis, de nouveau, il vint et les trouva en train de dormir, car leurs yeux étaient appesantis. 44 Il les laissa, il s'éloigna de nouveau et pria pour la troisième fois, en répétant les mêmes paroles. 45 Alors il vient vers les disciples et leur dit : « Continuez à dormir et reposez-vous ! Voici que l'heure s'est approchée où le *Fils de l'homme est livré aux mains des *pécheurs. 46 Levez-vous ! Allons ! Voici qu'est arrivé celui qui me livre. »

L'arrestation de Jésus
(Mc 14.43-52; Lc 22.47-53; Jn 18.2-11)

47 Il parlait encore quand arriva Judas, l'un des Douze, avec toute une troupe armée d'épées et de bâtons, envoyée par les *grands prêtres et les anciens du peuple. 48 Celui qui le livrait leur avait donné un signe : « Celui à qui je donnerai un baiser, avait-il dit, c'est lui, arrêtez-le ! » 49 Aussitôt il s'avança vers Jésus et dit : « Salut, rabbi ! » Et il lui donna un baiser. 50 Jésus lui dit : « Mon ami, fais ta besogne ! » S'avançant alors ils mirent la main sur Jésus et l'arrêtèrent. 51 Et voici, un de ceux qui étaient avec Jésus, portant la main à son épée, la tira, frappa le serviteur du grand prêtre et lui emporta l'oreille. 52 Alors Jésus lui dit : « Remets ton épée à sa place, car tous ceux qui prennent l'épée périront par l'épée. 53 Penses-tu que je ne puisse faire appel à mon Père, qui mettrait aussitôt à ma disposition plus de douze légions[1] d'*anges ? 54 Comment s'accompliraient alors les Ecritures selon lesquelles

il faut qu'il en soit ainsi ? » 55 En cette heure-là, Jésus dit aux foules : « Comme pour un bandit vous êtes parties avec des épées et des bâtons, pour vous saisir de moi ! Chaque jour j'étais dans le *Temple assis à enseigner, et vous ne m'avez pas arrêté. 56 Mais tout cela est arrivé pour que s'accomplissent les écrits des *prophètes. » Alors les disciples l'abandonnèrent tous et prirent la fuite.

Jésus comparaît devant le sanhédrin
(Mc 14.53-65; Lc 22.54-55, 63-71; Jn 18:12-18)

57 Ceux qui avaient arrêté Jésus l'emmenèrent chez Caïphe, le *Grand Prêtre, chez qui s'étaient réunis les scribes et les anciens. 58 Quant à Pierre, il le suivait de loin jusqu'au palais du Grand Prêtre; il y entra et s'assit avec les serviteurs pour voir comment cela finirait. 59 Or les grands prêtres et tout le *sanhédrin cherchaient un faux témoignage contre Jésus pour le faire condamner à mort; 60 ils n'en trouvèrent pas, bien que beaucoup de faux témoins se fussent présentés. Finalement il s'en présenta deux qui 61 déclarèrent : « Cet homme a dit : Je peux détruire le *Sanctuaire de Dieu et le rebâtir en trois jours. » 62 Le Grand Prêtre se leva et lui dit : « Tu n'as rien à répondre ? De quoi ces gens témoignent-ils contre toi ? » 63 Mais Jésus gardait le silence. Le Grand Prêtre lui dit : « Je t'adjure par le Dieu vivant de nous dire si tu es, toi, le *Messie, le Fils de Dieu. » 64 Jésus lui répondit : « Tu le dis. Seulement, je vous le déclare, désormais vous verrez le *Fils de

1. Voir note sur Mc 5.9.

l'homme siégeant à la droite du Tout-Puissant et venant sur les nuées du ciel. » 65 Alors le Grand Prêtre déchira ses vêtements et dit : « Il a *blasphémé. Qu'avons-nous encore besoin de témoins ! Vous venez d'entendre le blasphème. 66 Quel est votre avis ? » Ils répondirent : « Il mérite la mort. » 67 Alors ils lui crachèrent au visage et lui donnèrent des coups; d'autres le giflèrent. 68 « Pour nous, dirent-ils, fais le *prophète, Messie : qui est-ce qui t'a frappé ? »

Pierre renie Jésus
(*Mc* 14.66-72; *Lc* 22.56-62; *Jn* 18.17, 25-27)

69 Or Pierre était assis dehors dans la cour. Une servante s'approcha de lui en disant : « Toi aussi, tu étais avec Jésus le Galiléen ! » 70 Mais il nia devant tout le monde, en disant : « Je ne sais pas ce que tu veux dire. » 71 Comme il s'en allait vers le portail, une autre le vit et dit à ceux qui étaient là : « Celui-ci était avec Jésus le Nazôréen[1]. » 72 De nouveau, il nia avec serment : « Je ne connais pas cet homme ! » 73 Peu après, ceux qui étaient là s'approchèrent et dirent à Pierre : « À coup sûr, toi aussi tu es des leurs ! Et puis, ton accent te trahit. » 74 Alors il se mit à jurer avec des imprécations : « Je ne connais pas cet homme ! » Et aussitôt un coq chanta. 75 Et Pierre se rappela la parole que Jésus avait dite : « Avant que le coq chante, tu m'auras renié trois fois. » Il sortit et pleura amèrement.

Jésus est conduit devant Pilate
(*Mc* 15.1-2; *Lc* 22.66; 23.1; *Jn* 18.28)

27 1 Le matin venu, tous les *grands prêtres et les anciens du peuple tinrent conseil contre Jésus pour le faire condamner à mort. 2 Puis ils le lièrent, ils l'emmenèrent et le livrèrent au gouverneur Pilate.

Judas se donne la mort

3 Alors Judas, qui l'avait livré, voyant que Jésus avait été condamné, fut pris de remords et rapporta les 30 pièces d'argent aux *grands prêtres et aux anciens, 4 en disant : « J'ai péché en livrant un sang innocent[1]. » Mais ils dirent : « Que nous importe ! C'est ton affaire ! » 5 Alors il se retira en jetant l'argent du côté du *Sanctuaire, et alla se pendre. 6 Les grands prêtres prirent l'argent et dirent : « Il n'est pas permis de le verser au trésor, puisque c'est le prix du sang[2]. » 7 Après avoir tenu conseil, ils achetèrent avec cette somme le champ du potier pour la sépulture des étrangers. 8 Voilà pourquoi jusqu'à maintenant ce champ est appelé : Champ du sang. 9 Alors s'accomplit ce qui avait été dit par le prophète Jérémie[3] : *Et ils prirent les 30 pièces d'argent : c'est le prix de celui qui fut évalué, de celui qu'ont évalué les fils d'Israël. 10 Et ils les donnèrent*

---

1. On hésite sur le sens de cette appellation donnée à Jésus : équivalent de « Galiléen » (v. 69) ? Évocation de « naziréen » — le Saint de Dieu par excellence — (*Jg* 13.5) ?

1. *ou un homme* (vivant) *innocent.*
2. *Trésor :* Il s'agit du trésor du Temple — *prix du sang :* le prix d'une vie humaine.
3. La citation combine *Za* 11.12-13 avec des éléments empruntés à *Jr* 18.2-3; 19.1-2; 32.6-15.

pour le champ du potier, ainsi que le Seigneur me l'avait ordonné.

La décision de Pilate
(*Mc 15.2-15; Lc 23.2-5, 13-25; Jn 18.28-19.16*)

11 Jésus comparut devant le gouverneur. Le gouverneur l'interrogea : « Es-tu le roi des juifs ? » Jésus déclara : « C'est toi qui le dis »; 12 mais aux accusations que les *grands prêtres et les anciens portaient contre lui, il ne répondit rien. 13 Alors Pilate lui dit : « Tu n'entends pas tous ces témoignages contre toi ? » 14 Il ne lui répondit sur aucun point, de sorte que le gouverneur était fort étonné. 15 À chaque fête, le gouverneur avait coutume de relâcher à la foule un prisonnier, celui qu'elle voulait. 16 On avait alors un prisonnier fameux, qui s'appelait Jésus Barabbas[1]. 17 Pilate demanda donc à la foule rassemblée : « Qui voulez-vous que je vous relâche, Jésus Barabbas ou Jésus qu'on appelle Messie ? » 18 Car il savait qu'ils l'avaient livré par jalousie. 19 Pendant qu'il siégeait sur l'estrade, sa femme lui fit dire : « Ne te mêle pas de l'affaire de ce juste ! Car aujourd'hui j'ai été tourmentée en rêve à cause de lui. » 20 Les grands prêtres et les anciens persuadèrent les foules de demander Barabbas et de faire périr Jésus. 21 Reprenant la parole, le gouverneur leur demanda : « Lequel des deux voulez-vous que je vous relâche ? » Ils répondirent : « Barabbas. » 22 Pilate leur demande : « Que ferai-je donc de Jésus, qu'on appelle Mes-

sie ? » Ils répondirent tous : « Qu'il soit crucifié ! » 23 Il reprit : « Quel mal a-t-il donc fait ? » Mais eux criaient de plus en plus fort : « Qu'il soit crucifié ! » 24 Voyant que cela ne servait à rien mais que la situation tournait à la révolte, Pilate prit de l'eau et se lava les mains en présence de la foule en disant : « Je suis innocent de ce sang[1]. C'est votre affaire ! » 25 Tout le peuple répondit : « Nous prenons son sang sur nous[2] et sur nos enfants ! » 26 Alors il leur relâcha Barabbas. Quant à Jésus, après l'avoir fait flageller[3], il le livra pour qu'il soit crucifié.

La royauté de Jésus tournée en dérision
(*Mc 15.16-20; Lc 23.11; Jn 19.2-3*)

27 Alors les soldats du gouverneur, emmenant Jésus dans le *prétoire, rassemblèrent autour de lui toute la cohorte. 28 Ils le dévêtirent et lui mirent un manteau écarlate[4]; 29 avec des épines ils tressèrent une couronne qu'ils lui mirent sur la tête, ainsi qu'un roseau dans la main droite; s'agenouillant devant lui, ils se moquèrent de lui en disant : « Salut, roi des Juifs ! » 30 Ils crachèrent sur lui, et, prenant le roseau, ils le frappaient à la tête. 31 Après s'être moqués de lui ils lui enlevèrent le manteau et lui remirent

---

1. De nombreux manuscrits omettent le mot *Jésus* devant *Barabbas*.

1. ou *de la mort de cet homme.*
2. tournure sémitique (cf. 2 S 1.16; 3.29; Jr 51.35) pour signifier que quelqu'un est responsable de la mort d'un autre et doit en supporter les conséquences.
3. Voir Mc 10.34 et note.
4. C'est le manteau des soldats romains.

ses vêtements. Puis ils l'emmenèrent pour le crucifier.

Jésus est mis en croix

(Mc 15.21-32; Lc 23.26-43; Jn 19.16-24)

32 Comme ils sortaient, ils trouvèrent un homme de Cyrène,
nommé Simon; ils le requirent
pour porter la croix de Jésus.
33 Arrivés au lieu-dit-Golgotha, ce
qui veut dire lieu du Crâne, 34 *ils
lui donnèrent à boire* du vin mêlé
de fiel. L'ayant goûté, il ne voulut
pas boire. 35 Quand ils l'eurent
crucifié, *ils partagèrent ses vêtements en tirant au sort.* 36 Et ils
étaient là, assis à le garder.
37 Au-dessus de sa tête, ils avaient
placé le motif de sa condamnation, ainsi libellé : « Celui-ci est
Jésus, le roi des Juifs. » 38 Deux
bandits sont alors crucifiés avec
lui, l'un à droite, l'autre à gauche.
39 Les passants l'insultaient, *hochant la tête* 40 et disant : « Toi
qui détruis le *Sanctuaire et le
rebâtis en trois jours, sauve-toi
toi-même, si tu es le Fils de Dieu,
et descends de la croix ! » 41 De
même, avec les scribes et les anciens, les grands prêtres se moquaient : 42 Il en a sauvé d'autres
et il ne peut pas se sauver
lui-même ! Il est Roi d'Israël, qu'il
descende maintenant de la croix,
et nous croirons en lui ! » 43 *Il a
mis en Dieu sa confiance, que
Dieu le délivre* maintenant, *s'il
l'aime* », car il a dit : « Je suis Fils
de Dieu ! » 44 Même les bandits
crucifiés avec lui l'injuriaient de
la même manière.

La mort de Jésus

(Mc 15.33-39; Lc 23.44-48; Jn 19.28-30)

45 À partir de midi, il y eut des
ténèbres sur toute la terre jusqu'à
trois heures. 46 Vers trois heures,
Jésus s'écria d'une voix forte :
« *Eli, Eli, lema sabaqthani* »,
c'est-à-dire : « Mon *Dieu, mon
Dieu, pourquoi m'as-tu abandonné ?* » 47 Certains de ceux qui
étaient là disaient, en l'entendant : « Le voilà qui appelle
Elie ! » 48 Aussitôt l'un d'eux courut prendre une éponge qu'il im-
biba de *vinaigre;* et, la fixant au
bout d'un roseau, il lui *présenta à
boire.* 49 Les autres dirent : « Attends ! Voyons si Elie va venir le
sauver. » 50 Mais Jésus, criant de
nouveau d'une voix forte, rendit
l'esprit. 51 Et voici que le voile du
Sanctuaire se déchira en deux du
haut en bas; la terre trembla, les
rochers se fendirent; 52 les tombeaux s'ouvrirent, les corps de
nombreux *saints défunts ressus-
citèrent : 53 sortis des tombeaux,
après sa résurrection, ils entrèrent
dans la Ville Sainte[1] et apparurent à un grand nombre de gens.
54 À la vue du tremblement de
terre et de ce qui arrivait, le centurion et ceux qui avec lui gardaient Jésus furent saisis d'une
grande crainte et dirent : « Vraiment, celui-ci était Fils de Dieu. »

Le corps de Jésus est mis au tombeau

(Mc 15.40-47; Lc 23.49-56; Jn 19.25, 38-42)

55 Il y avait là plusieurs
femmes qui regardaient à distance; elles avaient suivi Jésus de-

---

1. C'est-à-dire Jérusalem.

puis les jours de Galilée[1] en le servant; 56 parmi elles se trouvaient Marie de Magdala, Marie la mère de Jacques et de Joseph, et, la mère des fils de Zébédée. 57 Le soir venu, arriva un homme riche d'Arimathée[2], nommé Joseph, qui lui aussi était devenu *disciple de Jésus. 58 Cet homme alla trouver Pilate et demanda le corps de Jésus. Alors Pilate ordonna de le lui remettre. 59 Prenant le corps, Joseph l'enveloppa dans un linceul propre 60 et le déposa dans le tombeau tout neuf qu'il s'était fait creuser dans le rocher; puis il roula une grosse pierre à l'entrée du tombeau et s'en alla. 61 Cependant Marie de Magdala et l'autre Marie étaient là, assises en face du sépulcre.

La garde est placée devant le tombeau

62 Le lendemain, jour qui suit la Préparation[3], les *grands prêtres et les *pharisiens se rendirent ensemble chez Pilate. 63 « Seigneur, lui dirent-ils, nous nous sommes souvenus que cet imposteur a dit de son vivant : Après trois jours, je ressusciterai. 64 Donne donc l'ordre que l'on s'assure du sépulcre jusqu'au troisième jour, de peur que ses disciples ne viennent le dérober et ne disent au peuple : Il est réssuscité des morts. Et cette dernière imposture serait pire que la première. » 65 Pilate leur déclara : « Vous avez une garde. Allez ! Assurez-vous du sépulcre, comme vous l'entendez. » 66 Ils allèrent donc s'assurer du sépulcre en scellant la pierre et en y postant une garde.

Au début du premier jour de la semaine

(*Mc 16.1-8; Lc 24.1-11; Jn 20.1, 11-18*)

28 1 Après le *sabbat, au commencement du premier jour de la semaine, Marie de Magdala et l'autre Marie[1] vinrent voir le sépulcre. 2 Et voilà qu'il se fit un grand tremblement de terre : l'*Ange du Seigneur descendit du ciel, vint rouler la pierre et s'assit dessus. 3 Il avait l'aspect de l'éclair et son vêtement était blanc comme neige. 4 Dans la crainte qu'ils en eurent, les gardes furent bouleversés et devinrent comme morts. 5 Mais l'ange prit la parole et dit aux femmes : « Soyez sans crainte, vous. Je sais que vous cherchez Jésus, le crucifié. 6 Il n'est pas ici, car il est ressuscité comme il l'avait dit; venez voir l'endroit où il gisait. 7 Puis, vite, dites à ses disciples : Il est ressuscité des morts, et voici qu'il vous précède en Galilée; c'est là que vous le verrez. Voilà, je vous l'ai dit. » 8 Quittant vite le tombeau, avec crainte et grande joie, elles coururent porter la nouvelle à ses disciples. 9 Et voici que Jésus vint à leur rencontre et leur dit : « Je vous salue. » Elles s'approchèrent de lui et lui saisirent les pieds en se prosternant devant lui. 10 Alors Jésus leur dit : « Soyez sans crainte. Allez annoncer à mes

---

1. C'est-à-dire depuis le début du ministère de Jésus.
2. *Arimathée* : ville située à environ 35 km au N. O. de Jérusalem.
3. Ce terme désignait le vendredi, jour où les Juifs préparaient la célébration du sabbat.

1. Voir Mt 27.56.

frères qu'ils doivent se rendre en Galilée : c'est là qu'ils me verront. » 11 Comme elles étaient en chemin, voici que quelques hommes de la garde vinrent à la ville informer les *grands prêtres de tout ce qui était arrivé. 12 - Ceux-ci, après s'être assemblés avec les anciens et avoir tenu conseil, donnèrent aux soldats une bonne somme d'argent, 13 avec cette consigne : « Vous direz ceci : Ses disciples sont venus de nuit et l'ont dérobé pendant que nous dormions. 14 Et si l'affaire vient aux oreilles du gouverneur, c'est nous qui l'apaiserons, et nous ferons en sorte que vous ne soyez pas inquiétés. » 15 Ils prirent l'argent et se conformèrent à la leçon qu'on leur avait apprise.

Ce récit s'est propagé chez les Juifs jusqu'à ce jour.

Le ressuscité envoie ses disciples en mission

16 Quant aux onze disciples, ils se rendirent en Galilée, à la montagne où Jésus leur avait ordonné de se rendre. 17 Quand ils le virent, ils se prosternèrent, mais quelques-uns eurent des doutes. 18 Jésus s'approcha d'eux et leur adressa ces paroles : « Tout pouvoir m'a été donné au *ciel et sur la terre. 19 Allez donc : de toutes les nations faites des *disciples, les baptisant au *nom du Père et du Fils et du Saint Esprit, 20 leur apprenant à garder tout ce que je vous ai prescrit. Et moi, je suis avec vous tous les jours jusqu'à la fin des temps. »

ÉVANGILE SELON MARC

Jean le Baptiste
(Mt 3.1-6, 11-12; Lc 3.1-6, 15-18)

1 1 Commencement de l'*Evangile de Jésus Christ Fils de Dieu : 2 Ainsi qu'il est écrit dans le livre du prophète Esaïe,
voici, j'envoie mon messager en avant de toi,
pour préparer ton chemin.

3 *Une voix crie dans le désert :*
Préparez le chemin du Seigneur,
rendez droits ses sentiers.

4 Jean le Baptiste parut dans le désert[1], proclamant un baptême de conversion en vue du pardon des péchés. 5 Tout le pays de Judée et tous les habitants de Jérusalem se rendaient auprès de lui; ils se faisaient baptiser par lui dans le Jourdain en confessant leurs péchés. 6 Jean était vêtu de poil de chameau avec une ceinture de cuir autour des reins; il se nourrissait de sauterelles et de miel sauvage. 7 Il proclamait : «Celui qui est plus fort que moi vient après moi et je ne suis pas digne, en me courbant, de délier la lanière de ses sandales. 8 Moi, je vous ai baptisés d'eau, mais lui vous baptisera d'Esprit Saint. »

Baptême et tentation de Jésus
(Mt 3.13-4.11; Lc 3.21-22; 4.1-13)

9 Or, en ces jours-là Jésus vint de Nazareth en Galilée et se fit baptiser par Jean dans le Jourdain. 10 À l'instant où il remontait de l'eau, il vit les *cieux se déchirer et l'Esprit, comme une colombe, descendre sur lui. 11 Et des cieux vint une voix : «Tu es mon Fils bien-aimé, il m'a plu de te choisir. »

12 Aussitôt l'Esprit poussa Jésus au désert. 13 Durant 40 jours, au désert, il fut tenté par *Satan. Il était avec les bêtes sauvages et les *anges le servaient.

Les quatre premiers disciples
(Mt 4.12-22; Lc 4.14-15; 5.1-3, 10-11)

14 Après que Jean eut été livré[1], Jésus vint en Galilée. Il proclamait l'*Evangile de Dieu et disait : 15 « Le temps est accompli, et le *règne de Dieu s'est approché : convertissez-vous et croyez à l'Evangile. »

16 Comme il passait le long de la mer de Galilée[2], il vit Simon et André, le frère de Simon, en train de jeter le filet dans la mer : c'étaient des pêcheurs. 17 Jésus leur dit : « Venez à ma suite, et je ferai de vous des pêcheurs d'hommes. »

---

1. Autre texte : *Jean parut, baptisant dans le désert et proclamant ... Sur le désert* voir Mt 3.1 et note.

1. Selon Lc 3.20 il faut sous-entendre ici : (livré) au pouvoir de l'autorité politique — c'est-à-dire emprisonné. A l'époque, c'est *Hérode Antipas* qui règne en Galilée avec le titre de *tétrarque*.
2. ou lac de Gennésareth.

18 Laissant aussitôt leurs filets, ils le suivirent. 19 Avançant un peu, il vit Jacques, fils de Zébédée, et Jean son frère, qui étaient dans leur barque en train d'arranger leurs filets. 20 Aussitôt, il les appela. Et laissant dans la barque leur père Zébédée avec les ouvriers, ils partirent à sa suite.

Jésus manifeste son autorité
(*Lc 4.31-37*)

21 Ils pénètrent dans Capharnaüm. Et dès le jour du *sabbat, entré dans la *synagogue, Jésus enseignait. 22 Ils étaient frappés de son enseignement; car il les enseignait en homme qui a autorité et non pas comme les *scribes. 23 Justement il y avait dans leur synagogue un homme possédé d'un esprit impur[1]; il s'écria : 24 « De quoi te mêles-tu, Jésus de Nazareth ? tu es venu pour nous perdre. Je sais qui tu es : le *Saint de Dieu. » 25 Jésus le menaça : « Tais-toi et sors de cet homme. » 26 L'esprit impur le secoua avec violence et il sortit de lui en poussant un grand cri. 27 Ils furent tous tellement saisis qu'ils se demandaient les uns aux autres : « Qu'est-ce que cela ? Voilà un enseignement nouveau, plein d'autorité ! Il commande même aux esprits impurs et ils lui obéissent ! » 28 Et sa renommée se répandit aussitôt partout, dans toute la région de Galilée.

Guérisons de malades
(*Mt 8.14-17; Lc 4.38-41*)

29 Juste en sortant de la *synagogue, ils allèrent, avec Jacques et Jean, dans la maison de Simon et d'André. 30 Or la belle-mère de Simon était couchée, elle avait de la fièvre; aussitôt on parle d'elle à Jésus. 31 Il s'approcha et la fit lever en lui prenant la main : la fièvre la quitta et elle se mit à les servir.

32 Le soir venu, après le coucher du soleil[1], on se mit à lui amener tous les malades et les démoniaques[2]. 33 La ville entière était rassemblée à la porte. 34 Il guérit de nombreux malades souffrant de maux de toutes sortes et il chassa de nombreux démons; et il ne laissait pas parler les démons, parce que ceux-ci le connaissaient.

Jésus va prêcher en Galilée
(*Mt 4.23; Lc 4.42-44*)

35 Au matin, à la nuit noire, Jésus se leva, sortit et s'en alla dans un lieu désert; là, il priait. 36 Simon se mit à sa recherche, ainsi que ses compagnons, 37 et ils le trouvèrent. Ils lui disent : « Tout le monde te cherche. » 38 Et il leur dit : « Allons ailleurs dans les bourgs voisins, pour que j'y proclame aussi l'*Evangile : car c'est pour cela que je suis sorti. » 39 Et il alla par toute la Galilée; il prêchait dans leurs *synagogues et chassait les *démons.

---

1. Expression fréquente dans les Evangiles (3.11, 30; 5.2, etc.) pour désigner un démon auquel on attribuait certaines maladies (9.20).

1. Le sabbat se terminait à l'apparition des premières étoiles.
2. Personnes se trouvant sous l'influence d'un démon (voir 1.23 et note).

Jésus guérit un lépreux
(Mt 8.1-4; Lc 5.12-16)

40 Un *lépreux s'approche de lui; il le supplie et tombe à genoux en lui disant : « Si tu le veux, tu peux me purifier. » 41 Pris de pitié[1], Jésus étendit la main et le toucha. Il lui dit : « Je le veux, sois purifié. » 42 À l'instant, la lèpre le quitta et il fut purifié, 43 S'irritant contre lui, Jésus le renvoya aussitôt. 44 Il lui dit : « Garde-toi de rien dire à personne, mais va te montrer au *prêtre et offre pour ta purification ce que Moïse a prescrit : ils auront là un témoignage. » 45 Mais une fois parti, il se mit à proclamer bien haut et à répandre la nouvelle, si bien que Jésus ne pouvait plus entrer ouvertement dans une ville, mais qu'il restait dehors en des endroits déserts. Et l'on venait à lui de toute part.

Le paralysé de Capharnaüm
(Mt 9.1-8; Lc 5.17-26)

2 1 Quelques jours après Jésus rentra à Capharnaüm et l'on apprit qu'il était à la maison[2]. 2 Et tant de monde s'y rassembla qu'il n'y avait plus de place, pas même devant la porte. Et il leur annonçait la Parole. 3 Arrivent des gens qui lui amènent un paralysé porté par quatre hommes. 4 Et comme ils ne pouvaient l'amener jusqu'à lui à cause de la foule, ils ont découvert le toit[3] au-dessus de l'endroit où il était, et faisant une ouverture, ils descendent le brancard

sur lequel le paralysé était couché. 5 Voyant leur foi, Jésus dit au paralysé : « Mon fils, tes péchés sont pardonnés. » 6 Quelques *scribes étaient assis là et raisonnaient en leurs *coeurs : 7 « Pourquoi cet homme parle-t-il ainsi ? Il *blasphème. Qui peut pardonner les péchés sinon Dieu seul ? » 8 Connaissant aussitôt en son esprit qu'ils raisonnaient ainsi en Eux-mêmes, Jésus leur dit : « Pourquoi tenez-vous ces raisonnements en vos coeurs ? 9 Qu'y a-t-il de plus facile, de dire au paralysé : Tes péchés sont pardonnés, ou bien de dire : Lève-toi, prends ton brancard et marche ? 10 Eh bien, afin que vous sachiez que le *Fils de l'homme a autorité pour pardonner les péchés sur la terre, — il dit au paralysé : 11 Je te dis : lève-toi, prends ton brancard et va dans ta maison. » 12 L'homme se leva, il prit aussitôt son brancard et il sortit devant tout le monde, si bien que tous étaient bouleversés et rendaient gloire à Dieu en disant : « Nous n'avons jamais rien vu de pareil ! »

Le repas chez Lévi
(Mt 9.9-13; Lc 5.27-32)

13 Jésus s'en alla de nouveau au bord de la mer. Toute la foule venait à lui, et il les enseignait. 14 En passant, il vit Lévi, le fils d'Alphée, assis au bureau des taxes[1]. Il lui dit : « Suis-moi. » Il se leva et le suivit. 15 Le voici à table dans sa maison, et beaucoup de

---

1. autre texte : *irrité.*
2. D'après 1.29 c'est la maison de Simon.
3. *le toit* des maisons palestiniennes, en forme de terrasse, était fait de bois et de terre battue.

1. On y percevait des taxes sur les marchandises entrant ou sortant de la ville. La perception de ces taxes était affermée à des personnes privées qui utilisaient du personnel subalterne. Voir note suivante et Lc 19.2.

collecteurs d'impôts[1] et de *pêcheurs avaient pris place avec Jésus et ses disciples, car il y avait beaucoup de monde 16 et même des scribes *pharisiens[2] le suivaient. Ceux-ci, voyant qu'il mangeait avec les pécheurs et les collecteurs d'impôts, disaient à ses disciples : « Quoi ? Il mange avec les collecteurs d'impôts et les pécheurs ? » 17 Jésus, qui avait entendu, leur dit : « Ce ne sont pas les bien-portants qui ont besoin de médecin, mais les malades; je suis venu appeler non pas les justes, mais les pécheurs. »

Le jeûne; vieilles outres et vin nouveau
(*Mt 9.14-17; Lc 5.33-39*)

18 Les *disciples de Jean[3] et les *pharisiens étaient en train de jeûner. Ils viennent dire à Jésus : « Pourquoi, alors que les disciples de Jean et les disciples des pharisiens jeûnent, tes disciples ne jeûnent-ils pas ? » 19 Jésus leur dit : « Les invités à la noce peuvent-ils jeûner pendant que l'époux est avec eux ? Tant qu'ils ont l'époux avec eux, ils ne peuvent pas jeûner. 20 Mais des jours viendront où l'époux leur aura été enlevé; alors ils jeûneront, ce jour-là. 21 Personne ne coud une pièce d'étoffe neuve à un vieux vêtement; sinon le morceau neuf qu'on ajoute tire sur le vieux vêtement, et la déchirure est pire.

22 Personne ne met du vin nouveau dans de vieilles outres[1]; sinon, le vin fera éclater les outres, et l'on perd à la fois le vin et les outres; mais à vin nouveau, outres neuves. »

Les épis arrachés
(*Mt 12.1-8; Lc 6.1-5*)

23 Or Jésus, un jour de *sabbat, passait à travers des champs de blé et ses disciples se mirent, chemin faisant, à arracher des épis. 24 Les *pharisiens lui disaient : « Regarde ce qu'ils font le jour du sabbat ! Ce n'est pas permis. » 25 Et il leur dit : « Vous n'avez donc jamais lu ce qu'a fait David lorsqu'il s'est trouvé dans le besoin et qu'il a eu faim, lui et ses compagnons, 26 comment, au temps du *grand prêtre Abiathar, il est entré dans la maison de Dieu, a mangé les pains de l'offrande que personne n'a le droit de manger, sauf les prêtres, et en a donné aussi à ceux qui étaient avec lui ? » 27 Et il leur disait : « Le sabbat a été fait pour l'homme et non l'homme pour le sabbat, 28 de sorte que le *Fils de l'homme est maître même du sabbat. »

L'homme à la main paralysée
(*Mt 12.9-14; Lc 6.6-11*)

3 1 Il entra de nouveau dans une *synagogue; il y avait là un homme qui avait la main paralysée. 2 Ils observaient Jésus pour voir s'il le guérirait le jour du *sabbat; c'était pour l'accuser.

---

1. Voir Lc 3.12-13. Ces percepteurs étaient souvent accusés d'abuser de leur charge pour s'enrichir. Compromis en outre avec les occupants romains, ils étaient assimilés aux *pécheurs*, qui n'observaient pas la loi de Moïse.

2. Autre texte : *car ils étaient nombreux* (16) *et le suivaient. Et les scribes des pharisiens voyant qu'il mangeait …*

3. Il s'agit des disciples de Jean le Baptiste.

1. Les *outres* (peaux de chèvres retournées, dont on liait les orifices) servaient à transporter et à conserver l'eau, le lait ou le vin.

3 Jésus dit à l'homme qui avait la main paralysée : « Lève-toi ! viens au milieu. » 4 Et il leur dit : « Ce qui est permis le jour du sabbat, est-ce de faire le bien ou de faire le mal ? de sauver un être vivant ou de le tuer ? » Mais eux se taisaient. 5 Promenant sur eux un regard de colère, navré de l'endurcissement de leur *coeur, il dit à cet homme : « Etends la main. » Il l'étendit et sa main fut guérie. 6 Une fois sortis, les pharisiens tinrent aussitôt conseil avec les Hérodiens[1] contre Jésus sur les moyens de le faire périr[2].

Les gens viennent en foule à Jésus
(Mt 4.25; 12.15-16; Lc 6.17-19)

7 Jésus se retira avec ses disciples au bord de la mer[3]. Une grande multitude venue de la Galilée le suivit. Et de la Judée, 8 de Jérusalem, de l'Idumée, d'au-delà du Jourdain, du pays de Tyr et Sidon[4], une grande multitude vint à lui, à la nouvelle de tout ce qu'il faisait. 9 Il dit à ses disciples de tenir une barque prête pour lui à cause de la foule qui risquait de l'écraser. 10 Car il en avait tant guéris que tous ceux qui étaient frappés de quelque mal se jetaient sur lui pour le toucher. 11 Les esprits impurs[5], quand ils le voyaient, se jetaient à ses pieds et criaient : « Tu es le Fils de Dieu. » 12 Et il leur commandait

très sévèrement de ne pas le faire connaître.

Jésus constitue le groupe des Douze
(Mt 10.1-4; Lc 6.12-16)

13 Il monte dans la montagne et il appelle ceux qu'il voulait. Ils vinrent à lui 14 et il en établit douze pour être avec lui et pour les envoyer prêcher 15 avec pouvoir de chasser les *démons. 16 Il établit les Douze : Pierre, — c'est le surnom qu'il a donné à Simon —, 17 Jacques, le fils de Zébédée, et Jean, le frère de Jacques, — et il leur donna le surnom de Boanerguès, c'est-à-dire fils du tonnerre[1] —, 18 André, Philippe, Barthélemy, Matthieu, Thomas, Jacques, le fils d'Alphée, Thaddée et Simon le zélote[2], 19 et Judas Iscarioth[3], celui-là même qui le livra.

Jésus a-t-il partie liée avec Satan ?
(Mt 12.24-32; Lc 11.15-23; 12.10)

20 Jésus vient à la maison[4], et de nouveau la foule se rassemble, à tel point qu'ils ne pouvaient même pas prendre leur repas. 21 À cette nouvelle les gens de sa parenté vinrent pour s'emparer de lui. Car ils disaient : « Il a perdu la tête. »

---

1. Amis ou partisans d'*Hérode Antipas* (4 av. J.C.-39 ap. J. C.) voir note sur 1.14.
2. Ou : *afin de le faire périr.*
3. Voir 1.16 et note.
4. *L'Idumée*, au sud de la Judée, comprenait la ville d'Hébron; *Tyr et Sidon* : villes phéniciennes du nord, sur la côte méditerranéenne.
5. Voir 1.23 et note.

1. Sur l'emploi particulier de l'expression *fils de*, voir 1 Th 5.5 et note.
2. Les *Zélotes* formaient un parti religieux qui préconisait la violence contre les ennemis intérieurs et extérieurs du peuple d'Israël.
3. L'interprétation de ce surnom est discutée. En Jn 6.71; 13.26, c'est le surnom du père de Judas.
4. Voir 2.1 et note.

22 Et les *scribes qui étaient descendus de Jérusalem disaient : « Il a Béelzéboul[1] en lui » et : « c'est par le chef des démons qu'il chasse les démons. » 23 Il les fit venir et il leur disait en *paraboles : « Comment *Satan peut-il expulser Satan ? 24 Si un royaume est divisé contre lui-même, ce royaume ne peut se maintenir. 25 Si une famille est divisée contre elle-même, cette famille ne pourra pas tenir. 26 Et si Satan s'est dressé contre lui-même et s'il est divisé, il ne peut pas tenir, c'en est fini de lui. 27 Mais personne ne peut entrer dans la maison de l'homme fort et piller ses biens, s'il n'a d'abord ligoté l'homme fort; alors il pillera sa maison. 28 En vérité je vous déclare que tout sera pardonné aux fils des hommes, les péchés et les *blasphèmes aussi nombreux qu'ils en auront proféré. 29 Mais si quelqu'un blasphème contre l'Esprit Saint, il reste sans pardon à jamais : il est coupable de péché pour toujours. » 30 Cela parce qu'ils disaient : « Il a un esprit impur. »

La vraie parenté de Jésus
(Mt 12.46-50; Lc 8.19-21)

31 Arrivent sa mère et ses frères. Restant dehors, ils le firent appeler. 32 La foule était assise autour de lui. On lui dit : « Voici que ta mère et tes frères sont dehors; ils te cherchent. » 33 Il leur répond : « Qui sont ma mère et mes frères ? » 34 Et parcourant du regard ceùx qui étaient assis en cercle autour de lui, il dit : « Voici ma mère et mes frères. 35 Quiconque fait la volonté de Dieu, voilà mon frère, ma soeur, ma mère. »

La parabole du semeur
(Mt 13.1-9; Lc 8.4-8)

4 1 De nouveau, Jésus se mit à enseigner au bord de la mer[1]. Une foule se rassemble près de lui, si nombreuse qu'il monte s'asseoir dans une barque, sur la mer. Toute la foule était à terre face à la mer. 2 Et il leur enseignait beaucoup de choses en *paraboles. Il leur disait dans son enseignement : 3 « Ecoutez. Voici que le semeur est sorti pour semer. 4 Or, comme il semait, du grain est tombé au bord du chemin; les oiseaux sont venus et ont tout mangé. 5 Il en est aussi tombé dans un endroit pierreux où il n'avait pas beaucoup de terre; il a aussitôt levé parce qu'il n'avait pas de terre en profondeur; 6 quand le soleil fut monté, il a été brûlé et, faute de racines, il a séché. 7 Il en est aussi tombé dans les épines; les épines ont monté, elles l'ont étouffé, et il n'a pas donné de fruit. 8 D'autres grains sont tombés dans la bonne terre et, montant et se développant, ils donnaient du fruit, et ils ont rapporté 30 pour une, 60 pour une, cent pour une. » 9 Et Jésus disait : « Qui a des oreilles pour entendre, qu'il entende ! »

1. *Béelzéboul :* un nom du prince des démons. Voir 2 R 1.2-16.

1. Voir 1.16 et note.

Pourquoi Jésus parle en paraboles

(*Mt 13.10-15; Lc 8.9-10*)

10 Quand Jésus fut à l'écart, ceux qui l'entouraient avec les Douze se mirent à l'interroger sur les *paraboles. 11 Et il leur disait : « À vous, le *mystère du règne de Dieu est donné, mais pour ceux du dehors tout devient énigme

12 pour que *tout en regardant, ils ne voient pas*

et que tout en entendant, ils ne comprennent pas

de peur qu'ils ne se convertissent et qu'il leur soit pardonné. »

13 Et il leur dit : « Vous ne comprenez pas cette parabole ! Alors comment comprendrez-vous toutes les paraboles ? »

Une application de la parabole du semeur

(*Mt 13.18-23; Lc 8.11-15*)

14 « Le semeur » sème la Parole. 15 Voilà ceux qui sont « au bord du chemin » où la Parole est semée : quand ils ont entendu, Satan vient aussitôt et il enlève la Parole qui a été semée en eux. 16 De même, voilà ceux qui sont ensemencés « dans les endroits pierreux » : ceux-là, quand ils entendent la Parole, la reçoivent aussitôt avec joie; 17 mais ils n'ont pas en eux de racines, ils sont les hommes d'un moment; et dès que vient la détresse ou la persécution à cause de la Parole, ils tombent. 18 D'autres sont ensemencés « dans les épines » : ce sont ceux qui ont entendu la Parole, 19 mais les soucis du monde, la séduction des richesses et les autres convoi-

tises s'introduisent et étouffent la Parole qui reste sans fruit. 20 Et voici ceux qui ont été ensemencés « dans la bonne terre » : ceux-là entendent la Parole, ils l'accueillent et portent du fruit, « 30 pour une, 60 pour une, cent pour une. »

Paraboles de la lampe et de la mesure

(*Mt 5.15; 10.26; 7.2; 13.12; Lc 8.16-18; 11.33; 6.38*)

21 Il leur disait : « Est-ce que la lampe arrive pour être mise sous le boisseau[1] ou sous le lit ? n'est-ce pas pour être mise sur son support ? 22 Car il n'y a rien de secret qui ne doive être mis au jour, et rien n'a été caché qui ne doive venir au grand jour. 23 Si quelqu'un a des oreilles pour entendre, qu'il entende ! » 24 Il leur disait : « Faites attention à ce que vous entendez. La mesure dont vous vous servez servira de mesure pour vous et il vous sera donné plus encore. 25 Car à celui qui a, il sera donné; et à celui qui n'a pas, même ce qu'il a lui sera retiré. »

La semence qui pousse d'elle-même

26 Il disait : « Il en est du *Royaume de Dieu comme d'un homme qui jette la semence en terre : 27 qu'il dorme ou qu'il soit debout, la nuit et le jour, la semence germe et grandit, il ne sait comment. 28 D'elle-même la terre produit d'abord l'herbe, puis l'épi, enfin du blé plein l'épi. 29 Et dès que le blé est mûr, on y met la

---

1. *boisseau* : une mesure pour les grains, d'environ 9 litres.

faucille, car c'est le temps de la moisson. »

La parabole de la graine de moutarde
(Mt 13.31-32; Lc 13.18-19)

30 Il disait : « À quoi allons-nous comparer le *Royaume de Dieu, ou par quelle *parabole allons-nous le représenter ? 31 C'est comme une graine de moutarde : quand on la sème en terre, elle est la plus petite de toutes les semences du monde; 32 mais quand on l'a semée, elle monte et devient plus grande que toutes les plantes potagères, et elle pousse de grandes branches, si bien que les oiseaux du ciel peuvent faire leurs nids à son ombre. »

Des paraboles pour annoncer la Parole
(Mt 13.34-35)

33 Par de nombreuses *paraboles de ce genre, il leur annonçait la Parole, dans la mesure où ils étaient capables de l'entendre. 34 Il ne leur parlait pas sans parabole, mais, en particulier, il expliquait tout à ses disciples.

Jésus apaise une tempête
(Mt 8.18, 23-27; Lc 8.22-25)

35 Ce jour-là, le soir venu, Jésus leur dit : « Passons sur l'autre rive. » 36 Quittant la foule, ils emmènent Jésus, dans la barque où il se trouvait, et il y avait d'autres barques avec lui. 37 Survient un grand tourbillon de vent. Les vagues se jetaient sur la barque, au point que déjà la barque se remplissait. 38 Et lui, à l'arrière, sur le coussin, dormait. Ils le réveillent et lui disent : « Maître, cela ne te fait rien que nous périssions ? » 39 Réveillé, il menaça le vent et dit à la mer : « Silence ! Tais-toi ! » Le vent tomba, et il se fit un grand calme. 40 Jésus leur dit : « Pourquoi avez-vous si peur ? Vous n'avez pas encore de foi[1] ? » 41 Ils furent saisis d'une grande crainte, et ils se disaient entre eux : « Qui donc est-il, pour que même le vent et la mer lui obéissent ? »

Jésus guérit un possédé
(Mt 8.28-34; Lc 8.26-39)

5 1 Ils arrivèrent de l'autre côté de la mer, au pays des Géraséniens[2]. 2 Comme il descendait de la barque, un homme possédé d'un esprit impur[3] vint aussitôt à sa rencontre, sortant des tombeaux[4]. 3 Il habitait dans les tombeaux et personne ne pouvait plus le lier, même avec une chaîne. 4 Car il avait été souvent lié avec des entraves et des chaînes, mais il avait rompu les chaînes et brisé les entraves, et personne n'avait la force de le maîtriser. 5 Nuit et jour, il était sans cesse dans les tombeaux et les montagnes, poussant des cris et se déchirant avec des pierres. 6 Voyant Jésus de loin, il courut et se prosterna devant lui. 7 D'une voix forte il crie : « De quoi te mêles-tu, Jésus, Fils du Dieu très-haut ? Je t'adjure par Dieu, ne me tourmente pas. » 8 Car Jé-

---

1. Autre texte : *comment se fait-il que vous n'ayez pas de foi ?*.
2. Marc semble désigner ici la région située à l'est du lac de Gennésareth.
3. Voir 1.23 et note *d*.
4. *tombeaux :* aménagés le plus souvent dans des grottes naturelles ou creusés dans le roc.

sus lui disait : « Sors de cet homme, esprit impur ! » 9 Il l'interrogeait : « Quel est ton nom ? » Il lui répond : « Mon nom est Légion[1], car nous sommes nombreux. » 10 Et il le suppliait avec insistance de ne pas les envoyer hors du pays. 11 Or il y avait là, du côté de la montagne, un grand troupeau de porcs[2] en train de paître. 12 Les esprits impurs supplièrent Jésus en disant : « Envoie-nous dans les porcs pour que nous entrions en eux. » 13 Il le leur permit. Et ils sortirent, entrèrent dans les porcs et le troupeau se précipita du haut de l'escarpement dans la mer[3]; il y en avait environ 2.000 et ils se noyaient dans la mer. 14 Ceux qui les gardaient prirent la fuite et rapportèrent la chose dans la ville et dans les hameaux. Et les gens vinrent voir ce qui était arrivé. 15 Ils viennent auprès de Jésus et voient le démoniaque[4], assis, vêtu et dans son bon sens, lui qui avait eu le démon Légion. Ils furent saisis de crainte. 16 Ceux qui avaient vu leur racontèrent ce qui était arrivé au démoniaque et à propos des porcs. 17 Et ils se mirent à supplier Jésus de s'éloigner de leur territoire. 18 Comme il montait dans la barque, celui qui avait été démoniaque le suppliait, demandant à être avec lui. 19 Jésus ne lui permit pas, mais il lui dit : « Va dans ta maison auprès des tiens et rapporte leur tout ce que le Seigneur a fait pour toi dans sa miséricorde. » 20 L'homme

s'en alla et se mit à proclamer dans la Décapole[1] tout ce que Jésus avait fait pour lui. Et tous étaient dans l'étonnement.

La femme souffrant d'hémorragie; la fille de Jaïros
(*Mt 9.18-26; Lc 8.40-56*)

21 Quand* Jésus eut regagné en barque l'autre rive, une grande foule s'assembla près de lui. Il était au bord de la mer. 22 Arrive l'un des chefs de la *synagogue, nommé Jaïros; voyant Jésus, il tombe à ses pieds 23 et le supplie avec insistance en disant : « Ma petite fille est près de mourir; viens lui *imposer les mains pour qu'elle soit sauvée et qu'elle vive. » 24 Jésus s'en alla avec lui; une foule nombreuse le suivait et l'écrasait. 25 Une femme, qui souffrait d'hémorragies depuis douze ans, 26 — elle avait beaucoup souffert du fait de nombreux médecins et avait dépensé tout ce qu'elle possédait sans aucune amélioration; au contraire, son état avait plutôt empiré —, 27 cette femme, donc, avait appris ce qu'on disait de Jésus. Elle vint par derrière dans la foule et toucha son vêtement. 28 Elle se disait : « Si j'arrive à toucher au moins ses vêtements, je serai sauvée. » 29 À l'instant, sa perte de sang s'arrêta et elle ressentit en son corps qu'elle était guérie de son mal. 30 Aussitôt Jésus s'aperçut qu'une force était sortie de lui. Il se retourna au milieu de la foule et il disait : « Qui a touché mes vêtements ? » 31 Ses disciples lui disaient : « Tu vois la foule qui

---

1. *légion :* nom des grandes unités de l'armée romaine (6.000 hommes).
2. Selon Lv 11.7; Dt 14.8, le *porc* était tenu par les Juifs pour *impur* et interdit à la consommation. Le détail indique qu'on est en pays païen.
3. Voir 1.16 et note.
4. Voir 1.32 et note *f.*

1. Groupe autonome de dix villes situées au S. E. du lac de Gennésareth.

te presse et tu demandes : Qui m'a touché ? » 32 Mais il regardait autour de lui pour voir celle qui avait fait cela. 33 Alors la femme, craintive et tremblante, sachant ce qui lui était arrivé, vint se jeter à ses pieds et lui dit toute la vérité. 34 Mais il lui dit : « Ma fille, ta foi t'a sauvée; va en paix et sois guérie de ton mal. » 35 Il parlait encore quand arrivent de chez le chef de la synagogue des gens qui disent : « Ta fille est morte; pourquoi ennuyer encore le Maître ? » 36 Mais, sans tenir compte de ces paroles, Jésus dit au chef de la synagogue : « Sois sans crainte, crois seulement. » 37 Et il ne laissa personne l'accompagner, sauf Pierre, Jacques et Jean le frère de Jacques. 38 Ils arrivent à la maison du chef de la synagogue. Jésus voit de l'agitation, des gens qui pleurent et poussent de grands cris. 39 Il entre et leur dit : « Pourquoi cette agitation et ces pleurs ? L'enfant n'est pas morte, elle dort. » 40 Et ils se moquaient de lui. Mais il met tout le monde dehors et prend avec lui le père et la mère de l'enfant et ceux qui l'avaient accompagné. Il entre là où se trouvait l'enfant, 41 il prend la main de l'enfant et lui dit : « Talitha qoum[1] », ce qui veut dire : « Fillette, je te le dis, réveille-toi ! » 42 Aussitôt la fillette se leva et se mit à marcher, — car elle avait douze ans. Sur le coup, ils furent tout bouleversés. 43 Et Jésus leur fit de vives recommandations pour que personne ne le sache, et

1. En araméen, langue parlée par les Juifs au temps de Jésus.

il leur dit de donner à manger à la fillette.

Jésus et les gens de Nazareth
(*Mt 13.54-58; Lc 4.16, 22, 24*)

6 1 Jésus partit de là. Il vient dans sa patrie et ses disciples le suivent. 2 Le jour du *sabbat, il se mit à enseigner dans la *synagogue. Frappés d'étonnement, de nombreux auditeurs disaient : « D'où cela lui vient-il ? Et quelle est cette sagesse qui lui a été donnée, si bien que même des miracles se font par ses mains ? 3 N'est-ce pas le charpentier, le fils de Marie et le frère de Jacques, de Josès, de Jude et de Simon ? et ses soeurs ne sont-elles pas ici chez nous ? » Et il était pour eux une occasion de chute. 4 Jésus leur disait : « Un *prophète n'est méprisé que dans sa patrie, parmi ses parents et dans sa maison. » 5 Et il ne pouvait faire là aucun miracle, pourtant il guérit quelques malades en leur *imposant les mains. 6 Et il s'étonnait de ce qu'ils ne croyaient pas.

Jésus envoie les Douze en mission
(*Mt 9.35; 10.1, 5-14; Lc 9.1-6*)

Il parcourait les villages des environs en enseignant. 7 Il fait venir les Douze. Et il commença à les envoyer deux par deux, leur donnant autorité sur les esprits impurs[1]. 8 Il leur ordonna de ne rien prendre pour la route, sauf un bâton : pas de pain, pas de sac, pas de monnaie dans la ceinture, 9 mais pour chaussures des sandales, « et ne mettez pas deux

1. Voir 1.23 et note.

tuniques. » 10 Il leur disait : « Si, quelque part, vous entrez dans une maison, demeurez-y jusqu'à ce que vous quittiez l'endroit. 11 Si une localité ne vous accueille pas et si l'on ne vous écoute pas, en partant de là, secouez la poussière[1] de vos pieds : ils auront là un témoignage. » 12 Ils partirent et ils proclamèrent qu'il fallait se convertir. 13 Ils chassaient beaucoup de *démons, ils faisaient des onctions d'huile à beaucoup de malades et ils les guérissaient.

La mort de Jean le Baptiste
(Mt 14.1-12; Lc 9.7-9; 3.19-20)

14 Le roi Hérode[2] entendit parler de Jésus, car son nom était devenu célèbre. On disait : « Jean le Baptiste est ressuscité des morts; voilà pourquoi le pouvoir de faire des miracles agit en lui. » 15 D'autres disaient : « C'est Élie[3]. » D'autres disaient : « C'est un *prophète semblable à l'un de nos prophètes. » 16 Entendant ces propos, Hérode disait : « Ce Jean que j'ai fait décapiter, c'est lui qui est ressuscité. »

17 En effet, Hérode avait fait arrêter Jean et l'avait enchaîné en prison, à cause d'*Hérodiade, la femme de son frère Philippe[4], qu'il avait épousée. 18 Car Jean disait à Hérode : « Il ne t'est pas

permis de garder la femme de ton frère. » 19 Aussi Hérodiade le haïssait et voulait le faire mourir, mais elle ne le pouvait pas, 20 car Hérode craignait Jean, sachant que c'était un homme juste et *saint, et il le protégeait. Quand il l'avait entendu, il restait fort perplexe; cependant il l'écoutait volontiers. 21 Mais un jour propice arriva lorsque Hérode, pour son anniversaire, donna un banquet à ses dignitaires, à ses officiers et aux notables de Galilée. 22 La fille de cette Hérodiade vint exécuter une danse et elle plut à Hérode et à ses convives. Le roi dit à la jeune fille : « Demande-moi ce que tu veux et je te le donnerai. » 23 Et il lui fit ce serment : « Tout ce que tu me demanderas, je te le donnerai, serait-ce la moitié de mon royaume. » 24 Elle sortit et dit à sa mère : « Que vais-je demander ? » Celle-ci répondit : « La tête de Jean le Baptiste. » 25 En toute hâte, elle rentra auprès du roi et lui demanda : « Je veux que tu me donnes tout de suite sur un plat la tête de Jean le Baptiste. » 26 Le roi devint triste, mais à cause de son serment et des convives il ne voulut pas lui refuser. 27 Aussitôt le roi envoya un garde avec l'ordre d'apporter la tête de Jean. Le garde alla le décapiter dans sa prison, 28 il apporta la tête sur un plat, il la donna à la jeune fille, et la jeune fille la donna à sa mère. 29 Quand ils l'eurent appris, les *disciples de Jean vinrent prendre son cadavre et le déposèrent dans un tombeau.

---

1. Voir Ac 13.51 et 18.6 : c'est un geste de rupture. Il signifie que l'envoyé ne doit plus rien aux personnes visées, pas même la poussière de leur ville qui aurait pu rester attachée à ses chaussures.
2. Il s'agit d'*Hérode Antipas*. Voir note sur Mc 1.14.
3. Voir Ml 3.23. Les juifs contemporains de Jésus se référaient à ce texte pour attendre le retour du prophète *Élie* comme précurseur du Messie.
4. C'est-à-dire *Hérode Philippe* (qui vivait à Rome); à ne pas confondre avec Philippe le tétrarque qui régnait à Césarée de Philippe (8.27).

Jésus nourrit cinq mille hommes

(Mt 14.13-21; Lc 9.10-17; Jn 6.1-15)

30 Les *Apôtres se réunissent auprès de Jésus et ils lui rapportèrent tout ce qu'ils avaient fait et tout ce qu'ils avaient enseigné. 31 Il leur dit : « Vous autres, venez à l'écart dans un lieu désert et reposez-vous un peu. » Car il y avait beaucoup de monde qui venait et repartait et eux n'avaient pas même le temps de manger. 32 Ils partirent en barque vers un lieu désert, à l'écart. 33 Les gens les virent s'éloigner et beaucoup les reconnurent. Alors, à pied, de toutes les villes, ils coururent à cet endroit et arrivèrent avant eux. 34 En débarquant, Jésus vit une grande foule. Il fut pris de pitié pour eux parce qu'ils étaient comme des brebis qui n'ont pas de *berger, et il se mit à leur enseigner beaucoup de choses. 35 Puis, comme il était déjà tard, ses disciples s'approchèrent de lui pour lui dire : « L'endroit est désert et il est déjà tard. 36 Renvoie-les; qu'ils aillent dans les hameaux et les villages des environs s'acheter de quoi manger. » 37 Mais il leur répondit : « Donnez-leur vous-mêmes à manger. » Ils lui disent : « Faut-il aller acheter pour 200 pièces d'argent de pains et leur donner à manger ? » 38 Il leur dit : « Combien avez-vous de pains ? Allez voir ! » Ayant vérifié, ils disent : « Cinq, et deux poissons. » 39 Et il leur commanda d'installer tout le monde par groupes sur l'herbe verte. 40 Ils s'étendirent par rangées de cent et de 50. 41 Jésus prit les cinq pains et les deux poissons, et levant son regard vers le ciel, il prononça la bénédiction, rompit les pains et il les donnait aux disciples pour qu'ils les offrent aux gens. Il partagea aussi les deux poissons entre tous. 42 Ils mangèrent tous et furent rassasiés. 43 Et l'on emporta les morceaux, qui remplissaient douze paniers[1], et aussi ce qui restait des poissons. 44 Ceux qui avaient mangé les pains étaient 5.000 hommes.

Jésus marche sur le lac

(Mt 14.22-33; Jn 6.16-21)

45 Aussitôt Jésus obligea ses disciples à remonter dans la barque et à le précéder sur l'autre rive, vers Bethsaïda, pendant que lui-même renvoyait la foule. 46 Après l'avoir congédiée, il partit dans la montagne pour prier. 47 Le soir venu, la barque était au milieu de la mer[2], et lui, seul, à terre. 48 Voyant qu'ils se battaient à ramer contre le vent qui leur était contraire, vers la fin de la nuit, il vient vers eux en marchant sur la mer, et il allait les dépasser. 49 En le voyant marcher sur la mer, ils crurent que c'était un fantôme et ils poussèrent des cris. 50 Car ils le virent tous et ils furent affolés. Mais lui aussitôt leur parla; il leur dit : « Confiance, c'est moi, n'ayez pas peur. » 51 Il monta auprès d'eux dans la barque, et le vent tomba. Ils étaient extrêmement bouleversés. 52 En effet, ils n'avaient rien compris à l'affaire des pains, leur *coeur était endurci.

---

1. Il s'agit de paniers d'osier rigides dans lesquels les Juifs transportaient leurs provisions.
2. Voir Mc 1.16 et note.

Guérisons à Gennésareth
(Mt 14.34-36)

53 Après la traversée, ils touchèrent terre à Gennésareth[1] et ils abordèrent. 54 Dès qu'ils eurent débarqué, les gens reconnurent Jésus; 55 ils parcoururent tout le pays et se mirent à apporter les malades sur des brancards là où l'on apprenait qu'il était. 56 Partout où il entrait, villages, villes ou hameaux, on mettait les malades sur les places; on le suppliait de les laisser toucher seulement la frange de son vêtement[2]; et ceux qui le touchaient étaient tous guéris.

Jésus met en question la tradition
(Mt 15.1-9)

7 1 Les *pharisiens et quelques scribes venus de Jérusalem se rassemblent auprès de Jésus. 2 Ils voient que certains de ses disciples prennent leurs repas avec des mains *impures, c'est-à-dire sans les avoir lavées[3]. 3 En effet, les pharisiens, comme tous les Juifs, ne mangent pas sans s'être lavé soigneusement les mains, par attachement à la tradition des anciens[4]; 4 en revenant du marché, ils ne mangent pas sans avoir fait des ablutions; et il

y a beaucoup d'autres pratiques traditionnelles auxquelles ils sont attachés : lavages rituels des coupes, des cruches et des plats. 5 Les pharisiens et les scribes demandent donc à Jésus : « Pourquoi tes disciples ne se conduisent-ils pas conformément à la tradition des anciens, mais prennent-ils leur repas avec des mains impures ? » 6 Il leur dit : « Esaïe a bien prophétisé à votre sujet, hypocrites, car il est écrit :

*Ce peuple m'honore des lèvres mais son *coeur est loin de moi;*

7 *c'est en vain qu'ils me rendent un culte*

car les doctrines qu'ils enseignent ne sont que préceptes d'hommes.

8 Vous laissez de côté le commandement de Dieu et vous vous attachez à la tradition des hommes. » 9 Il leur disait : « Vous repoussez bel et bien le commandement de Dieu pour garder votre tradition. 10 Car Moïse a dit : Honore ton père et ta mère et encore : Celui qui maudit père ou mère, qu'il soit puni de mort. 11 Mais vous, vous dites : Si quelqu'un dit à son père ou à sa mère : le secours que tu devais recevoir de moi est « qorban[1] », c'est-à-dire offrande sacrée ... 12 vous lui permettez de ne plus rien faire pour son père ou pour sa mère : 13 vous annulez ainsi la parole de Dieu par la tradition que vous transmettez. Et vous faites beaucoup de choses du même genre. »

---

1. Plaine fertile au S. O. de Capharnaüm.
2. Les juifs pieux portaient une *frange* à leur vêtement (Nb 15.38-41), munie d'un fil pourpre rappelant les commandements de Dieu. Ce détail explique la vénération dont cette frange était l'objet. (Mt 9.20; Lc 8.44).
3. Il ne s'agit pas d'hygiène mais d'une observance rituelle.
4. Ensemble des commentaires de la Loi de Moïse, transmis oralement dans les écoles rabbiniques; ils ont été fixés plus tard dans la Mishna, puis dans le Talmud.

Ce qui rend l'homme impur
(Mt 15.10-20)

14 Puis appelant de nouveau la foule, il leur disait : « Ecoutez-moi tous et comprenez. 15 Il n'y a rien d'extérieur à l'homme qui puisse le rendre impur en pénétrant en lui, mais ce qui sort de l'homme, voilà ce qui rend l'homme impur[1]. » 17 Lorsqu'il fut entré dans la maison, loin de la foule, ses disciples l'interrogeaient sur cette parole énigmatique. 18 Il leur dit : « Vous aussi, êtes-vous donc sans intelligence ? Ne savez-vous pas que rien de ce qui pénètre de l'extérieur dans l'homme ne peut le rendre impur, 19 puisque cela ne pénètre pas dans son cœur, mais dans son ventre, puis s'en va dans la fosse ? » Il déclarait ainsi que tous les aliments sont *purs. 20 Il disait : « Ce qui sort de l'homme, c'est cela qui rend l'homme impur. 21 En effet c'est de l'intérieur, c'est du cœur des hommes que sortent les intentions mauvaises, inconduites, vols, meurtres, 22 adultères, cupidités, perversités, ruse, débauche, envie, injures, vanité, déraison. 23 Tout ce mal sort de l'intérieur et rend l'homme impur. »

La foi d'une femme syro-phénicienne
(Mt 15.21-28)

24 Parti de là, Jésus se rendit dans le territoire de Tyr[2]. Il entra dans une maison et il ne voulait pas qu'on le sache, mais il ne put rester ignoré. 25 Tout de suite, une femme dont la fille avait un esprit impur[1] entendit parler de lui et vint se jeter à ses pieds. 26 Cette femme était païenne, syro-phénicienne[2] de naissance. Elle demandait à Jésus de chasser le *démon hors de sa fille. 27 Jésus lui disait : « Laisse d'abord les enfants se rassasier, car ce n'est pas bien de prendre le pain des enfants pour le jeter aux petits chiens. » 28 Elle lui répondit : « C'est vrai, Seigneur, mais les petits chiens, sous la table, mangent les miettes des enfants. » 29 Il lui dit : « À cause de cette parole, va, le démon est sorti de ta fille. » 30 Elle retourna chez elle et trouva l'enfant étendue sur le lit : le démon l'avait quittée.

Jésus guérit un sourd-muet

31 Jésus quitta le territoire de Tyr et revint par Sidon vers la mer de Galilée en traversant le territoire de la Décapole[3]. 32 On lui amène un sourd qui, de plus, parlait difficilement et on le supplie de lui *imposer la main. 33 Le prenant loin de la foule, à l'écart, Jésus lui mit les doigts dans les oreilles, cracha et lui toucha la langue. 34 Puis, levant son regard vers le ciel, il soupira. Et il lui dit : « Ephphata[4] », c'est-à-dire : « Ouvre-toi. » 35 Aussitôt ses oreilles s'ouvrirent, sa langue se délia, et il parlait correctement. 36 Jésus leur recommanda de n'en parler à personne : mais plus il le leur recommandait, plus ceux-ci

---

1. Quelques manuscrits ajoutent ici : *Si quelqu'un a des oreilles pour entendre, qu'il entende* (mots empruntés à 4.9; voir aussi 4.23).
2. Voir 3.8 et note.

1. Voir 1.23 et note.
2. *Syrophénicienne :* cette femme appartient à l'ancienne population de Phénicie, dans la province romaine de Syrie. Voir aussi Mt 15.22 et note.
3. Voir 5.20 et note.
4. En araméen.

le proclamaient. 37 Ils étaient très impressionnés et ils disaient : « Il a bien fait toutes choses; il fait entendre les sourds et parler les muets. »

Jésus nourrit quatre mille personnes

(Mt 15.32-39; cf. Mc 6.30-44)

8 1 En ces jours-là, comme il y avait de nouveau une grande foule et qu'elle n'avait pas de quoi manger, Jésus appelle ses disciples et leur dit : 2 « J'ai pitié de cette foule, car voilà déjà trois jours qu'ils restent auprès de moi et ils n'ont pas de quoi manger. 3 Si je les renvoie chez eux à jeun, ils vont défaillir en chemin, et il y en a qui sont venus de loin. » 4 Ses disciples lui répondirent : « Où trouver de quoi les rassasier de pains ici dans un désert ? » 5 Il leur demandait : « Combien avez-vous de pains ? » — « Sept », dirent-ils. 6 Et il ordonne à la foule de s'étendre par terre. Puis il prit les sept pains et, après avoir rendu grâce, il les rompit et il les donnait à ses disciples pour qu'ils les offrent. Et ils les offrirent à la foule. 7 Ils avaient aussi quelques petits poissons. Jésus prononça sur eux la bénédiction et dit de les offrir également. 8 Ils mangèrent et furent rassasiés. Et l'on emporta les morceaux qui restaient : sept corbeilles; 9 or ils étaient environ 4.000. Puis Jésus les renvoya; 10 et aussitôt il monta dans la barque avec ses disciples et se rendit dans la région de Dalmanoutha[1].

1. Localité inconnue.

Il n'y aura pas de signe venant du ciel

(Mt 12.38-39; 16.1-4; Lc 11.16, 29; 12.54-56)

11 Les *pharisiens vinrent et se mirent à discuter avec Jésus; pour lui tendre un piège, ils lui demandent un *signe qui vienne du *ciel. 12 Poussant un profond soupir, Jésus dit : « Pourquoi cette génération demande-t-elle un signe ? En vérité, je vous le déclare, il ne sera pas donné de signe à cette génération. » 13 Et les quittant, il remonta dans la barque et il partit pour l'autre rive.

Manque d'intelligence des disciples

(Mt 16.5-12; Lc 12.1)

14 Les disciples avaient oublié de prendre des pains et n'en avaient qu'un seul avec eux dans la barque. 15 Jésus leur faisait cette recommandation : « Attention ! Prenez garde au *levain des *Pharisiens et à celui d'*Hérode. » 16 Ils se mirent à discuter entre eux parce qu'ils n'avaient pas de pains. 17 Jésus s'en aperçoit et leur dit : « Pourquoi discutez-vous parce que vous n'avez pas de pains ? Vous ne saisissez pas encore et vous ne comprenez pas ? Avez-vous le *coeur endurci ? 18 *Vous avez des yeux : ne voyez-vous pas ? Vous avez des oreilles : n'entendez-vous pas ?* Ne vous rappelez-vous pas, 19 quand j'ai rompu les cinq pains pour les 5.000 hommes, combien de paniers pleins de morceaux vous avez emportés ? » Ils lui disent : « Douze. » 20 « Et quand j'ai rompu les sept pains pour les 4.000 hommes, combien de cor-

beilles pleines de morceaux avez-vous emportées ? » Ils disent : « Sept. » 21 Et il leur disait : « Ne comprenez-vous pas encore ? »

Jésus guérit un aveugle

22 Ils arrivent à Bethsaïda; on lui amène un aveugle et on le supplie de le toucher. 23 Prenant l'aveugle par la main, il le conduisit hors du village. Il mit de la salive sur ses yeux, lui *imposa les mains et il lui demandait : «-Vois-tu quelque chose ? » 24 Ayant ouvert les yeux, il disait : « J'aperçois les gens, je les vois comme des arbres mais ils marchent. » 25 Puis, Jésus lui posa de nouveau les mains sur les yeux et l'homme vit clair; il était guéri et voyait tout distinctement. 26 Jésus le renvoya chez lui en disant : « N'entre même pas dans le village. »

Pierre déclare que Jésus est le Messie

(*Mt 16.13-20; Lc 9.18-21*)

27 Jésus s'en alla avec ses disciples vers les villages voisins de Césarée de Philippe[1]. En chemin, il interrogeait ses disciples : « Qui suis-je, au dire des hommes ? » 28 Ils lui dirent : « Jean le Baptiste; pour d'autres, Elie; pour d'autres, l'un des *prophètes. » 29 Et lui leur demandait : « Et vous, qui dites-vous que je suis ? » Prenant la parole, Pierre lui répond : « Tu es le *Christ. » 30 Et il leur commanda sévèrement de ne parler de lui à personne.

1. Ville située près des sources du Jourdain, fondée par Philippe Hérode. Aujourd'hui Banijas.

Jésus annonce sa mort et sa résurrection

(*Mt 16.21-23; Lc 9.22*)

31 Puis il commença à leur enseigner qu'il fallait que le *Fils de l'homme souffre beaucoup, qu'il soit rejeté par les anciens, les *grands prêtres et les scribes, qu'il soit mis à mort et que, trois jours après, il ressuscite. 32 Il tenait ouvertement ce langage. Pierre, le tirant à part, se mit à le réprimander. 33 Mais lui, se retournant et voyant ses disciples, réprimanda Pierre; il lui dit : « Retire-toi ! Derrière moi, Satan, car tes vues ne sont pas celles de Dieu, mais celles des hommes. »

Comment suivre Jésus

(*Mt 16.24-28; Lc 9.23-27*)

34 Puis il fit venir la foule avec ses disciples et il leur dit : « Si quelqu'un veut venir à ma suite, qu'il renonce à lui-même et prenne sa croix, et qu'il me suive. 35 En effet, qui veut sauver sa vie, la perdra; mais qui perdra sa vie à cause de moi et de l'*Evangile, la sauvera. 36 Et quel avantage l'homme a-t-il à gagner le monde entier, s'il le paie de sa vie ? 37 Que pourrait donner l'homme qui ait la valeur de sa vie ? 38 Car si quelqu'un a honte de moi et de mes paroles au milieu de cette génération adultère et pécheresse, le *Fils de l'homme aussi aura honte de lui, quand il viendra dans la gloire de son Père avec les saints *anges. »

9 1 Et il leur disait : « En vérité je vous le déclare, parmi ceux qui sont ici, certains ne mourront pas avant de voir le *règne de Dieu venu avec puissance. »

Jésus transfiguré
(Mt 17.1-9; Lc 9.28-36)

2 Six jours après, Jésus prend avec lui Pierre, Jacques et Jean et les emmène seuls à l'écart sur une haute montagne. Il fut transfiguré devant eux, 3 et ses vêtements devinrent éblouissants, si blancs qu'aucun foulon[1] sur terre ne saurait blanchir ainsi. 4 Elie leur apparut avec Moïse; ils s'entretenaient avec Jésus. 5 Intervenant, Pierre dit à Jésus : « Rabbi, il est bon que nous soyons ici; dressons trois tentes : une pour toi, une pour Moïse, une pour Elie. » 6 Il ne savait que dire car ils étaient saisis de crainte. 7 Une nuée vint les recouvrir et il y eut une voix venant de la nuée : « Celui-ci est mon Fils bien-aimé. Ecoutez-le ! » 8 Aussitôt, regardant autour d'eux, ils ne virent plus personne d'autre que Jésus, seul avec eux. 9 Comme ils descendaient de la montagne, il leur recommanda de ne raconter à personne ce qu'ils avaient vu, jusqu'à ce que le *Fils de l'homme ressuscite d'entre les morts. 10 Ils observèrent cet ordre, tout en se demandant entre eux ce qu'il entendait par « ressusciter d'entre les morts. »

Les disciples questionnent Jésus sur Elie
(Mt 17.10-13)

11 Et ils l'interrogeaient : « Pourquoi les *scribes disent-ils qu'Elie doit venir d'abord ? » 12 Il leur dit : « Certes, Elie vient d'abord et rétablit tout, mais alors comment est-il écrit du *Fils de l'homme qu'il doit beaucoup souffrir et être méprisé ? 13 Eh bien, je vous le déclare, Elie est venu et ils lui ont fait tout ce qu'ils voulaient, selon ce qui est écrit de lui. »

Jésus et le père de l'enfant possédé
(Mt 17.14-21; Lc 9.37-43)

14 En venant vers les disciples, ils virent autour d'eux une grande foule et des scribes qui discutaient avec eux. 15 Dès qu'elle vit Jésus, toute la foule fut remuée et l'on accourait pour le saluer. 16 Il leur demanda : « De quoi discutez-vous avec eux ? » 17 Quelqu'un dans la foule lui répondit : « Maître, je t'ai amené mon fils : il a un esprit muet[1]. 18 L'esprit s'empare de lui n'importe où, il le jette à terre et l'enfant écume, grince des dents et devient raide. J'ai dit à tes disciples de le chasser et ils n'en ont pas eu la force. » 19 Prenant la parole, Jésus leur dit : « Génération incrédule, jusqu'à quand serai-je auprès de vous ? Jusqu'à quand aurai-je à vous supporter ? Amenez-le moi. » 20 Ils le lui amenèrent. Dès qu'il vit Jésus, l'esprit se mit à agiter l'enfant de convulsions; celui-ci,

---

1. Chargés de tous les travaux de blanchisserie, les *foulons* travaillaient le linge avec les pieds.

1. La maladie a eu pour effet d'empêcher l'enfant d'apprendre à parler; voir 1.23 et note.

tombant par terre, se roulait en écumant. 21 Jésus demanda au père : « Depuis combien de temps cela lui arrive-t-il ? » Il dit : « Depuis son enfance. 22 Souvent l'esprit l'a jeté dans le feu ou dans l'eau pour le faire périr. Mais si tu peux quelque chose, viens à notre secours, par pitié pour nous. » 23 Jésus lui dit : « Si tu peux ! ... Tout est possible pour celui qui croit. » 24 Aussitôt le père de l'enfant s'écria : « Je crois ! Viens au secours de mon manque de foi ! » 25 Jésus, voyant la foule s'attrouper, menaça l'esprit impur : « Esprit sourd et muet, je te l'ordonne, sors de cet enfant et n'y rentre plus ! » 26 Avec des cris et de violentes convulsions, l'esprit sortit. L'enfant devint comme mort, si bien que tous disaient : « Il est mort. » 27 Mais Jésus, en lui prenant la main, le fit lever et il se mit debout. 28 Quand Jésus fut rentré à la maison, ses disciples lui demandèrent en particulier : « Et nous, pourquoi n'avons-nous pu chasser cet esprit ? » 29 Il leur dit : « Ce genre d'esprit, rien ne peut le faire sortir, que la prière. »

Jésus annonce à nouveau sa mort et sa résurrection
(*Mt 17.22-23; Lc 9.43-45*)

30 Partis de là, ils traversaient la Galilée et Jésus ne voulait pas qu'on le sache. 31 Car il enseignait ses disciples et leur disait : « Le *Fils de l'homme va être livré aux mains des hommes; ils le tueront et lorsqu'il aura été tué, trois jours après, il ressuscitera. » 32 Mais ils ne comprenaient pas cette parole et craignaient de l'interroger.

Qui est le plus grand ?
(*Mt 18.1-5; Lc 9.46-48*)

33 Ils allèrent à Capharnaüm. Une fois à la maison, Jésus leur demandait : « De quoi discutiez-vous en chemin ? » 34 Mais ils se taisaient, car, en chemin, ils s'étaient querellés pour savoir qui était le plus grand. 35 Jésus s'assit et il appela les Douze; il leur dit : « Si quelqu'un veut être le premier, qu'il soit le dernier de tous et le serviteur de tous. » 36 Et prenant un enfant, il le plaça au milieu d'eux et, après l'avoir embrassé, il leur dit : 37 « Qui accueille en mon *nom un enfant comme celui-là, m'accueille moi-même; et qui m'accueille, ce n'est pas moi qu'il accueille, mais celui qui m'a envoyé. »

Ceux qui se servent du nom de Jésus
(*Lc 9.49-50*)

38 Jean lui dit : « Maître, nous avons vu quelqu'un qui chassait les *démons en ton nom et nous avons cherché à l'en empêcher parce qu'il ne nous suivait pas[1]. » 39 Mais Jésus dit : « Ne l'empêchez pas, car il n'y a personne qui fasse un miracle en mon nom et puisse, aussitôt après, mal parler

---

1. D'après 1.18; 6.1; 8.34, etc. *suivre* Jésus est le propre du disciple. L'homme en question ne faisait pas partie du groupe des disciples.

de moi. 40 Celui qui n'est pas contre nous est pour nous. 41 Quiconque vous donnera à boire un verre d'eau parce que vous appartenez au Christ, en vérité je vous le déclare, il ne perdra pas sa récompense.

A propos des pièges pour la foi
(*Mt 18.6-11; Lc 17.1-2*)

42 Quiconque entraîne la chute[1] d'un seul de ces petits qui croient, il vaut mieux pour lui qu'on lui attache au cou une grosse meule, et qu'on le jette à la mer. 43 Si ta main entraîne ta chute, coupe-la; il vaut mieux que tu entres manchot dans la *vie[2], que d'aller avec tes deux mains dans la *géhenne, dans le feu qui ne s'éteint pas[3]. 45 Si ton pied entraîne ta chute, coupe-le; il vaut mieux que tu entres estropié dans la vie que d'être jeté avec tes deux pieds dans la géhenne. 47 Et si ton oeil entraîne ta chute, arrache-le; il vaut mieux que tu entres borgne dans le *royaume de Dieu 'que d'être jeté avec tes deux yeux dans la géhenne, 48 où le ver ne meurt pas et où le feu ne s'éteint pas. 49 Car chacun sera salé au feu[4]. 50 C'est une bonne chose que le sel. Mais si le sel perd son goût, avec quoi le lui rendrez-vous ? Ayez du sel en vous-mêmes et

soyez en paix les uns avec les autres. »

Jésus parle du mariage et du divorce
(*Mt 19.1-9; Lc 16.18*)

10 1 Partant de là, Jésus va dans le territoire de la Judée, au-delà du Jourdain. De nouveau, les foules se rassemblent autour de lui et il les enseignait une fois de plus, selon son habitude. 2 Des *pharisiens s'avancèrent et, pour lui tendre un piège, ils lui demandaient s'il est permis à un homme de répudier sa femme. 3 Il leur répondit : « Qu'est-ce que Moïse vous a prescrit ? » 4 Ils dirent : « Moïse a permis d'*écrire un certificat de répudiation et de renvoyer sa femme.* » 5 Jésus leur dit : « C'est à cause de la dureté de votre *coeur qu'il a écrit pour vous ce commandement. 6 Mais au commencement du monde Dieu *les fit mâle et femelle; 7 c'est pourquoi l'homme quittera son père et sa mère et s'attachera à sa femme, 8 et les deux ne feront qu'une seule chair[1].* Ainsi, ils ne sont plus deux, mais une seule chair. 9 Que l'homme donc ne sépare pas ce que Dieu a uni. » 10 À la maison, les disciples l'interrogeaient de nouveau sur ce sujet. 11 Il leur dit : « Si quelqu'un répudie sa femme et en épouse une autre, il est adultère à l'égard de la première; 12 et si la femme répudie son mari et en épouse un autre, elle est adultère. »

---

1. D'autres traduisent *qui scandalise*, c'est-à-dire qui dresse un obstacle ou un piège pour la foi.
2. C'est-à-dire la vie éternelle.
3. Certains manuscrits ajoutent les versets 44 et 46 : *où le ver ne meurt pas et où le feu ne s'éteint pas.* voir v. 48. C'est une citation assez libre d'Es 66.24.
4. Ou *pour le feu*, ou encore *par le feu*.

1. ou *un seul être*.

Jésus accueille des enfants
(Mt 19.13-15; Lc 18.15-17)

13 Des gens lui amenaient des enfants pour qu'il les touche, mais les disciples les rabrouèrent. 14 En voyant cela, Jésus s'indigna et leur dit : « Laissez les enfants venir à moi, ne les empêchez pas, car le *royaume de Dieu est à ceux qui sont comme eux. 15 En vérité je vous le déclare, qui n'accueille pas le royaume de Dieu comme un enfant n'y entrera pas. » 16 Et il les embrassait et les bénissait en leur *imposant les mains.

Jésus et le riche
(Mt 19.16-30; Lc 18.18-30)

17 Comme il se mettait en route, quelqu'un vint en courant et se jeta à genoux devant lui; il lui demandait : « Bon Maître, que dois-je faire pour recevoir la *vie éternelle en partage ? » 18 Jésus lui dit : « Pourquoi m'appelles-tu bon ? Nul n'est bon que Dieu seul. 19 Tu connais les commandements : *Tu ne commettras pas de meurtre, tu ne commettras pas d'adultère, tu ne voleras pas, tu ne porteras pas de faux témoignage, tu ne feras de tort à personne*[1], *honore ton père et ta mère.* » 20 L'homme lui dit : « Maître, tout cela, je l'ai observé dès ma jeunesse. » 21 Jésus le regarda et se prit à l'aimer; il lui dit : « Une seule chose te manque; va, ce que tu as, vends-le, donne-le aux pauvres et tu auras un trésor dans le *ciel; puis viens, suis-moi. » 22 Mais à cette parole, il s'assom-

brit et il s'en alla tout triste, car il avait de grands biens. 23 Regardant autour de lui, Jésus dit à ses disciples : « Qu'il sera difficile à ceux qui ont les richesses d'entrer dans le *royaume de Dieu ! » 24 Les disciples étaient déconcertés par ces paroles. Mais Jésus leur répète : « Mes enfants, qu'il est difficile[1] d'entrer dans le *royaume de Dieu ! » 25 Il est plus facile à un chameau de passer par le trou d'une aiguille qu'à un riche d'entrer dans le royaume de Dieu. » 26 Ils étaient de plus en plus impressionnés; ils se disaient entre eux : « Alors qui peut être sauvé ? » 27 Fixant sur eux son regard, Jésus dit : « Aux hommes c'est impossible, mais pas à Dieu, car tout est possible à Dieu. » 28 Pierre se mit à lui dire : « Eh bien ! nous, nous avons tout laissé pour te suivre. » 29 Jésus lui dit : « En vérité, je vous le déclare, personne n'aura laissé maison, frères, sœurs, mère, père, enfants ou champs à cause de moi et à cause de l'*Evangile, 30 sans recevoir au centuple maintenant, en ce temps-ci, maisons, frères, sœurs, mères, enfants, et champs, avec des persécutions, et dans le monde à venir la vie éternelle. 31 Beaucoup de premiers seront derniers et les derniers seront premiers. »

Jésus annonce encore sa mort et sa résurrection
(Mt 20.17-19; Lc 18.31-34)

32 Ils étaient en chemin et montaient à Jérusalem. Jésus marchait devant eux. Ils étaient

---

1. Ces mots ne figurent pas au décalogue et sont absents dans les passages parallèles de Mt et de Lc.

1. Certains manuscrits précisent : difficile *à ceux qui se confient dans les richesses.*

effrayés, et ceux qui suivaient avaient peur. Prenant de nouveau les Douze avec lui, il se mit à leur dire ce qui allait lui arriver : 33 « Voici que nous montons à Jérusalem et le *Fils de l'homme sera livré aux *grands prêtres et aux scribes; ils le condamneront à mort et le livreront aux *païens, 34 ils se moqueront de lui, ils cracheront sur lui, ils le flagelleront[1], ils le tueront et, trois jours après, il ressuscitera. »

La demande de Jacques et Jean
(Mt 20.20-28; cf. Lc 22.25-26)

35 Jacques et Jean, les fils de Zébédée, s'approchent de Jésus et lui disent : « Maître, nous voudrions que tu fasses pour nous ce que nous allons te demander. » 36 Il leur dit : « Que voulez-vous que je fasse pour vous ? » 37 Ils lui dirent : « Accorde-nous de siéger dans ta gloire l'un à ta droite et l'autre à ta gauche. » 38 Jésus leur dit : « Vous ne savez pas ce que vous demandez. Pouvez-vous boire la coupe que je vais boire, ou être baptisés du baptême dont je vais être baptisé ? » 39 Ils lui dirent : « Nous le pouvons. » Jésus leur dit : « La coupe que je vais boire, vous la boirez, et du baptême dont je vais être baptisé, vous serez baptisés. 40 Quant à siéger à ma droite ou à ma gauche, il ne m'appartient pas de l'accorder : ce sera donné à ceux pour qui cela est préparé. » 41 Les dix autres, qui avaient entendu, se mirent à s'indigner contre Jacques et Jean. 42 Jésus les appela

et leur dit : « Vous le savez, ceux qu'on regarde comme les chefs des nations les tiennent sous leur pouvoir et les grands sous leur domination. 43 Il n'en est pas ainsi parmi vous. Au contraire, si quelqu'un veut être grand parmi vous, qu'il soit votre serviteur. 44 Et si quelqu'un veut être le premier parmi vous, qu'il soit l'esclave de tous. 45 Car le *Fils de l'homme est venu non pour être servi, mais pour servir et donner sa vie en rançon pour la multitude. »

Jésus guérit l'aveugle Bartimée
(Mt 20.29-34; Lc 18.35-43)

46 Ils arrivent à Jéricho. Comme Jésus sortait de Jéricho avec ses disciples et une assez grande foule, l'aveugle Bartimée, fils de Timée, était assis au bord du chemin en train de mendier. 47 Apprenant que c'était Jésus de Nazareth, il se mit à crier : *« Fils de David, Jésus, aie pitié de moi ! » 48 Beaucoup le rabrouaient pour qu'il se taise, mais lui criait de plus belle : « Fils de David, aie pitié de moi ! » 49 Jésus s'arrêta et dit : « Appelez-le. » On appelle l'aveugle, on lui dit : « Confiance, lève-toi, il t'appelle. » 50 Rejetant son manteau, il se leva d'un bond et il vint vers Jésus. 51 S'adressant à lui, Jésus dit : « Que veux-tu que je fasse pour toi ? » L'aveugle lui répondit : « Rabbouni[1], que je retrouve la vue ! » 52 Jésus lui dit : « Va, ta foi t'a sauvé. » Aussitôt il retrouva la vue et il suivait Jésus sur le chemin.

---

1. Pratiquée à l'aide d'un fouet à plusieurs lanières munies de pointes, la *flagellation* était administrée par les Romains comme supplice préliminaire à la crucifixion.

1. En araméen : *Mon Maître.*

L'entrée de Jésus à Jérusalem
(Mt 21.1-11; Lc 19.28-40; Jn 12.12-16)

11 1 Lorsqu'ils approchent de Jérusalem, près de Bethphagé et de Béthanie, vers le mont des Oliviers[1], Jésus envoie deux de ses disciples 2 et leur dit : « Allez au village qui est devant vous : dès que vous y entrerez, vous trouverez un ânon attaché que personne n'a encore monté. Détachez-le et amenez-le. 3 Et si quelqu'un vous dit : Pourquoi faites-vous cela ? répondez : Le Seigneur en a besoin et il le renvoie ici tout de suite[2]. » 4 Ils sont partis et ont trouvé un ânon attaché dehors près d'une porte, dans la rue. Ils le détachent. 5 Quelques-uns de ceux qui se trouvaient là leur dirent : « Qu'avez-vous à détacher cet ânon ? » 6 Eux leur répondirent comme Jésus l'avait dit et on les laissa faire. 7 Ils amènent l'ânon à Jésus ; ils mettent sur lui leurs vêtements et Jésus s'assit dessus. 8 Beaucoup de gens étendirent leurs vêtements sur la route[3] et d'autres des feuillages qu'ils coupaient dans la campagne. 9 Ceux qui marchaient devant et ceux qui suivaient criaient : « Hosanna[4] ! Béni soit au *nom du Seigneur Celui qui vient ! 10 Béni soit le règne qui vient, le règne de David notre père ! Hosanna au plus haut des cieux ! » 11 Et il entra à Jérusalem dans le *Temple. Après avoir tout regardé autour de lui, comme c'était déjà le soir, il sortit pour se rendre à Béthanie avec les Douze.

Le figuier sans figues
(Mt 21.18-19)

12 Le lendemain, à leur sortie de Béthanie, il eut faim. 13 Voyant de loin un figuier qui avait des feuilles, il alla voir s'il n'y trouverait pas quelque chose. Et s'étant approché, il ne trouva que des feuilles, car ce n'était pas le temps des figues. 14 S'adressant à lui, il dit : « Que jamais plus personne ne mange de tes fruits ! » Et ses disciples écoutaient.

Jésus chasse les vendeurs du Temple
(Mt 21.10-17; Lc 19.45-48; Jn 2.13-16)

15 Ils arrivent à Jérusalem. Entrant dans le *Temple[1], Jésus se mit à chasser ceux qui vendaient et achetaient dans le Temple; il renversa les tables des changeurs et les sièges des marchands de colombes, 16 et il ne laissait personne traverser le temple en portant quoi que ce soit[2]. 17 Et il les enseignait et leur disait : « N'est-il pas écrit : *Ma maison sera appelée maison de prière pour toutes les nations ?* Mais vous, vous en avez fait une *caverne de bandits.* » 18 Les *grands prêtres et les scribes l'apprirent et ils cher-

---

1. *Bethphagé :* village situé sur le flanc oriental du mont des Oliviers, à quelques km de Jérusalem. *Béthanie :* autre village voisin du précédent. Le *mont des Oliviers :* colline à l'Est de Jérusalem, séparée de la ville par la vallée du Cédron.
2. Autre texte : *et il* (le propriétaire) *l'enverra ici tout de suite.*
3. Comme en 2 R 9.13 il s'agit d'une sorte de tapis d'honneur.
4. En araméen : exclamation tirée de Ps 118.25, équivalant à peu près à « Gloire à Dieu ! »

1. C'est-à-dire dans l'une des cours du Temple, ouverte aux païens. Les *changeurs* permettaient aux juifs venus de l'étranger de changer leur argent pour acheter leur offrande ou pour payer l'impôt du Temple.
2. Beaucoup de gens empruntaient sans doute la « cour des païens » comme raccourci entre la ville et le mont des Oliviers.

chaient comment ils le feraient périr. Car ils le redoutaient, parce que la foule était frappée de son enseignement. 19 Le soir venu, Jésus et ses disciples sortirent de la ville[1].

A propos du figuier : La foi et la prière
(Mt 21.20-22)

20 En passant le matin, ils virent le figuier desséché jusqu'aux racines. 21 Pierre, se rappelant, lui dit : « Rabbi[2], regarde, le figuier que tu as maudit est tout sec. » 22 Jésus leur répond et dit : « Ayez foi en Dieu. 23 En vérité je vous le déclare, si quelqu'un dit à cette montagne : ôte-toi de là et jette-toi dans la mer, et s'il ne doute pas en son *coeur mais croit que ce qu'il dit arrivera, cela lui sera accordé. 24 C'est pourquoi je vous déclare : Tout ce que vous demandez en priant, croyez que vous l'avez reçu et cela vous sera accordé. 25 Et quand vous êtes debout en prière, si vous avez quelque chose contre quelqu'un, pardonnez, pour que votre Père qui est aux cieux vous pardonne aussi vos fautes[3]. »

L'autorité de Jésus est mise en question
(Mt 21.23-27; Lc 20.1-8)

27 Ils reviennent à Jérusalem. Alors que Jésus allait et venait dans le *Temple, les *grands prê-

tres, les scribes et les anciens s'approchent de lui. 28 Ils lui disaient : « En vertu de quelle autorité fais-tu cela ? Ou qui t'a donné autorité pour le faire ? » 29 Jésus leur dit : « Je vais vous poser une seule question; répondez-moi et je vous dirai en vertu de quelle autorité je fais cela. 30 Le baptême de Jean venait-il du *ciel ou des hommes ? Répondez-moi ! » 31 Ils raisonnaient ainsi entre eux : « Si nous disons : du ciel, il dira : Pourquoi donc n'avez-vous pas cru en lui ? 32 Allons-nous dire au contraire : des hommes ? » ... Ils redoutaient la foule, car tous pensaient que Jean était réellement un *prophète. 33 Alors ils répondent à Jésus : « Nous ne savons pas. » Et Jésus leur dit : « Moi non plus, je ne vous dis pas en vertu de quelle autorité je fais cela. »

La parabole des vignerons meurtriers
(Mt 21.33-46; Lc 20.9-19)

12 1 Et il se mit à leur parler en *paraboles. « Un homme a planté une vigne, l'a entourée d'une clôture, il a creusé une cuve et bâti une tour; puis il l'a donnée en fermage à des vignerons et il est parti. 2 Le moment venu, il a envoyé un serviteur aux vignerons pour recevoir d'eux sa part des fruits de la vigne. 3 Les vignerons l'ont saisi, roué de coups et renvoyé les mains vides. 4 Il leur a envoyé encore un autre serviteur; celui-là aussi ils l'ont frappé à la tête et insulté. 5 Il en a envoyé un autre — celui-là ils l'ont tué —, puis beaucoup d'autres : ils ont roué de coups les uns et tué les autres.

---

1. Ou quand venait le soir, Jésus et ses disciples sortaient de la ville.
2. En araméen : Maître.
3. Quelques manuscrits ajoutent ici, d'après Mt 6.15 : 26 mais si vous ne pardonnez pas, votre Père céleste ne vous pardonnera pas non plus vos fautes.

6 Il ne lui restait plus que son fils bien-aimé. Il l'a envoyé en dernier vers eux en disant : « Ils respecteront mon fils. » 7 Mais ces vignerons se sont dit entre eux : « C'est l'héritier. Venez ! Tuons-le et nous aurons l'héritage. » 8 Ils l'ont saisi, tué et jeté hors de la vigne. 9 Que fera le maître de la vigne ? Il viendra, il fera périr les vignerons et confiera la vigne à d'autres. 10 N'avez-vous pas lu ce passage de l'Ecriture :

La pierre qu'ont rejetée les bâtisseurs,
c'est elle qui est devenue la pierre angulaire.
11 *C'est là l'œuvre du Seigneur : quelle merveille à nos yeux !* »

12 Ils cherchaient à l'arrêter, mais ils eurent bien peur de la foule. Ils avaient bien compris que c'était pour eux qu'il avait dit cette parabole. Et le laissant, ils s'en allèrent.

L'impôt dû à César
(Mt 22.15-22; Lc 20.20-26)

13 Ils envoient auprès de Jésus quelques pharisiens et quelques Hérodiens[1] pour le prendre au piège en le faisant parler. 14 Ils viennent lui dire : « Maître, nous savons que tu es franc et que tu ne te laisses influencer par qui que ce soit : tu ne tiens pas compte de la condition des gens, mais tu enseignes les chemins de Dieu[2] selon la vérité. Est-il permis, oui ou non, de payer le tribut[3] à César ? Devons-nous payer

ou ne pas payer ? » 15 Mais lui, connaissant leur hypocrisie, leur dit : « Pourquoi me tendez-vous un piège ? Apportez-moi une pièce d'argent, que je voie ! » 16 Ils en apportèrent une. Jésus leur dit : « Cette effigie et cette inscription, de qui sont-elles ? » Ils lui répondirent : « De César. » 17 Jésus leur dit : « Rendez à César ce qui est à César, et à Dieu ce qui est à Dieu. » Et ils restaient à son propos dans un grand étonnement.

Une question sur la résurrection
(Mt 22.23-33; Lc 20.27-38)

18 Des *Sadducéens viennent auprès de lui. Ces gens disent qu'il n'y a pas de résurrection. Ils lui posaient cette question : 19 « Maître, Moïse a écrit pour nous : *Si un homme a un frère qui meurt en laissant une femme, mais sans laisser d'enfant, qu'il épouse la veuve et donne une descendance à son frère.* 20 Il y avait sept frères. Le premier a pris femme et est mort sans laisser de descendance. 21 Le second a épousé cette femme et est mort sans laisser de descendance. Le troisième également, 22 et les sept n'ont laissé aucune descendance. Après eux tous, la femme est morte aussi. 23 À la résurrection, quand ils ressusciteront, duquel d'entre eux sera-t-elle la femme, puisque les sept l'ont eue pour femme ? » 24 Jésus leur dit : « N'est-ce point parce que vous ne connaissez ni les Ecritures ni la puissance de Dieu, que vous êtes dans l'erreur ? 25 En effet, quand on ressuscite d'entre les morts, on ne prend ni femme ni mari, mais

---

1. Voir Mc 3.6 et note.
2. Expression imagée de la conduite que Dieu réclame de ses fidèles.
3. C'était l'impôt direct, le même pour tous les juifs; il s'ajoutait aux charges indirectes (péages, douanes, taxes). *César* est ici le titre de l'empereur romain.

on est comme des *anges dans les cieux. 26 Quant au fait que les morts doivent ressusciter, n'avez-vous pas lu dans le livre de Moïse, au récit du buisson ardent, comment Dieu lui a dit : *Je suis le Dieu d'Abraham, le Dieu d'Isaac et le Dieu de Jacob ?* 27 Il n'est pas le Dieu des morts, mais des vivants. Vous êtes complètement dans l'erreur. »

Le premier de tous les commandements

(Mt 22.34-40; Lc 10.25-28; 20.39-40)

28 Un *scribe s'avança. Il les avait entendus discuter et voyait que Jésus leur avait bien répondu. Il lui demanda : « Quel est le premier de tous les commandements ? » 29 Jésus répondit : « Le premier, c'est : *Ecoute, Israël, le Seigneur notre Dieu est l'unique Seigneur ;* 30 *tu aimeras le Seigneur ton Dieu de tout ton coeur, de toute ton âme, de toute ta pensée et de toute ta force.* 31 Voici le second : *Tu aimeras ton prochain comme toi-même.* Il n'y a pas d'autre commandement plus grand que ceux-là. » 32 Le scribe lui dit : « Très bien, Maître, tu as dit vrai : *Il est unique et il n'y en a pas d'autre que lui,* 33 et l'aimer de tout son coeur, de toute son intelligence, de toute sa force, et aimer son prochain comme soi-même, cela vaut mieux que tous les holocaustes et *sacrifices. »* 34 Jésus, voyant qu'il avait répondu avec sagesse, lui dit : « Tu n'es pas loin du *royaume de Dieu. » Et personne n'osait plus l'interroger.

Le Messie et David

(Mt 22.41-46; Lc 20.41-44)

35 Prenant la parole, Jésus enseignait dans le *Temple. Il disait : « Comment les *scribes peuvent-ils dire que le *Messie est fils de David ? 36 David lui-même, inspiré par l'Esprit Saint, a dit :
Le Seigneur a dit à mon Seigneur :
Siège à ma droite
jusqu'à ce que j'aie mis tes ennemis
sous tes pieds.
37 David lui-même l'appelle Seigneur ; alors, de quelle façon est-il son fils ? » La foule nombreuse l'écoutait avec plaisir.

Jésus met en garde contre les scribes

(Mt 23.1-12; Lc 20.45-47)

38 Dans son enseignement, il disait : « Prenez garde aux *scribes qui tiennent à déambuler en grandes robes, à être salués sur les places publiques, 39 à occuper les premiers sièges dans les *synagogues et les premières places dans les dîners. 40 Eux qui dévorent les biens des veuves et font pour l'apparence[1] de longues prières, ils subiront la plus rigoureuse condamnation.

L'offrande de la veuve

(Lc 21.1-4)

41 Assis en face du tronc, Jésus regardait comment la foule mettait de l'argent dans le tronc. De nombreux riches mettaient beaucoup. 42 Vint une veuve qui mit deux petites pièces, quelques cen-

---

1. ou *pour le dissimuler.*

times[1]. 43 Appelant ses disciples, Jésus leur dit : « En vérité je vous le déclare, cette veuve pauvre a mis plus que tous ceux qui mettent dans le tronc. 44 Car tous ont mis en prenant sur leur superflu; mais elle, elle a pris sur sa misère pour mettre tout ce qu'elle possédait, tout ce qu'elle avait pour vivre. »

Jésus annonce la ruine du Temple

(*Mt 24.1-3; Lc 21.5-7*)

13 1 Comme Jésus s'en allait du *Temple, un de ses disciples lui dit : « Maître, regarde : quelles pierres, quelles constructions ! » 2 Jésus lui dit : « Tu vois ces grandes constructions ! Il ne restera pas pierre sur pierre : tout sera détruit. » 3 Comme il était assis au mont des Oliviers[2] en face du Temple, Pierre, Jacques, Jean et André, à l'écart, lui demandaient : 4 « Dis-nous quand cela arrivera et quel sera le *signe que tout cela va finir. »

Les signes annonciateurs de la crise

(*Mt 24.10, 17-22; 24.4-14; Lc 12.11-12; 21.8-19*)

5 Jésus se mit à leur dire : « Prenez garde que personne ne vous égare. 6 Beaucoup viendront en prenant mon nom; ils diront : C'est moi et ils égareront bien des gens. 7 Quand vous entendrez parler de guerres et de rumeurs de guerres, ne vous alarmez pas : il faut que cela arrive, mais ce ne sera pas encore la fin. 8 On se

dressera en effet nation contre nation, et royaume contre royaume; il y aura en divers endroits des tremblements de terre, il y aura des famines; ce sera le commencement des douleurs de l'enfantement. 9 Soyez sur vos gardes. On vous livrera aux tribunaux et aux *synagogues, vous serez roués de coups, vous comparaîtrez devant des gouverneurs et des rois à cause de moi : ils auront là un témoignage. 10 Car il faut d'abord que l'*Evangile soit proclamé à toutes les nations. 11 Quand on vous conduira pour vous livrer, ne soyez pas inquiets à l'avance de ce que vous direz; mais ce qui vous sera donné à cette heure-là, dites-le; car ce n'est pas vous qui parlerez, mais l'Esprit Saint. 12 Le frère livrera son frère à la mort, et le père son enfant; les enfants se dresseront contre leurs parents et les feront condamner à mort. 13 Vous serez haïs de tous à cause de mon *nom. Mais celui qui tiendra jusqu'à la fin, celui-là sera sauvé.

La grande détresse

(*Mt 24.15-25; Lc 21.20-24; 17.23; 21.8*)

14 Quand vous verrez l'*Odieux Dévastateur* installé là où il ne faut pas — que le lecteur comprenne ! — alors, ceux qui seront en Judée, qu'ils fuient dans les montagnes; 15 celui qui sera sur la terrasse, qu'il ne descende pas, qu'il n'entre pas dans sa maison pour en emporter quelque chose; 16 celui qui sera au champ, qu'il

---

1. Le texte mentionne ici *deux leptes,* les plus petites pièces de monnaie alors en circulation.
2. Voir note sur Mc 11.1.

ne retourne pas en arrière pour prendre son manteau ! 17 Malheureuses celles qui seront enceintes et celles qui allaiteront en ces jours-là ! 18 Priez pour que cela n'arrive pas en hiver. 19 Car ces jours-là seront des jours de *détresse comme il n'y en a pas eu de pareille depuis le commencement du monde* que Dieu a créé *jusqu'à maintenant,* et comme il n'y en aura plus. 20 Et si le Seigneur n'avait pas abrégé ces jours, personne n'aurait la vie sauve; mais à cause des élus qu'il a choisis, il a abrégé ces jours. 21 Alors, si quelqu'un vous dit : Vois, le *Messie est ici ! Vois, il est là !, ne le croyez pas. 22 De faux messies[1] et de faux prophètes se lèveront et feront des signes et des prodiges pour égarer, si possible, même les élus. 23 Vous donc, prenez garde, je vous ai prévenus de tout. »

La venue du Fils de l'homme

(Mt 24.29-31; Lc 21.25-28)

24 Mais en ces jours-là, après cette détresse, *le soleil s'obscurcira, la lune ne brillera plus,* 25 *les étoiles se mettront à tomber du ciel et les puissances qui sont dans les cieux seront ébranlées.* 26 Alors on verra le *Fils de l'homme venir, entouré de nuées,* dans la plénitude de la puissance et dans la gloire. 27 Alors il enverra les *anges et, des quatre vents[2], de l'extrémité* de la terre à *l'extrémité du ciel,* il *rassemblera* ses élus.

La leçon à tirer du figuier

(Mt 24.32-36; Lc 21.29-33)

28 Comprenez cette comparaison empruntée au figuier : dès que ses rameaux deviennent tendres et que poussent ses feuilles, vous reconnaissez que l'été est proche. 29 De même, vous aussi, quand vous verrez cela arriver, sachez que le Fils de l'homme est proche, qu'il est à vos portes. 30 En vérité je vous le déclare, cette génération ne passera pas que tout cela n'arrive. 31 Le ciel et la terre passeront, mes paroles ne passeront pas. 32 Mais ce jour ou cette heure, nul ne les connaît, ni les anges du *ciel, ni le Fils, personne sinon le Père.

Recommandation finale : Restez en éveil

(Mt 24.42; 25.13-15; Lc 12.36-38; 19.12-13)

33 Prenez garde, restez éveillés, car vous ne savez pas quand ce sera le moment. 34 C'est comme un homme qui part en voyage : il a laissé sa maison, confié à ses serviteurs l'autorité, à chacun sa tâche, et il a donné au portier l'ordre de veiller. 35 Veillez donc, car vous ne savez pas quand le maître de la maison va venir, le soir ou au milieu de la nuit, au chant du coq ou le matin. 36 Craignez qu'il n'arrive à l'improviste et ne vous trouve en train de dormir. 37 Ce que je vous dis, je le dis à tous : veillez. »

1. Voir Ac 5.36-37.
2. Les quatres points cardinaux. Le v. 27 combine plusieurs passages de l'A. T. : Dt 30.4; Za 2.10. Cf. Ne 1.9; Ez 37.9.

Le complot contre Jésus
(Mt 26.1-5; Lc 22.1-2; Jn 11.47, 49, 53)

14 1 La *Pâque et la fête des Pains sans levain devaient avoir lieu deux jours après. Les *grands prêtres et les scribes cherchaient comment arrêter Jésus par ruse pour le tuer. 2 Ils disaient en effet : « Pas en pleine fête de peur qu'il n'y ait des troubles dans le peuple. »

L'onction à Béthanie
(Mt 26.6-13; Jn 12.1-8; cf. Lc 7.36-38)

3 Jésus était à Béthanie[1] dans la maison de Simon le lépreux et, pendant qu'il était à table[2], une femme vint, avec un flacon d'albâtre contenant un parfum de nard[3], pur et très coûteux. Elle brisa le flacon d'albâtre et lui versa le parfum sur la tête. 4 Quelques-uns se disaient entre eux avec indignation : « À quoi bon perdre ainsi ce parfum ? 5 On aurait bien pu vendre ce parfum-là plus de 300 pièces d'argent et les donner aux pauvres ! » Et ils s'irritaient contre elle. 6 Mais Jésus dit : « Laissez-la, pourquoi la tracasser ? C'est une bonne oeuvre qu'elle vient d'accomplir à mon égard. 7 Des pauvres, en effet, vous en avez toujours avec vous, et quand vous voulez, vous pouvez leur faire du bien. Mais moi, vous ne m'avez pas pour toujours. 8 Ce qu'elle pouvait faire, elle l'a fait : d'avance elle a parfumé mon corps pour l'ensevelissement[1]. 9 En vérité je vous le déclare, partout où sera proclamé l'Evangile dans le monde entier, on racontera aussi, en souvenir d'elle, ce qu'elle a fait. »

Judas s'apprête à trahir Jésus
(Mt 26.14-16; Lc 22.3-6)

10 Judas Iscarioth[2], l'un des Douze, s'en alla chez les *grands prêtres pour leur livrer Jésus. 11 À cette nouvelle, ils se réjouirent et promirent de lui donner de l'argent. Et Judas cherchait comment il le livrerait au bon moment.

Jésus fait préparer la Pâque
(Mt 26.17-19; Lc 22.7-13)

12 Le premier jour des Pains sans levain, où l'on immolait la *Pâque, ses disciples lui disent : « Où veux-tu que nous allions faire les préparatifs pour que tu manges la Pâque ? » 13 Et il envoie deux de ses disciples et leur dit : « Allez à la ville; un homme viendra à votre rencontre, portant une cruche d'eau. Suivez-le, 14 et, là où il entrera, dites au propriétaire : Le maître dit : où est ma salle, où je vais manger la Pâque avec mes disciples ? 15 Et lui vous montrera la pièce du haut, vaste, garnie, toute prête; c'est là que vous ferez les préparatifs pour nous. » 16 Les disciples partirent et allèrent à la ville. Ils trouvèrent

1. Voir Mc 11.1 et note.
2. Les convives étaient allongés sur le côté, à la manière antique.
3. Le *nard* : extrait d'une plante originaire du Nord de l'Inde.

1. Les coutumes funéraires juives de l'époque comprenaient un embaumement sommaire pratiqué à l'aide d'onguents et de parfums.
2. Voir 3.19 et note.

tout comme il leur avait dit et ils préparèrent la Pâque.

Jésus annonce qu'il va être trahi
(*Mt 26.20-25; Lc 22.14; Jn 13.21-30*)

17 Le soir venu, il arriva avec les Douze. 18 Pendant qu'ils étaient à table et mangeaient, Jésus dit : « En vérité je vous le déclare, l'un de vous va me livrer, un *qui mange avec moi.* » 19 Pris de tristesse, ils se mirent à lui dire l'un après l'autre : « Serait-ce moi ? » 20 Il leur dit : « C'est l'un des Douze, qui plonge la main avec moi dans le plat[1]. 21 Car le *Fils de l'homme s'en va selon ce qui est écrit de lui, mais malheureux l'homme par qui le Fils de l'homme est livré ! Il vaudrait mieux pour lui qu'il ne soit pas né, cet homme-là ! »

Le pain et la coupe de la cène
(*Mt 26.26-29; Lc 22.15-20; 1 Co 11.23-26*)

22 Pendant le repas, il prit du pain, et après avoir prononcé la bénédiction, il le rompit, le leur donna et dit : « Prenez, ceci est mon corps. » 23 Puis il prit une coupe, et après avoir rendu grâce, il la leur donna et ils en burent tous. 24 Et il leur a dit : « Ceci est mon sang, le sang de l'*alliance, versé pour la multitude. 25 En vérité je vous le déclare, jamais plus je ne boirai du fruit de la vigne jusqu'au jour où je le boirai, nouveau, dans le *royaume de Dieu. »

1. Les convives se servaient eux-mêmes directement dans le plat commun.

Jésus annonce que Pierre le reniera
(*Mt 26.30-35; Lc 22.33-34; Jn 13.37-38*)

26 Après avoir chanté les psaumes[1], ils sortirent pour aller au mont des Oliviers[2]. 27 Et Jésus leur dit : « Tous vous allez tomber[3], car il est écrit : *Je frapperai le *berger et les brebis seront dispersées.* 28 Mais une fois ressuscité, je vous précéderai en Galilée. » 29 Pierre lui dit : « Même si tous tombent, eh bien, pas moi ! » 30 Jésus lui dit : « En vérité je te le déclare, toi, aujourd'hui, cette nuit même, avant que le coq chante deux fois, tu m'auras renié trois fois. » 31 Mais lui affirmait de plus belle : « Même s'il faut que je meure avec toi, non, je ne te renierai pas. » Et tous en disaient autant.

La prière de Jésus à Gethsémani
(*Mt 26.36-46; Lc 22.40-46*)

32 Ils arrivent à un domaine du nom de Gethsémani[4] et il dit à ses disciples : « Restez ici pendant que je prierai. » 33 Il emmène avec lui Pierre, Jacques et Jean. Et il commença à ressentir frayeur et angoisse. 34 Il leur dit : « Mon âme[5] est triste à en mourir. Demeurez ici et veillez. » 35 Et allant un peu plus loin, il tombait à terre et priait pour que, si possible, cette heure passât loin de lui. 36 Il disait : « Abba[6], Père, à

1. Les Ps 115-118 étaient chantés après la fin du repas pascal.
2. Voir Mc 11.1 et note.
3. Certains traduisent *vous serez scandalisés;* voir Mc 9.42 et note.
4. En araméen *pressoir à huile.*
5. ou moi-même, ma personne tout entière.
6. Voir Rm 8.15 et note.

toi tout est possible, écarte de moi cette coupe ! Pourtant, non pas ce que je veux, mais ce que tu veux ! » 37 Il vient et les trouve en train de dormir ; il dit à Pierre : « Simon, tu dors ! Tu n'as pas eu la force de veiller une heure ! 38 Veillez et priez afin de ne pas tomber au pouvoir de la *tentation. L'esprit est plein d'ardeur, mais la chair est faible. » 39 De nouveau, il s'éloigna et pria en répétant les mêmes paroles. 40 Puis, de nouveau, il vint et les trouva en train de dormir, car leurs yeux étaient appesantis. Et ils ne savaient que lui dire. 41 Pour la troisième fois, il vient ; il leur dit : « Continuez à dormir et reposez-vous[1] ! C'en est fait. L'heure est venue : voici que le *Fils de l'homme est livré aux mains des *pécheurs. 42 Levez-vous ! Allons ! Voici qu'est arrivé celui qui me livre. »

L'arrestation de Jésus
(Mt 26.47-56 ; Lc 22.47-53 ; Jn 18.2-11)

43 Au même instant, comme il parlait encore, survient Judas, l'un des Douze, avec une troupe armée d'épées et de bâtons, qui venait de la part des *grands prêtres, des scribes et des anciens. 44 Celui qui le livrait avait convenu avec eux d'un signal : « Celui à qui je donnerai un baiser, avait-il dit, c'est lui ! Arrêtez-le et emmenez-le sous bonne garde. » 45 Sitôt arrivé, il s'avance vers lui et lui dit : « Rabbi[2]. » Et il lui donna un baiser. 46 Les autres mirent la main sur lui et l'arrêtè-

rent. 47 L'un de ceux qui étaient là tira l'épée, frappa le serviteur du grand prêtre et lui emporta l'oreille. 48 Prenant la parole, Jésus leur dit : « Comme pour un bandit[1], vous êtes partis avec des épées et des bâtons pour vous saisir de moi ! 49 Chaque jour, j'étais parmi vous dans le *Temple à enseigner et vous ne m'avez pas arrêté. Mais c'est pour que les Ecritures soient accomplies. » 50 Et tous l'abandonnèrent et prirent la fuite. 51 Un jeune homme le suivait, n'ayant qu'un drap sur le corps. On l'arrête, 52 mais lui, lâchant le drap, s'enfuit tout nu.

Jésus comparaît devant le Sanhédrin
(Mt 26.57-68 ; Lc 22.54-55, 63-71 ; Jn 18.12-18)

53 Ils emmenèrent Jésus chez le *grand prêtre. Ils s'assemblent tous, les grands prêtres, les anciens et les scribes. 54 Pierre, de loin, l'avait suivi jusqu'à l'intérieur du palais du grand prêtre. Il était assis avec les serviteurs et se chauffait près du feu. 55 Or les grands prêtres et tout le *Sanhédrin cherchaient contre Jésus un témoignage pour le faire condamner à mort et ils n'en trouvaient pas. 56 Car beaucoup portaient de faux témoignages contre lui, mais les témoignages ne concordaient pas. 57 Quelques-uns se levaient pour donner un faux témoignage contre lui en disant : 58 « Nous l'avons entendu dire : Moi, je détruirai ce *sanctuaire fait de main d'homme et, en trois jours, j'en bâtirai un autre, qui ne sera pas fait de main d'homme. » 59 Mais, même

1. Ou *Vous dormez maintenant et vous vous reposez !*
2. Voir Mc 11.21 et note.

1. Voir Mc 15.27 et note.

de cette façon, ils n'étaient pas d'accord dans leur témoignage. 60 Le grand prêtre se levant au milieu de l'assemblée, interrogea Jésus : « Tu ne réponds rien aux témoignages que ceux-ci portent contre toi ? » 61 Mais lui gardait le silence; il ne répondit rien. De nouveau le grand prêtre l'interrogeait; il lui dit : « Es-tu le *Messie, le Fils du Dieu béni ? » 62 Jésus dit : « Je le suis, et vous verrez *le *Fils de l'homme siégeant à la droite*[1] du Tout-Puissant et *venant avec les nuées du ciel.* » 63 Le grand prêtre déchira ses habits[2] et dit : « Qu'avons-nous encore besoin de témoins ! 64 Vous avez entendu le *blasphème. Qu'en pensez-vous ? » Et tous le condamnèrent comme méritant la mort. 65 Quelques-uns se mirent à cracher sur lui, à lui couvrir le visage, à lui donner des coups et à lui dire : « Fais le *prophète ! » Et les serviteurs le reçurent avec des gifles.

Pierre renie Jésus

(*Mt* 26.69-75; *Lc* 22.56-62; *Jn* 18.17, 25-27)

66 Tandis que Pierre était en bas, dans la cour, l'une des servantes du *grand prêtre arrive. 67 Voyant Pierre qui se chauffait, elle le regarde et lui dit : « Toi aussi, tu étais avec le Nazaréen, avec Jésus ! » 68 Mais il nia en disant : « Je ne sais pas et je ne comprends pas ce que tu veux dire. » Et il s'en alla dehors dans le vestibule[3]. 69 La servante le vit

et se mit à redire à ceux qui étaient là : « Celui-là, il est des leurs ! » 70 Mais de nouveau il niait. Peu après, ceux qui étaient là disaient une fois de plus à Pierre : « À coup sûr, tu es des leurs ! Et puis, tu es galiléen. » 71 Mais lui se mit à jurer avec des imprécations : « Je ne connais pas l'homme dont vous me parlez ! » 72 Aussitôt, pour la deuxième fois, un coq chanta. Et Pierre se rappela la parole que Jésus lui avait dite : « Avant que le coq chante deux fois, tu m'auras renié trois fois. » Il sortit précipitamment[1]; il pleurait.

Jésus comparaît devant Pilate

(*Mt* 27.1-2, 11-26; *Lc* 23.1-5, 13-25; *Jn* 18.28-19.16)

15 1 Dès le matin, les *grands prêtres tinrent conseil avec les anciens, les scribes et le *Sanhédrin tout entier. Ils lièrent Jésus, l'emmenèrent et le livrèrent à Pilate[2]. 2 Pilate l'interrogea : « Es-tu le roi des Juifs ? » Jésus lui répond : « C'est toi qui le dis. » 3 Les grands prêtres portaient contre lui beaucoup d'accusations. 4 Pilate l'interrogeait de nouveau : « Tu ne réponds rien ? Vois toutes les accusations qu'ils portent contre toi. » 5 Mais Jésus ne répondit plus rien, de sorte que Pilate était étonné. 6 À chaque fête, il leur relâchait un prisonnier, celui qu'ils réclamaient. 7 Or celui qu'on appelait Barabbas était en prison avec les émeutiers qui avaient commis un

---

1. Voir note sur He 1.3.

2. D'après Gn 37.29, 34; Nb 14.6; 2 S 13.31, etc., c'est un geste symbolique exprimant la tristesse ou l'horreur.

3. Quelques manuscrits ajoutent : *et un coq chanta,*

1. On hésite sur le sens exact du terme grec. Autres traductions : *il commença à pleurer;* ou *se couvrant* (la tête ?) *Il pleura;* ou *en songeant à ceci il pleura.*

2. *Ponce Pilate* fut gouverneur romain de la Judée entre les années 26 et 36.

meurtre pendant l'émeute. 8 La foule monta et se mit à demander ce qu'il leur accordait d'habitude. 9 Pilate leur répondit : « Voulez-vous que je vous relâche le roi des Juifs ? » 10 Car il voyait bien que les grands prêtres l'avaient livré par jalousie. 11 Les grands prêtres excitèrent la foule pour qu'il leur relâche plutôt Barabbas. 12 Prenant encore la parole, Pilate leur disait : « Que ferai-je donc de celui que vous appelez le roi des Juifs ? » 13 De nouveau, ils crièrent : « Crucifie-le ! » 14 Pilate leur disait : « Qu'a-t-il donc fait de mal ? » Ils crièrent de plus en plus fort : « Crucifie-le ! » 15 Pilate, voulant contenter la foule, leur relâcha Barabbas et il livra Jésus, après l'avoir fait flageller[1], pour qu'il soit crucifié.

La royauté de Jésus tournée en dérision

(Mt 27.27-31; Jn 19.2-3)

16 Les soldats le conduisirent à l'intérieur du palais, c'est-à-dire du *prétoire. Ils appellent toute la cohorte[2]. 17 Ils le revêtent de pourpre[3] et ils lui mettent sur la tête une couronne d'épines qu'ils ont tressée. 18 Et ils se mirent à l'acclamer : « Salut, roi des Juifs ! » 19 Ils lui frappaient la tête avec un roseau, ils crachaient sur lui et se mettant à genoux, ils se prosternaient devant lui. 20 Après s'être moqués de lui, ils lui enlevèrent la pourpre et lui

remirent ses vêtements. Puis ils le font sortir pour le crucifier.

Jésus est mis en croix

(Mt 27.33-44; Lc 23.26-43; Jn 19.16-24)

21 Ils réquisitionnent pour porter sa croix[1] un passant, qui venait de la campagne, Simon de Cyrène[2], le père d'Alexandre et de Rufus. 22 Et ils le mènent au lieu-dit Golgotha, ce qui signifie lieu du Crâne. 23 Ils voulurent lui donner du vin mêlé de myrrhe[3], mais il n'en prit pas. 24 Ils le crucifient, et *ils partagent ses vêtements, en les tirant au sort* pour savoir ce que chacun prendrait. 25 Il était neuf heures quand ils le crucifièrent. 26 L'inscription portant le motif de sa condamnation était ainsi libellée : « Le roi des Juifs. » 27 Avec lui, ils crucifient deux bandits[4], l'un à sa droite, l'autre à sa gauche[5]. 29 Les passants l'insultaient *hochant la tête* et disant : « Hé ! Toi qui détruis le *Sanctuaire et le rebâtis en trois jours, 30 sauve-toi toi-même en descendant de la croix. » 31 De même, les *grands prêtres, avec les scribes, se moquaient entre eux : « Il en a sauvé d'autres, il ne peut pas se sauver lui-même ! 32 Le *Messie, le roi d'Israël, qu'il descende maintenant de la croix, pour que nous voyions et que

---

1. Voir Mc 10.34 et note.
2. Unité de l'armée romaine (600 hommes).
3. *pourpre* : Teinture précieuse réservée aux rois et aux personnages importants; par extension le terme désigne les vêtements teints à la pourpre.

1. Le condamné devait porter lui-même la poutre transversale de la croix jusqu'au lieu de l'exécution.
2. *Cyrène* : sur la côte nord-africaine. Voir Ac 2.10; 11.20.
3. Boisson assoupissante offerte aux condamnés selon une coutume juive.
4. Il s'agit probablement de révolutionnaires (zélotes); voir 15.7 et note sur 3.18.
5. Certains manuscrits ajoutent ici, d'après Lc 22.37 : *Et fut accompli l'Ecriture, qui dit : il fut compté au nombre des malfaiteurs* (Citation d'Es 53.12).

nous croyions !» Ceux qui étaient crucifiés avec lui l'injuriaient.

La mort de Jésus
(Mt 27.45-56; Lc 23.44-49; Jn 19.28-30)

33 À midi, il y eut des ténèbres sur toute la terre jusqu'à trois heures. 34 Et à trois heures, Jésus cria d'une voix forte : « *Eloï, Eloï, lama sabaqthani*[1] ? » ce qui signifie : « *Mon Dieu, mon Dieu, pourquoi m'as-tu abandonné ?* » 35 Certains de ceux qui étaient là disaient, en l'entendant : « Voilà qu'il appelle Elie ! » 36 Quelqu'un courut, emplit une éponge de *vinaigre*[2], et la fixant au bout d'un roseau, il lui *présenta à boire* en disant : « Attendez, voyons si Elie va venir le descendre de là. » 37 Mais, poussant un grand cri, Jésus expira. 38 Et le voile du *Sanctuaire[3] se déchira en deux du haut en bas. 39 Le centurion[4] qui se tenait devant lui, voyant qu'il avait ainsi expiré[5], dit : « Vraiment cet homme était Fils de Dieu. » 40 Il y avait aussi des femmes qui regardaient à distance, et parmi elles Marie de Magdala, Marie la mère de Jacques le Petit et de José, et Salomé, 41 qui le suivaient et le servaient quand il était en Galilée, et plusieurs autres qui étaient montées avec lui à Jérusalem.

1. Citation en araméen de Ps 22.1.
2. *vinaigre* : vin aigri constituant la boisson habituelle des troupes romaines.
3. Voir Ex 36.35 : ce rideau fermait l'entrée du Sanctuaire, partie la plus reculée du Temple proprement dit et lieu par excellence de la présence de Dieu.
4. Officier de l'armée romaine commandant à 100 hommes.
5. Autre texte : qu'il avait expiré *en criant* ainsi. Habituellement les crucifiés mouraient par étouffement.

Le corps de Jésus est mis au tombeau
(Mt 27.57-61; Lc 23.50-56; Jn 19.38-42)

42 Déjà le soir était venu, et comme c'était un jour de préparation, c'est-à-dire une veille de *sabbat, 43 un membre éminent du conseil[1], Joseph d'Arimathée, arriva. Il attendait lui aussi le *règne de Dieu. Il eut le courage d'entrer chez Pilate pour demander le corps de Jésus. 44 Pilate s'étonna qu'il soit déjà mort. Il fit venir le centurion et lui demanda s'il était mort depuis longtemps. 45 Et, renseigné par le centurion, il permit à Joseph de prendre le cadavre. 46 Après avoir acheté un linceul, Joseph descendit Jésus de la croix et l'enroula dans le linceul. Il le déposa dans une tombe qui était creusée dans le rocher et il roula une pierre à l'entrée du tombeau. 47 Marie de Magdala et Marie mère de José regardaient où on l'avait déposé.

Au matin du premier jour de la semaine
(Mt 28.1-8; Lc 24.1-11; Jn 20.1)

16 1 Quand le *sabbat fut passé[2], Marie de Magdala, Marie, mère de Jacques et Salomé achetèrent des aromates pour aller l'embaumer. 2 Et de grand matin, le premier jour de la semaine, elles vont à la tombe, le soleil étant levé. 3 Elles se disaient entre elles : « Qui nous roulera la pierre de l'entrée du tombeau ? »

1. *Le conseil* : appelé le Sanhédrin. Les Romains ne s'occupaient pas de l'ensevelissement des condamnés, mais la Loi juive (Dt 21.22-23) exigeait que les suppliciés soient ensevelis avant le coucher du soleil.
2. Après le coucher du soleil (voir note sur 1.32).
Pour aller l'embaumer : voir Mc 14.8 et note.

4 Et levant les yeux, elles voient que la pierre est roulée ; or, elle était très grande. 5 Entrées dans le tombeau, elles virent, assis à droite, un jeune homme, vêtu d'une robe blanche, et elles furent saisies de frayeur. 6 Mais il leur dit : « Ne vous effrayez pas. Vous cherchez Jésus de Nazareth, le crucifié : il est ressuscité, il n'est pas ici ; voyez l'endroit où on l'avait déposé. 7 Mais allez dire à ses disciples et à Pierre : Il vous précède en Galilée ; c'est là que vous le verrez, comme il vous l'a dit. » 8 Elles sortirent et s'enfuirent loin du tombeau, car elles étaient toutes tremblantes et bouleversées ; et elles ne dirent rien à personne, car elles avaient peur[1].

Diverses apparitions de Jésus ressuscité

9 Ressuscité le matin du premier jour de la semaine, Jésus apparut d'abord à Marie de Magdala, dont il avait chassé sept *démons. 10 Celle-ci partit l'annoncer à ceux qui avaient été avec lui et qui étaient dans le deuil et les pleurs. 11 Mais entendant dire qu'il vivait et qu'elle l'avait vu, ceux-ci ne la crurent pas. 12 Après cela, il se manifesta sous un autre aspect à deux d'entre eux qui faisaient route pour se rendre à la campagne. 13 Et ceux-ci revinrent l'annoncer aux autres ; eux non plus, on ne les crut pas. 14 Ensuite, il se manifesta aux onze, alors qu'ils étaient à table, et il leur reprocha leur incrédulité et la dureté de leur *coeur, parce qu'ils n'avaient pas cru ceux qui l'avaient vu ressuscité. 15 Et il leur dit : « Allez par le monde entier, proclamez l'*Evangile à toutes les créatures. 16 Celui qui croira et sera baptisé sera sauvé, celui qui ne croira pas sera condamné. 17 Et voici les *signes qui accompagneront ceux qui auront cru : en mon *nom, ils chasseront les démons, ils parleront des langues nouvelles, 18 ils prendront dans leurs mains des serpents, et s'ils boivent quelque poison mortel, cela ne leur fera aucun mal ; ils *imposeront les mains à des malades, et ceux-ci seront guéris. » 19 Donc le Seigneur Jésus, après leur avoir parlé, fut enlevé au *ciel et s'assit à la droite de Dieu. 20 Quant à eux, ils partirent prêcher partout : le Seigneur agissait avec eux et confirmait la Parole par les signes qui l'accompagnaient.

---

1. Selon les meilleurs manuscrits l'Evangile de Marc se termine ici.

ÉVANGILE SELON LUC

L'intention de l'Evangéliste

1 1 Puisque beaucoup ont entrepris de composer un récit des événements accomplis parmi nous, 2 d'après ce que nous ont transmis ceux qui furent dès le début témoins oculaires et qui sont devenus serviteurs de la parole, 3 il m'a paru bon, à moi aussi, après m'être soigneusement informé de tout à partir des origines, d'en écrire pour toi un récit ordonné, très honorable Théophile, 4 afin que tu puisses constater la solidité des enseignements que tu as reçus.

Annonce de la naissance de Jean le Baptiste

5 Il y avait au temps d'Hérode, roi de Judée[1], un *prêtre nommé Zacharie, de la classe d'Abia; sa femme appartenait à la descendance d'Aaron[2] et s'appelait Elisabeth. 6 Tous deux étaient justes devant Dieu et ils suivaient tous les commandements et observances du Seigneur d'une manière irréprochable. 7 Mais ils n'avaient pas d'enfant parce qu'Elisabeth était stérile et ils étaient tous deux avancés en âge. 8 Vint pour Zacharie le temps d'officier devant Dieu selon le tour de sa classe; 9 suivant la coutume du *sacerdoce, il fut désigné par le sort pour offrir l'encens à l'intérieur du *sanctuaire du Seigneur. 10 Toute la multitude du peuple était en prière au-dehors à l'heure de l'offrande de l'encens. 11 Alors lui apparut un *ange du Seigneur, debout à droite[1] de l'*autel de l'encens. 12 À sa vue, Zacharie fut troublé et la crainte s'abattit sur lui. 13 Mais l'ange lui dit : «Sois sans crainte, Zacharie, car ta prière a été exaucée. Ta femme Elisabeth t'enfantera un fils et tu lui donneras le nom de Jean. 14 Tu en auras joie et allégresse et beaucoup se réjouiront de sa naissance. 15 Car il sera grand devant le Seigneur; il ne boira ni vin ni boisson fermentée et il sera rempli de l'Esprit Saint dès le sein de sa mère. 16 Il ramènera beaucoup de fils d'Israël au Seigneur leur Dieu; 17 et il marchera par devant sous le regard de Dieu, avec l'esprit et la puissance d'Elie, pour *ramener le *coeur des pères vers leurs enfants* et conduire les rebelles à penser comme les justes, afin de former[2] pour le Seigneur un peuple *préparé.*» 18 Zacharie dit à l'ange : «À quoi le saurai-je? Car je suis un vieillard et ma femme est avancée en âge.» 19 L'ange lui ré-

---

1. Selon l'usage grec Luc désigne ici par *Judée* l'ensemble du pays des Juifs. Sur *Hérode* voir Mt 2.1 et note.
2. *Aaron*, frère de Moïse, était considéré comme l'ancêtre des familles sacerdotales de Jérusalem.

1. Voir note sur He 1.3.
2. ou *afin de préparer.*

pondit : « Je suis Gabriel qui me tiens devant Dieu. J'ai été envoyé pour te parler et pour t'annoncer cette bonne nouvelle. 20 Eh bien, tu vas être réduit au silence et tu ne pourras plus parler jusqu'au jour où cela se réalisera, parce que tu n'as pas cru à mes paroles qui s'accompliront en leur temps. » 21 Le peuple attendait Zacharie et s'étonnait qu'il s'attardât dans le sanctuaire. 22 Quand il sortit, il ne pouvait leur parler et ils comprirent qu'il avait eu une vision dans le sanctuaire; il leur faisait des signes et demeurait muet. 23 Quand prit fin son temps de service, il repartit chez lui. 24 Après quoi Elisabeth, sa femme, devint enceinte; cinq mois durant elle s'en cacha; elle se disait : 25 « Voilà ce qu'a fait pour moi le Seigneur au temps où il a jeté les yeux sur moi pour mettre fin à ce qui faisait ma honte devant les hommes. »

Annonce de la naissance de Jésus

26 Le sixième mois, l'*ange Gabriel fut envoyé par Dieu dans une ville de Galilée du nom de Nazareth, 27 à une jeune fille accordée en mariage à un homme nommé Joseph, de la famille de David; cette jeune fille s'appelait Marie. 28 L'ange entra auprès d'elle et lui dit : « Sois joyeuse, toi qui as la faveur de Dieu, le Seigneur est avec toi. » 29 À ces mots, elle fut très troublée, et elle se demandait ce que pouvait signifier cette salutation. 30 L'ange lui dit : « Sois sans crainte, Marie, car tu as trouvé grâce auprès de Dieu. 31 *Voici que tu vas être en-*

ceinte, tu enfanteras un fils et tu lui donneras le nom de Jésus. 32 Il sera grand et sera appelé fils du Très Haut. Le Seigneur Dieu lui donnera le trône de David son père[1]; 33 il régnera pour toujours sur la famille de Jacob[2], et son règne n'aura pas de fin. » 34 Marie dit à l'ange : « Comment cela se fera-t-il puisque je suis vierge ? » 35 L'ange lui répondit : « L'Esprit Saint viendra sur toi et la puissance du Très Haut te couvrira de son ombre; c'est pourquoi celui qui va naître sera *saint[3] et sera appelé Fils de Dieu. 36 Et voici qu'Elisabeth, ta parente, est elle aussi enceinte d'un fils dans sa vieillesse et elle en est à son sixième mois, elle qu'on appelait la stérile, 37 car *rien n'est impossible à Dieu.* » 38 Marie dit alors : « Je suis la servante du Seigneur. Que tout se passe pour moi comme tu l'as dit ! » Et l'ange la quitta.

Marie rend visite à Elisabeth

39 En ce temps-là, Marie partit en hâte pour se rendre dans le haut pays[4], dans une ville de Juda. 40 Elle entra dans la maison de Zacharie et salua Elisabeth. 41 Or, lorsqu'Elisabeth entendit la salutation de Marie, l'enfant bondit dans son sein et Elisabeth fut remplie de l'Esprit Saint. 42 Elle poussa un grand cri et dit : « Tu es bénie plus que toutes les femmes, béni aussi est le fruit de ton sein ! 43 Comment m'est-il donné que vienne à moi la mère

1. Voir au glossaire FILS DE DAVID.
2. C'est-à-dire le peuple d'Israël.
3. ou *l'enfant sera appelé Saint, Fils de Dieu.*
4. *Le haut pays* est la zone montagneuse centrale de la Judée.

de mon Seigneur ? 44 car lorsque ta salutation a retenti à mes oreilles, voici que l'enfant a bondi d'allégresse en mon sein. 45 Bienheureuse celle qui a cru : ce qui lui a été dit de la part du Seigneur s'accomplira[1] ! » 46 Alors Marie dit :

« Mon âme exalte le Seigneur
47 et mon esprit s'est rempli d'allégresse
à cause de Dieu, mon Sauveur,
48 parce qu'il a porté son regard sur son humble servante.
Oui, désormais, toutes les générations me proclameront bienheureuse,
49 parce que le Tout Puissant a fait pour moi de grandes choses :
*saint est son *Nom.
50 Sa bonté s'étend de générations en générations
sur ceux qui le craignent.
51 Il est intervenu de toute la force de son bras :
il a dispersé les hommes à la pensée orgueilleuse;
52 il a jeté les puissants à bas de leurs trônes
et il a élevé les humbles;
53 les affamés, il les a comblés de biens
et les riches, il les a renvoyés les mains vides.
54 Il est venu en aide à Israël son serviteur
en souvenir de sa bonté,
55 comme il l'avait dit à nos pères,
en faveur d'Abraham et de sa descendance pour toujours. »

56 Marie demeura avec Elisabeth environ trois mois, puis elle retourna chez elle.

Naissance de Jean le Baptiste

57 Pour Elisabeth, arriva le temps où elle devait accoucher et elle mit au monde un fils. 58 Ses voisins et ses parents apprirent que le Seigneur l'avait comblée de sa bonté et ils se réjouissaient avec elle. 59 Or, le huitième jour, ils vinrent pour la *circoncision de l'enfant et ils voulaient l'appeler comme son père, Zacharie. 60 Alors sa mère prit la parole : « Non, dit-elle, il s'appellera Jean. » 61 Ils lui dirent : « Il n'y a personne dans ta parenté qui porte ce nom. » 62 Et ils faisaient des signes au père pour savoir comment il voulait qu'on l'appelle. 63 Il demanda une tablette et écrivit ces mots : « Son nom est Jean »; et tous furent étonnés. 64 À l'instant sa bouche et sa langue furent libérées et il parlait, bénissant Dieu. 65 Alors la crainte s'empara de tous ceux qui habitaient alentour; et dans le haut pays de Judée tout entier on parlait de tous ces événements. 66 Tous ceux qui les apprirent les retinrent dans leur *cœur; ils se disaient : « Que sera donc cet enfant ? » Et vraiment la main du Seigneur était avec lui.

Psaume prophétique de Zacharie

67 Zacharie, son père, fut rempli de l'Esprit Saint et il prophétisa[1] en ces termes :

1. ou *Bienheureuse celle qui a cru, parce qu'il y aura un accomplissement à ce qui a été dit …*

1. *prophétiser* est à comprendre ici au sens large de *parler sous l'inspiration de Dieu.*

68 « Béni soit le Seigneur, le Dieu d'Israël,
    parce qu'il a visité son peuple, accompli sa libération,

69 et nous a suscité une force de salut dans la famille de David[1], son serviteur.

70 C'est ce qu'il avait annoncé par la bouche de ses saints *prophètes d'autrefois;

71 un salut qui nous libère de nos ennemis
    et des mains de tous ceux qui nous haïssent.

72 Il a montré sa bonté envers nos pères et s'est rappelé son *alliance sainte,

73 le serment qu'il a fait à Abraham notre père : il nous accorderait

74 après nous avoir arraché aux mains des ennemis,
    de lui rendre sans crainte notre culte

75 dans la piété et la justice sous son regard, tout au long de nos jours.

76 Et toi, petit enfant, tu seras appelé *prophète du Très Haut,
    car tu marcheras par devant sous le regard du Seigneur, pour préparer ses routes,

77 pour donner à son peuple la connaissance du salut par le pardon des péchés.

78 C'est l'effet de la bonté profonde de notre Dieu :
    grâce à elle nous a visités l'astre levant venu d'en haut.

79 Il est apparu à ceux qui se trouvent dans les ténèbres et l'ombre de la mort,
    afin de guider nos pas sur la route de la paix. »

La jeunesse de Jean le Baptiste

80 Quant à l'enfant, il grandissait et son esprit se fortifiait; et il fut dans les déserts jusqu'au jour de sa manifestation à Israël.

Naissance de Jésus

2 1 Or, en ce temps-là, parut un décret de César Auguste[1] pour faire recenser le monde entier. 2 Ce premier recensement eut lieu à l'époque où Quirinius était gouverneur de Syrie[2].

3 Tous allaient se faire recenser, chacun dans sa propre ville; 4 Joseph aussi monta de la ville de Nazareth en Galilée à la ville de David qui s'appelle Bethléem en Judée, parce qu'il était de la famille et de la descendance de David, 5 pour se faire recenser avec Marie son épouse, qui était enceinte. 6 Or, pendant qu'ils étaient là, le jour où elle devait accoucher arriva; 7 elle accoucha de son fils premier-né, l'emmaillota et le déposa dans une mangeoire, parce qu'il n'y avait pas de place pour eux dans la salle d'hôtes.

Les anges et les bergers

8 Il y avait dans le même pays des *bergers qui vivaient aux champs et montaient la garde pendant la nuit auprès de leur troupeau. 9 Un *ange du Seigneur se présenta devant eux, la gloire du Seigneur les enveloppa de lumière et ils furent saisis d'une

---

1. Voir au glossaire FILS DE DAVID.

1. Empereur à Rome de 29 av. J. C. à 14 ap. J. C.
2. Province de l'empire romain dont dépendit la Palestine à diverses époques.

grande crainte. 10 L'ange leur dit :
« Soyez sans crainte, car voici, je
viens vous annoncer une bonne
nouvelle, qui sera une grande joie
pour tout le peuple : 11 Il vous est
né aujourd'hui, dans la ville de
David, un Sauveur qui est le
*Christ Seigneur; 12 et voici le
signe qui vous est donné : vous
trouverez un nouveau-né emmail-
loté et couché dans une mangeoire. » 13 Tout à coup il y eut
avec l'ange l'armée céleste en
masse qui chantait les louanges
de Dieu et disait :
14 « Gloire à Dieu au plus haut
        des *cieux
    et sur la terre paix pour les
        hommes,
    ses bien-aimés[1]. »
15 Or, quand les anges les eurent quittés pour le ciel, les bergers se dirent entre eux : « Allons
donc jusqu'à Bethléem et voyons
ce qui est arrivé, ce que le Seigneur nous a fait connaître. »
16 Ils y allèrent en hâte et trouvèrent Marie, Joseph et le nouveau-né couché dans la mangeoire. 17 Après avoir vu, ils firent
connaître ce qui leur avait été dit
au sujet de cet enfant. 18 Et tous
ceux qui les entendirent furent
étonnés[2] de ce que leur disaient
les bergers. 19 Quant à Marie, elle
retenait tous ces événements en
en cherchant le sens. 20 Puis les
bergers s'en retournèrent, chan-
tant la gloire et les louanges de
Dieu pour tout ce qu'ils avaient
entendu et vu, en accord avec ce
qui leur avait été annoncé. 21 Huit
jours plus tard, quand vint le moment de *circoncire l'enfant, on
l'appela du nom de Jésus, comme

l'ange l'avait appelé avant sa
conception.

La présentation de Jésus au Temple

22 Puis quand vint le jour où,
suivant la loi de Moïse, ils devaient être *purifiés, ils l'amenèrent à Jérusalem pour le présenter au Seigneur, 23 — ainsi qu'il
est écrit dans la loi du Seigneur :
*Tout garçon premier-né sera
consacré au Seigneur* — 24 et
pour offrir en *sacrifice, suivant
ce qui est dit dans la loi du Seigneur, *un couple de tourterelles
ou deux petits pigeons.*

Syméon et l'enfant Jésus

25 Or, il y avait à Jérusalem un
homme du nom de Syméon. Cet
homme était juste et pieux, il attendait la consolation d'Israël et
l'Esprit Saint était sur lui. 26 Il lui
avait été révélé par l'Esprit Saint
qu'il ne verrait pas la mort avant
d'avoir vu le *Christ du Seigneur.
27 Il vint alors au *Temple poussé
par l'Esprit : et quand les parents
de l'enfant Jésus l'amenèrent
pour faire ce que la *Loi prescrivait à son sujet, 28 il le prit dans
ses bras et il bénit Dieu en ces
termes :
29 « Maintenant, Maître, c'est en
        paix,
    comme tu l'as dit, que tu ren-
        voies ton serviteur.
30 Car mes yeux ont vu ton salut,
31 que tu as préparé face à tous
        les peuples :
32 lumière pour la révélation aux
        *païens
    et gloire d'Israël ton peuple. »

---

1. Autre texte : *sur terre, paix; pour les hommes,
bienveillance.*
2. ou *émerveillés.*

33 Le père et la mère de l'enfant étaient étonnés de ce qu'on disait de lui. 34 Syméon les bénit et dit à Marie sa mère : « Il est là pour la chute ou le relèvement de beaucoup en Israël et pour être un *signe contesté. 35 Toi-même un glaive te transpercera l'âme. Ainsi seront dévoilés les débats de bien des *coeurs. »

Anne et l'enfant Jésus

36 Il y avait aussi une prophétesse, Anne, fille de Phanuel, de la tribu d'Aser. Elle était fort avancée en âge; après avoir vécu sept ans avec son mari, 37 elle était restée veuve et avait atteint l'âge de 84 ans. Elle ne s'écartait pas du Temple, participant au culte nuit et jour par des *jeûnes et des prières. 38 Survenant au même moment, elle se mit à célébrer Dieu et à parler de l'enfant à tous ceux qui attendaient la libération de Jérusalem.

Retour à Nazareth; la jeunesse de Jésus

39 Lorsqu'ils eurent accompli tout ce que prescrivait la loi du Seigneur, ils retournèrent en Galilée, dans leur ville de Nazareth. 40 Quant à l'enfant, il grandissait et se fortifiait, tout rempli de sagesse, et la faveur de Dieu était sur lui.

Jésus adolescent dans le Temple

41 Ses parents allaient chaque année à Jérusalem pour la fête de la *Pâque. 42 Quand il eut douze ans[1], comme ils y étaient montés suivant la coutume de la fête, 43 et qu'à la fin des jours de fête ils s'en retournaient, le jeune Jésus resta à Jérusalem sans que ses parents s'en aperçoivent. 44 Pensant qu'il était avec leurs compagnons de route, ils firent une journée de chemin avant de le chercher parmi leurs parents et connaissances. 45 Ne l'ayant pas trouvé, ils retournèrent à Jérusalem en le cherchant. 46 C'est au bout de trois jours qu'ils le retrouvèrent dans le *Temple, assis au milieu des maîtres, à les écouter et les interroger. 47 Tous ceux qui l'entendaient s'extasiaient sur l'intelligence de ses réponses. 48 En le voyant, ils furent frappés d'étonnement et sa mère lui dit : « Mon enfant, pourquoi as-tu agi de la sorte avec nous ? Vois, ton père et moi, nous te cherchons tout angoissés. » 49 Il leur dit : « Pourquoi me cherchez-vous ? Ne saviez-vous pas qu'il me faut être chez mon Père ? » 50 Mais eux ne comprirent pas ce qu'il leur disait. 51 Puis il descendit avec eux pour aller à Nazareth; il leur était soumis; et sa mère gardait tous ces événements dans son *coeur. 52 Jésus progressait en sagesse et en taille et en faveur auprès de Dieu et auprès des hommes.

Jean le Baptiste prophète de Dieu

(Mt 3.1-6; Mc 1.1-6)

3 1 L'an quinze du gouvernement de Tibère César, Ponce Pilate étant gouverneur de la Judée, *Hérode tétrarque de

---

1. C'était à peu près l'âge de la maturité religieuse dans le Judaïsme.

Galilée, Philippe[1] son frère tétrarque du pays d'Iturée et Trachonitide, et Lysanias tétrarque
d'Abilène, 2 sous le *sacerdoce de
Hanne et Caïphe[2], la parole de
Dieu fut adressée à Jean fils de
Zacharie dans le désert[3]. 3 Il vint
dans toute la région du Jourdain
proclamant un baptême de
conversion en vue du pardon des
péchés 4 comme il est écrit au
livre des oracles du prophète
Esaïe :

Une voix crie dans le désert :
Préparez le chemin du Seigneur,
rendez droits ses sentiers,
5   tout ravin sera comblé,
toute montagne et toute colline
seront abaissées;
les passages tortueux seront
redressés,
les chemins rocailleux aplanis;
6   et tous verront le salut de
Dieu.

Le message de Jean le Baptiste
(Mt 3.7-10)

7 Jean disait alors aux foules
qui venaient se faire baptiser par
lui : « Engeance de vipères, qui
vous a montré le moyen d'échapper à la colère qui vient ? 8 Produisez donc des fruits qui témoi-
gnent de votre conversion; et
n'allez pas dire en vous-mêmes :

nous avons pour père[1] Abraham.
Car je vous le dis, des pierres que
voici, Dieu peut susciter des enfants à Abraham. 9 Déjà même, la
hache est prête à attaquer la racine des arbres; tout arbre donc
qui ne produit pas de bon fruit
va être coupé et jeté au feu. »

Les fruits de la conversion

10 Les foules demandaient à
Jean : « Que nous faut-il donc
faire ? » 11 Il leur répondait : « Si
quelqu'un a deux tuniques, qu'il
partage avec celui qui n'en a pas;
si quelqu'un a de quoi manger,
qu'il fasse de même. » 12 Des collecteurs d'impôts[2] aussi vinrent se
faire baptiser et lui dirent :
« Maître, que nous faut-il faire ? »
13 Il leur dit : « N'exigez rien de
plus que ce qui vous a été fixé. »
14 Des militaires lui demandaient :
« Et nous, que nous faut-il
faire ? » Il leur dit : « Ne faites ni
violence ni tort à personne, et
contentez-vous de votre solde. »

Jean le Baptiste annonce Celui qui vient
(Mt 3.11-12; Mc 1.7-8)

15 Le peuple était dans l'attente
et tous se posaient dans leur
*coeur des questions au sujet de
Jean : ne serait-il pas le *Messie ?
16 Jean répondit à tous : « Moi, je
vous baptise d'eau; mais il vient,
celui qui est plus fort que moi, et
je ne suis pas digne de délier la
lanière de ses sandales. Lui, il
vous baptisera dans l'Esprit Saint
et le feu; 17 il a sa pelle à vanner
à la main pour nettoyer son aire

---

1. *Tibère* : successeur d'Auguste sur le trône im-
périal de Rome (voir 2.1 et note). L'indication
chronologique de Luc renvoie aux environs de
l'année 28 de notre ère. *Ponce Pilate* : voir note sur
Mc 15.1. *Hérode le tétrarque* est Hérode Antipas
(voir notes sur Mc 1.14 et 3.6). *Philippe* : voir note
sur Mc 8.27.
2. *Hanne* : grand-prêtre déposé en l'an 15; il
exerçait encore une influence certaine sous le ministère de son successeur et gendre *Caïphe* (Jn
18.13-24; Ac 4.6).
3. Voir note sur Mt 3.1.

1. C'est-à-dire pour ancêtre.
2. Voir notes sur Mc 2.14, 15.

et pour recueillir le blé dans son grenier; mais la bale, il la brûlera au feu qui ne s'éteint pas.» 18 Ainsi, avec bien d'autres exhortations encore, il annonçait au peuple la bonne nouvelle.

Hérode et Jean le Baptiste
(Mt 14.3-4; Mc 6.17-18)

19 Mais *Hérode le tétrarque, qu'il blâmait au sujet d'Hérodiade la femme de son frère et de tous les forfaits qu'il avait commis, 20 ajouta encore ceci à tout le reste : il enferma Jean en prison.

Le baptême de Jésus
(Mt 3.13-17; Mc 1.9-11)

21 Or comme tout le peuple était baptisé, Jésus, baptisé lui aussi, priait; alors le *ciel s'ouvrit; 22 l'Esprit Saint descendit sur Jésus sous une apparence corporelle, comme une colombe, et une voix vint du ciel *« c'est toi mon fils. Moi, aujourd'hui, je t'ai engendré. »*

En remontant de Jésus à Adam et à Dieu
(Mt 1.1-16)

23 Jésus, à ses débuts, avait environ 30 ans. Il était fils, croyait-on, de Joseph, fils de Héli, 24 fils de Matthat, fils de Lévi, fils de Melchi, fils de Iannaï, fils de Joseph, 25 fils de Mattathias, fils d'Amôs, fils de Naoum, fils de Hesli, fils de Naggaï, 26 fils de Maath, fils de Mattathias, fils de Semein, fils de Iôsech, fils de Iôda, 27 fils de Iôanan, fils de Résa, fils de Zorobabel,

fils de Salathiel, fils de Néri, 28 fils de Melchi, fils d'Addi, fils de Kôsam, fils d'Elmadam, fils d'Er,

29 fils de Jésus, fils d'Elièser, fils de Iôrim, fils de Matthat, fils de Lévi, 30 fils de Syméôn, fils de Juda,

fils de Joseph, fils de Iônam, fils d'Eliakim, 31 fils de Méléa, fils de Menna, fils de Mattatha, fils de Natham,

fils de David, 32 fils de Jessé, fils de Iôbed, fils de Boos, fils de Sala, fils de Naassôn, 33 fils d'Aminadab,

fils d'Admin, fils d'Arni, fils d'Esrôm, fils de Pharès, fils de Juda, 34 fils de Jacob, fils d'Isaac,

fils d'Abraham, fils de Thara, fils de Nachôr, 35 fils de Sérouch, fils de Ragau, fils de Phalek, fils d'Eber,

fils de Sala, 36 fils de Kaïnam, fils d'Arphaxad, fils de Sem, fils de Noé, fils de Lamech, 37 fils de Mathousala,

fils de Hénoch, fils de Iaret, fils de Maléléel, fils de Kaïnam, 38 fils d'Enôs, fils de Seth, fils d'Adam, fils de Dieu.

Jésus est tenté par le diable
(Mt 4.1-11; Mc 1.12-13)

4 1 Jésus, rempli d'Esprit Saint, revint du Jourdain et il était dans le désert, conduit par l'Esprit 2 pendant 40 jours, et il était tenté par le *diable. Il ne mangea rien durant ces jours-là, et lorsque ce temps fut écoulé, il eut faim.

3 Alors le diable lui dit : « Si tu es le Fils de Dieu, ordonne à cette pierre de devenir du pain. » 4 Jé-

sus lui répondit : « Il est écrit : *Ce n'est pas seulement de pain que l'homme vivra.* »

5 Le diable le conduisit plus haut, lui fit voir en un instant tous les royaumes de la terre, 6 et lui dit : « Je te donnerai tout ce pouvoir avec la gloire de ces royaumes, parce que c'est à moi qu'il a été remis et que je le donne à qui je veux. 7 Toi donc, si tu m'adores, tu l'auras tout entier. » 8 Jésus lui répondit : « Il est écrit : *Tu adoreras le Seigneur ton Dieu, et c'est à lui seul que tu rendras un culte.* »

9 Le diable le conduisit alors à Jérusalem : il le plaça sur le faîte du *Temple et lui dit : « Si tu es le Fils de Dieu, jette-toi d'ici en bas; 10 car il est écrit : *Il donnera pour toi ordre à ses *anges de te garder,* 11 et encore : *ils te porteront sur leurs mains pour t'éviter de heurter du pied quelque pierre.* » 12 Jésus lui répondit : « Il est dit : *Tu ne mettras pas à l'épreuve le Seigneur ton Dieu.* »

13 Ayant alors épuisé toute tentation possible, le diable s'écarta de lui jusqu'au moment fixé[1].

Jésus commence à enseigner en Galilée

(Mt 4.12-17; Mc 1.14-15)

14 Alors Jésus, avec la puissance de l'Esprit, revint en Galilée, et sa renommée se répandit dans toute la région. 15 Il enseignait dans leurs *synagogues et tous disaient sa gloire.

Insuccès de Jésus à Nazareth

(Mt 13.54-58; Mc 6.1-6)

16 Il vint à Nazara[1] où il avait été élevé. Il entra suivant sa coutume le jour du *sabbat dans la *synagogue, et il se leva pour faire la lecture. 17 On lui donna le livre du prophète Esaïe, et en le déroulant, il trouva le passage où il était écrit :

18 *L'Esprit du Seigneur est sur moi*
*parce qu'il m'a conféré l'*onction*
pour annoncer la bonne nouvelle aux pauvres.
Il m'a envoyé proclamer aux captifs la libération
et aux aveugles le retour à la vue,
renvoyer les opprimés en liberté,
19 *proclamer une année d'accueil par le Seigneur.*

20 Il roula le livre, le rendit au servant et s'assit; tous dans la synagogue avaient les yeux fixés sur lui. 21 Alors il commença à leur dire : « Aujourd'hui, cette écriture est accomplie pour vous qui l'entendez. » 22 Tous lui rendaient témoignage; ils s'étonnaient du message de la grâce qui sortait de sa bouche, et ils disaient : « N'est-ce pas là le fils de Joseph ? » 23 Alors il leur dit : « Sûrement vous allez me citer ce dicton : Médecin, guéris-toi toi-même. Nous avons appris tout ce qui s'est passé à Capharnaüm, fais-en donc autant ici dans ta patrie. » 24 Et il ajouta : « Oui, je vous le déclare, aucun *prophète ne trouve accueil dans sa patrie.

1. ou *jusqu'à une occasion.*

1. Forme rare de Nazareth.

25 En toute vérité, je vous le déclare,
   il y avait beaucoup de veuves
   en Israël aux jours d'Elie,
   quand le ciel fut fermé trois
   ans et six mois et que survint
   une grande famine sur tout le
   pays;
26 pourtant ce ne fut à aucune
   d'entre elles qu'Elie fut envoyé,
   mais bien dans le pays de Sidon, à une veuve de Sarepta.
27 Il y avait beaucoup de *lépreux en Israël au temps du
   Prophète Elisée;
   pourtant aucun d'entre eux ne
   fut purifié,
   mais bien Naaman le Syrien. »
28 Tous furent remplis de colère, dans la synagogue, en entendant ces paroles. 29 Ils se levèrent,
   le jetèrent hors de la ville et le
   menèrent jusqu'à un escarpement
   de la colline sur laquelle était bâtie leur ville, pour le précipiter en
   bas. 30 Mais lui, passant au milieu
   d'eux, alla son chemin.

Jésus manifeste son autorité
(*Mt 7.28-29; Mc 1.21-28*)

31 Il descendit alors à Capharnaüm, ville de Galilée. Il les enseignait le jour du *sabbat 32 et ils
étaient frappés de son enseignement parce que sa parole était
pleine d'autorité. 33 Il y avait
dans la *synagogue un homme
qui avait un esprit de démon impur. Il s'écria d'une voix forte :
34 « Ah ! De quoi te mêles-tu, Jésus de Nazareth ? Tu es venu
pour nous perdre. Je sais qui tu
es : le *Saint de Dieu. » 35 Jésus le
menaça : « Tais-toi et sors de cet
homme »; et jetant l'homme à
terre au milieu d'eux, le démon

sortit de lui sans lui faire aucun
mal. 36 Tous furent saisis d'effroi,
et ils se disaient les uns aux autres : « qu'est-ce que cette parole !
Il commande avec autorité et
puissance aux esprits impurs, et
ils sortent. » 37 Et son renom se
propageait en tout lieu de la région.

Guérisons de malades
(*Mt 8.14-17; Mc 1.29-34*)

38 Quittant la *synagogue, il
entra dans la maison de Simon.
La belle-mère de Simon était en
proie à une forte fièvre, et ils le
prièrent de faire quelque chose
pour elle. 39 Il se pencha sur elle,
il menaça la fièvre et celle-ci la
quitta; et se levant aussitôt, elle se
mit à les servir. 40 Au coucher du
soleil, tous ceux qui avaient des
malades de toutes sortes les lui
amenèrent; et lui, *imposant les
mains à chacun d'eux, les guérissait. 41 Des démons aussi sortaient d'un grand nombre en
criant : « Tu es le Fils de Dieu ! »
Alors, les menaçant, il ne leur
permettait pas de parler, parce
qu'ils savaient qu'il était le
*Christ.

Jésus quitte Capharnaüm
(*Mc 1.35-39; Mt 4.23*)

42 Quand il fit jour, il sortit et
se rendit dans un lieu désert. Les
foules le recherchaient; puis,
l'ayant rejoint, elles voulaient le
retenir de peur qu'il ne s'éloignât
d'eux. 43 Mais il leur dit : « Aux
autres villes aussi il me faut annoncer la bonne nouvelle du
*règne de Dieu, car c'est pour cela
que j'ai été envoyé. » 44 Et il prê-

chait dans les *synagogues de la Judée[1].

Les quatre premiers disciples
(Mt 4.18-22; Mc 1.16-20; Jn 21.1-11)

5 1 Or, un jour, la foule se serrait contre lui à l'écoute de la parole de Dieu; il se tenait au bord du lac de Gennésareth. 2 Il vit deux barques qui se trouvaient au bord du lac; les pêcheurs qui en étaient descendus lavaient leurs filets. 3 Il monta dans l'une des barques, qui appartenait à Simon, et demanda à celui-ci de quitter le rivage et d'avancer un peu; puis il s'assit et, de la barque, il enseignait les foules. 4 Quand il eut fini de parler, il dit à Simon : «Avance en eau profonde et jetez vos filets pour attraper du poisson. » 5 Simon répondit : «Maître, nous avons peiné toute la nuit sans rien prendre; mais, sur ta parole, je vais jeter les filets. » 6 Ils le firent et capturèrent une grande quantité de poissons : leurs filets se déchiraient. 7 Ils firent signe à leurs camarades de l'autre barque de venir les aider; ceux-ci vinrent et ils remplirent les deux barques au point qu'elles enfonçaient. 8 À cette vue, Simon Pierre tomba aux genoux de Jésus en disant : «Seigneur, éloigne-toi de moi, car je suis un pêcheur. » 9 C'est que l'effroi l'avait saisi, lui et tous ceux qui étaient avec lui, devant la quantité de poissons qu'ils avaient pris; 10 de même Jacques et Jean, fils de Zébédée, qui étaient les compagnons de Simon. Jésus dit à Simon : «Sois sans crainte, désormais ce sont des hommes que tu auras à capturer. » 11 Ramenant alors les barques à terre, laissant tout, ils le suivirent.

Jésus guérit un lépreux
(Mt 8.1-4; Mc 1.40-45)

12 Or, comme il était dans une de ces villes[1], un homme couvert de *lèpre se trouvait là. À la vue de Jésus, il tomba la face contre terre et lui adressa cette prière : «Seigneur, si tu le veux, tu peux me purifier. » 13 Jésus étendit la main, le toucha et dit : «Je le veux, sois purifié », et à l'instant la lèpre le quitta. 14 Alors Jésus lui ordonna de n'en parler à personne : «Va-t'en plutôt te montrer au *prêtre et fais l'offrande pour ta purification comme Moïse l'a prescrit : ils auront là un témoignage. » 15 On parlait de lui de plus en plus et de grandes foules s'assemblaient pour l'entendre et se faire guérir de leurs maladies. 16 Et lui se retirait dans les lieux déserts, et il priait.

Le paralysé de Capharnaüm
(Mt 9.1-8; Mc 2.1-12)

17 Or, un jour qu'il était en train d'enseigner, il y avait dans l'assistance des *pharisiens et des *docteurs de la loi qui étaient venus de tous les villages de Galilée et de Judée ainsi que de Jérusalem; et la puissance du Seigneur[2] était à l'œuvre pour lui faire opérer des guérisons. 18 Survinrent des gens portant sur une civière

---

1. Voir note sur Lc 1.5. Certains manuscrits lisent ici *de la Galilée.*

1. Voir Lc 4.43.
2. Comme dans l'A. T. et de nombreux passages des chap. 1 à 4 ce titre est appliqué ici à Dieu.

un homme qui était paralysé; ils cherchaient à le faire entrer et à le placer devant lui; 19 et comme, à cause de la foule, ils ne voyaient pas par où le faire entrer, ils montèrent sur le toit et, au travers des tuiles, ils le firent descendre avec sa civière en plein milieu, devant Jésus. 20 Voyant leur foi, il dit : « Tes péchés te sont pardonnés. » 21 Les scribes et les pharisiens se mirent à raisonner : « Quel est cet homme qui dit des *blasphèmes ? Qui peut pardonner les péchés sinon Dieu seul ? » 22 Mais Jésus, connaissant leurs raisonnements, leur rétorqua : « Pourquoi raisonnez-vous[1] dans vos *coeurs ? 23 Qu'y a-t-il de plus facile, de dire : Tes péchés te sont pardonnés ou bien de dire : Lève-toi et marche ? 24 Eh bien, afin que vous sachiez que le *Fils de l'homme a sur la terre autorité pour pardonner les péchés, il dit au paralysé : je te dis : lève-toi, prends ta civière et va dans ta maison. » 25 À l'instant, celui-ci se leva devant eux, il prit ce qui lui servait de lit et il partit pour sa maison en rendant gloire à Dieu. 26 La stupeur les saisit tous et ils rendaient gloire à Dieu; remplis de crainte, ils disaient : « Nous avons vu aujourd'hui des choses extraordinaires. »

Le festin chez Lévi
(Mt 9.9-13; Mc 2.13-17)

27 Après cela, il sortit et vit un collecteur d'impôts du nom de Lévi assis au bureau des taxes. Il lui dit : « Suis-moi. » 28 Quittant tout, il se leva et se mit à le suivre.

29 Lévi fit à Jésus un grand festin dans sa maison; et il y avait toute une foule de collecteurs d'impôts et d'autres gens qui étaient à table avec eux. 30 Les *pharisiens et leurs scribes murmuraient, disant à ses disciples : « Pourquoi mangez-vous et buvez-vous avec les collecteurs d'impôts et les *pécheurs ? » 31 Jésus prenant la parole leur dit : « Ce ne sont pas les bien-portants qui ont besoin de médecin, mais les malades. 32 Je suis venu appeler non pas les justes, mais les pécheurs pour qu'ils se convertissent. »

Une question sur le jeûne
(Mt 9.14-15; Mc 2.18-20)

33 Ils lui dirent : « Les *disciples de Jean *jeûnent souvent et font des prières, de même ceux des *pharisiens, tandis que les tiens mangent et boivent. » 34 Jésus leur dit : « Est-ce que vous pouvez faire jeûner les invités à la noce pendant que l'époux est avec eux ? 35 Mais des jours viendront où l'époux leur aura été enlevé, alors ils jeûneront en ces jours-là. »

Les vieilles outres et le vin nouveau
(Mt 9.16-17; Mc 2.21-22)

36 Il leur dit encore une *parabole : « Personne ne déchire un morceau dans un vêtement neuf pour mettre une pièce à un vieux vêtement; sinon, et on aura déchiré le neuf et la pièce tirée du neuf n'ira pas avec le vieux. 37 Personne ne met du vin nouveau dans de vieilles outres; sinon

---

1. ou *Quel raisonnement faites-vous ?*.

le vin nouveau fera éclater les outres, et le vin se répandra et les outres seront perdues. 38 Mais il faut mettre le vin nouveau dans des outres neuves. 39 Quiconque boit du vin vieux n'en désire pas du nouveau, car il dit : Le vieux est meilleur. »

Les épis arrachés
(*Mt 12.1-8; Mc 2.23-28*)

6 1 Or, un second *sabbat du premier mois[1], comme il traversait des champs de blé, ses disciples arrachaient des épis, les frottaient dans leurs mains et les mangeaient. 2 Quelques *pharisiens dirent : « Pourquoi faites-vous ce qui n'est pas permis le jour du sabbat ? » 3 Jésus leur répondit : « Vous n'avez même pas lu ce que fit David lorsqu'il eut faim, lui et ses compagnons ? 4 Comment il entra dans la maison de Dieu, prit les pains de l'offrande, en mangea et en donna à ses compagnons : ces pains que personne n'a le droit de manger, sauf les *prêtres et eux seuls ? » 5 Et il leur disait : « Il est maître du sabbat, le *Fils de l'homme. »

L'homme à la main paralysée
(*Mt 12.9-14; Mc 3.1-6*)

6 Un autre jour de *sabbat, il entra dans la *synagogue et il enseigna; il y avait là un homme dont la main droite était paralysée. 7 Les scribes et les *pharisiens observaient Jésus pour voir s'il ferait une guérison le jour du sabbat, afin de trouver de quoi l'accuser. 8 Mais lui savait leurs raisonnements; il dit à l'homme qui avait la main paralysée : « - Lève-toi et tiens-toi là au milieu. » Il se leva et se tint debout. 9 Jésus leur dit : « Je vous demande s'il est permis le jour du sabbat de faire le bien ou de faire le mal, de sauver une vie ou de la perdre. » 10 Et les regardant tous à la ronde, il dit à l'homme : « Etends la main. » Il le fit et sa main fut guérie. 11 Eux furent remplis de fureur et ils parlaient entre eux de ce qu'ils pourraient faire à Jésus.

Jésus désigne douze apôtres
(*Mt 10.1-4; Mc 3.13-19*)

12 En ces jours-là, Jésus s'en alla dans la montagne pour prier et il passa la nuit à prier Dieu; 13 puis, le jour venu, il appela ses *disciples et en choisit douze, auxquels il donna le nom d'*apôtres : 14 Simon, auquel il donna le nom de Pierre, André son frère, Jacques, Jean, Philippe, Barthélemy, 15 Matthieu, Thomas, Jacques fils[1] d'Alphée, Simon qu'on appelait le Zélote, 16 Jude fils[2] de Jacques et Judas Iscarioth qui devint traître.

Succès de Jésus auprès des foules
(*Mt 4.24-25; Mc 3.7-11*)

17 Descendant avec eux, il s'arrêta sur un endroit plat avec une grande foule de ses disciples et une grande multitude du peuple

---

1. Le *second sabbat du premier mois* de l'année juive est proche de la moisson (Lv 23.5-14). A cette date la Loi de Moïse interdit de manger le grain de la moisson nouvelle.

1. ou *frère d'Alphée*.
2. ou *frère de Jacques*.

de toute la Judée[1], de Jérusalem et du littoral de Tyr et de Sidon; 18 ils étaient venus pour l'entendre et se faire guérir de leurs maladies; ceux qui étaient affligés d'esprits impurs étaient guéris; 19 et toute la foule cherchait à le toucher, parce qu'une force sortait de lui et les guérissait tous.

Les heureux et les malheureux
(Mt 5.1-12)

20 Alors, levant les yeux sur ses disciples, Jésus dit :

« Heureux, vous les pauvres : le *royaume de Dieu est à vous.

21 Heureux, vous qui avez faim maintenant : vous serez rassasiés.

Heureux, vous qui pleurez maintenant : vous rirez.

22 Heureux êtes-vous lorsque les hommes vous haïssent, lorsqu'ils vous rejettent, et qu'ils insultent et proscrivent votre nom comme infâme[2], à cause du *Fils de l'homme. 23 Réjouissez-vous ce jour-là et bondissez de joie, car voici, votre récompense est grande dans le *ciel; c'est en effet de la même manière que leurs pères[3] traitaient les prophètes.

24 Mais malheureux, vous les riches : vous tenez votre consolation.

25 Malheureux, vous qui êtes repus maintenant : vous aurez faim.

Malheureux, vous qui riez maintenant : vous serez dans le deuil et vous pleurerez.

26 Malheureux êtes-vous lorsque tous les hommes disent du bien de vous : c'est en effet de la même manière que leurs pères traitaient les faux prophètes.

Sur l'amour pour les ennemis
(Mt 5.39-47)

27 Mais je vous dis, à vous qui m'écoutez : Aimez vos ennemis, faites du bien à ceux qui vous haïssent, 28 bénissez ceux qui vous maudissent, priez pour ceux qui vous calomnient.

29 À qui te frappe sur une joue, présente encore l'autre. À qui te prends ton manteau, ne refuse pas non plus ta tunique. 30 À quiconque te demande, donne, et à qui te prend ton bien ne le réclame pas. 31 Et comme vous voulez que les hommes agissent envers vous, agissez de même envers eux.

32 Si vous aimez ceux qui vous aiment, quelle reconnaissance vous en a-t-on ? Car les *pécheurs aussi aiment ceux qui les aiment. 33 Et si vous faites du bien à ceux qui vous en font, quelle reconnaissance vous en a-t-on ? Les pécheurs eux-mêmes en font autant. 34 Et si vous prêtez à ceux dont vous espérez qu'ils vous rendent, quelle reconnaissance vous en a-t-on ? Même des pécheurs prêtent aux pécheurs pour qu'on leur rende l'équivalent. 35 Mais aimez vos ennemis, faites du bien et prêtez sans rien espérer en retour. Alors votre récompense sera grande, et vous serez les fils du Très Haut, car il est bon, lui, pour les ingrats et les méchants.

---

1. Comme en Lc 1.5 l'appellation *Judée* désigne ici sans doute toute la Palestine.
2. Expression sémitique désignant la diffamation.
3. C'est-à-dire les ancêtres des Juifs.

La paille et la poutre

(Mt 5.48; 7.1-2; 15.14; 10.24-25; 7.3-5)

36 Soyez généreux comme votre Père est généreux. 37 Ne vous posez pas en juges et vous ne serez pas jugés[1], ne condamnez pas et vous ne serez pas condamnés, acquittez et vous serez acquittés. 38 Donnez et on vous donnera : c'est une bonne mesure, tassée, secouée, débordante qu'on vous versera dans le pan de votre vêtement, car c'est la mesure dont vous vous servez qui servira aussi de mesure pour vous. »

39 Il leur dit aussi une *parabole : « Un aveugle peut-il guider un aveugle ? Ne tomberont-ils pas tous les deux dans un trou ? 40 Le *disciple n'est pas au-dessus de son maître, mais tout disciple bien formé sera comme son maître.

41 Qu'as-tu à regarder la paille qui est dans l'oeil de ton frère ? Et la poutre qui est dans ton oeil à toi, tu ne la remarques pas ? 42 Comment peux-tu dire à ton frère : Frère, attends. Que j'ôte la paille qui est dans ton oeil, toi qui ne vois pas la poutre qui est dans le tien ? Homme au jugement perverti, ôte d'abord la poutre de ton oeil ! Et alors tu verras clair pour ôter la paille qui est dans l'oeil de ton frère.

L'arbre et ses fruits; les deux maisons

(Mt 12.33-35; 7.16-21)

43 Il n'y a pas de bon arbre qui produise un fruit malade, et pas davantage d'arbre malade qui

produise un bon fruit. 44 Chaque arbre en effet se reconnaît au fruit qui lui est propre : ce n'est pas sur un buisson d'épines que l'on cueille des figues, ni sur des ronces que l'on récolte du raisin. 45 L'homme bon, du bon trésor de son *coeur, tire le bien, et le mauvais, de son mauvais trésor, tire le mal; car ce que dit la bouche, c'est ce qui déborde du coeur.

46 Et pourquoi m'appelez-vous Seigneur, Seigneur et ne faites-vous pas ce que je dis ?

(Mt 7.24-27)

47 Tout homme qui vient à moi, qui entend mes paroles et qui les met en pratique, je vais vous montrer à qui il est comparable. 48 Il est comparable à un homme qui bâtit une maison : il a creusé, il est allé profond et a posé les fondations sur le roc. Une crue survenant, le torrent s'est jeté contre cette maison mais n'a pu l'ébranler, parce qu'elle était bien bâtie.

49 Mais celui qui entend et ne met pas en pratique est comparable à un homme qui a bâti une maison sur le sol, sans fondations : le torrent s'est jeté contre elle et aussitôt elle s'est effondrée, et la destruction de cette maison a été totale. »

Jésus et le centurion de Capharnaüm

(Mt 8.5-13; cf. Jn 4.46-54)

7 1 Quand Jésus eut achevé tout son discours devant le peuple il entra dans Capharnaüm. 2 Un centurion[1] avait un esclave malade sur le point de

---

1. les tournures au passif (v. 36) et au mode impersonnel (v. 38) font allusion à l'action de Dieu. Voir notes sur Mt 3.2 et 7.1.

1. Voir Mc 15.39 et note.

mourir qu'il appréciait beaucoup.
3 Ayant entendu parler de Jésus,
il envoya vers lui quelques notables des Juifs pour le prier de
venir sauver son esclave. 4 Arrivés
auprès de Jésus, ceux-ci le suppliaient instamment et disaient :
« Il mérite que tu lui accordes
cela, 5 car il aime notre nation et
c'est lui qui nous a bâti la *synagogue. » 6 Jésus faisait route avec
eux et déjà il n'était plus très loin
de la maison quand le centurion
envoya des amis pour lui dire :
« Seigneur, ne te donne pas cette
peine, car je ne suis pas digne que
tu entres sous mon toit. 7 C'est
pour cela aussi que je ne me suis
pas jugé moi-même autorisé à venir jusqu'à toi; mais dis un mot et
que mon serviteur soit guéri.
8 Ainsi moi, je suis placé sous une
autorité, avec des soldats sous
mes ordres, et je dis à l'un : Va et
il va, à un autre : Viens et il vient,
et à mon esclave : Fais ceci et il le
fait. » 9 En entendant ces mots,
Jésus fut plein d'admiration pour
lui; il se tourna vers la foule qui
le suivait et dit : « Je vous le déclare, même en Israël, je n'ai pas
trouvé une telle foi. » 10 Et de retour à la maison, les envoyés
trouvèrent l'esclave en bonne
santé.

Le jeune homme de Naïn

11 Or, Jésus se rendit ensuite
dans une ville appelée Naïn[1]. Ses
disciples faisaient route avec lui,
ainsi qu'une grande foule.
12 Quand il arriva près de la
porte de la ville, on portait tout
juste en terre un mort, un fils
unique dont la mère était veuve,
et une foule considérable de la
ville accompagnait celle-ci. 13 En
la voyant, le Seigneur fut pris de
pitié pour elle et il lui dit : « Ne
pleure plus. » 14 Il s'avança et toucha la civière; ceux qui la portaient s'arrêtèrent; et il dit :
« Jeune homme, je te l'ordonne,
réveille-toi[1]. » 15 Alors le mort
s'assit et se mit à parler. Et Jésus
le rendit à sa mère. 16 Tous furent
saisis de crainte, et ils rendaient
gloire à Dieu en disant : « Un
grand *prophète s'est levé parmi
nous et Dieu a visité son peuple. »
17 Et ce propos sur Jésus se répandit dans toute la Judée[2] et
dans toute la région.

La question de Jean le Baptiste
(*Mt 11.2-6*)

18 Les *disciples de Jean[3] rapportèrent tous ces faits à leur
maître; et lui, s'adressant à deux
de ses disciples, 19 les envoya vers
le Seigneur[4] pour lui demander :
Es-tu Celui qui vient ou devons-nous en attendre un autre ? »
20 Arrivés auprès de Jésus, ces
hommes lui dirent : « Jean le Baptiste nous a envoyés vers toi pour
te demander : Es-tu Celui qui
vient, ou devons-nous en attendre
un autre ? » 21 À ce moment-là Jésus guérit beaucoup de gens de
maladies, d'infirmités et d'esprits
mauvais[5] et il donna la vue à
beaucoup d'aveugles. 22 Puis il répondit aux envoyés : « Allez rapporter à Jean ce que vous avez vu
et entendu : *les aveugles retrou-*

---

1. Bourgade au S. E. de la Galilée.

1. ou lève-toi.
2. Voir note sur 6.17.
3. Il s'agit de Jean le Baptiste.
4. Ici comme au v. 13 ce titre désigne Jésus. Voir
aussi la note sur 5.17.
5. Voir Mc 1.23 et note.

vent la vue, *les boiteux marchent droit,* les *lépreux sont purifiés et *les sourds entendent,* les morts ressuscitent, *la bonne nouvelle* est annoncée aux pauvres, 23 et heureux celui qui ne tombera pas à cause de moi. »

Ce que Jésus pense de Jean le Baptiste
(Mt 11.7-11)

24 Quand les envoyés de Jean furent partis, Jésus se mit à parler de lui aux foules : « Qu'êtes-vous aller regarder au désert ? Un roseau agité par le vent ? 25 Alors, qu'êtes-vous allés voir ? Un homme vêtu d'habits élégants ? Mais ceux qui sont vêtus d'habits somptueux et qui vivent dans le luxe se trouvent dans les palais des rois. 26 Alors, qu'êtes-vous allés voir ? Un *prophète ? Oui, je vous le déclare, et plus qu'un prophète. 27 C'est celui dont il est écrit : *Voici, j'envoie mon messager en avant* de toi; *il préparera ton chemin devant* toi. 28 Je vous le déclare, parmi ceux qui sont nés d'une femme, aucun n'est plus grand que Jean; et cependant le plus petit dans le *Royaume de Dieu est plus grand que lui.

Jésus ne reçoit pas meilleur accueil que Jean le Baptiste
(Mt 11.16-19)

29 Tout le peuple en l'écoutant et même les collecteurs d'impôts ont reconnu la justice de Dieu en se faisant baptiser du baptême de Jean. 30 Mais les *pharisiens et les *légistes ont repoussé le dessein

que Dieu avait pour eux[1], en ne se faisant pas baptiser par lui. 31 À qui donc vais-je comparer les hommes de cette génération ? À qui sont-ils comparables ? 32 Ils sont comparables à des enfants assis sur la place et qui s'interpellent les uns les autres en disant :

Nous vous avons joué de la flûte, et vous n'avez pas dansé; nous avons entonné[2] un chant funèbre, et vous n'avez pas pleuré.

33 En effet, Jean le Baptiste est venu, il ne mange pas de pain, il ne boit pas de vin, et vous dites : il a perdu la tête. 34 Le *Fils de l'homme est venu, il mange, il boit, et vous dites : Voilà un glouton et un ivrogne, un ami des collecteurs d'impôts[3] et des *pécheurs. 35 Mais la Sagesse a été reconnue juste par tous ses enfants[4]. »

Jésus et la pécheresse

36 Un *pharisien l'invita à manger avec lui; il entra dans la maison du pharisien et se mit à table. 37 Survint une femme de la ville qui était *pécheresse; elle avait appris qu'il était à table dans la maison du pharisien. Apportant un flacon de parfum en albâtre 38 et se plaçant par derrière, tout en pleurs, aux pieds de Jésus[5], elle se mit à baigner ses pieds de larmes; elle les essuyait avec ses cheveux, les couvrait de baisers et répandait sur eux du parfum.

1. ou *ont rejeté, pour leur part, le dessein de Dieu.*
2. Quelques manuscrits ajoutent : *pour vous.*
3. Voir notes sur Mc 2.14-15.
4. Voir note sur 1 Th 5.5.
5. A la manière antique les convives étaient allongés, face à la table.

39 Voyant cela, le pharisien qui l'avait invité se dit en lui-même : « Si cet homme était un *prophète, il saurait qui est cette femme qui le touche, et ce qu'elle est : une pécheresse. » 40 Jésus prit la parole et lui dit : « Simon, j'ai quelque chose à te dire. » — « Parle, Maître », dit-il. 41 « Un créancier avait deux débiteurs; l'un lui devait 500 pièces d'argent, l'autre 50. 42 Comme ils n'avaient pas de quoi rembourser, il fit grâce de leur dette à tous les deux. Lequel des deux l'aimera le plus ? » 43 Simon répondit : « Je pense que c'est celui auquel il a fait grâce de la plus grande dette. » Jésus lui dit : « Tu as bien jugé. »

44 Et se tournant vers la femme, il dit à Simon : « Tu vois cette femme. Je suis entré dans ta maison : tu ne m'as pas versé d'eau sur les pieds[1], mais elle, a baigné mes pieds de ses larmes et les a essuyés avec ses cheveux. 45 Tu ne m'as pas donné de baiser, mais elle, depuis qu'elle est entrée[2], elle n'a pas cessé de me couvrir les pieds de baisers. 46 Tu n'as pas répandu d'huile odorante sur ma tête, mais elle, elle a répandu du parfum sur mes pieds. 47 Si je te déclare que ses péchés si nombreux ont été pardonnés, c'est parce qu'elle a montré beaucoup d'amour. Mais celui à qui on pardonne peu montre peu d'amour. » 48 Il dit à la femme : « Tes péchés ont été pardonnés. »

49 Les convives se mirent à dire en eux-mêmes : « Qui est cet homme qui va jusqu'à pardonner les péchés ? » 50 Jésus dit à la femme : « Ta foi t'a sauvée. Va en paix. »

Ceux et celles qui accompagnent Jésus

8 1 Or, par la suite, Jésus faisait route à travers villes et villages; il proclamait et annonçait la bonne nouvelle du *règne de Dieu. Les Douze étaient avec lui, 2 et aussi des femmes qui avaient été guéries d'esprit mauvais[1] et de maladies : Marie, dite de Magdala, dont étaient sortis sept *démons, 3 Jeanne femme de Chouza intendant d'*Hérode, Suzanne et beaucoup d'autres qui les aidaient[2] de leurs biens.

Parabole du semeur
(*Mt 13.1-9; Mc 4.1-9*)

4 Comme une grande foule se réunissait et que de toutes les villes on venait à lui, il dit en *parabole : 5 « Le semeur est sorti pour semer sa semence. Comme il semait, du grain est tombé au bord du chemin; on l'a piétiné et les oiseaux du ciel ont tout mangé. 6 D'autre grain est tombé sur la pierre; il a poussé et séché, faute d'humidité. 7 D'autre grain est tombé au milieu des épines; en poussant avec lui, les épines l'ont étouffé. 8 D'autre grain est tombé dans la bonne terre; il a poussé et produit du fruit au centuple. » Sur quoi Jésus s'écria :

---

1. Voir Gn 18.4; 19.2 ... C'est un usage de l'hospitalité orientale.
2. Autre texte : *depuis que je suis entré.*

1. Voir note sur Mc 1.23.
2. Autres texte : *qui l'aidaient.*

« Celui qui a des oreilles pour entendre, qu'il entende ! »

Pourquoi cette parabole ?
(Mt 13.10-13; Mc 4.10-12)

9 Ses disciples lui demandèrent ce que signifiait cette parabole. 10 Il dit : « À vous il est donné de connaître les *mystères du royaume de Dieu; mais pour les autres, c'est en paraboles, pour qu'*ils voient sans voir et qu'ils entendent sans comprendre.* »

Une application de la parabole du semeur
(Mt 13.18-23; Mc 4.13-20)

11 Et voici ce que signifie la parabole : la semence, c'est la parole de Dieu. 12 Ceux qui sont au bord du chemin, ce sont ceux qui entendent, puis vient le *diable et il enlève la parole de leur *cœur, de peur qu'ils ne croient et ne soient sauvés. 13 Ceux qui sont sur la pierre, ce sont ceux qui accueillent la parole avec joie lorsqu'ils l'entendent; mais ils n'ont pas de racines : pendant un moment ils le croient, mais au moment de la *tentation ils abandonnent. 14 Ce qui est tombé dans les épines, ce sont ceux qui entendent et qui, du fait des soucis, des richesses et des plaisirs de la vie sont étouffés en cours de route et n'arrivent pas à maturité. 15 Ce qui est dans la bonne terre, ce sont ceux qui entendent la parole dans un cœur loyal et bon, qui la retiennent et portent du fruit à force de persévérance.

La parabole de la lampe
(Mc 4.21-25)

16 Personne n'allume une lampe pour la recouvrir d'un pot ou pour la mettre sous un lit; mais on la met sur un support pour que ceux qui entrent voient la lumière. 17 Car il n'y a rien de secret qui ne paraîtra au jour, rien de caché qui ne doive être connu et venir au grand jour. 18 Faites donc attention à la manière dont vous écoutez. Car à celui qui a, il sera donné; et à celui qui n'a pas, même ce qu'il croit avoir lui sera retiré.

La vraie famille de Jésus
(Mt 12.46-50; Mc 3.31-35)

19 Sa mère et ses frères arrivèrent près de lui, mais ils ne pouvaient le rejoindre à cause de la foule. 20 On lui annonça : « Ta mère et tes frères se tiennent dehors; ils veulent te voir. » 21 Il leur répondit : « Ma mère et mes frères, ce sont ceux qui écoutent la parole de Dieu et qui la mettent en pratique. »

Jésus apaise une tempête
(Mt 8.18, 23-27; Mc 4.35-41)

22 Or, un jour il monta en barque avec ses disciples; il dit : « Passons sur l'autre rive du lac[1] », et ils gagnèrent le large. 23 Pendant qu'ils naviguaient, Jésus s'endormit. Un tourbillon de vent s'abattit sur le lac; la barque se remplissait et ils se trouvaient en danger. 24 Ils s'approchèrent et

1. Il s'agit du lac de Gennésareth. *L'autre rive* était habitée par des populations païennes.

le réveillèrent en disant : « Maître, maître, nous périssons ! » Il se réveilla, menaça le vent et les vagues : ils s'apaisèrent et le calme se fit. 25 Puis il leur dit : « Où est votre foi ? » Saisis de crainte, ils s'émerveillèrent et ils se disaient entre eux : « Qui donc est-il, pour qu'il commande même aux vents et aux flots et qu'ils lui obéissent ? »

Jésus guérit un possédé

(*Mt 8.28-34; Mc 5.1-20*)

26 Ils abordèrent au pays des Gergéséniens[1] qui est en face de la Galilée. 27 Comme il descendait à terre, vint à sa rencontre un homme de la ville qui avait des *démons. Depuis longtemps il ne portait plus de vêtement et ne demeurait pas dans une maison mais dans les tombeaux. 28 À la vue de Jésus, il se jeta à ses pieds en poussant des cris et dit d'une voix forte : « De quoi te mêles-tu, Jésus, Fils du Dieu Très Haut ? Je t'en prie, ne me tourmente pas. » 29 Jésus ordonnait en effet à l'esprit impur[2] de sortir de cet homme. Car bien des fois il s'était emparé de lui; on le liait, pour le garder, avec des chaînes et des entraves; mais il brisait ses liens et il était poussé par le démon vers les lieux déserts. 30 Jésus l'interrogea : « Quel est ton nom ? » — « Légion », répondit-il, car de nombreux démons étaient entrés

en lui. 31 Et ils le suppliaient de ne pas leur ordonner de s'en aller dans l'abîme[1].

32 Or il y avait là un troupeau considérable de porcs en train de paître dans la montagne. Les démons supplièrent Jésus de leur permettre d'entrer dans ces porcs. Il le leur permit. 33 Les démons sortirent de l'homme, ils entrèrent dans les porcs et le troupeau se précipita du haut de l'escarpement dans le lac et s'y noya.

34 À la vue de ce qui était arrivé, les gardiens prirent la fuite et rapportèrent la chose dans la ville et dans les hameaux. 35 Les gens s'en vinrent pour voir ce qui s'était passé. Ils arrivèrent auprès de Jésus et trouvèrent, assis à ses pieds, l'homme dont les démons étaient sortis qui était vêtu et dans son bon sens, et ils furent saisis de crainte. 36 Ceux qui avaient vu leur rapportèrent comment celui qui était démoniaque avait été sauvé[2]. 37 Alors, toute la population de la région des Gergéséniens demanda à Jésus de s'éloigner d'eux, car ils étaient en proie à une grande crainte; et lui monta en barque et s'en retourna.

38 L'homme dont les démons étaient sortis le sollicitait; il demandait à être avec lui. Mais Jésus le renvoya en disant : 39 « Retourne dans ta maison et raconte tout ce que Dieu a fait pour toi. » Et l'homme s'en alla, proclamant par toute la ville tout ce que Jésus avait fait pour lui.

---

1. Autre texte : *des Gadaréniens;* ou *des Géraséniens.*
2. Voir note sur Mc 1.23.

1. C'est-à-dire, selon Ap 9.1; 11.7, etc, le lieu où les puissances démoniaques sont momentanément emprisonnées.
2. ou *guéri.* En 8.48; 17.19 ... Luc unit les deux sens du mot grec.

La femme souffrant d'hémorragie; la fille de Jaïros

(Mt 9.18-26; Mc 5.21-43)

40 À son retour, Jésus fut accueilli par la foule, car ils étaient tous à l'attendre. 41 Et voici qu'arriva un homme du nom de Jaïros; il était chef de la *synagogue. Tombant aux pieds de Jésus, il le suppliait de venir dans sa maison, 42 parce qu'il avait une fille unique, d'environ douze ans, qui était mourante. Pendant que Jésus s'y rendait, les gens le serraient à l'étouffer.

43 Il y avait là[1] une femme qui souffrait d'hémorragie depuis douze ans; elle avait dépensé tout son avoir en médecins et aucun n'avait pu la guérir. 44 Elle s'approcha par derrière, toucha la frange[2] de son vêtement et, à l'instant même, son hémorragie s'arrêta. 45 Jésus demanda : « Qui est celui qui m'a touché ? » Comme tous s'en défendaient, Pierre[3] dit : Maître, ce sont les gens qui te serrent et te pressent. » 46 Mais Jésus dit : « Quelqu'un m'a touché; j'ai bien senti qu'une force était sortie de moi. » 47 Voyant qu'elle n'avait pu passer inaperçue, la femme vint en tremblant se jeter à ses pieds; elle raconta devant tout le peuple pour quel motif elle l'avait touché, et comment elle avait été guérie à l'instant même. 48 Alors il lui dit : « Ma fille, ta foi t'a sauvée. Va en paix. »

49 Il parlait encore quand arriva de chez le chef de synagogue quelqu'un qui dit : « Ta fille est morte. N'ennuie plus le maître. » 50 Mais Jésus, qui avait entendu, dit à Jaïros : « Sois sans crainte; crois seulement et elle sera sauvée. » 51 À son arrivée à la maison, il ne laissa entrer avec lui que Pierre, Jean et Jacques, avec le père et la mère de l'enfant. 52 Tous pleuraient et se lamentaient sur elle. Jésus dit : « Ne pleurez pas; elle n'est pas morte, elle dort. » 53 Et ils se moquaient de lui, car ils savaient qu'elle était morte. 54 Mais lui, prenant sa main, l'appela : « Mon enfant, réveille-toi. » 55 Son esprit revint et elle se leva à l'instant même. Et il enjoignit de lui donner à manger. 56 Ses parents furent bouleversés; et il leur ordonna de ne dire à personne ce qui était arrivé.

Jésus envoie les Douze en mission

(Mt 10.1-9, 11-14; Mc 6.6-13)

9 1 Ayant réuni les Douze, il leur donna puissance et autorité sur tous les démons et il leur donna de guérir les maladies[1]. 2 Il les envoya proclamer le *règne de Dieu et faire des guérisons, 3 et il leur dit : « Ne prenez rien pour la route, ni bâton, ni sac, ni pain, ni argent; n'ayez pas chacun deux tuniques. 4 Dans quelque maison que vous entriez, demeurez-y. C'est de là que vous repartirez. 5 Si l'on ne vous accueille pas, en quittant cette ville secouez la poussière de vos pieds : ce sera un témoignage contre eux. » 6 Ils partirent et allèrent de

---

1. Ces mots sont ajoutés pour la commodité de la traduction. Certains manuscrits omettent la seconde partie du verset : *elle avait ... en médecins.*
2. Voir note sur Mc 6.56.
3. De nombreux manuscrits anciens ajoutent ici : *et ses compagnons.*

1. Voir note sur Mc 1.23.

village en village, annonçant la bonne nouvelle et faisant partout des guérisons.

La réputation de Jésus intrigue Hérode

(Mt 14.1-2; Mc 6.14-16)

7 *Hérode le tétrarque apprit tout ce qui se passait et il était perplexe car certains disaient que Jean était ressuscité des morts, 8 d'autres qu'Elie était apparu, d'autres qu'un *prophète d'autrefois était ressuscité. 9 Hérode dit : « Jean, je l'ai fait moi-même décapiter. Mais quel est celui-ci, dont j'entends dire de telles choses ? » Et il cherchait à le voir.

Jésus rassasie cinq mille hommes

(Mt 14.13-21; Mc 6.30-44)

10 À leur retour, les *apôtres racontèrent à Jésus tout ce qu'ils avaient fait. Il les emmena et se retira à l'écart du côté d'une ville appelée Bethsaïda. 11 L'ayant su, les foules le suivirent. Jésus les accueillit; il leur parlait du *règne de Dieu et il guérissait ceux qui en avaient besoin.
12 Mais le jour commença de baisser. Les Douze s'approchèrent et lui dirent : « Renvoie la foule; qu'ils aillent loger dans les villages et les hameaux des environs et qu'ils y trouvent à manger, car nous sommes ici dans un endroit désert. » 13 Mais il leur dit : « Donnez-leur à manger vous-mêmes. » Alors ils dirent : « Nous n'avons pas plus de cinq pains et deux poissons ... à moins d'aller nous-mêmes acheter des vivres pour tout ce peuple. » 14 Il

y avait en effet environ 5.000 hommes.
Il dit à ses disciples : « Faites-les s'installer par groupes d'une cinquantaine. » 15 Ils firent ainsi et les installèrent tous. 16 Jésus prit les cinq pains et les deux poissons et, levant son regard vers le ciel, il prononça la bénédiction, les rompit, et il les donnait aux disciples pour les offrir à la foule. 17 Ils mangèrent et furent tous rassasiés; et l'on emporta ce qui leur restait des morceaux : douze paniers.

Pierre déclare que Jésus est le Messie

(Mt 16.13-21; Mc 8.27-31)

18 Or, comme il était en prière à l'écart, les disciples étaient avec lui, et il les interrogea : « Qui suis-je au dire des foules ? » 19 Ils répondirent[1] : « Jean le Baptiste; pour d'autres, Elie; pour d'autres, tu es un *prophète d'autrefois qui est ressuscité. »
20 Il leur dit : « Et vous, qui dites-vous que je suis ? » Pierre, prenant la parole, répondit : « Le *Christ de Dieu. » 21 Et lui, avec sévérité, leur ordonna de ne le dire à personne, 22 en expliquant : « Il faut que le *Fils de l'homme souffre beaucoup, qu'il soit rejeté par les anciens, les *grands prêtres et les scribes, qu'il soit mis à mort et que, le troisième jour, il ressuscite. »

---

1. ou *Les uns répondirent :* « Jean le Baptiste », d'autres : « Elie », d'autres : « on dit que tu es un prophète ... »

Comment suivre Jésus
(Mt 16.24-28; Mc 8.34-9.1)

23 Puis il dit à tous : « Si quelqu'un veut venir à ma suite, qu'il
renonce à lui-même et prenne sa
croix chaque jour, et qu'il me
suive. 24 En effet, qui veut sauver
sa vie, la perdra; mais qui perd sa
vie à cause de moi, la sauvera.
25 Et à quel avantage l'homme a-
t-il à gagner le monde entier, s'il
se perd ou se ruine lui-même ?
26 Car si quelqu'un a honte de
moi et de mes paroles, le *Fils de
l'homme aura honte de lui quand
il viendra dans sa gloire, et dans
celle du Père et des saints *anges.
27 Vraiment, je vous le déclare,
parmi ceux qui sont ici, certains
ne mourront pas avant de voir le
*règne de Dieu. »

La gloire de Jésus sur la mon-
tagne
(Mt 17.1-8; Mc 9.2-8)

28 Or, environ huit jours après
ces paroles, Jésus prit avec lui
Pierre, Jean et Jacques et monta
sur la montagne pour prier.
29 Pendant qu'il priait, l'aspect de
son visage changea et son vêtement devint d'une blancheur écla-
tante. 30 Et voici que deux
hommes s'entretenaient avec lui;
c'étaient Moïse et Elie; 31 apparus
en gloire, ils parlaient de son départ qui allait s'accomplir à Jérusalem. 32 Pierre et ses compagnons étaient écrasés de sommeil;
mais, s'étant réveillés, ils virent la
gloire de Jésus et les deux
hommes qui se tenaient avec lui.
33 Or, comme ceux-ci se sépa-
raient de Jésus, Pierre lui dit :
« Maître, il est bon que nous
soyons ici; dressons trois tentes :

une pour toi, une pour Moïse, une
pour Elie. » Il ne savait pas ce
qu'il disait.

34 Comme il parlait ainsi, survint une nuée qui les recouvrait.
La crainte les saisit au moment
où ils y pénétraient. 35 Et il y eut
une voix venant de la nuée; elle
disait : « Celui-ci est mon Fils, celui que j'ai élu, écoutez-le ! » 36 Au
moment où la voix retentit, il n'y
eut plus que Jésus seul. Les disciples gardèrent le silence, et ils ne
racontèrent à personne, en ce
temps là, rien de ce qu'ils avaient
vu.

Jésus guérit un enfant possédé
(Mt 17.14-18; Mc 9.14-27)

37 Or, le jour suivant, quand ils
furent descendus de la montagne,
une grande foule vint à la rencontre de Jésus. 38 Et voilà que du
milieu de la foule un homme
s'écria : « Maître, je t'en prie,
regarde mon fils car c'est mon
unique enfant. 39 Il arrive qu'un
esprit s'empare de lui : tout à
coup il crie, il le fait se convulser
et écumer, et il ne le quitte qu'à
grand peine, en le laissant tout
brisé. 40 J'ai prié tes disciples de
le chasser, et ils n'ont pas pu. »
41 Prenant la parole, Jésus dit :
« Génération incrédule et pervertie, jusqu'à quand serai-je auprès
de vous et aurai-je à vous supporter ? Amène ici ton fils. » 42 À
peine l'enfant arrivait-il que le
démon le jeta à terre et l'agita de
convulsions. Mais Jésus menaça
l'esprit impur, il guérit l'enfant et
le remit à son père. 43 Et tous
étaient frappés de la grandeur de
Dieu.

Jésus annonce à nouveau ses souffrances

(Mt 17.22-23; Mc 9.30-32)

Comme tous s'émerveillaient de tout ce qu'il faisait, il dit à ses disciples : 44 « Ecoutez bien ce que je vais vous dire : Le *Fils de l'homme va être livré aux mains des hommes. » 45 Mais ils ne comprenaient pas cette parole; elle leur restait voilée pour qu'ils n'en saisissent pas le sens; et ils craignaient de l'interroger sur ce point.

Qui est le plus grand ?

(Mt 18.1-5; Mc 9.33-37)

46 Une question leur vint à l'esprit[1] : lequel d'entre eux pouvait bien être le plus grand ? 47 Jésus sachant la question qu'ils se posaient, prit un enfant, le plaça près de lui, 48 et leur dit : « Qui accueille en mon *nom cet enfant, m'accueille moi-même; et qui m'accueille, accueille celui qui m'a envoyé; car celui qui est le plus petit d'entre vous tous, voilà le plus grand. »

Ceux qui se servent du nom de Jésus

(Mc 9.38-41)

49 Prenant la parole, Jean[2] lui dit : « Maître, nous avons vu quelqu'un qui chassait les *démons en ton nom et nous avons cherché à l'empêcher[3], parce qu'il ne te suit pas avec nous. » 50 Mais Jésus dit : « Ne l'empêchez pas, car celui

qui n'est pas contre vous est pour vous. »

On refuse d'accueillir Jésus en Samarie

51 Or, comme arrivait le temps où il allait être enlevé du monde, Jésus prit résolument la route de Jérusalem. 52 Il envoya des messagers devant lui. Ceux-ci s'étant mis en route entrèrent dans un village de Samaritains[1] pour préparer sa venue. 53 Mais on ne l'accueillit pas, parce qu'il faisait route vers Jérusalem. 54 Voyant cela, les disciples Jacques et Jean dirent : « Seigneur, veux-tu que nous disions que le feu tombe du ciel et les consume ? » 55 Mais lui se retournant les réprimanda. 56 Et ils firent route vers un autre village.

Pour être prêt à suivre Jésus

(Mt 8.19-22)

57 Comme ils étaient en route, quelqu'un dit à Jésus en chemin : « Je te suivrai partout où tu iras. » 58 Jésus lui dit : « Les renards ont des terriers et les oiseaux du ciel des nids; le *Fils de l'homme, lui, n'a pas où poser la tête. » 59 Il dit à un autre : « Suis-moi. » Celui-ci répondit : « Permets-moi d'aller d'abord enterrer mon père. » 60 Mais Jésus lui dit : « Laisse les morts enterrer leurs morts, mais toi, va annoncer le *règne de Dieu. » 61 Un autre encore lui dit : « Je vais te suivre, Seigneur; mais d'abord permets-moi de faire mes adieux à ceux de ma maison. » 62 Jésus lui dit : « Quiconque met

---

1. ou *Une discussion s'éleva entre eux.*
2. il s'agit ici du disciple.
3. Autre texte : *Nous l'en avons empêché.*

1. Voir note sur Mt 10.5.

la main à la charrue, puis regarde en arrière, n'est pas fait pour le royaume de Dieu. »

Jésus envoie soixante-douze disciples

(Mt 9.37-38; 10.7-16; Mc 6.8-11; Lc 9.3-5)

10 1 Après cela, le Seigneur désigna 72[1] autres *disciples et les envoya deux par deux, devant lui dans toute ville et localité où il devait aller lui-même. 2 Il leur dit : « La moisson est abondante, mais les ouvriers peu nombreux. Priez donc le maître de la moisson d'envoyer des ouvriers dans sa moisson. 3 Allez ! Voici que je vous envoie comme des agneaux au milieu des loups. 4 N'emportez pas de bourse, pas de sac, pas de sandales, et n'échangez de salutations avec personne en chemin.

5 Dans quelque maison que vous entriez, dites d'abord : Paix à cette maison. 6 Et s'il s'y trouve un homme de paix, votre paix ira reposer sur lui; sinon, elle reviendra sur vous. 7 Demeurez dans cette maison, mangeant et buvant ce qu'on vous donnera, car le travailleur mérite son salaire. Ne passez pas de maison en maison. 8 Dans quelque ville que vous entriez et où l'on vous accueillera, mangez ce qu'on vous offrira. 9 Guérissez les malades qui s'y trouveront, et dites-leur : Le *règne de Dieu est arrivé jusqu'à vous. 10 Mais dans quelque ville que vous entriez et où l'on ne vous accueillera pas sortez sur les places et dites : 11 Même la pous-

sière de votre ville qui s'est collée à nos pieds, nous l'essuyons pour vous la rendre[1]. Pourtant, sachez-le : le règne de Dieu est arrivé.

(Mt 11.24, 21-23)

12 Je vous le déclare : Ce jour-là, Sodome sera traitée avec moins de rigueur que cette ville-là. 13 Malheureuse es-tu, Chorazin ! malheureuse es-tu, Bethsaïda ! car si les miracles qui ont eu lieu chez vous avaient eu lieu à Tyr et à Sidon, il y a longtemps qu'elles se seraient converties, vêtues de sacs et assises dans la cendre. 14 Oui, lors du jugement, Tyr et Sidon seront traitées avec moins de rigueur que vous. 15 Et toi, Capharnaüm, *seras-tu élevée jusqu'au ciel ? Tu descendras jusqu'au séjour des morts.*

16 Qui vous écoute m'écoute, et qui vous repousse me repousse; mais qui me repousse repousse celui qui m'a envoyé.

17 Les 72 disciples revinrent dans la joie, disant : « Seigneur, même les *démons nous sont soumis en ton *nom. » 18 Jésus leur dit : « Je voyais *Satan tomber du ciel comme l'éclair. 19 Voici, je vous ai donné le pouvoir de *fouler aux pieds* serpents et scorpions, et toute la puissance de l'ennemi, et rien ne pourra vous nuire. 20 Pourtant ne vous réjouissez pas de ce que les esprits vous sont soumis, mais réjouissez-vous de ce que vos noms sont inscrits dans les *cieux. »

---

1. Autre texte : *soixante-dix*. Dans le chap. 10 de la Genèse le Judaïsme comptait 70 nations (texte hébreu) ou 72 (texte grec).

1. Voir Mc 6.11 et note.

Les petits; le Père et le Fils
(*Mt 11.25-27*)

21 À l'instant même, il exulta sous l'action de l'Esprit Saint et dit : « Je te loue, Père, Seigneur du ciel et de la terre, d'avoir caché cela aux sages et aux intelligents et de l'avoir révélé aux tout petits. Oui, Père, c'est ainsi que tu en as disposé dans ta bienveillance. 22 Tout m'a été remis par mon père, et nul ne connaît qui est le Fils, si ce n'est le Père, ni qui est le Père si ce n'est le Fils et celui à qui le Fils veut bien le révéler. »

Le bonheur des disciples
(*Mt 13.16-17*)

23 Puis il se tourna vers les *disciples et leur dit en particulier : « Heureux les yeux qui voient ce que vous voyez ! 24 Car je vous le déclare, beaucoup de *prophètes, beaucoup de rois ont voulu voir ce que vous voyez et ne l'ont pas vu, entendre ce que vous entendez et ne l'ont pas entendu. »

L'amour pour Dieu et pour le prochain
(*Mt 22.34-40; Mc 12.28-31*)

25 Et voici qu'un *légiste se leva et lui dit, pour le mettre à l'épreuve : « Maître, que dois-je faire pour recevoir en partage la *vie éternelle ? » 26 Jésus lui dit : « Dans la Loi[1] qu'est-il écrit ? Comment lis-tu ? » 27 Il lui répondit : « *Tu aimeras le Seigneur ton Dieu de tout ton cœur, de toute ton âme, de toute ta force, et de toute ta pensée* et *ton prochain*

1. Voir note sur Rm 3.19.

comme toi-même. » 28 Jésus lui dit : « Tu as bien répondu. Fais cela et tu auras la vie. »

La parabole du bon Samaritain

29 Mais lui, voulant montrer sa justice, dit à Jésus : « Et qui est mon prochain ? » 30 Jésus reprit : « Un homme descendait de Jérusalem à Jéricho, il tomba sur des bandits qui, l'ayant dépouillé et roué de coups, s'en allèrent, le laissant à moitié mort. 31 Il se trouva qu'un *prêtre descendait par ce chemin; il vit l'homme et passa à bonne distance. 32 Un lévite[1] de même arriva en ce lieu; il vit l'homme et passa à bonne distance. 33 Mais un Samaritain[2] qui était en voyage arriva près de l'homme : il le vit et fut pris de pitié. 34 Il s'approcha, banda ses plaies en y versant de l'huile et du vin[3], le chargea sur sa propre monture, le conduisit à une auberge et prit soin de lui. 35 Le lendemain, tirant deux pièces d'argent, il les donna à l'aubergiste et lui dit : Prends soin de lui, et si tu dépenses quelque chose de plus, c'est moi qui te le rembourserai quand je repasserai. 36 Lequel des trois, à ton avis, s'est montré le prochain de l'homme qui était tombé sur les bandits ? » 37 Le légiste répondit : « C'est celui qui a fait preuve de bonté envers lui. » Jésus lui dit : « Va et, toi aussi, fais de même. »

1. Au Temple de Jérusalem les *lévites* étaient chargés du chant, de la préparation des sacrifices et de la police intérieure.
2. Voir note sur Mt 10.5.
3. Remèdes utilisés à cette époque pour calmer la douleur (huile) et désinfecter les plaies (vin), cf. Es 1.6.

Jésus est reçu chez Marthe et Marie

38 Comme ils étaient en route, il entra dans un village et une femme du nom de Marthe le reçut dans sa maison. 39 Elle avait une sœur nommée Marie qui, s'étant assise aux pieds du Seigneur, écoutait sa parole. 40 Marthe s'affairait à un service compliqué. Elle survint et dit : « Seigneur, cela ne te fait rien que ma sœur m'ait laissée seule à faire le service ? Dis-lui donc de m'aider. » 41 Le Seigneur lui répondit : « Marthe, Marthe, tu t'inquiètes et t'agites pour bien des choses. 42 Une seule est nécessaire. C'est bien Marie qui a choisi la meilleure part ; elle ne lui sera pas enlevée. »

La prière des disciples : Le Notre Père

(*Mt 6.9-13*)

11 1 Il était un jour quelque part en prière. Quand il eut fini, un de ses disciples lui dit : « Seigneur, apprends-nous à prier, comme Jean[1] l'a appris à ses disciples. » 2 Il leur dit : « Quand vous priez, dites :
Père,
Fais-toi reconnaître comme Dieu,
Fais venir ton règne,
3 Donne-nous le pain dont nous avons besoin pour chaque jour,
4 Pardonne-nous nos péchés, car nous-mêmes nous pardonnons à tous ceux qui ont des torts envers nous,

_____
1. Il s'agit de Jean le Baptiste.

Et ne nous expose pas à la *tentation. »

La parabole de l'ami qui se laisse fléchir

5 Jésus leur dit encore : « Si l'un de vous a un ami et qu'il aille le trouver au milieu de la nuit pour lui dire : Mon ami, prête-moi trois pains, 6 parce qu'un de mes amis m'est arrivé de voyage et je n'ai rien à lui offrir, 7 et si l'autre, de l'intérieur, lui répond : Ne m'ennuie pas ! Maintenant la porte est fermée ; mes enfants et moi nous sommes couchés ; je ne puis me lever pour te donner du pain, 8 je vous le déclare : même s'il ne se lève pas pour lui en donner parce qu'il est son ami, eh bien, parce que l'autre est sans vergogne il se lèvera pour lui donner tout ce qu'il faut.

Demandez, frappez à la porte, cherchez

(*Mt 7.7-11*)

9 Eh bien, moi je vous dis : Demandez, on vous donnera[1] ; cherchez, vous trouverez ; frappez, on vous ouvrira. 10 En effet quiconque demande reçoit, qui cherche trouve, et à qui frappe on ouvrira. 11 Quel père parmi vous, si son fils lui demande[2] un poisson, lui donnera un serpent au lieu de poisson ? 12 Ou encore s'il demande un œuf, lui donnera-t-il un scorpion ? 13 Si donc vous, qui êtes mauvais, savez donner de bonnes choses à vos enfants,

_____
1. Voir notes sur Mt 3.2 ; 7.1.
2. Après *lui demande*, certains manuscrits insèrent les mots suivants : *du pain, est-ce qu'il lui présentera une pierre ?* ou un poisson ... (cf. Mt 7.9).

combien plus le Père céleste donnera-t-il l'Esprit Saint à ceux qui le lui demandent. »

Jésus a-t-il partie liée avec Satan ?

(Mt 9.32-34; 12.22-30; Mc 3.22-27)

14 Il chassait un *démon muet. Or, une fois le démon sorti, le muet se mit à parler et les foules s'émerveillèrent. 15 Mais quelques-uns d'entre eux dirent : « C'est par Béelzéboul, le chef des démons, qu'il chasse les démons. » 16 D'autres, pour le mettre à l'épreuve, réclamaient de lui un *signe qui vienne du *ciel.

17 Mais lui, connaissant leurs réflexions, leur dit : « Tout royaume divisé contre lui-même court à la ruine et les maisons s'y écroulent l'une sur l'autre. 18 Si *Satan aussi est divisé contre lui-même, comment son royaume se maintiendra-t-il ? ... puisque vous dites que c'est par Béelzéboul que je chasse les démons. 19 Et si c'est par Béelzéboul que moi, je chasse les démons, vos disciples, par qui les chassent-ils ? Ils seront donc eux-mêmes vos juges. 20 Mais si c'est par le doigt de Dieu que je chasse les démons, alors le *règne de Dieu vient de vous atteindre. 21 Quand l'homme fort avec ses armes garde son palais, ce qui lui appartient est en sécurité. 22 Mais que survienne un plus fort qui triomphe de lui, il lui prend tout l'armement en quoi il mettait sa confiance, et il distribue ses dépouilles. 23 Qui n'est pas avec moi est contre moi et qui ne rassemble pas avec moi disperse.

Le retour en force de l'esprit impur

(Mt 12.43-45)

24 Lorsque l'esprit impur[1] est sorti d'un homme, il parcourt les régions arides en quête de repos; comme il n'en trouve pas, il se dit : Je vais retourner dans mon logis, d'où je suis sorti. 25 À son arrivée, il le trouve balayé et mis en ordre. 26 Alors il va prendre sept autres esprits plus mauvais que lui; ils y entrent et s'y installent; et le dernier état de cet homme devient pire que le premier. »

Heureux ceux qui écoutent

27 Or, comme il disait cela, une femme éleva la voix du milieu de la foule et lui dit : « Heureuse celle qui t'a porté et allaité ! » 28 Mais lui, il dit : « Heureux plutôt ceux qui écoutent la parole de Dieu et qui l'observent ! »

Le signe de Jonas et le Fils de l'homme

(Mt 12.38-42)

29 Comme les foules s'amassaient, il se mit à dire : « Cette génération est une génération mauvaise; elle demande un *signe ! En fait de signe, il ne lui en sera pas donné d'autre que le signe de Jonas. 30 Car, de même que Jonas fut un signe pour les gens de Ninive, de même aussi le *Fils de l'homme en sera un pour cette génération. 31 Lors du jugement, la reine du Midi se lèvera, avec les hommes de cette génération et elle les condamnera, car

1. Voir note sur Mc 1.23.

elle est venue du bout du monde pour écouter la sagesse de Salomon; eh bien, ici il y a plus que Salomon. 32 Lors du jugement, les hommes de Ninive se lèveront avec cette génération et ils la condamneront, car ils se sont convertis à la prédication de Jonas; eh bien, ici il y a plus que Jonas.

La lumière de la lampe
(Mt 5.15; Mc 4.21; Lc 8.16)

33 Personne n'allume une lampe pour la mettre dans une cachette[1], mais on la met sur son support, pour que ceux qui entrent voient la clarté.
(Mt 6.22-23)

34 La lampe de ton corps, c'est l'oeil. Quand ton oeil est sain, ton corps tout entier est aussi dans la lumière; mais si ton oeil est malade, ton corps aussi est dans les ténèbres. 35 Examine donc si la lumière qui est en toi n'est pas ténèbres. 36 Si donc ton corps est tout entier dans la lumière, sans aucune part de ténèbres, il sera dans la lumière tout entier comme lorsque la lampe t'illumine de son éclat. »

Malheureux pharisiens et légistes !
(Mt 23.4, 6-7, 13, 25-27, 29-31, 34-36)

37 Comme il parlait, un *pharisien l'invita à déjeuner chez lui. Il entra et se mit à table. 38 Le pharisien fut étonné en voyant qu'il n'avait pas d'abord fait une ablution avant le déjeuner.

39 Le Seigneur lui dit : « Maintenant vous, les pharisiens, c'est l'extérieur de la coupe et du plat que vous purifiez, mais votre intérieur est rempli de rapacité et de méchanceté. 40 Insensés ! Est-ce que celui qui a fait l'extérieur n'a pas fait aussi l'intérieur ? 41 Donnez plutôt en aumône ce qui est dedans, et alors tout sera *pur pour vous.

42 Mais malheureux êtes-vous, pharisiens, vous qui versez la dîme de la menthe, de la rue et de tout ce qui pousse dans le jardin, et qui laissez de côté la justice et l'amour de Dieu. C'est ceci qu'il fallait faire, sans négliger cela. 43 Malheureux êtes-vous, pharisiens, vous qui aimez le premier siège dans les *synagogues et les salutations sur les places publiques. 44 Malheureux, vous qui êtes comme ces tombes que rien ne signale et sur lesquelles on marche sans le savoir. »

45 Alors un des *légistes dit à Jésus : « Maître, en parlant de la sorte, c'est nous aussi que tu insultes. » 46 Il répondit : « Vous aussi, légistes, vous êtes malheureux, vous qui chargez les hommes de fardeaux accablants, et qui ne touchez pas vous-mêmes d'un seul de vos doigts à ces fardeaux. 47 Malheureux, vous qui bâtissez les tombeaux des *prophètes, alors que ce sont vos pères qui les ont tués. 48 Ainsi vous témoignez que vous êtes d'accord avec les actes de vos pères, puisque, eux, ils ont tué les prophètes et vous, vous bâtissez leurs tombeaux. 49 C'est pourquoi la Sagesse de Dieu elle-même a

1. De nombreux manuscrits ajoutent (d'après Mt 5.15 ou Mc 4.21) *ou sous le boisseau.* Autre texte pour la fin du verset : que ceux qui entrent voient *la lumière.*

dit : je leur enverrai des prophètes et des *apôtres; ils en tueront et en persécuteront 50 afin qu'il soit demandé compte à cette génération du sang[1] de tous les prophètes qui a été versé depuis la fondation du monde, 51 depuis le sang d'Abel jusqu'au sang de Zacharie qui a péri entre l'*autel et le *sanctuaire. Oui, je vous le déclare, il en sera demandé compte à cette génération. 52 Malheureux êtes-vous, légistes, vous qui avez pris la clé de la connaissance : vous n'êtes pas entrés vous-mêmes, et ceux qui voulaient entrer, vous les en avez empêchés. »

53 Quand il fut sorti de là, les *scribes et les pharisiens se mirent à s'acharner contre lui et à lui arracher des réponses sur quantité de sujets, 54 lui tendant des pièges pour s'emparer d'un de ses propos.

Ceux qui se déclareront pour Jésus

(Mt 10.26-33, 19-20)

12 1 Là-dessus, comme la foule était assemblée par milliers, au point qu'on s'écrasait, il commença par dire à ses disciples : « Avant tout, gardez-vous du *levain des *pharisiens, la fausseté. 2 Rien n'est voilé qui ne sera dévoilé, rien n'est secret qui ne sera connu. 3 Parce que tout ce que vous avez dit dans l'ombre sera entendu au grand jour; et ce que vous avez dit à l'oreille dans la cave sera proclamé sur les terrasses[1]. 4 Je vous le dis à vous, mes amis : Ne craignez pas ceux qui tuent le corps et qui, après cela, ne peuvent rien faire de plus. 5 Je vais vous montrer qui vous devez craindre : craignez celui qui, après avoir tué, a le pouvoir de jeter dans la *géhenne. Oui, je vous le déclare, c'est Celui-là que vous devez craindre. 6 Est-ce que l'on ne vend pas cinq moineaux pour deux sous ? Pourtant pas un d'entre eux n'est oublié de Dieu. 7 Bien plus, même vos cheveux sont tous comptés. Soyez sans crainte, vous valez mieux que tous les moineaux. 8 Je vous le dis : quiconque se déclarera pour moi devant les hommes, le *Fils de l'homme aussi se déclarera pour lui devant les *anges de Dieu. 9 Mais celui qui m'aura renié par devant les hommes sera renié par devant les anges de Dieu. 10 Quiconque dira une parole contre le Fils de l'homme, cela lui sera pardonné; mais qui aura *blasphémé contre le Saint-Esprit, cela ne lui sera pas pardonné. 11 Lorsqu'on vous amènera devant les *synagogues, les chefs et les autorités, ne vous inquiétez pas de savoir comment vous défendre et que dire. 12 Car le Saint-Esprit vous enseignera à l'heure même ce qu'il faut dire. »

Jésus refuse d'arbitrer un partage

13 Du milieu de la foule, quelqu'un dit à Jésus : « Maître, dis à mon frère de partager avec moi notre héritage. » 14 Jésus lui dit :

---

1. C'est-à-dire de la *mort violente* (des prophètes). Voir Mt 27.24-25 et notes.

1. *Les terrasses :* c'est en Orient un lieu habituel pour les conversations et la divulgation des nouvelles, étant donné le rapprochement des maisons. Voir note sur Mc 2.4.

« Qui m'a établi pour être votre juge ou pour faire vos partages ? » 15 Et il leur dit : « Attention ! Gardez-vous de toute avidité; ce n'est pas du fait qu'un homme est riche qu'il a sa vie garantie par ses biens. »

La parabole du riche insensé

16 Et il leur dit une *parabole : « Il y avait un homme riche dont la terre avait bien rapporté. 17 Et il se demandait : Que vais-je faire ? car je n'ai pas où rassembler ma récolte. 18 Puis il se dit : Voici ce que je vais faire : je vais démolir mes greniers, j'en bâtirai de plus grands et j'y rassemblerai tout mon blé et mes biens. 19 Et je me dirai à moi-même : Te voilà avec quantité de biens en réserve pour de longues années; repose-toi, mange, bois, fais bombance. 20 Mais Dieu lui dit : Insensé, cette nuit même on te redemande[1] ta vie, et ce que tu as préparé, qui donc l'aura ? 21 Voilà ce qui arrive à celui qui amasse un trésor pour lui-même au lieu de s'enrichir auprès de Dieu[2]. »

Ce qui doit préoccuper les disciples
(Mt 6.25-33)

22 Jésus dit à ses disciples : « Voilà pourquoi je vous dis : Ne vous inquiétez pas pour votre vie de ce que vous mangerez, ni pour votre corps de quoi vous le vêtirez. 23 Car la vie est plus que la nourriture, et le corps plus que le vêtement. 24 Observez les corbeaux : ils ne sèment ni ne moissonnent, ils n'ont ni cellier ni grenier; et Dieu les nourrit. Combien plus valez-vous que les oiseaux ! 25 Et qui d'entre vous peut par son inquiétude prolonger tant soit peu son existence ? 26 Si donc vous êtes sans pouvoir même pour si peu, pourquoi vous inquiéter pour tout le reste ? 27 Observez les lis : ils ne filent ni ne tissent et, je vous le dis : Salomon lui-même, dans toute sa gloire, n'a jamais été vêtu comme l'un d'eux. 28 Si Dieu habille ainsi en pleins champs l'herbe qui est là aujourd'hui et qui demain sera jetée au feu, combien plus le fera-t-il pour vous, gens de peu de foi. 29 Et vous, ne cherchez pas ce que vous mangerez ni ce que vous boirez, et ne vous tourmentez pas. 30 Tout cela, les *païens de ce monde le recherchent sans répit, mais vous, votre Père sait que vous en avez besoin. 31 Cherchez plutôt son *royaume, et cela vous sera donné par surcroît. 32 Sois sans crainte, petit troupeau, car votre Père a trouvé bon de vous donner le Royaume.

Un trésor dans les cieux
(Mt 6.19-21)

33 Vendez ce que vous possédez et donnez-le en aumône. Faites-vous des bourses inusables, un trésor inaltérable dans les *cieux; là ni voleur n'approche, ni mite ne détruit. 34 Car, où est votre trésor, là aussi sera votre *coeur.

---

1. Sur cette tournure impersonnelle pour parler de Dieu sans le nommer, voir notes sur Mt 3.2; 7.1.
2. le v. 21 manque dans quelques manuscrits anciens.

Trois paraboles sur la vigilance
(Mt 24.43-51)

35 Restez en tenue de travail et gardez vos lampes allumées. 36 Et soyez comme des gens qui attendent leur maître à son retour des noces, afin de lui ouvrir dès qu'il arrivera et frappera. 37 Heureux ces serviteurs que le maître à son arrivée trouvera en train de veiller. En vérité, je vous le déclare, il prendra la tenue de travail, les fera mettre à table et passera pour les servir. 38 Et si c'est à la deuxième veille qu'il arrive, ou à la troisième, et qu'il trouve cet accueil, heureux sont-ils ! 39 Vous le savez : si le maître de maison connaissait l'heure à laquelle le voleur va venir, il ne laisserait pas percer le mur de sa maison[1]. 40 Vous aussi tenez-vous prêts, car c'est à l'heure que vous ignorez que le *Fils de l'homme va venir. »

41 Pierre dit alors : « Seigneur, est-ce pour nous que tu dis cette *parabole ou bien pour tout le monde ? » 42 Le Seigneur lui dit : « Quel est donc l'intendant fidèle, avisé, que le maître établira sur sa domesticité pour distribuer en temps voulu les rations de blé ? 43 Heureux ce serviteur, que son maître en arrivant trouvera en train de faire ce travail ! 44 Vraiment, je vous le déclare, il l'établira sur tous ses biens. 45 Mais si ce serviteur se dit en son *coeur : Mon Maître tarde à venir et qu'il se mette à battre les garçons et les filles de service, à manger, à boire et à s'enivrer, 46 le maître de ce serviteur arrivera au jour qu'il n'attend pas et à l'heure qu'il ne

sait pas : il le chassera et lui fera partager le sort des infidèles.

47 Ce serviteur qui connaissait la volonté de son maître et qui pourtant n'a rien préparé ni fait selon cette volonté recevra bien des coups ; 48 celui qui ne la connaissait pas et qui a fait de quoi mériter des coups en recevra peu. À qui l'on a beaucoup donné, on redemandera beaucoup ; à qui l'on a beaucoup confié, on réclamera davantage.

Pourquoi Jésus est venu

49 C'est un feu que je suis venu apporter sur la terre, et comme je voudrais qu'il soit déjà allumé ! 50 C'est un baptême que j'ai à recevoir, et comme cela me pèse jusqu'à ce qu'il soit accompli !
(Mt 10.34-36)

51 Pensez-vous que ce soit la paix que je suis venu mettre sur la terre ? Non, je vous le dis, mais plutôt la division. 52 Car désormais, s'il y a cinq personnes dans une maison, elles seront divisées : trois contre deux et deux contre trois. 53 On se divisera père contre fils et fils contre père, mère contre fille et fille contre mère, belle-mère contre belle-fille et belle-fille contre belle-mère. »

Reconnaître les signes du temps présent
(Mt 16.2-3)

54 Il dit encore aux foules : « Quand vous voyez un nuage se lever au couchant vous dites aussitôt : La pluie vient et c'est ce qui arrive. 55 Et quand vous voyez souffler le vent du midi vous

---

1. Voir note sur Mt 6.19.

dites : Il va faire une chaleur accablante, et c'est ce qui arrive. 56 Et quand vous savez reconnaître l'aspect de la terre et du ciel, et le temps présent, comment ne savez-vous pas le reconnaître ?

Avant d'être devant le juge
(Mt 5.25-26)

57 Pourquoi aussi ne jugez-vous pas par vous-mêmes de ce qui est juste ? 58 Ainsi, quand tu vas avec ton adversaire devant le magistrat, tâche de te dégager de lui en chemin, de peur qu'il ne te traîne devant le juge, que le juge ne te livre au garde et que le garde ne te jette en prison. 59 Je te le déclare : Tu n'en sortiras pas tant que tu n'auras pas payé jusqu'au dernier centime. »

Les Galiléens massacrés par Pilate

13 1 À ce moment survinrent des gens qui lui rapportèrent l'affaire des Galiléens dont Pilate[1] avait mêlé le sang à celui de leurs *sacrifices. 2 Il leur répondit : « Pensez-vous que ces Galiléens étaient de plus grands pécheurs que tous les autres Galiléens pour avoir subi un tel sort ? 3 Non, je vous le dis, mais si vous ne vous convertissez pas, vous périrez tous de même. 4 Et ces dix-huit personnes sur lesquelles est tombée la tour à Siloé, et qu'elle a tuées, pensez-vous qu'elles étaient plus coupables que tous les autres habitants de Jérusalem ? 5 Non, je vous le dis, mais si vous ne vous

convertissez pas, vous périrez tous de la même manière. »

La parabole du figuier stérile

6 Et il dit cette *parabole : « Un homme avait un figuier planté dans sa vigne. Il vint y chercher du fruit et n'en trouva pas. 7 Il dit alors au vigneron : Voilà trois ans que je viens chercher du fruit sur ce figuier et je n'en trouve pas. Coupe-le. Pourquoi faut-il encore qu'il épuise la terre ? 8 Mais l'autre lui répond : Maître, laisse-le encore cette année, le temps que je bêche tout autour et que je mette du fumier. 9 Peut-être donnera-t-il du fruit à l'avenir. Sinon, tu le couperas. »

Une guérison, un jour de sabbat

10 Jésus était en train d'enseigner dans une *synagogue un jour de *sabbat. 11 Il y avait là une femme possédée d'un esprit[1] qui la rendait infirme depuis dix-huit ans ; elle était toute courbée et ne pouvait pas se redresser complètement. 12 En la voyant, Jésus lui adressa la parole et lui dit : « Femme, te voilà libérée de ton infirmité. » 13 Il lui *imposa les mains : aussitôt elle redevint droite et se mit à rendre gloire à Dieu.

14 Le chef de la synagogue, indigné de ce que Jésus ait fait une guérison le jour du sabbat, prit la parole et dit à la foule : « Il y a six jours pour travailler. C'est donc ces jours-là qu'il faut venir pour vous faire guérir, et pas le

---

1. Voir note sur Mc 15.1.

1. Voir note sur Mc 1.23. — Au lieu de *se redresser complètement* certains traduisent : *elle ne pouvait absolument pas se redresser.*

jour du sabbat. » 15 Le Seigneur lui répondit : « Esprits pervertis, est-ce que le jour du sabbat chacun de vous ne détache pas de la mangeoire son boeuf ou son âne pour le mener boire ? 16 Et cette femme, fille d'Abraham, que *Satan a liée voici dix-huit ans, n'est-ce pas le jour du sabbat qu'il fallait la détacher de ce lien ? » 17 À ces paroles, tous ses adversaires étaient couverts de honte, et toute la foule se réjouissait de toutes les merveilles qu'il faisait.

Parabole de la graine de moutarde
(Mt 13.31-32; Mc 4.30-32)

18 Il dit alors : « À quoi est comparable le *royaume de Dieu ? À quoi le comparerai-je ? 19 Il est comparable à une graine de moutarde qu'un homme plante dans son jardin. Elle pousse, elle devient un arbre, et les oiseaux du ciel font leurs nids dans ses branches. »

Parabole du levain
(Mt 13.33)

20 Il dit encore : « À quoi comparerai-je le royaume de Dieu ? 21 Il est comparable à du *levain qu'une femme prend et enfouit dans trois *mesures de farine, si bien que toute la masse lève. »

L'entrée dans le Royaume de Dieu

22 Il passait par villes et villages, enseignant et faisant route vers Jérusalem.

(Mt 7.13-14)

23 Quelqu'un lui dit : « Seigneur, n'y aura-t-il que peu de gens qui seront sauvés ? » Il leur dit alors : 24 « Efforcez-vous d'entrer par la porte étroite, car beaucoup, je vous le dis, chercheront à entrer et ne le pourront pas.

(Mt 25.10-12)

25 Après que le maître de maison se sera levé et aura fermé la porte, quand, restés dehors, vous commencerez à frapper à la porte en disant : Seigneur, ouvre-nous et qu'il vous répondra : Vous, je ne sais pas d'où vous êtes,

(Mt 7.22-23)

26 alors vous vous mettrez à dire : Nous avons mangé et bu devant toi, et c'est sur nos places que tu as enseigné ; 27 et il vous dira[1] : Je ne sais d'où vous êtes. Eloignez-vous de moi, vous tous qui faites le mal.

(Mt 8.12, 11)

28 Il y aura les pleurs et les grincements de dents, quand vous verrez Abraham, Isaac et Jacob, ainsi que tous les *prophètes dans le *royaume de Dieu, et vous jetés dehors. 29 Alors il en viendra du levant et du couchant, du nord et du midi, pour prendre place au festin dans le royaume de Dieu.

(Mt 19.30; 20.16; Mc 10.31)

30 Et ainsi, il y a des derniers qui seront premiers et il y a des premiers qui seront derniers. »

Jésus fait face à la mort

31 À cet instant, quelques *pharisiens s'approchèrent et lui dirent : « Va-t-en, pars d'ici, car

1. Autre texte : *il dira : je vous le dis ...*

*Hérode veut te faire mourir. »
32 Il leur dit : « Allez dire à ce
renard : Voici, je chasse les *démons et j'accomplis des guérisons
aujourd'hui et demain, et le troisième jour c'est fini. 33 Mais il me
faut poursuivre ma route aujourd'hui et demain et le jour suivant, car il n'est pas possible
qu'un *prophète périsse hors de
Jérusalem.

Complainte sur Jérusalem
(Mt 23.37-39)

34 Jérusalem, Jérusalem, toi qui
tues les *prophètes et lapides
ceux qui te sont envoyés, que de
fois j'ai voulu rassembler tes enfants comme une poule rassemble
sa couvée sous ses ailes, et vous
n'avez pas voulu. 35 Eh bien, *elle
va vous être abandonnée, votre
maison.* Et je vous le dis, vous ne
me verrez plus jusqu'à ce que
vienne le temps où vous direz[1] :
*Béni soit, au *nom du Seigneur,
Celui qui vient.* »

Encore une guérison le jour de sabbat

14 1 Or Jésus était entré chez
un des chefs des *phari-
siens un jour de *sabbat pour y
prendre un repas; ils l'observaient, 2 et justement un hydro-
pique se trouvait devant lui. 3 Jésus prit la parole et dit aux *légistes et aux pharisiens : « Est-il
permis ou non de guérir un malade le jour du sabbat ? » 4 Mais
ils gardèrent le silence. Alors Jésus, prenant le malade, le guérit
et le renvoya. 5 Puis il leur dit

1. Certains manuscrits lisent ici (comme en Mt
23.39) *jusqu'à ce que vous disiez ...*

« Lequel d'entre vous, si son fils
ou son boeuf tombe dans un
puits, ne le hissera pas aussitôt en
plein jour de sabbat ? » 6 Et ils ne
purent rien répondre à cela.

Choisir la dernière place

7 Jésus dit aux invités une *parabole, parce qu'il remarquait
qu'ils choisissaient les premières
places; il leur dit : 8 « Quand tu es
invité à des noces, ne va pas te
mettre à la première place, de
peur qu'on ait invité quelqu'un de
plus important que toi, 9 et que
celui qui vous a invités, toi et lui,
ne vienne te dire : Cède-lui la
place; alors tu irais tout confus
prendre la dernière place. 10 Au
contraire, quand tu es invité, va te
mettre à la dernière place, afin
qu'à son arrivée celui qui t'a invité te dise : Mon ami, avance
plus haut. Alors ce sera pour toi
un honneur devant tous ceux qui
seront à table avec toi. 11 Car
tout homme qui s'élève sera
abaissé et celui qui s'abaisse sera
élevé. »

Inviter ceux qui n'ont rien à rendre

12 Il dit aussi à celui qui l'avait
invité : « Quand tu donnes un déjeuner ou un dîner, n'invite pas
tes amis, ni tes frères, ni tes parents, ni de riches voisins, sinon
eux aussi t'inviteront en retour, et
cela te sera rendu. 13 Au
contraire, quand tu donnes un
festin, invite des pauvres, des estropiés, des boiteux, des aveugles,
14 et tu seras heureux parce qu'ils
n'ont pas de quoi te rendre : en

effet, cela te sera rendu à la résurrection des justes. »

La parabole des invités
(Mt 22.1-10)

15 En entendant ces mots, un
des convives dit à Jésus : « Heureux qui prendra part au repas
dans le *royaume de Dieu ! » 16 Il
lui dit : « Un homme allait donner
un grand dîner, et il invita beaucoup de monde. 17 À l'heure du
dîner, il envoya son serviteur dire
aux invités : Venez, maintenant
c'est prêt[1].

18 « Alors ils se mirent à s'excuser tous de la même façon. Le
premier lui dit : Je viens d'acheter
un champ et il faut que j'aille le
voir ; je t'en prie, excuse-moi.
19 Un autre dit : Je viens d'acheter
cinq paires de boeufs et je pars
pour les essayer ; je t'en prie, excuse-moi. 20 Un autre dit : Je
viens de me marier, et c'est pour
cela que je ne puis venir. 21 À son
retour, le serviteur rapporta ces
réponses à son maître. Alors, pris
de colère, le maître de maison dit
à son serviteur : Va-t-en vite par
les places et les rues de la ville, et
amène ici les pauvres, les estropiés, les aveugles et les boiteux.
22 Puis le serviteur vint dire :
Maître, on a fait ce que tu as
ordonné, et il y a encore de la
place. 23 Le maître dit alors au
serviteur : Va-t-en par les routes
et les jardins, et force les gens à
entrer, afin que ma maison soit
remplie. 24 Car, je vous le dis, aucun de ceux qui avaient été invités ne goûtera de mon dîner. »

Evaluer la dépense avant de suivre Jésus

25 De grandes foules faisaient
route avec Jésus ; il se retourna et
leur dit : 26 « Si quelqu'un vient à
moi sans me préférer à son père,
sa mère, sa femme, ses enfants,
ses frères, ses soeurs, et même à
sa propre vie, il ne peut être mon
*disciple. 27 Celui qui ne porte
pas sa croix et ne marche pas à
ma suite ne peut être mon disciple.

28 En effet, lequel d'entre vous,
quand il veut bâtir une tour, ne
commence par s'asseoir pour cal-
culer la dépense et juger s'il a de
quoi aller jusqu'au bout ? 29 Autrement, s'il pose les fondations
sans pouvoir terminer, tous ceux
qui le verront se mettront à se
moquer de lui 30 et diront : Voilà
un homme qui a commencé à bâtir et qui n'a pas pu terminer !
31 Ou quel roi, quand il part
faire la guerre à un autre roi, ne
commence par s'asseoir pour
considérer s'il est capable avec
10.000 hommes, d'affronter celui
qui marche contre lui avec
20.000 ? 32 Sinon, pendant que
l'autre est encore loin, il envoie
une ambassade et demande à
faire la paix.

33 De la même façon, qui-
conque parmi vous ne renonce
pas à tout ce qui lui appartient
ne peut être mon disciple.

Si le sel devient sans goût
(Mt 5.13 ; Mc 9.50)

34 Oui, c'est une bonne chose
que le sel. Mais si le sel lui-même
perd sa saveur, avec quoi la lui
rendra-t-on ? 35 Il n'est bon ni

---

1. Certains manuscrits lisent ici (comme en Mt
2.24) : *tout est prêt.*

pour la terre, ni pour le fumier :
on le jette dehors. Celui qui a des
oreilles pour entendre, qu'il entende. »

Jésus accueille les rejetés

15 [1] Les collecteurs d'impôts[1]
et les *pécheurs s'appro-
chaient tous de lui pour l'écouter.
2 Et les *pharisiens et les scribes
murmuraient; ils disaient : « Cet
homme-là fait bon accueil aux
pécheurs et mange avec eux[2] ! »

La parabole de la brebis retrou-vée

(Mt 18.12-14)

3 Alors il leur dit cette *parabole : 4 « Lequel d'entre vous, s'il a
cent brebis et qu'il en perde une,
ne laisse pas les 99 autres dans le
désert[3] pour aller à la recherche
de celle qui est perdue jusqu'à ce
qu'il l'ait retrouvée ? 5 Et quand il
l'a retrouvée, il la charge tout
joyeux sur ses épaules, 6 et, de
retour à la maison, il réunit ses
amis et ses voisins, et leur dit :
Réjouissez-vous avec moi, car je
l'ai retrouvée, ma brebis qui était
perdue ! 7 Je vous le déclare, c'est
ainsi qu'il y aura de la joie dans
le *ciel, pour une seul pécheur qui
se convertit, plus que pour 99
justes qui n'ont pas besoin de
conversion.

---

1. Voir notes sur Mc 2.14-15. *Tous* est omis par
certains manuscrits anciens.
2. Voir Mt 9.11 et note.
3. Etendue inhabitée où l'on faisait paître les
troupeaux.

La parabole de la pièce retrou-vée

8 « Ou encore, quelle femme, si
elle a dix pièces d'argent et
qu'elle en perde une, n'allume pas
une lampe, ne balaie la maison et
ne cherche avec soin jusqu'à ce
qu'elle l'ait retrouvée ? 9 Et quand
elle l'a retrouvée, elle réunit ses
amies et ses voisines, et leur dit :
Réjouissez-vous avec moi, car je
l'ai retrouvée, la pièce que j'avais
perdue ! 10 C'est ainsi, je vous le
déclare, qu'il y a de la joie chez
les *anges de Dieu pour un seul
pécheur qui se convertit. »

La parabole du fils retrouvé

11 Il dit encore : « Un homme
avait deux fils. 12 Le plus jeune
dit à son père : Père, donne-moi
la part de bien qui doit me revenir. Et le père leur partagea son
avoir. 13 Peu de jours après, le
plus jeune fils, ayant tout réalisé,
partit pour un pays lointain et il
y dissipa son bien dans une vie de
désordre. 14 Quand il eut tout dépensé, une grande famine survint
dans ce pays, et il commença à se
trouver dans l'indigence. 15 Il alla
se mettre au service d'un des citoyens de ce pays qui l'envoya
dans ses champs garder les
porcs[1]. 16 Il aurait bien voulu se
remplir le ventre des gousses que
mangeaient les porcs, mais personne ne lui en donnait. 17 Ren-
trant alors en lui-même, il se dit :
« Combien d'ouvriers de mon
père ont du pain de reste, tandis
que moi, ici, je meurs de faim !
18 Je vais aller vers mon père et je
lui dirai : Père, j'ai péché envers le

---

1. Voir note sur Mc 5.11.

ciel[1] et contre toi. 19 Je ne mérite plus d'être appelé ton fils. Traite-moi comme un de tes ouvriers. 20 Il alla vers son père. Comme il était encore loin, son père l'aperçut et fut pris de pitié : il courut se jeter à son cou et le couvrit de baisers. 21 Le fils lui dit : Père, j'ai péché envers le ciel et contre toi. Je ne mérite plus d'être appelé ton fils .... 22 Mais le père dit à ses serviteurs : Vite, apportez la plus belle robe, et habillez-le; mettez-lui un anneau au doigt, des sandales aux pieds[2]. 23 Amenez le veau gras, tuez-le, mangeons et festoyons, 24 car mon fils que voici était mort et il est revenu à la vie, il était perdu et il est retrouvé.

Et ils se mirent à festoyer. 25 Son fils aîné était aux champs. Quand, à son retour, il approcha de la maison, il entendit de la musique et des danses. 26 Appelant un des serviteurs, il lui demanda ce que c'était. 27 Celui-ci lui dit : C'est ton frère qui est arrivé, et ton père a tué le veau gras parce qu'il l'a vu revenir en bonne santé. 28 Alors il se mit en colère, et il ne voulait pas entrer. Son père sortit pour l'en prier; 29 mais il répliqua à son père : Voilà tant d'années que je te sers sans avoir jamais désobéi à tes ordres; et, à moi, tu n'as jamais donné un chevreau pour festoyer avec mes amis. 30 Mais quand ton fils que voici est arrivé, lui qui a mangé ton avoir avec des filles, tu as tué le veau gras pour lui ! 31 Alors le père lui dit : Mon enfant, toi, tu es toujours avec moi,

et tout ce qui est à moi est à toi. 32 Mais il fallait festoyer et se réjouir, parce que ton frère que voici était mort et il est vivant, il était perdu et il est retrouvé. »

La parabole du gérant habile

16 1 Puis Jésus dit à ses *disciples : « Un homme riche avait un gérant qui fut accusé devant lui de dilapider ses biens. 2 Il le fit appeler et lui dit : Qu'est-ce que j'entends dire de toi ? Rends les comptes de ta gestion, car désormais tu ne pourras plus gérer mes affaires. 3 Le gérant se dit alors en lui-même : Que vais-je faire, puisque mon maître me retire la gérance ? Bêcher ? Je n'en ai pas la force. Mendier ? J'en ai honte. 4 Je sais ce que je vais faire pour qu'une fois écarté de la gérance, il y ait des gens qui m'accueillent chez eux. 5 Il fit venir alors un par un les débiteurs de son maître et il dit au premier : Combien dois-tu à mon maître ? 6 Celui-ci répondit : Cent jarres d'huile. Le gérant lui dit : Voici ton reçu, vite, assieds-toi et écris 50. 7 Il dit ensuite à un autre : Et toi, combien dois-tu ? Celui-ci répondit : Cent sacs de blé. Le gérant lui dit : Voici ton reçu et écris 80. 8 Et le maître fit l'éloge du gérant trompeur, parce qu'il avait agi avec habileté. En effet, ceux qui appartiennent à ce monde sont plus habiles vis-à-vis de leurs semblables que ceux qui appartiennent à la lumière.

---

1. Voir note sur Mt 3.2.
2. D'après Gn 41.42; Est 3.10; 8.2 *l'anneau* est signe d'autorité; les *sandales* signalent l'homme libre par opposition à l'esclave, qui reste nu-pieds.

L'Argent trompeur et le bien véritable

9 Eh bien moi, je vous dis : faites-vous des amis avec l'Argent trompeur pour qu'une fois celui-ci disparu, ces amis vous accueillent dans les demeures éternelles. 10 Celui qui est digne de confiance[1] pour une toute petite affaire est digne de confiance aussi pour une grande; et celui qui est trompeur pour une toute petite affaire est trompeur aussi pour une grande. 11 Si donc vous n'avez pas été dignes de confiance pour l'Argent trompeur, qui vous confiera le bien véritable ? 12 Et si vous n'avez pas été dignes de confiance pour ce qui vous est étranger, qui vous donnera ce qui est à vous ?

(*Mt 6.24*)

13 Aucun domestique ne peut servir deux maîtres :
ou bien il haïra l'un et aimera l'autre,
ou bien il s'attachera à l'un et méprisera l'autre.
Vous ne pouvez servir Dieu et l'Argent. »

La Loi et le Royaume de Dieu

14 Les *pharisiens qui aimaient l'argent écoutaient tout cela, et ils ricanaient à son sujet. 15 Jésus leur dit : « Vous, vous montrez votre justice aux yeux des hommes, mais Dieu connaît vos *coeurs : ce qui pour les hommes[2] est supérieur est une horreur aux yeux de Dieu.

(*Mt 11.13, 12*)

16 La Loi et les Prophètes[1] vont jusqu'à Jean[2]; depuis lors, la bonne nouvelle du *royaume de Dieu est annoncée et tout homme déploie sa force pour y entrer.

(*Mt 5.18*)

17 Le ciel et la terre passeront plus facilement que ne tombera de la *Loi une seule virgule.

(*Mt 5.32; 19.9; Mc 10.11-12*)

18 Tout homme qui répudie sa femme et en épouse une autre est adultère; et celui qui épouse une femme répudiée par son mari est adultère.

La parabole du riche et de Lazare

19 Il y avait un homme riche qui s'habillait de pourpre et de linge fin et qui faisait chaque jour de brillants festins. 20 Un pauvre du nom de Lazare[3] gisait couvert d'ulcères au porche de sa demeure. 21 Il aurait bien voulu se rassasier de ce qui tombait de la table du riche; mais c'étaient plutôt les chiens qui venaient lécher ses ulcères. 22 Or le pauvre mourut et fut emporté par les *anges au côté d'Abraham; le riche mourut aussi et fut enterré. 23 Au séjour des morts, comme il était à la torture, il leva les yeux et vit de loin Abraham avec Lazare à ses côtés. 24 Alors il s'écria : Abraham, mon père, aie pitié de moi et envoie Lazare tremper le bout de son doigt dans l'eau pour me rafraîchir la langue, car je souffre le supplice dans ces flammes. 25 Ab-

---

1. ou *fidèle*.
2. ou *parmi les hommes*.

1. Voir note sur Rm 3.19.
2. Il s'agit de Jean le Baptiste.
3. Forme abrégée d'*Eléazar* (Dieu aide).

raham lui dit : Mon enfant, souviens-toi que tu as reçu ton bonheur durant ta vie, comme Lazare
le malheur; et maintenant il
trouve ici la consolation, et toi la
souffrance. 26 De plus, entre vous
et nous, il a été disposé un grand
abîme pour que ceux qui voudraient passer d'ici vers vous ne le
puissent pas et que, de là non
plus, on ne traverse pas vers nous.

27 Le riche dit : Je te prie alors,
père, d'envoyer Lazare dans la
maison de mon père, 28 car j'ai
cinq frères. Qu'il les avertisse
pour qu'ils ne viennent pas, eux
aussi, dans ce lieu de torture.
29 Abraham lui dit : Ils ont Moïse
et les prophètes[1], qu'ils les écoutent. 30 L'autre reprit : Non Abraham, mon père, mais si quelqu'un vient à eux de chez les
morts, ils se convertiront. 31 Abraham lui dit : S'ils n'écoutent pas
Moïse, ni les prophètes, même si
quelqu'un ressuscite des morts, ils
ne seront pas convaincus. »

Les pièges pour la foi; le par-
don; la foi

(Mt 18.7, 6; Mc 9.42)

17 1 Jésus dit à ses disciples :
« Il est inévitable qu'il y ait
des causes de chute[2]. Mais malheureux celui par qui la chute
arrive. 2 Mieux vaut pour lui
qu'on lui attache au cou une
meule de moulin et qu'on le jette
à la mer et qu'il ne fasse pas
tomber un seul de ces petits. 3 Tenez-vous sur vos gardes.

(Mt 18.15, 21-22)
Si ton frère vient à t'offenser[1],
reprends-le; et s'il se repent, par-
donne-lui. 4 Et si sept fois le jour
il t'offense et que sept fois il revienne à toi en disant : Je me
repens, tu lui pardonneras. »

(Mt 17.20)
5 Les *apôtres dirent au Seigneur : « Augmente en nous[2] la
foi. » 6 Le Seigneur dit : « Si vraiment vous avez de la foi, gros
comme une graine de moutarde,
vous diriez à ce sycomore : Déra-
cine-toi et va te planter dans la
mer, et il vous obéirait.

Le serviteur qui n'a fait que son devoir

7 Lequel d'entre vous, s'il a un
serviteur qui laboure ou qui garde
les bêtes, lui dira à son retour des
champs : Va vite te mettre à
table ? 8 Est-ce qu'il ne lui dira
pas plutôt : Prépare-moi de quoi
dîner, mets-toi en tenue pour me
servir, le temps que je mange et
boive; et après tu mangeras et tu
boiras à ton tour ? 9 A-t-il de la
reconnaissance envers ce serviteur
parce qu'il a fait ce qui lui était
ordonné ? 10 De même, vous aussi,
quand vous avez fait tout ce qui
vous était ordonné, dites : Nous
sommes des serviteurs quelconques. Nous avons fait seulement
ce que nous devions faire. »

Jésus guérit dix lépreux

11 Or, comme Jésus faisait
route vers Jérusalem, il passa à
travers la *Samarie[3] et la Galilée.
12 À son entrée dans un village,

---

1. Comme en Ac 26.22; 28.23 l'expression désigne l'A. T. Voir aussi Rm 3.19 et note.
2. ou *des pièges pour la foi*. Voir Mc 9.42.

1. Autre texte : *vient à pécher*.
2. ou *accorde-nous la foi*.
3. Voir note sur Mt 10.5.

dix *lépreux vinrent à sa rencontre. Ils s'arrêtèrent à distance 13 et élevèrent la voix pour lui dire : « Jésus, maître, aie pitié de nous. » 14 Les voyant, Jésus leur dit : « Allez vous montrer aux *prêtres. » Or, pendant qu'ils y allaient, ils furent purifiés. 15 L'un d'entre eux, voyant qu'il était guéri, revint en rendant gloire à Dieu à pleine voix. 16 Il se jeta le visage contre terre aux pieds de Jésus en lui rendant grâces; or c'était un Samaritain. 17 Alors Jésus dit : « Est-ce que tous les dix n'ont pas été purifiés ? Et les neuf autres, où sont-ils ? 18 Il ne s'est trouvé parmi eux personne pour revenir rendre gloire à Dieu : il n'y a que cet étranger ! » 19 Et il lui dit : « Relève-toi, va. Ta foi t'a sauvé. »

La venue du règne de Dieu

20 Les *pharisiens lui demandèrent : « Quand donc vient le *règne de Dieu ? » Il leur répondit : « Le règne de Dieu ne vient pas comme un fait observable. 21 On ne dira pas : Le voici ou le voilà. En effet, le règne de Dieu est parmi vous. »

Le Jour du Fils de l'homme

22 Alors il dit aux disciples : « Des jours vont venir où vous désirerez voir ne fût-ce qu'un seul des jours du *Fils de l'homme, et vous ne le verrez pas.

(Mt 24.26-27)

23 On vous dira : Le voilà, le voici. Ne partez pas, ne vous précipitez pas. 24 En effet, comme l'éclair en jaillissant brille d'un bout à l'autre de l'horizon, ainsi sera le Fils de l'homme lors de son *Jour. 25 Mais auparavant il faut qu'il souffre beaucoup et qu'il soit rejeté par cette génération.

(Mt 24.37-39)

26 Et comme il en fut aux jours de Noé, ainsi en sera-t-il aux jours du *Fils de l'homme : 27 on mangeait, on buvait, on prenait femme, on prenait mari, jusqu'au jour où Noé entra dans l'arche, alors le déluge vint et les fit tous périr.

28 Ou aussi, comme il en fut aux jours de Lot : on mangeait, on buvait, on achetait, on vendait, on plantait, on bâtissait; 29 mais, le jour où Lot sortit de Sodome, Dieu fit tomber du ciel une pluie de feu et de soufre et les fit tous périr.

30 Il en ira de la même manière le Jour où le Fils de l'homme se révélera. 31 Ce Jour-là, celui qui sera sur la terrasse et qui aura ses affaires dans la maison, qu'il ne descende pas les prendre; et de même celui qui sera au champ, qu'il ne revienne pas en arrière. 32 Rappelez-vous la femme de Lot.

33 Qui cherchera à conserver sa vie la perdra et qui la perdra la sauvegardera. 34 Je vous le dis, cette nuit-là, deux hommes seront sur le même lit : l'un sera pris, et l'autre laissé. 35 Deux femmes seront en train de moudre ensemble : l'une sera prise et l'autre laissé[1]. »

37 Prenant la parole, les disciples lui demandèrent : « Où donc, Seigneur ? » Il leur dit : « Où sera

1. Certains manuscrits introduisent ici un v. 36 reproduisant Mt 24.40.

le corps, c'est là que se rassembleront les vautours. »

Parabole du juge qui se fit prier longtemps

18 1 Jésus leur dit une *parabole sur la nécessité pour
eux de prier constamment et de
ne pas se décourager. 2 Il leur dit :
« Il y avait dans une ville un juge
qui n'avait ni crainte de Dieu ni
respect des hommes. 3 Et il y
avait dans cette ville une veuve
qui venait lui dire : Rends-moi
justice contre mon adversaire. 4 Il
s'y refusa longtemps. Et puis il se
dit : même si je ne crains pas
Dieu ni ne respecte les hommes,
5 eh bien, parce que cette veuve
m'ennuie, je vais lui rendre justice, pour qu'elle ne vienne pas
sans fin me casser la tête. »

6 Le Seigneur ajouta : « Ecoutez
bien ce que dit ce juge sans justice. 7 Et Dieu ne ferait pas justice à ses élus qui crient vers lui
jour et nuit ? Et il les fait attendre ! 8 Je vous le déclare : il
leur fera justice bien vite. Mais le
*Fils de l'homme, quand il vien-
dra, trouvera-t-il la foi sur la
terre ? »

Le pharisien et le collecteur d'impôts

9 Il dit encore la *parabole que
voici à certains qui étaient
convaincus d'être justes et qui
méprisaient tous les autres :
10 « Deux hommes montèrent au
*Temple pour prier; l'un était
*pharisien et l'autre collecteur
d'impôts[1]. 11 Le pharisien, debout,
priait ainsi en lui-même : O Dieu,

1. Voir notes sur Mc 2.14-15.

je te rends grâces de ce que je ne
suis pas comme les autres
hommes, qui sont voleurs, malfai-
sants, adultères, ou encore comme
ce collecteur d'impôts. 12 Je
*jeûne deux fois par semaine, je
paie la dîme de tout ce que je me
procure. 13 Le collecteur d'impôts,
se tenant à distance, ne voulait
même pas lever les yeux au ciel,
mais il se frappait la poitrine en
disant : Mon Dieu, prends pitié
du pécheur que je suis. 14 Je vous
le déclare : celui-ci redescendit
chez lui justifié, et non l'autre, car
tout homme qui s'élève sera
abaissé, mais celui qui s'abaisse
sera élevé. »

Jésus et les enfants
(Mt 19.13-15; Mc 10.13-16)

15 Des gens lui amenaient
même les bébés pour qu'il les
touche. Voyant cela, les disciples
les rabrouaient. 16 Mais Jésus fit
venir à lui les bébés en disant :
« Laissez les enfants venir à moi;
ne les empêchez pas, car le
*royaume de Dieu est à ceux qui
sont comme eux. 17 En vérité, je
vous le déclare, qui n'accueille pas
le royaume de Dieu comme un
enfant n'y entrera pas. »

Jésus et le riche
(Mt 19.16-30; Mc 10.17-31)

18 Un notable[1] interrogea Jésus : « Bon maître, que dois-je
faire pour recevoir la *vie éternelle en partage ? » 19 Jésus lui
dit : « Pourquoi m'appelles-tu
bon ? Nul n'est bon que Dieu seul.
20 Tu connais les commandements : *tu ne commettras pas d'a-*

1. ou un chef.

dultère, tu ne commettras pas de meurtre, tu ne voleras pas, tu ne porteras pas de faux témoignage, honore ton père et ta mère.» 21 Le notable répondit : «Tout cela, je l'ai observé dès ma jeunesse.» 22 L'ayant entendu, Jésus lui dit : «Une seule chose encore te manque : tout ce que tu as, vends-le, distribue-le aux pauvres et tu auras un trésor dans les *cieux; puis viens, suis-moi.» 23 Quand il entendit cela, l'homme devint tout triste, car il était très riche.

24 Le voyant, Jésus dit : «Qu'il est difficile à ceux qui ont les richesses de parvenir dans le *royaume de Dieu! 25 Oui, il est plus facile à un chameau d'entrer par un trou d'aiguille qu'à un riche d'entrer dans le royaume de Dieu.» 26 Les auditeurs dirent : «Alors, qui peut être sauvé?» 27 Et lui répondit : «Ce qui est impossible aux hommes est possible à Dieu.»

28 Pierre dit : «Pour nous, laissant nos propres biens, nous t'avons suivi.» 29 Il leur répondit : «En vérité, je vous le déclare, personne n'aura laissé maison, femme frères, parents ou enfants, à cause du royaume de Dieu, 30 qui ne reçoive beaucoup plus en ce temps-ci et, dans le monde à venir, la *vie éternelle.»

Jésus annonce encore sa mort et sa résurrection
(Mt 20.17-19; Mc 10.32-34)

31 Prenant les Douze avec lui, Jésus leur dit : «Voici que nous montons à Jérusalem et que va s'accomplir tout ce que les *prophètes ont écrit au sujet du *Fils de l'homme. 32 Car il sera livré aux *païens, soumis aux moqueries, aux outrages, aux crachats; 33 après l'avoir flagellé, ils le tueront et, le troisième jour, il ressuscitera.» 34 Mais eux n'y comprirent rien. Cette parole leur demeurait cachée et ils ne savaient pas ce que Jésus voulait dire.

Jésus guérit un aveugle à Jéricho
(Mt 20.29-34; Mc 10.46-52)

35 Or, comme il approchait de Jéricho, un aveugle était assis au bord du chemin, en train de mendier. 36 Ayant entendu passer une foule, il demanda ce que c'était. 37 On lui annonça : «C'est Jésus de Nazareth qui passe.» 38 Il s'écria : «Jésus, *fils de David, aie pitié de moi!» 39 Ceux qui marchaient en tête le rabrouaient pour qu'il se taise; mais lui criait de plus belle : «Fils de David, aie pitié de moi!» 40 Jésus s'arrêta et commanda qu'on le lui amène : quand il se fut approché, il l'interrogea : 41 «Que veux-tu que je fasse pour toi?» Il répondit : «Seigneur, que je retrouve la vue!» 42 Jésus lui dit : «Retrouve la vue. Ta foi t'a sauvé!» 43 À l'instant même il retrouva la vue et il suivait Jésus en rendant gloire à Dieu. Tout le peuple voyant cela fit monter à Dieu sa louange.

Jésus s'invite chez Zachée

19 1 Entré dans Jéricho, Jésus traversait la ville. 2 Survint un homme appelé Zachée; c'était un chef des collecteurs d'impôts[1]

---

1. Voir notes sur Mc 2.14-15.

et il était riche. 3 Il cherchait à voir qui était Jésus, et il ne pouvait y parvenir à cause de la foule, parce qu'il était de petite taille. 4 Il courut en avant et monta sur un sycomore afin de voir Jésus qui allait passer par là. 5 Quand Jésus arriva à cet endroit, levant les yeux il lui dit : « Zachée, descends vite : il me faut aujourd'hui demeurer dans ta maison. » 6 Vite, Zachée descendit et l'accueillit tout joyeux. 7 Voyant cela, tous murmuraient; ils disaient : « C'est chez un *pécheur qu'il est allé loger. » 8 Mais Zachée, s'avançant, dit au Seigneur : « Eh bien, Seigneur, je fais don aux pauvres de la moitié de mes biens et, si j'ai fait tort à quelqu'un je lui rends le quadruple. » 9 Alors Jésus dit à son propos : « Aujourd'hui, le salut est venu pour cette maison car lui aussi est un fils d'Abraham. 10 En effet le *Fils de l'homme est venu chercher et sauver ce qui était perdu. »

La parabole des mines
(*Mt 25.14-30*)

11 Comme les gens écoutaient ces mots, Jésus ajouta une *parabole parce qu'il était près de Jérusalem, et qu'eux se figuraient que le *règne de Dieu allait se manifester sur le champ. 12 Il dit donc : « Un homme de haute naissance se rendit dans un pays lointain pour se faire investir de la royauté, et revenir ensuite. 13 Il appela dix de ses serviteurs, leur distribua dix mines[1] et leur dit : Faites des affaires jusqu'à mon retour. 14 Mais ses concitoyens le

1. Voir au glossaire MONNAIES.

haïssaient et ils envoyèrent derrière lui une délégation pour dire : Nous ne voulons pas qu'il règne sur nous. 15 Or, quand il revint après s'être fait investir de la royauté, il fit appeler devant lui ces serviteurs à qui il avait distribué l'argent, pour savoir quelles affaires chacun avait faites. 16 Le premier se présenta et dit : Seigneur, ta mine a rapporté dix mines. 17 Il lui dit : C'est bien, bon serviteur, puisque tu as été fidèle dans une toute petite affaire, reçois autorité sur dix villes. 18 Le second vint et dit : Ta mine, Seigneur, a produit cinq mines. 19 Il dit de même à celui-là : Toi, sois à la tête de cinq villes. 20 Un autre vint et dit : Seigneur, voici ta mine, je l'avais mise de côté dans un linge. 21 Car j'avais peur de toi parce que tu es un homme sévère : tu retires ce que tu n'as pas déposé et tu moissonnes ce que tu n'as pas semé. 22 Il lui dit : C'est d'après tes propres paroles que je vais te juger, mauvais serviteur. Tu savais que je suis un homme sévère, que je retire ce que je n'ai pas déposé et que je moissonne ce que je n'ai pas semé. 23 Alors pourquoi n'as-tu pas mis mon argent à la banque ? À mon retour, je l'aurais repris avec un intérêt. 24 Puis il dit à ceux qui étaient là : Retirez-lui sa mine, et donnez-la à celui qui en a dix. 25 Ils lui dirent : Seigneur, il a déjà dix mines ! 26 — Je vous le dis : à tout homme qui a, l'on donnera, mais à celui qui n'a pas, même ce qu'il a lui sera retiré. 27 Quant à mes ennemis, ces gens qui ne voulaient pas que je règne sur eux, amenez-les ici, et égorgez-les devant moi. » 28 Sur ces mots, Jésus partit en avant pour monter à Jérusalem.

eux se taisent, ce sont les pierres qui crieront. »

L'entrée de Jésus à Jérusalem
(*Mt 21.1-11, 15-17; Mc 11.1-10; Jn 12.12-16*)

29 Or, quand il approcha de Bethphagé et de Béthanie, vers le mont dit des Oliviers, il envoya deux disciples 30 en leur disant : « Allez au village qui est en face; en y entrant, vous trouverez un ânon attaché que personne n'a jamais monté. Détachez-le et amenez-le. 31 Et si quelqu'un vous demande : Pourquoi le détachez-vous ? vous répondrez : Parce que le Seigneur en a besoin. » 32 Les envoyés partirent et trouvèrent les choses comme Jésus leur avait dit. 33 Comme ils détachaient l'â-non, ses maîtres leur dirent : « Pourquoi détachez-vous cet ânon ? » 34 Ils répondirent : « Parce que le Seigneur en a be-soin. » 35 Ils amenèrent alors la bête à Jésus, puis jetant sur elle leurs vêtements, ils firent monter Jésus; 36 et à mesure qu'il avan-çait, ils étendaient leurs vête-ments sur la route. 37 Déjà il ap-prochait de la descente du mont des Oliviers, quand tous les disci-ples en masse, remplis de joie, se mirent à louer Dieu à pleine voix pour tous les miracles qu'ils avaient vus. 38 Ils disaient :

« *Béni soit Celui qui vient*, le roi, *au *nom du Seigneur !*

Paix dans le *ciel et gloire au plus haut des cieux ! »

39 Quelques *pharisiens, du mi-lieu de la foule, dirent à Jésus : « Maître, reprends tes disciples ! » 40 Il répondit : « Je vous le dis : si

Jésus pleure sur Jérusalem

41 Quand il approcha de la ville et qu'il l'aperçut, il pleura sur elle. 42 Il disait : « Si toi aussi tu avais su[1], en ce jour, comment trouver la paix ... ! Mais hélas ! cela a été caché à tes yeux ! 43 Oui, pour toi des jours vont venir où des ennemis établiront contre toi des ouvrages de siège; ils t'encercleront et te serreront de toutes parts; 44 ils t'écraseront, toi et tes enfants au milieu de toi; et ils ne laisseront pas en toi pierre sur pierre, parce que tu n'as pas reconnu le temps où tu as été visitée. »

Jésus chasse les vendeurs du Temple
(*Mt 21.12-13; Mc 11.15-19; Jn 2.13-16*)

45 Puis Jésus entra dans le *Temple et se mit à chasser ceux qui vendaient. 46 Il leur disait : « Il est écrit : *Ma maison sera une maison de prière;* mais vous, vous en avez fait *une caverne de ban-dits.* » 47 Il était chaque jour à en-seigner dans le Temple. Les *grands prêtres et les scribes cherchaient à le faire périr, et aussi les chefs du peuple; 48 mais ils ne trouvaient pas ce qu'ils pourraient lui faire, car tout le peuple, suspendu à ses lèvres, l'é-coutait.

---

1. De nombreux manuscrits ajoutent ici *au moins.*

L'autorité de Jésus est mise en question
(Mt 21.23-27; Mc 11.27-33)

20 1 Or, un de ces jours-là, comme Jésus enseignait au peuple dans le *Temple et annonçait la Bonne Nouvelle, survinrent les *grand prêtres et les scribes avec les anciens. 2 Ils lui dirent : « Dis-nous en vertu de quelle autorité tu fais cela, ou quel est celui qui t'a donné cette autorité ? » 3 Il leur répondit : « Moi aussi, je vais vous poser une question. Dites-moi : 4 Le baptême de Jean, venait-il du *ciel ou des hommes ? » 5 Ils réfléchirent entre eux : « Si nous disons : du ciel, il dira : Pourquoi n'avez-vous pas cru en lui ? 6 Et si nous disons : des hommes, tout le peuple nous lapidera, car il est convaincu que Jean était un *prophète. » 7 Alors ils répondirent qu'ils ne savaient pas d'où il venait. 8 Et Jésus leur dit : « Moi non plus, je ne vous dis pas en vertu de quelle autorité je fais cela. »

Parabole des vignerons meurtriers
(Mt 21.33-46; Mc 12.1-12)

9 Et il se mit à dire au peuple cette *parabole : « Un homme *planta une vigne,* il la donna en fermage à des vignerons et partit pour longtemps. 10 Le moment venu, il envoya un serviteur aux vignerons pour qu'ils lui donnent sa part du fruit de la vigne; mais les vignerons le renvoyèrent roué de coups et les mains vides. 11 Il recommença en envoyant un autre serviteur; lui aussi, ils le rouèrent de coups, l'insultèrent et le renvoyèrent les mains vides. 12 Il recommença en envoyant un troisième; lui aussi, ils le blessèrent et le chassèrent. 13 Le maître de la vigne se dit alors : Que faire ? Je vais envoyer mon fils bien-aimé. Lui, ils vont bien le respecter. 14 Mais à la vue du fils, les vignerons firent entre eux ce raisonnement : C'est l'héritier. Tuons-le pour que l'héritage soit à nous ! 15 Et le jetant hors de la vigne, ils le tuèrent. Que leur fera donc le maître de la vigne ? 16 Il viendra, il fera périr les vignerons et confiera la vigne à d'autres. »

À ces mots, ils dirent : « Non, jamais ! » 17 mais Jésus, les regardant en face, leur dit : « Que signifie donc ce texte de l'Ecriture : *La pierre qu'ont rejetée les bâtisseurs, c'est elle qui est devenue la pierre angulaire ?* 18 Tout homme qui tombe sur cette pierre sera brisé, et celui sur qui elle tombera, elle l'écrasera. »

19 Les scribes et les *grands prêtres cherchèrent à mettre la main sur lui à l'instant même, mais ils eurent peur du peuple. Ils avaient bien compris que c'était pour eux qu'il avait dit cette parabole.

L'impôt dû à César
(Mt 22.15-22; Mc 12.13-17)

20 S'étant postés en observation, ils envoyèrent à Jésus des indicateurs jouant les justes; ils voulaient le prendre en défaut dans ce qu'il dirait, pour le livrer à l'autorité et au pouvoir du gouverneur. 21 Ils lui posèrent cette question : « Maître, nous savons que tu parles et enseignes de fa-

çon correcte, que tu es impartial et que tu enseignes les chemins de Dieu selon la vérité. 22 Nous est-il permis oui ou non de payer l'impôt à César ? » 23 Pénétrant leur fourberie, Jésus leur dit : 24 « - Faites-moi voir une pièce d'argent. De qui porte-t-elle l'effigie et l'inscription ? » Ils répondirent : « De César. » 25 Il leur dit : « Eh bien, rendez à César ce qui est à César, et à Dieu ce qui est à Dieu. » 26 Et ils ne purent le prendre en défaut devant le peuple dans ses propos et, étonnés de sa réponse, ils gardèrent le silence.

Une question sur la résurrection
(Mt 22.23-33; Mc 12.18-27)

27 Alors s'approchèrent quelques Sadducéens. Les Sadducéens contestent qu'il y ait une résurrection. Ils lui posèrent cette question : 28 « Maître, Moïse a écrit pour nous : *Si un homme a un frère marié qui meurt sans enfants, qu'il épouse la veuve et donne une descendance à son frère.* 29 Or il y avait sept frères. Le premier prit femme et mourut sans enfant. 30 Le second, 31 puis le troisième épousèrent la femme, et ainsi tous les sept : ils moururent sans laisser d'enfant. 32 Finalement la femme mourut aussi. 33 Eh bien, cette femme, à la résurrection, duquel d'entre eux sera-t-elle la femme, puisque les sept l'ont eue pour femme ? » 34 Jésus leur dit : « Ceux qui appartiennent à ce monde-ci prennent femme ou mari. 35 Mais ceux qui ont été jugé dignes d'avoir part au monde à venir et à la résurrection des morts ne pren-

nent ni femme ni mari. 36 C'est qu'ils ne peuvent plus mourir, car ils sont pareils aux *anges : Ils sont fils de Dieu puisqu'ils sont fils de la résurrection[1]. 37 Et que les morts doivent ressusciter, Moïse lui-même l'a indiqué dans le récit du buisson ardent, quand il appelle le Seigneur *le Dieu d'Abraham, le Dieu d'Isaac et le Dieu de Jacob.* 38 Dieu n'est pas le Dieu des morts, mais des vivants, car tous sont vivants pour lui. » 39 Quelques *scribes, prenant la parole, dirent : « Maître, tu as bien parlé. » 40 Car ils n'osaient plus l'interroger sur rien.

Le Messie et David
(Mt 22.41-45; Mc 12.35-37)

41 Il leur dit alors : « Comment peut-on dire que le *Messie est fils de David, 42 puisque David lui-même dit au livre des Psaumes : *Le Seigneur a dit à mon Seigneur : siège à ma droite,* 43 *jusqu'à ce que j'aie fait de tes ennemis un escabeau sous tes pieds ?* 44 Ainsi David l'appelle Seigneur. Alors, comment est-il son fils ? »

Jésus met en garde contre les scribes
(Mc 12.37-40)

45 Il dit aux disciples devant tout le peuple qui l'écoutait : 46 « - Gardez-vous des *scribes qui tiennent à déambuler en grandes robes, et qui aiment les salutations sur les places publiques, les premiers sièges dans les *synagogues, les premières places dans les dîners. 47 Eux qui dévorent les

_____
1. Voir note sur 1 Th 5.5.

biens des veuves et font pour l'apparence de longues prières, ils subiront la plus rigoureuse condamnation. »

L'offrande de la veuve
(Mc 12.41-44)

21 1 Levant les yeux, Jésus vit ceux qui mettaient leurs offrandes dans le tronc. C'étaient des riches. 2 Il vit aussi une veuve misérable qui y mettait deux petites pièces, 3 et il dit : « Vraiment, je vous le déclare, cette veuve pauvre a mis plus que tous les autres. 4 Car tous ceux-là ont pris sur leur superflu pour mettre dans les offrandes; mais elle, elle a pris sur sa misère pour mettre tout ce qu'elle avait pour vivre. »

Jésus annonce la ruine du Temple
(Mt 24.1-2; Mc 13.1-2)

5 Comme quelques-uns parlaient du *Temple, de son ornementation de belles pierres et d'ex-voto[1], Jésus dit : 6 « Ce que vous contemplez, des jours vont venir où il n'en restera pas pierre sur pierre : tout sera détruit. »

Les signes annonciateurs de la crise
(Mt 24.3-8; Mc 13.3-8)

7 Ils lui demandèrent : « Maître, quand donc cela arrivera-t-il, et quel sera le *signe que cela va avoir lieu ? » 8 Il dit : « Prenez garde à ne pas vous laisser égarer, car beaucoup viendront en

prenant mon nom; ils diront : C'est moi et Le moment est arrivé; ne les suivez pas. 9 Quand vous entendrez parler de guerres et de soulèvements, ne soyez pas effrayés. *Car il faut que cela arrive* d'abord, mais ce ne sera pas aussitôt la fin. »

10 Alors il leur dit : « *On se dressera nation contre nation et royaume contre royaume.* 11 Il y aura de grands tremblements de terre et en divers endroits des pestes et des famines, des faits terrifiants venant du ciel et de grands signes.

La persécution, signe par excellence
(Mt 10.17-22; Mc 13.9-13)

12 « Mais avant tout cela, on portera la main sur vous et on vous persécutera; on vous livrera aux *synagogues, on vous mettra en prison; on vous traînera devant des rois et des gouverneurs à cause de mon nom. 13 Cela vous donnera une occasion de témoignage. 14 Mettez-vous dans l'esprit que vous n'avez pas à préparer votre défense. 15 Car, moi, je vous donnerai un langage et une sagesse que ne pourront contrarier ni contredire aucun de ceux qui seront contre vous. 16 Vous serez livrés même par vos pères et mères, par vos frères, vos parents et vos amis, et ils feront condamner à mort plusieurs d'entre vous. 17 Vous serez haïs de tous à cause de mon nom; 18 mais pas un cheveu de votre tête ne sera perdu. 19 C'est par votre persévérance que vous gagnerez la vie.

---

1. Ces offrandes peuvent être des éléments entrant dans la construction ou la décoration de l'édifice.

La destruction de Jérusalem
(Mt 24.15-21; Mc 13.14-19)

20 Quand vous verrez Jérusalem encerclée par les armées, sachez alors que l'heure de sa dévastation est arrivée. 21 Alors, ceux qui seront en Judée, qu'ils fuient dans les montagnes; ceux qui seront à l'intérieur de la ville, qu'ils en sortent; ceux qui seront dans les campagnes, qu'ils n'entrent pas dans la ville ! 22 Car ce seront des jours de vengeance où doit s'accomplir tout ce qui est écrit. 23 Malheureuses celles qui seront enceintes et celles qui allaiteront en ces jours-là, car il y aura grande misère dans le pays et colère contre ce peuple. 24 Ils tomberont dévorés par l'épée; ils seront emmenés captifs dans toutes les nations, et Jérusalem sera foulée aux pieds par les nations jusqu'à ce que soit accompli le temps des nations.

La venue du Fils de l'homme
(Mt 24.29-31; Mc 13.24-27)

25 « Il y aura des *signes dans le soleil, la lune et les étoiles, et sur la terre .les nations seront dans l'angoisse, épouvantées par le fracas de la mer et son agitation, 26 tandis que les hommes défailleront de frayeur dans la crainte des malheurs arrivant sur le monde; car les *puissances des cieux* seront ébranlées. 27 Alors, ils verront le *Fils de l'homme venir entouré d'une nuée* dans la plénitude de la puissance et de la gloire. 28 Quand ces ˙événements commenceront à se produire, re-

dressez-vous et relevez la tête, car votre délivrance[1] est proche. »

L'approche du règne de Dieu
(Mt 24.32-35; Mc 13.28-31)

29 Et il leur dit une comparaison : « Voyez le figuier et tous les arbres : 30 dès qu'ils bourgeonnent vous savez de vous-mêmes, à les voir, que déjà l'été est proche. 31 De même, vous aussi, quand vous verrez cela arriver, sachez que le *règne de Dieu est proche. 32 En vérité, je vous le déclare, cette génération ne passera pas que tout n'arrive. 33 Le ciel et la terre passeront, mes paroles ne passeront pas.

Exhortation à rester en éveil

34 « Tenez-vous sur vos gardes, de crainte que vos *coeurs ne s'alourdissent dans l'ivresse, les beuveries et les soucis de la vie, et que ce jour-là ne tombe sur vous à l'improviste, 35 comme un filet[2]; car il s'abattra sur tous ceux qui se trouvent sur la face de la terre entière. 36 Mais restez éveillés et priez en tout temps pour être jugés dignes d'échapper à tous ces événements à venir et de vous tenir debout devant le *Fils de l'homme. »

Les derniers jours de liberté pour Jésus

37 Jésus passait le jour dans le *Temple à enseigner et il sortait passer la nuit sur le mont dit des

---

1. ou *votre rédemption.*
2. De nombreux manuscrits lient les mots *comme un filet* à la phrase suivante : *car il s'abattra comme un filet …*

Oliviers[1]. 38 Et tout le peuple venait à lui dès l'aurore dans le Temple pour l'écouter.

Le complot contre Jésus
(Mt 26.1-5, 14-16; Mc 14.1-2, 10-11)

22 1 La fête des Pains sans levain qu'on appelle *Pâque, approchait, 2 les *grands prêtres et les scribes cherchaient la manière de le supprimer car ils craignaient le peuple. 3 Et *Satan entra en Judas appelé Iscarioth[2], qui était du nombre des Douze, 4 et il alla s'entretenir avec les grands prêtres et les chefs des gardes[3] sur la manière de le leur livrer. 5 Eux se réjouirent et convinrent de lui donner de l'argent. 6 Il accepta et se mit à chercher une occasion favorable pour le leur livrer à l'écart de la foule.

Jésus fait préparer la Pâque
(Mt 26.17-19; Mc 14.12-16)

7 Vint le jour des Pains sans levain où il fallait immoler la *Pâque, 8 Jésus envoya Pierre et Jean en disant : « Allez nous préparer la Pâque, que nous la mangions. » 9 Ils lui demandèrent : « Où veux-tu que nous la préparions ? » 10 Il leur répondit : « À votre entrée dans la ville, voici que viendra à votre rencontre un homme portant une cruche d'eau. Suivez-le dans la maison où il entrera, 11 et vous direz au propriétaire de cette maison : Le Maître te fait dire : Où est la salle où je vais manger la Pâque avec mes disciples ? 12 Et cet

homme vous montrera la pièce du haut, vaste et garnie; c'est là que vous ferez les préparatifs. » 13 Ils partirent, trouvèrent tout comme il leur avait dit, et ils préparèrent la Pâque.

Le pain et le vin de la Cène
(Mt 26.26-29; Mc 14.22-25; 1 Co 11.23-26)

14 Et quand ce fut l'heure, il se mit à table, et les *apôtres avec lui. 15 Et il leur dit : « J'ai tellement désiré manger cette *Pâque avec vous avant de souffrir. 16 Car, je vous le déclare, jamais plus je ne la mangerai jusqu'à ce qu'elle soit accomplie dans le *royaume de Dieu. » 17 Il reçut alors une coupe et après avoir rendu grâce il dit : « Prenez-la et partagez entre vous. 18 Car, je vous le déclare : Je ne boirai plus désormais du fruit de la vigne jusqu'à ce que vienne le règne de Dieu. »

19 Puis il prit du pain et après avoir rendu grâce, il le rompit et le leur donna en disant : « Ceci est mon corps donné pour vous. Faites ceci en mémoire de moi. » 20 Et pour la coupe, il fit de même après le repas, en disant : « Cette coupe est la nouvelle *alliance en mon sang versé pour vous.

Jésus annonce qu'il va être trahi
(Mt 26.20-25; Mc 14.17-21)

21 « Mais voici : la main de celui qui me livre se sert à cette table avec moi. 22 Car le *Fils de l'homme s'en va selon ce qui a été fixé. Mais malheureux cet homme par qui il est livré ! » 23 Et ils se mirent à se demander les uns aux

---

1. Voir note sur Mc 11.1.
2. Voir Mc 3.19 et note.
3. Il s'agit des officiers responsables de la police du Temple. Voir v. 52 et note sur Lc 10.32.

autres lequel d'entre eux allait faire cela.

La grandeur de celui qui sert
(Mt 18.1; 20.25-28; Mc 9.34; 10.42-45)

24 Ils en arrivèrent à se quereller sur celui d'entre eux qui leur semblait le plus grand. 25 Il leur dit : « Les rois des nations agissent avec elles en seigneurs, et ceux qui dominent sur elles se font appeler bienfaiteurs. 26 Pour vous, rien de tel. Mais que le plus grand parmi vous prenne la place du plus jeune, et celui qui commande la place de celui qui sert. 27 Lequel est en effet le plus grand, celui qui est à table ou celui qui sert ? N'est-ce pas celui qui est à table ? Or, moi, je suis au milieu de vous à la place de celui qui sert.

(Mt 19.28)

28 « Vous êtes, vous, ceux qui ont tenu bon avec moi dans mes épreuves. 29 Et moi, je dispose pour vous du *royaume comme mon Père en a disposé pour moi : 30 ainsi vous mangerez et boirez à ma table dans mon royaume, et vous siégerez sur des trônes pour juger les douze tribus d'Israël. »

Jésus avertit Pierre

31 Le Seigneur dit : « Simon, Simon, *Satan vous a réclamés pour vous secouer dans un crible comme on fait pour le blé. 32 Mais moi j'ai prié pour toi, afin que ta foi ne disparaisse pas. Et toi, quand tu seras revenu affermis tes frères. »

(Mt 26.33-34; Mc 14.29-30)

33 Pierre lui dit : « Seigneur, avec toi, je suis prêt à aller même en prison, même à la mort. » 34 Jésus dit : « Je te le déclare, Pierre, le coq ne chantera pas aujourd'hui, que tu n'aies par trois fois nié me connaître. »

Le moment d'être équipé et armé

35 Et il leur dit : « Lorsque je vous ai envoyés sans bourse, ni sac, ni sandales, avez-vous manqué de quelque chose ? » Ils répondirent : « De rien. » 36 Il leur dit : « Maintenant, par contre, celui qui a une bourse, qu'il la prenne; de même celui qui a un sac; et celui qui n'a pas d'épée, qu'il vende son manteau pour en acheter une. 37 Car, je vous le déclare, il faut que s'accomplisse en moi ce texte de l'Ecriture : *On l'a compté parmi les criminels.* Et, de fait, ce qui me concerne va être accompli. » 38 — « Seigneur, dirent-ils, voici deux épées. » Il leur répondit : « C'est assez. »

La prière de Jésus au mont des Oliviers
(Mt 26.36-41; Mc 14.32-38)

39 Il sortit et se rendit comme d'habitude au mont des Oliviers[1] et les disciples le suivirent. 40 Arrivé sur place, il leur dit : « Priez pour ne pas tomber au pouvoir de la *tentation. » 41 Et lui s'éloigna d'eux à peu près à la distance d'un jet de pierre; s'étant mis à genoux, il priait disant : 42 « Père, si tu veux écarter de moi cette coupe ... Pourtant, que ce ne soit pas ma volonté mais la tienne qui

1. Voir note sur Mc 11.1.

se réalise!» 43 Alors lui apparut du ciel un ange qui le fortifiait. 44 Pris d'angoisse, il priait plus instamment, et sa sueur devint comme des caillots de sang qui tombaient à terre. 45 Quand, après cette prière, il se releva et vint vers les disciples, il les trouva endormis de tristesse; 46 il leur dit : «Quoi! Vous dormez! Levez-vous et priez afin de ne pas tomber au pouvoir de la tentation!»

L'arrestation de Jésus

(Mt 26.47-55; Mc 14.43-49; Jn 18.2-11)

47 Il parlait encore quand survint une troupe. Celui qu'on appelait Judas, un des Douze, marchait à sa tête; il s'approcha de Jésus pour lui donner un baiser. 48 Jésus lui dit : «Judas, c'est par un baiser que tu livres le *Fils de l'homme!» 49 Voyant ce qui allait se passer, ceux qui entouraient Jésus lui dirent : «Seigneur, frapperons-nous de l'épée?» 50 Et l'un d'eux frappa le serviteur du *grand prêtre et lui emporta l'oreille droite. 51 Mais Jésus prit la parole : «Laissez faire, même ceci» dit-il, et lui touchant l'oreille, il le guérit. 52 Jésus dit alors à ceux qui s'étaient portés contre lui, grands prêtres, chefs des gardes du *Temple et anciens : «Comme pour un bandit, vous êtes partis avec des épées et des bâtons! 53 Quand j'étais avec vous chaque jour dans le Temple, vous n'avez pas mis la main sur moi; mais c'est maintenant votre heure, c'est le pouvoir des ténèbres.»

Pierre renie Jésus

(Mt 26.57-58; Mc 14.53-54; Jn 18.12-18)

54 Ils se saisirent de lui, l'emmenèrent et le firent entrer dans la maison du grand prêtre. Pierre suivait à distance. 55 Comme ils avaient allumé un grand feu au milieu de la cour et s'étaient assis ensemble Pierre s'assit au milieu d'eux.

(Mt 26.69-75; Mc 14.66-72; Jn 18.19-27)

56 Une servante, le voyant assis à la lumière du feu, le fixa du regard et dit : «Celui-là aussi était avec lui.» 57 Mais il nia : «Femme, dit-il, je ne le connais pas.» 58 Peu après, un autre dit en le voyant : «Toi aussi, tu es des leurs.» Pierre répondit : «Je n'en suis pas.» 59 Environ une heure plus tard, un autre insistait : «C'est sûr, disait-il, celui-là était avec lui; et puis, il est Galiléen.» 60 Pierre répondit : «Je ne sais pas ce que tu veux dire.» Et aussitôt, comme il parlait encore, un coq chanta. 61 Le Seigneur, se retournant, posa son regard sur Pierre; et Pierre se rappela la parole du Seigneur qui lui avait dit : «Avant que le coq chante aujourd'hui, tu m'auras renié trois fois.» 62 Il sortit et pleura amèrement.

(Mt 26.67-68; Mc 14.65)

63 Les hommes qui gardaient Jésus se moquaient de lui et le battaient. 64 Ils lui avaient voilé le visage et lui demandaient : «Fais le *prophète! qui est-ce qui t'a frappé?» 65 Et ils proféraient contre lui beaucoup d'autres insultes.

Jésus comparaît devant le sanhédrin

(*Mt 26.59, 63-65; Mc 14.55, 61-64*)

66 Lorsqu'il fit jour, le conseil des anciens du peuple, *grands prêtres et scribes, se réunit, et ils l'emmenèrent dans leur *sanhédrin, 67 et lui dirent : « Si tu es le *Messie, dis-le nous. » Il leur répondit : « Si je vous le dis, vous ne me croirez pas; 68 et si j'interroge, vous ne répondrez pas. 69 Mais désormais le *Fils de l'homme *siégera à la droite* du Dieu puissant. » 70 Ils dirent tous : « Tu es donc le Fils de Dieu ! » Il leur répondit : « Vous-mêmes, vous dites que je le suis. » 71 Ils dirent alors : « Qu'avons-nous encore besoin de témoignage, puisque nous l'avons entendu nous-mêmes de sa bouche ? »

Jésus comparaît devant Pilate

(*Mt 27.2, 11-14; Mc 1515.1-5; Jn 18.28-38*)

23 1 Et ils se levèrent tous ensemble pour le conduire devant Pilate. 2 Ils se mirent alors à l'accuser en ces termes : « Nous avons trouvé cet homme mettant le trouble dans notre nation : il empêche de payer le tribut à César[1] et se dit *Messie, roi. » 3 Pilate l'interrogea : « Es-tu le roi des Juifs ? » Jésus lui répondit : « C'est toi qui le dis. » 4 Pilate dit aux *grands prêtres et aux foules : « Je ne trouve rien qui mérite condamnation en cet homme. » 5 Mais ils insistaient en disant : « Il soulève le peuple en enseignant par toute la Judée à partir de la Galilée jusqu'ici. »

1. Voir note sur Mc 12.14.

Jésus est envoyé devant Hérode

6 À ces mots, Pilate demanda si l'homme était Galiléen 7 et, apprenant qu'il relevait de l'autorité d'Hérode[1], il le renvoya à ce dernier qui se trouvait lui aussi à Jérusalem en ces jours-là. 8 À la vue de Jésus, Hérode se réjouit fort, car depuis longtemps il désirait le voir, à cause de ce qu'il entendait dire de lui, et il espérait lui voir faire quelque miracle. 9 Il l'interrogeait avec force paroles, mais Jésus ne lui répondit rien. 10 Les *grands prêtres et les scribes étaient là qui l'accusaient avec violence. 11 Hérode en compagnie de ses gardes le traita avec mépris et se moqua de lui; il le revêtit d'un vêtement éclatant et le renvoya à Pilate. 12 Ce jour-là, Hérode et Pilate devinrent amis, eux qui auparavant étaient ennemis.

La décision de Pilate

(*Jn 19.4*)

13 Pilate alors convoqua les grands prêtres, les chefs et le peuple 14 et il leur dit : « Vous m'avez amené cet homme-ci comme détournant le peuple du droit chemin; or, moi qui ai procédé devant vous à l'interrogatoire, je n'ai rien trouvé en cet homme qui mérite condamnation parmi les faits dont vous l'accusez; 15 Hérode non plus, puisqu'il nous l'a renvoyé. Ainsi il n'y a rien qui mérite la mort dans ce qu'il a fait. 16 Je vais donc lui infliger un châtiment et le relâcher[1]. »

1. Il s'agit d'Hérode Antipas; voir note sur Mc 3.6.

(*Mt 27.15-26; Mc 15.6-15; Jn 18.39-19.16*)

18 Ils s'écrièrent tous ensemble : « Supprime-le et relâche-nous Barabbas. » 19 Ce dernier avait été jeté en prison pour une émeute survenue dans la ville et pour meurtre. 20 De nouveau Pilate s'adressa à eux dans l'intention de relâcher Jésus. 21 Mais eux vociféraient : « Crucifie, crucifie-le. » 22 Pour la troisième fois, il leur dit : « Quel mal a donc fait cet homme ? Je n'ai rien trouvé en lui qui mérite la mort. Je vais donc lui infliger un châtiment et le relâcher. » 23 Mais eux insistaient à grands cris, demandant qu'il fût crucifié, et leurs clameurs allaient croissant. 24 Alors Pilate décida que leur demande serait satisfaite. 25 Il relâcha celui qui avait été jeté en prison pour émeute et meurtre, celui qu'ils demandaient; quant à Jésus, il le livra à leur volonté.

En route vers la mort
(*Mt 27.32; Mc 15.21*)

26 Comme ils l'emmenaient, ils prirent un certain Simon de Cyrène qui venait de la campagne, et ils le chargèrent de la croix pour la porter derrière Jésus. 27 Il était suivi d'une grande multitude du peuple, entre autres, de femmes qui se frappaient la poitrine et se lamentaient sur lui. 28 Jésus se tourna vers elles et leur dit : « Filles de Jérusalem, ne pleurez pas sur moi, mais pleurez sur vous-mêmes et sur vos enfants. 29 Car voici venir des jours

où l'on dira : Heureuses les femmes stériles et celles qui n'ont pas enfanté ni allaité. 30 Alors on se mettra à *dire aux montagnes : Tombez sur nous, et aux collines : Cachez-nous.* 31 Car si l'on traite ainsi l'arbre vert, qu'en sera-t-il de l'arbre sec ? » 32 On en conduisait aussi d'autres, deux malfaiteurs, pour les exécuter avec lui.

Jésus est mis en croix
(*Mt 27.33-44; Mc 15.22-32; Jn 19.17-24*)

33 Arrivé au lieu dit « le Crâne », ils l'y crucifièrent ainsi que les deux malfaiteurs, l'un à droite, et l'autre à gauche. 34 Jésus disait : « Père, pardonne-leur car ils ne savent pas ce qu'ils font. » Et, pour *partager ses vêtements, ils tirèrent au sort.* 35 Le peuple restait là à regarder; les chefs, eux, *ricanaient;* ils disaient : « Il en a sauvé d'autres. Qu'il se sauve lui-même s'il est le *Messie de Dieu, l'Elu !* » 36 Les soldats aussi se moquèrent de lui : s'approchant pour lui présenter du *vinaigre,* ils dirent : 37 « Si tu es le roi des Juifs, sauve-toi toi-même. » 38 Il y avait aussi une inscription au-dessus de lui : « C'est le roi des Juifs. »

39 L'un des malfaiteurs crucifiés l'insultait : « N'es-tu pas le Messie ? Sauve-toi et nous aussi ! » 40 Mais l'autre le reprit en disant : « Tu n'as même pas la crainte de Dieu, toi qui subis la même peine ! 41 Pour nous, c'est juste : nous recevons ce que nos actes ont mérité; mais lui n'a rien fait de mal. » 42 Et il disait : « Jésus, souviens-toi de moi quand tu viendras comme roi. » 43 Jésus lui répondit : « En vérité, je te le dis,

---

1. Plusieurs manuscrits intercalent ici, sans doute à partir de Mc 15.6 ou Mt 27.15 : *Or il devait leur relâcher quelqu'un à chaque fête (v. 17).*

aujourd'hui, tu seras avec moi dans le paradis[1]. »

La mort de Jésus
(Mt 27.45-56; Mc 15.33-41; Jn 19.28-30)

44 C'était déjà presque midi et il y eut des ténèbres sur toute la terre jusqu'à trois heures, 45 le soleil ayant disparu. Alors le voile du *sanctuaire se déchira par le milieu; 46 Jésus poussa un grand cri; il dit : « Père, *entre tes mains, je remets mon esprit.* » Et, sur ces mots, il expira. 47 Voyant ce qui s'était passé, le centurion rendait gloire à Dieu en disant : « Sûrement, cet homme était juste. » 48 Et tous les gens qui s'étaient rassemblés pour ce spectacle, à la vue de ce qui s'était passé, s'en retournaient en se frappant la poitrine. 49 Tous ses familiers se tenaient à distance, ainsi que les femmes qui le suivaient depuis la Galilée et qui regardaient.

Le corps de Jésus est mis au tombeau
(Mt 27.57-61; Mc 15.42-47; Jn 19.38-42)

50 Alors survint un homme du nom de Joseph, membre du conseil, homme bon et juste : 51 il n'avait donné son accord ni à leur dessein, ni à leurs actes. Originaire d'Arimathée, ville juive, il attendait le *règne de Dieu. 52 Cet homme alla trouver Pilate et demanda le corps de Jésus. 53 Il le descendit de la croix, l'enveloppa d'un linceul et le déposa dans une tombe taillée dans le roc où personne encore n'avait été mis.

54 C'était un jour de préparation et le *sabbat approchait. 55 Les femmes qui l'avaient accompagné depuis la Galilée suivirent Joseph; elles regardèrent le tombeau et comment son corps avait été placé. 56 Puis elles s'en retournèrent et préparèrent aromates et parfums[1].

Au matin du premier jour de la semaine
(Mt 28.1-9; Mc 16.1-8; Jn 20.1-10)

Durant le *sabbat, elles observèrent le repos selon le commandement.

24 1 Le premier jour de la semaine, de grand matin, elles vinrent à la tombe en portant les aromates qu'elles avaient préparés. 2 Elles trouvèrent la pierre roulée de devant le tombeau. 3 Etant entrées, elles ne trouvèrent pas le corps du Seigneur Jésus. 4 Or, comme elles en étaient déconcertées, voici que deux hommes se présentèrent à elles en vêtements éblouissants. 5 Saisies de crainte, elles baissaient le visage vers la terre quand ils leur dirent : « Pourquoi cherchez-vous le vivant parmi les morts ? 6 Il n'est pas ici, mais il est ressuscité. Rappelez-vous comment il vous a parlé quand il était encore en Galilée; 7 il disait : Il faut que le *Fils de l'homme soit livré aux mains des hommes *pécheurs, qu'il soit crucifié et que le troisième jour il ressuscite. » 8 Alors, elles se rappelèrent ses paroles; 9 Elles revinrent du tombeau et rapportèrent tout cela aux Onze et à tous les autres.

---

1. Pour certains Juifs de cette époque le *paradis* était le lieu où les justes attendent la résurrection après leur mort.

1. Pour l'embaumement du corps selon la coutume juive de l'époque voir aussi Mc 14.8 et note.

10 C'étaient Marie de Magdala et Jeanne et Marie de Jacques; leurs autres compagnes le disaient aussi aux *apôtres. 11 Aux yeux de ceux-ci ces paroles semblèrent un délire et ils ne croyaient pas ces femmes. 12 Pierre cependant partit et courut au tombeau; en se penchant, il ne voit que les bandelettes, et il s'en alla de son côté en s'étonnant de ce qui était arrivé.

Les disciples d'Emmaüs

13 Et voici que, ce même jour, deux d'entre eux se rendaient à un village du nom d'Emmaüs[1], à deux heures de marche de Jérusalem. 14 Ils parlaient entre eux de tous ces événements. 15 Or, comme ils parlaient et discutaient ensemble, Jésus lui-même les rejoignit et fit route avec eux; 16 mais leurs yeux étaient empêchés de le reconnaître.

17 Il leur dit : « Quels sont ces propos que vous échangez en marchant ? » Alors ils s'arrêtèrent, l'air sombre[2]. 18 L'un d'eux nommé Cléopas, lui répondit : « Tu es bien le seul à séjourner à Jérusalem qui n'ait pas appris ce qui s'y est passé ces jours-ci ! » 19 « Quoi donc ? » Leur dit-il. Ils lui répondirent : « Ce qui concerne Jésus de Nazareth, qui fut un *prophète puissant en action et en parole devant Dieu et devant tout le peuple : 20 comment nos *grands prêtres et nos chefs l'ont livré pour être condamné à mort et l'ont crucifié; 21 et nous, nous espérions qu'il était celui qui allait délivrer Israël. Mais, en plus de tout cela, voici le troisième jour que ces faits se sont passés. 22 Toutefois, quelques femmes qui sont des nôtres nous ont bouleversés : s'étant rendues de grand matin au tombeau, 23 et n'ayant pas trouvé son corps, elles sont venues dire qu'elles ont même eu la vision d'*anges qui le déclarent vivant. 24 Quelques-uns de nos compagnons sont allés au tombeau et ce qu'ils ont trouvé était conforme à ce que les femmes avaient dit; mais lui, ils ne l'ont pas vu. »

25 Et lui leur dit : « Esprits sans intelligence, *coeurs lents à croire tout ce qu'ont déclaré les prophètes ! 26 Ne fallait-il pas que le *Christ souffrît cela et qu'il entrât dans sa gloire ? » 27 Et, commençant par Moïse et par tous les prophètes[1], il leur expliqua dans toutes les Ecritures ce qui le concernait.

28 Ils approchèrent du village où ils se rendaient, et lui, fit mine d'aller plus loin. 29 Ils le pressèrent en disant : « Reste avec nous car le soir vient et la journée déjà est avancée. » Et il entra pour rester avec eux. 30 Or, quand il se fut mis à table avec eux, il prit le pain, prononça la bénédiction, le rompit et le leur donna. 31 Alors leurs yeux furent ouverts et ils le reconnurent, puis il leur devint invisible. 32 Et ils se dirent l'un à l'autre : « Notre coeur ne brûlait-il pas en nous tandis qu'il nous parlait en chemin et nous ouvrait les Ecritures ? »

---

1. *Emmaüs :* localisation discutée; peut-être à une trentaine de km à l'Ouest de Jérusalem, ce qui correspondrait aux indications de certains manuscrits (5 heures de marche, au lieu de 2).

2. Autre texte : *et pourquoi avez-vous l'air sombre ?.*

1. Voir Lc 16.29 et note.

33 À l'instant même, ils partirent et retournèrent à Jérusalem; ils trouvèrent réunis les Onze et leurs compagnons, 34 qui leur dirent : « C'est bien vrai ! Le Seigneur est ressuscité, et il est apparu à Simon. »

35 Et eux, racontèrent ce qui s'était passé sur la route et comment ils l'avaient reconnu à la fraction du pain.

Le Ressuscité apparaît aux Onze

36 Comme ils parlaient ainsi, Jésus fut présent au milieu d'eux et il leur dit : « La paix soit avec vous. » 37 Effrayés et remplis de crainte, ils pensaient voir un esprit. 38 Et il leur dit : « Quel est ce trouble et pourquoi ces objections s'élèvent-elles dans vos *coeurs ? 39 Regardez mes mains et mes pieds : C'est bien moi. Touchez-moi, regardez; un esprit n'a ni chair, ni os, comme vous voyez que j'en ai. » 40 À ces mots, il leur montra ses mains et ses pieds. 41 Comme, sous l'effet de la joie, ils restaient encore incrédules et comme ils s'étonnaient, il leur dit : « Avez-vous ici de quoi manger ? » 42 Ils lui offrirent un morceau de poisson grillé[1]. 43 Il le prit et mangea sous leurs yeux.

44 Puis il leur dit : « Voici les paroles que je vous ai adressées quand j'étais encore avec vous : il faut que s'accomplisse tout ce qui a été écrit de moi dans la Loi de Moïse, les Prophètes et les Psaumes. » 45 Alors il leur ouvrit l'intelligence pour comprendre les Écritures, 46 et il leur dit : « C'est comme il a été écrit : le *Christ souffrira et ressuscitera des morts le troisième jour, 47 et on prêchera en son *nom la conversion et le pardon des péchés à toutes les nations à commencer par Jérusalem. 48 C'est vous qui en êtes les témoins. 49 Et moi, je vais envoyer sur vous ce que mon Père a promis. Pour vous, demeurez dans la ville jusqu'à ce que vous soyez, d'en-haut, revêtus de puissance. »

50 Puis il les emmena jusque vers Béthanie[2] et, levant les mains, il les bénit. 51 Or, comme il les bénissait, il se sépara d'eux et fut emporté au *ciel. 52 Eux, après s'être prosternés devant lui, retournèrent à Jérusalem pleins de joie, 53 et ils étaient sans cesse dans le *Temple à bénir Dieu.

1. Certains manuscrits récents ajoutent : *et un rayon de miel.*
2. Voir note sur Mc 11.1.

ÉVANGILE SELON JEAN

La vie, la lumière, le fils unique

1 1 Au commencement était
le Verbe,
et le Verbe était tourné vers
Dieu,
et le Verbe était Dieu.

2 Il était au commencement
tourné vers Dieu.

3 Tout fut par lui,
et rien de ce qui fut, ne fut
sans lui.

4 En lui était la *vie
et la vie était la lumière des
hommes,

5 et la lumière brille dans les
ténèbres,
et les ténèbres ne l'ont point
comprise[1].

6 Il y eut un homme, envoyé de
Dieu;
son nom était Jean[2].

7 Il vint en témoin, pour rendre
témoignage à la lumière,
afin que tous croient par lui.

8 Il n'était pas la lumière mais il
devait rendre témoignage à la
lumière,

9 le Verbe était la vraie lumière
qui, en venant dans le monde,
illumine tout homme.

10 Il était dans le monde,
et le monde fut par lui,
et le monde ne l'a pas reconnu.

11 Il est venu dans son propre
bien
et les siens ne l'ont pas accueilli.

12 Mais à ceux qui l'ont reçu, à
ceux qui croient en son *nom,
il a donné le pouvoir de devenir enfants de Dieu.

13 Ceux-là ne sont pas nés du
*sang, ni d'un vouloir de chair
ni d'un vouloir d'homme, mais
de Dieu.,

14 Et le Verbe s'est fait chair
et il a habité[1] parmi nous
et nous avons vu sa gloire,
cette gloire que, Fils unique
plein de grâce et de vérité, il
tient du Père.

15 Jean lui rend témoignage et
proclame:
« Voici celui dont j'ai dit:
après moi vient un homme qui
m'a devancé, parce que, avant
moi, il était. »

16 De sa plénitude en effet, tous,
nous avons reçu, et grâce sur
grâce.

17 Si la *Loi fut donnée par
Moïse, la grâce et la vérité sont
venues par Jésus Christ.

18 Personne n'a jamais vu Dieu;
Dieu Fils unique, qui est dans
le sein du Père, nous l'a dévoilé.

---

1. Autre traduction possible : *les ténèbres n'ont
pas pu s'en rendre maîtresses* (voir 12.35).

2. Il s'agit de Jean le Baptiste; cf. 1.19-36;
3.22-30.

1. ou *il a planté sa tente parmi nous*.

Ce que Jean le Baptiste dit de lui-même

(Mt 3.1-12; Mc 1.2-8; Lc 3.15-17)

19 Et voici quel fut le témoignage de Jean lorsque, de Jérusalem, les Juifs[1] envoyèrent vers lui des *prêtres et des lévites pour lui poser la question : « Qui es-tu ? » 20 Il fit une déclaration sans restriction, il déclara : « Je ne suis pas le *Christ. » 21 Et ils lui demandèrent : « Qui es-tu ? Es-tu Elie ? » ; il répondit : « Je ne le suis pas ». « Es-tu le Prophète[2] ? » Il répondit « non ». 22 Ils lui dirent alors : « Qui es-tu ? ... que nous apportions une réponse à ceux qui nous ont envoyés ! Que dis-tu de toi-même ? » 23 Il affirma : « Je suis *la voix de celui qui crie dans le désert : Aplanissez le chemin du Seigneur*, comme l'a dit le *prophète Esaïe. » 24 Or ceux qui avaient été envoyés étaient des *pharisiens. 25 Ils continuèrent à l'interroger en disant : « Si tu n'es ni le Christ, ni Elie, ni le Prophète, pourquoi baptises-tu ? » 26 Jean leur répondit : « Moi, je baptise dans l'eau. Au milieu de vous se tient celui que vous ne connaissez pas ; 27 il vient après moi et je ne suis même pas digne de dénouer la lanière de sa sandale. » 28 Cela se passait à Béthanie[3], au-delà du Jourdain, où Jean baptisait.

1. Voir 2.18; 5.10-18; 7.1, 13; 9.22, etc. Ici comme souvent chez Jn l'appellation *les Juifs* désigne les chefs spirituels de l'Israël contemporain de Jésus.
2. *Elie* : Voir Mc 6.15 et note. *Le Prophète* : en s'appuyant sur Dt 18.15 beaucoup de Juifs contemporains de Jésus attendaient l'apparition du Prophète des derniers temps.
3. Village de site inconnu localisé à l'Est du Jourdain; à ne pas confondre avec le village du même nom situé à proximité de Jérusalem (voir 11.1, 18).

Ce que Jean le Baptiste dit de Jésus

29 Le lendemain, il voit Jésus qui vient vers lui et il dit : « Voici l'agneau de Dieu qui enlève le péché du *monde. 30 C'est de lui que j'ai dit : Après moi vient un homme qui m'a devancé, parce que, avant moi, il était. 31 - Moi-même, je ne le connaissais pas, mais c'est en vue de sa manifestation à Israël que je suis venu baptiser dans l'eau. » 32 Et Jean porta son témoignage en disant : « J'ai vu l'Esprit, tel une colombe, descendre du ciel et demeurer sur lui. 33 Et je ne le connaissais pas, mais celui qui m'a envoyé baptiser dans l'eau, c'est lui qui m'a dit : Celui sur lequel tu verras l'Esprit descendre et demeurer sur lui, c'est lui qui baptise dans l'Esprit Saint. 34 Et moi j'ai vu et j'atteste qu'il est, lui, le Fils de Dieu. »

Les premières rencontres de Jésus

35 Le lendemain, Jean se trouvait de nouveau au même endroit avec deux de ses *disciples. 36 Fixant son regard sur Jésus qui marchait, il dit : « Voici l'agneau de Dieu. » 37 Les deux disciples, l'entendant parler ainsi, suivirent Jésus. 38 Jésus se retourna et voyant qu'ils s'étaient mis à le suivre, il leur dit : « Que cherchez-vous ? » Ils répondirent : « Rabbi[1] — ce qui signifie Maître

1. Ce terme qui, comme l'indique le texte, signifie *Maître*, est emprunté à l'araméen. Voir Mc 11.21.

—, où demeures-tu ? » 39 Il leur
dit : « Venez et vous verrez. » Ils
allèrent donc, ils virent où il demeurait et ils demeurèrent auprès
de lui, ce jour-là; c'était environ
la dixième heure[1].

40 André, le frère de Si-
mon-Pierre, était l'un de ces deux
qui avaient écouté Jean et suivi
Jésus. 41 Il va trouver, avant tout
autre, son propre frère Simon et
lui dit : « Nous avons trouvé le
*Messie ! » — Ce qui signifie le
*Christ —. 42 Il l'amena à Jésus.
Fixant son regard sur lui, Jésus
dit : « Tu es Simon, le fils de Jean;
tu seras appelé Céphas » — ce
qui veut dire Pierre.

43 Le lendemain, Jésus résolut
de gagner la Galilée. Il trouve
Philippe et lui dit : « Suis-moi. »
44 Or, Philippe était de Bethsaïda,
la ville d'André et de Pierre. 45 Il
va trouver Nathanaël et lui dit :
« Celui dont il est écrit dans la
*Loi de Moïse et dans les *pro-
phètes, nous l'avons trouvé : c'est
Jésus, le fils de Joseph, de Nazareth. » 46 « De Nazareth, lui dit
Nathanaël, peut-il sortir quelque
chose de bon ? » Philippe lui dit :
« Viens et vois. » 47 Jésus regarde
Nathanaël qui venait à lui et
il dit à son propos : « Voici un
véritable Israélite en qui il n'est
point d'artifice. » 48 « D'où me
connais-tu ? » Lui dit Nathanaël,
et Jésus de Répondre : « Avant
même que Philippe ne t'appelât,
alors que tu étais sous le figuier[2],
je t'ai vu. » 49 Nathanaël reprit :
« Rabbi, tu es le fils de Dieu, tu es
le roi d'Israël. » 50 Jésus lui répon-

dit : « Parce que je t'ai dit que je
t'avais vu sous le figuier, tu crois.
Tu verras des choses bien plus
grandes. » 51 Et il ajouta : « En vérité, en vérité, je vous le dis, vous
verrez le *ciel ouvert et les *anges
de Dieu monter et descendre
au-dessus du *Fils de l'homme. »

Le mariage à Cana

2 1 Or le troisième jour il y
eut une noce à Cana de
Galilée et la mère de Jésus était
là. 2 Jésus lui aussi fut invité à la
noce ainsi que ses disciples.
3 Comme le vin manquait, la
mère de Jésus lui dit : « Ils n'ont
pas de vin. » 4 Mais Jésus lui répondit : « Que me veux-tu[1],
femme ? Mon heure n'est pas encore venue. » 5 Sa mère dit aux
servants : « Quoi qu'il vous dise,
faites-le. » 6 Il y avait là six jarres
de pierre destinées aux *purifica-
tions des *Juifs; elles contenaient
chacune de deux à trois mesures[2].
7 Jésus dit aux servants : « Rem-
plissez d'eau ces jarres »; et ils les
emplirent jusqu'au bord. 8 Jésus
leur dit : « Maintenant puisez et
portez-en au maître du repas. »
Ils lui en portèrent 9 et il goûta
l'eau devenue vin — il ne savait
pas d'où il venait, à la différence
des servants qui avaient puisé
l'eau —, aussi il s'adresse au marié 10 et lui dit : « Tout le monde
offre d'abord le bon vin et,
lorsque les convives sont gris, il
fait servir le moins bon; mais toi,

---

1. Quatre heures de l'après-midi. Voir Mt 20.3
et note.
2. D'après les récits des rabbins on s'abritait
volontiers sous un figuier pour lire et méditer
l'Ecriture.

1. Le grec a conservé la forme originale de la
tournure hébraïque : *Qu'y a-t-il pour moi et pour
toi ?* qu'on retrouve en Jg 11.12; 2 Ch 35.21; Mt
8.29; Mc 1.24; 5.7; Lc 4.34; 8.28, etc. On l'employait pour écarter une intervention qu'on jugeait
déplacée.
2. Une *mesure* correspondait à une quarantaine
de litres.

tu as gardé le bon vin jusqu'à maintenant !» 11 Tel fut, à Cana de Galilée, le commencement des *signes de Jésus. Il manifesta sa gloire et ses disciples crurent en lui. 12 Après quoi, il descendit à Capharnaüm avec sa mère, ses frères et ses disciples; mais ils n'y restèrent que peu de jours.

Jésus chasse les marchands du temple

(Mt 21.12-13; Mc 11.15-19; Lc 19.45-48)

13 La *Pâque des *Juifs était proche et Jésus monta à Jérusalem. 14 Il trouva dans le *temple les marchands[1] de boeufs, de brebis et de colombes ainsi que les changeurs qui s'y étaient installés. 15 Alors, s'étant fait un fouet avec des cordes, il les chassa tous du temple, et les brebis et les boeufs; il dispersa la monnaie des changeurs, renversa leurs tables; 16 et il dit aux marchands de colombes : «Otez tout cela d'ici et ne faites pas de la maison de mon Père une maison de trafic.» 17 Ses *disciples se souvinrent qu'il est écrit : *Le zèle de ta maison me dévorera.* 18 Mais les Juifs[2] prirent la parole : «Quel signe nous montreras-tu, pour agir de la sorte ?» 19 Jésus leur répondit : «Détruisez ce temple et, en trois jours, je le relèverai.» 20 Alors les Juifs lui dirent : Il a fallu 46 ans[3] pour construire ce temple et toi, tu le relèverais en trois jours ?» 21 Mais lui parlait du temple de son corps. 22 Aussi, lorsque Jésus se releva d'entre les

morts, ses disciples se souvinrent qu'il avait parlé ainsi, et ils crurent à l'Ecriture ainsi qu'à la parole qu'il avait dite.

Jésus se défie de certains croyants

23 Tandis que Jésus séjournait à Jérusalem, durant la fête de la *Pâque, beaucoup crurent en son *nom à la vue des *signes qu'il opérait. 24 Mais Jésus, lui, ne croyait pas en eux, car il les connaissait tous, 25 et il n'avait nul besoin qu'on lui rendît témoignage au sujet de l'homme : il savait, quant à lui, ce qu'il y a dans l'homme.

L'entretien de Jésus avec Nicodème

3 1 Or il y avait, parmi les *pharisiens, un homme du nom de Nicodème, un des notables juifs. 2 Il vint, de nuit, trouver Jésus et lui dit : «Rabbi[1], nous savons que tu es un maître qui vient de la part de Dieu, car personne ne peut opérer les *signes que tu fais si Dieu n'est pas avec lui.» 3 Jésus lui répondit : «En vérité, en vérité, je te le dis : à moins de naître de nouveau[2], nul ne peut voir le *royaume de Dieu.» 4 Nicodème lui dit : «Comment un homme pourrait-il naître s'il est vieux ? Pourrait-il entrer une seconde fois dans le sein de sa mère et naître ?» 5 Jésus lui répondit : «En vérité, en vérité, je te le dis : nul, s'il ne naît d'eau et

---

1. Voir Mc 11.15 et note.
2. Voir 1.19 et note.
3. La construction du Temple avait commencé vers l'année 20 av. J. C. sous l'impulsion d'Hérode le Grand.

1. Voir 1.38 et note.
2. Le terme grec traduit par *de nouveau* signifie aussi *d'en haut*. Les deux sens sont à considérer ici conjointement (voir v. 4).

d'Esprit, ne peut entrer dans le Royaume de Dieu. 6 Ce qui est né de la chair est chair, et ce qui est né de l'Esprit est esprit. 7 Ne t'étonne pas si je t'ai dit : Il vous faut naître d'en haut. 8 Le vent[1] souffle où il veut, et tu entends sa voix, mais tu ne sais ni d'où il vient ni où il va. Ainsi en est-il de quiconque est né de l'Esprit. » 9 Nicodème lui dit : « Comment cela peut-il se faire ? » 10 Jésus lui répondit : « Tu es maître en Israël et tu n'as pas la connaissance de ces choses ! 11 En vérité, en vérité, je te le dis : nous parlons de ce que nous savons, nous témoignons de ce que nous avons vu et pourtant vous ne recevez pas notre témoignage. 12 Si vous ne croyez pas lorsque je vous dis les choses de la terre, comment croiriez-vous si je vous disais les choses du *ciel ? 13 Car nul n'est monté au ciel sinon celui qui est descendu du ciel, le *Fils de l'homme[2]. 14 Et comme Moïse a élevé le serpent dans le désert, il faut que le Fils de l'homme soit élevé 15 afin que quiconque croit ait, en lui, la *vie éternelle. 16 Dieu, en effet, a tant aimé le *monde qu'il a donné son Fils, son unique, pour que tout homme qui croit en lui ne périsse pas mais ait la vie éternelle. 17 Car Dieu n'a pas envoyé son Fils dans le monde pour juger le monde, mais pour que le monde soit sauvé par lui. 18 Qui croit en lui n'est pas jugé ; qui ne croit pas est déjà jugé, parce qu'il n'a pas cru au *nom du Fils unique de Dieu. 19 Et le jugement le voici : la lu-

mière est venue dans le monde et les hommes ont préféré l'obscurité à la lumière parce que leurs oeuvres étaient mauvaises. 20 En effet quiconque fait le mal hait la lumière et ne vient pas à la lumière de crainte que ses oeuvres ne soient démasquées. 21 Celui qui fait la vérité[1] vient à la lumière pour que ses oeuvres soient manifestées, elles qui ont été accomplies en Dieu. »

Jean le Baptiste parle encore de Jésus

22 Après cela, Jésus se rendit avec ses disciples dans le pays de Judée ; il y séjourna avec eux et il baptisait. 23 Jean, de son côté, baptisait à Aïnôn[2], non loin de Salim, où les eaux sont abondantes. Les gens venaient et se faisaient baptiser. 24 Jean, en effet, n'avait pas encore été jeté en prison. 25 Or il arriva qu'une discussion concernant la *purification opposa un Juif à des disciples de Jean. 26 Ils vinrent trouver Jean et lui dirent : « *Rabbi[3], celui qui était avec toi au-delà du Jourdain, celui auquel tu as rendu témoignage, voici qu'il se met lui aussi à baptiser et tous vont vers lui. » 27 Jean leur fit cette réponse : « Un homme ne peut rien s'attribuer au-delà de ce qui lui est donné du *ciel. 28 Vous-mêmes, vous m'êtes témoins que j'ai dit : Moi, je ne suis pas le *Christ, mais je suis celui qui a été envoyé devant lui. 29 Celui qui

---

1. En grec c'est le même terme qui désigne le *vent* et l'*Esprit*.
2. D'assez nombreux manuscrits ajoutent ici *qui est dans le ciel*.

1. *Celui qui fait la vérité* : par cette tournure typique les anciens juifs désignaient celui qui conforme sa conduite à la vérité.
2. *Aïnôn* et *Salim* : deux localités de site incertain, dans la vallée du Jourdain.
3. Voir 1.38 et note.

a l'épouse est l'époux; quant à l'ami de l'époux, il se tient là, il l'écoute et la voix de l'époux le comble de joie. Telle est ma joie, elle est parfaite. 30 Il faut qu'il grandisse et que moi, je diminue.

Celui qui vient d'en haut

31 Celui qui vient d'en haut est au-dessus de tout. Celui qui est de la terre est terrestre et parle de façon terrestre. Celui qui vient du *ciel 32 témoigne de ce qu'il a vu et de ce qu'il a entendu, et personne ne reçoit son témoignage. 33 Celui qui reçoit son témoignage ratifie que Dieu est véridique. 34 En effet celui que Dieu a envoyé dit les paroles de Dieu, qui lui donne l'Esprit sans mesure. 35 Le Père aime le Fils et il a tout remis en sa main. 36 Celui qui croit le Fils a la *vie éternelle; celui qui n'obéit pas au Fils ne verra pas la vie, mais la colère de Dieu demeure sur lui. »

Jésus rencontre une femme samaritaine

4 1 Quand Jésus apprit que les *pharisiens avaient entendu dire qu'il faisait plus de *disciples et en baptisait plus que Jean, 2 — à vrai dire, Jésus lui-même ne baptisait pas, mais ses disciples — 3 il quitta la Judée et regagna la Galilée. 4 Or il lui fallait traverser la *Samarie. 5 C'est ainsi qu'il parvint dans une ville de Samarie appelée Sychar, non loin de la terre donnée par Jacob à son fils Joseph, 6 là même où se trouve le puits de Jacob. Fatigué du chemin, Jésus était assis tout simplement au

bord du puits. C'était environ la sixième heure[1]. 7 Arrive une femme de Samarie pour puiser de l'eau. Jésus lui dit : « Donne-moi à boire. » 8 Ses disciples, en effet, étaient allés à la ville pour acheter de quoi manger. 9 Mais cette femme, cette Samaritaine lui dit : « Comment ? Toi, un *Juif, tu me demandes à boire à moi, une femme samaritaine ! » Les Juifs, en effet, ne veulent rien avoir de commun avec les Samaritains[2]. 10 Jésus lui répondit : « Si tu connaissais le don de Dieu et qui est celui qui te dit : Donne-moi à boire, c'est toi qui aurais demandé et il t'aurait donné de l'eau vive[3]. » 11 La femme lui dit : « Seigneur, tu n'as même pas un seau et le puits est profond; d'où la tiens-tu donc cette eau vive ? 12 Serais-tu plus grand, toi, que notre père Jacob qui nous a donné le puits et qui, lui-même, y a bu ainsi que ses fils et ses bêtes ? » 13 Jésus lui répondit : « Quiconque boit de cette eau-ci aura encore soif; 14 mais celui qui boira de l'eau que je lui donnerai n'aura plus jamais soif; au contraire, l'eau que je lui donnerai deviendra en lui une source jaillissant en *vie éternelle. » 15 La femme lui dit : « Seigneur, donne-moi cette eau pour que je n'aie plus soif et que je n'aie plus à venir puiser ici. » 16 Jésus lui dit : « Va, appelle ton mari et reviens ici. » 17 La femme lui répondit : « Je n'ai pas de mari. » 18 Jésus lui dit : « Tu dis bien : Je n'ai

---

1. Midi. Voir Mt 20.3 et note.
2. Sur les *Samaritains* voir Mt 10.5 et note.
3. Expression d'origine hébraïque pour désigner *l'eau courante.* Mais il y a ici une sorte de jeu de mots : *l'eau vive* dont parle Jésus est aussi ce qui *donne la vie* (v. 14).

pas de mari; tu en as eu cinq et l'homme que tu as n'est pas ton mari. En cela tu as dit vrai.» 19 «Seigneur, lui dit la femme, je vois que tu es un *prophète. 20 Nos pères ont adoré sur cette montagne[1] et vous, vous affirmez qu'à Jérusalem se trouve le lieu où il faut adorer.» 21 Jésus lui dit : «Crois-moi, femme, l'heure vient où ce n'est ni sur cette montagne ni à Jérusalem que vous adorerez le Père. 22 Vous adorez ce que vous ne connaissez pas; nous adorons ce que nous connaissons, car le salut vient des *Juifs. 23 Mais l'heure vient, elle est là, où les vrais adorateurs adoreront le Père en esprit et en vérité; tels sont, en effet, les adorateurs que cherche le Père. 24 Dieu est esprit et c'est pourquoi ceux qui l'adorent doivent adorer en esprit et en vérité.» 25 La femme lui dit : «Je sais qu'un *Messie doit venir — celui qu'on appelle *Christ —. Lorsqu'il viendra, il nous annoncera toutes choses.» 26 Jésus lui dit : «Je le suis, moi qui te parle.»

27 Sur quoi les disciples arrivèrent. Ils s'étonnaient que Jésus parlât avec une femme; cependant personne ne lui dit : «Que cherches-tu ?» ou «pourquoi lui parles-tu ?» 28 La femme alors, abandonnant sa cruche, s'en fut à la ville et dit aux gens : 29 «Venez donc voir un homme qui m'a dit tout ce que j'ai fait. Ne serait-il pas le Christ ?» 30 Ils sortirent de la ville et allèrent vers lui. 31 Entre temps, les disciples le pressaient : «Rabbi[2], mange

donc.» 32 Mais il leur dit : «J'ai à manger une nourriture que vous ne connaissez pas.» 33 Sur quoi les disciples se dirent entre eux : «Quelqu'un lui aurait-il donné à manger ?» 34 Jésus leur dit : «Ma nourriture, c'est de faire la volonté de celui qui m'a envoyé et d'accomplir son oeuvre. 35 Ne dites-vous pas vous-mêmes : Encore quatre mois et viendra la moisson ? Mais moi je vous dis : levez les yeux et regardez; déjà les champs sont blancs[1] pour la moisson ! 36 Déjà le moissonneur reçoit son salaire et amasse du fruit pour la *vie éternelle, si bien que celui qui sème et celui qui moissonne se réjouissent ensemble. 37 Car en ceci le proverbe est vrai, qui dit : l'un sème, l'autre moissonne. 38 Je vous ai envoyés moissonner ce qui ne vous a coûté aucune peine; d'autres ont peiné et vous avez pénétré dans ce qui leur a coûté tant de peine.» 39 Beaucoup de Samaritains de cette ville avaient cru en lui à cause de la parole de la femme qui attestait : «Il m'a dit tout ce que j'ai fait.» 40 Aussi lorsqu'ils furent arrivés près de lui, les Samaritains le prièrent de demeurer parmi eux. Et il y demeura deux jours. 41 Bien plus nombreux encore furent ceux qui crurent à cause de sa parole à lui; 42 et ils disaient à la femme : «Ce n'est plus seulement à cause de tes dires que nous croyons; nous l'avons entendu nous-mêmes et

---

1. Exclus de la communauté juive, les Samaritains avaient édifié un temple sur le *mont Garizim*, montagne proche de l'ancienne Sichem.

2. Voir 1.38 et note.

1. les hébreux n'avaient probablement pas de mot particulier pour désigner la couleur jaune des blés mûrs; ils employaient le même terme pour qualifier les teintes plus pâles que le vert.

nous savons qu'il est vraiment le Sauveur du *monde. »

L'officier royal de Capharnaüm
(Mt 8.5-13; Lc 7.1-10)

43 Deux jours plus tard, Jésus quitta ces lieux et regagna la Galilée. 44 Il avait en effet attesté lui-même qu'un *prophète n'est pas honoré dans sa propre patrie. 45 Cependant lorsqu'il arriva en Galilée, les Galiléens lui firent bon accueil : ils étaient allés à Jérusalem pour la fête, eux aussi, et ils avaient pu voir tout ce que Jésus avait fait.

46 Jésus revint donc à Cana de Galilée où il avait fait du vin avec de l'eau. Il y avait un officier royal[1] dont le fils était malade à Capharnaüm. 47 Ayant entendu dire que Jésus arrivait de Judée en Galilée, il vint le trouver et le pria de descendre guérir son fils qui se mourait. 48 Jésus lui dit : « Si vous ne voyez *signes et prodiges vous ne croirez donc jamais ! » 49 L'officier lui dit : « Seigneur, descends avant que mon enfant ne meure ! » 50 Jésus lui dit : « Va, ton fils vit. » Cet homme crut à la parole que Jésus lui avait dite et il se mit en route. 51 Tandis qu'il descendait, ses serviteurs vinrent à sa rencontre et dirent : « Ton enfant vit ! » 52 Il leur demanda à quelle heure il s'était trouvé mieux et ils répondirent : « C'est hier, à la septième heure[2], que la fièvre l'a quitté. » 53 Le père constata que c'était à cette heure même que Jésus lui

avait dit : « Ton fils vit. » Dès lors il crut, lui et toute sa maisonnée. 54 Tel fut le second *signe que Jésus accomplit lorsqu'il revint de Judée en Galilée.

Jésus et le paralysé de Bethzatha

5 1 Après cela et à l'occasion d'une fête juive[1], Jésus monta à Jérusalem. 2 Or il existe à Jérusalem, près de la porte des brebis, une piscine qui s'appelle en hébreu Bethzatha[2]. Elle possède cinq portiques 3 sous lesquels gisaient une foule de malades, aveugles, boiteux, impotents[3]. 5 Il y avait là un homme infirme depuis 38 ans. 6 Jésus le vit couché et, apprenant qu'il était dans cet état depuis longtemps déjà, lui dit : « Veux-tu guérir ? » 7 L'infirme lui répondit : « Seigneur, je n'ai personne pour me plonger dans la piscine au moment où l'eau commence à s'agiter; et, le temps d'y aller, un autre descend avant moi. » 8 Jésus lui dit : « Lève-toi, prends ton grabat et marche. » 9 Et aussitôt l'homme fut guéri; il prit son grabat, il marchait.

Or ce jour-là était un jour de *sabbat. 10 Aussi les Juifs[4] dirent à celui qui venait d'être guéri : « C'est le sabbat, il ne t'est pas

1. Le terme grec désigne un personnage attaché au service du « roi » Hérode Antipas (voir Mc 1.14 et note).
2. Une heure de l'après-midi (voir Mt 20.3 et note).

1. Certains manuscrits lisent *la fête*; il s'agirait alors de la Pâque (voir 6.4).
2. Certains manuscrits lisent *Bezatha*; d'autres *Bethesda*. Bethzatha est le nom d'un quartier situé au Nord-Est de Jérusalem. Des fouilles récentes ont permis de dégager les ruines de cette piscine.
3. Certains manuscrits ajoutent ici une notice qui prépare le récit qui va suivre : *qui attendaient l'agitation de l'eau, 4 car à certains moments l'ange du Seigneur descendait dans la piscine; l'eau s'agitait et le premier qui y entrait après que l'eau avait bouillonné était guéri quelle que fût sa maladie.*
4. Voir 1.19 et note.

permis de porter ton grabat. »
11 Mais il leur répliqua : « Celui
qui m'a rendu la santé, c'est lui
qui m'a dit : Prends ton grabat et
marche. » 12 Ils l'interrogèrent :
« Qui est cet homme qui t'a dit :
Prends ton grabat et marche ? »
13 Mais celui qui avait été guéri
ne savait pas qui c'était, car Jésus
s'était éloigné de la foule qui se
trouvait en ce lieu. 14 Plus tard,
Jésus le trouve dans le *temple et
lui dit : « Te voilà bien portant :
ne pèche plus de peur qu'il ne
t'arrive pire encore ! » 15 L'homme
alla raconter aux Juifs que c'était
Jésus qui l'avait guéri. 16 Dès lors
les Juifs s'en prirent à Jésus qui
avait fait cela un jour de sabbat.
17 Mais Jésus leur répondit :
« Mon Père, jusqu'à présent, est à
l'oeuvre et moi aussi je suis à
l'oeuvre. » 18 Dès lors, les Juifs
n'en cherchaient que davantage à
le faire périr, car non seulement il
violait le sabbat, mais encore il
appelait Dieu son propre Père, se
faisant ainsi l'égal de Dieu.

Le pouvoir que le Père a remis au Fils

19 Jésus reprit la parole et leur
dit : « En vérité, en vérité, je vous
le dis, le Fils ne peut rien faire de
lui-même, mais seulement ce qu'il
voit faire au Père ; car ce que fait
le Père, le Fils le fait pareillement.
20 C'est que le Père aime le Fils et
lui montre tout ce qu'il fait ; il
lui montrera des œuvres plus
grandes encore, de sorte que
vous serez dans l'étonnement.
21 Comme le Père, en effet, relève
les morts et les fait vivre, le Fils
lui aussi fait vivre qui il veut.
22 Le Père ne juge personne, il a

remis tout jugement au Fils,
23 afin que tous honorent le Fils
comme ils honorent le Père. Celui
qui n'honore pas le Fils, n'honore
pas non plus le Père qui l'a envoyé. 24 En vérité, en vérité, je
vous le dis, celui qui écoute ma
parole et croit en celui qui m'a
envoyé, a la *vie éternelle ; il ne
vient pas en jugement, mais il est
passé de la mort à la vie. 25 En
vérité, en vérité, je vous le dis,
l'heure vient — et maintenant elle
est là — où les morts entendront
la voix du Fils de Dieu et ceux
qui l'auront entendue vivront.
26 En effet, comme le Père possède la vie en lui-même, ainsi
a-t-il donné au Fils de posséder la
vie en lui-même ; 27 il lui a donné
le pouvoir d'exercer le jugement
parce qu'il est le *Fils de
l'homme. 28 Que tout ceci ne vous
étonne plus ! L'heure vient où
tous ceux qui gisent dans les tombeaux entendront sa voix, 29 et
ceux qui auront fait le bien en
sortiront pour la résurrection qui
mène à la vie ; ceux qui auront
pratiqué le mal, pour la résurrection qui mène au jugement.
30 Moi, je ne puis rien faire de
moi-même : je juge selon ce que
j'entends et mon jugement est
juste parce que je ne cherche pas
ma propre volonté, mais la volonté de celui qui m'a envoyé.

Les quatre témoignages rendus à Jésus

31 Si je me rendais témoignage
à moi-même, mon témoignage ne
serait pas recevable ; 32 c'est un
autre qui me rend témoignage, et
je sais que le témoignage qu'il me
rend est conforme à la vérité.

33 Vous avez envoyé une délégation auprès de Jean[1] et il a rendu témoignage à la vérité. 34 Pour moi, ce n'est pas que j'aie à recevoir le témoignage d'un homme, mais je parle ainsi afin que vous soyez sauvés. 35 Jean fut la lampe qu'on allume et qui brille : et vous avez bien voulu vous réjouir pour un moment à sa lumière. 36 Or je possède un témoignage qui est plus grand que celui de Jean : ce sont les œuvres que le Père m'a donné à accomplir; je les fais et ce sont elles qui portent à mon sujet témoignage que le Père m'a envoyé. 37 Le Père qui m'a envoyé a lui-même porté témoignage à mon sujet. Mais jamais vous n'avez ni écouté sa voix ni vu ce qui le manifestait, 38 et sa parole ne demeure pas en vous, puisque vous ne croyez pas à celui qu'il a envoyé. 39 Vous scrutez les Ecritures parce que vous pensez acquérir par elles la *vie éternelle : ce sont elles qui rendent témoignage à mon sujet. 40 Et vous ne voulez pas venir à moi pour avoir la vie éternelle. 41 La gloire, je ne la tiens pas des hommes. 42 Mais je vous connais, vous n'avez pas en vous l'amour de Dieu. 43 Je suis venu au nom de mon Père, et vous refusez de me recevoir. Qu'un autre vienne en son propre nom, celui-là vous le recevrez ! 44 Comment pourriez-vous croire, vous qui tenez votre gloire les uns des autres et qui ne cherchez pas la gloire qui vient de Dieu seul ? 45 Ne pensez pas que ce soit moi qui vous accuserai devant le Père : votre accusateur, c'est Moïse en qui vous avez mis vos espoirs. 46 En effet, si vous croyiez en Moïse, vous croiriez en moi, car c'est à mon sujet qu'il a écrit[1]. 47 Si vous ne croyez pas ce qu'il a écrit, comment croiriez-vous ce que je dis ? »

Jésus nourrit cinq mille hommes

(Mt 14.13-21; Mc 6.30-44; Lc 9.10-17)

6 1 Après cela Jésus passa sur l'autre rive de la mer de Galilée, dite encore de Tibériade[2]. 2 Une grande foule le suivait parce que les gens avaient vu les *signes qu'il opérait sur les malades. 3 C'est pourquoi Jésus gravit la montagne s'y assit avec ses disciples. 4 C'était peu avant la *Pâque qui est la fête des *Juifs. 5 Or, ayant levé les yeux, Jésus vit une grande foule qui venait à lui. Il dit à Philippe : « Où achèterons-nous des pains pour qu'ils aient de quoi manger ? » 6 En parlant ainsi il le mettait à l'épreuve; il savait, quant à lui, ce qu'il allait faire. 7 Philippe lui répondit : « 200 deniers[3] de pain ne suffiraient pas pour que chacun reçoive un petit morceau. » 8 Un de ses disciples, André, le frère de Simon-Pierre lui dit : 9 « Il y a un garçon qui possède cinq pains d'orge et deux petits poissons; mais qu'est-ce que cela pour tant de gens ? » 10 Jésus dit : « Faites-les asseoir. » Il y avait beaucoup d'herbe à cet endroit. Ils s'assirent donc; ils

---

1. Voir 1.19-27 : il s'agit de *Jean le Baptiste.*

1. Les Juifs du temps de Jésus considéraient *Moïse* comme l'auteur des cinq premiers livres de la Bible.
2. La *mer de Galilée,* ou de *Tibériade* est encore nommée *lac de Gennésareth* en Lc 5.1. Les hébreux désignaient par le même mot toute grande quantité d'eau : mer, lac, et même la cuve géante de 1 R 7.23-26.
3. Voir au glossaire MONNAIES.

étaient environ 5.000 hommes.
11 Alors Jésus prit les pains, il rendit grâce et les distribua aux convives. Il fit de même avec les poissons : il leur en donna autant qu'ils en désiraient. 12 Lorsqu'ils furent rassasiés, Jésus dit à ses disciples : « Rassemblez les morceaux qui restent de sorte que rien ne soit perdu. » 13 Ils les rassemblèrent et ils remplirent douze paniers avec les morceaux des cinq pains d'orge qui étaient restés à ceux qui avaient mangé. 14 À la vue du signe qu'il venait d'opérer, les gens dirent : « Celui-ci est vraiment le Prophète[1], celui qui doit venir dans le monde. » 15 Mais Jésus, sachant qu'on allait venir l'enlever pour le faire roi, se retira à nouveau, seul, dans la montagne.

Jésus rejoint ses disciples sur le lac

(Mt 14.22-27; Mc 6.45-52)

16 Le soir venu, ses disciples descendirent jusqu'à la mer. 17 Ils montèrent dans une barque et se dirigèrent vers Capharnaüm, sur l'autre rive. Déjà l'obscurité s'était faite et Jésus ne les avait pas encore rejoints. 18 Un grand vent soufflait et la mer était houleuse. 19 Ils avaient ramé environ 25 à 30 stades[2], lorsqu'ils voient Jésus marcher sur la mer et s'approcher de la barque. Alors ils furent pris de peur 20 mais Jésus leur dit : « C'est moi, n'ayez pas peur ! » 21 Ils voulurent le prendre dans la barque, mais aussitôt la barque

toucha terre au lieu où ils allaient.

A Capharnaüm Jésus parle du pain du ciel

22 Le lendemain, la foule restée sur l'autre rive, se rendit compte qu'il y avait eu là une seule barque et que Jésus n'avait pas accompagné ses disciples dans leur barque; ceux-ci étaient partis seuls. 23 Toutefois, venant de Tibériade, d'autres barques arrivèrent près de l'endroit où ils avaient mangé le pain après que le Seigneur eut rendu grâce. 24 Lorsque la foule eut constaté que ni Jésus ni ses disciples ne se trouvaient là, les gens montèrent dans les barques et ils s'en allèrent à Capharnaüm, à la recherche de Jésus. 25 Et quand ils l'eurent trouvé sur l'autre rive, ils lui dirent : « Rabbi[1], quand es-tu arrivé ici ? » 26 Jésus leur répondit : « En vérité, en vérité, je vous le dis, ce n'est pas parce que vous avez vu des *signes que vous me cherchez, mais parce que vous avez mangé des pains à satiété. 27 Il faut vous mettre à l'oeuvre pour obtenir non pas cette nourriture périssable, mais la nourriture qui demeure en *vie éternelle, celle que le *Fils de l'homme vous donnera, car c'est lui que le Père, qui est Dieu, a marqué de son sceau[2]. » 28 Ils lui dirent alors : « Que nous faut-il faire pour travailler aux oeuvres de Dieu ? » 29 Jésus leur répondit : « L'oeuvre de Dieu c'est de croire en celui qu'il a envoyé. » 30 Ils lui répliquèrent : « Mais toi, quel signe fais-tu

---

1. Voir 1.21 et note.
2. Environ 5 km. Voir au glossaire POIDS ET MESURES.

1. Voir 18.3 et note.
2. Voir note sur Ap 7.2.

donc, pour que nous voyions et que nous te croyions ? Quelle est ton oeuvre ? 31 Au désert, nos pères ont mangé la manne, ainsi qu'il est écrit : *Il leur a donné à manger un pain qui vient du *ciel.* 32 Mais Jésus leur dit : « En vérité, en vérité, je vous le dis, ce n'est pas Moïse qui vous a donné le pain du ciel, mais c'est mon Père qui vous donne le véritable pain du ciel. 33 Car le pain de Dieu, c'est celui qui descend du ciel et qui donne la *vie au *monde. »

34 Ils lui dirent alors : « Seigneur, donne-nous toujours ce pain-là ! » 35 Jésus leur dit : « C'est moi qui suis le pain de vie; celui qui vient à moi n'aura pas faim; celui qui croit en moi jamais n'aura soif. 36 Mais je vous l'ai dit : vous avez vu et pourtant vous ne croyez pas. 37 Tous ceux que le Père me donne viendront à moi, et celui qui vient à moi, je ne le rejetterai pas, 38 car je suis descendu du ciel pour faire, non pas ma propre volonté, mais la volonté de celui qui m'a envoyé. 39 Or la volonté de celui qui m'a envoyé, c'est que je ne perde aucun de ceux qu'il m'a donnés, mais que je les ressuscite au dernier *jour. 40 Telle est en effet la volonté de mon Père : que quiconque voit le Fils et croit en lui, ait la vie éternelle; et moi, je le ressusciterai au dernier jour. »

41 Dès lors, les *Juifs se mirent à murmurer à son sujet parce qu'il avait dit : « Je suis le pain qui descend du ciel. » 42 Et ils ajoutaient : « N'est-ce pas Jésus, le fils de Joseph ? Ne connaissons-nous pas son père et sa mère ? Comment peut-il déclarer maintenant : je suis descendu du ciel ? » 43 Jésus reprit la parole et leur dit : « Cessez de murmurer entre vous ! 44 Nul ne peut venir à moi si le Père qui m'a envoyé ne l'attire, et moi je le ressusciterai au dernier jour. 45 Dans les *prophètes il est écrit : *Tous seront instruits par Dieu.* Quiconque a entendu ce qui vient du Père et reçoit son enseignement vient à moi. 46 C'est que nul n'a vu le Père, si ce n'est celui qui vient de Dieu. Lui, il a vu le Père. 47 En vérité, en vérité, je vous le dis, celui qui croit[1] a la vie éternelle. 48 Je suis le pain de vie. 49 Au désert vos pères ont mangé la manne, et ils sont morts. 50 Tel est le pain qui descend du ciel, que celui qui en mangera ne mourra pas.

51 Je suis le pain vivant qui descend du ciel. Celui qui mangera de ce pain vivra pour l'éternité. Et le pain que je donnerai, c'est ma chair, donnée pour que le *monde ait la vie. » 52 Sur quoi, les Juifs se mirent à discuter violemment entre eux : « Comment celui-là peut-il nous donner sa chair à manger ? » 53 Jésus leur dit alors : « En vérité, en vérité, je vous le dis, si vous ne mangez pas la chair du Fils de l'homme et si vous ne buvez pas son sang, vous n'aurez pas en vous la vie. 54 Celui qui mange ma chair et boit mon sang a la vie éternelle, et moi, je le ressusciterai au dernier jour. 55 Car ma chair est vraie nourriture et mon sang vraie boisson. 56 Celui qui mange ma chair et boit mon sang demeure en moi et moi en lui. 57 Et comme le Père qui est vivant m'a envoyé

_____
1. Plusieurs manuscrits lisent ici : *celui qui croit en moi.*

et que je vis par le Père, ainsi celui qui me mangera vivra par moi. 58 Tel est le pain qui est descendu du ciel : il est bien différent de celui que vos pères ont mangé; ils sont morts, eux, mais celui qui mangera du pain que voici vivra pour l'éternité. » 59 Tels furent les enseignements de Jésus, dans la *synagogue, à Capharnaüm.

Les paroles de la vie éternelle

60 Après l'avoir entendu, beaucoup de ses disciples commencèrent à dire : « Cette parole est rude ! Qui peut l'écouter ? ». 61 Mais, sachant en lui-même que ses disciples murmuraient à ce sujet, Jésus leur dit : « C'est donc pour vous une cause de scandale ? 62 Et si vous voyiez le *Fils de l'homme monter là où il était auparavant ? ... 63 c'est l'Esprit qui vivifie, la chair ne sert de rien. Les paroles que je vous ai dites sont esprit et *vie. 64 Mais il en est parmi vous qui ne croient pas. » En fait, Jésus savait dès le début quels étaient ceux qui ne croyaient pas et qui était celui qui allait le livrer. 65 Il ajouta : « C'est bien pourquoi je vous ai dit : Personne ne peut venir à moi si cela ne lui est donné par le Père. »

66 Dès lors, beaucoup de ses disciples s'en retournèrent et cessèrent de faire route avec lui. 67 Alors Jésus dit aux Douze : « Et vous, ne voulez-vous pas partir ? » 68 Simon-Pierre lui répondit : « Seigneur, à qui irions-nous ? Tu as des paroles de vie éternelle. 69 Et nous, nous avons cru et nous avons connu que tu es le *Saint

de Dieu. » 70 Jésus leur répondit : « N'est-ce pas moi qui vous ai choisis, vous les Douze ? et cependant l'un de vous est un *diable ! » 71 Il désignait ainsi Judas, fils de Simon l'Iscarioth; car c'était lui qui allait le livrer, lui, l'un des Douze.

Jésus monte à la fête, mais en cachette

7 1 Dans la suite, Jésus continua à parcourir la Galilée; il préférait en effet ne point parcourir la Judée où les Juifs[1] cherchaient à le faire périr. 2 Cependant la fête juive des Tentes[2] était proche. 3 Ses frères lui dirent : « Tu ne peux pas rester ici, passe en Judée afin que tes *disciples, eux aussi, puissent voir les oeuvres que tu fais. 4 On n'agit pas en cachette quand on veut s'affirmer. Puisque tu accomplis de telles oeuvres, manifeste-toi au *monde ! » 5 En effet ses frères eux-mêmes ne croyaient pas en lui. 6 Jésus leur dit alors : « Mon temps n'est pas encore venu; votre temps à vous est toujours favorable. 7 Le *monde ne peut pas vous haïr, tandis que moi, il me hait parce que je témoigne que ses oeuvres sont mauvaises. 8 Montez donc à cette fête. Pour ma part, je n'y monterai pas, car mon temps n'est pas encore accompli. » 9 Après avoir ainsi parlé il demeura en Galilée. 10 Mais lorsque ses frères furent partis pour la fête, il se mit en route, lui

1. Voir 1.19 et note.
2. *La fête des Tentes* était célébrée par les Juifs à l'automne et coïncidait avec la fête des récoltes. Elle rappelait le séjour d'Israël au désert. Pendant toute la durée de la fête les familles habitaient sous des huttes dressées pour cette occasion. Jérusalem devenait alors un centre de pèlerinage.

aussi, sans se faire voir et presque secrètement.

La foule est perplexe au sujet de Jésus

11 Au cours de la fête[1], les *Juifs le cherchaient et on disait : « Où est-il donc ? » 12 Dans la foule, on discutait beaucoup à son propos; les uns disaient : « C'est un homme de bien », d'autres : « Au contraire, il séduit la foule. » 13 Toutefois, personne n'osait parler ouvertement de lui, par crainte des Juifs[2]. 14 Alors qu'on était déjà au milieu de la fête, Jésus monta au *temple et il se mit à enseigner. 15 Les Juifs en étaient surpris et ils disaient : « Comment est-il si savant[3], lui qui n'a pas étudié ? » 16 Jésus leur répondit : « Mon enseignement ne vient pas de moi, mais de celui qui m'a envoyé. 17 Si quelqu'un veut faire la volonté de Dieu, il saura si cet enseignement vient de Dieu ou si je parle de moi-même. 18 Celui qui parle de lui-même cherche sa propre gloire; seul celui qui cherche la gloire de celui qui l'a envoyé est véridique et il n'y a pas en lui d'imposture. 19 N'est-ce pas Moïse qui vous a donné la *Loi ? Or aucun de vous n'agit selon la Loi : pourquoi cherchez-vous à me faire mourir ? » 20 La foule lui répondit : « Tu es possédé d'un *démon ! Qui cherche à te faire mourir ? » 21 Jésus reprit la parole et leur dit :

« Je n'ai fait qu'une seule oeuvre et tous vous êtes étonnés. 22 Moïse vous a donné la *circoncision — encore qu'elle vienne des patriarches et non pas de Moïse — et vous la pratiquez le jour du *sabbat. 23 Si donc un homme reçoit la circoncision un jour de sabbat sans que la loi de Moïse soit violée, pourquoi vous irriter contre moi parce que j'ai guéri complètement un homme un jour de sabbat ? 24 Cessez de juger selon l'apparence, mais jugez selon ce qui est juste ! »

25 Des gens de Jérusalem disaient : « N'est-ce pas là celui qu'ils cherchent à faire mourir ? 26 Le voici qui parle ouvertement et ils ne lui disent rien ! Nos autorités auraient-elles vraiment reconnu qu'il est bien le Christ ? 27 Cependant, celui-ci nous savons d'où il est, tandis que, lorsque viendra le *Christ, nul ne saura d'où il est. » 28 Alors Jésus, qui enseignait dans le temple, proclama : « Vous me connaissez ! Vous savez d'où je suis ! Et pourtant, je ne suis pas venu de moi-même : celui qui m'a envoyé est véridique, lui que vous ne connaissez pas. 29 Mais moi, je le connais parce que je viens d'auprès de lui et qu'il m'a envoyé. » 30 Ils cherchèrent alors à l'arrêter, mais personne ne mit la main sur lui parce que son heure n'était pas encore venue. 31 Dans la foule bien des gens crurent en lui, et ils disaient : « Lorsque le Christ viendra, opérera-t-il plus de *signes que celui-ci n'en a fait ? »

32 Ce qui se chuchotait dans la foule à son sujet parvint aux oreilles des *pharisiens : les *grands prêtres et les pharisiens

1. Voir 7.2 et note.
2. Voir 1.19 et note.
3. ou *Comment connaît-il les lettres ?* Il s'agit des éléments de la lecture et de l'écriture, que l'on enseignait à partir des livres de la Loi. L'expression désigne donc la formation propre aux scribes et aux experts des Ecritures saintes.

envoyèrent alors des gardes pour l'arrêter. 33 Jésus dit : « Je suis encore avec vous pour un peu de temps et je vais vers celui qui m'a envoyé. 34 Vous me chercherez et vous ne me trouverez pas; car là où je suis, vous ne pouvez venir. » 35 Les *Juifs dès lors se disaient entre eux : « Où faut-il donc qu'il aille pour que nous ne le trouvions plus ? Va-t-il rejoindre ceux qui sont dispersés parmi les Grecs ? Va-t-il enseigner aux Grecs[1] ? 36 Que signifie cette parole qu'il a dite : Vous me chercherez et vous ne me trouverez pas, et là où je suis, vous, vous ne pouvez venir ? »

Le dernier jour de la fête

37 Le dernier jour de la fête, qui est aussi le plus solennel, Jésus, debout, se mit à proclamer à haute voix : « Si quelqu'un a soif, qu'il vienne à moi, et que boive 38 celui qui croit en moi[2]. » Comme l'a dit l'Ecriture : De son sein couleront des fleuves d'eau vive. 39 Il désignait ainsi l'Esprit que devaient recevoir ceux qui croiraient en lui : en effet, il n'y avait pas encore d'Esprit parce que Jésus n'avait pas encore été glorifié.

40 Parmi les gens de la foule qui avaient écouté ses paroles, les uns disaient : « Vraiment, voici le Prophète[1] ! » 41 D'autres disaient : « Le *Christ, c'est lui. » Mais d'autres encore disaient : « Le Christ pourrait-il venir de la Galilée ? 42 L'Ecriture ne dit-elle pas qu'il sera *de la lignée de David* et qu'*il viendra de Bethléem,* la petite cité dont David était originaire ? » 43 C'est ainsi que la foule se divisa à son sujet. 44 Quelques-uns d'entre eux voulurent l'arrêter, mais personne ne mit la main sur lui.

45 Les gardes revinrent donc trouver les *grands prêtres et les *pharisiens qui leur dirent : « Pourquoi ne l'avez-vous pas amené ? » 46 Les gardes répondirent : « Jamais homme n'a parlé comme cet homme. » 47 Les pharisiens leur dirent : « Auriez-vous donc été abusés, vous aussi ? 48 Parmi les notables ou parmi les pharisiens, en est-il un seul qui ait cru en lui ? 49 Il y a tout juste cette masse qui ne connaît pas la *Loi, des gens maudits ! » 50 Mais l'un d'entre les pharisiens, ce Nicodème qui naguère était allé trouver Jésus, dit 51 « notre Loi condamnerait-elle un homme sans l'avoir entendu et sans savoir ce qu'il fait ? » 52 Ils répliquèrent : « Serais-tu de Galilée, toi aussi ? Cherche bien et tu verras que de Galilée il ne sort pas de *prophète. »

La femme adultère

53 Ils s'en allèrent chacun chez soi[2].

---

1. L'appellation *les Grecs* désigne ici les païens plutôt que les Juifs vivant en pays païen. Voir Rm 1.14 et la note.
2. La ponctuation adoptée ici suit la tradition la plus ancienne. Le v. 38b est alors, avec le v. 39, une remarque de l'Evangéliste concernant Jésus. Autre ponctuation : *... qu'il vienne à moi et qu'il boive*; v. 38 *Celui qui croit en moi, comme l'a dit l'Ecriture ...* La citation serait alors appliquée au croyant.

1. Voir 1.21 et note.
2. Le passage 7.53-8.11 ne figure pas dans les manuscrits les plus anciens et les versions latine, syriaque, etc. Quelques manuscrits le situent ailleurs, en particulier à la fin de l'évangile.

8 1 Et Jésus gagna le mont des Oliviers[1]. 2 Dès le point du jour, il revint au *temple et, comme tout le peuple venait à lui, il s'assit et se mit à enseigner. 3 Les *scribes et les *pharisiens amenèrent alors une femme qu'on avait surprise en adultère et ils la placèrent au milieu du groupe. 4 « Maître, lui dirent-ils, cette femme a été prise en flagrant délit d'adultère. 5 Dans la *Loi Moïse nous a prescrit de lapider ces femmes-là. Et toi, qu'en dis-tu ? » 6 Ils parlaient ainsi dans l'intention de lui tendre un piège, pour avoir de quoi l'accuser. Mais Jésus, se baissant, se mit à tracer du doigt des traits sur le sol. 7 Comme ils continuaient à lui poser des questions, Jésus se redressa et leur dit : « Que celui d'entre vous qui n'a jamais péché lui jette la première pierre. » 8 Et s'inclinant à nouveau, il se remit à tracer des traits sur le sol. 9 Après avoir entendu ces paroles, ils se retirèrent l'un après l'autre, à commencer par les plus âgés, et Jésus resta seul. Comme la femme était toujours là, au milieu du cercle, 10 Jésus se redressa et lui dit : « Femme, où sont-ils donc ? Personne ne t'a condamnée ? » 11 Elle répondit : « Personne, Seigneur » et Jésus lui dit : « Moi non plus, je ne te condamne pas : va, et désormais ne pèche plus. »

Jésus est la lumière du monde

12 Jésus, à nouveau, leur adressa la parole : « Je suis la lumière du *monde. Celui qui vient à ma suite ne marchera pas dans

les ténèbres ; il aura la lumière qui conduit à la *vie. » 13 Les *pharisiens lui dirent alors : « Tu te rends témoignage à toi-même ! Ton témoignage n'est pas recevable ! » 14 Jésus leur répondit : « Il est vrai que je me rends témoignage à moi-même, et pourtant mon témoignage est recevable, parce que je sais d'où je viens et où je vais ; tandis que vous, vous ne savez ni d'où je viens ni où je vais. 15 Vous jugez de façon purement humaine. Moi, je ne juge personne ; 16 et s'il m'arrive de juger, mon jugement est conforme à la vérité parce que je ne suis pas seul : il y a aussi celui qui m'a envoyé. 17 Dans votre propre *Loi il est d'ailleurs écrit que le témoignage de deux hommes est recevable. 18 Je me rends témoignage à moi-même, et le Père qui m'a envoyé me rend témoignage lui aussi. » 19 Ils lui dirent alors : « Ton Père, où est-il ? » Jésus répondit : « Vous ne me connaissez pas et vous ne connaissez pas mon Père ; si vous m'aviez connu, vous auriez aussi connu mon Père. » 20 Il prononça ces paroles au lieu dit du Trésor[1], alors qu'il enseignait dans le *temple. Personne ne mit la main sur lui, parce que son heure n'était pas encore venue.

Jésus se présente comme l'envoyé du Père

21 Jésus leur dit encore : « Je m'en vais : vous me chercherez mais vous mourrez dans votre pé-

1. Voir Mc 11.1 et note.

1. *Le Trésor* pouvait désigner, par abréviation, l'esplanade attenante au bâtiment où l'on conservait le trésor du Temple ; ou encore l'endroit de la cour des femmes où se trouvaient les troncs destinés à recevoir les offrandes (Mc 12.41-43 par.).

ché. Là où je vais, vous ne pouvez aller. » 22 Les *Juifs dirent alors : « Aurait-il l'intention de se tuer puisqu'il dit : Là où je vais, vous ne pouvez aller ? » 23 Jésus leur répondit : « Vous êtes d'en bas; moi, je suis d'en haut; vous êtes de ce *monde, moi je ne suis pas de ce monde. 24 C'est pourquoi je vous ai dit que vous mourrez dans vos péchés. Si, en effet, vous ne croyez pas que Je Suis, vous mourrez dans vos péchés. » 25 Ils dirent alors : « Toi, qui es-tu ? » Jésus leur répondit : « Ce que je ne cesse de vous dire depuis le commencement[1]. 26 En ce qui vous concerne, j'ai beaucoup à dire et à juger; mais celui qui m'a envoyé est véridique et ce que j'ai entendu auprès de lui, c'est cela que je déclare au monde. » 27 Ils ne comprirent pas qu'il leur avait parlé du Père. 28 Jésus leur dit alors : « Lorsque vous aurez élevé le *Fils de l'homme, vous connaîtrez que Je Suis et que je ne fais rien de moi-même : je dis ce que le Père m'a enseigné. 29 Celui qui m'a envoyé est avec moi : il ne m'a pas laissé seul, parce que je fais toujours ce qui lui plaît. » 30 Alors qu'il parlait ainsi, beaucoup crurent en lui.

Descendants d'Abraham ou fils du diable ?

31 Jésus donc dit aux *Juifs qui avaient cru en lui : « Si vous demeurez dans ma parole, vous êtes vraiment mes *disciples, 32 vous connaîtrez la vérité et la vérité fera de vous des hommes libres. »

1. Ou *Faut-il seulement que je vous parle ?* ou encore : *D'abord ce que je vous dis; ou même : absolument ce que je vous dis.*

33 Ils lui répliquèrent : « Nous sommes la descendance d'Abraham et jamais personne ne nous a réduits en esclavage : comment peux-tu prétendre que nous allons devenir des hommes libres ? » 34 Jésus leur répondit : « En vérité, en vérité, je vous le dis, celui qui commet le péché est esclave du péché. 35 L'esclave ne demeure pas toujours dans la maison, le Fils, lui, y demeure pour toujours. 36 Dès lors, si c'est le Fils qui vous affranchit, vous serez réellement des hommes libres. 37 Vous êtes la descendance d'Abraham, je le sais; mais parce que ma parole ne pénètre pas en vous, vous cherchez à me faire mourir. 38 Moi, je dis ce que j'ai vu auprès de mon Père, tandis que vous, vous faites ce que vous avez entendu auprès de votre père ! » 39 Ils ripostèrent : « Notre père, c'est Abraham. » Jésus leur dit : « Si vous êtes enfants d'Abraham, faites donc les oeuvres d'Abraham. 40 Or, vous cherchez maintenant à me faire mourir, moi qui vous ai dit la vérité que j'ai entendue auprès de Dieu : cela Abraham ne l'a pas fait. 41 Mais vous, vous faites les oeuvres de votre père. » Ils lui répliquèrent : « Nous ne sommes pas nés de la prostitution ! Nous n'avons qu'un seul père, Dieu ! » 42 Jésus leur dit : « Si Dieu était votre père, vous m'auriez aimé, car c'est de Dieu que je suis sorti et que je viens; je ne ne suis pas venu de mon propre chef, c'est Lui qui m'a envoyé. 43 Pourquoi ne comprenez-vous pas mon langage ? Parce que vous n'êtes pas capables d'écouter ma parole. 44 Votre père, c'est le *diable, et

vous avez la volonté de réaliser les désirs de votre père. Dès le commencement il s'est attaché à faire mourir l'homme; il ne s'est pas tenu dans la vérité parce qu'il n'y a pas en lui de vérité. Lorsqu'il profère le mensonge, il puise dans son propre bien parce qu'il est menteur et père du mensonge. 45 Quant à moi, c'est parce que je dis la vérité que vous ne me croyez pas. 46 Qui de vous me convaincra de péché ? Si je dis la vérité, pourquoi ne me croyez-vous pas ? 47 Celui qui est de Dieu écoute les paroles de Dieu; et c'est parce que vous n'êtes pas de Dieu que vous ne m'écoutez pas. » 48 Les *Juifs lui répondirent : « N'avons-nous pas raison de dire que tu es un Samaritain[1] et un possédé ? » 49 Jésus leur répliqua : « Non, je ne suis pas un possédé; mais j'honore mon Père tandis que vous, vous me déshonorez ! 50 Je n'ai d'ailleurs pas à chercher ma propre gloire : il y a Quelqu'un qui y pourvoit et qui juge. 51 En vérité, en vérité, je vous le dis, si quelqu'un garde ma parole, il ne verra jamais la mort. » 52 Les Juifs lui dirent alors : « Nous savons maintenant que tu es un possédé ! Abraham est mort, et les *prophètes aussi, et toi, tu viens dire : si quelqu'un garde ma parole, il ne fera jamais l'expérience de la mort. 53 Serais-tu plus grand que notre père Abraham qui est mort ? Et les prophètes aussi sont morts ! Pour qui te prends-tu donc ? » 54 Jésus leur répondit : « Si je me glorifiais moi-même, ma gloire ne signifierait rien. C'est mon Père qui me glorifie, lui dont vous af-

firmez qu'il est votre Dieu. 55 Vous ne l'avez pas connu tandis que moi, je le connais. Si je disais que je ne le connais pas, je serais, tout comme vous, un menteur; mais je le connais et je garde sa parole. 56 Abraham, votre père, a exulté à la pensée de voir mon *Jour : il l'a vu et il a été transporté de joie. » 57 Sur quoi, les Juifs lui dirent : « Tu n'as même pas 50 ans et tu as vu Abraham ! » 58 Jésus leur répondit : « En vérité, en vérité, je vous le dis, avant qu'Abraham fût, Je Suis. » 59 Alors, ils ramassèrent des pierres pour les lancer contre lui, mais Jésus se déroba et sortit du *temple.

Jésus guérit un aveugle de naissance

9 1 en passant, Jésus vit un homme aveugle de naissance. 2 Ses disciples lui posèrent cette question : « Rabbi[1], qui a péché pour qu'il soit né aveugle, lui ou ses parents ? » 3 Jésus répondit : « Ni lui ni ses parents. Mais c'est pour que les oeuvres de Dieu se manifestent en lui ! 4 Tant qu'il fait jour, il nous faut travailler aux oeuvres de celui qui m'a envoyé : la nuit vient où personne ne peut travailler; 5 aussi longtemps que je suis dans le monde, je suis la lumière du *monde. » 6 Ayant ainsi parlé, Jésus cracha à terre, fit de la boue avec la salive et l'appliqua sur les yeux de l'aveugle 7 et il lui dit : « Va te laver à la piscine de Siloé[2] » — ce qui signifie Envoyé. L'aveugle y

---

1. Voir 4.9 et note sur Mt 10.5.

1. Voir 1.38 et note.
2. *La piscine de Siloé* était située à l'intérieur des murs de Jérusalem.

alla, il se lava et, à son retour, il voyait.

8 Les gens du voisinage et ceux qui auparavant avaient l'habitude de le voir — car c'était un mendiant — disaient : « N'est-ce pas celui qui était assis à mendier ? » 9 Les uns disaient : « C'est bien lui ! » D'autres disaient : « Mais non, c'est quelqu'un qui lui ressemble. » Mais l'aveugle affirmait : « C'est bien moi. » 10 Ils lui dirent donc : « Et alors, tes yeux, comment se sont-ils ouverts ? » 11 Il répondit : « L'homme qu'on appelle Jésus a fait de la boue, m'en a frotté les yeux et m'a dit : Va à Siloé et lave-toi. Alors moi, j'y suis allé, je me suis lavé et j'ai retrouvé la vue. » 12 Ils lui dirent : « Où est-il, celui-là ? » Il répondit : « Je n'en sais rien. »

L'enquête menée par les pharisiens

13 On conduisit chez les *pharisiens celui qui avait été aveugle. 14 Or c'était un jour de *sabbat que Jésus avait fait de la boue et lui avait ouvert les yeux. 15 À leur tour, les pharisiens lui demandèrent comment il avait recouvré la vue. Il leur répondit : « Il m'a appliqué de la boue sur les yeux, je me suis lavé, je vois. » 16 Parmi les pharisiens, les uns disaient : « Cet individu n'observe pas le sabbat, il n'est donc pas de Dieu. » Mais d'autres disaient : « Comment un homme *pécheur aurait-il le pouvoir d'opérer de tels *signes ? » Et c'était la division entre eux. 17 Alors, ils s'adressèrent à nouveau à l'aveugle : « Et toi, que dis-tu de celui qui t'a ouvert les yeux ? » Il répondit : « C'est un *prophète. » 18 Mais tant qu'ils n'eurent pas convoqué ses parents, les *Juifs refusèrent de croire qu'il avait été aveugle et qu'il avait recouvré la vue. 19 Ils posèrent cette question aux parents : « Cet homme est-il bien votre fils dont vous prétendez qu'il est né aveugle ? Alors comment voit-il maintenant ? » 20 Les parents leur répondirent : « Nous sommes certains que c'est bien notre fils et qu'il est né aveugle. 21 Comment maintenant il voit, nous l'ignorons. Qui lui a ouvert les yeux ? Nous l'ignorons. Interrogez-le, il est assez grand, qu'il s'explique lui-même à son sujet ! » 22 Ses parents parlèrent ainsi parce qu'ils avaient peur des Juifs[1]. Ceux-ci étaient déjà convenus d'exclure de la *synagogue quiconque confesserait que Jésus est le *Christ. 23 Voilà pourquoi les parents dirent : « Il est assez grand, interrogez-le. »

24 Une seconde fois, les pharisiens appelèrent l'homme qui avait été aveugle et ils lui dirent : « Rends gloire à Dieu ! Nous savons, nous, que cet homme est un pécheur. » 25 Il leur répondit : « Je ne sais si c'est un pécheur ; je ne sais qu'une chose : j'étais aveugle et maintenant je vois. » 26 Ils lui dirent : « Que t'a-t-il fait ? Comment t'a-t-il ouvert les yeux ? » 27 Il leur répondit : « Je vous l'ai déjà raconté, mais vous n'avez pas écouté ! Pourquoi voulez-vous l'entendre encore une fois ? N'auriez-vous pas le désir de devenir ses *disciples vous aussi ? » 28 Les pharisiens se mirent alors à l'injurier et ils disaient : « C'est toi qui es son disciple ! Nous, nous

1. Voir 1.19 et note.

sommes disciples de Moïse.
29 Nous savons que Dieu a parlé
à Moïse tandis que celui-là, nous
ne savons pas d'où il est ! »
30 L'homme leur répondit : « C'est
bien là, en effet, l'étonnant, que
vous ne sachiez pas d'où il est,
alors qu'il m'a ouvert les yeux !
31 Dieu, nous le savons, n'exauce
pas les pécheurs ; mais si un
homme est pieux et fait sa volonté, Dieu l'exauce. 32 Jamais on
n'a entendu dire que quelqu'un
ait ouvert les yeux d'un aveugle
de naissance. 33 Si cet homme n'é-
tait pas de Dieu, il ne pourrait
rien faire. » 34 Ils ripostèrent :
« Tu n'es que péché depuis ta
naissance et tu viens nous faire la
leçon ! » ; et ils le jetèrent dehors.

35 Jésus apprit qu'ils l'avaient
chassé. Il vint alors le trouver et
lui dit : « Crois-tu, toi, au *Fils de
l'homme ? » 36 Et lui de répondre :
« Qui est-il, Seigneur, pour que je
croie en lui ? » 37 Jésus lui dit :
« Eh bien ! Tu l'as vu, c'est celui
qui te parle. » 38 L'homme dit :
« Je crois, Seigneur » et il se prosterna devant lui.

Qui sont les vrais aveugles ?

39 Et Jésus dit alors : « C'est
pour un jugement que je suis
venu dans le monde, pour que
ceux qui ne voyaient pas voient,
et que ceux qui voyaient deviennent aveugles. » 40 Les *pharisiens
qui étaient avec lui entendirent
ces paroles et lui dirent : « Est-ce
que, par hasard, nous serions des
aveugles, nous aussi ? » 41 Jésus
leur répondit : « Si vous étiez des
aveugles, vous n'auriez pas de péché. Mais à présent vous dites

nous voyons : votre péché demeure.

Parabole du berger et de son troupeau

10 1 En vérité, en vérité, je
vous le dis, celui qui n'entre
pas par la porte dans l'enclos des
brebis[1] mais qui escalade par un
autre côté, celui-là est un voleur
et un brigand. 2 Mais celui qui
entre par la porte est le *berger
des brebis. 3 Celui qui garde la
porte lui ouvre, et les brebis écoutent sa voix ; les brebis qui lui
appartiennent, il les appelle chacune par son nom, et il les emmène dehors. 4 Lorsqu'il les a
toutes fait sortir il marche à leur
tête et elles le suivent parce
qu'elles connaissent sa voix. 5 Jamais elles ne suivront un étranger ; bien plus, elles le fuiront
parce qu'elles ne connaissent pas
la voix des étrangers. » 6 Jésus
leur dit cette *parabole, mais ils
ne comprirent pas la portée de ce
qu'il disait.

Le bon berger

7 Jésus reprit : « En vérité, en
vérité, je vous le dis, je suis la
porte des brebis. 8 Tous ceux qui
sont venus avant moi sont des
voleurs et des brigands, mais les
brebis ne les ont pas écoutés. 9 Je
suis la porte : si quelqu'un entre
par moi, il sera sauvé, il ira et
viendra et trouvera de quoi se

---

1. Pendant la nuit les troupeaux étaient parqués
à l'intérieur d'un enclos de pierres sèches sous la
surveillance d'un gardien.

nourrir[1]. 10 Le voleur ne se présente que pour voler, pour tuer et pour perdre; moi, je suis venu pour que les hommes aient la *vie et qu'ils l'aient en abondance.

11 Je suis le bon berger : le bon berger se dessaisit de sa vie pour ses brebis. 12 Le mercenaire, qui n'est pas vraiment un berger et à qui les brebis n'appartiennent pas, voit-il venir le loup, il abandonne les brebis et prend la fuite; et le loup s'en empare et les disperse. 13 C'est qu'il est mercenaire et que peu lui importent les brebis. 14 Je suis le bon berger, je connais mes brebis et mes brebis me connaissent, 15 comme mon Père me connaît et que je connais mon Père; et je me dessaisis de ma vie pour les brebis. 16 J'ai d'autres brebis qui ne sont pas de cet enclos et celles-là aussi, il faut que je les mène; elles écouteront ma voix et il y aura un seul troupeau et un seul berger. 17 Le Père m'aime parce que je me dessaisis de ma vie pour la reprendre ensuite. 18 Personne ne me l'enlève mais je m'en dessaisis de moi-même; j'ai le pouvoir de m'en dessaisir et j'ai le pouvoir de la reprendre : tel est le commandement que j'ai reçu de mon Père. »

19 Ces paroles provoquèrent à nouveau la division parmi les *Juifs. 20 Beaucoup d'entre eux disaient : « Il est possédé, il déraisonne, pourquoi l'écouter ? » 21 Mais d'autres disaient : « Ce ne sont pas là propos de possédé; un *démon pourrait-il ouvrir les yeux d'un aveugle ? »

Jésus affirme son unité avec le Père

22 On célébrait alors à Jérusalem la fête de la Dédicace[1]. C'était l'hiver. 23 Au *temple, Jésus allait et venait sous le portique de Salomon. 24 Les *Juifs firent cercle autour de lui et lui dirent : « Jusqu'à quand vas-tu nous tenir en suspens ? Si tu es le *Christ, dis-le-nous ouvertement ! » 25 Jésus leur répondit : « Je vous l'ai dit et vous ne croyez pas. Les oeuvres que je fais au nom de mon Père me rendent témoignage, 26 mais vous ne me croyez pas parce que vous n'êtes pas de mes brebis. 27 Mes brebis écoutent ma voix et je les connais et elles viennent à ma suite. 28 Et moi, je leur donne la *vie éternelle; elles ne périront jamais et personne ne pourra les arracher de ma main. 29 Mon Père qui me les a données est plus grand que tout[2], et nul n'a le pouvoir d'arracher quelque chose de la main du Père. 30 Moi et le Père nous sommes un. »

31 Les Juifs, à nouveau, ramassèrent des pierres pour le lapider. 32 Mais Jésus reprit : « Je vous ai fait voir tant d'oeuvres belles qui venaient du Père. Pour laquelle de ces oeuvres voulez-vous me lapider ? » 33 Les Juifs lui répondirent : « Ce n'est pas pour une belle oeuvre que nous voulons te lapider, mais pour un *blasphème, parce que toi qui es un

1. Ou il trouvera un pâturage.

1. Fête célébrée à Jérusalem vers la fin de décembre pour commémorer la purification du Temple. Cette purification suivit la victoire remportée par Judas Maccabée sur le roi de Syrie Antiochus IV Voir 1 M 4.36-59; 2 M 1.9, 18; 10.1-8.
2. Variante : ce que mon Père m'a donné est plus grand que tout.

homme tu te fais Dieu. » 34 Jésus leur répondit : « N'a-t-il pas· été écrit dans votre *Loi : *J'ai dit : Vous êtes des dieux ?* 35 Il arrive donc à la Loi d'appeler dieux ceux auxquels la parole de Dieu fut adressée. Or nul ne peut abolir l'Ecriture. 36 À celui que le Père a consacré et envoyé dans le *monde vous dites : Tu blasphèmes, parce que j'ai affirmé que je suis le Fils de Dieu. 37 Si je ne fais pas les oeuvres de mon Père, ne me croyez pas ! 38 Mais si je les fais, quand bien même vous ne me croiriez pas, croyez en ces oeuvres, afin que vous connaissiez et que vous sachiez bien que le Père est en moi comme je suis dans le Père. » 39 Alors, une fois de plus, ils cherchèrent à l'arrêter, mais il échappa de leurs mains. 40 Jésus s'en retourna au-delà du Jourdain, à l'endroit où Jean[1] avait commencé à baptiser, et il y demeura. 41 Beaucoup vinrent à lui et ils disaient : « Jean certes n'a opéré aucun *signe, mais tout ce qu'il a dit de cet homme était vrai. » 42 Et là, ils furent nombreux à croire en lui.

Mort de Lazare, l'ami de Jésus

11 1 Il y avait un homme malade; c'était Lazare de Béthanie[2], le village de Marie et de sa soeur Marthe. 2 Il s'agit de cette même Marie qui avait oint le Seigneur d'une huile parfumée et lui avait essuyé les pieds avec ses cheveux; c'était son frère Lazare qui était malade. 3 Les soeurs

envoyèrent dire à Jésus : « Seigneur, celui que tu aimes est malade. »

4 Dès qu'il l'apprit, Jésus dit : « Cette maladie n'aboutira pas à la mort, elle servira à la gloire de Dieu : c'est par elle que le Fils de Dieu doit être glorifié. » 5 Or Jésus aimait Marthe et sa soeur et Lazare. 6 Cependant, alors qu'il savait Lazare malade, il demeura deux jours encore à l'endroit où il se trouvait. 7 Après quoi seulement, il dit aux disciples : « Retournons en Judée. » 8 Les disciples lui dirent : « Rabbi[1], tout récemment encore les *Juifs cherchaient à te lapider; et tu veux retourner là-bas ? » 9 Jésus répondit : « N'y a-t-il pas douze heures de jour ? Si quelqu'un marche de jour, il ne trébuche pas parce qu'il voit la lumière de ce *monde; 10 mais si quelqu'un marche de nuit, il trébuche parce que la lumière n'est pas en lui. »

11 Après avoir prononcé ces paroles, il ajouta : « Notre ami Lazare s'est endormi, mais je vais aller le réveiller. » 12 Les disciples lui dirent donc : « Seigneur, s'il s'est endormi, il sera sauvé. » 13 En fait, Jésus avait voulu parler de la mort de Lazare, alors qu'ils se figuraient, eux, qu'il parlait de l'assoupissement du sommeil. 14 Jésus leur dit alors ouvertement : « Lazare est mort, et je suis heureux pour vous de n'avoir pas été là, afin que vous croyiez. Mais allons à lui ! » 16 Alors Thomas, celui que l'on appelle Didyme[2], dit aux autres disciples :

---

1. Voir 3.23.
2. *Lazare :* nom probablement assez courant à l'époque de Jésus; forme abrégée d'*Eléazar* (Dieu l'aide). *Béthanie :* voir Mc 11.1 et note.

1. Voir 1.38 et note.
2. *Didymes* surnom qui signifie *le jumeau.*

« Allons, nous aussi, et nous mourrons avec lui. »

Jésus s'entretient avec Marthe et Marie

17 À son arrivée, Jésus trouva Lazare au tombeau; il y était depuis quatre jours déjà. 18 Comme Béthanie est distante de Jérusalem d'environ quinze stades[1], 19 beaucoup de *Juifs étaient venus chez Marthe et Marie pour les consoler au sujet de leur frère. 20 Lorsque Marthe apprit que Jésus arrivait, elle alla au-devant de lui, tandis que Marie était assise dans la maison. 21 Marthe dit à Jésus : « Seigneur, si tu avais été ici, mon frère ne serait pas mort. 22 Mais maintenant encore, je sais que tout ce que tu demanderas à Dieu, Dieu te le donnera. » 23 Jésus lui dit : « Ton frère ressuscitera. » 24 « Je sais, répondit-elle, qu'il ressuscitera lors de la résurrection, au dernier *jour. » 25 Jésus lui dit : « Je suis la Résurrection et la *Vie : celui qui croit en moi, même s'il meurt, vivra; 26 et quiconque vit et croit en moi ne mourra jamais. Crois-tu cela ? » 27 « Oui, Seigneur, répondit-elle, je crois que tu es le *Christ, je crois que tu es le Fils de Dieu, Celui qui vient dans le monde. » 28 Là-dessus elle partit appeler sa sœur Marie et lui dit tout bas : « Le Maître est là et il t'appelle. » 29 À ces mots, Marie se leva immédiatement et alla vers lui. 30 Jésus, en effet, n'était pas encore entré dans le village; il se trouvait toujours à l'endroit où Marthe l'avait rencontré. 31 Les Juifs étaient avec Marie dans la maison, et ils cherchaient à la consoler. Ils la virent se lever soudain pour sortir, ils la suivirent : ils se figuraient qu'elle se rendait au tombeau pour s'y lamenter. 32 Lorsque Marie parvint à l'endroit où se trouvait Jésus, dès qu'elle le vit, elle tomba à ses pieds et lui dit : « Seigneur, si tu avais été ici, mon frère ne serait pas mort. » 33 Lorsqu'il les vit se lamenter, elle et les Juifs qui l'accompagnaient, Jésus frémit intérieurement et il se troubla. 34 Il dit : « Où l'avez-vous déposé ? » Ils répondirent : « Seigneur, viens voir. » 35 Alors Jésus pleura; 36 et les Juifs disaient : « Voyez comme il l'aimait ! » 37 Mais quelques-uns d'entre eux dirent : « Celui qui a ouvert les yeux de l'aveugle, n'a pas été capable d'empêcher Lazare de mourir. »

Jésus rappelle Lazare à la vie

38 Alors, à nouveau, Jésus frémit intérieurement et il s'en fut au sépulcre; c'était une grotte dont une pierre recouvrait l'entrée[1]. 39 Jésus dit alors : « Enlevez cette pierre. » Marthe, la sœur du défunt, lui dit : « Seigneur, il doit déjà sentir ; il y a en effet quatre jours » ... 40 mais Jésus lui répondit : « Ne t'ai-je pas dit que, si tu crois, tu verras la gloire de Dieu ? » 41 On ôta donc la pierre. Alors, Jésus leva les yeux et dit : « Père, je te rends grâce de ce que tu m'as exaucé. 42 Certes, je savais bien que tu m'exauces toujours, mais j'ai parlé à cause de cette

---

1. Un peu moins de 3 km. Voir au glossaire POIDS ET MESURES.

1. Dans la Palestine du temps de Jésus les tombes étaient souvent creusées à flanc de coteau dans le rocher et fermées par une grosse pierre ronde et plate. Voir Mc 15.46 par..

foule qui m'entoure, afin qu'ils croient que tu m'as envoyé. » 43 Ayant ainsi parlé, il cria d'une voix forte : « Lazare, sors ! » 44 Et celui qui avait été mort sortit, les pieds et les mains attachés par des bandes, et le visage enveloppé d'un linge. Jésus dit aux gens : « Déliez-le et laissez-le aller ! »

Le complot contre Jésus
(Mt 26.1-5; Mc 14.1-2; Lc 22.1-2)

45 Beaucoup de ces Juifs qui étaient venus auprès de Marie et qui avaient vu ce que Jésus avait fait, crurent en lui. 46 Mais d'autres s'en allèrent trouver les *pharisiens et leur racontèrent ce que Jésus avait fait. 47 Les *grands prêtres et les pharisiens réunirent alors un conseil et dirent : « Que faisons-nous ? Cet homme opère beaucoup de *signes. 48 Si nous le laissons continuer ainsi, tous croiront en lui, les Romains interviendront et ils détruiront et notre saint Lieu[1] et notre nation. » 49 L'un d'entre eux, Caïphe, qui était grand prêtre en cette année-là, dit : « Vous n'y comprenez rien 50 et vous ne percevez même pas que c'est votre avantage qu'un seul homme meure pour le peuple et que la nation ne périsse pas tout entière. » 51 Ce n'est pas de lui-même qu'il prononça ces paroles, mais, comme il était grand prêtre en cette année-là, il fit cette *prophétie qu'il fallait que Jésus meure pour la nation 52 et non seulement pour elle mais pour réunir dans l'unité les enfants de Dieu qui sont dispersés.

53 C'est ce jour-là donc qu'ils décidèrent qu'ils le feraient périr. 54 De son côté, Jésus s'abstint désormais d'aller et de venir ouvertement parmi les Juifs : il se retira dans la région proche du désert, dans une ville nommée Ephraïm[1], où il séjourna avec ses disciples.

Le parfum répandu sur les pieds de Jésus
(Mt 26.6-13; Mc 14.3-9; cf. Lc 7.36-38)

55 Cependant la *Pâque des Juifs était proche. À la veille de cette Pâque, beaucoup de gens montèrent de la campagne à Jérusalem pour se *purifier. 56 Ils cherchaient Jésus, et, dans le *temple où ils se tenaient, ils se disaient entre eux : « Qu'en pensez-vous ? Jamais il ne viendra à la fête ! » 57 Les *grands prêtres et les *pharisiens avaient donné des ordres : quiconque saurait où il était devait le dénoncer afin qu'on se saisisse de lui.

12 1 Six jours avant la *Pâque, Jésus arriva à Béthanie[2] où se trouvait Lazare qu'il avait relevé d'entre les morts. 2 On y offrit un dîner en son honneur : Marthe servait tandis que Lazare se trouvait parmi les convives. 3 Marie prit alors une livre d'un parfum de nard pur[3] de grand prix; elle oignit les pieds de Jésus, les essuya avec ses cheveux et la maison fut remplie de ce parfum. 4 Alors Judas Iscarioth, l'un de ses disciples, celui-là même qui allait

1. Cette expression peut désigner soit la ville de Jérusalem dans son ensemble soit le Temple en particulier.

1. On situe souvent cette localité à une vingtaine de km au Nord-Est de Jérusalem.
2. Voir Mc 11.1 et note.
3. La *livre* romaine pesait un peu plus de 325 g. Voir au glossaire POIDS ET MESURES. *Nard* : voir Mc 14.4 et note. *Pur* : le terme grec ainsi traduit est rare et son sens est discuté.

le livrer, dit : 5 « Pourquoi n'a-t-on pas vendu ce parfum 300 deniers[1], pour les donner aux pauvres ? » 6 Il parla ainsi, non qu'il eût souci des pauvres mais parce qu'il était voleur et que, chargé de la bourse, il dérobait ce qu'on y déposait. 7 Jésus dit alors : « - Laisse-la ! Elle observe cet usage en vue de mon ensevelissement. 8 Des pauvres, vous en avez toujours avec vous, mais moi vous ne m'avez pas pour toujours. » 9 Cependant une grande foule de *Juifs avaient appris que Jésus était là, et ils arrivèrent non seulement à cause de Jésus lui-même, mais aussi pour voir ce Lazare qu'il avait relevé d'entre les morts. 10 Les *grands prêtres dès lors décidèrent de faire mourir aussi Lazare, 11 puisque c'était à cause de lui qu'un grand nombre de Juifs les quittaient et croyaient en Jésus.

Entrée royale de Jésus à Jérusalem

(*Mt 21.1-11; Mc 11.1-11; Lc 19.28-40*)

12 Le lendemain, la grande foule venue à la fête[2] apprit que Jésus arrivait à Jérusalem; 13 ils prirent des branches de palmiers et sortirent à sa rencontre. Ils criaient « *hosanna*[3] ! Béni soit au nom du Seigneur Celui qui vient, le roi d'Israël. » 14 Trouvant un ânon, Jésus s'assit dessus selon qu'il est écrit : 15 *Ne crains pas, fille de *Sion : voici ton roi qui vient, il est monté sur le petit d'une ânesse.* 16 Au premier moment, ses disciples ne comprirent pas ce qui arrivait, mais lorsque Jésus eut été glorifié, ils se rappelèrent que cela avait été écrit à son sujet et que c'était cela même qu'on avait fait pour lui. 17 Cependant la foule de ceux qui étaient avec lui lorsqu'il avait appelé Lazare hors du tombeau et qu'il l'avait relevé d'entre les morts, lui rendait témoignage. 18 C'était bien, en effet, parce qu'elle avait appris qu'il avait opéré ce *signe qu'elle se portait à sa rencontre. 19 Les *pharisiens se dirent alors les uns aux autres : « Vous le voyez, vous n'arriverez à rien : voilà que le monde se met à sa suite ! »

Des Grecs demandent à voir Jésus

20 Il y avait quelques Grecs[1] qui étaient montés pour adorer à l'occasion de la fête. 21 Ils s'adressèrent à Philippe qui était de Bethsaïda de Galilée et ils lui firent cette demande : « Seigneur, nous voudrions voir Jésus. » 22 Philippe alla le dire à André et ensemble ils le dirent à Jésus. 23 Jésus leur répondit en ces termes : « Elle est venue, l'heure où le *Fils de l'homme doit être glorifié. 24 En vérité, en vérité, je vous le dis, si le grain de blé qui tombe en terre ne meurt pas, il reste seul; si au contraire il meurt, il porte du fruit en abondance. 25 Celui qui aime sa vie la perd, et celui qui cesse de s'y attacher en

---

1. *Voir au glossaire MONNAIES.*
2. *Voir 11.55.*
3. *Hosanna* est la transcription en grec d'un verbe araméen signifiant : *daigne accorder le salut;* on l'employait comme une acclamation. Voir Mc 11.9 et note.

1. Ces gens, qui participent au pèlerinage pascal sans être pour autant de race juive, peuvent être considérés comme des sympathisants du judaïsme ou encore comme des *prosélytes* (païens gagnés à la foi juive).

ce *monde la gardera pour la *vie éternelle. 26 Si quelqu'un veut me servir, qu'il se mette à ma suite, et là où je suis, là aussi sera mon serviteur. Si quelqu'un me sert, le Père l'honorera.

27 Maintenant mon âme est troublée, et que dirai-je ? Père, sauve-moi de cette heure ? Mais c'est précisément pour cette heure que je suis venu. 28 Père, glorifie ton *nom. » Alors, une voix vint du ciel : « Je l'ai glorifié et je le glorifierai encore. » 29 La foule qui se trouvait là et qui avait entendu disait que c'était le tonnerre ; d'autres disaient qu'un *ange lui avait parlé. 30 Jésus reprit la parole : « Ce n'est pas pour moi que cette voix a retenti, mais bien pour vous. 31 C'est maintenant le jugement de ce monde, maintenant le prince de ce monde va être jeté dehors. 32 Pour moi, quand j'aurai été élevé de terre[1], j'attirerai à moi tous les hommes. » 33 — Par ces paroles il indiquait de quelle mort il allait mourir. 34 La foule lui répondit : « Nous avons appris par la *Loi que le *Christ doit rester à jamais. Comment peux-tu dire qu'il faut que le Fils de l'homme soit élevé ? Qui est-il, ce Fils de l'homme ? » 35 Jésus leur répondit : « La lumière est encore parmi vous pour un peu de temps. Marchez pendant que vous avez la lumière, pour que les ténèbres ne s'emparent pas de vous : car celui qui marche dans les ténèbres ne sait où il va. 36 Pendant que vous avez la lu-mière croyez en la lumière, pour devenir des fils de lumière. » Après leur avoir ainsi parlé, Jésus se retira et se cacha d'eux.

Premier bilan et résumé de l'Evangile

37 Quoiqu'il eût opéré devant eux tant de *signes, ils ne croyaient pas en lui, 38 de sorte que s'accomplît la parole que le *prophète Esaïe avait dite : *Seigneur, qui a cru ce qu'on nous avait entendu dire ? Et à qui le bras du Seigneur a-t-il été *révélé ?* 39 Le même Esaïe a indiqué la raison pour laquelle ils ne pouvaient croire : 40 *Il a aveuglé leurs yeux et il a endurci leur coeur, pour qu'ils ne voient pas de leurs yeux, que leur coeur ne comprenne pas, qu'ils ne se convertissent pas, et moi je les aurais guéris !* 41 Cela, Esaïe le dit parce qu'il a vu sa gloire et qu'il a parlé de lui. 42 Cependant, parmi les dirigeants eux-mêmes, beaucoup avaient cru en lui ; mais, à cause des *pharisiens, ils n'osaient le confesser, de crainte d'être exclus de la *synagogue : 43 c'est qu'ils préféraient la gloire qui vient des hommes à la gloire qui vient de Dieu.

44 Cependant, Jésus proclama : « Qui croit en moi, ce n'est pas en moi qu'il croit, mais en celui qui m'a envoyé 45 et celui qui me voit, voit aussi celui qui m'a envoyé. 46 Moi, la lumière, je suis venu dans le *monde, afin que quiconque croit en moi ne demeure pas dans les ténèbres. 47 Si quelqu'un entend mes paroles et ne les garde pas, ce n'est pas moi qui le juge : car je ne suis pas venu

---

1. *Elevé de la terre* est une expression à double sens, comme il arrive souvent chez Jn (voir 3.3 et note). Elle vise ici à la fois l'élévation de Jésus sur la croix et son élévation à la gloire ; voir v. 33 et 3.14-15 ; 8.28.

juger le monde, je suis venu sauver le monde. 48 Qui me rejette et ne reçoit pas mes paroles a son juge : la parole que j'ai dite le jugera au dernier *jour. 49 Je n'ai pas parlé de moi-même, mais le Père qui m'a envoyé m'a prescrit ce que j'ai à dire et à déclarer. 50 Et je sais que son commandement est *vie éternelle : ce que je dis, je le dis comme le Père me l'a dit. »

Jésus lave les pieds de ses disciples

13 1 Avant la fête de la *Pâque, Jésus sachant que son heure était venue, l'heure de passer de ce *monde au Père, lui, qui avait aimé les siens qui sont dans le monde, les aima jusqu'à l'extrême. 2 Au cours d'un repas, alors que déjà le *diable avait jeté au *coeur de Judas Iscarioth, fils de Simon, la pensée de le livrer, 3 sachant que le Père a remis toutes choses entre ses mains, qu'il est sorti de Dieu et qu'il va vers Dieu, 4 Jésus se lève de table, dépose son vêtement et prend un linge dont il se ceint. 5 Il verse ensuite de l'eau dans un bassin et commence à laver les pieds des disciples et à les essuyer avec le linge dont il était ceint.

6 Il arrive ainsi à Simon-Pierre qui lui dit : « Toi, Seigneur, me laver les pieds ! » 7 Jésus lui répond : « Ce que je fais, tu ne peux le savoir à présent, mais par la suite tu comprendras. » 8 Pierre lui dit : « Me laver les pieds à moi ! Jamais ! » Jésus lui répondit : « Si je ne te lave pas, tu ne peux pas avoir part avec moi. » 9 Simon-Pierre lui dit : « Alors, Seigneur, non pas seulement les pieds mais aussi les mains et la tête ! » 10 Jésus lui dit : « Celui qui s'est baigné n'a nul besoin d'être lavé[1], car il est entièrement *pur[2] : et vous, vous êtes purs, mais non pas tous. » 11 Il savait en effet qui allait le livrer; et c'est pourquoi il dit : « Vous n'êtes pas tous purs. »

12 Lorsqu'il eut achevé de leur laver les pieds, Jésus prit son vêtement, se remit à table et leur dit : « Comprenez-vous ce que j'ai fait pour vous ? 13 Vous m'appelez le Maître et le Seigneur et vous dites bien, car je le suis. 14 Dès lors, si je vous ai lavé les pieds, moi le Seigneur et le Maître, vous devez vous aussi vous laver les pieds les uns aux autres; 15 car c'est un exemple que je vous ai donné : ce que j'ai fait pour vous, faites-le vous aussi. 16 En vérité, en vérité, je vous le dis, un serviteur n'est pas plus grand que son maître, ni un envoyé plus grand que celui qui l'envoie. 17 Sachant cela, vous serez heureux si du moins vous le mettez en pratique. 18 Je ne parle pas pour vous tous; je connais ceux que j'ai choisis. Mais qu'ainsi s'accomplisse l'Écriture : *Celui qui mangeait le pain avec moi, contre moi a levé le talon.* 19 Je vous le dis à présent, avant que l'événement n'arrive, afin que, lorsqu'il arrivera, vous croyiez que Je Suis. 20 En vérité, en vérité, je vous le dis, recevoir celui que j'enverrai, c'est me recevoir moi-même, et me recevoir c'est

---

1. De nombreux manuscrits offrent un texte plus long : *n'a aucun besoin de se laver, sinon les pieds.*
2. Le même mot grec signifie à la fois *propre* et *pur.*

aussi recevoir celui qui m'a envoyé. »

Jésus annonce qu'il va être trahi
(Mt 26.20-25; Mc 14.17-21; Lc 22.21-23)

21 Ayant ainsi parlé, Jésus fut troublé intérieurement et il déclara solennellement : « En vérité, en vérité, je vous le dis, l'un d'entre vous va me livrer. » 22 Les disciples se regardaient les uns les autres, se demandant de qui il parlait. 23 Un des disciples, celui-là même que Jésus aimait, se trouvait à côté de lui[1]. 24 Simon-Pierre lui fit signe : « Demande de qui il parle »; 25 se penchant alors vers la poitrine de Jésus, le disciple lui dit : « Seigneur, qui est-ce ? » 26 Jésus répondit : « C'est celui à qui je donnerai la bouchée que je vais tremper. » Sur ce, Jésus prit la bouchée qu'il avait trempée et il la donna à Judas Iscarioth, fils de Simon. 27 C'est à ce moment, alors qu'il lui avait offert cette bouchée, que *Satan entra en Judas. Jésus lui dit alors : « Ce que tu as à faire, fais-le vite. » 28 Aucun de ceux qui se trouvaient là ne comprit pourquoi il avait dit cela. 29 Comme Judas tenait la bourse, quelques-uns pensèrent que Jésus lui avait dit d'acheter ce qui était nécessaire pour la fête, ou encore de donner quelque chose aux pauvres. 30 Quant à Judas, ayant pris la bouchée, il sortit immédiatement : il faisait nuit.

1. Le texte grec laisse entendre que les convives étaient allongés autour de la table, appuyés sur le bras gauche, à la manière antique.

Le nouveau commandement
(36-37)

31 Dès que Judas fut sorti, Jésus dit : « Maintenant, le *Fils de l'homme a été glorifié et Dieu a été glorifié par lui; 32 Dieu le glorifiera en lui-même, et c'est bientôt qu'il le glorifiera. 33 Mes petits enfants, je ne suis plus avec vous que pour peu de temps. Vous me chercherez et comme j'ai dit aux *Juifs : Là où je vais, vous ne pouvez venir, à vous aussi je le dis.

34 Je vous donne un commandement nouveau : aimez-vous les uns les autres. Comme je vous ai aimés, aimez-vous les uns les autres. 35 À ceci tous vous reconnaîtront pour mes *disciples : à l'amour que vous aurez les uns pour les autres. »

36 Simon-Pierre lui dit : « Seigneur, où vas-tu ? » Jésus lui répondit : « Là où je vais, tu ne peux me suivre maintenant, mais tu me suivras plus tard. » 37 « Seigneur, lui répondit Pierre, pourquoi ne puis-je te suivre tout de suite ? Je me dessaisirai de ma vie pour toi ! » 38 Jésus répondit : « Te dessaisir de ta vie pour moi ! En vérité, en vérité, je te le dis, trois fois tu m'auras renié avant qu'un coq ne se mette à chanter. »

Le chemin qui mène au Père, c'est Jésus

14 1 « Que votre cœur ne se trouble pas : vous croyez en Dieu, croyez aussi en moi. 2 Dans la maison de mon Père, il y a beaucoup de demeures; sinon vous aurais-je dit que j'allais vous préparer le lieu où vous serez ?

3 Lorsque je serai allé vous le préparer, je reviendrai et je vous prendrai avec moi, si bien que là où je suis, vous serez vous aussi. 4 Quant au lieu où je vais, vous en savez le chemin. » 5 Thomas lui dit : « Seigneur, nous ne savons même pas où tu vas, comment en connaîtrions-nous le chemin ? » 6 Jésus lui dit : « Je suis le chemin et la vérité et la *vie. Personne ne va au Père si ce n'est par moi. 7 Si vous me connaissiez, vous connaîtriez aussi mon Père. Dès à présent vous le connaissez et vous l'avez vu. » 8 Philippe lui dit : « Seigneur, montre-nous le Père et cela nous suffit. » 9 Jésus lui dit : « Je suis avec vous depuis si longtemps, et cependant, Philippe, tu ne m'as pas reconnu ! Celui qui m'a vu a vu le Père. Pourquoi dis-tu : Montre-nous le Père ? 10 Ne crois-tu pas que je suis dans le Père et que le Père est en moi ? Les paroles que je vous dis, je ne les dis pas de moi-même ! Au contraire, c'est le Père qui, demeurant en moi, accomplit ses propres oeuvres. 11 Croyez-moi, je suis dans le Père et le Père est en moi ; et si vous ne croyez pas ma parole, croyez du moins à cause de ces oeuvres. 12 En vérité, en vérité, je vous le dis, celui qui croit en moi fera lui aussi les oeuvres que je fais : il en fera même de plus grandes, parce que je vais au Père. 13 Tout ce que vous demanderez en mon *nom, je le ferai, de sorte que le Père soit glorifié dans le Fils. 14 Si vous me demandez quelque chose en mon nom, je le ferai.

L'Esprit Saint que le Père enverra

15 Si vous m'aimez, vous vous appliquerez à observer mes commandements ; 16 moi, je prierai le Père : il vous donnera un autre Paraclet[1] qui restera avec vous pour toujours. 17 C'est lui l'Esprit de vérité, celui que le *monde est incapable d'accueillir parce qu'il ne le voit pas et qu'il ne le connaît pas. Vous, vous le connaissez, car il demeure auprès de vous et il est en vous. 18 Je ne vous laisserai pas orphelins, je viendrai à vous. 19 Encore un peu et le monde ne me verra plus ; vous, vous me verrez vivant et vous vivrez vous aussi. 20 En ce *jour-là, vous connaîtrez que je suis en mon Père et que vous êtes en moi et moi en vous. 21 Celui qui a mes commandements et qui les observe, celui-là m'aime : or celui qui m'aime sera aimé de mon Père et à mon tour, moi je l'aimerai et je me manifesterai à lui. » 22 Jude, non pas Judas l'Iscarioth, lui dit : « Seigneur, comment se fait-il que tu aies à te manifester à nous et non pas au monde ? » 23 Jésus lui répondit : « Si quelqu'un m'aime, il l'observera ma parole, et mon Père l'aimera ; nous viendrons à lui et nous établirons chez lui notre demeure. 24 Celui qui ne m'aime pas n'observe pas mes paroles ; or, cette parole que vous entendez, elle n'est pas de moi mais du Père qui m'a envoyé. 25 Je vous ai dit ces choses tandis que je demeu-

1. *Paraclet* est la transcription d'un terme grec du vocabulaire juridique, désignant celui qui est appelé auprès d'un accusé pour le défendre : *avocat, assistant, défenseur, consolateur, intercesseur* sont autant de traductions possibles, mais insuffisantes.

rais auprès de vous; 26 le Paraclet, l'Esprit Saint que le Père enverra en mon nom, vous enseignera toutes choses et vous fera ressouvenir de tout ce que je vous ai dit. 27 Je vous laisse la paix, je vous donne ma paix. Ce n'est pas à la manière du monde que je vous la donne. Que votre coeur cesse de se troubler et de craindre. 28 Vous l'avez entendu, je vous ai dit : Je m'en vais et je viens à vous. Si vous m'aimiez, vous vous réjouiriez de ce que je vais au Père, car le Père est plus grand que moi. 29 Je vous ai parlé dès maintenant, avant l'événement, afin que, lorsqu'il arrivera, vous croyiez. 30 Désormais, je ne m'entretiendrai plus guère avec vous, car le prince de ce monde vient. Certes, il n'a en moi aucune prise; 31 mais il vient afin que le monde sache que j'aime mon Père et que j'agis conformément à ce que le Père m'a prescrit. Levez-vous, partons d'ici !

Jésus, la vraie vigne

15 1 Je suis la vraie vigne et mon Père est le vigneron. 2 Tout sarment qui, en moi, ne porte pas de fruit, il l'enlève, et tout sarment qui porte du fruit, il l'émonde[1], afin qu'il en porte davantage encore. 3 Déjà vous êtes émondés par la parole que je vous ai dite. 4 Demeurez en moi comme je demeure en vous ! De même que le sarment, s'il ne demeure sur la vigne, ne peut de lui-même produire du fruit, ainsi vous non plus si vous ne demeure-

rez en moi. 5 Je suis la vigne, vous êtes les sarments : celui qui demeure en moi et en qui je demeure, celui-là portera du fruit en abondance car, en dehors de moi vous ne pouvez rien faire. 6 Si quelqu'un ne demeure pas en moi, il est jeté dehors comme le sarment, il se dessèche, puis on les ramasse, on les jette au feu et ils brûlent. 7 Si vous demeurez en moi et que mes paroles demeurent en vous, vous demanderez ce que vous voudrez et cela vous arrivera. 8 Ce qui glorifie mon Père, c'est que vous produisiez du fruit en abondance et que vous soyez pour moi des *disciples. 9 Comme le Père m'a aimé, moi aussi je vous ai aimés : demeurez dans mon amour. 10 Si vous observez mes commandements, vous demeurerez dans mon amour, comme, en observant les commandements de mon Père, je demeure dans son amour.

11 Je vous ai dit cela pour que ma joie soit en vous et que votre joie soit parfaite.

12 Voici mon commandement : aimez-vous les uns les autres comme je vous ai aimés. 13 Nul n'a d'amour plus grand que celui qui se dessaisit de sa vie pour ceux qu'il aime. 14 Vous êtes mes amis si vous faites ce que je vous commande. 15 Je ne vous appelle plus serviteurs, car le serviteur reste dans l'ignorance de ce que fait son maître; je vous appelle amis, parce que tout ce que j'ai entendu auprès de mon Père, je vous l'ai fait connaître. 16 Ce n'est pas vous qui m'avez choisi, c'est moi qui vous ai choisis et institués pour que vous alliez, que

---

1. le même verbe grec signifie à la fois *purifier* et *émonder* (c'est-à-dire enlever les feuilles qui empêchent le mûrissement des grappes).

vous portiez du fruit et que votre fruit demeure : si bien que tout ce que vous demanderez au Père en mon nom, il vous l'accordera. 17 Ce que je vous commande c'est de vous aimer les uns les autres.

Les disciples seront haïs comme Jésus

18 Si le *monde vous hait, sachez qu'il m'a haï le premier. 19 Si vous étiez du monde, le monde aimerait ce qui lui appartiendrait; mais vous n'êtes pas du monde : c'est moi qui vous ai mis à part du monde et voilà pourquoi le monde vous hait. 20 Souvenez-vous de la parole que je vous ai dite : Le serviteur n'est pas plus grand que son maître; s'ils m'ont persécuté, ils vous persécuteront vous aussi; s'ils ont observé ma parole, ils observeront aussi la vôtre. 21 Tout cela, ils vous le feront à cause de mon *nom, parce qu'ils ne connaissent pas celui qui m'a envoyé. 22 Si je n'étais pas venu, si je ne leur avais pas adressé la parole, ils n'auraient pas de péché; mais à présent, leur péché est sans excuse. 23 Celui qui me hait, hait aussi mon Père. 24 Si je n'avais pas fait au milieu d'eux ces œuvres que nul autre n'a faites, ils n'auraient pas de péché : mais à présent qu'ils les ont vues, ils continuent à nous haïr et moi et mon Père; 25 c'est pour que s'accomplisse la parole qui est écrite dans leur *Loi : *Ils m'ont haï sans raison.*

26 Lorsque viendra le Paraclet[1] que je vous enverrai d'auprès du Père, l'Esprit de vérité qui procède du Père, il rendra lui-même

témoignage de moi; 27 et à votre tour, vous me rendrez témoignage, parce que vous êtes avec moi depuis le commencement.

16 1 Je vous ai dit tout cela afin que vous ne succombiez pas à l'épreuve. 2 On vous exclura des *synagogues. Bien plus, l'heure vient où celui qui vous fera périr croira présenter un sacrifice à Dieu. 3 Ils agiront ainsi pour n'avoir connu ni le Père ni moi. 4 Mais je vous ai dit cela afin que, leur heure venue, vous vous rappeliez que je vous l'avais dit.

Lorsque viendra l'Esprit de vérité

Je ne vous l'ai pas dit dès le début car j'étais avec vous. 5 Mais maintenant je vais à celui qui m'a envoyé et aucun d'entre vous ne me pose la question : Où vas-tu ?. 6 Mais parce que je vous ai dit cela, l'affliction a rempli votre coeur. 7 Cependant je vous ai dit la vérité : c'est votre avantage que je m'en aille; en effet, si je ne pars pas, le Paraclet[1] ne viendra pas à vous; si, au contraire, je pars, je vous l'enverrai. 8 Et lui, par sa venue, il confondra le *monde en matière de péché, de justice et de jugement; 9 en matière de péché : ils ne croient pas en moi; 10 en matière de justice : je vais au Père et que vous ne me verrez plus; 11 en matière de jugement : le prince de ce monde a été jugé. 12 J'ai encore bien des choses à vous dire mais vous ne pouvez les porter[2] maintenant; 13 lorsque viendra l'Esprit de vé-

1. Voir 14.16 et note.

1. Voir 14.16 et note.
2. ou *les comprendre.*

rité, il vous fera accéder à la vérité tout entière. Car il ne parlera
pas de son propre chef, mais il
dira ce qu'il entendra et il vous
communiquera tout ce qui doit
venir. 14 Il me glorifiera car il recevra de ce qui est à moi et il
vous le communiquera. 15 Tout ce
que possède mon Père est à moi;
c'est pourquoi j'ai dit qu'il vous
communiquera ce qu'il reçoit de
moi.

Une tristesse qui se changera en joie

16 « Encore un peu et vous ne
m'aurez plus sous les yeux, et puis
encore un peu et vous me verrez. »
17 Certains de ses disciples se dirent alors entre eux : « Qu'a-t-il
voulu nous dire : Encore un peu
et vous ne m'aurez plus sous les
yeux, et puis encore un peu et
vous me verrez; ou encore : Je
vais au Père ? 18 Que signifie
donc ce un peu, disaient-ils, nous
ne comprenons pas ce qu'il veut
dire ! » 19 Sachant qu'ils désiraient
l'interroger, Jésus leur dit : « Vous
cherchez entre vous le sens de ma
parole : Encore un peu et vous ne
m'aurez plus sous les yeux et puis
encore un peu et vous me verrez.
20 En vérité, en vérité, je vous le
dis, vous allez gémir et vous lamenter tandis que le *monde se
réjouira; vous serez affligés mais
votre affliction tournera en joie.
21 Lorsque la femme enfante, elle
est dans l'affliction puisque son
heure est venue; mais lorsqu'elle a
donné le jour à l'enfant, elle ne se
souvient plus de son accablement,
elle est toute à la joie d'avoir mis
un homme au monde. 22 C'est
ainsi que vous êtes maintenant

dans l'affliction; mais je vous verrai à nouveau, votre cœur alors
se réjouira et cette joie nul ne
vous la ravira. 23 Ainsi, en ce
*jour-là, vous ne m'interrogerez
plus sur rien. En vérité, en vérité,
je vous le dis, si vous demandez
quelque chose à mon Père en
mon nom, il vous le donnera.
24 Jusqu'ici vous n'avez rien demandé en mon nom : demandez
et vous recevrez, pour que votre
joie soit parfaite.

Tenir bon car Jésus est vainqueur

25 Je vous ai dit tout cela de
façon énigmatique, mais l'heure
vient où je ne vous parlerai plus
de cette manière, mais où je vous
annoncerai ouvertement ce qui
concerne le Père. 26 Ce jour-là,
vous demanderez en mon nom et
cependant je ne vous dis pas que
je prierai le Père pour vous, 27 car
le Père lui-même vous aime parce
que vous m'avez aimé et que vous
avez cru que je suis sorti de Dieu :
28 Je suis sorti du Père et je suis
venu dans le monde; tandis qu'à
présent je quitte le monde et je
vais au Père. » 29 Ses disciples lui
dirent : « Voici que maintenant tu
parles ouvertement et que tu
abandonnes tout langage énigmatique; 30 maintenant nous savons que toi, tu sais toutes choses
et que tu n'as nul besoin que
quelqu'un t'interroge. C'est bien
pourquoi nous croyons que tu es
sorti de Dieu. » 31 Jésus leur répondit : « Croyez-vous, à présent ?
32 Voici que l'heure vient, et
maintenant elle est là, où vous
serez dispersés, chacun allant de
son côté, et vous me laisserez

seul : mais je ne suis pas seul, le Père est avec moi. 33 Je vous ai dit cela pour qu'en moi vous ayez la paix. En ce *monde vous faites l'expérience de l'adversité, mais soyez pleins d'assurance, j'ai vaincu le monde ! »

Jésus prie pour les siens

17 1 Après avoir ainsi parlé, Jésus leva les yeux au ciel et dit : « Père, l'heure est venue, glorifie ton fils, afin que ton fils te glorifie 2 et que, selon le pouvoir sur toute chair que tu lui as donné, il donne la *vie éternelle à tous ceux que tu lui as donnés. 3 Or la vie éternelle, c'est qu'ils te connaissent toi, le seul vrai Dieu, et celui que tu as envoyé, Jésus Christ. 4 Je t'ai glorifié sur la terre, j'ai achevé l'oeuvre que tu m'as donné à faire. 5 Et maintenant, Père, glorifie-moi auprès de toi de cette gloire que j'avais auprès de toi avant que le monde fût.

6 J'ai manifesté ton *nom aux hommes que tu as tirés du *monde pour me les donner. Ils étaient à toi, tu me les as donnés et ils ont observé ta parole. 7 Ils savent maintenant que tout ce que tu m'as donné vient de toi, 8 que les paroles que je leur ai données sont celles que tu m'as données. Ils les ont reçues, ils ont véritablement connu que je suis sorti de toi, et ils ont cru que tu m'as envoyé. 9 Je prie pour eux, je ne prie pas pour le monde, mais pour ceux que tu m'as donnés : ils sont à toi 10 et tout ce qui est à moi est à toi comme tout ce qui est à toi est à moi, et j'ai été glorifié en eux. 11 Désormais je ne suis plus dans le monde; eux restent dans le monde, tandis que moi je vais à toi. Père *saint, garde-les en ton nom que tu m'as donné, pour qu'ils soient un comme nous sommes un. 12 Lorsque j'étais avec eux, je les gardais en ton nom que tu m'as donné : je les ai protégés et aucun d'eux ne s'est perdu sinon le fils de perdition[1], en sorte que l'Ecriture soit accomplie. 13 Maintenant je vais à toi et je dis ces paroles dans le monde pour qu'ils aient en eux ma joie dans sa plénitude. 14 Je leur ai donné ta parole et le monde les a haïs, parce qu'ils ne sont pas du monde, comme je ne suis pas du monde. 15 Je ne te demande pas de les ôter du monde, mais de les garder du Mauvais[2]. 16 Ils ne sont pas du monde comme je ne suis pas du monde. 17 Consacre-les par la vérité : ta parole est vérité. 18 Comme tu m'as envoyé dans le monde je les envoie dans le monde. 19 Et pour eux je me consacre moi-même, afin qu'ils soient eux aussi consacrés par la vérité.

20 Je ne prie pas seulement pour eux, je prie aussi pour ceux qui, grâce à leur parole, croiront en moi : 21 que tous soient un comme toi, Père, tu es en moi et que je suis en toi, qu'ils soient en nous eux aussi, afin que le *monde croie que tu m'as envoyé; 22 et moi, je leur ai donné la gloire que tu m'as donnée, pour qu'ils soient un comme nous sommes un, 23 moi en eux comme toi en moi, pour qu'ils parvien-

1. Voir note sur 1 Th 5 5.
2. ou *les garder du mal.*

nent à l'unité parfaite et qu'ainsi le monde puisse connaître que c'est toi qui m'as envoyé et que tu les as aimés comme tu m'as aimé. 24 Père, je veux que là où je suis, ceux que tu m'as donnés soient eux aussi avec moi, et qu'ils contemplent la gloire que tu m'as donnée, car tu m'as aimé dès avant la fondation du monde.

25 Père juste, tandis que le *monde ne t'a pas connu, je t'ai connu et ceux-ci ont reconnu que tu m'as envoyé. 26 Je leur ai fait connaître ton nom et je le leur ferai connaître encore, afin que l'amour dont tu m'as aimé soit en eux, et moi en eux. »

L'arrestation de Jésus
(Mt 26.47-56; Mc 14.43-50; Lc 22.47-53)

18 1 Ayant ainsi parlé, Jésus s'en alla, avec ses disciples, au-delà du torrent du Cédron[1]; il y avait là un jardin où il entra avec ses disciples. 2 Or Judas, qui le livrait, connaissait l'endroit, car Jésus y avait maintes fois réuni ses disciples. 3 Il prit la tête de la cohorte[2] et des gardes fournis par les *grands prêtres et les *pharisiens, il gagna le jardin avec torches, lampes et armes. 4 Jésus, sachant tout ce qui allait lui arriver, s'avança et leur dit : « Qui cherchez-vous ? » 5 Ils lui répondirent : « Jésus le Nazôréen. » Il leur dit : « C'est moi. » Or, parmi eux, se tenait Judas qui le livrait. 6 Dès que Jésus leur eut dit c'est moi, ils eurent un mouvement de recul et tombèrent. 7 À nouveau, Jésus leur demanda : « Qui cherchez vous ? » Ils répondirent : « Jésus le Nazôréen. » 8 Jésus leur répondit : « Je vous l'ai dit, c'est moi. Si donc c'est moi que vous cherchez, laissez aller ceux-ci. » 9 C'est ainsi que devait s'accomplir la parole que Jésus avait dite : « Je n'ai perdu aucun de ceux que tu m'as donnés. » 10 Alors Simon-Pierre, qui portait un glaive, dégaina et frappa le serviteur du grand prêtre, auquel il trancha l'oreille droite; le nom de ce serviteur était Malchus. 11 Mais Jésus dit à Pierre : « Remets ton glaive au fourreau ! La coupe que le Père m'a donnée, ne la boirai-je pas ? » 12 La cohorte avec son commandant et les gardes des *Juifs saisirent donc Jésus et ils le ligotèrent.

Jésus est conduit devant le grand prêtre
(Mt 26.57-58; Mc 14.53-54; Lc 22.54)

13 Ils le conduisirent tout d'abord chez Hanne[1]. Celui-ci le beau-père de Caïphe, qui était le grand prêtre cette année-là; 14 c'est ce même Caïphe qui avait suggéré aux Juifs : il est avantageux qu'un seul homme meure pour tout le peuple.

(Mt 26.69-70; Mc 14.66-68; Lc 22.55-57)

15 Simon-Pierre et un autre disciple avaient suivi Jésus. Comme ce disciple était connu du grand prêtre, il entra avec Jésus dans le palais du grand prêtre. 16 Pierre se tenait à l'extérieur, près de la porte; l'autre disciple, celui qui était connu du grand prêtre sor-

---

1. Voir Mc 11.1 et note.
2. *la cohorte* : (voir Mc 15.15 et note) dans la traduction grecque de l'A. T. le même terme désigne aussi des troupes juives. Il peut donc s'agir ici de *la milice du Temple*.

1. Ancien grand prêtre déposé par les romains en l'an 15; voir Lc 3.2 et la note.

tit, s'adressa à la femme qui gardait la porte et fit entrer Pierre. **17** La servante qui gardait la porte lui dit : « N'étais-tu pas, toi aussi, un des disciples de cet homme ? »; Pierre répondit : « Je n'en suis pas ! » **18** Les serviteurs et les gardes avaient fait un feu de braise car il faisait froid et ils se chauffaient; Pierre se tenait avec eux et se chauffait aussi.

(Mt 26.59-66; Mc 14.55-64; Lc 22.66-71)

19 Le grand prêtre se mit à interroger Jésus sur ses *disciples et sur son enseignement. **20** Jésus lui répondit : « J'ai parlé ouvertement au *monde, j'ai toujours enseigné dans les *synagogues et dans le *temple, où tous les *Juifs se rassemblent et je n'ai rien dit en secret. **21** Pourquoi est-ce moi que tu interroges ? Ce que j'ai dit, demande-le à ceux qui m'ont écouté : ils savent bien ce que j'ai dit. » **22** À ces mots, un des valets qui se trouvait là gifla Jésus en disant : « C'est ainsi que tu réponds au grand prêtre ? » **23** Jésus lui répondit : « Si j'ai mal parlé, montre en quoi; si j'ai bien parlé, pourquoi me frappes-tu ? » **24** Là-dessus Hanne envoya Jésus, ligoté, à Caïphe, le grand prêtre.

(Mt 26.71-75; Mc 14.69-72; Lc 22.58-62)

25 Cependant Simon-Pierre était là qui se chauffait. On lui dit : « N'es-tu pas, toi aussi, l'un de ses disciples ? » Pierre nia en disant : « Je n'en suis pas ! » **26** Un des serviteurs du grand prêtre, parent de celui auquel Pierre avait tranché l'oreille, lui dit : « Ne t'ai-je pas vu dans le jardin avec lui ? » **27** À nouveau Pierre le

nia et au même moment un coq chanta.

Pilate cède à la foule et condamne Jésus

(Mt 27.1-2, 11-14; Mc 15.1-5; Lc 23.1-5)

28 Cependant on avait emmené Jésus de chez Caïphe à la résidence du gouverneur. C'était le point du jour. Ceux qui l'avaient amené n'entrèrent pas dans la résidence pour ne pas se *souiller et pouvoir manger la *Pâque[1]. **29** Pilate[2] vint donc les trouver à l'extérieur et dit : « Quelle accusation portez-vous contre cet homme ? » **30** Ils répondirent : « Si cet individu n'avait pas fait le mal, te l'aurions-nous livré ? » **31** Pilate leur dit alors : « Prenez-le et jugez-le vous-mêmes suivant votre *loi. » Les *Juifs lui dirent : « Il ne nous est pas permis de mettre quelqu'un à mort ! » **32** C'est ainsi que devait s'accomplir la parole par laquelle Jésus avait signifié de quelle mort il devait mourir.

33 Pilate rentra donc dans la résidence. Il appela Jésus et lui dit : « Es-tu le roi des Juifs ? » **34** Jésus lui répondit : « Dis-tu cela de toi-même ou d'autres te l'ont-ils dit de moi ? » **35** Pilate lui répondit : « Est-ce que je suis Juif, moi ? Ta propre nation, les *grands prêtres t'ont livré à moi ! Qu'as-tu fait ? » **36** Jésus répondit : « Ma royauté n'est pas de ce *monde. Si ma royauté était de ce monde, mes gardes auraient combattu pour que je ne sois pas livré

---

1. *Manger la Pâque* : expression abrégée pour dire *participer au repas de la Pâque.* Les maisons païennes étaient considérées comme impures (cf. Ac 10.28). Voir au glossaire *PUR.

2. *Ponce-Pilate* fut gouverneur romain de la Judée entre les années 26 et 36 ap. J.-C.

aux Juifs. Mais ma royauté, maintenant, n'est pas d'ici. » 37 Pilate lui dit alors : « Tu es donc roi ? »; Jésus lui répondit : « C'est toi qui dis que je suis roi. Je suis né et je suis venu dans le monde pour rendre témoignage à la vérité. Quiconque est de la vérité écoute ma voix. » 38 Pilate lui dit : « Qu'est-ce que la vérité ? »

(*Mt 27.15-31; Mc 15.6-20; Lc 23.13-25*)

Sur ce mot, il alla de nouveau trouver les Juifs au-dehors et leur dit : « Pour ma part, je ne trouve contre lui aucun chef d'accusation. 39 Mais comme il est d'usage chez vous que je vous relâche quelqu'un au moment de la Pâque, voulez-vous donc que je vous relâche le roi des Juifs ? » 40 Alors ils se mirent à crier : « Pas celui-là, mais Barabbas ! » or ce Barabbas était un brigand[1].

19 1 Alors Pilate emmena Jésus et le fit fouetter. 2 Les soldats, qui avaient tressé une couronne avec des épines, la lui mirent sur la tête et ils jetèrent sur lui un manteau de pourpre. 3 Ils s'approchaient de lui et disaient : « Salut, le roi des Juifs ! » Et ils se mirent à lui donner des coups. 4 Pilate retourna à l'extérieur et dit aux Juifs : « Voyez, je vais l'amener dehors; vous devez savoir que je ne trouve aucun chef d'accusation contre lui. » 5 Jésus vint alors à l'extérieur; il portait la couronne d'épines et le manteau de pourpre. Pilate leur dit : « Voici l'homme ! » 6 Mais dès que les grands prêtres et leurs gens le virent, ils se mirent à crier : « Crucifie-le ! Crucifie-le ! »

Pilate leur dit : « Prenez-le vous-mêmes et crucifiez-le; quant à moi, je ne trouve pas de chef d'accusation contre lui. »

7 Les Juifs lui répliquèrent : « Nous avons une loi, et selon cette loi il doit mourir parce qu'il s'est fait Fils de Dieu ! » 8 Lorsque Pilate entendit ce propos, il fut de plus en plus effrayé. 9 Il regagna la résidence et dit à Jésus : « D'où es-tu, toi ? » Mais Jésus ne lui fit aucune réponse. 10 Pilate lui dit alors : « C'est à moi que tu refuses de parler ! Ne sais-tu pas que j'ai le pouvoir de te relâcher comme j'ai le pouvoir de te faire crucifier ? » 11 Mais Jésus lui répondit : « Tu n'aurais sur moi aucun pouvoir s'il ne t'avait été donnée d'en haut; et c'est bien pourquoi celui qui m'a livré à toi porte un plus grand péché. » 12 Dès lors, Pilate cherchait à le relâcher, mais les Juifs se mirent à crier et ils disaient : « Si tu le relâchais, tu ne te conduirais pas comme l'ami de César[1] ! Car quiconque se fait roi, se déclare contre César. »

13 Dès qu'il entendit ces paroles, Pilate fit sortir Jésus et l'assit sur l'estrade, à la place qu'on appelle Lithostrôtos — en hébreu Gabbatha[2] —. 14 C'était le jour de la Préparation de la *Pâque, vers la sixième heure[3]. Pilate dit aux Juifs : « Voici votre roi ! » 15 Mais ils se mirent à crier : « À mort ! À mort ! Crucifie-le ! » Pilate reprit : « Me faut-il crucifier

---

1. Le mot grec traduit ici par *brigand* était souvent appliqué aux *zélotes* (voir Mc 3.18 et note).

1. *César* : ce nom du premier empereur de Rome était devenu une sorte de titre porté par tous ses successeurs.

2. ou *il s'assit au tribunal. Gabbatha* : mot araméen désignant un *endroit surélevé. Lithostrôtos* : terme grec signifiant *pavement de pierre*.

3. midi; voir Mt 20.3 et note. C'est à partir de cette heure-là qu'on immolait, au Temple, les agneaux destinés au repas de la Pâque.

votre roi »; les grands prêtres répondirent : « Nous n'avons pas d'autre roi que César. » 16 C'est alors qu'il le leur livra pour être crucifié.

Crucifixion et mort de Jésus
(Mt 27.32-44; Mc 15.21-32; Lc 23.26-43)

Ils se saisirent donc de Jésus. 17 Portant lui-même sa croix[1], Jésus sortit et gagna le lieu dit du crâne, qu'en hébreu on nomme Golgotha[2]. 18 C'est là qu'ils le crucifièrent ainsi que deux autres, un de chaque côté et, au milieu, Jésus. 19 Pilate avait rédigé un écriteau qu'il fit placer sur la croix : il portait cette inscription : « Jésus le Nazôréen, le roi des *Juifs. » 20 Cet écriteau, bien des Juifs le lurent, car l'endroit où Jésus avait été crucifié était proche de la ville et le texte était écrit en hébreu, en latin et en grec. 21 Les *grands prêtres des Juifs dirent à Pilate : « Il ne fallait pas écrire le roi des Juifs, mais bien cet individu a prétendu qu'il était le roi des Juifs. » 22 Pilate répondit : « Ce que j'ai écrit, je l'ai écrit. » 23 Lorsque les soldats eurent achevé de crucifier Jésus, ils prirent ses vêtements et en firent quatre parts, une pour chacun[3]. Restait la tunique; elle était sans couture, tissée d'une seule pièce depuis le haut. 24 Les soldats se dirent entre eux : « Ne la déchirons pas, tirons plutôt au sort à qui elle ira », en sorte que soit accomplie l'Ecriture : *Ils se sont partagé mes vêtements, et ma tunique ils l'ont tirée au sort.* Voilà donc ce que firent les soldats.

25 Près de la croix de Jésus se tenaient debout sa mère, la soeur de sa mère, Marie, femme de Clopas et Marie de Magdala. 26 Voyant ainsi sa mère et près d'elle le disciple qu'il aimait, Jésus dit à sa mère : « Femme, voici ton fils. » 27 Il dit ensuite au disciple : « Voici ta mère. » Et depuis cette heure-là, le disciple la prit chez lui.

(Mt 27.45-56; Mc 15.33-41; Lc 23.44-49)

28 Après quoi, sachant que dès lors tout était achevé, pour que l'Ecriture soit accomplie jusqu'au bout, Jésus dit : « J'ai soif »; 29 il y avait là une cruche remplie de vinaigre[1], on fixa une éponge imbibée de ce vinaigre au bout d'une branche d'hysope et on l'approcha de sa bouche. 30 Dès qu'il eut pris le vinaigre, Jésus dit : « Tout est achevé » et inclinant la tête il remit l'esprit.

Le coup de lance

31 Cependant, comme c'était le jour de la Préparation[2], les *Juifs, de crainte que les corps ne restent en croix durant le *sabbat, — ce sabbat-là était un jour particulièrement solennel — demandèrent à Pilate de leur faire briser les jambes[3] et de les faire enlever. 32 Les soldats vinrent donc, ils

---

1. Les condamnés devaient porter eux-mêmes la poutre transversale de la croix jusqu'au lieu de l'exécution où se trouvait plantée la poutre verticale.
2. *Golgotha* : en araméen : *le crâne.* C'est une petite éminence située à proximité de la ville.
3. La loi romaine accordait aux bourreaux le droit de s'approprier les dépouilles des condamnés.

1. Boisson habituelle des troupes romaines. *L'hysope* est un arbuste dont les branches servaient à des rites de purification.
2. Voir v. 14 et note sur Mt 27.62.
3. Les crucifiés, pendus par les bras, mouraient pas une lente asphyxie. En leur brisant les jambes on les empêchaient de prendre appui sur le sol et on hâtait ainsi leur mort.

brisèrent les jambes du premier puis du second de ceux qui avaient été crucifiés avec lui. 33 Arrivés à Jésus, ils constatèrent qu'il était déjà mort et ils ne lui brisèrent pas les jambes. 34 Mais un des soldats, d'un coup de lance, le frappa au côté et aussitôt il en sortit du sang et de l'eau. 35 Celui qui a vu a rendu témoignage, et son témoignage est conforme à la vérité et d'ailleurs celui-là sait qu'il dit ce qui est vrai afin que vous aussi vous croyiez. 36 En effet, tout cela est arrivé pour que s'accomplisse l'Ecriture : *Pas un de ses os ne sera brisé;* 37 il y a aussi un autre passage de l'Ecriture qui dit : *Ils verront celui qu'ils ont transpercé.*

Jésus est mis au tombeau
(Mt 27.57-61; Mc 15.42-47; Lc 23.50-56)

38 Après ces événements, Joseph d'Arimathée[1], qui était un *disciple de Jésus mais s'en cachait par crainte des *Juifs, demanda à Pilate l'autorisation d'enlever le corps de Jésus. Pilate acquiesça et Joseph vint enlever le corps. 39 Nicodème vint aussi, lui qui naguère était allé trouver Jésus au cours de la nuit. Il apportait un mélange de myrrhe et d'aloès d'environ cent livres[2]. 40 Ils prirent donc le corps de Jésus et l'entourèrent de bandelettes, avec des aromates, suivant la manière d'ensevelir des *Juifs. 41 À l'endroit où Jésus avait été crucifié il y avait un jardin, et dans ce jardin un tombeau tout neuf où jamais personne n'avait été déposé. 42 En raison de la Préparation[1] des Juifs, et comme ce tombeau était proche, c'est là qu'ils déposèrent Jésus.

A l'aube du premier jour de la semaine
(Mt 28.1-10; Mc 16.1-8; Lc 24.1-12)

20 1 Le premier jour de la semaine, à l'aube, alors qu'il faisait encore sombre, Marie de Magdala se rend au tombeau et voit que la pierre a été enlevée du tombeau. 2 Elle court, rejoint Simon-Pierre et l'autre disciple, celui que Jésus aimait, et elle leur dit : « On a enlevé du tombeau le Seigneur et nous ne savons pas où on l'a mis. » 3 Alors Pierre sortit, ainsi que l'autre disciple, et ils allèrent au tombeau. 4 Ils couraient tous les deux ensemble, mais l'autre disciple courut plus vite que Pierre et arriva le premier au tombeau. 5 Il se penche et voit les bandelettes qui étaient posées là. Toutefois il n'entra pas. 6 Arrive, à son tour, Simon-Pierre qui le suivait : il entre dans le tombeau et considère les bandelettes posées là 7 et le linge qui avait recouvert la tête; celui-ci n'avait pas été déposé avec les bandelettes mais il était roulé à part, dans un autre endroit. 8 C'est alors que l'autre disciple, celui qui était arrivé le premier, entra à son tour dans le tombeau; il vit et il crut. 9 En effet, ils n'avaient pas encore compris l'Ecriture selon laquelle Jésus devait se relever d'entre les morts. 10 Après

---

1. Le bourg d'*Arimathée* est situé par certains à 35 km au Nord-Nord-Ouest de Jérusalem.
2. Un peu moins de 33 kg. Voir au glossaire POIDS ET MESURES. La *myrrhe* est une résine utilisée pour embaumer les morts; l'*aloès* est utilisé comme parfum.

1. Voir 19.14, 31 et note sur Mt 27.62.

quoi, les disciples s'en retournèrent chez eux.

Marie de Magdala voit le Seigneur

(Mc 16.9-11)

11 Marie était restée dehors, près du tombeau, et elle pleurait. Tout en pleurant elle se penche vers le tombeau 12 et elle voit deux *anges vêtus de blanc assis à l'endroit même où le corps de Jésus avait été déposé, l'un à la tête et l'autre aux pieds. 13 « Femme, lui dirent-ils, pourquoi pleures-tu ? » Elle leur répondit : « On a enlevé mon Seigneur et je ne sais où on l'a mis. » 14 Tout en parlant elle se retourne et elle voit Jésus qui se tenait là, mais elle ne savait pas que c'était lui. 15 Jésus lui dit : « Femme, pourquoi pleures-tu ? qui cherches-tu ? » Mais elle, croyant qu'elle avait affaire au gardien du jardin lui dit : « Seigneur, si c'est toi qui l'as enlevé, dis-moi où tu l'as mis et j'irai le prendre. » 16 Jésus lui dit : « Marie. » Elle se retourna et lui dit en hébreu : « Rabbouni », ce qui signifie maître. 17 Jésus lui dit : « Ne me retiens pas[1] ! car je ne suis pas encore monté vers mon Père. Pour toi, va trouver mes frères et dis-leur que je monte vers mon Père qui est votre Père, vers mon Dieu qui est votre Dieu. 18 Marie de Magdala vint donc annoncer aux disciples : « J'ai vu le Seigneur, et voici ce qu'il m'a dit. »

Le Seigneur apparaît aussi aux disciples

(Mt 28.16-20; Mc 16.14-18; Lc 24.36-49)

19 Le soir de ce même jour qui était le premier de la semaine, alors que, par crainte des *Juifs, les portes de la maison où se trouvaient les disciples étaient verrouillées, Jésus vint, il se tint au milieu d'eux et il leur dit : « La paix soit avec vous. » 20 Tout en parlant, il leur montra ses mains et son côté[1]. En voyant le Seigneur, les disciples furent tout à la joie. 21 Alors, à nouveau, Jésus leur dit : « La paix soit avec vous. Comme le Père m'a envoyé, à mon tour je vous envoie. » 22 Ayant ainsi parlé, il souffla sur eux et leur dit : « Recevez l'Esprit Saint; 23 ceux à qui vous remettrez les péchés, ils leur seront remis. Ceux à qui vous les retiendrez, ils leur seront retenus. »

Thomas et le ressuscité

24 Cependant Thomas, l'un des Douze, celui qu'on appelle Didyme[2], n'était pas avec eux lorsque Jésus vint. 25 Les autres disciples lui dirent donc : « Nous avons vu le Seigneur ! » Mais il leur répondit : « Si je ne vois pas dans ses mains la marque des clous, si je n'enfonce pas mon doigt à la place des Clous et si je n'enfonce pas ma main dans son côté, je ne croirai pas ! » 26 Or huit jours plus tard, les disciples étaient à nouveau réunis dans la maison et Thomas était avec eux. Jésus vint, toutes portes verrouillées, il se tint au milieu d'eux et

---

1. Ou *ne me touche pas.*

1. Voir 19.34 et 20.25 : il s'agit des traces de la crucifixion et du coup de lance.
2. Voir 11.16 et note.

leur dit : « La paix soit avec vous. » 27 Ensuite il dit à Thomas : « Avance ton doigt ici et regarde mes mains; avance ta main et enfonce-la dans mon côté, cesse d'être incrédule et deviens un homme de foi. » 28 Thomas lui répondit : « Mon Seigneur et mon Dieu. » 29 Jésus lui dit : « Parce que tu m'as vu, tu as cru : bienheureux ceux qui, sans avoir vu, ont cru. »

Conclusion : pourquoi ce livre ?

30 Jésus a opéré sous les yeux de ses disciples bien d'autres *signes qui ne sont pas consignés dans ce livre. 31 Ceux-ci l'ont été pour que vous croyiez que Jésus est le *Christ, le Fils de Dieu, et pour que, en croyant, vous ayez la *vie en son *nom.

Jésus apparaît à sept disciples

21 1 Après cela Jésus se manifesta aux disciples sur les bords de la mer de Tibériade. Voici comment il se manifesta. 2 Simon-Pierre, Thomas qu'on appelle Didyme, Nathanaël de Cana de Galilée, les fils de Zébédée et deux autres disciples se trouvaient ensemble. 3 Simon-Pierre leur dit : « Je vais pêcher. » Ils lui dirent : « Nous allons avec toi. » Ils sortirent et montèrent dans la barque, mais cette nuit-là, ils ne prirent rien. 4 C'était déjà le matin lorsque Jésus vint se placer sur le rivage, mais les disciples ne savaient pas que c'était lui. 5 Il leur dit : « Eh, les enfants, n'avez-vous pas un peu de poisson ? » « Non », lui répondirent-ils. 6 Il leur dit : « Jetez le filet du

côté droit de la barque et vous trouverez. » Ils le jetèrent et il y eut tant de poissons qu'ils ne pouvaient plus le ramener. 7 Le disciple que Jésus aimait dit alors à Pierre : « C'est le Seigneur ! » Dès qu'il eut entendu que c'était le Seigneur, Simon-Pierre ceignit un vêtement, car il était nu, et il se jeta à la mer. 8 Les autres disciples revinrent avec la barque, en tirant le filet plein de poissons : ils n'étaient pas bien loin de la rive, à 200 coudées[1] environ. 9 Une fois descendus à terre, ils virent un feu de braise sur lequel on avait disposé du poisson et du pain. 10 Jésus leur dit : « Apportez donc ces poissons que vous venez de prendre. » 11 Simon-Pierre remonta donc dans la barque et il tira à terre le filet que remplissaient 153 gros poissons, et quoiqu'il y en eût tant, le filet ne se déchira pas. 12 Jésus leur dit : « Venez déjeuner. » Aucun des disciples n'osait lui poser la question « qui es-tu ? » : ils savaient bien que c'était le Seigneur. 13 Alors Jésus vient; il prend le pain et le leur donne; il fit de même avec le poisson. 14 Ce fut la troisième fois que Jésus se manifesta à ses disciples depuis qu'il s'était relevé d'entre les morts.

Jésus demande[f] à Pierre : m'aimes-tu ?

15 Après le repas, Jésus dit à Simon-Pierre : « Simon, fils de Jean, m'aimes-tu plus que ceux-ci ? » Il répondit : « Oui, Seigneur, tu sais que je t'aime », et Jésus lui dit alors : « Pais mes

---

1. Environ une centaine de mètres. Voir au glossaire POIDS ET MESURES.

agneaux. » 16 Une seconde fois, Jésus lui dit : « Simon, fils de Jean, m'aimes-tu ? » Il répondit : « Oui, Seigneur, tu sais que je t'aime. » Jésus dit : « Sois le *berger de mes brebis. » 17 Une troisième fois, il dit : « Simon, fils de Jean, m'aimes-tu ? »; Pierre fut attristé de ce que Jésus lui avait dit une troisième fois : « M'aimes-tu ? » Et il reprit : « Seigneur, toi qui connais toutes choses, tu sais bien que je t'aime. » Et Jésus lui dit : « Pais mes brebis. 18 En vérité, en vérité, je te le dis, quand tu étais jeune, tu nouais ta ceinture et tu allais où tu voulais; lorsque tu seras devenu vieux, tu étendras les mains et c'est un autre qui nouera ta ceinture et qui te conduira là où tu ne voudrais pas. » 19 Jésus parla ainsi pour indiquer de quelle mort Pierre devait glorifier Dieu; et sur cette parole, il ajouta : « - Suis-moi. »

Le témoignage du disciple bien-aimé

20 Pierre s'étant retourné vit derrière lui le disciple que Jésus aimait, celui qui, au cours du repas, s'était penché vers sa poitrine et qui avait dit : « Seigneur, qui est celui qui va te livrer ? » 21 Quand il le vit, Pierre dit à Jésus : « Et lui, Seigneur, que lui arrivera-t-il ? » 22 Jésus lui répondit : « Si je veux qu'il demeure jusqu'à ce que je vienne, que t'importe ? Toi, suis-moi. » 23 C'est à partir de cette parole qu'on a répété parmi les frères que ce disciple ne mourrait pas. En réalité Jésus ne lui avait pas dit qu'il ne mourrait pas, mais bien : « Si je veux qu'il demeure jusqu'à ce que je vienne, que t'importe[1]. »

24 C'est ce disciple qui témoigne de ces choses et qui les a écrites, et nous savons que son témoignage est conforme à la vérité.

25 Jésus a fait encore bien d'autres choses : si on les écrivait une à une, le monde entier ne pourrait, je pense, contenir les livres qu'on écrirait.

_____
1. Les mots *que t'importe ?* ne figurent pas dans certains manuscrits.

LES ACTES DES APÔTRES

En attendant la promesse du Père

1 1 J'avais consacré mon premier livre[1], Théophile, à tout ce que Jésus avait fait et enseigné, depuis le commencement 2 jusqu'au jour où, après avoir donné, dans l'Esprit Saint[2], ses instructions aux *apôtres qu'il avait choisis, il fut enlevé. 3 C'est à eux qu'il s'était présenté vivant après sa Passion : ils en avaient eu plus d'une preuve alors que, pendant 40 jours, il s'était fait voir d'eux et les avait entretenus du Règne de Dieu.

4 Au cours d'un repas avec eux, il leur recommanda de ne pas quitter Jérusalem, mais d'y attendre la promesse du Père, « celle, dit-il que vous avez entendue de ma bouche : 5 Jean[3] a bien donné le baptême d'eau, mais vous, c'est dans l'Esprit Saint que vous serez baptisés d'ici quelques jours. »

L'Ascension de Jésus

6 Ils étaient donc réunis et lui avaient posé cette question : « Seigneur, est-ce maintenant le temps où tu vas rétablir le Royaume pour Israël ? » 7 Il leur dit : « Vous n'avez pas à connaître les temps et les moments que le Père a fixés de sa propre autorité; 8 mais vous allez recevoir une puissance, celle du Saint Esprit qui viendra sur vous; vous serez alors mes témoins à Jérusalem, dans toute la Judée et la *Samarie, et jusqu'aux extrémités de la terre. »

9 À ces mots, sous leurs yeux, il s'éleva et une nuée vint le soustraire à leurs regards. 10 Comme ils fixaient encore le ciel où Jésus s'en allait, voici que deux hommes en vêtements blancs se trouvèrent à leur côté 11 et leur dirent : « Gens de Galilée, pourquoi restez-vous là à regarder vers le ciel ? Ce Jésus qui vous a été enlevé pour le *ciel viendra de la même manière que vous l'avez vu s'en aller vers le ciel. »

Le groupe des apôtres

12 Quittant alors la colline appelée « Mont des Oliviers », ils regagnèrent Jérusalem — cette colline n'en est distante que d'un chemin de sabbat[1]. 13 À leur retour, ils montèrent dans la chambre haute[2] où se retrouvaient Pierre, Jean, Jacques et

---

1. Voir Lc 1.1-4; le livre des *Actes* est la suite de l'Évangile de Luc.
2. Les mots *dans* (ou *par) l'Esprit Saint* pourraient être aussi rattachés à *choisis* ou à *enlevé*.
3. Voir Lc 3.16; il s'agit de *Jean le Baptiste*.

1. Voir Mc 11.1 et note — *un chemin de sabbat* : c'est la distance que les Juifs étaient autorisés à parcourir le jour du sabbat, soit un peu moins d'un kilomètre.
2. Pièce située sur la terrasse des maisons palestiniennes. Voir Mc 14.15 et notes sur Mc 2.4 et Lc 12.3.

André; Philippe et Thomas; Barthélemy et Matthieu; Jacques fils d'Alphée, Simon le zélote et Jude fils de Jacques. 14 Tous, unanimes, étaient assidus à la prière, avec quelques femmes dont Marie la mère de Jésus, et avec les frères de Jésus.

Matthias remplace Judas

15 En ces jours-là, Pierre se leva au milieu des frères — il y avait là, réuni, un groupe d'environ 120 personnes — et il déclara : 16 « Frères, il fallait que s'accomplisse ce que l'Esprit Saint avait annoncé dans l'Ecriture, par la bouche de David, à propos de Judas devenu le guide de ceux qui ont arrêté Jésus. 17 Il était de notre nombre et avait reçu sa part de notre service. 18 Or cet homme, avec le salaire de son iniquité, avait acheté une terre; il est tombé en avant, s'est ouvert par le milieu, et ses entrailles se sont toutes répandues. 19 Tous les habitants de Jérusalem l'ont appris : aussi cette terre a-t-elle été appelée, dans leur langue, Hakeldama, c'est-à-dire Terre de sang. 20 Il est de fait écrit dans le livre des Psaumes :

Que sa résidence devienne déserte
et que personne ne l'habite
et encore :
Qu'un autre prenne sa charge.
21 Il y a des hommes qui nous ont accompagnés durant tout le temps où le Seigneur Jésus a marché à notre tête, 22 à commencer par le baptême de Jean jusqu'au jour où il nous a été enlevé : il faut donc que l'un d'entre eux devienne avec nous témoin de sa résurrection. »

23 On en présenta deux, Joseph appelé Barsabbas, surnommé Justus, et Matthias. 24 Et l'on fit alors cette prière : « Toi, Seigneur, qui connais les *coeurs de tous, désigne celui des deux que tu as choisi, 25 pour prendre, dans le service de l'apostolat, la place que Judas a délaissée pour aller à la place qui est la sienne. » 26 On les tira au sort et le sort tomba sur Matthias qui fut dès lors adjoint aux onze *apôtres.

La venue du Saint-Esprit

2 1 Quand le jour de la *Pentecôte arriva, ils se trouvaient réunis tous ensemble. 2 Tout à coup il y eut un bruit qui venait du ciel comme celui d'un violent coup de vent : la maison où ils se tenaient en fut toute remplie; 3 alors leur apparurent comme des langues de feu qui se partageaient et il s'en posa sur chacun d'eux. 4 Ils furent tous remplis d'Esprit Saint et se mirent à parler d'autres langues, comme l'Esprit leur donnait de s'exprimer.

5 Or, à Jérusalem, résidaient des juifs pieux, venus de toutes les nations qui sont sous le ciel. 6 À la rumeur qui se répandit la foule se rassembla et se trouvait en plein désarroi, car chacun les entendait parler sa propre langue. 7 Déconcertés, émerveillés, ils se disaient : « Tous ces gens qui parlent ne sont-ils pas des Galiléens ? 8 Comment se fait-il que chacun de nous les entende dans sa langue maternelle ? 9 Parthes, Mèdes et Elamites, habitants de

la Mésopotamie, de la Judée et de la Cappadoce, du Pont et de l'Asie, 10 de la Phrygie et de la Pamphylie, de l'Egypte et de la Libye cyrénaïque, ceux de Rome en résidence ici, 11 tous, tant *Juifs que prosélytes[1], Crétois et Arabes, nous les entendons annoncer dans nos langues les merveilles de Dieu. » 12 Ils étaient tous déconcertés, et dans leur perplexité ils se disaient les uns aux autres : « Qu'est-ce que cela veut dire ? » 13 D'autres s'esclaffaient : « Ils sont pleins de vin doux. »

Pierre s'adresse à la foule

14 Alors s'éleva la voix de Pierre, qui était là avec les Onze; il s'exprima en ces termes : « Hommes de Judée, et vous tous qui résidez à Jérusalem, comprenez bien ce qui se passe et prêtez l'oreille à mes paroles. 15 Non, ces gens n'ont pas bu comme vous le supposez : nous ne sommes en effet qu'à neuf heures du matin; 16 mais ici se réalise cette parole du *prophète Joël :

17 Alors, dans les derniers jours, dit Dieu,
je répandrai de mon Esprit sur toute chair,
vos fils et vos filles seront prophètes,
vos jeunes gens auront des visions,
vos vieillards auront des songes;
18 oui, sur mes serviteurs et sur mes servantes en ces jours-là je répandrai de mon Esprit
et ils seront prophètes. 19 Je ferai des prodiges là-haut dans le ciel

et des *signes ici-bas sur la terre,
du sang, du feu et une colonne de fumée.
20 Le soleil se changera en ténèbres
et la lune en sang
avant que vienne le *jour du Seigneur, grand et glorieux.
21 Alors quiconque invoquera le *nom du Seigneur sera sauvé.

22 « Israélites, écoutez mes paroles : Jésus le Nazôréen[1], cet homme que Dieu avait accrédité auprès de vous en opérant par lui des miracles, des prodiges et des signes au milieu de vous, comme vous le savez, 23 cet homme, selon le plan bien arrêté par Dieu dans sa prescience, vous l'avez livré et supprimé en le faisant crucifier par la main des impies[2]; 24 mais Dieu l'a ressuscité en le délivrant des douleurs de la mort, car il n'était pas possible que la mort le retienne en son pouvoir. 25 David en effet dit de lui :

Je voyais constamment le Seigneur devant moi,
car il est à ma droite, pour que je ne sois pas ébranlé.
26 Aussi mon coeur était-il dans la joie
et ma langue a chanté d'allégresse.
Bien mieux, ma chair reposera dans l'espérance,
27 car tu n'abandonneras pas ma vie au séjour des morts
et tu ne laisseras pas ton saint connaître la décomposition.
28 Tu m'as montré les chemins de la *vie,
tu me rempliras de joie par ta présence.

1. Voir Mt 23.15 et note.

1. Voir Mt 26.71 et note.
2. ou des hommes sans loi (c'est-à-dire sans la loi de Dieu); cette expression désigne les païens.

29 « Frères, il est permis de vous le dire avec assurance : le patriarche David est mort, il a été enseveli, son tombeau se trouve encore aujourd'hui chez nous. 30 Mais il était prophète et savait que Dieu *lui avait juré* par serment *de faire asseoir sur son trône quelqu'un de sa descendance, issu de ses reins*[1] ; 31 il a donc vu d'avance la résurrection du *Christ et c'est à son propos qu'il a dit : il n'a pas été *abandonné au séjour des morts* et sa chair *n'a pas connu la décomposition.* 32 Ce Jésus, Dieu l'a ressuscité, nous tous en sommes témoins. 33 Exalté par la droite[2] de Dieu, il a donc reçu du Père l'Esprit Saint promis et il l'a répandu, comme vous le voyez et l'entendez. 34 David, qui n'est certes pas monté au *ciel, a pourtant dit :

Le Seigneur a dit à mon Seigneur :
assieds-toi à ma droite
35 *jusqu'à ce que j'aie fait de tes adversaires un escabeau sous tes pieds.*

36 Que toute la maison d'Israël le sache donc avec certitude : Dieu l'a fait et Seigneur et Christ, ce Jésus que vous, vous aviez crucifié. »

Les trois mille premiers convertis

37 Le *coeur bouleversé d'entendre ces paroles, ils demandèrent à Pierre et aux autres *apôtres : « Que ferons-nous, frères ? » 38 Pierre leur répondit : « Convertissez-vous ; que chacun de vous reçoive le baptême au *nom de Jésus Christ pour le pardon de ses péchés, et vous recevrez le don du Saint Esprit. 39 Car c'est à vous qu'est destinée la promesse, et à vos enfants ainsi qu'à tous ceux qui sont au loin, aussi nombreux que le Seigneur notre Dieu les appellera. » 40 Par bien d'autres paroles Pierre rendait témoignage et les encourageait : « Sauvez-vous, disait-il, de cette génération dévoyée. » 41 Ceux qui accueillirent sa parole reçurent le baptême et il y eut environ 3.000 personnes ce jour-là qui se joignirent à eux.

Vie de la première communauté chrétienne

42 Ils étaient assidus à l'enseignement des apôtres et à la communion fraternelle, à la fraction du pain et aux prières. 43 La crainte gagnait tout le monde : beaucoup de prodiges et de *signes s'accomplissaient par les apôtres. 44 Tous ceux qui étaient devenus croyants étaient unis et mettaient tout en commun. 45 Ils vendaient leurs propriétés et leurs biens, pour en partager le prix entre tous, selon les besoins de chacun. 46 Unanimes, ils se rendaient chaque jour assidûment au *Temple ; ils rompaient le pain à domicile, prenant leur nourriture dans l'allégresse et la simplicité de coeur. 47 Ils louaient Dieu et trouvaient un accueil favorable auprès du peuple tout entier. Et le Seigneur adjoignait chaque jour à la communauté ceux qui trouvaient le salut.

1. Voir He 7.10 et note.
2. Comme en 5.31 *la* (main) *droite* de Dieu est celle qui sauve. Voir Ex 15.12 ; Ps 18.36 ; 44.4, etc. Certains traduisent *à la droite* de Dieu.

L'infirme de la Belle Porte

3 1 Pierre et Jean montaient au *Temple pour la prière de trois heures de l'après-midi. 2 On y portait un homme qui était infirme depuis sa naissance — chaque jour on l'installait à la porte du Temple dite « La Belle Porte » pour demander l'aumône à ceux qui pénétraient dans le Temple. 3 Quand il vit Pierre et Jean qui allaient entrer dans le Temple, il les sollicita pour obtenir une aumône. 4 Pierre alors, ainsi que Jean, le fixa et lui dit : « Regarde-nous ! » 5 L'homme les observait, car il s'attendait à obtenir d'eux quelque chose. 6 Pierre lui dit : « De l'or ou de l'argent, je n'en ai pas ; mais ce que j'ai, je te le donne : au *nom de Jésus Christ le Nazôréen[1], marche ! » 7 Et, le prenant par la main droite, il le fit lever. À l'instant même les pieds et les chevilles de l'homme s'affermirent ; 8 d'un bond il fut debout et marchait ; il entra avec eux dans le Temple, marchant, bondissant et louant Dieu. 9 Et tout le peuple le vit marcher et louer Dieu. 10 On le reconnaissait : c'était bien lui qui se tenait, pour mendier, à la Belle Porte du Temple. Et les gens se trouvèrent complètement stupéfaits et désorientés par ce qui lui était arrivé.

Le message de Pierre

11 L'homme ne lâchait plus Pierre et Jean ; tout le peuple accourut autour d'eux, stupéfait, au portique appelé « Portique de Sa-lomon[1]. » 12 À cette vue, Pierre s'adressa au peuple : « Israélites, pourquoi vous étonner de ce qui arrive ? ou pourquoi nous fixer, nous, comme si c'était par notre puissance ou notre piété personnelles que nous avions fait marcher cet homme ?

13 « Le Dieu d'Abraham, d'Isaac et de Jacob, le Dieu de nos pères, a glorifié son Serviteur Jésus que vous, vous aviez livré et que vous aviez refusé en présence de Pilate décidé, quant à lui à le relâcher. 14 Vous avez refusé le Saint et le Juste[2] et vous avez réclamé pour vous la grâce d'un meurtrier. 15 Le Prince de la *vie que vous aviez fait mourir, Dieu l'a ressuscité des morts — nous en sommes les témoins. 16 Grâce à la foi au nom de Jésus, ce Nom[3] vient d'affermir cet homme que vous regardez et que vous connaissez ; et la foi qui vient de Jésus a rendu à cet homme toute sa santé, en votre présence à tous.

17 « Cela dit, frères, c'est dans l'ignorance, je le sais, que vous avez agi, tout comme vos chefs. 18 Dieu, lui, avait d'avance annoncé par la bouche de tous les *prophètes que son *Messie souffrirait et c'est ce qu'il a accompli. 19 Convertissez-vous donc et revenez à Dieu, afin que vos péchés soient effacés ; 20 ainsi viendront les moments de fraîcheur[4] accordés par le Seigneur, quand il enverra le Christ qui vous est des-

---

1. Ce portique bordait la cour des païens, au Temple de Jérusalem.
2. *le Saint* et *le Juste* : deux titres donnés à Jésus dans l'Église primitive (cf. Es 53.11).
3. Comme souvent dans la Bible le *nom* équivaut à la personne même qui le porte. Cette tournure est fréquente dans les Actes (voir 4.10, 12, etc) et y désigne souvent la personne de Jésus ressuscité. Voir aussi 4.7 et note.

1. Voir Mt 26.71 et note.

4. ou *de repos*.

tiné, Jésus, 21 que le *ciel doit accueillir jusqu'aux temps où sera restauré tout ce dont Dieu a parlé par la bouche de ses *saints prophètes d'autrefois. 22 Moïse d'abord a dit : *Le Seigneur Dieu suscitera pour vous, d'entre vos frères, un *prophète tel que moi; vous l'écouterez en tout ce qu'il vous dira.* 23 *Et toute personne qui n'écoutera pas ce prophète sera donc retranchée du peuple.* 24 Et tous les *prophètes depuis Samuel et ses successeurs ont, à leur tour, parlé pour annoncer les jours que nous vivons. 25 C'est vous qui êtes les fils des prophètes et de l'*alliance que Dieu a conclue avec vos pères, lorsqu'il a dit à Abraham : *En ta descendance, toutes les familles de la terre seront bénies.* 26 C'est pour vous que Dieu a d'abord[1] suscité puis envoyé son Serviteur pour vous bénir en détournant chacun de vous de ses méfaits[2]. »

Pierre et Jean devant le Sanhédrin

4 1 Pierre et Jean parlaient encore au peuple quand les *prêtres, le commandant du *Temple et les *sadducéens les abordèrent. 2 Ils étaient excédés de les voir instruire le peuple et annoncer dans le cas de Jésus, la résurrection des morts. 3 Ils les firent appréhender et mettre en prison jusqu'au lendemain, car le soir était déjà venu. 4 Parmi les auditeurs de la Parole, beaucoup étaient devenus croyants; leur

nombre s'élevait à environ 5.000 personnes.

5 C'est donc le lendemain que s'assemblèrent les chefs, les *anciens et les *scribes qui se trouvaient à Jérusalem. 6 Il y avait Hanne le grand prêtre, Caïphe, Jean, Alexandre et tous les membres des familles de grands-prêtres. 7 Ils firent amener Pierre et Jean devant eux et procédèrent à leur interrogatoire : « À quelle puissance ou à quel nom[1] avez-vous eu recours pour faire cela ? » 8 Rempli d'Esprit Saint, Pierre leur dit alors : 9 « Chefs du peuple et anciens, on nous somme aujourd'hui, pour avoir fait du bien à un infirme, de dire par quel moyen cet homme se trouve sauvé. 10 Sachez-le donc, vous tous et tout le peuple d'Israël, c'est par le *nom de Jésus Christ le Nazôréen, crucifié par vous, ressuscité des morts par Dieu, c'est grâce à lui que cet homme se trouve là, devant vous, guéri. 11 C'est lui, *la pierre que vous, les bâtisseurs, aviez mise au rebut : elle est devenue la pierre angulaire.* 12 Il n'y a aucun salut ailleurs qu'en lui; car aucun autre nom sous le *ciel n'est offert aux hommes, qui soit nécessaire à notre salut. » 13 Ils constataient l'assurance de Pierre et de Jean et, se rendant compte qu'il s'agissait d'hommes sans instruction et de gens quelconques, ils en étaient étonnés. Ils reconnaissaient en eux des compagnons de Jésus, 14 ils regardaient l'homme qui se tenait près d'eux, guéri, et ils ne trouvaient pas de riposte.

---

1. ou *C'est pour vous d'abord que Dieu a suscité*

2. ou *vous bénir en vous détournant chacun de vos méfaits.*

1. Pour éviter d'avoir à prononcer le nom sacré de Dieu les Juifs disaient parfois *le Nom.* Le grand prêtre demande donc aux apôtres à quel genre de dieu ils ont fait appel pour guérir l'infirme.

15 Ils donnèrent donc l'ordre de les faire sortir du *Sanhédrin et ils délibérèrent. 16 « Qu'allons-nous faire de ces gens-là se disaient-ils ? En effet, ils sont bien les auteurs d'un miracle évident : la chose est manifeste pour toute la population de Jérusalem et nous ne pouvons pas la nier. 17 Il faut néanmoins en limiter les suites parmi le peuple : nous allons donc les menacer pour qu'ils ne mentionnent plus ce nom devant qui que ce soit. » 18 Ils les firent alors rappeler et leur interdirent formellement de prononcer ou d'enseigner le nom de Jésus[1]. 19 Mais Pierre et Jean leur répliquèrent : « Qu'est-ce qui est juste aux yeux de Dieu : vous écouter ? ou l'écouter, lui ? À vous d'en décider ! 20 Nous ne pouvons certes pas quant à nous taire ce que nous avons vu et entendu. » 21 Sur des menaces renouvelées, on les relâcha, faute d'avoir trouvé moyen de les condamner ... c'était à cause du peuple : car tout le monde rendait gloire à Dieu de ce qui s'était passé. 22 L'homme qui avait bénéficié de cette guérison miraculeuse avait en effet plus de 40 ans.

Prière de la communauté persécutée

23 Une fois relâchés, Pierre et Jean rejoignirent leurs compagnons et leur racontèrent tout ce que les *grands prêtres et les *anciens leur avaient dit. 24 On les écouta ; puis tous, unanimes, s'adressèrent à Dieu en ces termes : « Maître, c'est toi *qui as créé le*

ciel, la terre, la mer et tout ce qui s'y trouve*, 25 toi qui as mis par l'Esprit Saint ces paroles dans la bouche de notre père David, ton serviteur :

Pourquoi donc ces grondements des nations
et ces vaines entreprises des peuples ?
26 *Les rois de la terre se sont rapprochés*
et les chefs se sont assemblés
pour ne faire plus qu'un contre le Seigneur et contre son
**Oint*.

27 « Oui, ils se sont vraiment *assemblés* en cette ville, *Hérode et Ponce Pilate, avec *les nations et les peuples* d'Israël, *contre* Jésus, ton *saint serviteur, que tu avais *oint*. 28 Ils ont ainsi réalisé tous les desseins que ta main et ta volonté avaient établis. 29 Et maintenant, Seigneur, sois attentif à leurs menaces et accorde à tes serviteurs de dire ta Parole avec une entière assurance. 30 Etends donc la main pour que se produisent des guérisons, des *signes et des prodiges par le *nom de Jésus, ton saint serviteur. » 31 À la fin de leur prière, le local où ils se trouvaient réunis fut ébranlé ; ils furent tous remplis du Saint Esprit et disaient avec assurance la parole de Dieu.

Tout en commun

32 La multitude de ceux qui étaient devenus croyants n'avait qu'un coeur et qu'une âme et nul ne considérait comme sa propriété l'un quelconque de ses biens ; au contraire, ils mettaient tout en commun. 33 Une grande puissance marquait le témoi-

---

1. ou *d'enseigner au nom de Jésus.* Voir Ac 3.16 et note.

gnage rendu par les *apôtres à la résurrection du Seigneur Jésus et une grande grâce était à l'oeuvre chez eux tous. 34 Nul parmi eux n'était indigent : en effet ceux qui se trouvaient possesseurs de terrains ou de maisons les vendaient, apportaient le prix[1] des biens qu'ils avaient cédé 35 et le déposaient aux pieds des apôtres. Chacun en recevait une part selon ses besoins.

36 Ainsi Joseph, surnommé Barnabas par les apôtres — ce qui signifie l'homme du réconfort — possédait un champ. C'était un lévite, originaire de Chypre. 37 Il vendit son champ, en apporta le montant et le déposa aux pieds des apôtres.

Le mensonge d'Ananias et Saphira

5 1 Un homme du nom d'Ananias vendit une propriété, d'accord avec Saphira sa femme; 2 puis, de connivence avec elle, il retint une partie du prix, apporta le reste et le déposa aux pieds des *apôtres. 3 Mais Pierre dit : «Ananias, pourquoi *Satan a-t-il rempli ton *coeur? Tu as menti à l'Esprit Saint et tu as retenu une partie du prix du terrain. 4 Ne pouvais-tu pas le garder sans le vendre, ou, si tu le vendais disposer du prix à ton gré? Comment ce projet a-t-il pu te venir au coeur? Ce n'est pas aux hommes que tu as menti, c'est à Dieu.» 5 Quand il entendit ces mots, Ananias tomba et expira. Une grande crainte saisit tous ceux qui l'apprenaient. 6 Les jeunes gens vinrent alors ensevelir

le corps et l'emportèrent pour l'enterrer.

7 Trois heures environ s'écoulèrent; sa femme entra, sans savoir ce qui était arrivé. 8 Pierre l'interpella : «Dis-moi, c'est bien tel prix que vous avez vendu le terrain?» Elle dit : «Oui, c'est bien ce prix-là!» 9 Alors Pierre reprit : «Comment avez-vous pu vous mettre d'accord pour provoquer l'Esprit du Seigneur? Ecoute : les pas de ceux qui viennent d'enterrer ton mari sont à la porte; ils vont t'emporter, toi aussi.» 10 Aussitôt elle tomba aux pieds de Pierre et expira. Quand les jeunes gens rentrèrent, ils la trouvèrent morte et l'emportèrent pour l'enterrer auprès de son mari. 11 Une grande crainte saisit alors toute l'église et tous ceux qui apprenaient cet événement.

Des adhésions et des guérisons

12 Beaucoup de *signes et de prodiges s'accomplissaient dans le peuple par la main des *apôtres. Ils se tenaient tous, unanimes, sous le portique de Salomon[1], 13 mais personne d'autre n'osait s'agréger à eux; le peuple faisait pourtant leur éloge, 14 et des multitudes de plus en plus nombreuses d'hommes et de femmes se ralliaient, par la foi, au Seigneur[2]. 15 On en venait à sortir les malades dans les rues, on les plaçait sur des lits ou des civières, afin que Pierre, au passage, touche au moins l'un ou l'autre de son ombre. 16 La multitude accourait aussi des localités

---

1. ou *percevaient le prix.*

1. Voir Ac 3.11 et note.
2. ou *se joignaient* (à la communauté) *en croyant au Seigneur.*

voisines de Jérusalem, portant des malades et des gens que tourmentaient des esprits *impurs, et tous étaient guéris.

Les apôtres sont arrêtés puis relâchés

17 Sur ces entrefaites le *grand prêtre et tout son entourage — il s'agissait du parti des *sadducéens — furent remplis de fureur; 18 ils firent appréhender les *apôtres et les jetèrent publiquement[1] en prison. 19 Mais, pendant la nuit, l'ange du Seigneur[2] ouvrit les portes de la prison, les fit sortir et leur dit : 20 « Allez, tenez-vous dans le *Temple, et là, annoncez au peuple toutes ces paroles de *vie ! » 21 Ils l'écoutèrent; dès le point du jour, ils se rendirent au Temple; et là ils enseignaient.

Le grand prêtre arriva; lui et son entourage convoquèrent le *Sanhédrin, assemblée plénière des Israélites, et ils envoyèrent chercher les apôtres à la prison. 22 Mais les serviteurs, une fois sur place, ne les trouvèrent pas dans le cachot. De retour, ils rendirent compte en ces termes : 23 « Nous avons trouvé la prison soigneusement fermée, et les gardes en faction devant les portes; mais quand nous avons ouvert, nous n'avons trouvé personne à l'intérieur. » 24 À l'annonce de ces nouvelles le commandant du Temple et les grands prêtres étaient perplexes au sujet des apôtres, se demandant ce qui avait bien pu se passer. 25 Mais quelqu'un vint leur annoncer : « Voici que les

hommes que vous aviez jetés en prison se tiennent dans le Temple et ils instruisent le peuple. » 26 Alors le commandant partit avec les serviteurs pour ramener les apôtres, sans violence toutefois, car ils redoutaient que le peuple ne leur jette des pierres.

27 Ils les amenèrent donc, les présentèrent au Sanhédrin et le grand prêtre les interrogea : 28 « Nous vous avions formellement interdit, leur dit-il, d'enseigner ce nom-là, et voilà que vous avez rempli Jérusalem de votre doctrine; vous voulez donc faire retomber sur nous le sang de cet homme[1] ! » 29 Mais Pierre et les apôtres répondirent : « Il faut obéir à Dieu plutôt qu'aux hommes. 30 Le Dieu de nos pères a ressuscité Jésus que vous aviez exécuté en le pendant au bois. 31 C'est lui que Dieu a exalté par sa droite[2] comme Prince et Sauveur, pour donner à Israël la conversion et le pardon des péchés. 32 Nous sommes témoins de ces événements, nous et l'Esprit Saint que Dieu a donné à ceux qui lui obéissent. »

33 Exaspérés par cette déclaration, ils envisagèrent de les faire mourir. 34 Mais un homme se leva dans le Sanhédrin; c'était un *pharisien du nom de Gamaliel, un *docteur de la Loi estimé de tout le peuple. Il ordonna de faire sortir un instant les prévenus, 35 puis il déclara : « Israélites, prenez bien garde à ce que vous allez faire dans le cas de ces gens. 36 Ces derniers temps, on a vu surgir Theudas : il prétendait être quelqu'un et avait rallié environ

---

1. ou dans la prison publique.
2. Voir Mt 1.20 et note.

1. Voir Mt 27.24-25 et notes.
2. Voir Ac 2.33 et note.

400 hommes; lui-même a été tué, tous ceux qui l'avaient suivi se sont débandés et il n'en est rien resté. 37 On a vu surgir ensuite Judas le Galiléen, à l'époque du recensement : il avait soulevé du monde à sa suite; lui aussi a péri, et tous ceux qui l'avaient suivi se sont dispersés. 38 Alors, je vous le dis, ne vous occupez donc plus de ces gens et laissez-les aller ! Si c'est des hommes en effet que vient leur résolution ou leur entreprise, elle disparaîtra d'elle-même; 39 si c'est de Dieu, vous ne pourrez pas les faire disparaître. N'allez pas risquer de vous trouver en guerre avec Dieu ! »

Se rangeant à son avis, 40 ils rappelèrent les apôtres, les firent battre de verges et, après leur avoir enjoint de ne plus prononcer le nom de Jésus, ils les relâchèrent. 41 Les apôtres quittèrent donc le Sanhédrin, tout heureux d'avoir été trouvés dignes de subir des outrages pour le Nom[1]. 42 Chaque jour, au Temple comme à domicile, ils ne cessaient d'enseigner et d'annoncer la bonne nouvelle de Jésus Messie.

La désignation des Sept

6 1 En ces jours-là, le nombre des disciples[2] augmentait et les Hellénistes[3] se mirent à récriminer contre les Hébreux parce que leurs veuves étaient ou-

1. Voir Ac 3.16 et note.
2. C'est la première fois que le mot *disciple* dépasse le sens restreint propre aux Evangiles et qu'il sert à désigner les chrétiens; voir 9.1, 26; 11.26.
3. Les *Hellénistes* étaient des Juifs qui se distinguaient des *Hébreux* par le fait qu'ils parlaient le grec. Cette répartition se retrouve dans la première église de Jérusalem.

bliées dans le service quotidien. 2 Les Douze convoquèrent alors l'assemblée plénière des disciples et dirent : « Il ne convient pas que nous délaissions la parole de Dieu pour le service des tables. 3 Cherchez plutôt parmi vous, frères, sept hommes de bonne réputation, remplis d'Esprit et de sagesse, et nous les chargerons de cette fonction. 4 Quant à nous, nous continuerons à assurer la prière et le service de la Parole. » 5 Cette proposition fut agréée par toute l'assemblée : on choisit Etienne, un homme plein de foi et d'Esprit Saint, Philippe, Prochore, Nicanor, Timon, Parménas et Nicolas, prosélyte[1] d'Antioche; 6 on les présenta aux *apôtres, on pria et on leur *imposa les mains.

7 La parole de Dieu croissait et le nombre des *disciples augmentait considérablement à Jérusalem; une multitude de prêtres[2] obéissait à la foi.

Etienne est arrêté et accusé

8 Plein de grâce et de puissance, Etienne opérait des prodiges et des *signes remarquables parmi le peuple. 9 Mais, sur ces entrefaites, des gens de la *synagogue dite des Affranchis[3], avec des Cyrénéens et des Alexandrins, des gens de Cilicie et d'Asie, entrèrent en discussion avec Etienne 10 et, comme ils étaient incapables de s'opposer à la sagesse et à l'Esprit qui marquaient ses pa-

1. Voir Ac 2.11 et note sur Mt 23.15.
2. Les membres des diverses classes de prêtres juifs étaient environ 8.000 à Jérusalem.
3. La *synagogue des Affranchis* regroupait les descendants d'anciens esclaves emmenés par le général romain Pompée en 63 av. J. C. et libérés par la suite.

roles, 11 ils subornèrent des gens pour dire : « Nous l'avons entendu prononcer des paroles *blasphématoires contre Moïse et contre Dieu. » 12 Ils ameutèrent le peuple, les *anciens et les *scribes, se saisirent d'Etienne à l'improviste et le conduisirent au *Sanhédrin. 13 Là ils produisirent de faux témoins : « L'homme que voici, disaient-ils, tient sans arrêt des propos hostiles au Lieu saint[1] et à la *Loi ; 14 de fait, nous lui avons entendu dire que ce Jésus le Nazôréen[2] détruirait ce Lieu et changerait les règles que Moïse nous a transmises. » 15 Tous ceux qui siégeaient au Sanhédrin avaient les yeux fixés sur lui et ils virent son visage comme le visage d'un *ange.

L'histoire d'Israël vue par Etienne

7 1 Le *grand prêtre lui demanda : « Cela est-il exact ? » 2 Etienne répondit : « Frères et pères, écoutez. Le Dieu de gloire est apparu à notre père Abraham quand il était en Mésopotamie, avant d'habiter à Charan. 3 *Et il lui a dit : Quitte ton pays et ta famille et va dans le pays que je te montrerai.* 4 Abraham quitta alors le pays des Chaldéens pour habiter à Charan. De là, après la mort de son père, Dieu le fit passer dans ce pays que vous habitez maintenant. 5 Il ne lui donna aucune propriété dans ce pays, pas même de quoi poser le pied, mais il promit de lui en donner la possession

ainsi qu'à sa descendance après lui, bien qu'Abraham n'eût pas d'enfant. 6 Et Dieu parla ainsi : *Sa descendance séjournera en terre étrangère, on la réduira en esclavage et on la maltraitera pendant 400 ans.* 7 *Mais la nation dont ils auront été les esclaves, je la jugerai moi,* dit Dieu, *et après cela ils sortiront et me rendront un culte* en ce lieu. 8 Il lui donna l'*alliance de la *circoncision et c'est ainsi qu'ayant engendré Isaac, Abraham le circoncit le huitième jour. Isaac fit de même pour Jacob, et Jacob pour les douze patriarches.

9 « Jaloux de Joseph, les patriarches le vendirent pour être mené en Egypte. Mais Dieu était avec lui ; 10 il le tira de toutes ses détresses et *lui donna grâce et sagesse devant *Pharaon, le roi d'Egypte, qui l'établit gouverneur sur l'Egypte et sur toute sa maison. 11 Or il survint une famine dans toute l'Egypte et en Canaan ;* la détresse était grande et nos pères n'arrivaient plus à se ravitailler. 12 Ayant appris qu'il y avait des vivres en Egypte, Jacob y envoya nos pères une première fois ; 13 la deuxième fois, Joseph se fit reconnaître par ses frères, et son origine fut révélée à Pharaon. 14 Joseph envoya alors chercher Jacob son père et toute sa parenté, en tout 75 personnes. 15 Jacob descendit donc en Egypte, et il y mourut ainsi que nos pères. 16 On les transporta à Sichem et on les déposa dans le sépulcre qu'Abraham avait acheté à prix d'argent aux fils d'Emmor, père de Sichem.

1. Voir Jn 11.48 et note ; il s'agit ici du Temple de Jérusalem.
2. Voir Mt 26.71 et note.

17 « Comme approchait le temps où devait s'accomplir la promesse solennelle que Dieu avait faite à Abraham, le peuple s'accrut et se multiplia en Egypte, 18 jusqu'à l'avènement d'un autre roi d'Egypte, qui n'avait pas connu Joseph. 19 Perfidement, ce roi s'en prit à notre race : sa malveillance envers les pères alla jusqu'à leur faire exposer leurs nouveau-nés pour les empêcher de vivre. 20 C'est en ce temps-là que naquit Moïse ; il était beau aux yeux de Dieu. Pendant trois mois, il fut élevé dans la maison de son père 21 et, lorsqu'il fut exposé, la fille du Pharaon le recueillit et l'éleva comme son propre fils. 22 Moïse fut initié à toute la sagesse des Egyptiens et il était puissant en ses paroles et en ses actions.

23 « Quand il eut 40 ans accomplis, l'idée lui vint de se rendre parmi ses frères, les Israélites. 24 Voyant l'un d'eux mis à mal, il en prit la défense et, pour venger ce frère maltraité, il frappa l'Egyptien. 25 Il pensait faire comprendre à ses frères que Dieu, par sa main, leur apportait le salut ; mais ils ne le comprirent pas. 26 Le jour suivant, on le vit intervenir dans une rixe pour essayer de réconcilier les adversaires : Amis, leur dit-il, vous êtes frères, pourquoi vous malmener ? 27 Mais celui qui maltraitait son compagnon repoussa Moïse en ces termes : *Qui t'a établi chef et juge sur nous ? 28 Veux-tu me tuer comme tu as tué hier l'Egyptien ? 29 À ces mots, Moïse s'enfuit et se réfugia à l'étranger dans le pays de Madian, où il eut deux fils.

30 « Au bout de 40 ans, *un *ange lui apparut au désert du mont Sinaï, dans la flamme d'un buisson en feu.* 31 Moïse, étonné par cette vision voulut s'approcher pour regarder ; la voix du Seigneur se fit entendre ; 32 *je suis le Dieu de tes pères, le Dieu d'Abraham, d'Isaac et de Jacob.* Tout tremblant, Moïse n'osait plus regarder. 33 Alors le Seigneur lui dit : *Ôte les sandales de tes pieds, car le lieu où tu te tiens est une terre *sainte. 34 Oui, j'ai vu la misère de mon peuple en Egypte et j'ai entendu son gémissement ; je suis descendu pour le délivrer. Et maintenant, va, je veux t'envoyer en Egypte.*

35 « Ce Moïse qu'ils avaient rejeté par ces mots : *Qui t'a établi chef et juge ?*, c'est lui que Dieu a envoyé comme chef et libérateur, par l'entremise de l'ange qui lui était apparu dans le buisson. 36 C'est lui qui les a fait sortir d'Egypte en opérant des prodiges et des *signes au pays d'Egypte, à la mer Rouge et au désert pendant 40 ans. 37 C'est lui, Moïse, qui a dit aux Israélites : *Dieu vous suscitera d'entre vos frères un *prophète comme moi.* 38 C'est lui qui, lors de l'assemblée au désert, se tenait entre nos pères et l'ange qui lui parlait sur le mont Sinaï ; c'est lui qui reçut des paroles de *vie pour nous les donner. 39 Mais nos pères ne voulurent pas lui obéir ; ils le repoussèrent, et retournèrent par la pensée en Egypte. 40 Ils dirent en effet à Aaron : *Fais-nous des dieux qui marchent à notre tête ; car ce Moïse qui nous a fait sortir du pays d'egypte, nous ne ne savons pas ce qu'il cst devenu.* 41 Ils fa-

çonnèrent un veau en ces jours-là, offrirent un *sacrifice à cette idole et célébrèrent joyeusement l'oeuvre de leurs mains. 42 En retour, Dieu les livra au culte de l'armée du ciel[1], comme il est écrit dans le livre des *prophètes :

M'avez-vous offert victimes et sacrifices
pendant 40 ans au désert, maison d'Israël ?

43 Vous avez porté la tente de Moloch
et l'astre de votre dieu Rephân, ces images que vous avez faites pour les adorer.
Aussi vous déporterai-je au-delà de Babylone.

44 « Nos pères au désert avaient la tente du témoignage : celui qui parlait à Moïse lui avait prescrit de la faire selon le modèle qu'il avait vu. 45 Nos pères, l'ayant reçue, l'introduisirent, sous la conduite de Josué, dans le pays conquis sur les nations que Dieu chassa devant eux; elle y fut jusqu'aux jours de David. 46 Celui-ci trouva grâce devant Dieu et demanda la faveur de disposer d'une résidence pour le Dieu de Jacob[2]. 47 Mais ce fut Salomon qui lui bâtit une maison. 48 Et pourtant le Très-Haut n'habite pas des demeures construites par la main des hommes. Comme dit le *prophète :

49 Le *ciel est mon trône
et la terre un escabeau sous mes pieds.
Quelle maison allez-vous me bâtir, dit le Seigneur,

et quel sera le lieu de mon repos ?
50 N'est-ce pas ma main qui a créé toutes ces choses ?

51 « Hommes au cou raide, *incirconcis de coeur et d'oreilles, toujours vous résistez à l'Esprit Saint; vous êtes bien comme vos pères. 52 Lequel des *prophètes vos pères n'ont-ils pas persécuté ? Ils ont même tué ceux qui annonçaient d'avance la venue du Juste[1], celui-là même que maintenant vous avez trahi et assassiné. 53 Vous aviez reçu la *Loi promulguée par des anges[2], et vous ne l'avez pas observée. »

La mort d'Etienne

54 Ces paroles les exaspérèrent et ils grinçaient des dents contre Etienne. 55 Mais lui, rempli d'Esprit Saint, fixait le ciel : il vit la gloire de Dieu et Jésus debout à la droite de Dieu. 56 « Voici, dit-il, que je contemple les cieux ouverts et le *Fils de l'homme debout à la droite de Dieu. » 57 Ils poussèrent alors de grands cris, en se bouchant les oreilles. Puis, tous ensemble, ils se jetèrent sur lui, 58 l'entraînèrent hors de la ville et se mirent à le lapider. Les témoins avaient posé leurs vêtements aux pieds d'un jeune homme appelé Saul. 59 Tandis qu'ils le lapidaient, Etienne prononça cette invocation : « Seigneur Jésus, reçois mon esprit. » 60 Puis il fléchit les genoux et lança un grand cri : « Seigneur, ne leur compte pas ce péché. » Et sur ces mots il mourut.

---

1. L'armée du ciel est une expression fréquente dans l'A. T. (Dt 4.19; 17.3, etc.) pour désigner les astres, que plusieurs religions païennes de l'antiquité avaient divinisés.

2. Autre texte : pour la maison de Jacob (c'est-à-dire la dynastie royale du peuple d'Israël).

1. Voir Ac 3.14 et note.
2. Voir He 2.2 et note; Ga 3.19 et note.

8 1 Saul, lui, était de ceux qui approuvaient ce meurtre.

La première persécution

En ce jour-là éclata contre l'église de Jérusalem une violente persécution. Sauf les *apôtres, tous se dispersèrent dans les contrées de la Judée et de la *Samarie. 2 Des hommes pieux ensevelirent Etienne et lui firent de belles funérailles. 3 Quant à Saul, il ravageait l'église; il pénétrait dans les maisons, en arrachait hommes et femmes et les jetait en prison. 4 Ceux donc qui avaient été dispersés allèrent de lieu en lieu, annonçant la bonne nouvelle de la Parole.

Philippe évangélise la Samarie

5 C'est ainsi que Philippe, qui était descendu dans une ville de Samarie, y proclamait le *Christ. 6 Les foules unanimes s'attachaient aux paroles de Philippe, car on entendait parler des miracles qu'il faisait et on les voyait. 7 Beaucoup d'esprits *impurs en effet sortaient, en poussant de grands cris, de ceux qui en étaient possédés et beaucoup de paralysés et d'infirmes furent guéris. 8 Il y eut une grande joie dans cette ville.

9 Or il se trouvait déjà dans la ville un homme du nom de Simon qui faisait profession de magie et tenait dans l'émerveillement la population de la Samarie. Il prétendait être quelqu'un d'important 10 et tous s'attachaient à lui, du plus petit jusqu'au plus grand. « Cet homme, disait-on, est la Puissance de Dieu, celle qu'on appelle la Grande. » 11 S'ils s'attachaient ainsi à lui, c'est qu'il les maintenait depuis longtemps dans l'émerveillement par ses sortilèges. 12 Mais, ayant eu foi en Philippe qui leur annonçait la bonne nouvelle du *règne de Dieu et du *nom de Jésus Christ, ils recevaient le baptême, hommes et femmes. 13 Simon lui-même devint croyant à son tour, il reçut le baptême et ne lâchait plus Philippe. À regarder les grands signes et miracles qui avaient lieu, c'est lui en effet qui était émerveillé.

14 Apprenant que la *Samarie avait accueilli la parole de Dieu, les *apôtres qui étaient à Jérusalem y envoyèrent Pierre et Jean. 15 Une fois arrivés, ces derniers prièrent pour les Samaritains afin qu'ils reçoivent l'Esprit Saint. 16 En effet, l'Esprit n'était encore tombé sur aucun d'eux; ils avaient seulement reçu le baptême au nom du Seigneur Jésus. 17 Pierre et Jean se mirent donc à leur *imposer les mains et les Samaritains recevaient l'Esprit Saint.

18 Mais Simon, quand il vit que l'Esprit Saint était donné par l'imposition des mains des apôtres, leur proposa de l'argent. 19 « Accordez-moi, leur dit-il, à moi aussi ce pouvoir, afin que ceux à qui j'imposerai les mains reçoivent l'Esprit Saint. » 20 Mais Pierre lui répliqua : « Périsse ton argent, et toi avec lui, pour avoir cru que tu pouvais acheter, avec de l'argent, le don gratuit de Dieu. 21 Il n'y a pour toi ni part ni héritage dans ce qui se passe ici, car ton *coeur n'est pas droit devant Dieu. 22 Repens-toi donc

de ta méchanceté, et prie le Seigneur : la pensée qui t'est venue au coeur te sera peut-être pardonnée. 23 Je vois en effet que tu es dans l'amertume du fiel et les liens de l'iniquité. » 24 Et Simon répondit : « Priez vous-même le Seigneur en ma faveur, pour qu'il ne m'arrive rien de ce que vous avez dit. »

25 Pierre et Jean, après avoir rendu témoignage et annoncé la parole du Seigneur, retournèrent alors à Jérusalem; ils annonçaient la bonne nouvelle à de nombreux villages *samaritains.

Philippe et l'eunuque éthiopien

26 L'ange du Seigneur[1] s'adressa à Philippe : « Tu vas aller vers le Midi[2], lui dit-il, sur la route qui descend de Jérusalem à Gaza; elle est déserte. » 27 Et Philippe partit sans tarder. Or un eunuque[3] éthiopien, haut fonctionnaire de Candace[4], la reine d'Ethiopie et administrateur général de son trésor, qui était allé à Jérusalem en pèlerinage, 28 retournait chez lui; assis dans son char, il lisait le *prophète Esaïe. 29 L'Esprit dit à Philippe : « Avance et rejoins ce char. » 30 Philippe y courut, entendit l'eunuque qui lisait[5] le prophète Esaïe et lui dit : « Comprends-tu vraiment ce que tu lis ? 31 — Et comment le pourrais-je, répon-

dit-il, si je n'ai pas de guide ? » Et il invita Philippe à monter s'asseoir près de lui. 32 Et voici le passage de l'Ecriture qu'il lisait :

Comme une brebis que l'on conduit pour l'égorger,
comme un agneau muet devant celui qui le tond,
c'est ainsi qu'il n'ouvre pas la bouche.
33 *Par son abaissement s'est trouvé levé son jugement.*
Sa génération, qui la racontera ?
Car elle est enlevée de la terre, sa vie.

34 S'adressant à Philippe, l'eunuque lui dit : « Je t'en prie, de qui le prophète parle-t-il ainsi ? De lui-même ou de quelqu'un d'autre ? » 35 Philippe ouvrit alors la bouche, et, partant de ce texte, il lui annonça la bonne nouvelle de Jésus. 36 Poursuivant leur chemin, ils tombèrent sur un point d'eau et l'eunuque dit : « Voici de l'eau. Qu'est-ce qui empêche que je reçoive le baptême[1] ? » 38 Il donna l'ordre d'arrêter son char; tous les deux descendirent dans l'eau, Philippe et l'eunuque, et Philippe le baptisa. 39 Quand ils furent sortis de l'eau, l'Esprit du Seigneur emporta Philippe, et l'eunuque ne le vit plus, mais il poursuivit son chemin dans la joie. 40 Quant à Philippe, il se retrouva à Azot[2] et il annonçait la bonne nouvelle dans toutes les

---

1. Voir Ac 5.19 et note sur Mt 1.20.
2. ou *vers l'heure de midi.*
3. *Eunuque* : utilisé au sens propre en Mt 19.12, ce terme servait aussi depuis longtemps à désigner un *homme de confiance au service d'un souverain.*
4. *Candace* n'est pas un nom propre, mais un titre désignant la reine d'Ethiopie, comme Pharaon désignait le roi d'Egypte.
5. A haute voix, comme c'était l'habitude chez les anciens.

1. Certains manuscrits anciens ajoutent ici : *Philippe dit : « Si tu crois de tout ton coeur, c'est permis. » L'eunuque répondit : « Je crois que Jésus-Christ est le Fils de Dieu. »* On a peut-être ici l'écho d'une très ancienne liturgie de baptême.
2. La ville d'*Azot* est l'ancienne Ashdod des Philistins (1 S 5.1-7).

villes où il passait jusqu'à son arrivée à Césarée.

Saul saisi par le Seigneur Jésus

9 1 Saul, ne respirant toujours que menaces et meurtres contre les disciples[1] du Seigneur, alla 2 demander au *grand prêtre des lettres pour les *synagogues de Damas. S'il trouvait là des adeptes de la Voie[2], hommes ou femmes, il les amènerait, enchaînés, à Jérusalem.

3 Poursuivant sa route, il approchait de Damas quand, soudain, une lumière venue du ciel l'enveloppa de son éclat. 4 Tombant à terre, il entendit une voix qui lui disait : « Saoul, Saoul[3], pourquoi me persécuter ? 5 — Qui es-tu, Seigneur ? demanda-t-il. — Je suis Jésus, c'est moi que tu persécutes. 6 Mais relève-toi, entre dans la ville, et on te dira ce que tu dois faire. » 7 Ses compagnons de voyage s'étaient arrêtés, muets de stupeur : ils entendaient la voix, mais ne voyaient personne. 8 Saul se releva de terre, mais bien qu'il eût les yeux ouverts, il n'y voyait plus rien et c'est en le conduisant par la main que ses compagnons le firent entrer dans Damas 9 où il demeura privé de la vue pendant trois jours, sans rien manger ni boire.

10 Il y avait à Damas un disciple nommé Ananias; le Seigneur l'appela dans une vision : « Ananias ! — Me voici, Seigneur, répondit-il ! » 11 Le Seigneur reprit : « Tu vas te rendre dans la rue appelée rue Droite et demander, dans la maison de Judas, un nommé Saul de Tarse; il est là en prière 12 et vient de voir[1] un homme nommé Ananias entrer et lui *imposer les mains pour lui rendre la vue. » 13 Ananias répondit : « Seigneur, j'ai entendu bien des gens parler de cet homme et dire tout le mal qu'il a fait à tes saints[2] à Jérusalem. 14 Et ici il dispose des pleins pouvoirs reçus des grands prêtres pour enchaîner tous ceux qui invoquent ton *nom. » 15 Mais le Seigneur lui dit : « Va, car cet homme est un instrument que je me suis choisi pour répondre de mon nom devant les nations païennes, les rois et les Israélites. 16 Je lui montrerai moi-même en effet tout ce qu'il lui faudra souffrir pour mon nom. » 17 Ananias partit, entra dans la maison, lui imposa les mains et dit : « Saoul, mon frère, c'est le Seigneur qui m'envoie — ce Jésus, qui t'est apparu sur la route que tu suivais, — afin que tu retrouves la vue et que tu sois rempli d'Esprit Saint. » 18 Des sortes de membranes lui tombèrent aussitôt des yeux et il retrouva la vue. Il reçut alors le baptême 19 et quand il se fut alimenté, il reprit des forces.

Saul se met à prêcher le Christ

Il passa quelques jours avec les disciples[3] de Damas, 20 et sans attendre, il proclamait dans les *synagogues que Jésus est le Fils de

---

1. Voir Ac 6.1 et note.
2. Terme particulier du livre des Ac, pour désigner la nouvelle manière de marcher vers le salut et donc aussi la ligne de conduite particulière aux chrétiens. Voir Ac 16.17; 18.25-26; 19.9, 23, etc.
3. Le texte reproduit la prononciation hébraïque du nom de Saul : Sa-oul. Le premier roi d'Israël (1 S 9.2) portait ce même nom.

1. Certains manuscrits ajoutent : *en vision.*
2. Sur cette appellation des chrétiens voir Rm 1.7 et note.
3. Voir Ac 6.1 et note.

Dieu. 21 Tous ceux qui l'entendaient en restaient stupéfaits et ils disaient : « N'est-ce pas lui qui, à Jérusalem, s'acharnait contre ceux qui invoquent ce *nom ? Et n'était-il pas venu tout exprès pour les conduire, enchaînés, aux *grands prêtres ? » 22 Mais Saul s'affirmait d'autant plus et il confondait les habitants juifs de Damas en prouvant que Jésus était bien le *Messie.

23 Un temps assez long s'était écoulé, quand ces Juifs se concertèrent pour le faire périr. 24 Saul eut alors connaissance de leur complot. Ils allaient jusqu'à garder les portes de la ville, jour et nuit, pour pouvoir le tuer. 25 Mais, une nuit, ses disciples[1] le prirent et le descendirent le long de la muraille dans une corbeille.

Saul à Jérusalem

26 Arrivé à Jérusalem, Saul essayait de s'agréger aux disciples; mais tous avaient peur de lui, n'arrivant pas à le croire vraiment disciple. 27 Barnabas le prit alors avec lui, l'introduisit auprès des *apôtres et leur raconta comment, sur la route, il avait vu le Seigneur qui lui avait parlé, et comment, à Damas, il s'était exprimé avec assurance au nom de Jésus. 28 Dès lors Saul allait et venait avec eux dans Jérusalem, s'exprimant avec assurance au nom du Seigneur. 29 Il s'entretenait avec les Hellénistes[2] et discutait avec eux; mais eux cherchaient à le faire périr. 30 Les frères, l'ayant appris, le conduisi-

rent à Césarée et de là le firent partir sur Tarse.

31 L'Eglise[1], sur toute l'étendue de la Judée, de la Galilée et de la *Samarie, vivait donc en paix, elle s'édifiait et marchait dans la crainte du Seigneur et, grâce à l'appui du Saint Esprit, elle s'accroissait.

Pierre à Lydda; la guérison d'Enée

32 Or il arriva que Pierre, qui se déplaçait continuellement, descendit aussi chez les saints[2] qui habitaient Lydda. 33 Il trouva là un homme du nom d'Enée, allongé sur un grabat depuis huit ans; il était paralysé. 34 Pierre lui dit : « Enée, Jésus Christ te guérit. Lève-toi et fais toi-même ton lit ! » Et il se leva aussitôt. 35 L'ayant vu, toute la population de Lydda et de la plaine de Saron se tourna vers le Seigneur.

Pierre à Joppé; Tabitha rappelée à la vie

36 Il y avait à Joppé une femme qui était *disciple; elle s'appelait Tabitha, ce qui se traduit par Dorcas[3]. Elle était riche des bonnes oeuvres et des aumônes qu'elle faisait. 37 Or, en ces jours-là, elle tomba malade et mourut. Après avoir fait sa toilette, on la déposa dans la chambre haute[4]. 38 Comme Lydda est proche de Joppé[5], les *disciples avaient appris que

---

1. Quelques manuscrits lisent : *les disciples.*
2. Voir Ac 6.1 et note *c.*

1. Autre texte : *les églises.*
2. Voir Ac 9.13 et note sur Rm 1.7.
3. *Dorcas* est l'équivalent grec du nom juif *Tabitha* et signifie *gazelle.*
4. Voir Ac 1.13 et note.
5. Il y a environ 20 km de Lydda à Joppé.

Pierre était là et ils lui envoyèrent deux hommes chargés de cette invitation : « Rejoins-nous sans tarder. » 39 Pierre partit aussitôt avec eux. Quand il fut arrivé, on le fit monter dans la chambre haute, et toutes les veuves se tenaient devant lui en pleurs, lui montrant les tuniques et les manteaux que faisait Dorcas quand elle était en leur compagnie. 40 Pierre fit sortir tout le monde et, se mettant à genoux, il pria ; puis, se tournant vers le corps, il dit : « Tabitha, lève-toi. » Elle ouvrit les yeux, et, à la vue de Pierre, elle se redressa et s'assit. 41 Il lui donna la main, la fit lever et, rappelant les saints et les veuves, il la leur présenta vivante. 42 Tout Joppé fut au courant, et beaucoup crurent au Seigneur. 43 Pierre demeura assez longtemps à Joppé, chez un certain Simon qui était corroyeur.

La vision de Corneille à Césarée

10 1 Il y avait à Césarée un homme du nom de Corneille, centurion à la cohorte[1] appelée « l'Italique. » 2 Dans sa piété et sa crainte envers Dieu, que toute sa maison[2] partageait, il comblait de largesses le peuple juif et invoquait Dieu en tout temps. 3 Un jour, vers trois heures de l'après-midi, il vit distinctement en vision un *ange de Dieu entrer chez lui et l'interpeller : « Corneille ! » 4 Corneille le fixa du regard et, saisi de crainte, il répondit : « Qu'y a-t-il, Seigneur ? — Tes prières et tes largesses se

sont dressées en mémorial devant Dieu. 5 Et maintenant, envoie des hommes à Joppé pour en faire venir un certain Simon qu'on surnomme Pierre. 6 Il est l'hôte d'un autre Simon, corroyeur, qui habite une maison au bord de la mer. » 7 Dès que fut disparu l'ange qui venait de lui parler, Corneille appela deux des gens de sa maison ainsi qu'un soldat d'une grande piété, depuis longtemps sous ses ordres, 8 il leur donna tous les renseignements voulus et les envoya à Joppé.

La vision de Pierre à Joppé

9 Le lendemain, tandis que, poursuivant leur route, ils se rapprochaient de la ville, Pierre était monté sur la terrasse de la maison pour prier ; il était à peu près midi. 10 Mais la faim le prit et il voulut manger. On lui préparait un repas quand une extase le surprit. 11 Il contemple le *ciel ouvert : il en descendait un objet indéfinissable, une sorte de toile immense, qui, par quatre points, venait se poser sur la terre. 12 Et, à l'intérieur, il y avait tous les animaux quadrupèdes et ceux qui rampent sur la terre, et ceux qui volent dans le ciel. 13 Une voix s'adressa à lui : « Allez, Pierre ! Tue et mange. 14 — Jamais, Seigneur, répondit Pierre. Car de ma vie je n'ai rien mangé d'immonde ni d'*impur[1]. » 15 Et de nouveau une voix s'adressa à lui, pour la seconde fois : « Ce que Dieu a rendu *pur, tu ne vas pas, toi, le déclarer immonde ! » 16 Cela re-

---

1. *Centurion :* Voir Mc 15.39 et note — *Cohorte :* voir Mc 15.16 et note.
2. Expression raccourcie pour désigner tous ceux qui logeaient dans la maison : famille, serviteurs, etc.

1. Les termes d'*immonde* et d'*impur* sont pratiquement synonymes ici ; cf. Lv 11.

commença trois fois et l'objet fut aussitôt enlevé dans le ciel.

17 Pierre essayait en vain de s'expliquer à lui-même ce que pouvait bien signifier la vision qu'il venait d'avoir, quand justement les envoyés de Corneille, qui avaient demandé çà et là la maison de Simon, se présentèrent au portail. 18 Ils se mirent à crier pour s'assurer que Simon surnommé Pierre était bien l'hôte de cette maison. 19 Pierre était toujours préoccupé de sa vision, mais l'Esprit lui dit : « Voici deux hommes qui te cherchent. 20 Descends donc tout de suite et prends la route avec eux sans te faire aucun scrupule : car c'est moi qui les envoie. » 21 Pierre descendit rejoindre ces gens. « Me voici, leur dit-il. Je suis celui que vous cherchez. Quelle est la raison de votre visite ? » 22 Ils répondirent : « C'est le centurion Corneille, un homme juste, qui craint Dieu, et dont la réputation est bonne parmi la population juive tout entière. Un *ange saint lui a révélé qu'il devait te faire venir dans sa maison pour t'écouter exposer des événements. » 23 Pierre les fit alors entrer et leur offrit l'hospitalité.

Le lendemain même, il partit avec eux accompagné par quelques frères de Joppé. 24 Et le surlendemain, il arrivait à Césarée. Corneille, de son côté, qui les attendait, avait convoqué sa parenté et ses amis intimes. 25 Au moment où Pierre arriva, Corneille vint à sa rencontre et il tomba à ses pieds pour lui rendre hommage. 26 « Lève-toi ! » lui dit Pierre et il l'aida à se relever. « Moi aussi, je ne suis qu'un homme. » 27 Et, tout en conversant avec lui, il entra. Découvrant alors une nombreuse assistance, 28 il déclara : « Comme vous le savez, c'est un crime pour un *Juif que d'avoir des relations suivies ou même quelque contact avec un étranger. Mais, à moi, Dieu vient de me faire comprendre qu'il ne fallait déclarer immonde ou *impur aucun homme. 29 Voilà pourquoi c'est sans aucune réticence que je suis venu quand tu m'as fait demander. Mais maintenant j'aimerais savoir pour quelle raison vous m'avez fait venir. » 30 Et Corneille de répondre : « Il y a trois jours juste en ce moment, à trois heures de l'après-midi, j'étais en prière dans ma maison. Soudain un personnage aux vêtements splendides se présente devant moi 31 et me déclare : ta prière a trouvé audience, Corneille, et de tes largesses la mémoire est présente devant Dieu. 32 Envoie donc quelqu'un à Joppé pour inviter Simon qu'on surnomme Pierre à venir ici. Il est l'hôte de la maison de Simon le corroyeur, au bord de la mer. 33 Sur l'heure, je t'ai donc envoyé chercher et tu as été assez aimable pour nous rejoindre. Maintenant nous voici tous devant toi pour écouter tout ce que le Seigneur t'a chargé de nous dire. »

Pierre prend la parole chez Corneille

34 Alors Pierre ouvrit la bouche et dit : « Je me rends compte en vérité que Dieu est impartial, 35 et qu'en toute nation, quiconque le craint et pratique la justice trouve accueil auprès de lui. 36 Son mes-

sage, il l'a envoyé aux Israélites : la bonne nouvelle de la paix par Jésus Christ, lui qui est le Seigneur de tous les hommes.

37 « Vous le savez. L'événement a gagné la Judée entière; il a commencé par la Galilée, après le baptême que proclamait Jean; 38 ce Jésus issu de Nazareth, vous savez comment Dieu lui a conféré l'*onction d'Esprit Saint et de puissance; il est passé partout en bienfaiteur, il guérissait tous ceux que le *diable tenait asservis, car Dieu était avec lui.

39 « Et nous autres sommes témoins de toute son oeuvre sur le territoire des *Juifs comme à Jérusalem. Lui qu'ils ont supprimé en le pendant au bois, 40 Dieu l'a ressuscité le troisième jour, et il lui a donné de manifester sa présence, 41 non pas au peuple en général, mais bien à des témoins nommés d'avance par Dieu, à nous qui avons mangé avec lui et bu avec lui après sa résurrection d'entre les morts. 42 Enfin, il nous a prescrit de proclamer au peuple et de porter ce témoignage : c'est lui que Dieu a désigné comme juge des vivants et des morts; 43 c'est à lui que tous les *prophètes rendent le témoignage que voici : le pardon des péchés est accordé par son Nom[1] à quiconque met en lui sa foi. »

L'Esprit Saint vient sur les païens

44 Pierre exposait encore ces événements quand l'Esprit Saint tomba sur tous ceux qui avaient écouté la Parole. 45 Ce fut de la stupeur parmi les croyants *circoncis qui avaient accompagné Pierre : ainsi, jusque sur les nations *païennes, le don de l'Esprit Saint était maintenant répandu ! 46 Ils entendaient ces gens, en effet, parler en langues et célébrer la grandeur de Dieu. Pierre reprit alors la parole : 47 « Quelqu'un pourrait-il empêcher de baptiser par l'eau ces gens qui, tout comme nous, ont reçu l'Esprit Saint ? » 48 Il donna l'ordre de les baptiser au *nom de Jésus Christ et ils lui demandèrent alors de rester encore quelques jours.

A Jérusalem Pierre justifie sa conduite

11 1 Les *apôtres et les frères établis en Judée avaient entendu dire que les nations *païennes, à leur tour, venaient de recevoir la parole de Dieu. 2 Lorsque Pierre remonta à Jérusalem, les circoncis[1] eurent des discussions avec lui : 3 « Tu es entré, disaient-ils, chez des *incirconcis notoires et tu as mangé avec eux[2] ! » 4 Alors Pierre reprit l'affaire depuis le début et la leur exposa point par point :

5 « Comme je me trouvais dans la ville de Joppé en train de prier, j'ai vu en extase cette vision : du ciel descendait un objet indéfinissable, une sorte de toile immense qui, par quatre points, venait se poser du ciel, et arriva jusqu'à moi. 6 Le regard fixé sur elle, je l'examinais et je vis les quadrupèdes de la terre, les animaux sauvages, ceux qui rampent et ceux qui volent dans le ciel. 7 Puis

---

1. Voir Ac 3.16 et note.

1. Il s'agit ici des chrétiens d'origine juive constituant l'église de Jérusalem.
2. Voir Ac 10.28.

PALESTINE DU NOUVEAU TESTAMENT

0 10 20 30 Km.

LES TRAITS BRUNS =
LIMITES DE PROVINCES

PROVINCES

Mont Hermon

Sarepta
Sidon
Tyr

ITURÉE

Césarée de Philippe
(Panion)

PHÉNICIE

Ptolemaïs (Acre)

GALILÉE

Capharnaüm
Bethsaïda
Magdala
Tibériade
LAC DE TIBÉRIADE
Hippos

TRACHONITIDE

Mont Carmel

Cana
Nazareth
Mont Tabor
Yarmouk
Gadara
Naïn

DÉCAPOLE

Césarée

SAMARIE

Scythopolis
Pella

Salim

Samarie-Sébaste
Mont Ébal
Sichar
Mont Garizim

P
É
R
É
E

Gérasa

Yabboq

Antipatris

Joppé

Alexandreïon

Éphraïm

Philadelphie

Arimathée
Lydda
Béthel
Emmaüs
Jamnia
Aïn-Karim
JÉRUSALEM
Azot
Béthanie
Bethléem
Jéricho
Béthanie ou Bethabara
Qumrân
Mont Nébo
Madaba

Jourdain

JUDÉE

Ascalon

Gaza

Hérodion
Bethsour
Hébron

MER MORTE

Callirrhoé

MER MÉDITERRANÉE

Masada

Arnon

Bersabée

IDUMÉE

Niveau de la mer

ALTITUDE

900
600
300   0
392
800

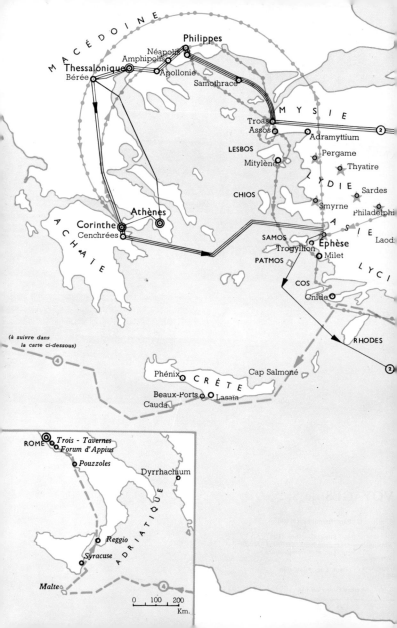

MACÉDOINE

Philippes

Néapolis
Amphipolis
Thessalonique
Bérée
Apollonie

Samothrace

MYSIE

Troas
Assos
Adramyttium

Pergame

LESBOS
Thyatire
Mitylène

LYDIE
Sardes

CHIOS
Philadelphi
Smyrne

ACHAÏE
Athènes

Corinthe
Cenchrées

ASIE
Laod

SAMOS
Éphèse
Trogyllion
Milet
PATMOS

LYCI

COS
Cnide

(à suivre dans
la carte ci-dessous)

RHODES

Cap Salmoné

Phénix
CRÈTE

Beaux-Ports
Lasaïa
Cauda

ROME
Trois - Tavernes
Forum d'Appius

Pouzzoles
Dyrrhachium

Reggio
Syracuse

ADRIATIQUE

Malte

0   100   200
Km.

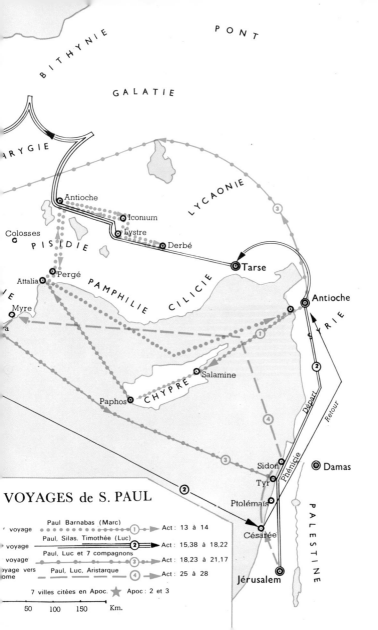

PONT

BITHYNIE

GALATIE

PHRYGIE

LYCAONIE

Antioche

Iconium

Lystre

Derbé

Tarse

Colosses

PISIDIE

Attalia   Pergé

PAMPHILIE   CILICIE

Myre

Antioche

SYRIE

Salamine

CHYPRE

Paphos

Départ

Retour

Phénicie

Sidon

Damas

Tyr

Ptolémais

PALESTINE

Césarée

VOYAGES de S. PAUL

voyage	Paul Barnabas (Marc)	① ► Act : 13 à 14
voyage	Paul, Silas, Timothée (Luc)	② ► Act : 15,38 à 18,22
voyage	Paul, Luc et 7 compagnons	③ ► Act : 18,23 à 21,17
oyage vers ome	Paul, Luc, Aristarque	④ ► Act : 25 à 28

7 villes citées en Apoc. ★ Apoc : 2 et 3

50   100   150   Km.

Jérusalem

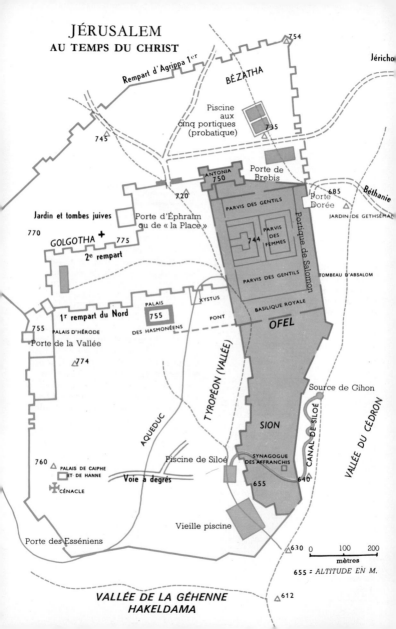

JÉRUSALEM
AU TEMPS DU CHRIST

Jéricho

Rempart d'Agrippa 1er

BÉZATHA

Piscine aux cinq portiques (probatique)

△735

745

△754

ANTONIA 750

Porte de Brebis

Porte Dorée

△685

Béthanie

720

PARVIS DES GENTILS

JARDIN DE GETHSÉMANI

Porte d'Éphraïm ou de « la Place »

Jardin et tombes juives

770

GOLGOTHA ✝

775

2e rempart

PARVIS DES FEMMES

744

Portique de Salomon

PARVIS DES GENTILS

TOMBEAU D'ABSALON

BASILIQUE ROYALE

1er rempart du Nord

PALAIS DES HASMONÉENS

755

KYSTUS

PONT

OFEL

755

PALAIS D'HÉRODE

Porte de la Vallée

△774

Source de Gihon

AQUEDUC

SION

CANAL DE SILOÉ

VALLÉE DU CÉDRON

760 △ PALAIS DE CAÏPHE ET DE HANNE

✝ CÉNACLE

Piscine de Siloé

Voie à degrés

SYNAGOGUE DES AFFRANCHIS

655

△640

Porte des Esséniens

Vieille piscine

△630

0   100   200
mètres

655 = ALTITUDE EN M.

VALLÉE DE LA GÉHENNE
HAKELDAMA

△612

j'entendis une voix me dire : Allez, Pierre ! Tue et mange. 8 Je dis alors : jamais Seigneur. Car de ma vie rien d'immonde ou d'*impur n'est entré dans ma bouche. 9 Une seconde fois la voix reprit depuis le ciel : Ce que Dieu a rendu *pur, toi, ne va pas le déclarer immonde ! 10 Cela recommença trois fois, puis le tout fut de nouveau hissé dans le ciel. 11 Et voilà qu'à l'instant même trois hommes se présentèrent à la maison où nous étions[1] ; ils m'étaient envoyés de Césarée. 12 L'Esprit me dit de m'en aller avec eux sans aucun scrupule. Les six frères que voici m'ont accompagné. Et nous sommes entrés dans la maison de l'homme en question. 13 Il nous a raconté comment il avait vu l'*ange se présenter dans sa maison et lui dire : Envoie quelqu'un à Joppé pour faire venir Simon qu'on surnomme Pierre. 14 Il exposera devant toi les événements qui apporteront le salut à toi et à toute ta maison. 15 À peine avais-je pris la parole que l'Esprit Saint tomba sur eux comme il l'avait fait sur nous au commencement. 16 Je me suis souvenu alors de cette déclaration du Seigneur : Jean, disait-il, a donné le baptême d'eau, mais vous, vous allez recevoir le baptême dans l'Esprit Saint. 17 Si Dieu a fait à ces gens le même don gracieux qu'à nous autres pour avoir cru au Seigneur Jésus Christ, étais-je quelqu'un, moi, qui pouvais empêcher Dieu d'agir ? » 18 À ces mots les auditeurs retrouvèrent leur calme et ils rendirent gloire à Dieu : « Voilà que Dieu a donné aussi aux nations

païennes la conversion qui mène à la *Vie ! »

Une église se fonde à Antioche

19 Cependant ceux qu'avait dispersés la tourmente survenue à propos d'Etienne étaient passés jusqu'en Phénicie, à Chypre et à Antioche, sans annoncer la Parole à nul autre qu'aux *Juifs. 20 Certains d'entre eux pourtant, originaires de Chypre et de Cyrène, une fois arrivés à Antioche[1], adressaient aussi aux Grecs la bonne nouvelle de Jésus Seigneur. 21 Le Seigneur leur prêtait main-forte, si bien que le nombre fut grand de ceux qui se tournèrent vers le Seigneur, en devenant croyants. 22 La nouvelle de cet événement parvint aux oreilles de l'église qui était à Jérusalem et l'on délégua Barnabas à Antioche. 23 Quand il vit sur place la grâce de Dieu à l'œuvre, il fut dans la joie et il les pressait tous de rester du fond du cœur attachés au Seigneur. 24 C'était en effet un homme droit, rempli d'Esprit Saint et de foi. Une foule considérable se joignit ainsi au Seigneur. 25 Barnabas partit alors à Tarse pour y chercher Saul[2], 26 il l'y trouva et l'amena à Antioche. Ils passèrent une année entière à travailler ensemble dans cette église et à instruire une foule considérable. Et c'est à Antioche que, pour la première fois, le nom de « chrétiens » fut donné aux *disciples.

---

1. Autre texte : la maison *où j'étais.*

1. *Antioche :* capitale très populeuse de la province romaine de Syrie.
2. Voir Ac 9.30.

Un geste d'entraide

27 En ces jours-là, des *prophètes descendirent de Jérusalem à Antioche. 28 L'un d'eux, appelé Agabus, fit alors savoir, éclairé par l'Esprit, qu'une grande famine allait régner dans le monde entier — elle eut lieu en effet sous Claude[1]. 29 Les disciples décidèrent alors qu'ils enverraient, selon les ressources de chacun, une contribution au service des frères qui habitaient la Judée. 30 Ce qui fut fait. L'envoi, adressé aux *anciens, fut confié aux mains de Barnabas et de Saul.

Jacques exécuté; Pierre arrêté et délivré

12 1 À cette époque-là, le roi Hérode[2] entreprit de mettre à mal certains membres de l'église. 2 Il supprima par le glaive Jacques, le frère de Jean. 3 Et, quand il eut constaté la satisfaction des Juifs, il fit procéder à une nouvelle arrestation, celle de Pierre — c'était les jours des *pains sans levain. 4 L'ayant fait appréhender, il le mit en prison et le confia à la garde de quatre escouades de quatre soldats; il se proposait de le citer devant le peuple après la fête de la *Pâque. 5 Pierre était donc en prison, mais la prière ardente de l'église montait sans relâche vers Dieu à son intention.

6 Hérode allait le faire comparaître. Cette nuit-là, Pierre dormait entre deux soldats, maintenu par deux chaînes, et des gardes étaient en faction devant la porte. 7 Mais, tout à coup, l'ange du Seigneur[1] surgit et le local fut inondé de lumière. L'ange réveilla Pierre en lui frappant le côté : « Lève-toi vite ! lui dit-il. » Les chaînes se détachèrent des mains de Pierre. 8 Et l'ange de poursuivre : « Mets ta ceinture et lace tes sandales ! » Ce qu'il fit. L'ange ajouta : « Passe ton manteau et suis-moi ! » 9 Pierre sortit à sa suite; il ne se rendait pas compte que l'intervention de l'ange était réelle mais croyait avoir une vision. 10 Ils passèrent ainsi un premier poste de garde, puis un second, et arrivèrent à la porte de fer qui donnait sur la ville : elle s'ouvrit toute seule devant eux. Une fois dehors, ils allèrent au bout de la rue et soudain l'ange quitta Pierre 11 qui reprit alors ses esprits : « Cette fois, se dit-il, je comprends : c'est vrai que le Seigneur a envoyé son ange et qu'il m'a fait échapper aux mains d'Hérode et à toute l'attente du peuple des *Juifs. » 12 Il se repéra et gagna la maison de Marie, la mère de Jean surnommé Marc : il y avait là une assez nombreuse assistance en prière. 13 Quand il frappa au battant du portail, une jeune servante vint répondre, qui s'appelait Rhodè. 14 Elle reconnut la voix de Pierre et, du coup, dans sa joie, elle n'ouvrit pas le portail, mais rentra en courant pour annoncer que Pierre était là, devant le portail. 15 « Tu es folle, lui dit-on. » Mais elle n'en démordait

---

1. *Claude*, cinquième empereur de Rome, détint le pouvoir entre les années 41 et 54 ap. J. C. Les documents de l'époque permettent de situer une *famine* chronique en divers points de l'empire entre les années 46 et 48 ap. J. C.

2. Il s'agit d'*Hérode Agrippa I*, neveu d'Hérode Antipas; il régna sur toute la Judée à partir de l'an 41.

---

1. Voir Mt 1.20 et note.

pas. « Alors, c'est son ange[1], dirent-ils. » 16 Pierre cependant continuait à frapper. Ils ouvrirent enfin : c'était lui; ils n'en revenaient pas. 17 De la main il leur fit signe de se taire, leur raconta comment le Seigneur l'avait fait sortir de prison et conclut : « Allez l'annoncer à Jacques[2] et aux frères. » Puis il s'en alla et se mit en route pour une autre destination.

18 Au lever du jour, il y avait de l'agitation chez les soldats : qu'est-ce que Pierre avait bien pu devenir ? 19 Hérode le fit rechercher sans réussir à le trouver. Il fit donc procéder à l'interrogatoire des gardes et donna l'ordre de les emmener. Puis il descendit de Judée à Césarée, où il passa quelques temps.

Mort du roi Hérode Agrippa

20 *Hérode avait avec les gens de Tyr et de Sidon un litige irritant. Ceux-ci tombèrent d'accord pour se présenter devant lui. Avec l'appui de Blastus, le chambellan du roi, qu'ils s'étaient acquis, ils sollicitèrent une solution amiable — le ravitaillement de leur territoire venait en effet de celui du roi. 21 Au jour convenu, Hérode, portant son vêtement royal, avait pris place à la tribune et prononçait la harangue officielle, 22 tandis que le peuple l'acclamait : « C'est la voix d'un dieu et non d'un homme ! » 23 Mais soudain, l'ange du Seigneur frappa Hérode, pour n'avoir pas rendu à

Dieu la gloire et, dévoré par les vers, il expira[1].

24 La parole de Dieu, cependant, croissait et se multipliait. 25 Quant à Barnabas et Saul, ils repartirent une fois assuré leur service en faveur de Jérusalem[2]; ils ramenaient avec eux Jean, surnommé Marc.

Barnabas et Saul sont envoyés en mission

13 1 Il y avait à Antioche[3], dans l'église du lieu, des *prophètes et des hommes chargés de l'enseignement[4] : Barnabas, Syméon appelé Niger et Lucius de Cyrène, Manaen compagnon d'enfance d'*Hérode le tétrarque[5], et Saul. 2 Un jour qu'ils célébraient le culte du Seigneur et *jeûnaient, l'Esprit Saint dit : « Réservez-moi donc Barnabas et Saul pour l'oeuvre à laquelle je les destine. » 3 Alors, après avoir jeûné et prié, et leur avoir *imposé les mains, ils leur donnèrent congé.

Barnabas et Saul à Chypre

4 Se trouvant ainsi envoyés en mission par le Saint Esprit, Barnabas et Saul descendirent à Séleucie[6], d'où ils firent voile vers Chypre. 5 Arrivés à Salamine, ils

---

1. Voir Mt 18.10; He 1.14; cf. *Tb* 5.4.
2. Voir Ga 1.19 Il s'agit de *Jacques le frère du Seigneur.*

1. La mort d'Hérode Agrippa survint en l'an 44. L'historien juif de l'époque Flavius Josèphe a noté la soudaineté et l'étrangeté de cette mort.
2. Voir Ac 11.30.
3. Voir Ac 11.20 et note.
4. *Prophètes* : Voir Ep 2.20 et note — *hommes chargés de l'enseignement,* ou *docteurs;* ce sont les membres de l'église chargés d'enseigner ce qui concerne la foi.
5. Voir Mc 1.14 et note.
6. *Séleucie* était le port d'Antioche, en face de l'île de Chypre.

annonçaient la parole de Dieu dans les *synagogues des Juifs. Il y avait également Jean[1], leur auxiliaire. 6 Après avoir traversé toute l'île jusqu'à Paphos, ils rencontrèrent là un magicien, soi-disant prophète : c'était un Juif, du nom de Bar-Jésus, 7 qui appartenait à l'entourage du proconsul[2] Sergius Paulus, un homme intelligent. Celui-ci invita Barnabas et Saul et manifesta le désir d'entendre la parole de Dieu. 8 Mais Elymas, le magicien — car c'est ainsi que se traduit son nom — s'opposait à eux et cherchait à détourner de la foi le proconsul. 9 Alors Saul, ou plutôt Paul[3], rempli d'Esprit Saint, fixa son regard sur lui 10 et lui dit : « Toi qui es pétri de ruse et de manigances, fils du *diable, ennemi juré de la justice, ne vas-tu pas cesser de fausser la rectitude des voies du Seigneur ? 11 Voici, du reste, que la main du Seigneur est sur toi : tu vas être aveugle, et, jusqu'à nouvel ordre, tu ne verras même plus le soleil. » À l'instant même, l'obscurité et les ténèbres l'envahirent, et il tournait en rond à la recherche d'un guide. 12 Quand il eut vu ce qui se passait, le proconsul devint croyant; car la doctrine du Seigneur l'avait vivement impressionné.

Prédication de Paul à Antioche de Pisidie

13 Paul et ses compagnons embarquèrent à Paphos et gagnèrent Pergé en Pamphylie[1]. Et Jean se sépara d'eux pour retourner à Jérusalem. 14 Quant à eux, quittant Pergé, ils poursuivirent leur route et arrivèrent à Antioche de Pisidie. Le jour du *sabbat, ils entrèrent dans la *synagogue et s'assirent. 15 Après la lecture de la Loi et des Prophètes[2], les chefs de la synagogue leur firent dire : « Frères, si vous avez quelques mots d'exhortation à adresser au peuple, prenez la parole ! » 16 Paul alors se leva, fit signe de la main et dit :

« Israélites, et vous qui craignez Dieu[3], écoutez-moi. 17 Le Dieu de notre peuple d'Israël a choisi nos pères. Il a fait grandir le peuple pendant son séjour au pays d'Égypte; puis, à la force du bras, il les en a fait sortir; 18 pendant 40 ans environ, il les a nourris[4] au désert; 19 ensuite, après avoir exterminé sept nations au pays de Canaan, il a distribué leur territoire en héritage : 20 tout cela a duré 450 ans environ. Après quoi, il leur a donné des juges jusqu'au *prophète Samuel. 21 Ils ont alors réclamé un roi et Dieu leur a donné Saül, fils de Kis, membre de la tribu de Benjamin, qui régna 40 ans. 22 Après l'avoir déposé, Dieu leur a suscité David comme roi. C'est à lui qu'il a rendu ce témoignage : *J'ai trouvé David*, fils de Jessé, *un homme*

---

1. Voir Ac 12.12, 25 : c'est Jean surnommé Marc.
2. *Proconsul* était le titre du haut-fonctionnaire romain gouvernant une province pacifiée.
3. *Saul* était le nom juif de l'apôtre (9.4 et note), *Paul* son nom romain (voir 22.28-30).

1. *Ville de la côte sud de l'Asie Mineure — Sur Jean (surnommé Marc) voir Ac 12.12, 23 et 13.5.*
2. *Voir Rm 3.19 et note.*
3. *Ceux qui craignent Dieu* : expression désignant des non-Juifs qui avaient adopté la foi juive au Dieu unique et certaines pratiques du Judaïsme. Il ne faut pas les confondre avec les prosélytes (voir Mt 23.15 et note).
4. *Autre texte : il les a supportés.*

selon mon coeur, qui accomplira toutes mes volontés. 23 C'est de sa descendance que Dieu, selon sa promesse, a fait sortir Jésus, le sauveur d'Israël. 24 Précédant sa venue, Jean[1] avait déjà proclamé un baptême de conversion pour tout le peuple d'Israël 25 et, alors qu'il terminait sa course, il disait : Que supposez-vous que je suis ? Ce n'est pas moi[2] ! Mais voici que vient après moi quelqu'un dont je ne suis pas digne de délier les sandales.

26 « Frères, que vous soyez des fils de la race d'Abraham ou de ceux, parmi vous, qui craignent Dieu, c'est à nous[3] que cette parole de salut a été envoyée. 27 La population de Jérusalem et ses chefs ont méconnu Jésus ; et, en le condamnant, ils ont accompli les paroles des *prophètes qu'on lit chaque sabbat. 28 Sans avoir trouvé aucune raison de le mettre à mort, ils ont demandé à Pilate de le faire périr 29 et, une fois qu'ils ont eu accompli tout ce qui était écrit à son sujet, ils l'ont descendu du bois et déposé dans un tombeau. 30 Mais Dieu l'a ressuscité des morts 31 et il est apparu pendant plusieurs jours à ceux qui étaient montés avec lui de la Galilée à Jérusalem, eux qui sont maintenant ses témoins devant le peuple.

32 « Nous aussi, nous vous annonçons cette bonne nouvelle : la promesse faite aux pères, 33 Dieu l'a pleinement accomplie à l'égard de nous, leurs enfants, quand il a ressuscité Jésus, comme il est écrit au psaume second :

Tu es mon fils,
Moi, aujourd'hui, je t'ai engendré.

34 Que Dieu l'ait ressuscité des morts, sans retour possible à la décomposition, c'est bien ce qu'il avait déclaré :

Je *vous* donnerai *les saintes, les véritables réalités de David.*

35 C'est pourquoi, il dit aussi dans un autre passage :

Tu ne laisseras pas ton Saint connaître la décomposition.

36 Or David, après avoir servi en son temps le dessein de Dieu, s'est endormi, a été mis auprès de ses pères et il a connu la décomposition. 37 Mais celui que Dieu a ressuscité n'a pas connu la décomposition. 38 Sachez-le donc, frères, c'est grâce à lui que vous vient l'annonce du pardon des péchés, et cette justification que vous n'avez pas pu trouver dans la *loi de Moïse, 39 c'est en lui qu'elle est pleinement accordée à tout homme qui croit.

40 « Prenez donc garde d'être atteints par cette parole des *prophètes :
41 *Regardez-vous les arrogants,*
soyez frappés de stupeur et disparaissez !
Je vais en effet, de votre vivant, accomplir une oeuvre,
une oeuvre que vous ne croiriez pas si quelqu'un vous la racontait. »

42 À leur sortie, on pria instamment Paul et Barnabas de reparler du même sujet le sabbat suivant. 43 Quand l'assemblée se fut dispersée, un bon nombre de *Juifs et de prosélytes adorateurs[1]

---

1. Il s'agit de Jean le Baptiste.
2. Ou *je ne suis pas moi, ce que vous supposez.*
3. Autre texte : *c'est à vous.*

1. Voir Mt 23.15 et note.

accompagnèrent Paul et Barnabas qui, dans leurs entretiens avec eux, les engageaient à rester attachés à la grâce de Dieu.

Paul et Barnabas se tournent vers les païens

44 Le *sabbat venu, presque toute la ville s'était rassemblée pour écouter la parole du Seigneur. 45 À la vue de cette foule, les Juifs furent pris de fureur et c'était des injures qu'ils opposaient aux paroles de Paul. 46 Paul et Barnabas eurent alors la hardiesse de déclarer : « C'est à vous d'abord que devait être adressée la parole de Dieu ! Puisque vous la repoussez et que vous vous jugez vous-mêmes indignes de la *vie éternelle, alors nous nous tournons vers les *païens. 47 Car tel est bien l'ordre que nous tenons du Seigneur :

Je t'ai établi lumière des nations,
pour que tu apportes le salut
aux extrémités de la terre. »

48 À ces mots, les païens, tout joyeux, glorifiaient la parole du Seigneur et tous ceux qui se trouvaient destinés à la vie éternelle devinrent croyants.

49 La parole du Seigneur gagnait toute la contrée. 50 Mais les Juifs jetèrent l'agitation parmi les femmes de haut rang qui adoraient Dieu ainsi que parmi les notables de la ville; ils provoquèrent une persécution contre Paul et Barnabas et les chassèrent de leur territoire. 51 Ceux-ci, ayant secoué contre eux la poussière de leurs pieds[1], gagnèrent Iconium; 52 quant aux *disciples, ils res-

taient remplis de joie et d'Esprit Saint.

Paul et Barnabas à Iconium

14 1 À Iconium il se passa la même chose : Paul et Barnabas se rendirent à la *synagogue des Juifs, et parlèrent de telle sorte que des *Juifs et des Grecs[1] en grand nombre devinrent croyants. 2 Mais ceux des Juifs qui ne s'étaient pas laissé convaincre suscitèrent dans l'esprit des *païens la malveillance à l'égard des frères. 3 Paul et Barnabas n'en prolongèrent pas moins leur séjour un certain temps : leur assurance se fondait sur le Seigneur qui rendait témoignage à la parole de sa grâce en leur donnant d'opérer de leurs mains des *signes et des prodiges. 4 La population de la ville se divisa : les uns étaient pour les Juifs, les autres pour les *apôtres. 5 Païens et Juifs, avec leurs chefs décidèrent de recourir à la violence et de lapider les apôtres; 6 conscients de la situation, ceux-ci cherchèrent refuge dans les villes de la Lycaonie, Lystre, Derbé et les alentours. 7 Là aussi ils annonçaient la bonne nouvelle.

Guérison d'un infirme à Lystre

8 Il se trouvait à Lystre un homme qui ne pouvait pas se tenir sur ses pieds; étant infirme de naissance, il n'avait jamais marché. 9 Un jour qu'il écoutait Paul parler, celui-ci fixa son regard sur lui et, voyant qu'il avait la foi pour être sauvé, 10 il dit d'une voix forte : « Lève-toi, droit sur

1. Voir Mc 6.11 et note.　　　　1. Voir Ac 11.20 et note sur Rm 1.14.

tes pieds ! » L'homme bondit : il marchait.

11 À la vue de ce que Paul venait de faire, des voix s'élevèrent de la foule, disant en lycaonien : « Les dieux se sont rendus semblables à des hommes et sont descendus vers nous. » 12 Ils appelaient Barnabas « Zeus » et Paul « Hermès[1] », parce que c'était lui le porte-parole. 13 Le *prêtre de Zeus-hors-les-murs fit amener taureaux et couronnes[2] aux portes de la ville; d'accord avec la foule, il voulait offrir un *sacrifice. 14 À cette nouvelle, les *apôtres Barnabas et Paul déchirèrent leur manteau[3] et se précipitèrent vers la foule en criant : 15 « Oh ! que faites-vous là ? disaient-ils. Nous aussi nous sommes des hommes, au même titre que vous ! La bonne nouvelle que nous vous annonçons, c'est d'abandonner ces sottises pour vous tourner vers le Dieu vivant *qui a créé le ciel, la terre, la mer et tout ce qui s'y trouve.* 16 Dans les générations maintenant révolues il a laissé toutes les nations suivre leurs voies, 17 sans manquer pourtant de leur témoigner sa bienfaisance, puisqu'il vous a envoyé du *ciel pluies et saisons fertiles, comblant vos *coeurs de nourriture et de satisfaction. » 18 Ces paroles calmèrent à grand-peine la foule, la détournant ainsi de leur offrir un sacrifice.

19 D'Antioche et d'Iconium survinrent alors des *Juifs qui rallièrent la foule à leurs vues. On lapida Paul, puis on le traîna hors de la ville, le laissant pour mort. 20 Mais, quand les *disciples se furent rassemblés autour de lui, il se releva et rentra dans la ville. Le lendemain, avec Barnabas, il partit pour Derbé.

Retour de Paul et Barnabas

21 Après avoir annoncé la bonne nouvelle dans cette ville et y avoir fait d'assez nombreux disciples, ils repassèrent par Lystre, Iconium et Antioche. 22 Ils y affermissaient le coeur des disciples et les engageaient à persévérer dans la foi : « Il nous faut, disaient-ils, passer par beaucoup de détresses, pour entrer dans le *royaume de Dieu. » 23 Dans chaque église ils leur désignèrent des *anciens, firent des prières accompagnées de *jeûne et les confièrent au Seigneur en qui ils avaient mis leur foi.

24 Traversant alors la Pisidie, ils se rendirent en Pamphylie[1], 25 annoncèrent la Parole à Pergé, puis descendirent à Attalia. 26 De là ils firent voile vers Antioche, leur point de départ, où ils avaient été remis à la grâce de Dieu pour l'oeuvre qu'ils venaient d'accomplir. 27 À leur arrivée, ils réunirent l'église et racontaient tout ce que Dieu avait réalisé avec eux et surtout comment il avait ouvert aux *païens la porte de la foi. 28 Et ils passèrent alors un certain temps avec les *disciples.

1. Dans la religion grecque *Zeus* était le chef des dieux et *Hermès* le messager de ceux-ci.
2. L'expression *Zeus-hors-les-murs* désigne en abrégé le temple de Zeus édifié devant les portes de la ville — Les *couronnes* servaient à parer les animaux destinés au sacrifice.
3. Voir Mc 14.63 et note.

1. La *Pisidie :* voir Ac 13.14 — *Pamphylie :* région de Pergé (Ac 13.13 et note) et Attalie.

Désaccord à propos de la circoncision

15 1 Certaines gens descendirent alors de Judée qui voulaient endoctriner les frères : « Si vous ne vous faites pas *circoncire selon la règle de Moïse, disaient-ils, vous ne pouvez pas être sauvés. » 2 Un conflit en résulta et des discussions assez graves opposèrent Paul et Barnabas à ces gens. On décida que Paul, Barnabas et quelques autres monteraient à Jérusalem trouver les *apôtres et les anciens à propos de ce différend. 3 L'église d'Antioche pourvut à leur voyage[1]. Passant par la Phénicie et la *Samarie, ils y racontaient la conversion des nations païennes et procuraient ainsi une grande joie à tous les frères.

4 Arrivés à Jérusalem, ils furent accueillis par l'église, les apôtres et les anciens, et ils les mirent au courant de tout ce que Dieu avait réalisé avec eux. 5 Des fidèles issus du *pharisaïsme[2] intervinrent alors pour soutenir qu'il fallait circoncire les païens et leur prescrire d'observer la *loi de Moïse.

La question est débattue à Jérusalem

6 Les *apôtres et les anciens se réunirent pour examiner cette affaire.

7 Comme la discussion était devenue vive, Pierre intervint pour déclarer : « Vous le savez, frères, c'est par un choix de Dieu que, dès les premiers jours et chez vous, les nations *païennes ont entendu de ma bouche la parole de l'*Evangile et sont devenues croyantes. 8 Dieu, qui connaît les *coeurs, leur a rendu témoignage, quand il leur a donné, comme à nous, l'Esprit Saint. 9 Sans faire la moindre différence entre elles et nous, c'est par la foi qu'il a *purifié leurs coeurs. 10 Dès lors, pourquoi provoquer Dieu en imposant à la nuque des *disciples un *joug que ni nos pères ni nous-mêmes n'avons été capables de porter ? 11 Encore une fois, c'est par la grâce du Seigneur Jésus, nous le croyons, que nous avons été sauvés, exactement comme eux ! »

12 Il y eut alors un silence dans toute l'assemblée, puis l'on écouta Barnabas et Paul raconter tous les *signes et les prodiges que Dieu, par leur intermédiaire, avait accomplis chez les païens.

13 Quand ils eurent achevé, Jacques[1] à son tour prit la parole : « Frères, écoutez-moi. 14 Syméon[2] vient de nous rappeler comment Dieu, dès le début, a pris soin de prendre parmi les nations païennes un peuple à son *nom. 15 Cet événement s'accorde d'ailleurs avec les paroles des *prophètes, puisqu'il est écrit :

16 *Après cela, je viendrai reconstruire la hutte écroulée de David.*
Les ruines qui en restent, je les reconstruirai,
et je la remettrai debout.
17 *Dès lors le reste des hommes cherchera le Seigneur*

---

1. ou *les accompagna* (sur la route). L'église en question est celle d'Antioche de Syrie (voir Ac 11.20 et note).
2. Il s'agit de Juifs devenus chrétiens, mais ayant conservé leurs convictions pharisiennes.

1. Voir Ac 12.17 et note.
2. Syméon est une forme hébraïsante de *Simon,* le premier nom de Pierre (voir Mt 4.18).

avec toutes les nations qui portent mon nom[1].

Voilà ce que dit le Seigneur, il réalise ainsi ses projets [18] connus depuis toujours.

[19] Je suis donc d'avis de ne pas accumuler les obstacles devant ceux des païens qui se tournent vers Dieu. [20] Ecrivons-leur simplement de s'abstenir des souillures de l'idolâtrie, de l'immoralité, de la viande étouffée et du sang[2]. [21] Depuis des générations en effet, Moïse dispose de prédicateurs dans chaque ville, puisqu'on le lit[3] tous les *sabbats dans les *synagogues. »

Une décision commune et une lettre

[22] D'accord avec toute l'église, les *apôtres et les anciens décidèrent alors de choisir dans leurs rangs des délégués qu'ils enverraient à Antioche avec Paul et Barnabas. Ce furent Judas[4], appelé Barsabbas, et Silas, des personnages en vue parmi les frères. [23] Cette lettre leur fut confiée : « Les apôtres, les *anciens et les frères saluent les frères d'origine *païenne qui se trouvent à Antioche, en Syrie et en Cilicie. [24] Nous avons appris que certains des nôtres étaient allés vous troubler et bouleverser vos esprits par leurs propos ; ils n'en étaient pas chargés. [25] Nous avons décidé unanimement de choisir des délégués que nous vous enverrions avec nos chers Barnabas et Paul, [26] des hommes qui ont livré leur vie pour le *nom de notre Seigneur Jésus Christ. [27] Nous vous envoyons donc Judas et Silas pour vous communiquer de vive voix les mêmes directives. [28] L'Esprit Saint et nous-mêmes, nous avons en effet décidé de ne vous imposer aucune autre charge que ces exigences inévitables : [29] vous abstenir des viandes de sacrifices païens, du sang, des animaux étouffés et de l'immoralité. Si vous évitez tout cela avec soin, vous aurez bien agi. Adieu ! »

[30] Ayant reçu congé, la délégation descendit donc à Antioche où elle réunit l'assemblée pour lui communiquer la lettre. [31] Sa lecture fut une joie par l'encouragement qu'elle apportait. [32] Judas et Silas de leur côté, en *prophètes qu'ils étaient, leur apportèrent longuement de vive voix encouragement et soutien ; [33] ils restèrent quelque temps, puis les frères leur donnèrent congé, en leur souhaitant la paix, pour rejoindre ceux qui les avaient envoyés[1]. [35] Quant à Paul et Barnabas, ils demeurèrent à Antioche. En compagnie de beaucoup d'autres encore, ils enseignaient et ils annonçaient la bonne nouvelle de la parole du Seigneur.

Avec Silas Paul repart en mission

[36] Après un certain temps, Paul dit à Barnabas : « Retournons donc visiter les frères dans cha-

---

1. Ou *sur lesquelles mon nom a été prononcé*. Le texte soulignerait alors que ces nations appartiennent à Dieu.
2. *Les souillures de l'idolâtrie* : cette recommandation vise les viandes qui proviennent des sacrifices païens ; cf. v. 29 ; 1 Co 8.1-10 ; Ap 2.14, 20 — *l'impureté* : voir Lv 18.6-18 : il s'agit des unions interdites par la loi juive — *Viande étouffées et sang* : Voir Lv 17.10-16.
3. Voir Jn 5.46 et note.
4. Ce Judas est inconnu par ailleurs.

1. Certains manuscrits ajoutent ici : *Silas décida qu'il resterait et Judas seul s'en alla.*

cune des villes où nous avons annoncé la parole du Seigneur. Nous verrons où ils en sont. »
37 Barnabas voulait emmener aussi avec eux Jean appelé Marc. 38 Mais Paul n'était pas d'avis de reprendre comme compagnon un homme qui les avait quittés en Pamphylie et n'avait donc pas partagé leur travail. 39 Leur désaccord s'aggrava tellement qu'ils partirent chacun de leur côté. Barnabas prit Marc avec lui et s'embarqua pour Chypre, 40 tandis que Paul s'adjoignait Silas et s'en allait, remis par les frères à la grâce du Seigneur.

Paul et Silas s'associent Timothée

16 41 Parcourant la Syrie et la Cilicie[1], Paul affermissait les églises 1 et il parvint ainsi à Derbé et à Lystre[2]. Il y avait là un *disciple nommé Timothée, fils d'une *Juive devenue croyante et d'un père qui était grec. 2 Sa réputation était bonne parmi les frères de Lystre et d'Iconium. 3 Paul désirait l'emmener avec lui; il le prit donc et le *circoncit à cause des Juifs qui se trouvaient dans ces parages. Ils savaient tous, en effet, que son père était grec. 4 Dans les villes où ils passaient, Paul et Silas transmettaient les décisions qu'avaient prises les *apôtres et les anciens de Jérusalem[3] et ils demandaient de s'y conformer. 5 Les églises devenaient plus fortes dans la foi et

croissaient en nombre de jour en jour.

L'appel du Macédonien

6 Paul et Silas parcoururent la Phrygie et la région galate, car le Saint-Esprit les avait empêchés d'annoncer la Parole en Asie[1]. 7 Arrivés aux limites de la Mysie, ils tentèrent de gagner la Bithynie, mais l'Esprit de Jésus les en empêcha. 8 Ils traversèrent alors la Mysie[2] et descendirent à Troas. 9 Une nuit, Paul eut une vision : un Macédonien lui apparut, debout, qui lui faisait cette prière : « Passe en Macédoine, viens à notre secours ! » 10 À la suite de cette vision de Paul, nous avons immédiatement cherché à partir pour la Macédoine, car nous étions convaincus que Dieu venait de nous appeler à y annoncer la bonne nouvelle.

A Philippes Lydie reçoit le baptême

11 Prenant la mer à Troas, nous avons mis le cap directement sur Samothrace; puis, le lendemain, sur Néapolis[3] 12 et de là nous sommes allés à Philippes, ville principale du district de Macédoine et colonie romaine. Nous avons passé quelque temps dans cette ville. 13 Le jour du *sabbat, nous en avons franchi la porte, pour gagner, le long d'une rivière, un endroit où, pensions-nous, devait se trouver un lieu de prière;

---

1. La *Cilicie* est la région de Tarse.
2. Voir Ac 14.8, 21.
3. Ces *décisions* sont motivées et résumées dans la lettre citée en Ac 15.23-29.

1. La *Phrygie* et la *Galatie* sont deux régions centrales de l'Asie Mineure. *L'Asie* désignait la province romaine entourant la ville d'Ephèse.
2. Région qui borde le détroit du Bosphore.
3. Port du Nord de la Mer Egée, voisin de la ville de Philippes.

une fois assis, nous avons parlé aux femmes qui s'y trouvaient réunies. 14 L'une d'elles, nommée Lydie, était une marchande de pourpre originaire de la ville de Thyatire, qui adorait déjà Dieu[1]. Elle était tout oreilles; car le Seigneur avait ouvert son *cœur pour la rendre attentive aux paroles de Paul. 15 Lorsqu'elle eut reçu le baptême, elle et sa maison, elle nous invita en ces termes : « Puisque vous estimez que je crois au Seigneur, venez loger chez moi. » Et elle nous a forcés d'accepter.

Paul et Silas emprisonnés et délivrés

16 Un jour que nous nous rendions au lieu de la prière une jeune servante qui avait un esprit de divination est venue à notre rencontre — ses oracles procuraient de gros gains à ses maîtres. 17 Elle nous talonnait, Paul et nous, en criant : « Ces hommes sont les serviteurs du Dieu Très-Haut; ils vous annoncent la voie du salut[2]. » 18 Et elle recommença pendant plusieurs jours. Excédé, Paul finit par se retourner et dit à l'esprit : « Au *nom de Jésus Christ, je te l'ordonne : Sors de cette femme ! » Et, à l'instant même l'esprit sortit. 19 Ses maîtres, qui voyaient s'enfuir l'espoir de leurs gains, mirent alors la main sur Paul et Silas et les traînèrent jusqu'à la place publique devant les magistrats. 20 Ils les présentèrent aux stratèges[3] : « Ces

hommes, dirent-ils, jettent le trouble dans notre ville; ils sont *juifs 21 et prônent des règles de conduite qu'il ne nous est pas permis, à nous Romains, d'admettre ni de suivre. » 22 Et la foule se déchaîna contre eux; les stratèges firent arracher leurs vêtements, donnèrent l'ordre de les battre de verges 23 et, après les avoir roués de coups, ils les jetèrent en prison, en ordonnant au geôlier de les surveiller de près; 24 telle étant la consigne reçue, il les jeta dans le cachot le plus retiré et leur bloqua les pieds dans les ceps[1].

25 Aux environs de minuit, Paul et Silas, en prière, chantaient les louanges de Dieu, et les autres prisonniers les écoutaient. 26 Tout d'un coup, il y eut un tremblement de terre si violent que les fondations du bâtiment en furent ébranlées. Toutes les portes s'ouvrirent à l'instant même et les entraves de tous les prisonniers sautèrent. 27 Tiré de son sommeil, le geôlier vit les portes de la prison ouvertes; pensant que les prisonniers s'étaient évadés, il saisit son épée et allait se supprimer. 28 Mais Paul lui cria d'une voix forte : « Ne fais rien de funeste pour toi; nous sommes tous là. » 29 Le geôlier demanda de la lumière, se précipita à l'intérieur et, tout tremblant, il se jeta aux pieds de Paul et de Silas. 30 Puis, les ayant fait sortir, il leur dit : « Messieurs, que dois-je faire pour être sauvé ? » 31 Ils lui répondi-

---

1. Sur la *pourpre* : voir Mc 15.17 et note — *elle adorait déjà Dieu* : voir Ac 13.16 et note.
2. Voir Ac 9.2 et note.
3. Titre populaire des deux hauts-magistrats romains chargés de la justice.

1. Les *ceps* : pièces de bois percées de trous servant à fixer les pieds des prisonniers.

rent : « Crois au Seigneur Jésus et tu seras sauvé, toi et ta maison. » 32 Ils annoncèrent alors la parole du Seigneur à lui et à tous ceux qui vivaient dans sa demeure. 33 À l'heure même, en pleine nuit, le geôlier les emmena pour laver leurs plaies; puis, sans plus attendre, il reçut le baptême, lui et tous les siens. 34 Il fit ensuite monter Paul et Silas chez lui, leur offrit un repas et se réjouit en famille d'avoir cru en Dieu.

35 Le jour venu, les stratèges envoyèrent les licteurs[1] dire au geôlier : « Relâche ces hommes ! » 36 Le geôlier communiqua cette nouvelle à Paul : « Les stratèges envoient dire de vous relâcher. Dans ces conditions, sortez donc et partez en paix ! » 37 Mais Paul déclara : « Ils nous ont fait battre en public, sans condamnation, nous qui sommes citoyens romains[2], ils nous ont jetés en prison. Et maintenant, c'est clandestinement qu'ils veulent nous jeter dehors ? Il n'en est pas question. Qu'ils viennent en personne nous libérer ! » 38 Les licteurs rapportèrent ces propos aux stratèges qui furent pris de peur en apprenant leur qualité de citoyens romains 39 et vinrent s'excuser auprès d'eux; puis ils les libérèrent en leur demandant de quitter la ville. 40 Une fois sortis de prison, Paul et Silas allèrent trouver Lydie, virent les frères pour les encourager, puis ils repartirent.

Difficultés à Thessalonique

17 1 Passant pas Amphipolis et Apollonie, ils arrivèrent à Thessalonique où les Juifs avaient une *synagogue. 2 Comme il en avait l'habitude, Paul alla les trouver et, trois *sabbats de suite, il leur adressa la parole; à partir des Écritures, 3 il expliquait et établissait que le *Messie devait souffrir, ressusciter des morts et « le Messie, disait-il, c'est ce Jésus que je vous annonce. » 4 Certains des *Juifs se laissèrent convaincre et furent gagnés par Paul et Silas, ainsi qu'une multitude de Grecs adorateurs de Dieu[1] et bon nombre de femmes de la haute société.

5 Mais les Juifs, furieux, recrutèrent des vauriens qui traînaient dans les rues, ameutèrent la foule et semèrent le désordre dans la ville; ils se portèrent alors sur la maison de Jason, à la recherche de Paul et Silas qu'ils voulaient traduire devant l'assemblée du peuple; 6 ne les trouvant pas, ils traînèrent Jason et quelques frères devant les politarques[2] : « Ces gens qui ont soulevé le monde entier, criaient-ils, sont maintenant ici et Jason les a accueillis. 7 Tous ces individus agissent à l'encontre des édits de l'empereur; ils prétendent qu'il y a un autre roi, Jésus. » 8 Ces cris impressionnèrent la foule et les politarques, 9 qui exigèrent alors une caution de Jason et des autres avant de les relâcher.

---

1. *licteurs* : fonctionnaires romains chargés d'appliquer les décisions de justice.
2. Le droit romain interdisait aux magistrats de soumettre les *citoyens romains* à la flagellation. Voir Mc 10.34 et note. Sur la citoyenneté romaine de Paul voir Ac 22.25-29; 23.27.

1. Voir Ac 13.16 et note.
2. Titre des chefs de la ville.

Paul et Silas accueillis à Bérée

10 Les frères firent aussitôt partir, de nuit, Paul et Silas pour Bérée. À leur arrivée, ils se rendirent à la *synagogue des Juifs. 11 Plus courtois que ceux de Thessalonique, ils accueillirent la Parole avec une entière bonne volonté, et chaque jour ils examinaient les Écritures pour voir s'il en était bien ainsi. 12 Beaucoup d'entre eux devinrent croyants ainsi que des femmes grecques de haut rang et des hommes, en nombre appréciable.

13 Mais, dès que les Juifs de Thessalonique eurent appris qu'à Bérée aussi Paul annonçait la parole de Dieu, ils arrivèrent pour agiter et troubler, là encore, les foules. 14 Sans plus tarder, les frères firent alors partir Paul pour gagner la mer, tandis que Silas et Timothée restaient là. 15 Ceux qui escortaient Paul poussèrent jusqu'à Athènes, puis ils s'en retournèrent, avec l'ordre, pour Silas et Timothée, de venir le rejoindre au plus vite.

Paul et les philosophes d'Athènes

16 Tandis que Paul les attendait à Athènes, il avait l'âme bouleversée[1] de voir cette ville pleine d'idoles. 17 Il adressait donc la parole, dans la *synagogue, aux *Juifs et aux adorateurs de Dieu, et, chaque jour, sur la place publique, à tout venant. 18 Il y avait même des philosophes épicuriens et stoïciens[1] qui s'entretenaient avec lui. Certains disaient : « Que veut donc dire cette jacasse ? » Et d'autres : « Ce doit être un prédicateur de divinités étrangères. » — Paul annonçait en effet Jésus et la résurrection[2]. 19 Ils mirent donc la main sur lui pour le conduire devant l'Aréopage[3] : « Pourrions-nous savoir, disaient-ils, quelle est cette nouvelle doctrine que tu exposes ? 20 En effet tu nous rebats les oreilles de propos étranges et nous voudrions bien savoir ce qu'ils veulent dire. » 21 Il faut dire que tous les habitants d'Athènes et tous les étrangers en résidence passaient le meilleur de leur temps à raconter ou à écouter les dernières nouveautés.

22 Debout au milieu de l'Aréopage[4], Paul prit la parole : « Athéniens, je vous considère à tous égards comme des hommes presque trop religieux. 23 Quand je parcours vos rues, mon regard se porte en effet souvent sur vos monuments sacrés et j'ai découvert entre autres un *autel qui portait cette inscription : « Au dieu inconnu[5]. » Ce que vous vénérez ainsi sans le connaître, c'est ce que je viens, moi, vous annoncer. 24 Le Dieu qui a créé l'univers

---

1. Les *épicuriens* étaient partisans d'une morale visant à éviter la douleur dans un monde qu'ils considéraient comme gouverné par le hasard. Pour les *stoïciens*, la « sagesse » consistait à connaître les lois qui gouvernent l'univers et à pratiquer une morale fondée sur l'effort.

2. *cette jacasse* : les moqueurs comparent Paul à un oiseau bavard — Les auditeurs de Paul prennent le mot *anastasis* (résurrection) pour le nom d'une divinité féminine qui serait associée à Jésus.

3. Nom d'une colline d'Athènes, l'Aréopage désignait aussi le haut-conseil de la ville qui y tenait ses séances.

4. Ou *devant l'Aréopage.*

5. En dédiant un autel *au dieu inconnu* les Athéniens espéraient détourner le mécontentement d'un dieu dont ils auraient pu oublier de tenir compte.

---

1. Ou *son esprit était exaspéré.*

et tout ce qui s'y trouve, lui qui est le Seigneur du ciel et de la terre, n'habite pas des temples construits par la main des hommes 25 et son service non plus ne demande pas de mains humaines, comme s'il avait besoin de quelque chose, lui qui donne à tous la vie et le souffle, et tout le reste.

26 « À partir d'un seul homme[1] il a créé tous les peuples pour habiter toute la surface de la terre, il a défini des temps fixes et tracé les limites de l'habitat des hommes : 27 c'était pour qu'ils cherchent Dieu ; peut-être pourraient-ils le découvrir en tâtonnant, lui qui, en réalité, n'est pas loin de chacun de nous.

28 « Car c'est en lui que nous avons la vie, le mouvement et l'être[2], comme l'ont dit certains de vos poètes :

Car nous sommes de sa race.

29 Alors, puisque nous sommes la race de Dieu, nous ne devons pas penser que la divinité ressemble à de l'or, de l'argent, ou du marbre, sculpture de l'art et de l'imagination de l'homme. 30 Et voici que Dieu, sans tenir compte de ces temps d'ignorance annonce maintenant aux hommes que tous et partout ont à se convertir. 31 Il a en effet fixé un jour où il doit juger le monde avec justice par l'homme qu'il a désigné[3], comme il en a donné la garantie à tous en le ressuscitant d'entre les morts. »

1. Adam (Gn 1.28).
2. Paul cite librement le poète grec *Epiménide* — La fin du verset est une citation du poète *Aratos*.
3. Autre texte : *un homme, Jésus*.

32 Au mot de « résurrection des morts », les uns se moquaient, d'autres déclarèrent : « Nous t'entendrons là-dessus une autre fois. » 33 C'est ainsi que Paul les quitta. 34 Certains pourtant s'étaient attachés à lui et étaient devenus croyants : parmi eux il y avait Denys l'Aréopagite[1], une femme nommée Damaris, et d'autres encore.

Succès de l'Evangile à Corinthe

18 1 En quittant Athènes, Paul se rendit ensuite à Corinthe[2]. 2 Il rencontra là un *Juif nommé Aquilas, originaire du Pont[3], qui venait d'arriver d'Italie avec sa femme, Priscille. Claude[4] en effet avait décrété que tous les Juifs devaient quitter Rome. Paul entra en relations avec eux 3 et, comme il avait le même métier — c'était des fabricants de tentes — il s'installa chez eux et il y travaillait. 4 Chaque *sabbat, il prenait la parole à la *synagogue et tâchait de convaincre Juifs et Grecs. 5 Mais, lorsque Silas et Timothée furent arrivés de Macédoine[5], Paul se consacra entièrement à la Parole, attestant devant les Juifs que le *Messie, c'est Jésus. 6 Devant leur opposition et leurs injures, Paul secoua ses vêtements[6] et leur déclara : « Que votre sang vous retombe sur la

1. C'est-à-dire membre de l'Aréopage (voir v. 19 et note).
2. Chef-lieu de la province d'Achaïe (voir 2 Co 1.1 et note). Ville très populeuse, tristement célèbre pour sa corruption morale.
3. Le *Pont* : province du Nord de l'Asie Mineure, en bordure de la Mer Noire.
4. *Claude* : voir Ac 11.28 et note. Son décret chassant les Juifs de Rome date de l'an 49 ou 50.
5. Voir Ac 17.15.
6. C'est un geste qui veut marquer la rupture. Voir 13.51 et la note sur Mc 6.11.

tête[1] ! J'en suis pur, et, désormais, c'est aux *païens que j'irai. » 7 Quittant ce lieu, il se rendit chez un certain Titius Justus, adorateur de Dieu[2], dont la maison était contiguë à la synagogue. 8 Crispus, chef de synagogue, crut au Seigneur avec toute sa maison[3] et beaucoup de Corinthiens, en écoutant Paul, devenaient croyants et recevaient le baptême. 9 Une nuit, le Seigneur dit à Paul dans une vision : « Sois sans crainte, continue de parler, ne te tais pas. 10 Je suis en effet avec toi et personne ne mettra la main sur toi pour te maltraiter car, dans cette ville, un peuple nombreux m'est destiné. » 11 Paul y demeura un an et six mois, enseignant la parole de Dieu.

Paul comparaît devant Gallion

12 Sous le proconsulat de Gallion en Achaïe[4], l'hostilité des *Juifs devint unanime à l'égard de Paul et ils l'amenèrent au tribunal. 13 « C'est à un culte illégal de Dieu, soutenaient-ils, que cet individu veut amener les gens. » 14 Paul allait prendre la parole, quand Gallion répondit aux Juifs : « S'il s'agissait d'un délit ou de quelque méfait éhonté, je recevrais votre plainte, ô Juifs, comme de raison ; 15 mais, puisque vos querelles concernent une doctrine, des noms et la *Loi qui vous est propre, cela vous regarde ! Je ne veux pas, moi, être

juge en pareille matière. » 16 Et il les renvoya du tribunal. 17 Tous se saisirent alors de Sosthène, chef de *synagogue ; ils le rouaient de coups devant le tribunal ; mais Gallion ne s'en souciait absolument pas.

Paul passe à Antioche et repart en Mission

18 Paul resta encore assez longtemps à Corinthe. Puis il quitta les frères et s'embarqua pour la Syrie, en compagnie de Priscille et d'Aquilas. À la suite d'un vœu, il s'était fait tondre la tête à Cenchrées[1]. 19 Ils gagnèrent Ephèse, où Paul se sépara de ses compagnons. Il se rendit, pour sa part, à la *synagogue et y adressa la parole aux Juifs. 20 Comme ceux-ci lui demandaient de prolonger son séjour, il refusa, 21 mais les quitta sur ces mots : « Je reviendrai chez vous une autre fois, si Dieu le veut. » Il prit la mer à Ephèse, 22 débarqua à Césarée, monta saluer l'église[2] et descendit à Antioche, 23 où il resta quelque temps. Puis il repartit et parcourut successivement la région galate et la Phrygie[3], affermissant tous les *disciples.

Apollos prêche à Ephèse puis à Corinthe

24 Un Juif nommé Apollos, originaire d'Alexandrie, était arrivé à Ephèse. C'était un homme savant, versé dans les Ecritures. 25 Il avait été informé de la Voie du

---

1. Voir Ac 5.28 ; 20.26 ; et note sur Mt 27.25.
2. Voir Ac 13.16 et note.
3. Voir Ac 10.2 et note.
4. *proconsulat* : durée du gouvernement d'un proconsul (voir Ac 13.7 et note). Des documents de l'époque permettent de dater ce proconsulat des années 51-52 ou 52-53 — *Achaïe* : voir 2 Co 1.1 et note *b*.

1. *Cenchrées* : port oriental de Corinthe — Pendant toute la durée du *vœu* on s'engageait à ne pas se faire couper les cheveux.
2. Sans doute l'église de Jérusalem.
3. Voir Ac 16.6 et note.

Seigneur et, l'esprit plein de ferveur, il prêchait et enseignait exactement ce qui concernait Jésus, tout en ne connaissant que le baptême de Jean[1]. 26 Il se mit donc à parler en toute assurance dans la *synagogue. Mais, lorsqu'ils l'eurent entendu, Priscille et Aquilas le prirent avec eux et lui présentèrent plus exactement encore la Voie de Dieu. 27 Comme il avait l'intention de se rendre en Achaïe[2], les frères l'approuvèrent et écrivirent aux *disciples de lui faire bon accueil. Une fois arrivé, il fut, par la grâce de Dieu, d'un grand secours aux fidèles, 28 car la force de ses arguments avait raison des *Juifs en public, quand il prouvait par les Ecritures que le *Messie, c'était Jésus.

Paul à Ephèse; premiers baptêmes

19 1 Ce fut pendant le séjour d'Apollos à Corinthe que Paul arriva à Ephèse en passant par le haut-pays. Il y trouva quelques *disciples 2 et leur demanda : « Avez-vous reçu l'Esprit Saint, quand vous êtes devenus croyants ? » — « Mais, lui répondirent-ils, nous n'avons même pas entendu parler d'Esprit Saint ! » 3 Paul demanda : « Quel baptême, alors, avez-vous reçu ? » Ils répondirent : « Le baptême de Jean[3]. » 4 Paul reprit : « Jean donnait un baptême de conversion et il demandait au peuple de croire en celui qui viendrait après lui, c'est-à-dire en Jésus. » 5 Ils l'écou-

tèrent et reçurent le baptême au *nom du Seigneur Jésus. 6 Paul leur *imposa les mains et l'Esprit Saint vint sur eux : ils parlaient en langues et *prophétisaient. 7 Il y avait en tout environ douze personnes.

L'activité de Paul à Ephèse

8 Paul se rendait à la *synagogue et, durant trois mois, il y prenait la parole en toute assurance à propos du *règne de Dieu, s'efforçant de convaincre ses auditeurs. 9 Comme certains se durcissaient et, loin de se laisser convaincre, diffamaient la Voie[1] en pleine assemblée, Paul rompit avec eux et, prenant à part les disciples, il leur adressait chaque jour la parole dans l'école de Tyrannos. 10 Cette situation se prolongea pendant deux ans, si bien que toute la population de l'Asie[2], *Juifs et Grecs, put entendre la parole du Seigneur.

La mésaventure des sept fils de Scéva

11 Dieu accomplissait par les mains de Paul des miracles peu banals, 12 à tel point qu'on prenait, pour les appliquer aux malades, des mouchoirs ou des linges qui avaient touché sa peau. Ces gens étaient alors débarrassés de leurs maladies et les esprits mauvais s'en allaient. 13 Des exorcistes[3] juifs itinérants entreprirent à leur tour de prononcer, sur ceux qui avaient des esprits mauvais, le

---

1. La *Voie du Seigneur* : voir Ac 9.2 et note — Le *baptême de Jean*, c'est-à-dire de Jean le Baptiste.
2. Voir 2 Co 1.1 et note *b*.
3. Voir Ac 18.25 et note.

1. Voir Ac 9.2 et note.
2. Voir Ac 16.6 et note.
3. *exorcistes* : des gens qui faisaient métier de chasser les démons.

*nom du Seigneur Jésus; ils disaient : « Je vous conjure par ce Jésus que Paul proclame ! » 14 Sept fils d'un grand prêtre juif, un certain Scéva, s'essayaient à cette pratique. 15 L'esprit mauvais leur répliqua : « Jésus, je le connais et je sais qui est Paul. Mais vous, qui êtes-vous donc ? » 16 Et, leur sautant dessus, l'homme qu'habitait l'esprit mauvais prit l'avantage sur eux tous avec une telle violence qu'ils s'échappèrent de la maison à moitié nus et couverts de plaies. 17 Toute la population d'Ephèse, *Juifs et Grecs, fut au courant de cette aventure; la crainte les envahit tous et l'on célébrait la grandeur du nom du Seigneur Jésus.

18 Une foule de fidèles venaient faire à haute voix l'aveu de leurs pratiques[1]. 19 Un bon nombre de ceux qui s'étaient adonnés à la magie firent un tas de leurs livres et les brûlèrent en public. Quand on calcula leur valeur, on constata qu'il y en avait pour 50.000 pièces d'argent. 20 Ainsi, par la force du Seigneur, la Parole croissait et gagnait en puissance.

Emeute à Ephèse et départ de Paul

21 À la suite de ces événements, Paul prit la décision, dans l'esprit, de se rendre à Jérusalem en passant par la Macédoine et l'Achaïe[2]. Il déclarait : « Quand j'aurai été là-bas, il faudra encore que je me rende à Rome. » 22 Il envoya en Macédoine Timothée et Eraste, deux de ses auxiliaires,

tandis que lui-même prolongeait un peu son séjour en Asie.

23 C'est à cette époque que se produisirent des troubles assez graves à propos de la Voie[1]. 24 Un orfèvre en effet, du nom de Démétrius, fabriquait des temples d'Artémis[2] en argent et procurait ainsi aux artisans des gains très appréciables. 25 Il rassembla ces artisans ainsi que les membres des métiers voisins et leur déclara : « Vous le savez, mes amis, notre aisance vient de cette activité. 26 Or, vous le constatez ou vous l'entendez dire : non seulement à Ephèse, mais dans presque toute l'Asie, ce Paul remue une foule considérable en la persuadant, comme il dit, que les dieux qui sortent de nos mains ne sont pas des dieux. 27 Ce n'est pas simplement notre profession qui risque d'être dénigrée, mais c'est aussi le temple de la grande déesse Artémis qui pourrait être laissé pour compte et se trouver bientôt dépouillé de la grandeur de celle qu'adorent l'Asie et le monde entier. »

28 À ces mots, les auditeurs devinrent furieux et ils n'en finissaient pas de crier : « Grande est l'Artémis d'Ephèse ! » 29 L'agitation gagna toute la ville et l'on se précipita en masse au théâtre, en s'emparant au passage des Macédoniens Gaïus et Aristarque, compagnons de voyage de Paul. 30 Paul était décidé à se rendre à l'assemblée, mais les *disciples ne le laissèrent pas faire. 31 Et cer-

---

1. Il s'agit de pratiques magiques.
2. Voir 2 Co 1.1 et note *b.*

1. Voir Ac 9.2 et note.
2. *Artémis* désigne ici la déesse de la fécondité que l'on vénérait en Orient.

tains asiarques[1] de ses amis lui
firent aussi déconseiller de se risquer au théâtre.

32 Chacun bien sûr criait autre
chose que son voisin et la confusion régnait dans l'assemblée où
la plupart ignoraient même les
motifs de la réunion. 33 Des gens
dans la foule renseignèrent un
certain Alexandre que les *Juifs
avaient mis en avant. De la main,
Alexandre fit signe qu'il voulait
s'expliquer devant l'assemblée.
34 Mais, quand on apprit qu'il
était juif, tous se mirent à scander
d'une seule voix, pendant près de
deux heures : « Grande est l'Artémis d'Ephèse ! » 35 Le secrétaire
réussit pourtant à calmer la
foule : « Ephésiens, dit-il, existe-
rait-il quelqu'un qui ne sache pas
que la cité d'Ephèse est la ville
sainte de la grande Artémis et de
sa statue tombée du ciel ?
36 Puisque la réponse ne fait pas
de doute, il vous faut donc retrouver le calme et éviter les
fausses manoeuvres. 37 Vous avez
en effet amené ici des hommes
qui n'ont commis ni sacrilège ni
*blasphème contre notre déesse.
38 Si Démétrius et les artisans qui
le suivent sont en litige avec quelqu'un, il se tient des audiences, il
existe des proconsuls[2] : que les
parties aillent donc en justice !
39 Et si vous avez encore d'autres
requêtes, l'affaire sera réglée par
l'assemblée légale. 40 Nous ris-
quons en fait d'être accusés de
sédition pour notre réunion d'aujourd'hui, car il n'existe aucun
motif que nous puissions avancer

pour justifier cet attroupement. »
Et, sur cette déclaration, il renvoya l'assemblée.

Paul revient en Macédoine et en Grèce

20 1 Quand le tumulte se fut
calmé, Paul fit venir les
*disciples et les encouragea. Puis
il leur dit adieu et prit la route de
la Macédoine. 2 Après avoir traversé ces régions et y avoir encouragé longuement les frères, il
parvint en Grèce, 3 où il passa
trois mois. Au moment de
prendre la mer pour la Syrie,
comme les *Juifs complotaient
contre lui, il décida de repasser
par la Macédoine. 4 Il avait
comme compagnons[1] : Sopatros,
fils de Pyrrhus, de Bérée ; Aristarque et Secundus, de Thessalonique ; Gaïus, de Derbé, et Timothée, ainsi que Tychique et Trophime, de la province d'Asie. 5 Ce
groupe, qui avait pris les devants,
nous a attendus, à Troas. 6 Quant
à nous, partis de Philippes après
les jours des *pains sans levain,
nous nous sommes embarqués
pour les rejoindre, cinq jours plus
tard, à Troas, où nous avons fait
halte pendant une semaine.

Visite d'adieux à Troas

7 Le premier jour de la semaine[2], alors que nous étions réunis pour rompre le pain, Paul,
qui devait partir le lendemain,
adressait la parole[3] aux frères et

---

1. Personnages de haut rang, élus pour présider
au culte de l'empereur dans la province d'Asie, les
asiarques conservaient leur titre après la fin de
leur mandat.
2. Voir Ac 13.7 et note.

1. Certains manuscrits ajoutent : *jusqu'en Asie.*
2. Voir Mt 28.1 ; Lc 24.1. Pour les Juifs le jour
commençait au coucher du soleil ; cette réunion
s'est donc tenue dans la nuit du Samedi au
Dimanche.
3. Ou *s'entretenait avec les frères.*

il avait prolongé l'entretien jusque vers minuit. 8 Les lampes ne manquaient pas dans la chambre haute où nous étions réunis. 9 Un jeune homme, nommé Eutyque, qui s'était assis sur le rebord de la fenêtre, fut pris d'un sommeil profond, tandis que Paul n'en finissait pas de parler. Sous l'emprise du sommeil, il tomba du troisième étage et, quand on voulut le relever, il était mort. 10 Paul descendit alors, se précipita vers lui[1] et le prit dans ses bras : « Ne vous agitez pas ! Il est vivant ! » 11 Une fois remonté, Paul rompit le pain et mangea : puis il prolongea l'entretien jusqu'à l'aube et alors il s'en alla. 12 Quant au garçon, on l'emmena vivant et ce fut un immense réconfort.

De Troas à Milet

13 Prenant les devants, nous nous sommes alors embarqués sur un bateau à destination d'Assos, où nous devions reprendre Paul, qui devait s'y rendre par la route comme il en avait décidé. 14 Quand il nous a rejoints à Assos, nous l'avons pris à bord pour gagner Mitylène. 15 De là nous avons fait voile le lendemain jusqu'à la hauteur de Chio ; le surlendemain, nous avons traversé sur Samos et 24 heures plus tard, après une escale à Trogyllion[2], nous sommes arrivés à Milet. 16 Paul était en effet décidé à éviter l'escale d'Ephèse, pour ne pas perdre de temps en Asie[3]. Il n'avait qu'une hâte : être à Jérusalem, si possible, pour le jour de la *Pentecôte.

Paul et les anciens de l'église d'Ephèse

17 De Milet, Paul fit convoquer les *anciens de l'église d'Ephèse. 18 Quand ils l'eurent rejoint, il leur déclara : « Vous savez quelle a toujours été ma conduite à votre égard depuis le jour de mon arrivée en Asie. 19 J'ai servi le Seigneur en toute humilité, dans les larmes et au milieu des épreuves que m'ont valu les complots des Juifs. 20 Je n'ai rien négligé de ce qui pouvait vous être utile ; au contraire, j'ai prêché, je vous ai instruits, en public comme en privé ; 21 mon témoignage appelait et les *Juifs et les Grecs à se convertir à Dieu et à croire en notre Seigneur Jésus.

22 « Maintenant, prisonnier de l'Esprit, me voici en route pour Jérusalem ; je ne sais pas quel y sera mon sort, 23 mais en tout cas, l'Esprit Saint me l'atteste de ville en ville, chaînes et détresses m'y attendent. 24 Je n'attache d'ailleurs vraiment aucun prix à ma propre vie ; mon but, c'est de mener à bien ma course et le service que le Seigneur Jésus m'a confié : rendre témoignage à l'*Evangile de la grâce de Dieu.

25 « Désormais, je le sais bien, voici que vous ne reverrez plus mon visage, vous tous parmi lesquels j'ai passé en proclamant le Règne[1]. 26 Je peux donc l'attester aujourd'hui devant vous : je suis pur du sang de tous[2]. 27 Je n'ai vraiment rien négligé : au

---

1. Ou se pencha vers lui.

2. après une escale à Trogyllion : Cette précision ne figure pas dans tous les manuscrits.

3. Voir Ac 16.6 et note.

1. Le Règne (ou royaume) de Dieu.

2. Voir Ac 5.28 ; 18.6 et note sur Mt 27.25.

contraire, c'est le plan de Dieu tout entier que je vous ai annoncé. 28 Prenez soin de vous-mêmes et de tout le troupeau dont l'Esprit Saint vous a établis les gardiens, soyez les bergers de l'Eglise de Dieu[1] qu'il s'est acquise par son propre *sang.

29 « Je sais bien qu'après mon départ s'introduiront parmi vous des loups féroces qui n'épargneront pas le troupeau; 30 de vos propres rangs surgiront des hommes aux paroles perverses qui entraîneront les *disciples à leur suite. 31 Soyez donc vigilants, vous rappelant que, nuit et jour pendant trois ans, je n'ai pas cessé, dans les larmes, de reprendre chacun d'entre vous. 32 Et maintenant, je vous remets à dieu et à sa parole de grâce, qui a la puissance de bâtir l'édifice et d'assurer l'héritage à tous les *sanctifiés.

33 « Je n'ai convoité l'argent, l'or ou le vêtement de personne. 34 Les mains que voici, vous le savez vous-mêmes, ont pourvu à mes besoins et à ceux de mes compagnons. 35 Je vous l'ai toujours montré, c'est en peinant de la sorte qu'il faut venir en aide aux faibles et se souvenir de ces mots que le Seigneur Jésus lui-même a prononcés : Il y a plus de bonheur à donner qu'à recevoir[2]. »

36 Après ces paroles, il se mit à genoux avec eux tous et pria. 37 Tout le monde alors éclata en sanglots et se jetait au cou de Paul pour l'embrasser 38 — leur tristesse venait surtout de la phrase où il avait dit qu'ils ne devaient plus revoir son visage

—, puis on l'accompagna jusqu'au bateau.

Le voyage de retour à Jérusalem

21 1 Après nous être arrachés à eux et avoir repris la mer, nous avons mis le cap droit sur Cos; le lendemain, sur Rhodes, et de là sur Patara. 2 Trouvant un bateau en partance pour la Phénicie, nous sommes montés à bord et nous avons pris la mer. 3 Arrivés en vue de Chypre, nous avons laissé l'île à bâbord pour faire route vers la Syrie et nous avons débarqué à Tyr, où en effet le navire devait décharger sa cargaison. 4 Nous sommes restés là sept jours, car nous y avions découvert les *disciples; poussés par l'Esprit ceux-ci disaient à Paul de ne pas monter à Jérusalem. 5 Le temps de notre séjour une fois achevé, nous sommes néanmoins repartis et, tandis que nous marchions, tous nous accompagnaient, femmes et enfants compris, jusqu'à l'extérieur de la ville. Là, à genoux sur la plage, nous avons prié; 6 puis, les adieux échangés, nous sommes montés sur le bateau et ils sont retournés chez eux. 7 Quant à nous, au terme de notre traversée depuis Tyr, nous sommes arrivés à Ptolémaïs et, après avoir salué les frères nous avons passé une journée avec eux.

8 Repartis le lendemain, nous avons gagné Césarée[1] où nous nous sommes rendus à la maison de Philippe l'*Evangéliste, un des Sept[2], et nous avons séjourné

---

1. Autre texte : l'Eglise du Seigneur.
2. Cette parole de Jésus n'a pas été conservée dans les Evangiles.

1. Ville de la côte de Judée, où résidaient les gouverneurs romains.
2. Voir Ac 6.5.

chez lui. 9 Il avait quatre filles vierges qui *prophétisaient. 10 Alors que nous passions là plusieurs jours, est arrivé un *prophète de Judée, nommé Agabus. 11 Venant nous trouver, il a pris la ceinture de Paul, s'est attaché les pieds et les mains et a déclaré : « Voici ce que dit l'Esprit Saint. L'homme à qui appartient cette ceinture, voilà comment, à Jérusalem, les *Juifs l'attacheront et le livreront aux mains des *païens ! » 12 À ces mots, nous et les frères de la ville, nous avons supplié Paul de ne pas monter à Jérusalem. 13 Il nous a répondu alors : « Qu'avez-vous à pleurer et à me briser le coeur ? Je suis prêt, moi, non seulement à être lié mais à mourir à Jérusalem pour le *nom du Seigneur Jésus. » 14 Comme il ne se laissait pas convaincre, nous n'avons pas insisté. « Que la volonté du Seigneur soit faite, disions-nous ! »

15 À la fin de ces quelques jours, une fois nos préparatifs achevés, nous sommes montés vers Jérusalem ; 16 des *disciples de Césarée, qui s'y rendaient aussi en notre compagnie, nous ont emmenés loger chez Mnason de Chypre, un disciple des premiers temps.

A Jérusalem Paul rend visite à Jacques

17 À notre arrivée à Jérusalem, c'est avec plaisir que les frères nous ont accueillis. 18 Le lendemain, Paul s'est rendu avec nous chez Jacques[1] où tous les *anciens se trouvaient aussi. 19 Les ayant salués, il leur racontait en détail tout ce que, par son service, Dieu avait accompli chez les *païens. 20 Les auditeurs de Paul rendaient gloire à Dieu et lui dirent : « Tu peux voir, frère, combien de milliers de fidèles il y a parmi les *Juifs, et tous sont d'ardents partisans de la *Loi. 21 Or ils sont au courant de bruits qui courent à ton sujet : ton enseignement pousserait tous les Juifs qui vivent parmi les païens à abandonner Moïse ; tu leur dirais de ne plus *circoncire leurs enfants et de ne plus suivre les règles. 22 Que faire ? Ils vont sans aucun doute apprendre que tu es là. 23 Fais donc ce que nous allons te dire. Nous avons quatre hommes qui sont tenus par un voeu. 24 - Prends-les avec toi, accomplis la *purification en même temps qu'eux et charge-toi de leurs dépenses. Ils pourront ainsi se faire raser la tête[1] et tout le monde comprendra que les bruits qui courent à ton sujet ne signifient rien, mais que tu te conformes, toi aussi, à l'observance de la Loi. 25 Quant aux païens qui sont devenus croyants, nous leur avons écrit nos décisions : se garder de la viande de sacrifices païens, du sang, de la viande étouffée, et de l'immoralité[2]. » 26 Le jour suivant, Paul prit donc ces hommes avec lui et, commençant la purification en même temps qu'eux, il se rendit dans le *Temple, pour indiquer la date à laquelle la purification achevée, l'offrande serait présentée pour chacun d'eux.

---

1. Comme en Ac 12.17 et 15.13 il s'agit de *Jacques, le frère du Seigneur.*

1. Voir Ac 18.18 et note.
2. Voir Ac 15.20 et notes.

Arrestation de Paul au Temple

27 Les sept jours allaient s'achever quand les *Juifs d'Asie, qui l'avaient remarqué dans le Temple, soulevèrent toute la foule et mirent la main sur lui. 28 Ils criaient : « Israélites, au secours ! Le voilà, l'homme qui combat notre peuple et la *Loi et ce lieu[1], dans l'enseignement qu'il porte partout et à tous ! Il a même amené des Grecs dans le Temple et il profane ainsi ce *saint Lieu. » 29 Ils avaient déjà vu en effet Trophime d'Ephèse avec lui dans la ville et ils pensaient que Paul l'avait introduit dans le Temple. 30 La ville entière s'ameuta et le peuple arriva en masse. On se saisit de Paul et on le traîna hors du Temple, dont les portes furent aussitôt fermées. 31 On cherchait à le tuer quand cette nouvelle parvint au tribun de la cohorte[2] : « tout Jérusalem est sens dessus dessous ! » 32 Il rassembla immédiatement soldats et centurions[3] et fit charger la foule : à la vue du tribun et des soldats, on cessa de frapper Paul. 33 S'approchant, le tribun se saisit alors de lui et donna l'ordre de le lier avec deux chaînes; puis il voulut savoir qui il était et ce qu'il avait fait. 34 Mais, dans la foule, chacun criait autre chose que son voisin et, comme le tribun, à cause de ce tumulte, ne pouvait obtenir aucun renseignement certain, il donna l'ordre d'emmener Paul dans la forteresse[1]. 35 Quand ce dernier fut sur les marches de l'escalier, les soldats durent le porter à cause de la violence de la foule, 36 car le peuple tout entier le suivait en criant : « À mort ! »

Paul s'explique devant la foule

37 Au moment où on allait le faire entrer dans la forteresse, Paul dit au tribun : « Pourrai-je te dire un mot ? — Tu sais le grec, lui répondit-il ? 38 Ce n'est donc pas toi l'Egyptien qui, ces derniers temps, a soulevé et emmené au désert 4.000 sicaires[2] ? — 39 Moi ? reprit Paul, je suis *juif, de Tarse en Cilicie, citoyen d'une ville qui n'est pas sans renom. Je t'en prie, autorise-moi à parler au peuple. » 40 L'autorisation accordée, Paul, debout sur les marches, fit signe de la main au peuple. Un grand silence s'établit et il leur adressa la parole en langue hébraïque :

22 1 « Frères et pères, écoutez donc la défense que j'ai maintenant à vous présenter. » 2 Le calme s'accrut encore quand ils entendirent que Paul s'adressait à eux en langue hébraïque. 3 « Je suis Juif, né à Tarse en Cilicie, mais c'est ici, dans cette ville, que j'ai été élevé et que j'ai reçu aux pieds de Gamaliel[3] une formation strictement conforme à la

---

1. On utilisait parfois cette tournure pour parler du Temple de Jérusalem sans avoir à le nommer. Voir Jn 11.48; Ac 6.13 et note.
2. *tribun* : officier de l'armée romaine commandant une garnison de troupes d'occupation — *Cohorte* : Voir Mc 15.16 et note.
3. *Centurion* : Voir Mc 15.39 et note.

1. *La forteresse* Antonia, qui avait été construite par Hérode le Grand à l'angle Nord-Ouest de la terrasse du Temple, servait de caserne aux troupes romaines.
2. *Sicaires* (hommes au poignard) : des extrémistes en révolte contre les Romains.
3. *aux pieds de* : situation de l'élève assis par terre et recevant l'enseignement du Maître. Voir Lc 10.39. *Gamaliel* : célèbre maître juif; voir Ac 5.34.

*Loi de nos pères. J'étais un partisan farouche de Dieu, comme vous l'êtes tous aujourd'hui, 4 et, persécutant à mort cette Voie[1], j'ai fait enchaîner et jeter en prison des hommes et des femmes. 5 Le *grand prêtre et tout le collège des *anciens peuvent en témoigner : c'est d'eux en effet que j'avais reçu des lettres pour nos frères lorsque je me suis rendu à Damas avec mission d'enchaîner et d'amener à Jérusalem, pour les faire punir, ceux qui étaient là-bas.

6 « Je poursuivais donc ma route et j'approchais de Damas quand soudain, vers midi, une grande lumière venue du ciel m'enveloppa de son éclat. 7 Je tombai à terre et j'entendis une voix me dire : Saoul, Saoul[2], pourquoi me persécuter ? 8 Je répondis : Qui es-tu, Seigneur ? La voix reprit : Je suis Jésus le Nazôréen[3], c'est moi que tu persécutes. 9 Mes compagnons virent bien la lumière mais ils n'entendirent pas la voix qui me parlait. 10 Je demandai : Que dois-je faire, Seigneur ? Et le Seigneur me répondit : Relève-toi, va à Damas, et là on t'indiquera en détail la tâche qui t'est assignée. 11 Mais, comme l'éclat de cette lumière m'avait ôté la vue, c'est conduit par la main de mes compagnons que j'arrivai à Damas.

12 « Il y avait là un certain Ananias ; c'était un homme pieux, fidèle à la Loi, dont la réputation était bonne auprès de tous les Juifs qui habitaient là. 13 Il vint me trouver et me dit alors : Saoul, mon frère, retrouve la vue ! Et, à l'instant même, je la retrouvai et je le vis. 14 Il me dit : Le Dieu de nos pères t'a destiné à connaître sa volonté, à voir le Juste[1] et à entendre sa propre voix. 15 Tu dois en effet être témoin pour lui, devant tous les hommes, de ce que tu auras vu et entendu. 16 Pourquoi donc hésiterais-tu ? Allons ! Reçois le baptême et la purification de tes péchés en invoquant son *nom.

17 « De retour à Jérusalem, alors que j'étais en prière dans le *Temple, il m'arriva un jour de tomber en extase 18 et je vis le Seigneur qui me disait : Vite, quitte Jérusalem sans tarder, car ils n'accueilleront pas le témoignage que tu me rendras. 19 Je répondis : Mais, Seigneur, ils savent bien que c'est moi qui allais dans les *synagogues pour faire mettre en prison et battre de verges ceux qui croient en toi. 20 Et lorsque le sang d'Etienne, ton témoin, a été répandu, moi aussi j'étais là, j'approuvais ses meurtriers et je gardais leurs vêtements. 21 Mais il me dit : Va, c'est au loin, vers les nations *païennes, que je vais, moi, t'envoyer. »

22 Les Juifs qui avaient écouté Paul jusqu'à ces mots se mirent alors à pousser des cris : « Qu'on débarrasse la terre d'un tel individu ! Il ne doit pas rester vivant ! » 23 Comme ils vociféraient, jetaient leurs manteaux et lançaient en l'air de la poussière, 24 le tribun donna l'ordre de faire entrer Paul dans la forteresse et de lui appliquer la question par le fouet, pour découvrir le motif de ces cris qu'on poussait contre lui.

---

1. Voir Ac 9.2 et note.
2. Voir Ac 9.4 et note.
3. Voir Mt 26.71 et note.

1. Voir Ac 3.14 et note.

25 On allait étendre Paul pour le fouetter[1] quand il dit au centurion de service : « Un citoyen romain, qui n'a même pas été jugé, avez-vous le droit de lui appliquer le fouet ? » 26 À ces mots, le centurion alla mettre le tribun au courant : « Qu'allais-tu faire ! L'homme est citoyen romain ! » 27 Le tribun revint donc demander à Paul : « Dis-moi, tu es vraiment citoyen romain ? — Oui, dit Paul. » 28 Le tribun reprit : « Moi, j'ai dû payer la forte somme pour acquérir ce droit. — Et moi, dit Paul, je le tiens de naissance. » 29 Ceux qui allaient le mettre à la question le laissèrent donc immédiatement; quant au tribun, il avait pris peur en découvrant que c'était un citoyen romain qu'il gardait enchaîné.

Paul comparaît devant le Sanhédrin

30 Le lendemain, décidé à savoir avec certitude ce dont les *Juifs accusaient Paul, il lui fit enlever ses chaînes; puis il ordonna une réunion des *grands prêtres avec tout le *Sanhédrin et fit descendre Paul pour comparaître devant eux.

23 ¹ Les yeux fixés sur le *Sanhédrin Paul déclara : « Frères, c'est avec une conscience sans aucun reproche que je me suis conduit envers Dieu jusqu'à ce jour. » 2 Mais le grand prêtre Ananias[2] ordonna à ses assistants de le frapper sur la bouche. Paul dit alors : 3 « C'est toi que Dieu va frapper, muraille blanchie ! Tu sièges pour me juger selon la *Loi, et, au mépris de la Loi, tu ordonnes qu'on me frappe ? » 4 Les assistants l'avertirent : « Tu insultes le grand prêtre de Dieu ! » 5 — Je ne savais pas, frères, répondit Paul, que c'était le grand prêtre; il est écrit en effet : *Tu n'insulteras pas le chef de ton peuple.* »

6 Sachant que l'assemblée était en partie *sadducéenne et en partie *pharisienne, Paul s'écria au milieu du *Sanhédrin : « Frères, je suis pharisien, fils de pharisiens; c'est pour notre espérance, la résurrection des morts, que je suis mis en jugement. » 7 Cette déclaration était à peine achevée qu'un conflit s'éleva entre pharisiens et sadducéens et l'assemblée se divisa. 8 Les sadducéens soutiennent en effet qu'il n'y a ni résurrection, ni *ange, ni esprit, tandis que les pharisiens en professent la réalité. 9 Ce fut un beau tapage. Certains scribes du groupe pharisien intervinrent et protestèrent énergiquement : « Nous ne trouvons rien à reprocher à cet homme. Et si un esprit lui avait parlé ? ou bien un *ange ? » 10 Comme le conflit s'aggravait, le tribun, par crainte de les voir mettre Paul en pièces, donna l'ordre à la troupe de descendre le tirer du milieu d'eux et de le ramener dans la forteresse.

11 La nuit suivante, le Seigneur se présenta à Paul et lui dit : « Courage ! Tu viens de rendre témoignage à ma cause à Jérusalem, il faut qu'à Rome aussi tu témoignes de même. »

---

1. Ou *on allait l'attacher avec des courroies.*
2. *Ananias* fut grand prêtre de l'année 47 à l'année 59.

Un complot contre la vie de Paul

12 Le jour venu, les *Juifs formèrent un complot et s'engagèrent par serment à ne rien manger ni boire avant d'avoir tué Paul. 13 Plus de 40 personnes participaient à cette conjuration. 14 Ils allèrent trouver les *grands prêtres et les anciens et leur dirent : « Nous nous sommes engagés par un serment solennel à ne rien prendre avant d'avoir tué Paul. 15 Alors, de votre côté, avec l'accord du *Sanhédrin, proposez donc au tribun de vous l'amener, sous prétexte d'examiner son cas de plus près; quant à nous, nos dispositions sont prises pour le supprimer avant son arrivée. » 16 Mais le fils de la sœur de Paul eut vent du guet-apens; il se rendit à la forteresse, y entra et prévint Paul. 17 Appelant un des centurions, Paul lui dit : « Conduis ce jeune homme au tribun; il a quelque chose à lui communiquer. » 18 Le centurion le prit donc et l'amena au tribun : « Le prisonnier Paul, dit-il, m'a appelé et m'a demandé de t'amener ce jeune homme; il a quelque chose à te dire. » 19 Le tribun le prit par la main, se retira à l'écart, et s'informa : « Qu'as-tu à me communiquer ? 20 — Les Juifs, répondit le jeune homme, ont convenu de te demander d'amener Paul demain devant le Sanhédrin, sous prétexte d'une enquête plus précise sur son cas. 21 Surtout, ne te laisse pas prendre : ils vont être plus de 40 à lui tendre une embuscade; ils se sont engagés par serment à ne rien manger ni boire avant de l'avoir supprimé; leurs dispositions sont déjà prises, ils

n'attendent que ton accord. » 22 Le tribun congédia le jeune homme : « Ne raconte à personne, lui recommanda-t-il, que tu m'as dévoilé ce complot. »

Paul est transféré à Césarée

23 Il appela alors deux centurions et leur dit : « Tenez prêts à partir pour Césarée, dès neuf heures du soir, 200 soldats, 70 cavaliers et 200 auxiliaires. 24 Qu'on prépare aussi des montures pour conduire Paul sain et sauf au gouverneur Félix[1]. » 25 Il écrivit une lettre, dont voici le contenu : 26 « Claudius Lysias, à son Excellence le gouverneur Félix, salut ! 27 Les *Juifs s'étaient emparés de l'homme que je t'envoie et ils allaient le supprimer, quand je suis intervenu avec la troupe pour le leur soustraire, car je venais d'apprendre qu'il était citoyen romain. 28 Comme j'étais décidé à savoir de quoi ils l'accusaient, je l'ai fait comparaître devant leur *Sanhédrin. 29 J'ai constaté que l'accusation portait sur des discussions relatives à leur *Loi, mais sans aucune charge qui méritât la mort ou les chaînes. 30 Informé qu'on préparait un attentat contre cet homme, je te l'envoie[2] tout en signifiant aux accusateurs d'avoir à porter plainte contre lui devant toi. »

31 Exécutant l'ordre qu'ils avaient reçu, les soldats emmenèrent Paul et le conduisirent de nuit à Antipatris. 32 Le lendemain, laissant les cavaliers conti-

---

1. *Antonius Felix* fut gouverneur de Judée entre les années 52 et 59 (ou 60).
2. Certains manuscrits lisent ici : *je te l'ai aussitôt envoyé.* Quelques manuscrits terminent la lettre par la formule traditionnelle : *salut !*

nuer avec lui, ils revinrent à la
forteresse. 33 Dès leur arrivée à
Césarée, les cavaliers remirent la
lettre au gouverneur et lui présentèrent aussi Paul. 34 Le gouverneur lut la lettre et demanda de
quelle province Paul était originaire. Informé que c'était de Cilicie : 35 « Je t'entendrai, dit-il,
quand tes accusateurs aussi seront là. » Il donna l'ordre de le
garder dans le *prétoire d'Hérode[1]

Paul est accusé devant le gou-
verneur

24 1 Cinq jours plus tard, le
*grand prêtre Ananias des-
cendit[2] avec des *anciens et un
certain Tertullus, avocat; ils portèrent plainte contre Paul devant
le gouverneur. 2 Ce dernier fut
convoqué et Tertullus commença
son réquisitoire en ces termes :
« Grâce à toi et aux réformes que
tu as eu soin d'opérer en faveur
de ce peuple, nous jouissons d'une
paix complète. 3 Toujours et partout, excellent Félix, c'est avec
une vive reconnaissance que nous
accueillons ces bienfaits. 4 Pour
ne pas trop t'importuner, l'exposé
sera bref, auquel je te prie d'accorder l'attention bienveillante
que nous te connaissons. 5 Nous
avons découvert que cet homme
était une peste, qu'il provoquait
des émeutes parmi tous les *Juifs
du monde et que c'était un chef

de file de la secte des nazôréens[1].
6 Il a même tenté de profaner le
*Temple et nous l'avons alors ar-
rêté[2]. 8 Tu pourras par toi-même,
en l'interrogeant, voir se confir-
mer tous les griefs que nous for-
mulons contre lui. » 9 Les Juifs
appuyèrent ce réquisitoire en déclarant qu'il était objectif.

Paul s'explique devant le gou-
verneur

10 Sur un signe du gouverneur
qui l'invitait à parler, Paul répliqua : « Je sais que tu assures la
justice à notre nation depuis de
longues années : c'est donc avec
confiance que je vais défendre
ma cause. 11 Tu peux le vérifier :
il n'y a pas plus de douze jours
que je suis monté à Jérusalem
pour adorer. 12 Ni dans le
*Temple, ni dans les *synagogues,
ni dans la ville personne ne m'a
découvert en train de discuter
avec quelqu'un ou d'ameuter la
foule. 13 Ces gens sont donc bien
incapables de prouver les accusations qu'ils portent actuellement
contre moi. 14 Voici ce que je reconnais : je suis au service du
Dieu de nos pères selon la Voie
qu'eux qualifient de secte; je crois
tout ce qui est écrit dans la Loi et
les prophètes[3]; 15 j'ai cette espérance en Dieu — et eux aussi la
partagent — qu'il y aura une ré-

---

1. Palais construit à Césarée par Hérode le
Grand et choisi comme résidence par les gouverneurs romains.
2. On sous-entend à Césarée (voir 25.6-7). Jérusalem est en effet situé sur la hauteur et Césarée
sur la côte.

---

1. Le titre de *Nazôréen* est habituellement
donné à Jésus; il sert ici à désigner ses disciples.
Voir Mt 26.71 et note — Le mot traduit par *secte*
signifie aussi *parti* (voir 5.17; 15.5).
2. Certains manuscrits ajoutent ici : *et nous vou-
lions le juger selon notre loi. 7 Étant intervenu, le
tribun Lysias l'a enlevé de nos mains avec beaucoup de violence 8 et a ordonné à ses accusateurs
de se présenter devant toi. En l'interrogeant* ...
3. *La Voie* : Voir Ac 9.2 et note — *secte* : voir
Ac 24.5 et note — *la Loi et les Prophètes* : Voir
Rm 3.21 et note sur Rm 3.19.

surrection des justes et des injustes. 16 C'est pourquoi je m'efforce, moi aussi, de garder sans cesse une conscience irréprochable devant Dieu et devant les hommes. 17 Après de longues années, j'étais revenu apporter des aumônes à mon peuple ainsi que des offrandes. 18 C'est alors que l'on m'a découvert dans le Temple au terme de ma *purification : il n'y avait ni attroupement ni tumulte; 19 mais certains *Juifs d'Asie … Ce sont eux qui auraient dû se présenter devant toi pour m'accuser, si toutefois ils avaient eu quelque chose à me reprocher ! 20 Ou alors qu'ils disent, ceux que voici, quel délit ils ont découvert quand j'ai comparu devant le *Sanhédrin. 21 Serait-ce cette seule phrase que j'ai criée debout au milieu d'eux : C'est pour la résurrection des morts que je passe aujourd'hui en jugement devant vous ? »

22 Parfaitement au courant de ce qui concernait la Voie, Félix les ajourna : « Je jugerai votre affaire, dit-il, quand le tribun Lysias sera descendu ici. » 23 Il donna l'ordre au centurion de garder Paul en prison avec un régime libéral, sans empêcher aucun des siens de s'occuper de lui.

Paul reste plus de deux ans en prison

24 Quelques jours plus tard, Félix se trouvait en compagnie de Drusille[1], sa femme, qui était *juive. Il fit convoquer Paul et l'écouta parler de la foi au Christ Jésus. 25 Mais comme l'entretien s'orientait vers la justice, la maîtrise des instincts et le jugement à venir, Félix fut pris d'inquiétude : « Pour le moment, dit-il, retire-toi. Je te rappellerai à la prochaine occasion. » 26 Il n'en espérait pas moins que Paul lui donnerait de l'argent; aussi le faisait-il venir, et même assez fréquemment, pour le rencontrer. 27 Au bout de deux ans, Félix eut pour successeur Porcius Festus[1] et, comme il voulait être agréable aux Juifs, il laissa Paul en prison.

Paul réclame d'être jugé par l'empereur

25 1 Or, trois jours après son arrivée dans sa province, Festus monta de Césarée à Jérusalem. 2 Les *grands prêtres et les notables juifs se présentèrent à lui pour porter plainte contre Paul. Avec insistance, 3 ils lui demandèrent insidieusement, comme une faveur, le transfert de Paul à Jérusalem; ils voulaient en réalité tendre une embuscade pour le tuer en chemin. 4 Mais Festus répondit que le lieu de détention de Paul était Césarée et que, de toute façon, lui-même allait repartir incessamment. 5 « Que ceux d'entre vous qui sont qualifiés, ajouta-t-il, se joignent donc à moi pour descendre[2] à Césarée, et, s'il y a quelque chose

---

1. Fille cadette du roi Hérode Agrippa (Ac 12.1), *Drusille* avait été enlevée par Félix à son premier mari, le roi d'Emèse.

1. *Porcius Festus* devint gouverneur de Judée vers l'année 59 ou 60.
2. Voir Ac 24.1 et note.

d'irrégulier dans le cas de cet homme, qu'ils portent plainte contre lui ! »

6 Festus ne resta pas chez eux plus de huit ou dix jours. Une fois descendu à Césarée, il prit place dès le lendemain au tribunal et donna l'ordre d'amener Paul.

7 Quand celui-ci fut là, les *Juifs descendus de Jérusalem, en cercle autour de lui, l'accablèrent d'accusations nombreuses et graves, mais ils étaient incapables de les justifier. 8 Paul maintenait sa défense : « Je n'ai commis de délit, disait-il, ni contre la *loi des Juifs, ni contre le *Temple, ni contre l'empereur. » 9 Dans le désir d'être agréable aux Juifs, Festus fit donc à Paul cette proposition : « Acceptes-tu de monter à Jérusalem pour que ton affaire y soit jugée en ma présence ? »

10 Mais Paul répliqua : « Je suis devant le tribunal de l'empereur, c'est donc là que je dois être jugé. Les Juifs, je ne leur ai fait aucun tort, comme tu t'en rends toi — même parfaitement compte. 11 Si vraiment je suis coupable, si j'ai commis quelque crime qui mérite la mort, je ne prétends pas me soustraire à la mort. Mais, si les accusations dont ces gens me chargent se réduisent à rien, personne n'a le droit de me livrer à leur merci. J'en appelle à l'empereur[1]. » 12 Festus prit alors l'avis de son conseil et répondit : « Tu en appelles à l'empereur : tu iras devant l'empereur. »

Festus présente Paul au roi Agrippa

13 Quelques jours s'étaient écoulés quand le roi *Agrippa[1] et Bérénice arrivèrent à Césarée et rendirent visite à Festus. 14 Et, comme ils passaient là un certain temps, Festus informa le roi de l'affaire de Paul : « Il y a ici, dit-il, un homme que Félix a laissé en prison. 15 Lors de mon séjour à Jérusalem, les *grands prêtres et les anciens des *Juifs sont venus déposer une plainte contre lui et ils réclamaient sa condamnation. 16 Je leur ai répondu qu'il n'était pas de règle chez les Romains de livrer un prévenu, sans l'avoir d'abord confronté avec ses accusateurs et lui avoir permis de se défendre contre leurs griefs. 17 Ils se sont donc retrouvés ici et, sans m'accorder le moindre délai, le lendemain même j'ai pris place au tribunal et donné l'ordre d'amener cet homme. 18 Une fois réunis autour de lui, les accusateurs n'ont avancé aucune de ces charges graves que j'aurais pu supposer. 19 Ils avaient seulement avec lui je ne sais quelles querelles relatives à la religion qui leur est propre et en particulier à un certain Jésus qui est mort, mais que Paul prétendait toujours en vie. 20 Ne voyant pas quelle suite donner à l'instruction d'une telle cause, je lui ai alors proposé d'aller à Jérusalem pour que son affaire y soit jugée. 21 Mais Paul s'est pourvu en appel pour réserver son cas à la juridiction de Sa Majesté[2] et

---

1. C'est le roi *Agrippa II*, fils de celui dont il est question en Ac 12. *Drusille* (24.24) et *Bérénice* sont ses sœurs.
2. C'est-à-dire l'empereur romain (à l'époque : Néron, 54-68).

1. C'est-à-dire : je demande à être jugé par l'empereur (à Rome).

j'ai donc donné l'ordre de le garder en prison jusqu'à son transfert devant l'empereur. » 22 *Agrippa dit alors à Festus : « Je voudrais bien entendre cet homme à mon tour. — Dès demain, tu l'entendras, lui fut-il répondu. »

23 Le lendemain, Agrippa et Bérénice arrivèrent donc en grande pompe et firent leur entrée dans la salle d'audience, accompagnés d'officiers supérieurs et de notables de la ville. Sur un ordre de Festus, on amena Paul 24 et Festus prit la parole : « Roi Agrippa et vous tous qui êtes avec nous, vous voyez cet homme. La population juive tout entière est venue me trouver à son sujet, à Jérusalem et jusqu'ici, en criant qu'il ne fallait plus lui laisser la vie. 25 Pour ma part, je n'ai rien relevé dans ses actes qui mérite la mort ; mais, puisqu'il en a appelé à Sa Majesté, j'ai décidé de le lui envoyer. 26 Comme je ne dispose d'aucune donnée sûre pour écrire au souverain sur son compte, je l'ai fait comparaître devant vous, devant toi surtout, roi Agrippa, afin d'être en mesure de lui écrire, à la suite de cette audience. 27 Il serait absurde en effet, me semble-t-il, d'envoyer un prisonnier sans même spécifier les charges qui pèsent sur lui. »

Paul s'explique devant Agrippa

26 1 *Agrippa dit à Paul : « Il t'est permis de plaider ta cause. » Paul étendit alors la main et présenta sa défense : 2 « De toutes les accusations que font peser sur moi les *Juifs, je m'estime d'autant plus heureux, roi Agrippa, d'avoir aujourd'hui à me justifier devant toi 3 que tu es au fait de toutes les coutumes des Juifs et de toutes leurs controverses, je te prie donc de m'écouter avec bienveillance.

4 « La période de ma vie que, dès ma prime jeunesse, j'ai passée au sein de ma nation, à Jérusalem, tous les Juifs la connaissent. 5 Ils savent de longue date et peuvent témoigner, si toutefois ils le veulent, que j'ai vécu selon la tendance la plus stricte de notre religion, en *Pharisien. 6 Et aujourd'hui, si je suis traduit en justice, c'est pour l'espérance en la promesse que Dieu a faite à nos pères, 7 et que nos douze tribus, en assurant le culte de Dieu nuit et jour, sans relâche, espèrent voir aboutir ; c'est pour cette espérance, ô roi, que je suis mis en accusation par les Juifs. 8 Pourquoi juge-t-on incroyable parmi vous que Dieu ressuscite les morts ?

9 « Pour ma part, j'avais donc vraiment cru devoir combattre par tous les moyens le *nom de Jésus le Nazôréen[1]. 10 Et c'est ce que j'ai fait à Jérusalem ; j'ai en personne incarcéré un grand nombre des saints[2] en vertu du pouvoir que je tenais des *grands prêtres et j'ai apporté mon suffrage quand on les mettait à mort. 11 Parcourant toutes les *synagogues, je multipliais mes sévices à leur égard, pour les forcer à blasphémer et, au comble de ma rage, je les poursuivais jusque dans les villes étrangères.

12 « C'est ainsi que je me rendais un jour à Damas avec pleins

1. Le *nom : voir Ac 3.16 et note — *le Nazôréen* : Voir Mt 26.71 et note.
2. Voir Ac 9.13 et note sur Rm 1.7.

pouvoirs et mandat spécial des grands prêtres. 13 J'étais en chemin, ô roi, lorsque vers midi je vis venir du ciel, plus resplendissante que le soleil, une lumière qui m'enveloppa de son éclat ainsi que mes compagnons de route. 14 Nous sommes tous tombés à terre et j'entendis une voix me dire en langue hébraïque : Saoul, Saoul[1], pourquoi me persécuter ? Il t'est dur de te rebiffer contre l'aiguillon ! 15 Je répondis : Qui es-tu, Seigneur ? Le Seigneur reprit : Je suis Jésus, c'est moi que tu persécutes. 16 Mais relève-toi, debout sur tes pieds ! Voici pourquoi en effet je te suis apparu : je t'ai destiné à être serviteur et témoin de la vision où tu viens de me voir ainsi que des visions où je t'apparaîtrai encore. 17 Je te délivre déjà du peuple et des nations païennes vers qui je t'envoie 18 pour leur ouvrir les yeux, les détourner des ténèbres vers la lumière, de l'empire de *Satan vers Dieu, afin qu'ils reçoivent le pardon des péchés et une part d'héritage avec les *sanctifiés, par la foi en moi. »

19 « Dès lors, roi Agrippa, je n'ai pas résisté à cette vision céleste. 20 Bien au contraire, aux gens de Damas d'abord, et de Jérusalem, dans tout le territoire de la Judée, puis aux nations païennes, j'ai annoncé qu'ils avaient à se convertir et à se tourner vers Dieu, en vivant d'une manière qui réponde à cette conversion. 21 C'est la raison pour laquelle des Juifs m'ont appréhendé, alors que je me trouvais dans le *Temple, essayant d'en finir avec moi. 22 Fort de la pro-

tection de Dieu, jusqu'à ce jour, je continue donc à rendre témoignage devant petits et grands; les prophètes et Moïse[1] ont prédit ce qui devait arriver et je ne dis rien de plus : 23 le *Christ a souffert et lui, le premier à ressusciter d'entre les morts, il doit annoncer la lumière au Peuple et aux nations païennes. »

24 Paul en était là de sa défense quand Festus intervint en haussant la voix : « Tu es fou, Paul ! Avec tout ton savoir tu tournes à la folie ! » 25 Mais Paul reprit : « Je ne suis pas fou, excellent Festus, je fais entendre le langage de la vérité et du bon sens. 26 Le roi, à qui je m'adresse en toute assurance, est assurément au courant de ces choses et rien ne lui en échappe; j'ai toutes raisons de le penser car ce n'est pas dans un coin perdu que ces événements se sont passés. 27 Tu crois aux *prophètes, roi Agrippa ? Je suis sûr que tu y crois. » 28 Agrippa dit alors à Paul : « Il te faut peu, d'après ton raisonnement pour faire de moi un chrétien[2] ! 29 — Affaire de peu, oui, mais grande affaire reprit Paul, et plaise aussi tous ceux qui m'écoutent aujourd'hui, vous deveniez exactement ce que je suis ... sans les chaînes que je porte ! »

30 Le roi se leva, ainsi que le gouverneur, Bérénice et ceux qui siégeaient avec eux. 31 En se retirant, ils eurent un entretien : « Cet homme, disaient-ils, ne fait rien qui mérite la mort ou les chaînes. » 32 Agrippa confia à Festus : « Cet homme aurait pu

---

1. Voir notes sur Jn 5.46 et Rm 3.19.
2. Autre texte : *Tu vas me convaincre de devenir chrétien.*

être relâché s'il n'en avait pas appelé à l'empereur. »

Départ pour l'Italie; début du voyage

27 1 Quand notre embarquement pour l'Italie eut été décidé, on remit Paul et d'autres prisonniers à un centurion nommé Julius, de la Cohorte[1] Augusta. 2 Nous sommes alors montés à bord d'un bateau d'Adramyttium[2] en partance pour les côtes d'Asie et nous avons pris la mer. Il y avait avec nous Aristarque, un Macédonien de Thessalonique. 3 Le lendemain, à l'occasion d'une escale à Sidon, Julius, qui traitait Paul avec humanité, lui permit d'aller trouver ses amis et de profiter de leur accueil. 4 De là, reprenant la mer, nous avons fait route sous Chypre[3], car les vents nous étaient contraires. 5 Ce fut alors la traversée de la mer qui borde la Cilicie et la Pamphylie et nous avons débarqué à Myre, en Lycie. 6 Le centurion, trouvant là un bateau d'Alexandrie en route vers l'Italie, nous y a fait embarquer. 7 Durant quelques jours notre navigation fut ralentie et c'est à grand-peine que nous sommes arrivés à la hauteur de Cnide. Comme le vent nous contrariait, nous sommes passés sous la Crète[4], vers le cap Salmoné 8 et, après l'avoir doublé de justesse, nous sommes arrivés à un endroit appelé « Beaux Ports », près de la ville de Lasaïa.

9 Mais un certain temps s'était écoulé et il devenait désormais dangereux de naviguer, puisque le Jeûne[1] était déjà passé. Paul voulut donner son avis : 10 « Mes amis, leur dit-il, j'estime que la navigation va entraîner des dommages et des pertes notables non seulement pour la cargaison et le bateau, mais aussi pour nos personnes. » 11 Le centurion néanmoins se fiait davantage au capitaine et au subrécargue[2] qu'aux avertissements de Paul. 12 Comme le port, en outre, se prêtait mal à l'hivernage, la majorité fut d'avis de reprendre la mer; on verrait bien si l'on pouvait atteindre Phénix, un port de Crète, ouvert au sud-ouest et au nord-ouest et y passer l'hiver.

La tempête

13 Une petite brise du sud s'était levée et ils s'imaginèrent que ce projet était réalisable; ayant donc levé l'ancre, ils tentèrent de border la côte de Crète. 14 Mais presque aussitôt, venant de l'île, un vent d'ouragan, qu'on appelle euraquilon[3], s'abattit sur eux; 15 le bateau fut emporté, incapable de remonter au vent, et, laissant porter, nous allions à la dérive. 16 Filant sous le couvert d'une petite île appelée Cauda[4], nous avons pourtant réussi, de justesse, à

---

1. *Centurion* : Voir Mc 15.39 et note — *Cohorte* : Mc 15.16 et note.
2. Ville de la côte d'Asie Mineure, proche de Troas — Pour *l'Asie* voir Ac 16.6 et note.
3. *Sous Chypre*, c'est-à-dire à l'abri de la côte de Chypre.
4. Voir note précédente.

1. Il s'agit de la fête juive des Expiations, qui se célébrait en Septembre. La navigation s'interrompait en principe de Septembre à Février.
2. Terme technique pour désigner le représentant du propriétaire du navire.
3. Vent de Nord-Est.
4. Autre texte : *Clauda*.

maîtriser le canot. 17 Après l'avoir hissé à bord, on a eu recours aux moyens de fortune : ceinturer le bateau de cordages et, par crainte d'aller échouer sur la Syrte, filer l'ancre flottante[1] ; et l'on a continué ainsi de dériver. 18 Le lendemain, comme nous étions toujours violemment secoués par la tempête, on jetait du fret 19 et, le troisième jour, de leurs propres mains les matelots affalèrent le gréement. 20 Ni le soleil ni les étoiles ne se montraient depuis plusieurs jours : la tempête, d'une violence peu commune, demeurait dangereuse : tout espoir d'être sauvés nous échappait désormais.

21 On n'avait plus rien mangé depuis longtemps, quand Paul, debout au milieu d'eux, leur dit : « Vous voyez, mes amis, il aurait fallu suivre mon conseil, ne pas quitter la Crète et faire ainsi l'économie de ces dommages et de ces pertes. 22 Mais, à présent, je vous invite à garder courage : car aucun d'entre vous n'y laissera la vie ; seul le bateau sera perdu. 23 Cette nuit-même en effet, un *ange du Dieu auquel j'appartiens et que je sers s'est présenté à moi 24 et m'a dit : Sois sans crainte, Paul ; il faut que tu comparaisses devant l'empereur et Dieu t'accorde aussi la vie de tous tes compagnons de traversée ! 25 Courage donc, mes amis ! Je fais confiance à Dieu : il en sera comme il m'a dit. 26 Nous devons échouer sur une île. »

Après le naufrage tous sont sains et saufs

27 C'était la quatorzième nuit que nous dérivions sur l'Adriatique[1] ; vers minuit, les marins ont pressenti l'approche d'une terre. 28 Jetant alors la sonde, ils trouvèrent vingt brasses[2] ; à quelque distance, ils la jetèrent encore une fois et en trouvèrent quinze. 29 Dans la crainte que nous ne soyons peut-être sur des récifs, ils ont alors mouillé quatre ancres à l'arrière et souhaité vivement l'arrivée du jour. 30 Mais, comme les marins, sous prétexte de s'embosser sur les ancres de l'avant, cherchaient à s'enfuir du bateau et mettaient le canot à la mer, 31 Paul dit au centurion et aux soldats : « Si ces hommes ne restent pas à bord, vous, vous ne pouvez pas être sauvés. » 32 Les soldats ont alors coupé les filins du canot et l'ont laissé partir.

33 En attendant le jour, Paul engagea tout le monde à prendre de la nourriture : « C'est aujourd'hui le quatorzième jour que vous passez dans l'expectative sans manger, et vous ne prenez toujours rien. 34 Je vous engage donc à reprendre de la nourriture, car il y va de votre salut. Encore une fois, aucun d'entre vous ne perdra un cheveu de sa tête. » 35 Sur ces mots, il prit du pain, rendit grâce à Dieu en présence de tous, le rompit et se mit à manger. 36 Tous alors, reprenant courage, s'alimentèrent à leur tour. 37 Au total, nous étions 276 personnes à bord. 38 Une fois rassasiés, on al-

---

1. On *ceinturait* un navire avec des cordages pour éviter qu'il ne se disloque dans la tempête — *La Syrte* : grand golfe de la côte d'Afrique du Nord (Libye d'aujourd'hui) — *L'ancre flottante* : lourde pièce de bois remorquée par le bateau, et qui permettait à celui-ci de rester dans l'axe du vent.

1. *Adriatique* : nom donné par les anciens à la mer qui sépare la Grèce et la Sicile.
2. Voir au glossaire *POIDS ET MESURES.

légea le bateau en jetant le blé à la mer.

39 Une fois le jour venu, les marins ne reconnaissaient pas la terre, mais ils distinguaient une baie avec une plage et ils avaient l'intention, si c'était possible, d'y échouer le bateau. 40 Ils ont alors filé les ancres par le bout, les abandonnant à la mer, tandis qu'ils larguaient les avirons de queue; puis, hissant au vent la civadière[1], ils ont mis le cap sur la plage. 41 Mais ils touchèrent un banc de sable et y échouèrent le vaisseau; la proue, enfoncée, resta prise, tandis que la poupe était disloquée par les coups de mer. 42 Les soldats eurent alors l'idée de tuer les prisonniers, de peur qu'il ne s'en échappe à la nage. 43 Mais le centurion, décidé à sauver Paul, les empêcha d'exécuter leur projet; il ordonna à ceux qui savaient nager de sauter à l'eau les premiers et de gagner la terre. 44 Les autres le feraient soit sur des planches soit sur des épaves du bateau. Et c'est ainsi que tous se sont retrouvés à terre, sains et saufs.

Paul à l'île de Malte

28 1 Une fois hors de danger, nous avons appris que l'île s'appelait Malte. 2 Les autochtones nous ont témoigné une humanité peu ordinaire. Allumant en effet un grand feu, ils nous en ont tous fait approcher, car la pluie s'était mise à tomber et il faisait froid. 3 Paul avait ramassé une brassée de bois mort et la jetait dans le feu, lorsque la chaleur en fit sortir une vipère qui s'accrocha à sa main. 4 À la vue de cet animal qui pendait à sa main, les autochtones se disaient les uns aux autres : « Cet homme est certainement un assassin; il a bien échappé à la mer, mais la justice divine ne lui permet pas de vivre. » 5 Paul, en réalité, secoua la bête dans le feu sans ressentir le moindre mal. 6 Eux s'attendaient à le voir enfler, ou tomber raide mort; mais, après une longue attente, ils constatèrent qu'il ne lui arrivait rien d'anormal. Changeant alors d'avis, ils répétaient : « C'est un dieu ! »

7 Il y avait, dans les environs, des terres qui appartenaient au premier magistrat de l'île, nommé Publius. Il nous a accueillis et hébergés amicalement pendant trois jours. 8 Son père se trouvait alors alité, en proie aux fièvres et à la dysenterie. Paul se rendit à son chevet et, par la prière et l'*imposition des mains, il le guérit. 9 Par la suite, tous les autres habitants de l'île qui étaient malades venaient le trouver et ils étaient guéris à leur tour. 10 Ils nous ont donné de multiples marques d'honneur et, quand nous avons pris la mer, ils avaient pourvu à nos besoins.

Voyage de Malte à Rome

11 C'est trois mois plus tard que nous avons pris la mer sur un bateau qui avait hiverné dans l'île; il était d'Alexandrie et portait les Dioscures[1] comme enseigne. 12 Nous avons débarqué à Syracuse pour une escale de trois

---

1. Petite voile à l'avant du navire.

1. ou *Castor et Pollux*, célèbres jumeaux de la mythologie grecque, considérés par les marins de l'époque comme protecteurs des navigateurs.

jours. 13 De là, bordant la côte, nous avons gagné Reggio. Le lendemain, le vent du sud s'était levé et nous sommes arrivés, en deux jours, à Pouzzoles. 14 Nous avons trouvé là des frères qui nous ont invités à passer une semaine chez eux. Voilà comment nous sommes allés à Rome. 15 Depuis cette ville les frères qui avaient appris notre arrivée, sont venus à notre rencontre jusqu'au Forum d'Appius et aux Trois-Tavernes; quand il les vit, Paul rendit grâce à Dieu : il avait repris confiance.

Paul à Rome

16 Lors de notre arrivée à Rome, Paul avait obtenu l'autorisation d'avoir un domicile personnel, avec un soldat pour le garder. 17 Trois jours plus tard, il invita les notables *juifs à s'y retrouver. Quand ils furent réunis, il leur déclara : « Frères, moi qui n'ai rien fait contre notre peuple ou contre les règles reçues de nos pères, je suis prisonnier depuis qu'à Jérusalem j'ai été livré aux mains des Romains. 18 Au terme de leur enquête, ces derniers voulaient me relâcher, car il n'y avait rien dans mon cas qui mérite la mort. 19 Mais l'opposition des Juifs m'a contraint de faire appel à l'empereur, sans avoir pour autant l'intention de mettre en cause ma nation. 20 C'est la raison pour laquelle j'ai demandé à vous voir et à m'entretenir avec vous. En réalité, c'est à cause de l'espérance d'Israël que je porte ces chaînes. » 21 Ils lui répondirent : « Nous n'avons reçu, quant à nous, aucune lettre de Judée à ton sujet et aucun frère, à son arrivée,

ne nous a fait part d'un rapport ou d'un bruit fâcheux sur ton compte. 22 Mais nous demandons à t'entendre exposer toi-même ce que tu penses; car, pour ta secte[1], nous savons bien qu'elle rencontre partout de l'opposition. »

23 Ayant convenu d'un jour avec lui, ils vinrent le retrouver en plus grand nombre à son domicile. Dans sa présentation, Paul rendait témoignage au *Règne de Dieu et, du matin au soir, il s'efforça de les convaincre, en parlant de Jésus à partir de la loi de Moïse et des prophètes[2]. 24 Les uns se laissaient convaincre par ce qu'il disait, les autres refusaient de croire. 25 Au moment de s'en aller, ils n'étaient toujours pas d'accord entre eux; Paul n'ajouta qu'un mot : « Comme elle est juste, cette parole de l'Esprit Saint qui a déclaré à vos pères par le prophète Esaïe :

26 *Va trouver ce peuple et dis-lui :*
Vous aurez beau entendre,
vous ne comprendrez pas;
Vous aurez beau regarder,
vous ne verrez pas.
27 *Car le coeur de ce peuple s'est épaissi,*
Ils sont devenus durs d'oreille,
Ils se sont bouché les yeux,
Pour ne pas voir de leurs yeux,
Ne pas entendre de leurs oreilles,
Ne pas comprendre avec leur coeur,
Et pour ne pas se tourner vers Dieu,
Et je les guérirais ?

---

1. *Les Juifs de Rome désignaient ainsi l'ensemble des chrétiens. Voir aussi Ac 24.5 et note.*
2. *Voir note sur Rm 3.19.*

28 Sachez-le donc : c'est aux *païens qu'a été envoyé ce salut de Dieu; eux, ils écouteront[1]. »

1. Plusieurs manuscrits ajoutent ici : 29 *Tandis qu'il leur disait cela les Juifs s'en allèrent en discutant vivement entre eux.*

30 Paul vécut ainsi deux années entières à ses frais et il recevait tous ceux qui venaient le trouver, 31 proclamant le Règne de Dieu et enseignant ce qui concerne le Seigneur Jésus Christ avec une entière assurance et sans entraves.

ÉPÎTRE DE PAUL AUX ROMAINS

L'évangile que Paul annonce

1 1 Paul, serviteur de Jésus Christ, appelé à être *apôtre, mis à part pour annoncer l'*Evangile de Dieu. 2 Cet Evangile, qu'il avait déjà promis par ses *prophètes dans les Ecritures saintes, 3 concerne son Fils, issu selon la chair[1] de la lignée de David, 4 établi, selon l'Esprit Saint, Fils de Dieu avec puissance par sa résurrection d'entre les morts, Jésus Christ notre Seigneur. 5 Par lui nous avons reçu la grâce d'être apôtre pour conduire à l'obéissance de la foi[2], à la gloire de son *nom, tous les peuples *païens, 6 dont vous êtes vous aussi que Jésus Christ a appelés. 7 À tous les bien-aimés de Dieu qui sont à Rome, aux saints[3] par l'appel de Dieu, à vous, grâce et paix de la part de Dieu notre Père et du Seigneur Jésus Christ.

Paul et les chrétiens de Rome

8 Tout d'abord, je rends grâce à mon Dieu par Jésus Christ pour vous tous : dans le monde entier on proclame que vous croyez. 9 Car Dieu m'en est témoin, lui à qui je rends un culte en mon esprit en annonçant l'*Evangile de son Fils : je fais sans relâche mention de vous, 10 demandant continuellement dans mes prières d'avoir enfin, par sa volonté, l'occasion de me rendre chez vous. 11 J'ai en effet un très vif désir de vous voir, afin de vous communiquer quelque don spirituel pour que vous en soyez affermis, 12 ou plutôt pour être réconforté avec vous et chez vous par la foi qui nous est commune à vous et à moi. 13 Je ne veux pas vous laisser ignorer, frères, que j'ai souvent projeté de me rendre chez vous — jusqu'ici j'en ai été empêché —, afin de recueillir quelque fruit chez vous, comme chez les autres peuples païens. 14 Je me dois aux Grecs[1] comme aux barbares, aux gens cultivés comme aux ignorants; 15 de là, mon désir de vous annoncer l'Evangile à vous aussi qui êtes à Rome.

La puissance de l'Evangile

16 Car je n'ai pas honte de l'*Evangile : il est puissance de Dieu pour le salut de quiconque croit, du *Juif d'abord, puis du Grec. 17 C'est en lui en effet que la justice de Dieu[2] est *révélée, par la foi et pour la foi, selon qu'il est

---

1. En ce qui concerne son humanité (Rm 9.5).
2. Comme en Rm 10.16 la foi est considérée comme une obéissance.
3. *saints*, au sens particulier du N. T. consacré à Dieu et chargé par lui d'une mission. Il s'agit donc ici des chrétiens.

1. par opposition aux *barbares* les *Grecs* représentent ici tous les peuples civilisés et cultivés. Au v. 16 le même mot désigne les *païens* par opposition aux *Juifs*.
2. Le sens très particulier du terme *justice* est éclairé par Rm 3.24 (justifier) et 4.25 (justification).

écrit : *Celui qui est juste par la foi vivra*[1].

Egarement et folie des païens

18 En effet, la colère de Dieu se *révèle du haut du *ciel contre toute impiété et toute injustice des hommes, qui retiennent la vérité captive de l'injustice; 19 car ce que l'on peut connaître de Dieu est pour eux manifeste : Dieu le leur a manifesté. 20 En effet, depuis la création du monde, ses perfections invisibles, éternelle puissance et divinité, sont visibles dans ses oeuvres pour l'intelligence; ils sont donc inexcusables, 21 puisque, connaissant Dieu, ils ne lui ont rendu ni la gloire ni l'action de grâce qui reviennent à Dieu; au contraire, ils se sont fourvoyés dans leurs vains raisonnements et leur coeur insensé est devenu la proie des ténèbres : 22 se prétendant sages, ils sont devenus fous; 23 ils ont troqué la gloire du Dieu incorruptible contre des images représentant l'homme corruptible, des oiseaux, des quadrupèdes, des reptiles.

24 C'est pourquoi, Dieu les a livrés, par les convoitises de leurs *coeurs, à l'*impureté où ils avilissent eux-mêmes leurs propres corps. 25 Ils ont échangé la vérité de Dieu[2] contre le mensonge, adoré et servi la créature au lieu du créateur qui est béni éternellement. *Amen. 26 C'est pourquoi Dieu les a livrés à des passions avilissantes : leurs femmes ont échangé les rapports naturels pour des rapports contre nature;

27 les hommes de même, abandonnant les rapports naturels avec la femme, se sont enflammés de désir les uns pour les autres, commettant l'infamie d'homme à homme et recevant en leur personne le juste salaire de leur égarement. 28 Et comme ils n'ont pas jugé bon de garder la connaissance de Dieu, Dieu les a livrés à leur intelligence sans jugement : ainsi font-ils ce qu'ils ne devraient pas. 29 Ils sont remplis de toute sorte d'injustice, de perversité, de cupidité, de méchanceté, pleins d'envie, de meurtres, de querelles, de ruse, de dépravation, diffamateurs, 30 médisants, ennemis de Dieu, provocateurs, orgueilleux, fanfarons, ingénieux au mal, rebelles à leurs parents, 31 sans intelligence, sans loyauté, sans coeur, sans pitié. 32 Bien qu'ils connaissent le verdict de Dieu déclarant dignes de mort ceux qui commettent de telles actions, ils ne se bornent pas à les accomplir, mais ils approuvent encore ceux qui les commettent.

Le juste jugement de Dieu

2 1 Tu es donc inexcusable, toi, qui que tu sois, qui juges; car, en jugeant autrui, tu te condamnes toi-même, puisque tu en fais autant, toi qui juges. 2 Or, nous savons que le jugement de Dieu s'exerce selon la vérité contre ceux qui commettent de telles actions. 3 Penses-tu, toi qui juges ceux qui les commettent et qui agis comme eux, que tu échapperas au jugement de Dieu ? 4 Ou bien méprises-tu la richesse de sa bonté, de sa patience et de sa générosité, sans

---

1. ou *le juste vivra par la foi.*
2. Voir 1 Th 1.9; il s'agit du vrai Dieu par opposition aux idoles mensongères.

reconnaître que cette bonté te pousse à la conversion ? 5 Par ton endurcissement, par ton coeur impénitent[1], tu amasses contre toi un trésor de colère pour le *jour de la colère[2] où se *révélera le juste jugement de Dieu, 6 qui *rendra à chacun selon ses oeuvres :* 7 vie éternelle pour ceux qui, par leur persévérance à bien faire, recherchent gloire, honneur et incorruptibilité, 8 mais colère et indignation pour ceux qui, par révolte, se rebellent contre la vérité et se soumettent à l'injustice. 9 Détresse et angoisse pour tout homme qui commet le mal, pour le *Juif d'abord et pour le Grec; 10 gloire, honneur et paix à quiconque fait le bien, au Juif d'abord puis au Grec, 11 car en Dieu il n'y a pas de partialité. 12 Tous ceux qui ont péché sans la loi périront aussi sans la *loi; tous ceux qui ont péché sous le régime de la loi seront jugés par la loi. 13 Ce ne sont pas en effet ceux qui écoutent la loi qui sont justes devant Dieu; ceux-là seront justifiés qui la mettent en pratique. 14 Quand des *païens, sans avoir de loi, font naturellement ce qu'ordonne la loi, ils se tiennent lieu de loi à eux-mêmes, eux qui n'ont pas de loi. 15 Ils montrent que l'oeuvre voulue par la loi est inscrite dans leur *coeur; leur conscience en témoigne également ainsi que leurs jugements intérieurs qui tour à tour les accusent et les défendent[3]. 16 C'est ce qui paraîtra au jour où, selon mon *Evangile, Dieu jugera par Jésus Christ le comportement caché des hommes.

La désobéissance d'Israël

17 Mais, si toi qui portes le nom de *Juif, qui te reposes sur la *loi et qui mets ton *orgueil en ton Dieu[1], 18 toi qui connais sa volonté, toi qui, instruit par la loi, discernes l'essentiel, 19 toi qui es convaincu d'être le guide des aveugles, la lumière de ceux qui sont dans les ténèbres, 20 l'éducateur des ignorants[2], le maître des simples, parce que tu possèdes dans la loi l'expression même de la connaissance et de la vérité ... 21 Eh bien ! Toi qui enseignes autrui, tu ne t'enseignes pas toi-même ! Tu prêches de ne pas voler, et tu voles ! 22 Tu interdis l'adultère, et tu commets l'adultère ! Tu as horreur des idoles, et tu pilles leurs temples ! 23 Tu mets ton orgueil dans la loi, et tu déshonores Dieu en transgressant la loi ! 24 En effet, comme il est écrit, *le *nom de Dieu est *blasphémé à cause de vous parmi les païens.* 25 Sans doute la *circoncision est utile si tu pratiques la loi, mais si tu transgresses la loi, avec ta circoncision tu n'es plus qu'un incirconcis. 26 Si donc l'incirconcis observe les prescriptions de la loi, son incirconcision ne lui sera-t-elle pas comptée comme circoncision ? 27 Et lui qui, physiquement incirconcis, accomplit la loi, te jugera, toi qui, avec la lettre de la loi et la circoncision, transgresses la loi. 28 En effet, ce n'est pas ce qui se voit qui fait le

---

1. ou *coeur inconverti* (cf. v. 4).
2. Expression de l'A. T. pour désigner le jour du jugement de Dieu.
3. Autre traduction : *ainsi que les jugements intérieurs de blâme ou d'éloge qu'ils portent les uns sur les autres.*

1. Certains traduisent : *qui te glorifies en Dieu.*
2. ou *des insensés.*

Juif, ni la marque visible dans la chair qui fait la circoncision, 29 mais c'est ce qui est caché qui fait le Juif, et la circoncision est celle du *coeur, celle qui relève de l'Esprit et non de la lettre[1]. Voilà l'homme qui reçoit sa louange non des hommes, mais de Dieu.

La désobéissance de tous les hommes

3 1 Quelle est donc la supériorité du *Juif ? Quelle est l'utilité de la *circoncision ? 2 Grande à tous égards ! Et d'abord, c'est à eux que les révélations[2] de Dieu ont été confiées. 3 Quoi donc ? Si certains furent infidèles, leur infidélité va-t-elle annuler la fidélité de Dieu ? 4 Certes non ! Dieu doit être reconnu véridique et tout homme menteur, selon qu'il est écrit : *Il faut que tu sois reconnu juste dans tes paroles, et que tu triomphes lorsqu'on te juge.* 5 Mais si notre injustice met en relief la justice de Dieu, que dire ? Dieu n'est-il pas injuste en nous frappant de sa colère ? Je parle selon la logique humaine. 6 Certes non ! Car alors, comment Dieu jugera-t-il le *monde ? 7 Mais si, par mon mensonge, la vérité de Dieu éclate d'autant plus pour sa gloire, pourquoi donc, moi, suis-je encore condamné comme *pécheur ? 8 Et alors, pourquoi ne ferions-nous pas le mal afin qu'il en résulte du bien, comme certains calomniateurs nous le font dire ? — Ces gens-là méritent leur

condamnation ! 9 Mais quoi ? Avons-nous encore, nous Juifs, quelque supériorité ? Absolument pas ! Car nous l'avons déjà établi : tous, Juifs comme Grecs, sont sous l'empire du péché. 10 Comme il est écrit :

Il n'y a pas de juste, pas même un seul.

11 *Il n'y a pas d'homme sensé, pas un qui cherche Dieu.*

12 *Ils sont tous dévoyés, ensemble pervertis,*
pas un qui fasse le bien, pas même un seul.

13 *Leur gosier est un sépulcre béant;*
de leur langue ils sèment la tromperie;
un venin d'aspic est sous leurs lèvres;

14 *leur bouche est pleine de malédictions et d'amertume;*

15 *leurs pieds sont prompts à verser le sang;*

16 *la ruine et le malheur sont sur leurs chemins;*

17 *et le chemin de la paix, ils ne le connaissent pas.*

18 *Nulle crainte de Dieu devant leurs yeux !*

19 Or, nous savons que tout ce que dit la *loi[1], elle le dit à ceux qui sont sous la loi, afin que toute bouche soit fermée et que le monde entier soit reconnu coupable devant Dieu. 20 Voilà pourquoi *personne ne sera justifié devant lui* par les œuvres de la loi ; la loi, en effet, ne donne que la connaissance du péché.

---

1. Comme au v. 27 il s'agit de la *loi* (de Moïse).
2. Autres traductions : *les oracles* ou *les paroles* (recueillies dans l'A. T.).

1. Comme en 1 Co 14.21 *la loi* est l'expression condensée qui désigne tout l'A. T. Au v. 21 même sens de l'expression *la loi et les prophètes*.

Justifiés par la foi

21 Mais maintenant, indépendamment de la *loi, la justice de Dieu a été manifestée; la loi et les *prophètes lui rendent témoignage. 22 C'est la justice de Dieu par la foi en Jésus Christ pour tous ceux qui croient, car il n'y a pas de différence : 23 tous ont péché, sont privés de la gloire de Dieu, 24 mais sont gratuitement justifiés par sa grâce, en vertu de la délivrance accomplie en Jésus Christ. 25 C'est lui que Dieu a destiné à servir d'expiation¹ par son *sang, par le moyen de la foi, pour montrer ce qu'était la justice, du fait qu'il avait laissé impunis les péchés d'autrefois, 26 au temps de sa patience. Il montre donc sa justice dans le temps présent, afin d'être juste et de justifier celui qui vit de la foi en Jésus. 27 Y a-t-il donc lieu de s'*enorgueillir ? C'est exclu ! Au nom de quoi ? Des oeuvres ? Nullement, mais au nom de la foi². 28 Nous estimons en effet que l'homme est justifié par la foi, indépendamment des oeuvres de la loi. 29 Ou alors, Dieu serait-il seulement le Dieu des Juifs ? N'est-il pas aussi le Dieu des *païens ? Si ! Il est aussi le Dieu des païens, 30 puisqu'il n'y a qu'un seul Dieu qui va justifier les *circoncis par la foi et les incirconcis par la foi. 31 Enlevons-nous par la foi toute valeur à la loi ? Bien au contraire, nous confirmons la loi !

Abraham, le père des croyants

4 1 Que dirons-nous donc d'Abraham notre ancêtre ? Qu'a-t-il obtenu selon la chair¹ ? 2 Si Abraham a été justifié par ses oeuvres, il a de quoi s'*enorgueillir, mais non devant Dieu. 3 En effet, que dit l'Ecriture ? *Abraham eut foi en Dieu et cela lui fut compté comme justice.* 4 Or, à celui qui accomplit des oeuvres, le salaire n'est pas compté comme une grâce, mais comme un dû. 5 Par contre, à celui qui n'accomplit pas d'oeuvres mais croit en celui qui justifie l'impie, sa foi est comptée comme justice. 6 C'est ainsi que David célèbre le bonheur de l'homme au compte duquel Dieu porte la justice indépendamment des oeuvres :

7 *Heureux ceux dont les offenses ont été pardonnées et les péchés remis²,*

8 *Heureux l'homme au compte de qui le Seigneur ne porte pas le péché.*

9 cette déclaration de bonheur ne concerne-t-elle donc que les *circoncis, ou également les incirconcis ? Nous disons en effet : *la foi d'Abraham lui fut comptée comme justice.* 10 Mais dans quelles conditions le fut-elle ? Avant, ou après sa circoncision ? Non pas après, mais avant ! 11 Puis le *signe de la circoncision lui fut donné comme sceau de la justice reçue par la foi lorsqu'il était incirconcis; ainsi devint-il à

---

1. ou *que Dieu a établi comme propitiatoire.* Selon Lv 16.2 et suiv. c'est sur le propitiatoire (couvercle de l'arche) qu'on pratiquait l'aspersion du sang au grand jour des *expiations* pour le pardon des péchés de tout le peuple.
2. Certains traduisent : *par la loi des oeuvres ? Nullement, mais par la loi de la foi.*

1. Autre texte : *Que dirons-nous donc d'Abraham, notre ancêtre selon la chair ?*
2. Ou *couverts*, c'est-à-dire *effacés.*

la fois père de tous les croyants incirconcis, pour que la justice leur fût comptée, 12 et père des circoncis, de ceux qui non seulement appartiennent au peuple des circoncis, mais marchent aussi sur les traces de la foi de notre père Abraham avant sa circoncision.

13 En effet, ce n'est pas en vertu de la *loi, mais en vertu de la justice de la foi[1] que la promesse de recevoir le monde en héritage fut faite à Abraham ou à sa descendance. 14 Si les héritiers le sont en vertu de la loi, la foi n'a plus de sens et la promesse est annulée. 15 Car la loi produit la colère; là où il n'y a pas de loi, il n'y a pas non plus de transgression. 16 Aussi est-ce par la foi qu'on devient héritier, afin que ce soit par grâce et que la promesse demeure valable pour toute la descendance d'Abraham, non seulement pour ceux qui se réclament de la loi, mais aussi pour ceux qui se réclament de la foi d'Abraham, notre père à tous. 17 En effet, il est écrit : *J'ai fait de toi le père d'un grand nombre de peuples.* Il est notre père[2] devant celui en qui il a cru, le Dieu qui fait vivre les morts et appelle à l'existence ce qui n'existe pas. 18 Espérant contre toute espérance, il crut et devint ainsi *le père d'un grand nombre de peuples* selon la parole : *Telle sera ta descendance.* 19 Il ne faiblit pas dans la foi en considérant son corps — il était presque centenaire — et le sein maternel de Sara, l'un et l'autre atteints par la mort[1]. 20 Devant la promesse divine, il ne succomba pas au doute, mais il fut fortifié par la foi et rendit gloire à Dieu, 21 pleinement convaincu que, ce qu'il a promis, Dieu a aussi la puissance de l'accomplir. 22 Voilà pourquoi *cela lui fut compté comme justice.* 23 Or, ce n'est pas pour lui seul qu'il est écrit : *Cela lui fut compté,* 24 mais pour nous aussi, nous à qui la foi sera comptée puisque nous croyons en celui qui a ressuscité d'entre les morts Jésus notre Seigneur, 25 livré pour nos fautes et ressuscité pour notre justification.

Justifiés, réconciliés, sauvés

5 1 Ainsi donc, justifiés par la foi, nous sommes en paix[2] avec Dieu par notre Seigneur Jésus Christ; 2 par lui nous avons accès, par la foi[3], à cette grâce en laquelle nous sommes établis et nous mettons notre *orgueil dans l'espérance de la gloire de Dieu. 3 Bien plus, nous mettons notre orgueil dans nos détresses mêmes, sachant que la détresse produit la persévérance, 4 la persévérance la fidélité éprouvée[4], la fidélité éprouvée l'espérance; 5 et l'espérance ne trompe pas, car l'amour de Dieu[5] a été répandu dans nos *coeurs par l'Esprit Saint qui nous a été donné. 6 Oui, quand nous étions encore sans

---

1. Expression condensée pour *la justice reçue par la foi.* Voir Rm 1.17 et note.

2. *il est notre père :* mots ajoutés pour la bonne compréhension du texte.

1. Devenus incapables de s'assurer une descendance.

2. Quelques manuscrits comportent *soyons en paix.*

3. Plusieurs manuscrits omettent les mots *par la foi.*

4. ou *la mise à l'épreuve* (au sens d'une vérification de la qualité).

5. Comme en 8.39 il s'agit de l'amour que Dieu a pour nous.

force, Christ, au temps fixé, est mort pour des impies. 7 C'est à peine si quelqu'un voudrait mourir pour un juste; peut-être pour un homme de bien accepterait-on de mourir. 8 Mais en ceci Dieu prouve son amour envers nous : Christ est mort pour nous alors que nous étions encore *pécheurs. 9 Et puisque maintenant nous sommes justifiés par son *sang, à plus forte raison serons-nous sauvés par lui de la colère. 10 Si en effet, quand nous étions ennemis de Dieu, nous avons été réconciliés avec lui par la mort de son Fils, à plus forte raison, réconciliés, serons-nous sauvés par sa vie. 11 Bien plus, nous mettons notre orgueil en Dieu par notre Seigneur Jésus Christ par qui, maintenant, nous avons reçu la réconciliation.

Adam et Jésus Christ

12 Voilà pourquoi, de même que par un seul homme le péché est entré dans le *monde et par le péché la mort, et qu'ainsi la mort a atteint tous les hommes parce que[1] tous ont péché ... 13 car[2], jusqu'à la *loi, le péché était dans le monde et, bien que le péché ne puisse être sanctionné quand il n'y a pas de loi, 14 pourtant, d'Adam à Moïse la mort a régné, même sur ceux qui n'avaient pas péché par une transgression identique à celle d'Adam, figure de celui qui devait venir[1].

15 Mais il n'en va pas du don de grâce comme de la faute; car, si par la faute d'un seul la multitude a subi la mort, à plus forte raison la grâce de Dieu, grâce accordée en un seul homme, Jésus Christ, s'est-elle répandue en abondance sur la multitude. 16 Et il n'en va pas non plus du don comme des suites du péché d'un seul : en effet, à partir du péché d'un seul, le jugement aboutit à la condamnation, tandis qu'à partir de nombreuses fautes, le don de grâce aboutit à la justification. 17 Car si par un seul homme, par la faute d'un seul, la mort a régné, à plus forte raison, par le seul Jésus Christ, régneront-ils dans la *vie ceux qui reçoivent l'abondance de la grâce et du don de la justice. 18 Bref, comme par la faute d'un seul ce fut pour tous les hommes la condamnation, ainsi par l'oeuvre de justice d'un seul, c'est pour tous les hommes la justification qui donne la vie. 19 De même en effet que, par la désobéissance d'un seul homme, la multitude a été rendue *pécheresse, de même aussi, par l'obéissance d'un seul, la multitude sera-t-elle rendue juste. 20 La loi, elle, est intervenue pour que prolifère la faute, mais là où le péché a proliféré, la grâce a surabondé, 21 afin que, comme le péché avait régné pour la mort, ainsi, par la justice, la grâce règne pour la vie éternelle par Jésus Christ notre Seigneur.

---

1. Autres traductions : 1) *à cause duquel* (c.-à-d. d'Adam) ... 2) *à cause de laquelle* ... ou *en vue de laquelle* (c.-à-d. de la mort) ...
2. La comparaison amorcée au v. 12 reste en suspens; elle sera reprise aux v. 15 et 18.

1. Le Christ.

Mourir et vivre avec Jésus Christ

6 1 Qu'est-ce à dire ? Nous faut-il demeurer dans le péché afin que la grâce abonde ? 2 Certes non ! Puisque nous sommes morts au péché, comment vivre encore dans le péché ? 3 Ou bien ignorez-vous que nous tous, baptisés en Jésus Christ, c'est dans sa mort que nous avons été baptisés ? 4 Par le baptême, en sa mort, nous avons donc été ensevelis avec lui, afin que, comme Christ est ressuscité des morts par la gloire du Père, nous menions nous aussi une *vie nouvelle. 5 Car si[1] nous avons été totalement unis, assimilés à sa mort[2], nous le serons aussi à sa résurrection. 6 Comprenons bien ceci : notre vieil homme a été crucifié avec lui pour que soit détruit ce corps de péché[3] et qu'ainsi nous ne soyons plus esclaves du péché. 7 Car celui qui est mort est libéré du péché. 8 Mais si nous sommes morts avec Christ, nous croyons que nous vivrons aussi avec lui. 9 Nous le savons en effet : ressuscité des morts, Christ ne meurt plus ; la mort sur lui n'a plus d'empire. 10 Car en mourant, c'est au péché qu'il est mort une fois pour toutes ; vivant, c'est pour Dieu qu'il vit. 11 De même vous aussi : considérez que vous êtes morts au péché et vivants pour Dieu en Jésus Christ.

12 Que le péché ne règne donc plus dans votre corps mortel pour vous faire obéir à ses convoitises. 13 Ne mettez plus vos membres au service du péché comme armes de l'injustice, mais, comme des vivants revenus d'entre les morts, avec vos membres comme armes de la justice, mettez-vous au service de Dieu. 14 Car le péché n'aura plus d'empire sur vous, puisque vous n'êtes plus sous la *loi mais sous la grâce.

Servir la justice

15 Quoi donc ? Allons-nous pécher parce que nous ne sommes plus sous la *loi mais sous la grâce ? Certes non ! 16 Ne savez-vous pas qu'en vous mettant au service de quelqu'un comme esclaves pour lui obéir, vous êtes esclaves de celui à qui vous obéissez, soit du péché qui conduit à la mort, soit de l'obéissance[1] qui conduit à la justice ? 17 Rendons grâce à Dieu : vous étiez esclaves du péché, mais vous avez obéi de tout votre coeur à l'enseignement commun auquel vous avez été confiés ; 18 libérés du péché, vous êtes devenus esclaves de la justice. 19 J'emploie des mots tout humains, adaptés à votre faiblesse. De même que vous avez mis vos membres comme esclaves au service de l'*impureté et du désordre qui conduisent à la révolte contre Dieu, mettez-les maintenant comme esclaves au service de la justice qui conduit à la *sanctification. 20 Lorsque vous étiez esclaves du péché, vous étiez libres à l'égard de la justice. 21 Quels

---

1. Comme au v. 8 le *si* est à comprendre au sens de *puisque*.
2. Autre traduction : *si nous sommes devenus un même être* (avec lui) *par une mort semblable à la sienne.*
3. Comme en Rm 12.1 le *corps* désigne ici l'être humain tout entier en tant qu'il agit par son corps.

1. Tournure condensée pour *Dieu à qui l'on obéit.*

fruits portiez-vous donc alors ? Aujourd'hui vous en avez honte, car leur aboutissement, c'est la mort. 22 Mais maintenant, libérés du péché et devenus esclaves de Dieu, vous portez les fruits qui conduisent à la sanctification, et leur aboutissement, c'est la *vie éternelle. 23 Car le salaire du péché, c'est la mort; mais le don gratuit de Dieu, c'est la vie éternelle en Jésus Christ notre Seigneur.

Le chrétien est libéré de la loi

7 1 Ou bien ignorez-vous, frères — je parle à des gens compétents en matière de loi[1] — que la loi n'a autorité sur l'homme qu'aussi longtemps qu'il vit ? 2 Ainsi, la femme mariée est liée par une loi à un homme tant qu'il vit; mais s'il vient à mourir, elle ne relève plus de la loi conjugale. 3 Donc, si du vivant de son mari elle appartient à un autre, elle sera appelée adultère; mais, si le mari vient à mourir, elle est libre à l'égard de la loi, en sorte qu'elle ne sera pas adultère en appartenant à un autre. 4 Vous de même, mes frères, vous avez été mis à mort à l'égard de la loi, par le corps du Christ, pour appartenir à un autre, le Ressuscité d'entre les morts, afin que nous portions des fruits pour Dieu. 5 En effet, quand nous étions dans la chair[2], les passions pécheresses, se servant de la loi, agissaient en nos membres, afin que nous portions des fruits pour la

---

1. Autre traduction : *je parle à des hommes connaissant la loi* (de Moïse).
2. Comme aux v. 18 et 25 le mot *chair* sert à désigner l'homme en tant qu'il est dominé et disqualifié par le péché.

mort. 6 Mais maintenant, morts à ce qui nous tenait captifs, nous avons été affranchis de la loi, de sorte que nous servons sous le régime nouveau de l'Esprit et non plus sous le régime périmé de la lettre[1].

Le rôle de la loi

7 Qu'est-ce à dire ? La *loi serait-elle péché ? Certes non ! Mais je n'ai connu le péché que par la loi. Ainsi je n'aurais pas connu la convoitise si la loi n'avait dit : *Tu ne convoiteras pas*. 8 Saisissant l'occasion, le péché a produit en moi toutes sortes de convoitises par le moyen du commandement. Car, sans loi, le péché est chose morte. 9 Jadis, en l'absence de loi, je vivais. Mais le commandement est venu, le péché a pris vie 10 et moi je suis mort : le commandement qui doit mener à la vie s'est trouvé pour moi mener à la mort. 11 Car le péché, saisissant l'occasion, m'a séduit par le moyen du commandement et, par lui, m'a donné la mort. 12 Ainsi donc, la loi est *sainte et le commandement saint, juste et bon.

Prisonnier de la loi du péché

13 Alors, ce qui est bon est-il devenu cause de mort pour moi ? Certes non ! Mais c'est le péché : en se servant de ce qui est bon, il m'a donné la mort, afin qu'il fût manifesté comme péché et qu'il apparût dans toute sa virulence de péché, par le moyen du commandement. 14 Nous savons, certes, que la *Loi est spirituelle;

---

1. Voir Rm 2.29 et note.

mais moi, je suis charnel, vendu comme esclave au péché. 15 Effectivement, je ne comprends rien à ce que je fais : ce que je veux, je ne le fais pas, mais ce que je hais, je le fais. 16 Or, si ce que je ne veux pas, je le fais, je suis d'accord avec la loi et reconnais qu'elle est bonne; 17 ce n'est donc pas moi qui agis ainsi, mais le péché qui habite en moi. 18 Car je sais qu'en moi — je veux dire dans ma chair[1] — le bien n'habite pas : vouloir le bien est à ma portée, mais non pas l'accomplir, 19 puisque le bien que je veux, je ne le fais pas et le mal que je ne veux pas, je le fais. 20 Or, si ce que je ne veux pas, je le fais, ce n'est pas moi qui agis, mais le péché qui habite en moi. 21 Moi qui veux faire le bien, je constate donc cette loi : c'est le mal qui est à ma portée. 22 Car je prends plaisir à la loi de Dieu, en tant qu'homme intérieur[2], 23 mais, dans mes membres, je découvre une autre loi qui combat contre la loi que ratifie mon intelligence; elle fait de moi le prisonnier de la loi du péché qui est dans mes membres. 24 Malheureux homme que je suis ! Qui me délivrera de ce corps qui appartient à la mort ? 25 Grâces soient rendues à Dieu par Jésus Christ, notre Seigneur !

Me voilà donc à la fois assujetti par l'intelligence à la loi de Dieu et par la chair à la loi du péché.

L'Esprit qui donne la vie

8 1 Il n'y a donc, maintenant, plus aucune condamnation pour ceux qui sont en Jésus Christ. 2 Car la *loi de l'Esprit qui donne la *vie en Jésus Christ m'a libéré[1] de la loi du péché et de la mort. 3 Ce qui était impossible à la loi, car la chair la vouait à l'impuissance, Dieu l'a fait : en envoyant son propre Fils dans la condition de notre chair de péché, en sacrifice pour le péché[2], il a condamné le péché dans la chair, 4 afin que la justice exigée par la loi[3] soit accomplie en nous, qui ne marchons pas sous l'empire de la chair mais de l'Esprit. 5 En effet, sous l'empire de la chair, on tend à ce qui est charnel, mais sous l'empire de l'Esprit, on tend à ce qui est spirituel ; 6 la chair tend à la mort, mais l'Esprit tend à la vie et à la paix. 7 Car le mouvement de la chair est révolte contre Dieu; elle ne se soumet pas à la loi de Dieu, elle ne le peut même pas. 8 Sous l'empire de la chair on ne peut plaire à Dieu. 9 Or vous, vous n'êtes pas sous l'empire de la chair mais de l'Esprit, puisque l'Esprit de Dieu[4] habite en vous. Si quelqu'un n'a pas l'Esprit du Christ, il ne lui appartient pas. 10 Si Christ est en vous, votre corps[5], il est vrai, est voué à la mort à cause du péché, mais l'Esprit est votre vie à cause de la justice. 11 Et si l'Esprit de celui qui a ressuscité Jésus d'entre les

---

1. Voir Rm 7.5 et note.
2. Expression empruntée au vocabulaire de la philosophie grecque. D'après le v. 23 elle désigne la partie rationnelle de l'homme.

1. Autres textes : *t'a libéré;* ou *nous a libérés.*
2. ou *au sujet du péché;* ou *en vue du péché* (à expier).
3. Comme en Rm 5.18 le terme *justice* exprime ici ce qui est conforme à la volonté de Dieu.
4. Autre traduction : *si vraiment l'Esprit de Dieu* ... Voir Rm 6.5 et note.
5. Voir Rm 6.6 et note.

morts habite en vous, celui qui a ressuscité Jésus Christ d'entre les morts donnera aussi la vie à vos corps mortels, par son Esprit qui habite en vous.

12 Ainsi donc, frères, nous avons une dette, mais non envers la chair pour devoir vivre de façon charnelle. 13 Car si vous vivez de façon charnelle, vous mourrez; mais si, par l'Esprit, vous faites mourir votre comportement charnel, vous vivrez. 14 En effet, ceux-là sont fils de Dieu qui sont conduits par l'Esprit de Dieu : 15 vous n'avez pas reçu un esprit qui vous rende esclaves et vous ramène à la peur, mais un Esprit qui fait de vous des fils adoptifs et par lequel nous crions : Abba[1], Père. 16 Cet Esprit lui-même atteste à notre esprit que nous sommes enfants de Dieu. 17 Enfants, et donc héritiers : héritiers de Dieu, cohéritiers de Christ, puisque, ayant part[2] à ses souffrances, nous aurons part aussi à sa gloire.

La gloire à venir

18 J'estime en effet que les souffrances du temps présent sont sans proportion avec la gloire qui doit être *révélée en nous. 19 Car la création attend avec impatience la révélation des fils de Dieu : 20 livrée au pouvoir du néant — non de son propre gré, mais par l'autorité de celui qui l'y a livrée —, elle garde l'espérance, 21 car elle aussi sera libé-

rée de l'esclavage de la corruption, pour avoir part à la liberté et à la gloire des enfants de Dieu. 22 Nous le savons en effet : la création tout entière gémit maintenant encore dans les douleurs de l'enfantement. 23 Elle n'est pas la seule : nous aussi, qui possédons les *prémices de l'Esprit, nous gémissons intérieurement, attendant l'adoption, la délivrance pour notre corps. 24 Car nous avons été sauvés, mais c'est en espérance. Or, voir ce qu'on espère n'est plus espérer : ce que l'on voit, comment l'espérer encore ? 25 Mais espérer ce que nous ne voyons pas, c'est l'attendre avec persévérance.

26 De même, l'Esprit aussi vient en aide à notre faiblesse, car nous ne savons pas prier comme il faut; mais l'Esprit lui-même intercède pour nous en gémissements inexprimables, 27 et celui qui scrute les *coeurs sait quelle est l'intention de l'Esprit : c'est selon Dieu en effet que l'Esprit intercède pour les *saints. 28 Nous savons d'autre part que tout[1] concourt au bien de ceux qui aiment Dieu, qui sont appelés selon son dessein. 29 Ceux que d'avance il a connus, il les a aussi prédestinés à être conformes à l'image de son Fils, afin que celui-ci soit le premier-né d'une multitude de frères; 30 ceux qu'il a prédestinés, il les a aussi appelés; ceux qu'il a appelés, il les a aussi justifiés; et ceux qu'il a justifiés, il les a aussi glorifiés.

---

1. *Abba* : en araméen : papa; expression particulière à Jésus quand il priait son père (Mc 14.36; cf. Ga 4.6).

2. Autre traduction : *si vraiment nous avons part.* Voir v. 9 et note.

1. Autre texte : *Dieu collabore en tout pour le bien avec ceux qui l'aiment.*

Hymne à l'amour de Dieu

31 Que dire de plus ? Si Dieu est pour nous, qui sera contre nous ? 32 Lui qui n'a pas épargné son propre Fils mais l'a livré pour nous tous, comment, avec son Fils, ne nous donnerait-il pas tout ? 33 Qui accusera les élus de Dieu[1] ? Dieu justifie ! 34 Qui condamnera ? Jésus Christ est mort, bien plus il est ressuscité, lui qui est à la droite de Dieu et qui intercède pour nous ! 35 Qui nous séparera de l'amour du Christ ? La détresse, l'angoisse, la persécution, la faim, le dénuement, le danger, le glaive ? 36 Selon qu'il est écrit : *A cause de toi nous sommes mis à mort tout le long du jour, nous avons été considérés comme des bêtes de boucherie.* 37 Mais en tout cela, nous sommes plus que vainqueurs par celui qui nous a aimés. 38 Oui, j'en ai l'assurance : ni la mort ni la vie, ni les *anges ni les dominations, ni le présent ni l'avenir, ni les puissances, 39 ni les forces des hauteurs ni celles des profondeurs, ni aucune autre créature, rien ne pourra nous séparer de l'amour de Dieu manifesté en Jésus Christ notre Seigneur.

Dieu et le peuple qu'il a choisi

9 1 En Christ je dis la vérité, je ne mens pas, par l'Esprit Saint ma conscience m'en rend témoignage : 2 j'ai au coeur une grande tristesse et une douleur incessante. 3 Oui, je souhaiterais être anathème[1], être moi-même séparé du Christ pour mes frères, ceux de ma race selon la chair, 4 eux qui sont les Israélites, à qui appartiennent l'adoption, la gloire, les *alliances, la *loi, le culte, les promesses 5 et les pères, eux enfin de qui, selon la chair, est issu le *Christ qui est au-dessus de tout, Dieu béni éternellement. *Amen.

6 Et pourtant la parole de Dieu n'a pas échoué : en effet, tous ceux qui sont de la postérité d'Israël ne sont pas d'Israël[2] 7 et, pour être la descendance d'Abraham, tous ne sont pas ses enfants. Non : *C'est la postérité d'Isaac qui sera appelée ta descendance.* 8 Ce qui signifie : ce ne sont pas les enfants de la chair qui sont enfants de Dieu; comme descendance, seuls les enfants de la promesse entrent en ligne de compte. 9 Car c'était une promesse que cette parole : *À pareille époque je reviendrai et Sara aura un fils.* 10 Et ce n'est pas tout; il y a aussi Rébecca. C'est du seul Isaac, notre père, qu'elle avait conçu; 11 et pourtant, ses enfants n'étaient pas encore nés et n'avaient donc fait ni bien ni mal que déjà — pour que se perpétue le dessein de Dieu, dessein qui procède par libre choix 12 et ne dépend pas des oeuvres mais de celui qui appelle — il lui fut dit : *L'aîné sera soumis au plus jeune,*

---

1. Voir 16.13 et Col 3.12; ici le terme est sensiblement équivalent à *saints* (voir Rm 1.7 et note).

1. Terme emprunté à l'A. T.; il signifie ici exclu de la communauté et maudit ... Voir 1 Co 16.22 et note.
2. Dans ce même verset *Israël* désigne successivement Jacob (Gn 32.29) et le vrai peuple de Dieu (voir Ga 6.16).

13 selon qu'il est écrit : *J'ai aimé Jacob et j'ai haï Esaü*[1].

14 Qu'est-ce à dire ? Y aurait-il de l'injustice en Dieu ? Certes non ! 15 Il dit en effet à Moïse : *Je ferai miséricorde à qui je veux faire miséricorde et je prendrai pitié de qui je veux prendre pitié.* 16 Cela ne dépend donc pas de la volonté ni des efforts de l'homme, mais de la miséricorde de Dieu. 17 C'est ainsi que l'Ecriture dit au *Pharaon : *Je t'ai suscité précisément pour montrer en toi ma puissance et pour que mon *nom soit proclamé par toute la terre.* 18 Ainsi donc il fait miséricorde à qui il veut et il endurcit qui il veut.

Souveraine liberté de Dieu

19 Mais alors, diras-tu, de quoi se plaint-il encore ? Car enfin, qui résisterait à sa volonté ? 20 — Qui es-tu donc, homme, pour entrer en contestation avec Dieu ? *L'ouvrage va-t-il dire à l'ouvrier :* Pourquoi m'as-tu fait ainsi ? 21 Le potier n'est-il pas maître de son argile pour faire, de la même pâte, tel vase d'usage noble, tel autre d'usage vulgaire ? 22 Si donc Dieu, voulant montrer sa colère et faire connaître sa puissance, a supporté avec beaucoup de patience des vases de colère[2] tout prêts pour la perdition, 23 et ceci afin de faire connaître la richesse de sa gloire envers des vases de miséricorde que, d'avance, il a préparés pour la gloire, 24 nous qu'il a appelés non seulement d'entre les Juifs mais encore d'entre les païens ... 25 c'est bien ce qu'il dit dans Osée : *Celui qui n'était pas mon peuple, je l'appellerai Mon Peuple et celle qui n'était pas la bien-aimée, je l'appellerai Bien-Aimée;* 26 *et là même où il leur avait été dit :* « *Vous n'êtes pas mon peuple* », *ils seront appelés fils du Dieu vivant.* 27 Esaïe, de son côté, s'écrie au sujet d'Israël : *Quand bien même le nombre des fils d'Israël serait comme le sable de la mer, c'est le reste qui sera sauvé;* 28 *car le Seigneur accomplira pleinement et promptement sa parole sur la terre.* 29 C'est encore ce qu'avait prédit Esaïe : *Si le Seigneur des armées ne vous avait laissé une descendance, nous serions devenus comme Sodome, semblables à Gomorrhe.*

30 Que conclure ? Ceci : des *païens qui ne recherchaient pas la justice l'ont reçue — j'entends la justice qui vient de la foi — 31 tandis qu'Israël qui recherchait une *loi pouvant procurer la justice est passé à côté de la loi. 32 Pourquoi ? Parce que cette justice, ils ne l'attendaient pas de la foi, mais pensaient l'obtenir des oeuvres. Ils ont buté contre la pierre d'achoppement, 33 selon qu'il est écrit : *Voici que je pose en *Sion une pierre d'achoppement, un roc qui fait tomber; mais celui qui croit en lui ne sera pas confondu.*

---

1. Tournure sémitique qu'on rencontre aussi en Lc 14.26; elle équivaut à *j'ai choisi Jacob plutôt qu'Esaü.*
2. Comme en hébreu le terme *vase* s'entend aussi au sens large d'*instrument* ou d'*objet* (cf. Ac 9.15 : un « vase d'élection »).

Juifs et païens ont le même Seigneur

10 1 Frères, le voeu de mon *coeur et ma prière à Dieu pour eux[1], c'est qu'ils parviennent au salut. 2 Car, j'en suis témoin, ils ont du zèle pour Dieu, mais c'est un zèle que n'éclaire pas la connaissance : 3 en méconnaissant la justice qui vient de Dieu et en cherchant à établir la leur propre, ils ne se sont pas soumis à la justice de Dieu. 4 Car la fin[2] de la *loi, c'est Christ, pour que soit donnée la justice à tout homme qui croit.

5 Moïse lui-même écrit de la justice qui vient de la loi : *L'homme qui l'accomplira vivra par elle.* 6 Mais la justice qui vient de la foi parle ainsi : *Ne dis pas dans ton coeur : Qui montera au *ciel ?* Ce serait en faire descendre Christ; 7 ni : *Qui descendra dans l'abîme ?* Ce serait faire remonter Christ d'entre les morts. 8 Que dit-elle donc ? *Tout près de toi est la parole, dans ta bouche et dans ton coeur.* Cette parole, c'est la parole de la foi que nous proclamons. 9 Si, de ta bouche, tu confesses que Jésus est Seigneur et si, dans ton coeur, tu crois que Dieu l'a ressuscité des morts, tu seras sauvé. 10 En effet, croire dans son coeur conduit à la justice et confesser de sa bouche conduit au salut. 11 Car l'Ecriture dit : *Quiconque croit en lui ne sera pas confondu.* 12 Ainsi, il n'y a pas de différence entre *Juif et Grec : tous ont le même Seigneur, riche envers tous ceux qui l'invoquent. 13 En effet, *quiconque invoquera le *nom du Seigneur sera sauvé.*

Mais tous n'ont pas obéi

14 Or, comment l'invoqueraient-ils, sans avoir cru en lui ? Et comment croiraient-ils en lui, sans l'avoir entendu ? Et comment l'entendraient-ils, si personne ne le proclame ? 15 Et comment le proclamer, sans être envoyé ? Aussi est-il écrit : *Qu'ils sont beaux les pieds de ceux qui annoncent de bonnes nouvelles !* 16 Mais tous n'ont pas obéi à l'*Evangile. Esaïe dit en effet : *Seigneur, qui a cru à notre prédication ?* 17 Ainsi la foi vient de la prédication[1] et la prédication, c'est l'annonce de la parole du Christ. 18 Je demande alors : N'auraient-ils pas entendu[2] ? Mais si ! *Par toute la terre a retenti leur voix*[3] et jusqu'aux extrémités du monde leurs paroles. 19 Je demande alors : Israël n'aurait-il pas compris ? Déjà Moïse dit : *Je vous rendrai jaloux de ce qui n'est pas une nation; contre une nation intelligente j'exciterai votre dépit.* 20 Esaïe, lui, va jusqu'à dire : *J'ai été trouvé par ceux qui ne me cherchaient pas, je me suis révélé à ceux qui ne me demandaient rien.* 21 Mais au sujet d'Israël, il dit : *Tout le jour j'ai*

---

1. les Israélites (voir 9.31-32).
2. Le terme grec exprime à la fois le *but*, le *terme* et l'*accomplissement*.

1. Ou de ce que l'on entend; jeu de mots voulu, en grec, entre *akoè* (ce qu'on entend) et *hypakoè* (v. 16, obéissance).
2. Il s'agit des Israélites.
3. La voix des messagers de Dieu.

tendu les mains vers un peuple indocile et rebelle.

perdre la vue; fais-leur sans cesse courber le dos.

Dieu n'a pas rejeté son peuple

11 1 Je demande donc : Dieu aurait-il rejeté son peuple ? Certes non ! Car je suis moi-même Israélite, de la descendance d'Abraham, de la tribu de Benjamin. 2 *Dieu n'a pas rejeté son peuple*, que d'avance il a connu. Ou bien ne savez-vous pas ce que dit l'Ecriture, dans le passage où Elie se plaint d'Israël à Dieu : 3 Seigneur, *ils ont tué tes *prophètes, démoli tes *autels; moi seul je suis resté et ils en veulent à ma vie !* 4 Mais que lui répond Dieu ? *Je me suis réservé 7.000 hommes, ceux qui n'ont pas fléchi le genou devant Baal*[1]. 5 De même, dans le temps présent, il y a aussi un reste, selon le libre choix de la grâce. 6 Mais si c'est par grâce, ce n'est donc pas en raison des oeuvres, autrement la grâce n'est plus grâce[2]. 7 Qu'est-ce à dire ? Ce qu'Israël recherche, il ne l'a pas atteint; mais les élus l'ont atteint. Quant aux autres, ils ont été endurcis, 8 selon qu'il est écrit : *Dieu leur a donné un esprit de torpeur, des yeux pour ne pas voir, des oreilles pour ne pas entendre, jusqu'à ce jour.* 9 David dit aussi : *Que leur table leur soit un piège*, un filet, *une cause de chute et un juste châtiment !* 10 *Que leurs yeux s'enténèbrent jusqu'à*

Juifs et païens devant le plan de Dieu

11 Je demande donc : est-ce pour une chute définitive qu'ils ont trébuché ? Certes non ! Mais grâce à leur faute, les *païens ont accédé au salut, pour exciter la jalousie d'Israël. 12 Or, si leur faute a fait la richesse du *monde, et leur déchéance la richesse des païens, que ne fera pas leur totale participation au salut ?

13 Je vous le dis donc, à vous les païens : dans la mesure même où je suis, moi, *apôtre des païens, je manifeste la gloire de mon *ministère, 14 dans l'espoir d'exciter la jalousie de ceux de mon sang et d'en sauver quelques-uns. 15 Si, en effet, leur mise à l'écart a été la réconciliation du monde, que sera leur réintégration, sinon le passage de la mort à la *vie ?

16 Or, si les *prémices sont *saintes, toute la pâte l'est aussi : et si la racine est sainte, les branches le sont aussi. 17 Mais si quelques-unes des branches ont été coupées, tandis que toi, olivier sauvage, tu as été greffé parmi les branches restantes de l'olivier pour avoir part avec elles à la richesse de la racine, 18 ne va pas faire le fier aux dépens des branches. Tu peux bien faire le fier[1] ! Ce n'est pas toi qui portes la racine, mais c'est la racine qui te porte. 19 Tu diras sans doute : des branches ont été coupées pour que moi je sois greffé. 20 Fort bien. Elles ont été coupées à

---

1. *Baal* : divinité cananéenne de la fertilité, à laquelle les anciens Israélites ont été souvent tentés de rendre un culte.

2. *Certains manuscrits ajoutent* : et si c'est par les oeuvres, ce n'est plus une grâce, autrement l'oeuvre n'est plus une oeuvre.

1. *Autre texte* : si tu t'enorgueillis ...

cause de leur infidélité, et toi,
c'est par la foi que tu tiens. Ne
t'enorgueillis pas, crains plutôt.
21 Car, si Dieu n'a pas épargné les
branches naturelles, il ne t'épar-
gnera pas non plus[1]. 22 Considère
donc la bonté et la sévérité de
Dieu : sévérité envers ceux qui
sont tombés, bonté envers toi,
pourvu que tu demeures en cette
bonté, autrement tu seras retranché toi aussi. 23 Quant à eux, s'ils
ne demeurent pas dans l'infidélité, ils seront greffés, eux aussi;
car Dieu a le pouvoir de les gref-
fer de nouveau. 24 Si toi, en effet,
retranché de l'olivier sauvage auquel tu appartenais par nature, tu
as été, contrairement à ta nature,
greffé sur l'olivier franc, combien
plus ceux-ci seront-ils greffés sur
leur propre olivier auquel ils appartiennent par nature !

Tout Israël sera sauvé

25 Car je ne veux pas, frères,
que vous ignoriez ce *mystère, de
peur que vous ne vous preniez
pour des sages : l'endurcissement
d'une partie d'Israël durera jusqu'à ce que soit entré l'ensemble
des *païens. 26 Et ainsi tout Israël
sera sauvé, comme il est écrit : *de
*Sion viendra le libérateur, il
écartera de Jacob les impiétés.
27 Et voilà quelle sera mon *alliance avec eux, quand j'enlèverai
leurs péchés.* 28 Par rapport à
l'*Evangile, les voilà ennemis, et
c'est en votre faveur; mais du
point de vue de l'élection, ils sont
aimés, et c'est à cause des pères.
29 Car les dons et l'appel de Dieu
sont irrévocables. 30 Jadis en ef-

fet, vous avez désobéi à Dieu et
maintenant, par suite de leur désobéissance, vous avez obtenu miséricorde; 31 de même eux aussi
ont désobéi maintenant afin que,
par suite de la miséricorde exer-
cée envers vous, ils obtiennent
alors miséricorde à leur tour.
32 Car Dieu a enfermé tous les
hommes dans la désobéissance
pour faire à tous miséricorde.

33 O profondeur de la richesse,
de la sagesse et de la science de
Dieu ! Que ses jugements sont in-
sondables et ses voies impénétra-
bles ! 34 *Qui en effet a connu la
pensée du Seigneur ? Ou bien qui
a été son conseiller ? 35 Ou encore
qui lui a donné le premier, pour
devoir être payé en retour ?*
36 Car tout est de lui, et par lui, et
pour lui. À lui la gloire éternellement ! *Amen.

Le culte spirituel

12 1 Je vous exhorte donc,
frères, au nom de la miséricorde de Dieu, à vous offrir
vous-mêmes[1] en *sacrifice vivant,
*saint et agréable à Dieu : ce sera
là votre culte spirituel[2]. 2 Ne vous
conformez pas au monde présent,
mais soyez transformés par le renouvellement de votre intelligence, pour discerner quelle est la
volonté de Dieu : ce qui est bien,
ce qui lui est agréable, ce qui est
parfait.

---

1. Autre texte : *prends garde qu'il ne t'épargne
pas non plus.*

1. Ou *offrir vos corps.* Voir Rm 6.6 et note.
2. Ou *logique,* ou *raisonnable.* L'adjectif utilisé
ici a souvent servi, chez des auteurs juifs ou grecs,
à désigner le culte véritable, engageant l'homme
tout entier, par opposition à un culte extérieur et
formel (pour l'idée voir Os 6.6; pour le terme
lui-même 1 P 2.2).

La vie nouvelle

3 Au nom de la grâce qui m'a été donnée, je dis à chacun d'entre vous : n'ayez pas de prétentions au-delà de ce qui est raisonnable, soyez assez raisonnables pour n'être pas prétentieux[1], chacun selon la mesure de foi que Dieu lui a donnée en partage. 4 En effet, comme nous avons plusieurs membres en un seul corps et que ces membres n'ont pas tous la même fonction, 5 ainsi, à plusieurs, nous sommes un seul corps en Christ, étant tous membres les uns des autres, chacun pour sa part. 6 Et nous avons des dons qui diffèrent selon la grâce qui nous a été accordée. Est-ce le don de *prophétie ? Qu'on l'exerce en accord avec la foi. 7 L'un a-t-il le don du *service ? Qu'il serve. L'autre celui d'enseigner ? Qu'il enseigne. 8 Tel autre celui d'exhorter ? Qu'il exhorte. Que celui qui donne le fasse sans calcul[2], celui qui préside, avec zèle, celui qui exerce la miséricorde, avec joie. 9 Que l'amour soit sincère. Fuyez le mal avec horreur, attachez-vous au bien. 10 Que l'amour fraternel vous lie d'une mutuelle affection; rivalisez d'estime réciproque. 11 D'un zèle sans nonchalance, d'un esprit fervent, servez le Seigneur. 12 Soyez joyeux dans l'espérance, patients dans la détresse, persévérants dans la prière. 13 Soyez solidaires des saints[3]

dans le besoin, exercez l'hospitalité avec empressement. 14 Bénissez ceux qui vous persécutent; bénissez et ne maudissez pas. 15 Réjouissez-vous avec ceux qui sont dans la joie, pleurez avec ceux qui pleurent. 16 Soyez bien d'accord entre vous; n'ayez pas le goût des grandeurs, mais laissez-vous attirer par ce qui est humble. *Ne vous prenez pas pour des sages.* 17 Ne rendez à personne le mal pour le mal; *ayez à cœur de faire le bien devant tous les hommes.* 18 S'il est possible, pour autant que cela dépend de vous, vivez en paix avec tous les hommes. 19 Ne vous vengez pas vous-mêmes, mes bien-aimés, mais laissez agir la colère de Dieu, car il est écrit : *À moi la vengeance, c'est moi qui rétribuerai,* dit le Seigneur. 20 Mais *si ton ennemi a faim, donne-lui à manger, s'il a soif, donne-lui à boire, car, ce faisant, tu amasseras des charbons ardents sur sa tête.* 21 Ne te laisse pas vaincre par le mal, mais sois vainqueur du mal par le bien.

Le chrétien et les autorités

13 1 Que tout homme soit soumis aux autorités qui exercent le pouvoir, car il n'y a d'autorité que par Dieu et celles qui existent sont établies par lui. 2 Ainsi, celui qui s'oppose à l'autorité se rebelle contre i'ordre voulu par Dieu, et les rebelles attireront la condamnation sur eux-mêmes. 3 En effet, les magistrats ne sont pas à craindre quand on fait le bien, mais quand on fait le mal. Veux-tu ne pas avoir à craindre l'autorité ? Fais le bien et tu recevras ses éloges, 4 car elle

---

1. Le grec offre ici un quadruple jeu de mots sur des termes de même racine; nous les avons rendus par *prétention, raisonnable : raisonnables, pas prétentieux.*

2. ou *sans arrière-pensée.* Le terme grec employé ici désigne ce qui est sans mélange, pur; cf. Mt 6.22.

3. Les *saints :* voir Rm 1.7 et note.

est au service de Dieu pour t'inciter au bien. Mais si tu fais le mal, alors crains. Car ce n'est pas en vain qu'elle porte le glaive : en punissant, elle est au service de Dieu pour manifester sa colère envers le malfaiteur. 5 C'est pourquoi il est nécessaire de se soumettre, non seulement par crainte de la colère, mais encore par motif de conscience. 6 C'est encore la raison pour laquelle vous payez des impôts : ceux qui les perçoivent sont chargés par Dieu de s'appliquer à cet office. 7 Rendez à chacun ce qui lui est dû : l'impôt, les taxes, la crainte, le respect, à chacun ce que vous lui devez.

L'amour mutuel

8 N'ayez aucune dette envers qui que ce soit, sinon celle de vous aimer les uns les autres; car celui qui aime son prochain a pleinement accompli la *loi. 9 En effet, les commandements : *Tu ne commettras pas d'adultère, tu ne tueras pas, tu ne voleras pas, tu ne convoiteras pas,* ainsi que tous les autres, se résument dans cette parole : *Tu aimeras ton prochain comme toi-même.* 10 L'amour ne fait aucun tort au prochain; l'amour est donc le plein accomplissement de la loi.

Voici l'heure de sortir de votre sommeil

11 D'autant que vous savez en quel temps nous sommes : voici l'heure de sortir de votre sommeil[1]; aujourd'hui, en effet, le salut est plus près de nous qu'au

moment où nous avons cru. 12 La nuit est avancée, le *jour est tout proche. Rejetons donc les oeuvres des ténèbres et revêtons les armes de la lumière. 13 Conduisons-nous honnêtement, comme en plein jour, sans ripailles ni beuveries, sans coucheries ni débauches, sans querelles ni jalousies. 14 Mais revêtez le Seigneur Jésus Christ et ne vous abandonnez pas aux préoccupations de la chair pour en satisfaire les convoitises.

Les forts et les faibles

14 1 Accueillez celui qui est faible dans la foi, sans critiquer ses scrupules[1]. 2 La foi de l'un lui permet de manger de tout, tandis que l'autre, par faiblesse, ne mange que des légumes. 3 Que celui qui mange[2] ne méprise pas celui qui ne mange pas et que celui qui ne mange pas ne juge pas celui qui mange, car Dieu l'a accueilli. 4 Qui es-tu pour juger un serviteur qui ne t'appartient pas[3] ? Qu'il tienne bon ou qu'il tombe, cela regarde son propre maître. Et il tiendra bon, car le Seigneur a le pouvoir de le faire tenir. 5 Pour l'un, il y a des différences entre les jours[4]; pour l'autre, ils se valent tous. Que chacun, en son jugement personnel, soit animé d'une pleine conviction. 6 Celui qui tient compte des jours le fait pour le Seigneur; celui qui mange de tout le fait pour le Seigneur; en effet, il rend grâce à Dieu. Et celui qui ne mange pas

---

1. Autre texte : *notre sommeil.*

1. Autres traductions possibles : *sans discuter les opinions;* ou *sans vouloir juger des opinions.*
2. Sous-entendu : *de tout.*
3. Ou *le serviteur d'un autre* (c'est-à-dire de Dieu).
4. Paul fait allusion à des pratiques judaïsantes.

de tout le fait pour le Seigneur, et il rend grâce à Dieu. 7 En effet, aucun de nous ne vit pour soi-même et personne ne meurt pour soi-même. 8 Car, si nous vivons, nous vivons pour le Seigneur; si nous mourons, nous mourons pour le Seigneur : soit que nous vivions, soit que nous mourions, nous sommes au Seigneur. 9 Car c'est pour être seigneur des morts et des vivants que Christ est mort et qu'il a repris vie. 10 Mais toi, pourquoi juges-tu ton frère ? Et toi, pourquoi méprises-tu ton frère ? Tous, en effet, nous comparaîtrons devant le tribunal de Dieu. 11 Car il est écrit : *Aussi vrai que je vis, dit le Seigneur, tout genou fléchira devant moi et toute langue rendra gloire à Dieu.* 12 Ainsi, chacun de nous rendra compte à Dieu pour soi-même.

13 Cessons donc de nous juger les uns les autres. Jugez plutôt qu'il ne faut pas être pour un frère cause de chute ou de scandale. 14 Je le sais, j'en suis convaincu par le Seigneur Jésus : rien n'est *impur en soi. Mais une chose est impure pour celui qui la considère comme telle. 15 Si, en prenant telle nourriture, tu attristes ton frère, tu ne marches plus selon l'amour. Garde-toi, pour une question de nourriture, de faire périr celui pour lequel Christ est mort. 16 Que votre privilège[1] ne puisse être discrédité. 17 Car le *règne de Dieu n'est pas affaire de nourriture ou de boisson; il est justice, paix et joie dans l'Esprit Saint. 18 C'est en servant le Christ de cette manière

qu'on est agréable à Dieu et estimé des hommes. 19 Recherchons donc ce qui convient à la paix et à l'édification mutuelle. 20 Pour une question de nourriture, ne détruis pas l'oeuvre de Dieu. Tout est *pur, certes, mais il est mal de manger quelque chose lorsqu'on est ainsi cause de chute. 21 Ce qui est bien, c'est de ne pas manger de viande, de ne pas boire de vin, rien qui puisse faire tomber ton frère. 22 Garde pour toi, devant Dieu, la conviction que la foi te donne. Heureux celui qui ne se condamne pas lui-même en exerçant son discernement. 23 Mais celui qui mange, alors qu'il a des doutes, est condamné, parce que son comportement ne procède pas d'une conviction de foi. Or, tout ce qui ne procède pas d'une conviction de foi est péché.

15 1 Mais c'est un devoir pour nous, les forts, de porter l'infirmité des faibles et de ne pas rechercher ce qui nous plaît. 2 Que chacun de nous cherche à plaire à son prochain en vue du bien, pour édifier. 3 Le Christ, en effet, n'a pas recherché ce qui lui plaisait mais, comme il est écrit, *les insultes de tes insulteurs sont tombées sur moi.* 4 Or, tout ce qui a été écrit jadis l'a été pour notre instruction, afin que, par la persévérance et la consolation apportées par les Ecritures, nous possédions l'espérance. 5 Que le Dieu de la persévérance et de la consolation vous donne d'être bien d'accord entre vous, comme le veut Jésus Christ, 6 afin que, d'un même coeur et d'une seule voix, vous rendiez gloire à Dieu, le Père de notre Seigneur Jésus Christ.

---

1. Ou *que votre bien* ... (autre texte *notre privilège,* ou *notre bien* ...).

L'accueil fraternel

7 Accueillez-vous donc les uns les autres, comme le Christ vous a accueillis, pour la gloire de Dieu. 8 Je l'affirme en effet, c'est au nom de la fidélité de Dieu que Christ s'est fait serviteur des *circoncis, pour accomplir les promesses faites aux pères; 9 quant aux païens, ils glorifient Dieu pour sa miséricorde, selon qu'il est écrit : *C'est pourquoi je te célébrerai parmi les nations païennes, et je chanterai en l'honneur de ton *nom.* 10 Il est dit encore : *Nations, réjouissez-vous avec son peuple.* 11 Et encore : *nations, louez toutes le Seigneur, et que tous les peuples l'acclament.* 12 Esaïe dit encore : *Il paraîtra, le rejeton de Jessé[1], celui qui se lève[2] pour commander aux Nations. En lui les Nations mettront leur espérance.* 13 Que le Dieu de l'espérance vous comble de joie et de paix dans la foi, afin que vous débordiez d'espérance par la puissance de l'Esprit Saint.

Le service de Paul auprès des païens

14 En ce qui vous concerne, mes frères, je suis personnellement convaincu que vous êtes vous-mêmes pleins de bonnes dispositions, comblés d'une parfaite connaissance et capables de vous avertir mutuellement. 15 Cependant, pour raviver vos souvenirs, je vous ai écrit par endroits avec une certaine hardiesse, en vertu de la grâce que Dieu m'a donnée 16 d'être un officiant de Jésus Christ auprès des *païens, consacré au ministère de l'*Evangile de Dieu, afin que les païens deviennent une offrande qui, sanctifiée par l'Esprit Saint, soit agréable à Dieu[1]. 17 J'ai donc lieu de m'*enorgueillir en Jésus Christ, au sujet de l'oeuvre de Dieu. 18 Car je n'oserais rien mentionner, sinon ce que Christ a fait par moi pour conduire les païens à l'obéissance[2], par la parole et par l'action, 19 par la puissance des *signes et des prodiges, par la puissance de l'Esprit. Ainsi, depuis Jérusalem, en rayonnant jusqu'à l'Illyrie[3], j'ai pleinement assuré l'annonce de l'Evangile du Christ. 20 Mais je me suis fait un point d'honneur de n'annoncer l'Evangile que là où le *nom de Christ n'avait pas encore été prononcé, pour ne pas bâtir sur les fondations qu'un autre avait posées. 21 Ainsi je me conforme à ce qui est écrit : *Ils verront, ceux à qui on ne l'avait pas annoncé, et ceux qui n'en avaient pas entendu parler comprendront.*

Projets de Paul

22 Et c'est bien ce qui, à maintes reprises, m'a empêché d'aller chez vous. 23 Mais maintenant, comme je n'ai plus de champ d'action dans ces contrées et que, depuis bien des années, j'ai un vif désir d'aller chez vous,

---

1. Selon Rt 4.17; 1 S 16.1, 11-13 *le rejeton de Jessé* est David. Dans la prophétie d'Es 11.10 citée ici, il s'agit du *nouveau David,* c'est-à-dire du Messie attendu.
2. Le verbe grec peut signifier aussi *ressusciter.*

1. Ou *soit agréé* (par Dieu).
2. Voir Rm 1.5 et note; 16.26.
3. Province romaine correspondant à peu près à l'actuelle Yougoslavie.

24 quand j'irai en Espagne[1] ... J'espère en effet vous voir lors de mon passage et recevoir votre aide pour m'y rendre après avoir été d'abord comblé, ne fût-ce qu'un peu, par votre présence. 25 Mais maintenant je vais à Jérusalem pour le service des saints[2] : 26 car la Macédoine[3] et l'Achaïe[4] ont décidé de manifester leur solidarité à l'égard des saints de Jérusalem qui sont dans la pauvreté. 27 Oui, elles l'ont décidé et elles le leur devaient. Car si les *païens ont participé à leurs biens spirituels, ils doivent subvenir également à leurs besoins matériels. 28 Quand donc j'aurai terminé cette affaire et leur aurai remis officiellement le produit de cette collecte, j'irai en Espagne en passant chez vous. 29 Et je sais qu'en allant chez vous, c'est avec la pleine bénédiction de Christ que je viendrai.

30 Mais je vous exhorte, frères, par notre Seigneur Jésus Christ et par l'amour de l'Esprit, à combattre avec moi par les prières que vous adressez à Dieu pour moi, 31 afin que j'échappe aux incrédules de Judée et que le secours que j'apporte à Jérusalem soit bien accueilli par les saints. 32 Ainsi pourrai-je arriver chez vous dans la joie et, par la volonté de Dieu, prendre avec vous quelque repos. 33 Que le Dieu de la paix soit avec vous tous ! Amen.

Salutations personnelles

16 1 Je vous recommande Phoebé, notre sœur, diaconesse[1] de l'église de Cenchrées[2]. 2 Accueillez-la dans le Seigneur d'une manière digne des saints[3], aidez-la en toute affaire où elle aurait besoin de vous. Car elle a été une protectrice pour bien des gens et pour moi-même.

3 Saluez[4] Prisca et Aquilas, mes collaborateurs en Jésus Christ : 4 pour me sauver la vie ils ont risqué leur tête ; je ne suis pas seul à leur être reconnaissant, toutes les églises du monde *païen le sont aussi. 5 Saluez également l'église qui se réunit chez eux. Saluez mon cher Epénète, *prémices de l'Asie[5] pour le Christ. 6 Saluez Marie, qui s'est donné beaucoup de peine pour vous. 7 Saluez Andronicus et Junias, mes parents[6] Ce sont des *apôtres éminents et ils ont même appartenu au Christ avant moi. 8 Saluez Ampliatus, qui m'est cher dans le Seigneur. 9 Saluez Urbain, notre collaborateur en Christ, et mon cher Stachys. 10 Saluez Apelles, qui a fait ses preuves en Christ. Saluez ceux de la maison d'Aristobule. 11 Saluez Hérodion, mon parent. Saluez ceux de la maison de Narcisse qui sont dans le Seigneur. 12 Saluez Tryphène et Tryphose,

---

1. La phrase reste inachevée.
2. Voir Rm 1.7 et note. Comme en 1 Co 6.1 et 2 Co 8.4 ; 9.12 le terme est appliqué plus particulièrement aux membres de l'Eglise de Jérusalem.
3. Voir 2 Co 1.16 et note.
4. Voir 2 Co 1.1 et note.

1. Ou *qui sert l'église de Cenchrées.*
2. *Cenchrées* Voir Ac 18.18 et note.
3. Voir note sur 15.25.
4. Les noms de ces chrétiens salués par l'apôtre révèlent une extrême diversité d'origines (grecs, romains, juifs) ou de conditions sociales (personnages de haut rang, esclaves ou anciens esclaves).
5. Voir 2 Co 1.8 et note.
6. Le même terme signifie aussi famille, tribu, peuple, race. On peut donc comprendre ici cette parenté au sens large. Voir Rm 9.3 ; 16.11, 21.

qui se sont donné de la peine dans le Seigneur. Saluez ma chère Persis, qui s'est donné beaucoup de peine dans le Seigneur. 13 Saluez Rufus, l'élu dans le Seigneur et sa mère, qui est aussi la mienne. 14 Saluez Asyncrite, Phlégon, Hermès, Patrobas, Hermas et les frères qui sont avec eux. 15 Saluez Philologue et Julie, Nérée et sa soeur, Olympas et tous les *saints qui sont avec eux. 16 Saluez-vous les uns les autres d'un saint baiser. Toutes les églises du Christ vous saluent.

17 Je vous exhorte, frères, à vous garder de ceux qui suscitent divisions et scandales en s'écartant de l'enseignement que vous avez reçu; éloignez-vous d'eux. 18 Car ces gens-là ne servent pas le Christ notre Seigneur, mais leur ventre, et, par leurs belles paroles et leurs discours flatteurs, séduisent les *coeurs simples. 19 Votre obéissance, en effet, est bien connue de tous. Je me réjouis donc à votre sujet, mais je veux que vous soyez avisés pour le bien et sans compromission avec le mal. 20 Le Dieu de la paix écrasera bientôt *Satan sous vos pieds. Que la grâce de notre Seigneur Jésus soit avec vous !

21 Timothée, mon collaborateur, vous salue, ainsi que Lucius, Jason et Sosipatros, mes parents. 22 Je vous salue, moi Tertius[1] qui ait écrit cette lettre, dans le Seigneur. 23 Gaïus, mon hôte et celui de toute l'église, vous salue. Eraste, le trésorier de la ville, vous salue, ainsi que Quartus, notre frère[2].

A Dieu seul la gloire !

25 À celui qui a le pouvoir de vous affermir selon l'Evangile que j'annonce en prêchant Jésus Christ, selon la *révélation d'un *mystère gardé dans le silence durant des temps éternels, 26 mais maintenant manifesté et porté à la connaissance de tous les peuples *païens par des écrits prophétiques, selon l'ordre du Dieu éternel, pour les conduire à l'obéissance de la foi[3], 27 à Dieu, seul sage, gloire, par Jésus Christ, aux *siècles des siècles ! *Amen.

---

1. Le secrétaire chrétien auquel Paul a dicté sa lettre.
2. Quelques manuscrits seulement ajoutent ici : *Que la grâce de notre Seigneur Jésus Christ soit avec vous tous ! Amen.*
3. Voir Rm 1.5 et note.

PREMIÈRE ÉPÎTRE
DE PAUL AUX CORINTHIENS

A l'église de Dieu qui est à Corinthe

1 1 Paul, appelé à être *apôtre du Christ Jésus par la volonté de Dieu, et Sosthène le frère, 2 à l'église de Dieu qui est à Corinthe[1], à ceux qui ont été *sanctifiés dans le Christ Jésus, appelés à être *saints avec tous ceux qui invoquent en tout lieu le *nom de notre Seigneur Jésus Christ, leur Seigneur et le nôtre; 3 à vous grâce et paix de la part de Dieu notre Père et du Seigneur Jésus Christ.

Des motifs de remercier Dieu

4 Je rends grâce à Dieu[2] sans cesse à votre sujet, pour la grâce de Dieu qui vous a été donnée dans le Christ Jésus. 5 Car vous avez été, en lui, comblés de toutes les richesses, toutes celles de la parole et toutes celles de la connaissance. 6 C'est que le témoignage rendu au Christ s'est affermi en vous, 7 si bien qu'il ne vous manque aucun don, à vous qui attendez la *révélation de notre Seigneur Jésus Christ. 8 C'est lui aussi qui vous affermira jusqu'à la fin, pour que vous soyez irréprochables au *Jour de notre Seigneur Jésus Christ. 9 Il est fidèle, le Dieu qui vous a appelés à la communion avec son fils Jésus Christ, notre Seigneur.

Divisions dans l'église de Corinthe

10 Mais je vous exhorte, frères, au nom de notre Seigneur Jésus Christ : soyez tous d'accord et qu'il n'y ait pas de divisions parmi vous; soyez bien unis dans un même esprit et dans une même pensée. 11 En effet, mes frères, les gens de Chloé m'ont appris qu'il y a des discordes parmi vous. 12 Je m'explique; chacun de vous parle ainsi : «Moi j'appartiens à Paul. — Moi à Apollos. — Moi à Céphas[1]. — Moi à Christ.» 13 Le Christ est-il divisé ? Est-ce Paul qui a été crucifié pour vous ? Est-ce au *nom de Paul que vous avez été baptisés ? 14 Dieu merci, je n'ai baptisé aucun de vous, excepté Crispus et Gaïus; 15 ainsi nul ne peut dire que vous avez été baptisés en mon nom. 16 Ah si ! J'ai encore baptisé la famille de Stéphanas. Pour le reste, je n'ai baptisé personne d'autre, que je sache. 17 Car Christ ne m'a pas envoyé baptiser, mais annoncer l'*Evangile, et sans recourir à la sagesse du discours, pour ne pas réduire à néant la croix du Christ.

---

1. Voir Ac 18.1 et note.
2. Autre texte : à mon Dieu.

1. *Céphas* : voir Jn 1.42; c'est le nom araméen de *Pierre*.

Sagesse et folie, puissance et faiblesse

18 Le langage de la croix[1], en effet, est folie pour ceux qui se perdent, mais pour ceux qui sont en train d'être sauvés, pour nous, il est puissance de Dieu. 19 Car il est écrit : *Je détruirai la sagesse des sages et j'anéantirai l'intelligence des intelligents.* 20 Où est le sage ? Où est le *docteur de la Loi ? Où est le raisonneur de ce siècle ? Dieu n'a-t-il pas rendue folle la sagesse du *monde ? 21 En effet, puisque le monde, par le moyen de la sagesse, n'a pas reconnu Dieu dans la sagesse de Dieu, c'est par la folie de la prédication que Dieu a jugé bon de sauver ceux qui croient. 22 Les *Juifs demandent des miracles[2] et les Grecs recherchent la sagesse; 23 mais nous, nous prêchons un *Messie crucifié, scandale pour les Juifs, folie pour les *païens, 24 mais pour ceux qui sont appelés, tant Juifs que Grecs, il est Christ, puissance de Dieu et sagesse de Dieu. 25 Car ce qui est folie de Dieu est plus sage que les hommes et ce qui est faiblesse de Dieu est plus fort que les hommes.

Ce que Dieu a choisi

26 Considérez, frères, qui vous êtes, vous qui avez reçu l'appel de Dieu : il n'y a parmi vous ni beaucoup de sages aux yeux des hommes, ni beaucoup de puissants, ni beaucoup de gens de bonne famille. 27 Mais ce qui est folie dans le monde, Dieu l'a choisi pour confondre les sages; ce qui est faible dans le monde, Dieu l'a choisi pour confondre ce qui est fort; 28 ce qui dans le monde est vil[1] et méprisé, ce qui n'est pas, Dieu l'a choisi pour réduire à rien ce qui est, 29 afin qu'aucune créature ne puisse s'*enorgueillir devant Dieu. 30 C'est par Lui que vous êtes dans le Christ Jésus, qui est devenu pour nous sagesse venant de Dieu, justice, *sanctification et délivrance 31 afin, comme dit l'Ecriture, que *celui qui s'enorgueillit, s'enorgueillisse dans le Seigneur.*

La prédication de Paul à Corinthe

2 1 Moi-même, quand je suis venu chez vous, frères, ce n'est pas avec le prestige de la parole ou de la sagesse que je suis venu vous annoncer le *mystère de Dieu. 2 Car j'ai décidé de ne rien savoir parmi vous, sinon Jésus Christ et Jésus Christ crucifié. 3 Aussi ai-je été devant vous faible, craintif et tout tremblant; 4 ma parole et ma prédication n'avaient rien des discours persuasifs de la sagesse, mais elles étaient une démonstration faite par la puissance de l'Esprit, 5 afin que votre foi ne soit pas fondée sur la sagesse des hommes, mais sur la puissance de Dieu.

La sagesse de Dieu

6 Pourtant, c'est bien une sagesse que nous enseignons aux chrétiens adultes, sagesse qui n'est pas de ce monde ni des princes de

---

1. Expression raccourcie pour «le langage de ceux qui prêchent la mort du Christ sur la croix.»
2. Voir Mc 8.11 par. Il faut sous-entendre : *pour prouver que Jésus est bien le Messie.*

1. Ou *sans titre de noblesse.*

ce monde, voués à la destruction. 7 Nous enseignons la sagesse de Dieu, *mystérieuse et demeurée cachée, que Dieu, avant les *siècles, avait d'avance destinée à notre gloire. 8 Aucun des princes de ce monde ne l'a connue, car s'ils l'avaient connue, ils n'auraient pas crucifié le Seigneur de gloire. 9 Mais, comme il est écrit, c'est *ce que l'oeil n'a pas vu, ce que l'oreille n'a pas entendu, et ce qui n'est pas monté au coeur de l'homme, tout ce que Dieu a préparé pour ceux qui l'aiment.* 10 En effet, c'est à nous que Dieu l'a *révélé par l'Esprit. Car l'Esprit sonde tout, même les profondeurs de Dieu. 11 Qui donc parmi les hommes connaît ce qui est dans l'homme, sinon l'esprit de l'homme qui est en lui ? De même, ce qui est en Dieu, personne ne le connaît, sinon l'Esprit de Dieu. 12 Pour nous, nous n'avons pas reçu l'esprit du *monde, mais l'Esprit qui vient de Dieu, afin que nous connaissions les dons de la grâce de Dieu. 13 Et nous n'en parlons pas dans le langage qu'enseigne la sagesse humaine, mais dans celui qu'enseigne l'Esprit, exprimant ce qui est spirituel en termes spirituels[1]. 14 L'homme laissé à sa seule nature n'accepte pas ce qui vient de l'Esprit de Dieu. C'est une folie pour lui, il ne peut le comprendre, car c'est spirituellement qu'on en juge. 15 L'homme spirituel, au contraire, juge de tout et n'est lui-même jugé par personne. 16 Car *qui a connu la pensée du Seigneur pour l'instruire ?* Or

nous, nous avons la pensée du Christ.

Des chrétiens encore enfants

3 1 Pour moi, frères, je n'ai pu vous parler comme à des hommes spirituels mais seulement comme à des hommes charnels[1], comme à des petits enfants en Christ. 2 C'est du lait que je vous ai fait boire, non de la nourriture solide : vous ne l'auriez pas supportée. Mais vous ne la supporteriez pas davantage aujourd'hui, 3 car vous êtes encore charnels. Puisqu'il y a parmi vous jalousie et querelles, n'êtes-vous pas charnels et ne vous conduisez-vous pas de façon tout humaine ? 4 Quand l'un déclare : « Moi, j'appartiens à Paul », l'autre : « Moi à Apollos », n'agissez-vous pas de manière tout humaine ?

Les ouvriers et le temple de Dieu

5 Qu'est-ce donc qu'Apollos ? Qu'est-ce que Paul ? Des serviteurs par qui vous avez été amenés à la foi; chacun d'eux a agi selon les dons que le Seigneur lui a accordés. 6 Moi, j'ai planté, Apollos a arrosé, mais c'est Dieu qui faisait croître. 7 Ainsi celui qui plante n'est rien, celui qui arrose n'est rien : Dieu seul compte, lui qui fait croître. 8 Celui qui plante et celui qui arrose, c'est tout un, et chacun recevra son salaire à la mesure de son propre travail. 9 Car nous travaillons ensemble à l'oeuvre de Dieu et vous

---

1. Ou *nous expliquons les choses de l'Esprit à ceux qui sont animés par l'Esprit.*

1. C'est-à-dire des hommes qui restent dominés par le péché. Voir aussi notes sur Rm 1.3 et 7.5.

êtes le champ que Dieu cultive, la maison qu'il construit. 10 Selon la grâce que Dieu m'a donnée, comme un bon architecte, j'ai posé le fondement, un autre bâtit dessus. Mais que chacun prenne garde à la manière dont il bâtit. 11 Quant au fondement, nul ne peut en poser un autre que celui qui est en place : Jésus Christ. 12 Que l'on bâtisse sur ce fondement avec de l'or, de l'argent, des pierres précieuses, du bois, du foin ou de la paille, 13 l'oeuvre de chacun sera mise en évidence. Le *jour du jugement la fera connaître, car il se manifeste par le feu, et le feu prouvera ce que vaut l'oeuvre de chacun. 14 Celui dont la construction subsistera recevra un salaire. 15 Celui dont l'oeuvre sera consumée en sera privé; lui-même sera sauvé, mais comme on l'est à travers le feu.

16 Ne savez-vous pas que vous êtes le *temple de Dieu et que l'Esprit de Dieu habite en vous ? 17 Si quelqu'un détruit le temple de Dieu, Dieu le détruira. Car le temple de Dieu est *saint et ce temple, c'est vous[1].

Tout est à vous mais vous êtes au Christ

18 Que personne ne s'abuse : si quelqu'un parmi vous se croit sage à la manière de ce monde, qu'il devienne fou pour être sage; 19 car la sagesse de ce *monde est folie devant Dieu. Il est écrit en effet : *Il prend les sages à leur propre ruse,* 20 et encore : *Le Seigneur connaît les pensées des sages. Il sait qu'elles sont vaines.* 21 Ainsi, que personne ne fonde son *orgueil sur des hommes, car tout est à vous : 22 Paul, Apollos, ou Céphas, le monde, la vie ou la mort, le présent ou l'avenir, tout est à vous, 23 mais vous êtes à Christ et Christ est à Dieu.

Le Seigneur, seul juge

4 1 Qu'on nous considère donc comme des serviteurs du Christ, et des intendants des *mystères de Dieu. 2 Or, ce qu'on demande en fin de compte à des intendants, c'est de se montrer fidèles. 3 Pour moi, il m'importe fort peu d'être jugé par vous ou par un tribunal humain. Je ne me juge pas non plus moi-même. 4 Ma conscience, certes, ne me reproche rien, mais ce n'est pas cela qui me justifie; celui qui me juge, c'est le Seigneur. 5 Par conséquent, ne jugez pas avant le temps, avant que vienne le Seigneur. C'est lui qui éclairera ce qui est caché dans les ténèbres et mettra en évidence les desseins des coeurs. Alors chacun recevra de Dieu la louange qui lui revient.

Ce que les apôtres doivent endurer

6 C'est à cause de vous, frères, que j'ai présenté cela sous une autre forme, en l'appliquant à Apollos et à moi-même, afin qu'à

1. *Certains traduisent : et vous êtes saints.*

notre exemple vous appreniez[1] à ne pas vous enfler d'orgueil en prenant le parti de l'un contre l'autre. 7 Qui te distingue en effet ? Qu'as-tu que tu n'aies reçu ? Et si tu l'as reçu, pourquoi t'*enorgueillir comme si tu ne l'avais pas reçu ? 8 Déjà vous êtes rassasiés ! Déjà vous êtes riches ! Sans nous vous êtes rois ! Ah ! Que ne l'êtes-vous pour que nous aussi nous puissions régner avec vous ! 9 Car je pense que Dieu nous a exposés, nous les *apôtres, à la dernière place, comme des condamnés à mort : nous avons été donnés en spectacle au *monde, aux *anges et aux hommes. 10 Nous sommes fous à cause du Christ, mais vous, vous êtes sages en Christ; nous sommes faibles, vous êtes forts; vous êtes à l'honneur, nous sommes méprisés. 11 À cette heure encore, nous avons faim, nous avons soif, nous sommes nus, maltraités, vagabonds, 12 et nous peinons en travaillant de nos mains. On nous insulte, nous bénissons; on nous persécute, nous endurons; 13 on nous calomnie, nous consolons. Nous sommes jusqu'à présent, pour ainsi dire, les ordures du monde, le déchet de l'univers.

Le souci paternel de Paul

14 Je ne vous écris pas cela pour vous faire honte, mais pour vous avertir, comme mes enfants bien-aimés. 15 En effet, quand vous auriez 10.000 pédagogues[1] en Christ, vous n'avez pas plusieurs pères. C'est moi qui, par l'*Evangile, vous ai engendrés en Jésus Christ. 16 Je vous exhorte donc : soyez mes imitateurs. 17 C'est bien pour cela que je vous ai envoyé Timothée, mon enfant chéri et fidèle dans le Seigneur; il vous rappellera mes principes de vie en Christ, tels que je les enseigne partout, dans toutes les églises. 18 Or, se figurant que je ne reviendrais pas chez vous, certains se sont 'enflés d'orgueil. 19 Mais je viendrai bientôt chez vous, si le Seigneur le veut, et je prendrai connaissance, non des paroles de ces orgueilleux, mais de leur action[2]. 20 Car le *royaume de Dieu ne consiste pas en paroles, mais en action. 21 Que préférez-vous ? Que je vienne à vous avec des verges ou avec amour et dans un esprit de douceur ?

Un cas d'inconduite dans l'église

5 1 On entend dire partout qu'il y a chez vous un cas d'inconduite et d'inconduite telle qu'on ne la trouve même pas chez les *païens : l'un de vous vit avec la femme de son père[3]. 2 Et vous êtes enflés d'orgueil ! Et vous n'avez pas plutôt pris le deuil afin que l'auteur de cette action soit

---

1. La traduction laisse ici de côté plusieurs mots qui trouvent difficilement leur place dans la phrase en cours. On peut considérer ceux-ci comme une remarque portant sur une particularité graphique du manuscrit *le « ne pas »* est écrit *au-dessus du « à ».* Cette remarque, d'abord notée en marge par un copiste, aurait été ensuite incorporée au texte lors de la copie suivante. — D'autres pensent que l'apôtre citerait un genre de proverbe connu de ses lecteurs.

1. Voir Ga 3.24 et note; le même terme y est traduit par *surveillant*.
2. Certains traduisent : *de leur puissance*; de même à la fin du v. 20.
3. Sans doute la seconde femme de son père. Une telle union était interdite par la loi juive (Lv 18.8) ainsi que par le droit romain.

ôté du milieu de vous ? 3 Pour moi, absent de corps mais présent d'esprit, j'ai déjà jugé comme si j'étais présent celui qui a commis une telle action : 4 au *nom du Seigneur Jésus, et avec son pouvoir, lors d'une assemblée où je serai spirituellement parmi vous, 5 qu'un tel homme soit livré à *Satan[1] pour la destruction de sa chair, afin que l'esprit soit sauvé au *jour du Seigneur.

6 Il n'est pas beau, votre sujet d'*orgueil ! Ne savez-vous pas qu'un peu de *levain fait lever toute la pâte ? 7 Purifiez-vous du vieux levain pour être une pâte nouvelle, puisque vous êtes sans levain. Car le Christ, notre *Pâque, a été immolé. 8 Célébrons donc la fête, non pas avec du vieux levain, ni du levain de méchanceté et de perversité, mais avec des *pains sans levain : dans la pureté et dans la vérité.

9 Je vous ai écrit dans ma lettre de ne pas avoir de relations avec les débauchés[2]. 10 Je ne visais pas de façon générale les débauchés de ce *monde, ou les rapaces et les filous ou les idolâtres, car il vous faudrait alors sortir du monde. 11 Non, je vous ai écrit de ne pas avoir de relations avec un homme qui porte le nom de frère s'il est débauché, ou rapace ou idolâtre ou calomniateur ou ivrogne ou filou et même de ne pas manger avec un tel homme. 12 Est-ce à moi, en effet, de juger ceux du dehors ? N'est-ce pas ceux du dedans que vous avez à

juger ? 13 Ceux du dehors, Dieu les jugera. *Otez le méchant du milieu de vous.*

Des procès entre frères

6 1 Lorsque vous avez un différend entre vous, comment osez-vous le faire juger par les païens et non par les *saints[1]. 2 Ne savez-vous donc pas que les saints jugeront le *monde ? Et si c'est par vous que le monde sera jugé, seriez-vous indignes de rendre des jugements de minime importance ? 3 Ne savez-vous pas que nous jugerons les *anges ? À plus forte raison les affaires de cette vie ! 4 Quand donc vous avez des procès de cet ordre, vous établissez pour juges des gens que l'Eglise méprise ? 5 Je le dis à votre honte. Ainsi il ne se trouve parmi vous aucun homme assez sage pour pouvoir juger entre ses frères ? 6 Mais un frère est en procès avec un frère, et cela devant les non-croyants ! 7 De toute façon, c'est déjà pour vous une déchéance d'avoir des procès entre vous. Pourquoi ne préférez-vous pas subir une injustice ? Pourquoi ne vous laissez-vous pas plutôt dépouiller ? 8 Mais c'est vous qui commettez l'injustice et qui dépouillez les autres; et ce sont vos frères ! 9 Ne savez-vous donc pas que les injustes n'hériteront pas du *royaume de Dieu ? Ne vous y trompez pas ! ni les débauchés, ni les idolâtres, ni les adultères, ni les pédérastes de tout genre, 10 ni les voleurs, ni les accapareurs, ni les ivrognes, ni les calomniateurs, ni les filous n'hériteront du royaume de Dieu.

---

1. Même tournure en 1 Tm 1.20. Cette expression très forte désigne sans doute l'exclusion au moins momentanée du coupable hors de la communauté chrétienne.

2. Le terme grec correspondant inclut toutes les sortes de désordres sexuels.

! Voir note sur Rm 1.7.

11 Voilà ce que vous étiez, du moins quelques-uns. Mais vous avez été lavés, mais vous avez été *sanctifiés, mais vous avez été justifiés au *nom du Seigneur Jésus Christ et par l'esprit de notre Dieu.

A propos du slogan « tout m'est permis »

12 « Tout m'est permis[1] », mais tout ne me convient pas. « Tout m'est permis », mais moi je ne me laisserai asservir par rien. 13 Les aliments sont pour le ventre et le ventre pour les aliments et Dieu détruira ceux-ci et celui-là. Mais le corps n'est pas pour la débauche, il est pour le Seigneur et le Seigneur est pour le corps. 14 Or, Dieu, qui a ressuscité le Seigneur, nous ressuscitera aussi par sa puissance. 15 Ne savez-vous pas que vos corps sont les membres du Christ ? Prendrai-je les membres du Christ pour en faire des membres de prostituée ? Certes non ! 16 Ne savez-vous pas que celui qui s'unit à la prostituée fait avec elle un seul corps ? Car il est dit : *Les deux ne seront qu'une seule chair.* 17 Mais celui qui s'unit au Seigneur est avec lui un seul esprit. 18 Fuyez la débauche. Tout autre péché commis par l'homme est extérieur à son corps. Mais le débauché pèche contre son propre corps. 19 Ou bien ne savez-vous pas que votre corps est le *temple du Saint Esprit qui est en vous et qui vous vient de Dieu, et que vous ne vous appartenez pas ? 20 Quelqu'un a payé le prix de votre rachat. Glorifiez donc Dieu par votre corps.

Réponse à des questions sur le mariage

7 1 Venons-en à ce que vous m'avez écrit. Il est bon pour l'homme de s'abstenir de la femme. 2 Toutefois, pour éviter tout dérèglement, que chaque homme ait sa femme et chaque femme son mari. 3 Que le mari remplisse ses devoirs envers sa femme, et que la femme fasse de même envers son mari. 4 Ce n'est pas la femme qui dispose de son corps, c'est son mari. De même ce n'est pas le mari qui dispose de son corps, c'est sa femme. 5 Ne vous refusez pas l'un à l'autre, sauf d'un commun accord et temporairement, afin de vous consacrer à la prière ; puis retournez ensemble, de peur que votre incapacité à vous maîtriser ne donne à *Satan l'occasion de vous *tenter. 6 En parlant ainsi, je vous fais une concession, je ne vous donne pas d'ordre. 7 Je voudrais bien que tous les hommes soient comme moi ; mais chacun reçoit de Dieu un don particulier, l'un celui-ci, l'autre celui-là.

8 Je dis donc aux célibataires et aux veuves qu'il est bon de rester ainsi, comme moi. 9 Mais s'ils ne peuvent vivre dans la continence, qu'ils se marient ; car il vaut mieux se marier que brûler. 10 À ceux qui sont mariés j'ordonne, non pas moi mais le Seigneur : que la femme ne se sépare pas de son mari 11 — si elle en est séparée, qu'elle ne se remarie pas ou qu'elle se réconcilie avec son mari —, et que le mari ne répudie pas

---

1. Sans doute une phrase de Paul dont les Corinthiens faussaient le sens.

sa femme. 12 Aux autres je dis, c'est moi qui parle et non le Seigneur : si un frère a une femme non-croyante et qu'elle consente à vivre avec lui, qu'il ne la répudie pas. 13 Et si une femme a un mari non-croyant et qu'il consente à vivre avec elle, qu'elle ne le répudie pas. 14 Car le mari non-croyant est *sanctifié par sa femme, et la femme non-croyante est sanctifiée par son mari. S'il en était autrement, vos enfants seraient *impurs, alors qu'ils sont saints. 15 Si le non-croyant veut se séparer, qu'il le fasse ! Le frère ou la sœur[1] ne sont pas liés dans ce cas : c'est pour vivre en paix que Dieu vous a appelés. 16 En effet, sais-tu, femme, si tu sauveras ton mari ? Sais-tu, mari, si tu sauveras ta femme ?

Ne pas chercher à changer de condition

17 Par ailleurs, que chacun vive selon la condition que le Seigneur lui a donnée en partage, et dans laquelle il se trouvait quand Dieu l'a appelé. C'est ce que je prescris dans toutes les églises. 18 L'un était-il *circoncis lorsqu'il a été appelé ? Qu'il ne dissimule pas sa circoncision. L'autre était-il incirconcis ? Qu'il ne se fasse pas circoncire. 19 La circoncision n'est rien et l'incirconcision n'est rien : le tout c'est d'observer les commandements de Dieu. 20 Que chacun demeure dans la condition où il se trouvait quand il a été appelé. 21 Etais-tu esclave quand tu as été appelé ? Ne t'en soucie pas; au contraire, alors même que tu

pourrais te libérer, mets plutôt à profit ta condition d'esclave[1]. 22 Car l'esclave qui a été appelé dans le Seigneur est un affranchi du Seigneur. De même, celui qui a été appelé étant libre est un esclave du Christ. 23 Quelqu'un a payé le prix de votre rachat : ne devenez pas esclaves des hommes. 24 Que chacun, frères, demeure devant Dieu dans la condition où il se trouvait quand il a été appelé.

Le cas des fiancés et des veuves

25 Au sujet des vierges[2], je n'ai pas d'ordre du Seigneur; c'est un avis que je donne, celui d'un homme qui, par miséricorde du Seigneur, est digne de confiance. 26 Je pense que cet état est bon, à cause des angoisses présentes, oui je pense qu'il est bon pour l'homme de rester ainsi. 27 Es-tu lié à une femme ? Ne cherche pas à rompre. N'es-tu pas lié à une femme ? Ne cherche pas de femme. 28 Si cependant tu te maries, tu ne pèches pas; et si une vierge se marie, elle ne pèche pas. Mais les gens mariés auront de lourdes épreuves à supporter et moi, je voudrais vous les épargner.

29 Voici ce que je dis, frères : le temps est écourté. Désormais, que ceux qui ont une femme soient comme s'ils n'en avaient pas, 30 ceux qui pleurent comme s'ils ne pleuraient pas, ceux qui se réjouissent comme s'ils ne se réjouissaient pas, ceux qui achètent comme s'ils ne possédaient pas,

---

1. C'est-à-dire le conjoint chrétien, mari ou femme.

1. Certains traduisent : profite plutôt (de l'occasion pour te libérer).
2. Le mot grec englobe les deux sexes.

31 ceux qui tirent profit de ce *monde comme s'ils n'en profitaient pas vraiment. Car la figure de ce monde passe. 32 Je voudrais que vous soyez exempts de soucis. Celui qui n'est pas marié a souci des affaires du Seigneur : il cherche comment plaire au Seigneur. 33 Mais celui qui est marié a souci des affaires du monde : il cherche comment plaire à sa femme, 34 et il est partagé. De même la femme sans mari et la jeune fille ont souci des affaires du Seigneur, afin d'être *saintes de corps et d'esprit. Mais la femme mariée a souci des affaires du monde : elle cherche comment plaire à son mari. 35 Je vous dis cela dans votre propre intérêt, non pour vous tendre un piège mais pour que vous fassiez ce qui convient le mieux et que vous soyez attachés au Seigneur, sans partage.

36 Si quelqu'un, débordant d'ardeur, pense qu'il ne pourra pas respecter sa fiancée[1] et que les choses doivent suivre leur cours, qu'il fasse selon son idée. Il ne pèche pas : qu'ils se marient. 37 Mais celui qui a pris dans son cœur une ferme résolution, hors de toute contrainte et qui, en pleine possession de sa volonté, a pris en son for intérieur la décision de respecter sa fiancée, celui-là fera bien. 38 Ainsi celui qui

1. Certains estiment que les v. 36-38 concernent un père et sa fille ; d'où cette autre traduction : *Si cependant quelqu'un estime manquer aux convenances envers sa jeune fille, si elle a passé l'âge et qu'il est de son devoir d'agir ainsi, qu'il fasse ce qu'il veut, il ne pèche pas : qu'on se marie. Mais celui qui a pris en son cœur une ferme résolution hors de toute contrainte et qui, en pleine possession de sa volonté, a pris en son cœur la décision de garder sa jeune fille, celui-là fera bien. Ainsi celui qui marie sa jeune fille fait bien, et celui qui ne la marie pas fera mieux encore.*

épouse sa fiancée fait bien, et celui qui ne l'épouse pas fera encore mieux.

39 La femme est liée à son mari aussi longtemps qu'il vit. Si le mari meurt, elle est libre d'épouser qui elle veut, mais un chrétien seulement. 40 Cependant elle sera plus heureuse, à mon avis, si elle reste comme elle est ; et je crois, moi aussi, avoir l'Esprit de Dieu.

Les viandes sacrifiées aux idoles

8 1 Pour ce qui est des viandes sacrifiées aux idoles[1], tous, c'est entendu, nous possédons la connaissance. La connaissance enfle, mais l'amour édifie. 2 Si quelqu'un s'imagine connaître quelque chose, il ne connaît pas encore comme il le faudrait connaître. 3 Mais si quelqu'un aime Dieu, il est connu de lui.

4 Donc, peut-on manger des viandes sacrifiées aux idoles ? Nous savons qu'il n'y a aucune idole dans le monde et qu'il n'y a d'autre dieu que le Dieu unique. 5 Car, bien qu'il y ait de prétendus dieux au ciel ou sur la terre, — et il y a de fait plusieurs dieux et plusieurs seigneurs[2] —, 6 il n'y a pour nous qu'un seul Dieu, le Père, de qui tout vient et vers qui nous allons, et un seul Seigneur, Jésus Christ, par qui tout existe et par qui nous sommes.

7 Mais tous n'ont pas la connaissance. Quelques-uns, marqués par leur fréquentation en-

1. Il s'agit de viandes qui provenaient des sacrifices païens. Voir notes sur Ac 15.20 et 29.
2. Paul fait allusion ici aux divinités de la religion grecque. D'après 1 Co 10.20-21 il les considère en réalité comme des démons.

core récente des idoles[1], mangent la viande des sacrifices comme si elle était réellement offerte aux idoles, et leur conscience, qui est faible, en est souillée. 8 Ce n'est pas un aliment qui nous rapprochera de Dieu : si nous n'en mangeons pas, nous ne prendrons pas de retard; si nous en mangeons, nous ne serons pas plus avancés. 9 Mais prenez garde que cette liberté même, qui est la vôtre, ne devienne une occasion de chute pour les faibles. 10 Car si l'on te voit, toi qui as la connaissance, attablé dans un temple d'idole, ce spectacle édifiant ne poussera-t-il pas celui dont la conscience est faible à manger des viandes sacrifiées ? 11 Et, grâce à ta connaissance, le faible périt, ce frère pour lequel Christ est mort. 12 En péchant ainsi contre vos frères et en blessant leur conscience qui est faible, c'est contre Christ que vous péchez. 13 Voilà pourquoi, si un aliment doit faire tomber mon frère, je renoncerai à tout jamais à manger de la viande plutôt que de faire tomber mon frère.

Paul a renoncé à ses droits d'apôtre

9 1 Ne suis-je pas libre ? Ne suis-je pas *apôtre ? N'ai-je pas vu Jésus, notre Seigneur ? N'êtes-vous pas mon oeuvre dans le Seigneur ? 2 Si pour d'autres, je ne suis pas apôtre, pour vous au moins je le suis; car le sceau[2] de mon apostolat, c'est vous qui l'êtes, dans le Seigneur. 3 Ma défense contre mes accusateurs, la voici : 4 N'aurions-nous pas le droit de manger et de boire[1] ? 5 N'aurions-nous pas le droit d'emmener avec nous une femme chrétienne[2] comme les autres apôtres, les frères du Seigneur et Céphas ? 6 Moi seul et Barnabas n'aurions-nous pas le droit d'être dispensés de travailler ? 7 Qui a jamais servi dans l'armée à ses propres frais ? Qui cultive une vigne sans en manger le fruit ? Ou qui fait paître un troupeau sans se nourrir du lait de ce troupeau ? 8 Cela n'est-il qu'un usage humain, ou la *loi ne dit-elle pas la même chose ? 9 En effet, il est écrit dans la loi de Moïse : *Tu ne muselleras pas le boeuf qui foule le grain.* Dieu s'inquiète-t-il des boeufs ? 10 N'est-ce pas pour nous seuls qu'il parle ? Oui, c'est pour nous que cela a été écrit; car il faut de l'espoir chez celui qui laboure, et celui qui foule le grain doit avoir l'espoir d'en recevoir sa part. 11 Si nous avons semé pour vous les biens spirituels, serait-il excessif de récolter vos biens matériels ? 12 Si d'autres exercent ce droit sur vous, pourquoi pas nous à plus forte raison ? Cependant, nous n'avons pas usé de ce droit. Nous supportons tout, au contraire, pour ne créer aucun obstacle à l'*Evangile du Christ.

13 Ne savez-vous pas que ceux qui assurent le service du culte sont nourris par le *temple, que ceux qui servent à l'*autel ont part à ce qui est offert sur l'autel ? 14 De même, le Seigneur a ordonné à ceux qui annoncent l'Evangile de vivre de l'Evangile.

---

1. Autre texte : *Certains, qui ont la conviction de participer encore maintenant à l'idolâtrie ...*
2. Voir Ap 7.2 et note.

1. Sous-entendu : *à vos frais.*
2. Sous-entendu : *et de vous demander d'assurer notre entretien.*

15 Mais moi je n'ai usé d'aucun de ces droits et je n'écris pas ces lignes pour les réclamer. Plutôt mourir ! ... Personne ne me ravira ce motif d'*orgueil ! 16 Car annoncer l'Evangile n'est pas un motif d'orgueil pour moi, c'est une nécessité qui s'impose à moi : malheur à moi si je n'annonce pas l'Evangile ! 17 Si je le faisais de moi-même, j'aurais droit à un salaire ; mais si j'y suis contraint, c'est une charge qui m'est confiée. 18 Quel est donc mon salaire ? C'est d'offrir gratuitement l'Evangile que j'annonce, sans user des droits que cet Evangile me confère.

Paul totalement disponible pour tous

19 Oui, libre à l'égard de tous, je me suis fait l'esclave de tous, pour en gagner le plus grand nombre. 20 J'ai été avec les *Juifs comme un Juif, pour gagner les Juifs, avec ceux qui sont assujettis à la *loi, comme si je l'étais — alors que moi-même je ne le suis pas —, pour gagner ceux qui sont assujettis à la loi ; 21 avec ceux qui sont sans loi, comme si j'étais sans loi, — alors que je ne suis pas sans loi de Dieu, puisque Christ est ma loi — ; pour gagner ceux qui sont sans loi. 22 J'ai partagé la faiblesse des faibles, pour gagner les faibles. Je me suis fait tout à tous pour en sauver sûrement quelques-uns. 23 Et tout cela je le fais à cause de l'*Evangile afin d'y avoir part.

La discipline des athlètes

24 Ne savez-vous pas que les coureurs, dans le stade, courent tous mais qu'un seul gagne le prix ? Courez donc de manière à le remporter. 25 Tous les athlètes s'imposent une ascèse rigoureuse ; eux, c'est pour une couronne[1] périssable, nous, pour une couronne impérissable. 26 Moi donc, je cours ainsi : je ne vais pas à l'aveuglette ; et je boxe ainsi : je ne frappe pas dans le vide. 27 Mais je traite durement mon corps et le tiens assujetti, de peur qu'après avoir proclamé le message aux autres, je ne sois moi-même éliminé.

L'exemple d'Israël au désert

10 1 Je ne veux pas vous le laisser ignorer, frères : nos pères étaient tous sous la nuée, tous ils passèrent à travers la mer 2 et tous furent baptisés en Moïse dans la nuée et dans la mer. 3 Tous mangèrent la même nourriture spirituelle, 4 et tous burent le même breuvage spirituel ; car ils buvaient à un rocher spirituel qui les suivait[2] : ce rocher, c'était le Christ. 5 Cependant la plupart d'entre eux ne furent pas agréables à Dieu, puisque *leurs cadavres jonchèrent le désert.* 6 Ces événements sont arrivés pour nous servir d'exemples, afin que nous ne convoitions pas le mal comme eux le convoitèrent. 7 Ne devenez pas idolâtres comme certains d'entre eux, ainsi qu'il est

---

1. Voir Ph 4.1 et note.
2. Paul semble reprendre ici un enseignement des rabbins, selon lequel le rocher dont il est question en Nb 20.8 accompagnait Israël dans ses déplacements au désert.

écrit : *Le peuple s'assit pour manger et pour boire, puis ils se levèrent pour se divertir.* 8 Ne nous livrons pas non plus à la débauche, comme le firent certains d'entre eux : en un seul jour il en tomba 23.000. 9 Ne *tentons pas non plus le Seigneur, comme le firent certains d'entre eux : des serpents les firent périr. 10 Enfin ne murmurez pas comme murmurèrent certains d'entre eux : l'exterminateur les fit périr. 11 Ces événements leur arrivaient pour servir d'exemple et furent mis par écrit pour nous instruire, nous qui touchons à la fin des temps.

12 Ainsi donc, que celui qui pense être debout prenne garde de tomber. 13 Les *tentations auxquelles vous avez été exposés ont été à la mesure de l'homme. Dieu est fidèle ; il ne permettra pas que vous soyez tentés au-delà de vos forces. Avec la tentation, il vous donnera le moyen d'en sortir et la force de la supporter.

Pas de communion avec les démons

14 C'est pourquoi, mes biens-aimés, fuyez l'idolâtrie. 15 Je vous parle comme à des personnes raisonnables ; jugez vous-mêmes de ce que je dis. 16 La coupe de bénédiction que nous bénissons n'est-elle pas une communion au *sang du Christ ? Le pain que nous rompons n'est-il pas une communion au corps du Christ ? 17 Puisqu'il y a un seul pain, nous sommes tous un seul corps ; car tous nous participons à cet unique pain. 18 Voyez les fils d'Israël : ceux qui mangent les victimes *sacrifiées ne sont-ils pas

en communion avec l'*autel[1] ? 19 Que veux-je dire ? Que la viande sacrifiée aux idoles ou que l'idole aient en elle-même quelque valeur ? 20 Non ! Mais comme leurs *sacrifices sont offerts aux *démons et non pas à Dieu, je ne veux pas que vous entriez en communion avec les démons. 21 Vous ne pouvez boire à la fois à la coupe du Seigneur et à la coupe des démons ; vous ne pouvez partager à la fois la table du Seigneur et celle des démons. 22 Ou bien voulons-nous exciter la jalousie du Seigneur ? Sommes-nous plus forts que lui ?

Tout pour la gloire de Dieu

23 « Tout est permis[2] », mais tout ne nous convient pas ; « tout est permis », mais tout n'édifie pas. 24 Que nul ne cherche son propre intérêt, mais celui d'autrui. 25 Tout ce qu'on vend au marché, mangez-le sans poser de question par motif de conscience ; 26 *car la terre et tout ce qu'elle contient sont au Seigneur.* 27 Si un non-croyant vous invite et que vous acceptiez d'y aller, mangez de tout ce qui vous est offert, sans poser de question par motif de conscience. 28 Mais si quelqu'un vous dit : « C'est de la viande sacrifiée », n'en mangez pas, à cause de celui qui vous a averti et par motif de conscience ; 29 je parle ici, non de votre conscience, mais de la sienne. Car pourquoi ma liberté serait-elle jugée par une autre conscience ? 30 Si je prends de la nourriture en rendant grâce,

---

1. Expression raccourcie pour « en communion avec Dieu à qui l'autel est consacré ».
2. Voir 1 Co 6.12 et note.

pourquoi serais-je blâmé pour ce dont je rends grâce ? 31 Soit donc que vous mangiez, soit que vous buviez, quoi que vous fassiez, faites tout pour la gloire de Dieu. 32 Ne soyez pour personne une occasion de chute ni pour les *Juifs, ni pour les Grecs, ni pour l'Eglise de Dieu. 33 C'est ainsi que moi-même je m'efforce de plaire à tous en toutes choses, en ne cherchant pas mon avantage personnel mais celui du plus grand nombre, afin qu'ils soient sauvés.

11 1 Soyez mes imitateurs, comme je le suis moi-même de Christ.

L'homme et la femme devant le Seigneur

2 Je vous félicite de vous souvenir de moi en toute occasion, et de conserver les traditions telles que je vous les ai transmises. 3 Je veux pourtant que vous sachiez ceci : le chef de tout homme, c'est le Christ; le chef de la femme, c'est l'homme; le chef du Christ, c'est Dieu. 4 Tout homme qui prie ou *prophétise la tête couverte fait affront à son chef[1]. 5 Mais toute femme qui p ie ou prophétise tête nue fait affront à son chef; car c'est exactement comme si elle était rasée. 6 Si la femme ne porte pas de voile, qu'elle se fasse tondre ! Mais si c'est une honte pour une femme d'être tondue ou rasée, qu'elle porte un voile ! 7 L'homme, lui, ne doit pas se voiler la tête : il est l'image et la gloire de Dieu; mais la femme est la gloire de l'homme. 8 Car ce n'est pas l'homme qui a été tiré de la femme, mais la femme de l'homme. 9 Et l'homme n'a pas été créé pour la femme, mais la femme pour l'homme. 10 Voilà pourquoi la femme doit porter sur la tête la marque de sa dépendance, à cause des *anges.

11 Pourtant, la femme est inséparable de l'homme et l'homme de la femme, devant le Seigneur. 12 Car si la femme a été tirée de l'homme, l'homme naît de la femme et tout vient de Dieu. 13 Jugez par vous-mêmes : est-il convenable qu'une femme prie Dieu sans être voilée ? 14 La nature elle-même ne vous enseigne-t-elle pas qu'il est déshonorant pour l'homme de porter les cheveux longs ? 15 tandis que c'est une gloire pour la femme, car la chevelure lui a été donnée en guise de voile. 16 Et si quelqu'un se plaît à contester, nous n'avons pas cette habitude et les Eglises de Dieu non plus.

Le repas du Seigneur

17 Ceci réglé, je n'ai pas à vous féliciter : vos réunions, loin de vous faire progresser, vous font du mal. 18 Tout d'abord, lorsque vous vous réunissez en assemblée, il y a parmi vous des divisions, me dit-on, et je crois que c'est en partie vrai : 19 il faut même qu'il y ait des scissions parmi vous afin qu'on voie ceux d'entre vous qui résistent à cette épreuve. 20 Mais quand vous vous réunissez en commun, ce n'est pas le repas du Seigneur que vous prenez. 21 Car chacun se hâte de prendre son propre repas, en sorte que l'un a faim, tandis que

1. En grec le même mot désigne la *tête* et le *chef*. Dans tout ce passage Paul joue sur le double sens de ce mot grec.

l'autre est ivre. 22 N'avez-vous donc pas de maisons pour manger et pour boire ? Ou bien méprisez-vous l'Eglise de Dieu et voulez-vous faire affront à ceux qui n'ont rien ? Que vous dire ? Faut-il vous louer ? Non, sur ce point je ne vous loue pas.

23 Moi, voici ce que j'ai reçu du Seigneur, et ce que je vous ai transmis : le Seigneur Jésus, dans la nuit où il fut livré, prit du pain, 24 et après avoir rendu grâce, il le rompit et dit : « Ceci est mon corps, qui est pour vous, faites cela en mémoire de moi. » 25 Il fit de même pour la coupe, après le repas, en disant : « Cette coupe est la nouvelle *alliance en mon *sang ; faites cela, toutes les fois que vous en boirez, en mémoire de moi. » 26 Car toutes les fois que vous mangez ce pain et que vous buvez cette coupe, vous annoncez la mort du Seigneur, jusqu'à ce qu'il vienne. 27 C'est pourquoi celui qui mangera le pain ou boira la coupe du Seigneur indignement, se rendra coupable envers le corps et le sang du Seigneur. 28 Que chacun s'éprouve soi-même avant de manger ce pain et de boire cette coupe ; 29 car celui qui mange et boit sans discernement le corps du Seigneur mange et boit sa propre condamnation. 30 Voilà pourquoi il y a parmi vous tant de malades et d'infirmes et qu'un certain nombre sont morts. 31 Si nous nous examinions nous-mêmes, nous ne serions pas jugés ; 32 mais le Seigneur nous juge pour nous corriger, pour que nous ne soyons pas condamnés avec le *monde. 33 Ainsi donc, mes frères, quand vous vous réunissez pour manger,

attendez-vous les uns les autres. 34 Si l'on a faim, qu'on mange chez soi, afin que vous ne vous réunissiez pas pour votre condamnation. Pour le reste, je le réglerai quand je viendrai.

Les dons de l'Esprit

12 1 Au sujet des dons de l'Esprit, je ne veux pas, frères, que vous soyez dans l'ignorance. 2 Vous savez que, lorsque vous étiez *païens, vous étiez entraînés, comme au hasard, vers les idoles muettes. 3 C'est pourquoi je vous le déclare : personne, parlant sous l'influence de l'Esprit de Dieu, ne dit : « Maudit soit Jésus » et nul ne peut dire « Jésus est Seigneur » si ce n'est par l'Esprit Saint.

4 Il y a diversité de dons, mais c'est le même Esprit ; 5 diversité de *ministères, mais c'est le même Seigneur ; 6 divers modes d'action, mais c'est le même Dieu qui produit tout en tous. 7 Chacun reçoit le don de manifester l'Esprit en vue du bien de tous. 8 L'Esprit donne un message de sagesse à l'un et de science à l'autre ; 9 à un autre, le même Esprit donne la foi, à un autre encore, le seul et même Esprit accorde des dons de guérison ; 10 à un autre le pouvoir de faire des miracles, à un autre la *prophétie, à un autre le discernement des esprits, à un autre le don de parler en langues, à un autre encore celui de les interpréter. 11 Mais tout cela, c'est le seul et même Esprit qui le produit, distribuant à chacun ses dons, selon sa volonté.

Diversité des membres et unité du corps

12 En effet, le corps est un, et pourtant il a plusieurs membres; mais tous les membres du corps, malgré leur nombre, ne forment qu'un seul corps : il en est de même du Christ. 13 Car nous avons tous été baptisés dans un seul Esprit pour être un seul corps, *Juifs ou Grecs, esclaves ou hommes libres, et nous avons tous été abreuvés d'un seul Esprit. 14 Le corps ne se compose pas d'un seul membre mais de plusieurs. 15 Si le pied disait : « Comme je ne suis pas une main, je ne fais pas partie du corps », cesserait-il pour autant d'appartenir au corps ? 16 Si l'oreille disait : « Comme je ne suis pas un oeil, je ne fais pas partie du corps », cesserait-elle pour autant d'appartenir au corps ? 17 Si le corps entier était oeil, où serait l'ouïe ? Si tout était oreille, où serait l'odorat ? 18 Mais Dieu a disposé dans le corps chacun des membres, selon sa volonté. 19 Si l'ensemble était un seul membre, où serait le corps ? 20 Il y a donc plusieurs membres mais un seul corps. 21 L'oeil ne peut pas dire à la main : « Je n'ai pas besoin de toi », — ni la tête dire aux pieds : « Je n'ai pas besoin de vous. » 22 Bien plus, même les membres du corps qui paraissent les plus faibles sont nécessaires, 23 et ceux que nous tenons pour les moins honorables, c'est à eux que nous faisons le plus d'honneur. Moins ils sont décents, plus décemment nous les traitons : 24 ceux qui sont décents n'ont pas besoin de ces égards. Mais Dieu a composé le corps en donnant plus d'honneur

à ce qui en manque, 25 afin qu'il n'y ait pas de division dans le corps mais que les membres aient un commun souci les uns des autres. 26 Si un membre souffre, tous les membres partagent sa souffrance : si un membre est à l'honneur, tous les membres partagent sa joie. 27 Or vous êtes le corps de Christ et vous êtes ses membres, chacun pour sa part. 28 Et ceux que Dieu a établis dans l'Eglise sont, premièrement des *apôtres, deuxièmement des *prophètes, troisièmement des hommes chargés de l'enseignement[1]; vient ensuite le don des miracles, puis de guérison, d'assistance, de direction, et le don de parler en langues. 29 Tous sont-ils apôtres ? Tous prophètes ? Tous enseignent-ils ? Tous font-ils des miracles ? 30 Tous ont-ils le don de guérison ? Tous parlent-ils en langues ? Tous interprètent-ils ? 31 Aspirez aux dons les meilleurs. Et de plus, je vais vous indiquer une voie infiniment supérieure.

L'amour fraternel

13 1 Quand je parlerais en langues,
celle des hommes et celles des *anges,
s'il me manque l'amour,
je suis un métal qui résonne,
une cymbale retentissante.

2 Quand j'aurais le don de *prophétie,
la connaissance de tous les *mystères et de toute la science,

---

1. Sur les *prophètes,* voir Ep 2.20 et note — Les *hommes chargés de l'enseignement :* voir Ac 13.1 et note.

quand j'aurais la foi la plus totale,
celle qui transporte les montagnes,
s'il me manque l'amour,
je ne suis rien.

3 Quand je distribuerais tous mes biens aux affamés,
quand je livrerais mon corps aux flammes[1],
s'il me manque l'amour,
je n'y gagne rien.

4 L'amour prend patience, l'amour rend service,
il ne jalouse pas, il ne plastronne pas, il ne s'enfle pas d'orgueil,

5 il ne fait rien de laid, il ne cherche pas son intérêt,
il ne s'irrite pas, il n'entretient pas de rancune,

6 il ne se réjouit pas de l'injustice,
mais il trouve sa joie dans la vérité.

7 Il excuse tout, il croit tout, il espère tout, il endure tout.

8 L'amour ne disparaît jamais.
Les prophéties ? Elles seront abolies.
Les langues ? Elles prendront fin.
La connaissance ? Elle sera abolie.

9 Car notre connaissance est limitée
et limitée notre prophétie.

10 Mais quand viendra la perfection,
ce qui est limité sera aboli.

11 Lorsque j'étais enfant, je parlais comme un enfant,
je pensais comme un enfant, je raisonnais comme un enfant.

Devenu homme, j'ai mis fin à ce qui était propre à l'enfant.

12 À présent, nous voyons dans un miroir et de façon confuse[1],
mais alors, ce sera face à face.
À présent, ma connaissance est limitée,
alors, je connaîtrai comme je suis connu.

13 Maintenant donc ces trois-là demeurent,
la foi, l'espérance et l'amour,
mais l'amour est le plus grand.

Le culte chrétien et ceux du dehors

14 1 Recherchez l'amour; aspirez aux dons de l'Esprit, surtout à la prophétie[2]. 2 Car celui qui parle en langues ne parle pas aux hommes, mais à Dieu. Personne ne le comprend : son esprit énonce des choses mystérieuses. 3 Mais celui qui *prophétise parle aux hommes : il édifie, il exhorte, il encourage. 4 Celui qui parle en langues s'édifie lui-même, mais celui qui prophétise édifie l'assemblée. 5 Je souhaite que vous parliez tous en langues, mais je préfère que vous prophétisiez. Celui qui prophétise est supérieur à celui qui parle en langues, à moins que ce dernier n'en donne l'interprétation pour que l'assemblée soit édifiée. 6 Supposez maintenant, frères, que je vienne vous voir et vous parle en langues : en quoi vous serai-je utile, si ma parole ne vous apporte ni *révélation, ni connaissance, ni prophétie, ni enseignement ? 7 Il en est ainsi des instru-

---

1. Autre texte : quand je livrerais mon corps *pour en tirer orgueil.*

1. Les *miroirs* de l'antiquité étaient faits de métal poli; d'où leur relative imperfection.
2. Voir Ep 2.20 et note.

ments de musique, comme la flûte ou la cithare : s'ils ne rendent pas des sons distincts, comment reconnaître ce que jouent la flûte ou la cithare ? 8 Et si la trompette ne rend pas un son clair, qui se préparera au combat ? 9 Vous de même : si votre langue n'exprime pas des paroles intelligibles, comment comprendra-t-on ce que vous dites ? Vous parlerez en l'air. 10 Il y a je ne sais combien d'espèces de mots dans le monde, et aucun n'est sans signification. 11 Or, si j'ignore la valeur du mot, je serai un barbare¹ pour celui qui parle et celui qui parle sera pour moi un barbare. 12 Vous de même : cherchez à être inspirés, et le plus possible, puisque cela vous attire; mais que ce soit pour l'édification de l'assemblée. 13 C'est pourquoi celui qui parle en langues doit prier pour avoir le don d'interprétation. 14 Si je prie en langues, mon esprit est en prière mais mon intelligence est stérile.

15 Que faire donc ? Je prierai avec mon esprit, mais je prierai aussi avec mon intelligence. Je chanterai avec mon esprit, mais je chanterai aussi avec mon intelligence. 16 Car si ton esprit seul est à l'œuvre quand tu prononces une bénédiction, comment celui qui fait partie des simples auditeurs pourra-t-il dire *« amen » à ton action de grâce, puisqu'il ne sait pas ce que tu dis ? 17 Sans doute ton action de grâce est remarquable, mais l'autre n'est pas édifié. 18 Grâce à Dieu, je parle en langues plus que vous tous, 19 mais dans une assemblée, je préfère dire cinq paroles intelligi-

bles pour instruire aussi les autres, plutôt que 10.000 en langues.

20 Frères, pour le jugement, ne soyez pas des enfants; pour le mal, oui, soyez de petits enfants, mais pour le jugement, soyez des adultes. 21 Il est écrit dans la *loi : *Je parlerai à ce peuple par des hommes d'une autre langue et par des lèvres étrangères, et même ainsi ils ne m'écouteront pas,* dit le Seigneur.

22 Par conséquent, les langues sont un *signe non pour les croyants, mais pour les incrédules; la prophétie, elle, est un signe, non pour les incrédules, mais pour les croyants. 23 Si, par exemple, l'église est tout entière rassemblée et que tous parlent en langues, les simples auditeurs ou les non-croyants qui entreront ne vous croiront-ils pas fous ? 24 Si, au contraire, tous prophétisent, le non-croyant ou le simple auditeur qui entre se voit repris par tous, jugé par tous; 25 le secret de son cœur est dévoilé; il se jettera la face contre terre, il adorera Dieu et il proclamera que Dieu est réellement au milieu de vous.

L'ordre dans le culte et dans l'Eglise

26 Que faire alors, frères ? Quand vous êtes réunis, chacun de vous peut chanter un cantique, apporter un enseignement ou une *révélation, parler en langues ou bien interpréter : que tout se fasse pour l'édification commune. 27 - Parle-t-on en langues ? Que deux le fassent, trois au plus, et l'un après l'autre; et que quelqu'un

---

1. C'est ainsi qu'on désignait ceux qui ne comprenaient pas le grec. Voir Rm 1.14 et note.

interprète. 28 S'il n'y a pas d'interprète, que le frère se taise dans l'assemblée, qu'il se parle à lui-même et à Dieu. 29 Quant aux *prophéties, que deux ou trois prennent la parole et que les autres jugent. 30 Si un assistant reçoit une révélation, celui qui parle doit se taire. 31 Vous pouvez tous prophétiser, mais chacun à son tour, pour que tout le monde soit instruit et encouragé. 32 Le prophète est maître de l'esprit prophétique qui l'anime. 33 Car Dieu n'est pas un Dieu de désordre mais un Dieu de paix.

34 Comme cela se fait dans toutes les églises des saints[1], que les femmes se taisent dans les assemblées : elles n'ont pas la permission de parler; elles doivent rester soumises, comme dit aussi la *loi. 35 Si elles désirent s'instruire sur quelque détail, qu'elles interrogent leur mari à la maison. Il n'est pas convenable qu'une femme parle dans les assemblées. 36 La parole de Dieu a-t-elle chez vous son point de départ ? Etes-vous les seuls à l'avoir reçue ? 37 Si quelqu'un croit être prophète ou inspiré, qu'il reconnaisse dans ce que je vous écris un commandement du Seigneur. 38 Si quelqu'un ne le reconnaît pas, c'est que Dieu ne le connaît pas[2].

39 Ainsi, mes frères, aspirez au don de prophétie et n'empêchez pas qu'on parle en langues, 40 mais que tout se fasse convenablement et avec ordre.

L'Evangile prêché par les apôtres

15 1 Je vous rappelle, frères, l'*Evangile que je vous ai annoncé, que vous avez reçu, auquel vous restez attachés, 2 et par lequel vous serez sauvés si vous le retenez tel que je vous l'ai annoncé; autrement, vous auriez cru en vain. 3 Je vous ai transmis en premier lieu ce que j'avais reçu moi-même : Christ est mort pour nos péchés, selon les Ecritures.
4 Il a été enseveli, il est ressuscité le troisième jour, selon les Ecritures.
5 Il est apparu à Céphas, puis aux Douze.

6 Ensuite, il est apparu à plus de 500 frères à la fois; la plupart sont encore vivants et quelques-uns sont morts. 7 Ensuite, il est apparu à Jacques, puis à tous les *apôtres. 8 En tout dernier lieu, il m'est aussi apparu, à moi l'avorton. 9 Car je suis le plus petit des apôtres, moi qui ne suis pas digne d'être appelé apôtre parce que j'ai persécuté l'Eglise de Dieu. 10 Mais ce que je suis, je le dois à la grâce de Dieu et sa grâce à mon égard n'a pas été vaine. Au contraire, j'ai travaillé plus qu'eux tous; non pas moi, mais la grâce de Dieu qui est avec moi. 11 Bref, que ce soit moi, que ce soit eux, voilà ce que nous proclamons et voilà ce que vous avez cru.

Il y a une résurrection des morts

12 Si l'on proclame que Christ est ressuscité des morts, comment certains d'entre vous disent-ils qu'il n'y a pas de résurrection des

---

1. Voir Rm 15.25 et note.
2. Autres textes : Si quelqu'un ne le reconnaît pas, *qu'il l'ignore !* (Ou *qu'on l'ignore !*)

morts ? 13 S'il n'y a pas de résurrection des morts, Christ non plus n'est pas ressuscité 14 et si Christ n'est pas ressuscité, notre prédication est vide et vide aussi votre foi. 15 Il se trouve même que nous sommes de faux témoins de Dieu, car nous avons porté un contre-témoignage en affirmant que Dieu a ressuscité le Christ alors qu'il ne l'a pas ressuscité, s'il est vrai que les morts ne ressuscitent pas. 16 Si les morts ne ressuscitent pas, Christ non plus n'est pas ressuscité. 17 Et si Christ n'est pas ressuscité, votre foi est illusoire, vous êtes encore dans vos péchés. 18 Dès lors, ceux qui sont morts en Christ sont perdus. 19 Si nous avons mis notre espérance en Christ pour cette vie seulement, nous sommes les plus à plaindre de tous les hommes.

20 Mais non; Christ est ressuscité des morts, *prémices de ceux qui sont morts. 21 En effet, puisque la mort est venue par un homme, c'est par un homme aussi que vient la résurrection des morts : 22 comme tous meurent en Adam, en Christ, tous recevront la *vie; 23 mais chacun à son rang : d'abord les prémices, Christ, puis ceux qui appartiennent au Christ, lors de sa venue; 24 ensuite viendra la fin, quand il remettra la royauté à Dieu le Père, après avoir détruit toute domination, toute autorité, toute puissance. 25 Car il faut qu'il règne, *jusqu'à ce qu'il ait mis tous ses ennemis sous ses pieds.* 26 Le dernier ennemi qui sera détruit, c'est la mort, 27 car *il a tout mis sous ses pieds.*

Mais quand il dira[1] : « Tout est soumis », c'est évidemment à l'exclusion de Celui qui lui a tout soumis. 28 Et quand toutes choses lui auront été soumises, alors le Fils lui-même sera soumis à Celui qui lui a tout soumis, pour que Dieu soit tout en tous.

29 S'il en était autrement, que chercheraient ceux qui se font baptiser pour les morts[2] ? Si, en tout cas, les morts ne ressuscitent pas, pourquoi se font-ils baptiser pour eux ? 30 Et nous-mêmes, pourquoi à tout moment sommes-nous en danger ? 31 Tous les jours, je suis exposé à la mort, aussi vrai, frères, que vous êtes mon *orgueil en Jésus Christ notre Seigneur. 32 À quoi m'aurait servi de combattre contre les bêtes à Éphèse si je m'en tenais à des vues humaines ? Si les morts ne ressuscitent pas, *mangeons et buvons, car demain nous mourrons.* 33 Ne vous y trompez pas : les mauvaises compagnies corrompent les bonnes moeurs[3]. 34 Dessoûlez-vous pour de bon et ne péchez pas ! Car certains cultivent l'ignorance de Dieu, je le dis à votre honte.

Le corps des ressuscités

35 Mais, dira-t-on, comment les morts ressuscitent-ils ? Avec quel corps reviennent-ils ? 36 Insensé ! Toi, ce que tu sèmes ne prend vie qu'à condition de mourir.

37 Et ce que tu sèmes n'est pas la plante qui doit naître, mais un grain nu, de blé ou d'autre chose.

● . 1. Ou *Quand l'Écriture dit que tout lui a été soumis …*
2. On ignore la nature exacte et le but de cette pratique.
3. Le v. 33 cite un vers du poète grec Ménandre.

38 Puis Dieu lui donne corps, comme il le veut et à chaque semence de façon particulière. 39 Aucune chair n'est identique à une autre; il y a une différence entre celle des hommes, des bêtes, des oiseaux, des poissons. 40 Il y a des corps célestes et des corps terrestres et ils n'ont pas le même éclat; 41 autre est l'éclat du soleil, autre celui de la lune, autre celui des étoiles; une étoile même diffère en éclat d'une autre étoile.

42 Il en est ainsi pour la résurrection des morts : semé corruptible, le corps ressuscite incorruptible; 43 semé méprisable, il ressuscite éclatant de gloire; semé dans la faiblesse, il ressuscite plein de force; 44 semé corps animal, il ressuscite corps spirituel. S'il y a un corps animal, il y a aussi un corps spirituel. 45 C'est ainsi qu'il est écrit : le premier homme Adam *fut un être animal doué de vie,* le dernier Adam est un être spirituel donnant la *vie. 46 Mais ce qui est premier, c'est l'être animal, ce n'est pas l'être spirituel; il vient ensuite. 47 Le premier homme tiré de la terre est terrestre. Le second homme, lui, vient du ciel. 48 Tel a été l'homme terrestre, tels sont aussi les terrestres et tel est l'homme céleste, tels seront les célestes. 49 Et de même que nous avons été à l'image de l'homme terrestre, nous serons aussi à l'image de l'homme céleste. 50 Voici ce que j'affirme, frères : la chair et le sang[1] ne peuvent hériter du *royaume de Dieu, ni la corruption hériter de l'incorruptibilité.

1. Voir Mt 16.17 et note.

51 Je vais vous faire connaître un *mystère. Nous ne mourrons pas tous, mais tous nous serons transformés, 52 en un instant, en un clin d'oeil, au son de la trompette finale. Car la trompette sonnera, les morts ressusciteront incorruptibles et nous, nous serons transformés. 53 Il faut en effet que cet être corruptible revête l'incorruptibilité, et que cet être mortel revête l'immortalité.

54 Quand donc cet être corruptible aura revêtu l'incorruptibilité et que cet être mortel aura revêtu l'immortalité, alors se réalisera la parole de l'Ecriture : *la mort a été engloutie dans la victoire.* 55 *Mort, où est ta victoire ? Mort, où est ton aiguillon ?* 56 L'aiguillon de la mort, c'est le péché et la puissance du péché, c'est la *loi.

57 Rendons grâce à Dieu, qui nous donne la victoire par notre Seigneur Jésus Christ. 58 Ainsi, mes frères bien-aimés, soyez fermes, inébranlables, faites sans cesse des progrès dans l'oeuvre du Seigneur; sachant que votre peine n'est pas vaine dans le Seigneur.

La collecte pour l'église de Jérusalem

16 1 Pour la collecte en faveur des *saints[1], vous suivrez, vous aussi, les règles que j'ai données aux églises de Galatie. 2 Le premier jour de chaque semaine[2], chacun mettra de côté chez lui ce qu'il aura réussi à épargner, afin qu'on n'attende pas mon arrivée pour recueillir les dons. 3 Quand je serai là, j'enverrai, munis de lettres, ceux que vous aurez choi-

1. Voir Rm 15.25 et note.
2. C'est-à-dire le Dimanche.

sis, porter vos dons à Jérusalem; 4 s'il convient que j'y aille moi-même, ils feront le voyage avec moi.

Projets de revoir

5 Je viendrai chez vous en passant par la Macédoine; je la traverserai, en effet, je la traverserai, en effet, et il est possible que je séjourne ou même que je passe l'hiver chez vous, pour que vous me donniez les moyens de poursuivre ma route. 7 Je ne veux pas, cette fois, vous voir seulement en passant, et j'espère rester quelque temps avec vous, si le Seigneur le permet. 8 Mais je resterai à Ephèse jusqu'à la *Pentecôte, 9 car une porte s'y est ouverte toute grande à mon activité, et les adversaires sont nombreux. 10 Si Timothée vient, veillez à ce qu'il soit sans crainte au milieu de vous, car il travaille à l'oeuvre du Seigneur, comme moi. 11 Que personne donc ne le méprise. Fournissez-lui les moyens de revenir en paix auprès de moi, car je l'attends avec les frères. 12 Quant à notre frère Apollos, je l'ai vivement engagé à aller chez vous avec les frères; mais il ne veut absolument pas venir maintenant; il ira quand il aura le temps.

Dernières recommandations et salutations

13 Veillez, soyez fermes dans la foi, soyez des hommes, soyez forts, 14 faites tout avec amour. 15 Encore une recommandation, frères : vous savez que Stéphanas et sa famille sont les *prémices de l'Achaïe; ils se sont dévoués au service des saints[1]. 16 Obéissez donc à des personnes de cette valeur et à quiconque partage leurs travaux et leur peine.

17 Je suis heureux de la présence de Stéphanas, de Fortunatus et d'Achaïcus; ils ont suppléé à votre absence; 18 car ils ont tranquillisé mon esprit et le vôtre. Sachez donc apprécier des hommes de cette valeur.

19 Les églises d'Asie[2] vous saluent. Aquilas et Prisca vous envoient bien des salutations dans le Seigneur, ainsi que l'église qui s'assemble dans leur maison.

20 Tous les frères vous saluent. Saluez-vous les uns les autres d'un *saint baiser.

21 La salutation est de ma main, à moi, Paul. 22 Si quelqu'un n'aime pas le Seigneur, qu'il soit anathème[3]. Marana tha[4].

23 La grâce du Seigneur Jésus soit avec vous.

24 Je vous aime tous en Jésus Christ.

1. *L'Achaïe :* voir 2 Co 1.1 et note *b* — les *saints :* voir notes sur Rm 1.7 et 15.25.
2. Voir Ac 16.6 et note.
3. Dans l'A. T. (Dt 7.2, etc.) l'*anathème* était une extermination des personnes et des biens. Ce terme est employé ici au sens figuré, comme en Dt 7.26 par exemple, et signifie à peu près : *considéré comme immonde et abominable.*
4. *Expression araméenne conservée dans le langage liturgique, et signifiant : Notre Seigneur, viens!* Certains lisent *Maran atha :* le Seigneur vient.

DEUXIÈME ÉPÎTRE
DE PAUL AUX CORINTHIENS

Adresse et salutation

1 1 Paul, *apôtre du Christ Jésus par la volonté de Dieu, et le frère Timothée, à l'église de Dieu qui est à Corinthe[1], ainsi qu'à tous les *saints qui se trouvent dans l'Achaïe[2] entière. 2 À vous, grâce et paix de la part de Dieu notre père et du Seigneur Jésus Christ.

Consolés pour pouvoir consoler

3 Béni soit Dieu, le Père de notre Seigneur Jésus Christ, le Père des miséricordes et le Dieu de toute consolation; 4 il nous console dans toutes nos détresses, pour que nous puissions consoler tous ceux qui sont en détresse, par la consolation que nous-mêmes recevons de Dieu. 5 De même en effet que les souffrances du Christ abondent pour nous, de même, par le Christ, abonde aussi notre consolation. 6 Sommes-nous en difficulté? C'est pour votre consolation et votre salut. Sommes-nous consolés? C'est pour votre consolation qui vous fait supporter les mêmes souffrances que nous endurons nous aussi. 7 Et notre espérance à votre égard est ferme : nous savons que, partageant nos souffrances, vous partagez aussi notre consolation. 8 Car nous ne voulons pas, frères, vous le laisser ignorer : le péril que nous avons couru en Asie[1] nous a accablés à l'extrême, au-delà de nos forces, au point que nous désespérions même de la vie. 9 Oui, nous avions reçu en nous-mêmes notre arrêt de mort. Ainsi notre confiance ne pouvait plus se fonder sur nous-mêmes mais sur Dieu qui ressuscite les morts. 10 C'est lui qui nous a arrachés à une telle mort et nous en arrachera; en lui nous avons mis notre espérance : il nous en arrachera encore. 11 Vous y coopérez vous aussi par votre prière pour nous; ainsi cette grâce, que nous aurons obtenue par l'intercession d'un grand nombre de personnes, deviendra pour beaucoup action de grâce en notre faveur.

Pourquoi Paul ajourne sa visite

12 Car notre sujet de fierté, c'est ce témoignage de notre conscience : nous nous sommes conduits dans le monde, et plus particulièrement envers vous avec la simplicité[2] et la pureté de Dieu, non avec une sagesse humaine, mais par la grâce de Dieu.

1. Voir Ac 18.1 et note. Sur le premier séjour de l'apôtre à Corinthe, voir Ac 18.1-18.
2. Province romaine correspondant à la moitié sud de la Grèce actuelle.

1. Province romaine dont Éphèse (en Turquie actuelle) était la capitale. L'apôtre fait allusion à des périls que nous ignorons.
2. Autre texte : *avec la sainteté*.

13 Nous ne vous écrivons rien d'autre en effet que ce que vous lisez et comprenez. Mais j'espère que vous nous comprendrez complètement 14 puisque vous nous avez compris en partie : nous sommes votre sujet de fierté, comme vous êtes le nôtre au *Jour du Seigneur Jésus. 15 Et dans cette assurance, je voulais passer tout d'abord chez vous pour vous obtenir une deuxième grâce[1], 16 puis, de chez vous, me rendre en Macédoine, et enfin revenir de Macédoine[2] chez vous, pour que vous fassiez tout le nécessaire pour mon voyage en Judée. 17 En prenant cette résolution, aurais-je fait preuve de légèreté ? Ou bien mes projets ne sont-ils que des projets humains, en sorte qu'il y ait en moi à la fois le Oui et le Non ? 18 Dieu m'en est garant : Notre parole pour vous n'est pas Oui et Non. 19 Car le Fils de Dieu, le Christ Jésus que nous avons proclamé chez vous, moi, Silvain[3] et Timothée, n'a pas été « Oui » et « Non », mais il n'a jamais été que « Oui ! » 20 Et toutes les promesses de Dieu ont trouvé leur Oui dans sa personne. Aussi est-ce par lui que nous disons : *Amen à Dieu pour sa gloire. 21 Celui qui nous affermit avec nous en Christ et qui nous donne l'*onction, c'est Dieu, 22 Lui qui nous a marqués de son sceau et a mis dans nos coeurs les arrhes de l'Esprit. 23 Pour moi, je prends Dieu à témoin sur ma vie : c'est pour vous

ménager que je ne suis pas revenu à Corinthe. 24 Ce n'est pas que nous régentions votre foi, mais nous coopérons à votre joie car, pour la foi, vous tenez bon.

2 1 Pour moi, j'ai décidé ceci : je ne retournerai pas chez vous dans la tristesse. 2 Si en effet je vous cause de la tristesse, qui me donnera de la joie, sinon celui que j'aurai attristé ? 3 C'était le but de ma lettre[1] d'éviter qu'en arrivant, je n'éprouve de la tristesse de la part de ceux qui auraient dû me donner de la joie. Je suis convaincu, en ce qui vous concerne, que ma joie est aussi la vôtre à tous ; 4 aussi est-ce en pleine difficulté et le coeur serré que je vous ai écrit parmi bien des larmes, non pour vous attrister, mais pour que vous sachiez l'amour débordant que je vous porte.

Paul pardonne à celui qui l'a offensé

5 Si quelqu'un[2] a fait de la peine, ce n'est pas à moi, mais dans une certaine mesure, n'exagérons rien, à vous tous. 6 Pour un tel homme, il suffit du blâme infligé par la communauté; 7 c'est pourquoi, bien au contraire, faites-lui plutôt grâce et consolez-le, de peur qu'il ne sombre dans une tristesse excessive. 8 Aussi, je vous engage à faire preuve d'amour envers lui, 9 car en vous écrivant, mon but était de voir à l'épreuve si votre obéissance était totale. 10 À qui vous faites grâce, je fais grâce ! Si moi, j'ai fait grâce

---

1. Autre texte : *pour vous procurer une double joie.*

2. Province romaine (capitale Thessalonique) correspondant à la moitié nord de la Grèce actuelle.

3. Le même que *Silas* (Ac 15.22).

1. Celle-ci est perdue (à moins qu'on en retrouve des éléments aux chapitres 10-13).

2. L'offenseur évoqué au v. 2. Voir aussi 2 Co 7.12.

— dans la mesure où j'ai eu à le faire —, c'était pour vous, sous le regard du Christ, 11 afin que nous ne soyons pas dupes de *Satan. Car nous n'ignorons pas ses intentions.

Inquiétude, puis soulagement de Paul

12 J'arrivai alors à Troas pour y prêcher l'*Evangile du Christ, et bien que le Seigneur m'ouvrît grande la porte, 13 je n'eus pas l'esprit en repos, car je ne trouvai pas Tite, mon frère. J'ai donc pris congé d'eux et je suis parti pour la Macédoine. 14 Grâces soient rendues à Dieu qui, par le Christ, nous emmène en tout temps dans son triomphe et qui, par nous, répand en tout lieu le parfum de sa connaissance. 15 De fait, nous sommes pour Dieu la bonne odeur du Christ, pour ceux qui se sauvent et pour ceux qui se perdent; 16 pour les uns, odeur de mort qui conduit à la mort, pour les autres, odeur de vie qui conduit à la *vie. Et qui est à la hauteur d'une telle mission ? 17 Nous ne sommes pas en effet comme tant d'autres qui trafiquent de la parole de Dieu; c'est avec sincérité, c'est de la part de Dieu, à la face de Dieu, dans le Christ, que nous parlons.

Ministres d'une alliance nouvelle

3 1 Allons-nous de nouveau nous recommander nous-mêmes ? Ou bien avons-nous besoin, comme certains, de lettres de recommandation pour vous, ou de votre part ?

2 Notre lettre, c'est vous, lettre écrite dans nos cœurs, connue et lue par tous les hommes. 3 De toute évidence, vous êtes une lettre du Christ confiée à notre *ministère, écrite non avec de l'encre, mais avec l'Esprit du Dieu vivant, non sur des tables de pierre, mais sur des tables de chair, sur vos cœurs. 4 Telle est l'assurance que nous avons, grâce au Christ, devant Dieu. 5 Ce n'est pas à cause d'une capacité personnelle que nous pourrions mettre à notre compte, c'est de Dieu que vient notre capacité. 6 C'est lui qui nous a rendus capables d'être ministres d'une *alliance nouvelle, non de la lettre[1], mais de l'Esprit; car la lettre tue, mais l'Esprit donne la *vie. 7 Or si le ministère de mort gravé en lettres sur la pierre a été d'une gloire telle que les Israélites ne pouvaient fixer le visage de Moïse à cause de la gloire — pourtant passagère — de ce visage, 8 combien le ministère de l'Esprit n'en aura-t-il pas plus encore ? 9 Si en effet le ministère de condamnation fut glorieux, combien le ministère de la justice ne le sera-t-il pas plus encore ? 10 Non, même ce qui alors a été touché par la gloire ne l'est plus, face à cette gloire incomparable. 11 Car, si ce qui était passager a été marqué de gloire, combien plus ce qui demeure le sera-t-il ? 12 Forts d'une pareille espérance, nous sommes pleins d'assurance; 13 nous ne faisons pas comme Moïse qui se mettait un voile sur le visage pour éviter que les Israélites ne voient la fin d'un éclat passager. 14 Mais leur intelligence

1. Voir Rm 2.29 et note.

s'est obscurcie ! Jusqu'à ce jour, lorsqu'on lit l'Ancien *Testament, ce même voile demeure. Il n'est pas levé, car c'est en Christ qu'il disparaît. 15 Oui, jusqu'à ce jour, chaque fois qu'ils lisent Moïse[1], un voile est sur leur coeur. 16 C'est seulement par la conversion au Seigneur que le voile tombe. 17 Car le Seigneur est l'Esprit, et là où est l'Esprit du Seigneur, là est la liberté. 18 Et nous tous qui, le visage dévoilé, reflétons la gloire du Seigneur, nous sommes transfigurés en cette même image, avec une gloire toujours plus grande, par le Seigneur, qui est Esprit.

Un trésor dans des vases d'argile

4 1 Aussi puisque, par miséricorde, nous détenons ce *ministère, nous ne perdons pas courage. 2 Nous avons dit non aux procédés secrets et honteux, nous nous conduisons sans fourberie, et nous ne falsifions pas la parole de Dieu, bien au contraire, c'est en manifestant la vérité que nous cherchons à gagner la confiance de tous les hommes en présence de Dieu. 3 Si cependant notre *Evangile demeure voilé, il est voilé pour ceux qui se perdent, 4 pour les incrédules, dont le dieu de ce monde[2] a aveuglé l'intelligence, afin qu'ils ne perçoivent pas l'illumination de l'Evangile de la gloire du Christ, lui qui est l'image de Dieu. 5 Non, ce n'est pas nous-mêmes, mais Jésus

Christ Seigneur que nous proclamons. Quant à nous-mêmes, nous nous proclamons vos serviteurs à cause de Jésus. 6 Car le Dieu qui a dit : *que la lumière brille au milieu des ténèbres,* c'est lui-même qui a brillé dans nos coeurs pour faire resplendir la connaissance de sa gloire qui rayonne sur le visage du *Christ. 7 Mais ce trésor, nous le portons dans des vases d'argile, pour que cette incomparable puissance soit de Dieu et non de nous. 8 Pressés de toute part, nous ne sommes pas écrasés; dans des impasses, mais nous arrivons à passer; 9 pourchassés, mais non rejoints; terrassés, mais non achevés; 10 sans cesse nous portons dans notre corps l'agonie de Jésus afin que la *vie de Jésus soit elle aussi manifestée dans notre corps. 11 Toujours, en effet, nous les vivants, nous sommes livrés à la mort à cause de Jésus, afin que la vie de Jésus soit elle aussi manifestée dans notre existence mortelle. 12 Ainsi la mort est à l'oeuvre en nous, mais la vie en vous. 13 Pourtant, forts de ce même esprit de foi dont il est écrit : *J'ai cru, c'est pourquoi j'ai parlé,* nous croyons, nous aussi, et c'est pourquoi nous parlons. 14 Car nous le savons, celui qui a ressuscité le Seigneur Jésus, nous ressuscitera nous aussi avec Jésus et il nous placera avec vous près de lui. 15 Et tout ce que nous vivons, c'est pour vous, afin qu'en s'accroissant la grâce fasse surabonder, par une communauté accrue, l'action de grâce à la gloire de Dieu.

---

1. Voir Mt 19.7; Lc 24.27, etc.; Moïse était considéré comme l'auteur des cinq premiers livres de la Bible, qu'on désignait globalement par l'expression *la Loi.*

2. Comparer 1 Co 2.6; Jn 12.31; notre texte est le seul où Satan reçoive le titre de *dieu.*

Toujours pleins de confiance

16 C'est pourquoi nous ne per-dons pas courage et même si, en nous, l'homme extérieur va vers sa ruine, l'homme intérieur[1] se re-nouvelle de jour en jour. 17 Car nos détresses d'un moment sont légères par rapport au poids extraordinaire de gloire éternelle qu'elles nous préparent. 18 Notre objectif n'est pas ce qui se voit, mais ce qui ne se voit pas; ce qui se voit est provisoire, mais ce qui ne se voit pas est éternel.

5 1 Car nous le savons[2], si notre demeure terrestre, qui n'est qu'une tente, se détruit, nous avons un édifice, oeuvre de Dieu, une demeure éternelle dans les *cieux, qui n'est pas faite de main d'homme. 2 Et nous gémis-sons, dans le désir ardent de revê-tir, par-dessus l'autre, notre habi-tation céleste, 3 pourvu que nous soyons trouvés vêtus et non pas nus[3]. 4 Car nous qui sommes dans cette tente, nous gémissons, acca-blés; c'est un fait : nous ne vou-lons pas nous dévêtir, mais revêtir un vêtement sur l'autre afin que ce qui est mortel soit englouti par la *vie. 5 Celui qui nous a formés pour cet avenir, c'est Dieu qui nous a donné les arrhes de l'Es-prit. 6 Ainsi donc, nous sommes toujours pleins de confiance, tout en sachant que, tant que nous habitons dans ce corps, nous sommes hors de notre demeure, loin du Seigneur, 7 car nous che-

minons par la foi, non par la vue ... 8 oui, nous sommes pleins de confiance et nous préférons quit-ter la demeure de ce corps pour aller demeurer auprès du Sei-gneur. 9 Aussi notre ambition, — que nous conservions notre de-meure ou que nous la quittions —, est-elle de lui plaire. 10 Car il nous faudra tous comparaître à découvert devant le tribunal du Christ afin que chacun recueille le prix de ce qu'il aura fait durant sa vie corporelle, soit en bien, soit en mal.

Au service de la réconciliation

11 Connaissant donc[1] la crainte du Seigneur, nous cherchons à convaincre les hommes, et, devant Dieu, nous sommes pleinement à découvert. J'espère être aussi plei-nement à découvert dans vos consciences. 12 Nous ne nous re-commandons pas à nouveau au-près de vous, mais nous voulons vous fournir une occasion d'être fiers de nous afin que vous ayez de quoi répondre à ceux dont les motifs de fierté sont tout de fa-çade et non de fond. 13 Si nous avons été hors de sens, c'était pour Dieu; si nous sommes sen-sés, c'est pour vous. 14 L'amour du Christ[2] nous étreint, à cette pen-sée qu'un seul est mort pour tous et donc que tous sont morts. 15 Et il est mort pour tous afin que les vivants ne vivent plus pour eux-mêmes, mais pour celui qui est mort et ressuscité pour eux. 16 Aussi, désormais, ne connais-sons-nous plus personne à la ma-nière humaine. Si nous avons

---

1. Emploi différent de la même expression en Rm 7.22.
2. Paul ouvre ici une parenthèse qu'il prolonge jusqu'à 5.7.
3. Cf. 1 Co 15.53-55. *Vêtus* (sous-entendu : de notre corps) et non pas dépouillés de celui-ci (c'est-à-dire déjà morts).

1. Le thème amorcé en 2 Co 3.1 reprend ici.
2. L'amour que le Christ a pour nous.

connu le Christ à la manière humaine, maintenant nous ne le connaissons plus ainsi. 17 Aussi, si quelqu'un est en Christ, il est une nouvelle créature[1]. Le monde ancien est passé, voici qu'une réalité nouvelle est là. 18 Tout vient de Dieu, qui nous a réconciliés avec lui par le Christ et nous a confié le *ministère de la réconciliation. 19 Car de toutes façons, c'était Dieu qui en Christ réconciliait le *monde avec lui-même, ne mettant pas leurs fautes au compte des hommes, et mettant en nous la parole de réconciliation. 20 C'est au nom du Christ que nous sommes en ambassade, et par nous, c'est Dieu lui-même qui, en fait, vous adresse un appel. Au nom du Christ, nous vous en supplions, laissez-vous réconcilier avec Dieu. 21 Celui qui n'avait pas connu le péché il l'a, pour nous, identifié au péché, afin que, par lui, nous devenions justice de Dieu.

6 1 Puisque nous sommes à l'œuvre avec lui, nous vous exhortons à ne pas laisser sans effet la grâce reçue de Dieu. 2 Car il dit :

Au moment favorable, je t'exauce,
*et au *jour du salut, je viens à ton secours.*

Voici maintenant le moment tout à fait favorable.
Voici maintenant le jour du salut.

Ministres de Dieu

3 Nous ne voulons d'aucune façon scandaliser personne, pour que notre *ministère soit sans reproche. 4 Au contraire, nous nous recommandons nous-mêmes en tout comme ministres de Dieu

par une grande persévérance
dans les détresses,
les contraintes,
les angoisses,

5 les coups,
les prisons,
les émeutes,
les fatigues,
les veilles,
les *jeûnes,

6 par la *pureté,
la science,
la patience,
la bonté,
par l'Esprit Saint,
l'amour sans feinte,

7 la parole de vérité,
la puissance de Dieu,
par les armes offensives et défensives de la justice,

8 dans la gloire et le mépris,
dans la mauvaise et la bonne réputation ;
tenus pour imposteurs et pourtant véridiques,

9 inconnus et pourtant bien connus,
moribonds et pourtant nous vivons,
châtiés sans être exécutés,

10 attristés mais toujours joyeux,
pauvres, et faisant bien des riches,
n'ayant rien, nous qui pourtant possédons tout !

1. Une autre ponctuation permettrait cette autre traduction, parfois adoptée : *Si quelqu'un en Christ est une nouvelle création, l'ancien est passé, tout est neuf.*

11 Nous nous sommes librement adressés à vous, Corinthiens, notre coeur s'est grand ouvert. 12 Vous n'êtes pas à l'étroit chez nous. C'est en vous-mêmes que vous êtes à l'étroit. 13 Payez-nous de retour : je vous parle comme à mes enfants, ouvrez tout grand votre coeur, vous aussi !

Le temple du Dieu vivant

14 Ne formez pas d'attelage disparate avec les incrédules; quelle association peut-il y avoir entre la justice et l'impiété ? Quelle union entre la lumière et les ténèbres ? 15 Quel accord entre Christ et Béliar[1] ? Quelle relation entre le croyant et l'incrédule ? 16 Qu'y a-t-il de commun entre le *temple de Dieu et les idoles ? Car nous sommes, nous, le temple du Dieu vivant comme Dieu l'a dit :

Au milieu d'eux, j'habiterai et je marcherai,
je serai leur Dieu et ils seront mon peuple.
17 *Sortez donc d'entre ces gens-là, et mettez-vous à l'écart,*
*dit le Seigneur; ne touchez à rien d'*impur.*
Et moi je vous accueillerai.
18 *Je serai pour vous un père et vous serez pour moi des fils et des filles,* dit le Seigneur tout-puissant.

7 1 Puisque nous détenons de telles promesses, mes bien-aimés, purifions-nous nous-mêmes de toute souillure de la chair et de l'esprit; achevons de

nous sanctifier dans la crainte de Dieu.

Un repentir réjouissant

2 Faites-nous une place dans vos coeurs[1]; nous n'avons fait de tort à personne; nous n'avons ruiné personne; nous n'avons exploité personne. 3 Ce n'est pas pour vous condamner que je dis cela, car je l'ai déjà dit : vous êtes dans nos coeurs à la mort et à la vie.

4 Grande est ma confiance en vous, grande est la fierté que j'ai de vous, je suis tout rempli de consolation, je déborde de joie dans toutes nos détresses. 5 En fait, à notre arrivée en Macédoine[2], nous n'avons pas connu de détente, mais toutes sortes de détresses. Combats au-dehors, craintes au-dedans. 6 Mais Dieu, qui console les humbles, nous a consolé par l'arrivée de Tite, 7 non seulement par son arrivée, mais par le réconfort qu'il a reçu de vous : il nous a fait part de votre vif désir, de vos larmes, de votre zèle pour moi, au point que j'en ai eu une joie plus vive encore.

8 Oui, si je vous ai attristés par ma lettre[3], je ne le regrette pas ... Et si je l'ai regretté — cette lettre, je le constate, vous a attristés, ne fût-ce qu'un moment —, 9 je me réjouis maintenant, non de votre tristesse, mais du repentir qu'elle a produit. Car votre tristesse a été selon Dieu; ainsi, de notre part, vous n'avez subi aucun dommage. 10 Car la tristesse selon Dieu pro-

---

1. Reprise du développement interrompu en 2 Co 6.13.
2. Voir 2 Co 1.16 et note 2.12-13.
3. Voir 2 Co 2.3 et note.

---

1. Ou *Bélial* (vaurien, néant) : expression atténuée pour désigner une idole, ou Satan.

duit un repentir qui conduit au salut et ne laisse pas place au regret ... La tristesse selon ce *monde produit la mort. 11 Voyez plutôt ce qu'a produit chez vous la tristesse selon Dieu,

mais oui ! quel empressement !
quelles excuses !
quelle indignation !
quelle crainte !
quel désir !
quel zèle !
quelle punition !

De toutes façons vous avez vous-mêmes prouvé que vous étiez nets dans cette affaire. 12 Bref, si je vous ai écrit, ce n'était ni à cause de l'offenseur[1], ni à cause de l'offensé, mais pour faire voir devant vous, en présence de Dieu, le zèle que vous avez pour nous.

13 Voilà ce qui nous a consolé. Outre cette consolation personnelle, nous nous sommes réjouis plus encore de la joie de Tite dont l'esprit a reçu de vous tous un plein apaisement. 14 Car, si j'ai, devant lui, montré quelque fierté de vous, je n'ai pas eu à en rougir, mais, comme nous vous avons toujours dit la vérité, ainsi la fierté que nous avons montrée de vous devant Tite s'est trouvée justifiée. 15 Sa tendresse pour vous n'en est que plus grande, lorsqu'il se rappelle votre obéissance à tous, avec quelle crainte et quel tremblement vous l'avez accueilli. 16 Je me réjouis de pouvoir en tout compter sur vous.

Encouragements à terminer la collecte

8 1 Nous voulons vous faire connaître, frères, la grâce que Dieu a accordée aux églises de Macédoine. 2 Au milieu des multiples détresses qui les ont éprouvées, leur joie surabondante et leur pauvreté extrême ont débordé en trésors de libéralité. 3 Selon leurs moyens et, j'en suis témoin, au-delà de leurs moyens, en toute spontanéité, 4 avec une vive insistance, ils nous ont réclamé la grâce de participer à ce service au profit des *saints[1]. 5 - Au-delà même de nos espérances, ils se sont donnés eux-mêmes, d'abord au Seigneur, puis à nous, par la volonté de Dieu. 6 Aussi avons-nous insisté auprès de Tite pour qu'il mène à bonne fin chez vous cette oeuvre de générosité, comme il l'avait commencée. 7 Mais puisque vous avez de tout en abondance, foi, éloquence, science et toute sorte de zèle et d'amour que vous avez reçus de nous, ayez aussi en abondance de la générosité en cette occasion. 8 Je ne le dis pas comme un ordre; mais, en vous citant le zèle des autres, je vous permets de prouver l'authenticité de votre charité. 9 Vous connaissez en effet la générosité de notre Seigneur Jésus Christ qui, pour vous, de riche qu'il était, s'est fait pauvre, pour vous enrichir de sa pauvreté. 10 C'est un avis que je donne à ce sujet : c'est ce qui vous convient à vous, puisque vous avez été les premiers, non seulement à réaliser, mais aussi à décider cette oeuvre dès l'an dernier.

1. Voir 2 Co 2.2.   1. Voir Rm 15.25 et note.

11 Maintenant donc, achevez de la réaliser; ainsi à vos beaux projets correspondra aussi la réalisation selon vos moyens. 12 Quand l'intention est vraiment bonne, on est bien reçu avec ce que l'on a, peu importe ce que l'on n'a pas ! 13 Il ne s'agit pas de vous mettre dans la gêne en soulageant les autres, mais d'établir l'égalité. 14 En cette occasion, ce que vous avez en trop compensera ce qu'ils ont en moins, pour qu'un jour ce qu'ils auront en trop compense ce que vous aurez en moins : cela fera l'égalité 15 comme il est écrit : *Qui avait beaucoup recueilli n'a rien eu de trop, qui avait peu recueilli, n'a manqué de rien.* 16 Grâces soient rendues à Dieu qui a mis au coeur de Tite le même zèle pour vous. 17 Il a accepté notre invitation et, plus empressé encore, c'est spontanément qu'il est parti vers nous. 18 Nous avons envoyé avec lui le frère dont toutes les églises chantent la louange au sujet de l'*Evangile. 19 Mieux encore, il a été désigné par les églises pour être notre compagnon de voyage dans cette oeuvre de générosité, service que nous entreprenons pour la gloire du Seigneur lui-même et pour la réalisation de nos bonnes intentions. 20 Nous prenons bien garde d'éviter toute critique dans la gestion de ces fortes sommes dont nous avons la charge. 21 Nous nous préoccupons du bien non seulement aux yeux de Dieu, mais aussi à ceux des hommes. 22 Avec les délégués nous avons envoyé notre frère[1], celui dont nous avons souvent, dans bien des cas,

éprouvé le zèle et qui maintenant en montre bien plus encore, car il vous fait pleinement confiance. 23 Tite, c'est mon compagnon et mon collaborateur auprès de vous; nos frères, ce sont les délégués des églises, la gloire du Christ. 24 Donnez-leur donc, à la face des églises, la preuve de votre amour et de la fierté que nous avons de vous auprès d'eux.

Autres recommandations pour la collecte

9 1 Au sujet de l'assistance en faveur des *saints, il est inutile que je vous écrive. 2 Je sais vos bonnes intentions, et j'en tire fierté pour vous auprès des Macédoniens[1] : l'Achaïe[2], leur disais-je, est prête depuis l'an dernier, et votre ardeur a stimulé la plupart des églises. 3 Je vous envoie les frères afin que la fierté que j'ai de vous ne soit pas vaine sur ce point et que, comme je le disais, vous soyez réellement prêts. 4 Je craindrais, si des Macédoniens viennent avec moi et ne vous trouvent pas prêts, que cette belle assurance ne tourne à notre confusion, pour ne pas dire la vôtre. 5 J'ai donc cru devoir inviter les frères à nous devancer chez vous et à préparer vos dons; vos largesses déjà promises une fois recueillies seraient une vraie largesse et non une ladrerie. 6 Sachez-le :

Qui sème chichement,
chichement aussi moissonnera
et qui sème largement,
largement aussi moissonnera !

1. C'est-à-dire les membres des églises de Philippes, Thessalonique, Bérée ... Voir 2 Co 1.16 et note.
2. Voir 2 Co 1.1 et note.

7 Que chacun donne selon la décision de son *coeur, sans chagrin ni contrainte, car *Dieu* aime celui *qui donne avec joie.* 8 Dieu a le pouvoir de vous combler de toutes sortes de grâces, pour que, disposant toujours et en tout du nécessaire, vous ayez encore du superflu pour toute oeuvre bonne. 9 Comme il est écrit :

Il a distribué, il a donné aux pauvres,

sa justice demeure à jamais.

10 Celui qui fournit la semence au semeur, et le pain pour la nourriture, vous fournira aussi la semence, la multipliera, et fera croître les fruits de votre justice. 11 Vous serez enrichis de toutes manières par toutes sortes de libéralités qui feront monter par notre intermédiaire l'action de grâce vers Dieu. 12 Car le service de cette collecte ne doit pas seulement combler les besoins des *saints, mais faire abonder les actions de grâce envers Dieu. 13 Appréciant ce service à sa valeur, ils glorifieront Dieu pour l'obéissance que vous professez envers l'*Evangile du Christ et pour votre libéralité dans la mise en commun avec eux et avec tous. 14 Et par leur prière pour vous, ils vous manifesteront leur tendresse, à cause de la grâce surabondante que Dieu vous a accordée. 15 Grâces soient rendues à Dieu pour son don ineffable !

Paul défend son ministère

10 1 Moi, Paul, en personne, je vous le demande par la douceur et la bonté du Christ, moi si humble quand je suis parmi vous face à face, mais si hardi envers vous quand je suis loin; 2 je vous en prie, que je n'aie pas, une fois présent, à user de cette hardiesse dont je compte faire preuve, avec audace, contre ces gens qui prétendent que notre conduite a des motifs humains. 3 Tout homme que nous sommes, nous ne combattons pas de façon purement humaine. 4 Non, les armes de notre combat ne sont pas d'origine humaine, mais leur puissance vient de Dieu pour la destruction des forteresses[1]. Nous détruisons les raisonnements prétentieux, 5 et toute puissance hautaine qui se dresse contre la connaissance de Dieu. Nous faisons captive toute pensée pour l'amener à obéir au Christ 6 et nous nous tenons prêts à punir toute désobéissance dès que votre obéissance sera totale. 7 Regardez les choses en face. Si quelqu'un est persuadé d'appartenir au Christ, qu'il s'en rende compte une bonne fois : s'il est au Christ, nous aussi ! 8 Et même si je suis un peu trop fier du pouvoir que le Seigneur nous a donné pour votre édification, et non pour votre ruine, je n'en rougirai pas. 9 Je ne veux pas avoir l'air de vous effrayer par mes lettres, 10 car ses lettres, dit-on, ont du poids et de la force; mais, une fois présent il est faible et sa parole est nulle. 11 Qu'il s'en rende bien compte, cet individu[2] : tel nous sommes en parole, de loin, dans nos lettres, tel nous serons, présent, dans nos actes. 12 Car nous n'avons pas l'audace de nous égaler ou de nous comparer à certaines gens qui se recomman-

1. Image inspirée d'Es 2.13-15 pour décrire l'orgueil de l'homme sûr de lui-même et fermé à Dieu.
2. Cf. 2 Co 2.5 et note.

dent eux-mêmes; en se prenant eux-mêmes comme unité de mesure et de comparaison, ils perdent la tête ! 13 Pour nous, nous ne passerons pas la mesure dans la fierté que nous montrons, mais nous nous servirons comme mesure de la règle même que Dieu nous a attribuée, en nous faisant parvenir jusqu'à vous. 14 Car nous ne dépassons pas notre limite, comme si nous n'étions pas venu chez vous. Nous sommes vraiment arrivé le premier jusqu'à vous avec l'*Evangile du Christ. 15 Nous n'avons pas une fierté démesurée, fondée sur les travaux d'autrui, mais nous avons l'espoir, avec les progrès de votre foi, de grandir de plus en plus en vous selon notre règle, 16 en portant l'Evangile au-delà de chez vous, sans tirer fierté de travaux tout faits sur le terrain des autres. 17 *Que celui qui s'enorgueillit mette son *orgueil dans le Seigneur.* 18 Ce n'est pas celui qui se recommande lui-même qui a fait ses preuves, mais celui que le Seigneur recommande.

Paul est un apôtre authentique

11 1 Ah si vous pouviez supporter de moi un peu de folie, eh bien oui ! Supportez-moi ! 2 J'éprouve à votre égard autant de jalousie que Dieu. Je vous ai fiancés à un époux unique, pour vous présenter au Christ, comme une vierge *pure, 3 mais j'ai peur que — comme le serpent séduisit Eve par sa ruse — vos pensées ne se corrompent loin de la simplicité[1] due au Christ. 4 En effet, si le premier venu vous prêche un autre Jésus que celui que nous avons prêché, ou bien si vous accueillez un esprit différent de celui que vous avez reçu ou un autre *évangile que celui que vous avez accueilli — vous le supportez fort bien. 5 J'estime pourtant n'avoir rien de moins que ces super-*apôtres. 6 Nul pour l'éloquence soit ! pour la science, c'est autre chose. En tout et de toutes manières, nous vous l'avons montré. 7 Etait-ce une faute de m'abaisser moi-même pour vous élever, en vous annonçant gratuitement l'Evangile de Dieu ? 8 J'ai dépouillé d'autres églises[1], acceptant d'elles de quoi vivre pour vous servir. 9 Et lorsque j'ai été dans le besoin pendant mon séjour chez vous, je n'ai exploité personne, car les frères venus de Macédoine ont pourvu à mes besoins; et en tout, je me suis bien gardé de vous être à charge et je m'en garderai bien. 10 Par la vérité du Christ en moi, je l'atteste : on ne me fera pas cacher cette fierté dans les pays d'Achaïe.

11 Et pourquoi ? Parce que je ne vous aime pas ? Dieu le sait !

12 Ce que je fais, je le ferai encore afin d'ôter tout prétexte à ceux qui en voudraient un pour se vanter des mêmes titres que nous ! 13 Ces gens-là sont de faux apôtres, des faussaires camouflés en apôtres du Christ; 14 rien d'étonnant à cela : *Satan lui-même se camoufle en *ange de lumière. 15 C'est donc peu de chose pour ses serviteurs de se camoufler en serviteurs de la justice. Leur fin sera conforme à leurs oeuvres.

---

1. Certains manuscrits ajoutent *et de la pureté.*

1. Voir 2 Co 8.1-4 : les églises de Macédoine.

Souffrances endurées par l'apôtre

16 Je le répète, que l'on ne pense pas que je suis fou — ou bien alors acceptez que je sois fou, que je puisse moi aussi me vanter un peu —. 17 Ce que je vais dire, je ne le dis pas selon le Seigneur, mais comme en pleine folie, dans mon assurance d'avoir de quoi me vanter. 18 Puisque beaucoup se vantent de leurs avantages humains, moi aussi je me vanterai. 19 Volontiers, vous supportez les gens qui perdent la raison, vous si raisonnables. 20 Vous supportez qu'on vous asservisse, qu'on vous dévore, qu'on vous dépouille, qu'on le prenne de haut, qu'on vous frappe au visage. 21 Je le dis à notre honte, comme si nous avions été faibles. Ce qu'on ose dire — je parle comme un fou — je l'ose moi aussi. 22 Ils sont Hébreux ? moi aussi ! Israélites ? moi aussi ! de la descendance d'Abraham ? moi aussi ! 23 *Ministres du Christ ? — je vais dire une folie — moi bien plus !

Dans les fatigues — bien davantage,
dans les prisons — bien davantage,
sous les coups — infiniment plus,
dans les dangers de mort — bien des fois !
24 Des *Juifs, j'ai reçu cinq fois les 39 coups[1],
25 trois fois, j'ai été flagellé,
une fois lapidé,
trois fois, j'ai fait naufrage,

j'ai passé un jour et une nuit sur l'abîme.
26 Voyages à pieds, souvent,
dangers des fleuves,
dangers des brigands,
dangers de mes frères de race,
dangers des *païens,
dangers dans la ville,
dangers dans le désert,
dangers sur mer,
dangers des faux frères !
27 Fatigues et peine, veilles souvent, faim et soif, *jeûne souvent, froid et dénuement; 28 sans compter tout le reste, ma préoccupation quotidienne, le souci de toutes les églises. 29 Qui est faible, que je ne sois faible ? Qui tombe, que cela ne me brûle ? 30 S'il faut s'enorgueillir, je mettrai mon *orgueil dans ma faiblesse. 31 Dieu, le Père du Seigneur Jésus, qui est béni pour l'éternité, sait que je ne mens pas. 32 À Damas, l'ethnarque du roi Arétas[1] faisait garder la ville pour m'arrêter. 33 Mais par une fenêtre, on me fit descendre dans une corbeille le long de la muraille et j'échappai à ses mains.

Visions et révélations accordées à Paul

12 1 Il faut s'*enorgueillir ! C'est bien inutile ! pourtant j'en viendrai aux visions et *révélations du Seigneur. 2 Je connais un homme en Christ[2] qui, voici quatorze ans[3], était-ce dans mon corps ? je ne sais, était-ce hors de

---

1. Mot à mot : *quarante moins un*. On voulait ne pas risquer de dépasser le maximum de quarante coups prescrit par Dt 25.3.

1. *Arétas IV*, roi nabatéen (9 av. J. C. — 39 ap. J. C.) — *ethnarque* est un titre sensiblement équivalent à *gouverneur*.
2. L'apôtre parle de lui-même.
3. C'est-à-dire vers l'an 42 ou 43, pendant le séjour de Paul en Cilicie (Ac 9.30; 11.25; Ga 1.21), ou à Antioche, avant son premier voyage missionnaire.

mon corps ? je ne sais, Dieu le sait — cet homme-là fut enlevé jusqu'au troisième *ciel[1].

3 Et je sais que cet homme — ·était-ce dans son corps ? était-ce sans son corps ? je ne sais, Dieu le sait —, 4 cet homme fut enlevé[2] jusqu'au paradis et entendit des paroles inexprimables qu'il n'est pas permis à l'homme de redire. 5 Pour cet homme-là, je m'enorgueillirai, mais pour moi, je ne mettrai mon *orgueil que dans mes faiblesses. 6 Ah ! si je voulais m'enorgueillir, je ne serais pas fou, je ne dirais que la vérité ; mais je m'abstiens, pour qu'on n'ait pas sur mon compte une opinion supérieure à ce qu'on voit de moi, ou à ce qu'on m'entend dire. 7 Et parce que ces révélations étaient extraordinaires, pour m'éviter tout orgueil, il a été mis une écharde dans ma chair[3], un *ange de *Satan chargé de me frapper, pour m'éviter tout orgueil. 8 À ce sujet, par trois fois, j'ai prié le Seigneur de l'écarter de moi. 9 Mais il m'a déclaré : Ma grâce te suffit ; ma puissance donne toute sa mesure dans la faiblesse. Aussi mettrai-je mon orgueil bien plutôt dans mes faiblesses, afin que repose sur moi la puissance du Christ.

10 Donc je me complais
   dans les faiblesses,
      les insultes,
      les contraintes,
      les persécutions, et les angoisses
   pour Christ !

Car lorsque je suis faible, c'est alors que je suis fort.

Soucis de Paul pour les Corinthiens

11 Me voilà devenu fou ! Vous m'y avez contraint. C'est vous qui auriez dû me recommander. Car je n'ai rien eu de moins que ces super-apôtres, bien que je ne sois rien. 12 Les signes distinctifs de l'*apôtre se sont produits parmi vous : patience à toute épreuve, *signes miraculeux, prodiges, actes de puissance. 13 Qu'avez-vous eu de moins que les autres églises, sinon que, pour moi, je ne vous ai pas exploités ? Pardonnez-moi cette injustice !

14 Voici que je suis prêt à venir chez vous pour la troisième fois et je ne vous exploiterai pas : car je ne recherche pas vos biens, mais vous-mêmes. Ce n'est pas aux enfants à mettre de côté pour les parents, mais aux parents pour les enfants. 15 Pour moi, bien volontiers je dépenserai et me dépenserai moi-même tout entier pour vous. Si je vous aime davantage, en serai-je moins aimé ? 16 Soit, je ne vous ai pas été à charge ! Mais, fourbe que je suis, je vous ai eus par ruse. 17 Prenez qui vous voulez de ceux que je vous ai envoyés : vous ai-je exploités par l'un d'eux ? 18 J'ai insisté auprès de Tite et envoyé avec lui le frère (dont j'ai parlé[1]). Tite vous a-t-il exploités ? N'avons-nous pas marché dans le même esprit ? Et sur les mêmes traces ? 19 Depuis longtemps vous pensez que nous nous justifions

---

1. Dans les anciennes conceptions juives le paradis était souvent situé au *troisième ciel*.

2. Voir Ez 3.12. Expression traditionnelle pour désigner les extases prophétiques.

3. Souffrance particulière à l'apôtre, qu'il n'est pas possible de préciser. Voir cependant Ga 4.13-15.

1. Voir 2 Co 8.18. Les mots *dont j'ai parlé* sont sous-entendus dans le texte français.

devant vous ? Non, c'est devant Dieu, en Christ, que nous parlons. Et tout cela, bien-aimés, pour votre édification. 20 Je crains en effet de ne pas vous trouver à mon arrivée tels que je veux, et que vous ne me trouviez pas tel que vous voulez ; qu'il n'y ait chez vous de la discorde, de la jalousie, des emportements, des rivalités, des médisances, des commérages, de l'insolence, des remous. 21 Je crains qu'à mon prochain passage, mon Dieu ne m'humilie devant vous et que je n'aie à pleurer sur beaucoup de ceux qui ont péché antérieurement et ne se seront pas convertis de leur impureté, de leur inconduite et de leur débauche !

Derniers avertissements et salutation

13 1 C'est la troisième fois que je vais chez vous. *Toute affaire sera décidée sur la parole de deux ou trois témoins.* 2 Je l'ai déjà dit, comme lors de ma deuxième visite, je le redis aujourd'hui que je suis absent, à ceux qui ont péché antérieurement et à tous les autres : Si je reviens, j'agirai sans ménagement, 3 puisque vous voulez la preuve que le Christ parle en moi. Il n'est pas faible à votre égard, mais montre sa puissance en vous[1]. 4 Certes il a été crucifié dans sa faiblesse, mais il est vivant par la puissance de Dieu. Et nous aussi sommes faibles en lui, mais nous serons vivants avec lui par la puissance de Dieu envers vous. 5 Faites vous-mêmes votre propre critique, voyez si vous êtes dans la foi, éprouvez-vous ; ou bien ne reconnaissez-vous pas que Jésus Christ est en vous ? À moins que l'épreuve ne tourne contre vous. 6 Vous reconnaîtrez, je l'espère, que nous n'avons fait nos preuves. 7 Nous prions Dieu que vous ne fassiez aucun mal ; nous ne désirons pas donner nos preuves, mais vous voir faire le bien, et que l'épreuve paraisse tourner contre nous. 8 Car nous sommes sans pouvoir contre la vérité, nous n'avons de puissance que pour la vérité. 9 Nous sommes dans la joie chaque fois que nous sommes faibles et que vous êtes forts. Voilà le but de nos prières : votre perfectionnement. 10 C'est pourquoi, étant encore loin, je vous écris ceci pour ne pas avoir, une fois présent, à trancher dans le vif, selon le pouvoir que le Seigneur m'a donné pour édifier et non pour détruire. 11 Au demeurant, frères, soyez dans la joie, travaillez à votre perfectionnement, encouragez-vous, soyez bien d'accord, vivez en paix, et le Dieu d'amour et de paix sera avec vous. 12 Saluez-vous mutuellement par un saint baiser. Tous les *saints vous saluent. 13 La grâce du Seigneur Jésus Christ, l'amour de Dieu, et la communion du Saint Esprit soient avec vous tous.

1. Ou *parmi vous.*

ÉPÎTRE DE PAUL AUX GALATES

L'Evangile de Paul

1 1 Paul, *apôtre, non de la part des hommes, ni par un homme, mais par Jésus Christ et Dieu le Père qui l'a ressuscité d'entre les morts, 2 et tous les frères qui sont avec moi, aux églises de Galatie[1] : 3 à vous grâce et paix de la part de Dieu notre Père et du Seigneur Jésus Christ, 4 qui s'est livré pour nos péchés, afin de nous arracher à ce monde du mal, conformément à la volonté de Dieu, qui est notre Père. 5 À lui soit la gloire pour les *siècles des siècles. *Amen.

On détourne les Galates de l'unique Evangile

6 J'admire avec quelle rapidité vous vous détournez de celui qui vous a appelés par la grâce du Christ, pour passer à un autre *évangile[2]. 7 Non pas qu'il y en ait un autre ; il y a seulement des gens qui jettent le trouble parmi vous et qui veulent renverser l'Evangile du Christ. 8 Mais si quelqu'un, même nous ou un *ange du *ciel, vous annonçait un évangile différent de celui que nous vous avons annoncé, qu'il soit anathème[1] ! 9 Nous l'avons déjà dit, et je le redis maintenant : si quelqu'un vous annonce un évangile différent de celui que vous avez reçu, qu'il soit anathème ! 10 Car, maintenant, est-ce que je cherche la faveur des hommes ou celle de Dieu ? Est-ce que je cherche à plaire aux hommes ? Si j'en étais encore à plaire aux hommes, je ne serais plus serviteur de Christ.

Comment Paul a reçu et transmis l'Evangile

11 Car, je vous le déclare, frères : cet *Evangile que je vous ai annoncé n'est pas de l'homme ; 12 et d'ailleurs, ce n'est pas par un homme qu'il m'a été transmis ni enseigné, mais par une *révélation de Jésus Christ.

13 Car vous avez entendu parler de mon comportement naguère dans le judaïsme : avec quelle frénésie je persécutais l'Eglise de Dieu et je cherchais à la détruire ; 14 je faisais des progrès dans le judaïsme, surpassant la plupart de ceux de mon âge et de ma race par mon zèle débordant pour les traditions de mes pères[2]. 15 Mais, lorsque celui qui m'a mis à part depuis le sein de ma mère et m'a appelé par sa grâce a jugé

---

1. généralement considérée comme la région d'Ankara, en Turquie actuelle (Ac 16.6).
2. Voir 2.3-5, 12-14 ; selon les propagateurs de cet autre évangile, l'accès au salut exigeait, outre la foi en Jésus Christ, qu'on se soumît aux prescriptions de la loi juive, notamment la circoncision et la séparation d'avec les non-juifs.

1. Voir 1 Co 16.22 note *voir*.
2. les doctrines du judaïsme.

bon 16 de révéler en moi son Fils afin que je l'annonce parmi les *païens, aussitôt, sans recourir à aucun conseil humain, 17 ni monter à Jérusalem auprès de ceux qui étaient *apôtres avant moi, je suis parti pour l'Arabie, puis je suis revenu à Damas. 18 Ensuite, trois ans après, je suis monté à Jérusalem pour faire la connaissance de Céphas¹ et je suis resté quinze jours auprès de lui, 19 sans voir cependant aucun autre apôtre, mais seulement Jacques², le frère du Seigneur. 20 Ce que je vous écris, je le dis devant Dieu, ce n'est pas un mensonge. 21 Ensuite, je me suis rendu dans les régions de Syrie et de Cilicie. 22 Mais mon visage était inconnu aux églises du Christ en Judée; 23 simplement, elles avaient entendu dire : «Celui qui nous persécutait naguère annonce maintenant la foi qu'il détruisait alors» 24 et elles glorifiaient Dieu à mon sujet.

Accord de Paul et des autres apôtres

2 1 Ensuite, au bout de quatorze ans, je suis monté de nouveau à Jérusalem³ avec Barnabas; j'emmenai aussi Tite avec moi. 2 Or, j'y montai à la suite d'une *révélation et je leur exposai l'*Evangile que je prêche parmi les *païens; je l'exposai aussi dans un entretien particulier aux personnes les plus considérées, de peur de courir ou d'avoir couru en vain. 3 Mais on ne contraignit même pas Tite, mon compagnon, un Grec¹, à la *circoncision; 4 ç'aurait été² à cause des faux frères, intrus qui, s'étant insinués, épiaient notre liberté, celle qui nous vient de Jésus Christ, afin de nous réduire en servitude. 5 À ces gens-là nous ne nous sommes pas soumis, même pour une concession momentanée, afin que la vérité de l'Evangile fût maintenue pour vous. 6 Mais, en ce qui concerne les personnalités — ce qu'ils étaient alors, peu m'importe : Dieu ne regarde pas à la situation des hommes — ces personnages ne m'ont rien imposé de plus. 7 Au contraire, ils virent que l'évangélisation des incirconcis m'avait été confiée, comme à Pierre celle des circoncis, 8 — car celui qui avait agi en Pierre pour l'apostolat des circoncis avait aussi agi en moi en faveur des païens — 9 et, reconnaissant la grâce qui m'a été donnée, Jacques, Céphas et Jean³, considérés comme des colonnes, nous donnèrent la main, à moi et à Barnabas, en signe de communion, afin que nous allions, nous vers les païens, eux vers les circoncis. 10 Simplement, nous aurions à nous souvenir des pauvres⁴, ce que j'ai eu bien soin de faire.

---

1. Pierre (Jn 1.42).
2. Le frère du Seigneur; un des principaux dirigeants de l'église de Jérusalem (Ac 15.13; Ga 2.9).
3. Il s'agit sans doute de la rencontre rapportée en Ac 15.

1. Voir 3.18 où *Grecs* désigne les non-Juifs.
2. Les mots *ç'aurait été* sont sous-entendus dans le texte original : si l'on avait circoncis Tite, *ç'aurait été* sous la pression des adversaires mentionnés en 1.7.
3. l'apôtre.
4. Voir 2 Co 8.4 : les membres de l'église de Jérusalem.

A Antioche Paul s'oppose à Pierre

11 Mais, lorsque Céphas vint à Antioche[1], je me suis opppposé à lui ouvertement, car il s'était mis dans son tort. 12 En effet, avant que soient venus des gens de l'entourage de Jacques, il prenait ses repas avec les *païens; mais, après leur arrivée, il se mit à se dérober et se tint à l'écart, par crainte des *circoncis; 13 et les autres *Juifs entrèrent dans son jeu, de sorte que Barnabas lui-même fut entraîné dans ce double jeu. 14 Mais, quand je vis qu'ils ne marchaient pas droit selon la vérité de l'*Evangile, je dis à Céphas devant tout le monde : « Si toi qui es Juif, tu vis à la manière des païens et non à la juive, comment peux-tu contraindre les païens à se comporter en juifs ? » 15 Nous sommes, nous, des Juifs de naissance et non pas des païens, ces *pécheurs. 16 Nous savons cependant que l'homme n'est pas justifié par les oeuvres de la *loi, mais seulement par la foi de Jésus Christ[2]; nous avons cru, nous aussi, en Jésus Christ, afin d'être justifiés par la foi du Christ et non par les oeuvres de la loi, parce que, par les oeuvres de la loi, *personne ne sera justifié*. 17 Mais si, en cherchant à être justifiés en Christ, nous avons été trouvés pécheurs nous aussi, Christ serait-il ministre du péché ? Certes non. 18 En effet, si je rebâtis ce que j'ai détruit, c'est moi qui me constitue transgresseur. 19 Car moi, c'est à la loi que je suis mort à la loi afin de vivre pour Dieu. Avec le Christ, je suis un crucifié; 20 je vis, mais ce n'est plus moi, c'est Christ qui vit en moi. Car ma vie présente dans la chair, je la vis dans la foi au Fils de Dieu[1] qui m'a aimé et s'est livré pour moi. 21 Je ne rends pas inutile la grâce de Dieu; car si, par la loi, on atteint la justice, c'est donc pour rien que Christ est mort.

La folie des Galates

3 1 Ô Galates stupides, qui vous a envoûtés, alors que, sous vos yeux, a été exposé Jésus Christ crucifié ? 2 Eclairez-moi simplement sur ce point : Est-ce en raison de la pratique de la *Loi que vous avez reçu l'Esprit ou parce que vous avez écouté le message de la foi ? 3 Êtes-vous stupides à ce point ? Vous qui d'abord avez commencé par l'Esprit, est-ce la chair maintenant, qui vous mène à la perfection ? 4 Avoir fait tant d'expériences en vain ! Et encore, si c'était en vain ! 5 Celui qui vous dispense l'Esprit et opère parmi vous des miracles, le fait-il donc en raison de la pratique de la loi ou parce que vous avez écouté le message de la foi ?

Ceux qui croient sont bénis avec Abraham

6 Puisque *Abraham eut foi en Dieu et que cela lui fut compté comme justice,* 7 comprenez-le donc; ce sont les croyants qui sont fils d'Abraham. 8 D'ailleurs l'Ecriture, prévoyant que Dieu

---

1. Antioche de Syrie (Ac 11.19-26).
2. ou *la foi en Jésus Christ et la foi au Christ.* Même expression en Ga 2.20 et 3.22.

1. ou *la foi du Fils de Dieu* (voir Ga 2.16 et note).

justifierait les *païens par la foi, a annoncé d'avance à Abraham cette bonne nouvelle : *Toutes les nations seront bénies en toi.* 9 Ainsi donc, ceux qui sont croyants sont bénis avec Abraham, le croyant. 10 Car les pratiquants de la loi sont tous sous le coup de la malédiction, puisqu'il est écrit : *Maudit soit quiconque ne persévère pas dans l'accomplissement de tout ce qui est écrit dans le livre de la loi.* 11 Il est d'ailleurs évident que, par la loi, nul n'est justifié devant Dieu, puisque *celui qui est juste par la foi* *vivra.* 12 Or le régime de la loi ne procède pas de la foi; pour elle, *celui qui accomplira les prescriptions de cette loi en vivra.* 13 Christ a payé pour nous libérer de la malédiction de la loi, en devenant lui-même malédiction pour nous, puisqu'il est écrit : *Maudit quiconque est pendu au bois.* 14 Cela pour que la bénédiction d'Abraham parvienne aux païens en Jésus Christ et qu'ainsi, nous recevions, par la foi, l'Esprit, objet de la promesse.

La Promesse; le rôle de la Loi

15 Frères, partons des usages humains : un simple *testament humain, s'il est en règle, personne ne l'annule ni ne le complète. 16 Eh bien, c'est à Abraham que les promesses ont été faites, et à sa descendance. Il n'est pas dit : « et aux descendances », comme s'il s'agissait de plusieurs, mais c'est d'une seule qu'il s'agit : *et à ta descendance,* c'est-à-dire Christ. 17 Voici donc ma pensée : un testament en règle a d'abord été établi par Dieu. La *loi, venue

430 ans[1] plus tard, ne l'abroge pas, ce qui rendrait vaine la promesse. 18 Car, si c'est par la loi que s'obtient l'héritage, ce n'est plus par la promesse. Or, c'est au moyen d'une promesse que Dieu a accordé sa grâce à Abraham. 19 Dès lors, que vient faire la loi ? Elle vient s'ajouter[2] pour que se manifestent les transgressions en attendant la venue de la descendance à laquelle était destinée la promesse; elle a été promulguée par les *anges[3] par la main d'un médiateur. 20 Or, ce médiateur n'est pas médiateur d'un seul. Et *Dieu est unique.* 21 La loi va-t-elle donc à l'encontre des promesses de Dieu ? Certes non. Si en effet une loi avait été donnée, qui ait le pouvoir de faire *vivre, alors c'est de la loi qu'effectivement viendrait la justice. 22 Mais l'Ecriture a tout soumis au péché dans une commune captivité, afin que, par la foi en Jésus Christ[4], la promesse fût accomplie pour les croyants.

23 Avant la venue de la foi, nous étions gardés en captivité sous la loi, en vue de la foi qui devait être *révélée. 24 Ainsi donc, la loi a été notre surveillant[5], en attendant le Christ, afin que nous soyons justifiés par la foi. 25 Mais, après la venue de la foi, nous ne sommes plus soumis à ce surveillant. 26 Car tous, vous êtes,

---

1. Selon la traduction grecque de l'A. T. (Ex 12.40-41).
2. ou *prendre place à côté.* La nuance du verbe grec indique que la loi reste en marge du dessein de salut.
3. Comme Etienne (Ac 7.38, 53), Paul se réfère ici à une tradition juive. Le *médiateur* est Moïse.
4. ou *la foi de Jésus Christ.* Voir Ga 2.16 et note.
5. Le mot grec utilisé ici désignait non pas un éducateur mais l'esclave chargé de maintenir l'enfant dans la discipline.

par la foi, fils de Dieu, en Jésus Christ. 27 Oui, vous tous qui avez été baptisés en Christ, vous avez revêtu Christ. 28 Il n'y a plus ni *Juif, ni Grec; il n'y a plus ni esclave, ni homme libre; il n'y a plus l'homme et la femme; car tous, vous n'êtes qu'un en Jésus Christ. 29 Et si vous appartenez au Christ, c'est donc que vous êtes de la descendance d'Abraham; selon la promesse, vous êtes héritiers.

Tu n'es plus esclave, mais fils

4 1 Telle est donc ma pensée : Aussi longtemps que l'héritier est un enfant, il ne diffère en rien d'un esclave, lui qui est maître de tout; 2 mais il est soumis à des tuteurs et à des régisseurs jusqu'à la date fixée par son père[1]. 3 Et nous, de même, quand nous étions des enfants soumis aux éléments du monde[2], nous étions esclaves. 4 Mais, quand est venu l'accomplissement du temps, Dieu a envoyé son Fils, né d'une femme et assujetti à la *loi, 5 pour payer la libération de ceux qui sont assujettis à la loi, pour qu'il nous soit donné d'être fils adoptifs. 6 Fils, vous l'êtes bien : Dieu a envoyé dans nos coeurs l'Esprit de son Fils, qui crie : Abba — Père ! 7 Tu n'es donc plus esclave, mais fils; et, comme fils, tu es aussi héritier : c'est l'oeuvre de Dieu.

Soucis de Paul pour la foi des Galates

8 Jadis, quand vous ne connaissiez pas Dieu, vous étiez asservis à des dieux qui, de leur nature, ne le sont pas, 9 mais maintenant que vous connaissez Dieu, ou plutôt que vous êtes connus de lui, comment pouvez-vous retourner encore à des éléments faibles et pauvres, dans la volonté de vous y asservir de nouveau ? 10 Vous observez religieusement les jours, les mois, les saisons, les années[1] ! 11 Vous me faites craindre d'avoir travaillé pour vous en pure perte !

12 Comportez-vous comme moi, puisque je suis devenu comme vous, frères, je vous en prie. Vous ne m'avez fait aucun tort. 13 Vous le savez bien, ce fut à l'occasion d'une maladie que je vous ai, pour la première fois, annoncé la bonne nouvelle; 14 et, si éprouvant pour vous que fût mon corps, vous n'avez montré ni dédain, ni dégoût. Au contraire, vous m'avez accueilli comme un *ange de Dieu, comme le Christ Jésus. 15 Où donc est votre joie d'alors ? Car je vous rends ce témoignage : si vous l'aviez pu, vous vous seriez arraché les yeux pour me les donner. 16 Et maintenant, suis-je devenu votre ennemi parce que je vous dis la vérité ?

17 L'empressement qu'on vous témoigne n'est pas de bon aloi; ils veulent seulement vous détacher de moi pour devenir eux-mêmes l'objet de votre empressement. 18 Ce qui est bon, c'est de se voir témoigner un empressement bien intentionné, en tout temps, et pas

---

1. Selon le droit hellénistique, c'est le père qui fixait l'âge de la majorité pour son fils.
2. Expression empruntée au paganisme hellénistique. Voir aussi 4.9 et Col 2.8, 20, où elle désigne des puissances auxquelles l'homme est asservi.

---

1. Fêtes juives ou rites d'origine syncrétiste en relation avec le culte des astres.

seulement quand j'étais présent parmi vous, 19 mes petits enfants que, dans la douleur, j'enfante à nouveau, jusqu'à ce que Christ soit formé en vous. 20 Oh ! je voudrais être auprès de vous en ce moment pour trouver le ton qui convient, car je ne sais comment m'y prendre avec vous.

Agar et Sara, figures des deux alliances

21 Dites-moi, vous qui voulez être soumis à la *loi, n'entendez-vous pas ce que dit cette loi ? 22 Il est écrit, en effet, qu'Abraham eut deux fils, un de la servante, un de la femme libre; 23 mais le fils de la servante était né selon la chair, tandis que le fils de la femme libre l'était par l'effet de la promesse. 24 Il y a là une allégorie : ces femmes sont, en effet, les deux *alliances. L'une, celle qui vient du mont Sinaï, engendre pour la servitude : c'est Agar 25 — car le mont Sinaï est en Arabie —. Et Agar correspond à la Jérusalem actuelle[1] puisqu'elle est esclave avec ses enfants. 26 Mais la Jérusalem d'en haut est libre, et c'est elle notre mère : 27 car il est écrit :

Réjouis-toi, stérile, toi qui n'enfantais pas;
éclate en cris de joie, toi qui n'as pas connu les douleurs;
car plus nombreux sont les enfants de la délaissée
que les enfants de celle qui a un époux.

28 Et vous, frères, comme Isaac, vous êtes enfants de la promesse. 29 Mais, de même que celui qui

1. Voir Mt 23.37 et Lc 13.34 où *Jérusalem* personnifie aussi le judaïsme.

était né de la chair persécutait alors celui qui était né selon l'Esprit, ainsi en est-il encore maintenant. 30 Eh bien ! que dit l'Ecriture ? *Chasse la servante et son fils, car il ne faut pas que le fils de la servante hérite avec le fils de la femme libre.* 31 Ainsi donc, frères, nous ne sommes pas les enfants d'une esclave, mais ceux de la femme libre.

Déchus de la grâce

5 1 C'est pour que nous soyons vraiment libres que Christ nous a libérés. Tenez donc ferme et ne vous laissez pas remettre sous le *joug de l'esclavage. 2 Moi, Paul, je vous le dis : si vous vous faites *circoncire, Christ ne vous servira plus de rien. 3 Et j'atteste encore une fois à tout homme qui se fait circoncire, qu'il est tenu de pratiquer la *loi intégralement. 4 Vous avez rompu avec Christ, si vous placez votre justice dans la loi; vous êtes déchus de la grâce. 5 Quant à nous, c'est par l'Esprit, en vertu de la foi, que nous attendons fermement que se réalise ce que la justification nous fait espérer. 6 Car, pour celui qui est en Jésus Christ, ni la circoncision, ni l'incirconcision ne sont efficaces, mais la foi agissant par l'amour.

7 Vous couriez bien; qui, en vous barrant la route, empêche la vérité de vous entraîner ? 8 Une telle influence ne vient pas de celui qui vous appelle. 9 Un peu de *levain, et toute la pâte lève ! 10 Pour moi, j'ai confiance dans le Seigneur pour vous : vous ne prendrez pas une autre orientation. Mais celui qui jette le

trouble parmi vous en subira la sanction, quel qu'il soit. 11 Quant à moi, frères, si je prêche encore la circoncision, pourquoi suis-je alors persécuté ? Dans ce cas, le scandale de la croix est aboli ! 12 Qu'ils aillent donc jusqu'à se mutiler tout à fait[1], ceux qui sèment le désordre parmi vous !

Si vous êtes conduits par l'Esprit

13 Vous, frères, c'est à la liberté que vous avez été appelés. Seulement, que cette liberté ne donne aucune prise à la chair ! Mais, par l'amour, mettez-vous au service les uns des autres. 14 Car la *loi tout entière trouve son accomplissement en cette unique parole : *Tu aimeras ton prochain comme toi-même.* 15 Mais, si vous vous mordez et vous dévorez les uns les autres, prenez garde : vous allez vous détruire les uns les autres. 16 Ecoutez-moi : marchez sous l'impulsion de l'Esprit et vous n'accomplirez plus ce que la chair désire. 17 Car la chair, en ses désirs, s'oppose à l'Esprit et l'Esprit à la chair ; entre eux, c'est l'antagonisme ; aussi ne faites-vous pas ce que vous voulez. 18 Mais si vous êtes conduits par l'Esprit, vous n'êtes plus soumis à la loi.

19 On les connaît, les oeuvres de la chair : libertinage, impureté, débauche, 20 idolâtrie, magie, haines, discorde, jalousie, emportements, rivalités, dissensions, factions, 21 envie, beuveries, ripailles et autres choses semblables ; leurs auteurs, je vous en préviens,

comme je l'ai déjà dit, n'hériteront pas du *royaume de Dieu.

22 Mais voici le fruit de l'Esprit : amour, joie, paix, patience, bonté, bienveillance, foi, 23 douceur, maîtrise de soi ; contre de telles choses, il n'y a pas de loi. 24 Ceux qui sont au Christ ont crucifié la chair avec ses passions et ses désirs. 25 Si nous vivons par l'Esprit, marchons aussi sous l'impulsion de l'Esprit.

La loi du Christ

26 Ne soyons pas vaniteux : entre nous, pas de provocations, entre nous, pas d'envie.

6 1 Frères, s'il arrive à quelqu'un d'être pris en faute, c'est à vous, les spirituels, de le redresser dans un esprit de douceur ; prends garde à toi : ne peux-tu pas être *tenté, toi aussi ? 2 Portez les fardeaux, les uns des autres ; accomplissez ainsi la loi du Christ. 3 Car, si quelqu'un se prend pour un personnage, lui qui n'est rien, il est sa propre dupe. 4 Mais que chacun examine son oeuvre à lui ; alors, s'il y trouve un motif de fierté, ce sera par rapport à lui-même et non par comparaison à un autre. 5 Car c'est sa propre charge que chacun portera. 6 Que celui qui reçoit l'enseignement de la Parole fasse une part dans tous ses biens en faveur de celui qui l'instruit. 7 Ne vous faites pas d'illusions : Dieu ne se laisse pas narguer ; car ce que l'homme sème, il le récoltera. 8 Celui qui sème pour sa propre chair récoltera ce que produit la chair : la corruption. Celui qui sème pour l'Esprit récoltera

---

1. Allusion probable à un rite pratiqué en Galatie dans le culte de Cybèle.

ce que produit l'Esprit : la *vie éternelle. 9 Faisons le bien sans défaillance; car, au temps voulu, nous récolterons si nous ne nous relâchons pas. 10 Donc, tant que nous disposons de temps, travaillons pour le bien de tous, surtout celui de nos proches dans la foi.

La croix du Christ et la nouvelle création

11 Voyez ces grosses lettres : je vous écris de ma propre main ! 12 Des gens désireux de se faire remarquer dans l'ordre de la chair, voilà les gens qui vous imposent la *circoncision. Leur seul but est de ne pas être persécutés à cause de la croix du Christ[1]; 13 car, ceux-là même qui se font circoncire n'observent pas la *loi; ils veulent néanmoins que vous soyez circoncis, pour avoir, en votre chair, un titre de gloire. 14 Pour moi, non, jamais d'autre titre de gloire que la croix de notre Seigneur Jésus Christ; par elle, le monde est crucifié pour moi, comme moi pour le *monde. 15 Car, ce qui importe, ce n'est ni la circoncision, ni l'incirconcision, mais la nouvelle création. 16 Sur ceux qui se conduisent selon cette règle, paix et miséricorde, ainsi que sur l'Israël de Dieu.

17 Dès lors, que personne ne me cause de tourments; car moi, je porte en mon corps les marques de Jésus[1]. 18 Que la grâce de notre Seigneur Jésus Christ soit avec votre esprit, frères. Amen.

1. La circoncision mettait le Juif en sécurité dans le monde romain, puisque celui-ci avait reconnu les institutions juives. Non-circoncis, les chrétiens ne bénéficiaient pas de cette protection.

1. les marques des souffrances endurées au service de Jésus.

ÉPÎTRE DE PAUL AUX ÉPHÉSIENS

Adresse et salutation

1 1 Paul, *apôtre de Jésus Christ par la volonté de Dieu, aux saints¹ et fidèles en Jésus Christ : 2 à vous grâce et paix de la part de Dieu notre Père et du Seigneur Jésus Christ.

Une bénédiction complète en Christ

3 Béni soit Dieu, le Père de notre Seigneur Jésus Christ :
Il nous a bénis de toute bénédiction spirituelle dans les *cieux en Christ.
4 Il nous a choisis en lui avant la fondation du monde
pour que nous soyons *saints et irréprochables sous son regard, dans l'amour².
5 Il nous a prédestinés à être pour lui des fils adoptifs par Jésus Christ;
ainsi l'a voulu sa bienveillance
6 à la louange de sa gloire
et de la grâce dont il nous a comblés en son Bien-aimé³ :
7 En lui, par son *sang, nous sommes délivrés,
en lui, nos fautes sont pardonnées,
selon la richesse de sa grâce.
8 Dieu nous l'a prodiguée,
nous ouvrant à toute sagesse et intelligence.
9 Il nous a fait connaître le *mystère de sa volonté,
le dessein bienveillant qu'il a d'avance arrêté en lui-même
10 pour mener les temps à leur accomplissement :
réunir l'univers entier sous un seul chef, le Christ¹,
ce qui est dans les cieux et ce qui est sur la terre.
11 En lui aussi, nous avons reçu notre part²,
suivant le projet de celui qui mène tout au gré de sa volonté :
nous avons été prédestinés
12 pour être à la louange de sa gloire
ceux qui ont d'avance espéré dans le Christ.
13 En lui, encore, vous avez entendu la parole de vérité, l'*Evangile qui vous sauve.
En lui, encore, vous avez cru, et vous avez été marqués du sceau de l'Esprit promis,
l'Esprit Saint, 14 acompte de notre héritage

---

1. mot à mot : *aux saints qui sont* (à Ephèse), *aux fidèles*. Les mots *à Ephèse* manquent dans les meilleurs manuscrits. Pour le séjour de Paul à Ephèse, voir Ac 18.19-21; 19.1-40.
2. les mots *dans l'amour* peuvent aussi être rattachés à *il nous a prédestinés* (v. 5).
3. Voir Col 1.13. L'expression désigne Jésus.

1. *réunir l'univers … le Christ* : Autre traduction : *récapituler toutes choses en Christ.* Le verbe grec employé ici exprime simultanément l'idée de résumer, réunir, et celle de souveraineté.
2. Analogie avec le partage de la terre promise, où chacun reçut son lot (Jos 13-19). On peut comprendre aussi : *en lui nous avons été choisis comme son lot* (c'est-à-dire comme l'héritage de Dieu; voir Ex 34.9).

jusqu'à la délivrance finale où nous en prendrons possession, à la louange de sa gloire.

Prière de Paul pour les Ephésiens

15 Voilà pourquoi, moi aussi, depuis que j'ai appris votre foi dans le Seigneur Jésus et votre amour pour tous les *saints, 16 je ne cesse de rendre grâce à votre sujet, lorsque je fais mention de vous dans mes prières. 17 Que le Dieu de notre Seigneur Jésus Christ, le Père à qui appartient la gloire, vous donne un esprit de sagesse qui vous le révèle et vous le fasse vraiment connaître; 18 qu'il ouvre votre cœur à sa lumière, pour que vous sachiez quelle espérance vous donne son appel, quelle est la richesse de sa gloire, de l'héritage qu'il vous fait partager avec les saints[1], 19 quelle immense puissance il a déployée en notre faveur à nous les croyants; son énergie, sa force toute-puissante, 20 il les a mises en oeuvre dans le Christ, lorsqu'il l'a ressuscité des morts et *fait asseoir à sa droite*[2] dans les *cieux, 21 bien au-dessus de toute Autorité, Pouvoir, Puissance, Souveraineté[3] et de tout autre nom qui puisse être nommé, non seulement dans ce monde, mais encore dans le monde à venir. 22 Oui, *il a tout mis sous ses pieds* et il l'a donné, au sommet de tout, pour tête à l'Eglise 23 qui est son corps,

la plénitude de Celui que Dieu remplit lui-même totalement[1].

De la mort à la vie

2 1 Et vous, qui étiez morts à cause de vos fautes et des péchés 2 où vous étiez autrefois engagés, quand vous suiviez le dieu de ce *monde, le prince qui règne entre ciel et terre, l'esprit qui agit maintenant parmi les rebelles ... 3 Nous étions de ce nombre, nous tous aussi, qui nous abandonnions jadis aux désirs de notre chair; nous faisions ses volontés, suivions ses impulsions, et nous étions par nature, tout comme les autres, voués à la colère[2]. 4 Mais Dieu est riche en miséricorde; à cause du grand amour dont il nous a aimés, 5 alors que nous étions morts à cause de nos fautes, il nous a donné la *vie avec le Christ, — c'est par grâce que vous êtes sauvés! — 6 avec lui, il nous a ressuscités et fait asseoir dans les *cieux, en Jésus Christ. 7 Ainsi, par sa bonté pour nous en Jésus Christ, il a voulu montrer dans les siècles à venir l'incomparable richesse de sa grâce. 8 C'est par la grâce, en effet, que vous êtes sauvés, par le moyen de la foi; vous n'y êtes pour rien, c'est le don de Dieu. 9 Cela ne vient pas des oeuvres, afin que nul n'en tire *orgueil. 10 Car c'est lui qui nous a faits; nous avons été créés en Jésus Christ pour les oeuvres bonnes, que Dieu a préparées d'a-

---

1. Voir Rm 1.7 et note.
2. Voir He 1.3 et note.
3. Voir Col 1.16 et note.

1. Autre traduction possible : *la plénitude de celui qui remplit tout en tous* ... Voir Col 1.19 et note.
2. Comme en Rm 1.18 il s'agit de la colère de Dieu.

vance, afin que nous nous y engagions[1].

Païens et Juifs réunis en Christ

11 Souvenez-vous donc qu'autrefois, vous qui portiez le signe du *paganisme dans votre chair, vous que traitaient d'« incirconcis » ceux qui se prétendent les *« circoncis », à la suite d'une opération pratiquée dans la chair, 12 souvenez-vous qu'en ce temps-là, vous étiez sans Messie[2], privés du droit de cité en Israël, étrangers aux *alliances de la promesse, sans espérance et sans Dieu dans le monde. 13 Mais maintenant, en Jésus Christ, vous qui jadis étiez *loin*, vous avez été rendus *proches* par le *sang du Christ. 14 C'est lui, en effet, qui est notre *paix* : de ce qui était divisé, il a fait une unité. Dans sa chair, il a détruit le mur de séparation : la haine. 15 Il a aboli la *loi et ses commandements avec leurs observances. Il a voulu ainsi, à partir du Juif et du païen, créer en lui un seul homme nouveau, en établissant la paix, 16 et les réconcilier avec Dieu tous les deux[3] en un seul corps, au moyen de la croix; là, il a tué la haine. 17 Il est venu *annoncer la paix à vous qui étiez loin, et la paix à ceux qui étaient proches.*

18 Et c'est grâce à lui que les uns et les autres, dans un seul Esprit, nous avons l'accès auprès du Père. 19 Ainsi, vous n'êtes plus des étrangers, ni des émigrés;

vous êtes concitoyens des *saints, vous êtes de la famille de Dieu. 20 Vous avez été intégrés dans la construction qui a pour fondation les *apôtres et les prophètes[1], et Jésus Christ lui-même comme pierre maîtresse. 21 C'est en lui que toute construction[2] s'ajuste et s'élève pour former un *temple *saint dans le Seigneur. 22 C'est en lui que, vous aussi, vous êtes ensemble intégrés à la construction pour devenir une demeure de Dieu par l'Esprit.

Le mystère du Christ

3 1 C'est pourquoi moi, Paul, le prisonnier de Jésus Christ pour vous, les païens[3] ... 2 si du moins vous avez appris la grâce que Dieu, pour réaliser son plan, m'a accordée à votre intention, 3 comment, par *révélation, j'ai eu connaissance du *mystère[4], tel que je l'ai esquissé rapidement. 4 Vous pouvez constater, en me lisant, quelle intelligence j'ai du mystère du Christ. 5 Ce mystère, Dieu ne l'a pas fait connaître aux hommes des générations passées comme il vient de le révéler maintenant par l'Esprit à ses saints *apôtres et *prophètes : 6 les *païens sont admis au même héritage, membres du même corps, associés à la même promesse, en Jésus Christ, par le moyen de l'*Evangile.

---

1. Pour les prophètes de l'Eglise primitive, voir Ac 11.27; 13.1; 15.32; 21.10; Ep 3.5.

2. Autre texte : *toute la construction.*

3. Expression raccourcie pour *chrétiens d'origine païenne*, par rapport aux chrétiens d'origine juive. La phrase reste en suspens jusqu'au v. 14.

4. Voir 1.9-10 où l'apôtre désigne ainsi le plan éternel de Dieu.

---

1. ou *que Dieu a préparées d'avance afin que nous les pratiquions.*

2. *Messie* est la forme hébraïque du titre **Oint*, dont *Christ* est la forme grecque.

3. Comme au v. 11 il s'agit des Juifs et des païens.

7 J'en ai été fait *ministre par le don de la grâce que Dieu m'a accordée en déployant sa puissance. 8 Moi, qui suis le dernier des derniers de tous les *saints, j'ai reçu cette grâce d'annoncer aux païens l'impénétrable richesse du Christ 9 et de mettre en lumière comment Dieu réalise le mystère tenu caché depuis toujours en lui, le créateur de l'univers; 10 ainsi désormais les Autorités et Pouvoirs[1], dans les cieux, connaissent, grâce à l'Eglise, la sagesse multiple de Dieu, 11 selon le projet éternel qu'il a exécuté en Jésus Christ notre Seigneur, 12 en qui nous avons, par la foi en lui, la liberté de nous approcher en toute confiance. 13 Aussi, je vous le demande, ne vous laissez pas abattre par les détresses que j'endure pour vous : elles sont votre gloire.

Que le Christ habite en vos coeurs

14 C'est pourquoi je fléchis les genoux devant le Père, 15 de qui toute famille tient son nom, au ciel et sur la terre; 16 qu'il daigne, selon la richesse de sa gloire, vous armer de puissance, par son Esprit, pour que se fortifie en vous l'homme intérieur, 17 qu'il fasse habiter le Christ en vos coeurs par la foi; enracinés et fondés dans l'amour, 18 vous aurez ainsi la force de comprendre, avec tous les *saints, ce qu'est la largeur, la longueur, la hauteur, la profondeur[2] ... 19 et de connaître l'amour du Christ qui surpasse toute

connaissance, afin que vous soyez comblés jusqu'à recevoir toute la plénitude de Dieu.

20 À Celui qui peut, par sa puissance qui agit en nous, faire au-delà, infiniment au-delà de ce que nous pouvons demander et imaginer, 21 à lui la gloire dans l'Eglise et en Jésus Christ, pour toutes les générations, aux siècles des siècles. *Amen.

Bâtir le corps du Christ dans l'unité

4 1 Je vous y exhorte donc dans le Seigneur, moi qui suis prisonnier : accordez votre vie à l'appel que vous avez reçu; 2 en toute humilité et douceur, avec patience, supportez-vous les uns les autres dans l'amour; 3 appliquez-vous à garder l'unité de l'esprit par le lien de la paix.

4 Il y a un seul Corps et un seul Esprit, de même que votre vocation vous a appelés à une seule espérance; 5 un seul Seigneur, une seule foi, un seul baptême; 6 un seul Dieu et Père de tous, qui règne sur tous, agit par tous, et demeure en tous.

7 À chacun de nous cependant la grâce a été donnée selon la mesure du don du Christ. 8 D'où cette parole :

Monté dans les hauteurs, il a capturé des prisonniers;

il a fait des dons aux hommes.

9 *Il est monté !* Qu'est-ce à dire, sinon qu'il est aussi descendu jusqu'en bas sur la terre ? 10 Celui qui est descendu, est aussi celui qui est monté plus haut que tous les *cieux, afin de remplir l'univers. 11 Et c'est lui qui *a donné* certains comme *apôtres, d'autres

1. Voir Col 1.16 et note.
2. Phrase inachevée; mais il s'agit sans doute encore du *mystère* (voir v. 3-11 et note sur 3.3), ou déjà de l'amour du Christ (v. 19).

comme *prophètes, d'autres encore comme *évangélistes, d'autres enfin comme pasteurs et chargés de l'enseignement, 12 afin de mettre les *saints en état d'accomplir le *ministère pour bâtir le corps du Christ, 13 jusqu'à ce que nous parvenions tous ensemble à l'unité dans la foi et dans la connaissance du Fils de Dieu, à l'état d'adultes, à la taille du Christ dans sa plénitude.

14 Ainsi, nous ne serons plus des enfants, ballottés, menés à la dérive, à tout vent de doctrine, joués par les hommes et leur astuce à nous fourvoyer dans l'erreur. 15 Mais, confessant la vérité dans l'amour, nous grandirons à tous égards vers celui qui est la tête, Christ. 16 Et c'est de lui que le corps tout entier, coordonné et bien uni grâce à toutes les articulations qui le desservent, selon une activité répartie à la mesure de chacun, réalise sa propre croissance pour se construire lui-même dans l'amour.

Le vieil homme et l'homme nouveau

17 Voici donc ce que je dis et atteste dans le Seigneur : ne vivez plus comme vivent les *païens que leur intelligence conduit au néant. 18 Leur pensée est la proie des ténèbres et ils sont étrangers à la *vie de Dieu, à cause de l'ignorance qu'entraîne chez eux l'endurcissement de leur cœur. 19 Dans leur inconscience, ils se sont livrés à la débauche, au point de s'adonner à une *impureté effrénée. 20 Pour vous, ce n'est pas ainsi que vous avez appris le Christ, 21 si du moins c'est

bien de lui que vous avez entendu parler, si c'est lui qui vous a été enseigné, conformément à la vérité qui est en Jésus : 22 il vous faut, renonçant à votre existence passée, vous dépouiller du vieil homme qui se corrompt sous l'effet des convoitises trompeuses; 23 il vous faut être renouvelés par la transformation spirituelle de votre intelligence 24 et revêtir l'homme nouveau, créé selon Dieu dans la justice et la sainteté qui viennent de la vérité.

25 Vous voilà donc débarrassés du mensonge : *que chacun dise la vérité à son prochain,* car nous sommes membres les uns des autres. 26 *Êtes-vous en colère? ne péchez pas;* que le soleil ne se couche pas sur votre ressentiment. 27 Ne donnez aucune prise au *diable. 28 Celui qui volait, qu'il cesse de voler; qu'il prenne plutôt la peine de travailler honnêtement de ses mains, afin d'avoir de quoi partager avec celui qui est dans le besoin. 29 Aucune parole pernicieuse ne doit sortir de vos lèvres, mais, s'il en est besoin, quelque parole bonne, capable d'édifier et d'apporter une grâce à ceux qui l'entendent. 30 N'attristez pas le Saint Esprit, dont Dieu vous a marqués comme d'un sceau pour le *jour de la délivrance. 31 Amertume, irritation, colère, éclats de voix, injures, tout cela doit disparaître de chez vous, comme toute espèce de méchanceté. 32 Soyez bons les uns pour les autres, ayez du cœur; pardonnez-vous mutuellement, comme Dieu vous[1] a pardonné en Christ.

1. autre texte : *nous* a pardonné.

5 1 Imitez Dieu, puisque vous êtes des enfants qu'il aime; 2 vivez dans l'amour, comme le Christ nous[1] a aimés et s'est livré lui-même à Dieu pour nous, en *offrande et victime*, comme un *parfum d'agréable odeur*. 3 De débauche, d'*impureté, quelle qu'elle soit, de cupidité, il ne doit même pas être question parmi vous; cela va de soi pour des *saints. 4 Pas de propos grossiers, stupides ou scabreux : c'est inconvenant; adonnez-vous plutôt à l'action de grâce. 5 Car, sachez-le bien, le débauché, l'impur, l'accapareur — cet idolâtre — sont exclus de l'héritage dans le *royaume du Christ et de Dieu.

Autrefois ténèbres, maintenant lumière

6 Que personne ne vous dupe par de spécieuses raisons : c'est bien tout cela qui attire la colère de Dieu sur les rebelles. 7 Ne soyez donc pas leurs complices. 8 Autrefois, vous étiez ténèbres; maintenant vous êtes lumière dans le Seigneur. Vivez en enfants de lumière[2]. 9 Et le fruit de la lumière s'appelle : bonté, justice, vérité. 10 Discernez ce qui plaît au Seigneur. 11 Ne vous associez pas aux oeuvres stériles des ténèbres; démasquez-les plutôt. 12 Ce que ces gens font en secret, on a honte même d'en parler; 13 mais tout ce qui est démasqué, est manifesté par la lumière, 14 car tout ce qui est manifesté est lumière. C'est pourquoi l'on dit :

Eveille-toi, toi qui dors,

lève-toi d'entre les morts
et sur toi le Christ resplendira[1].

15 Soyez vraiment attentifs à votre manière de vivre : ne vous montrez pas insensés, mais soyez des hommes sensés, qui 16 mettent à profit le temps présent, car les jours sont mauvais. 17 Ne soyez donc pas inintelligents, mais comprenez bien quelle est la volonté du Seigneur. 18 *Ne vous enivrez pas de vin*, il mène à la perdition, mais soyez remplis de l'Esprit. 19 Dites ensemble des psaumes, des hymnes et des chants inspirés; chantez et célébrez le Seigneur de tout votre coeur. 20 En tout temps, à tout sujet, rendez grâce à Dieu le Père au *nom de notre Seigneur Jésus Christ.

Maris et femmes

21 Vous qui craignez le Christ, soumettez-vous les uns aux autres; 22 femmes, soyez soumises à vos maris, comme au Seigneur. 23 Car le mari est le chef de la femme, tout comme le Christ est le chef de l'Eglise, lui le Sauveur de son corps. 24 Mais, comme l'Eglise est soumise au Christ, que les femmes soient soumises en tout à leurs maris. 25 Maris, aimez vos femmes comme le Christ a aimé l'Eglise et s'est livré pour elle; 26 il a voulu ainsi la rendre *sainte en la *purifiant avec l'eau qui lave et cela par la Parole; 27 il a voulu se la présenter à lui-même splendide, sans tache ni ride, ni aucun défaut; il a voulu son Eglise *sainte et irréprochable. 28 C'est ainsi que le mari doit aimer sa femme, comme son

1. Autre texte : *vous* a aimés.
2. Expression sémitique désignant *ceux qui appartiennent* à la lumière *et qui dépendent* d'elle.

1. Citation d'un texte inconnu, peut-être un hymne chrétien.

propre corps. Celui qui aime sa femme, s'aime lui-même. 29 Jamais personne n'a pris sa propre chair en aversion; au contraire, on la nourrit, on l'entoure d'attention comme le Christ fait pour son Eglise; 30 ne sommes-nous pas les membres de son corps ? 31 *C'est pourquoi l'homme quittera son père et sa mère, il s'attachera à sa femme, et tous deux ne seront qu'une seule chair.* 32 Ce *mystère est grand : je déclare qu'il concerne le Christ et l'Eglise. 33 En tout cas, chacun de vous, pour sa part, doit aimer sa femme comme lui-même, et la femme, respecter son mari.

Enfants et parents; esclaves et maîtres

6 1 Enfants, obéissez à vos parents, dans le Seigneur, voilà qui est juste. 2 *Honore ton père et ta mère,* c'est le premier commandement accompagné d'une promesse : 3 *Afin que tu aies bonheur et longue vie sur terre.* 4 Vous, parents, ne révoltez pas vos enfants, mais, pour les élever, ayez recours à la discipline et aux conseils qui viennent du Seigneur.

5 Esclaves, obéissez à vos maîtres d'ici-bas avec crainte et tremblement, d'un coeur simple, comme au Christ, 6 non parce que l'on vous surveille, comme si vous cherchiez à plaire aux hommes, mais comme des esclaves du Christ qui s'empressent de faire la volonté de Dieu. 7 Servez de bon gré, comme si vous serviez le Seigneur, et non des hommes. 8 Vous le savez : ce qu'il aura fait de bien, chacun le retrouvera au-

près du Seigneur, qu'il soit esclave ou qu'il soit libre. 9 Et vous, maîtres, faites de même à leur égard. Laissez de côté la menace : vous savez que, pour eux comme pour vous, le Maître est aux *cieux, et devant lui, il n'y a d'exception pour personne.

Revêtez l'armure de Dieu

10 Pour finir, armez-vous de force dans le Seigneur, de sa force toute puissante. 11 Revêtez l'armure de Dieu pour être en état de tenir face aux manoeuvres du *diable. 12 Ce n'est pas à l'homme que nous sommes affrontés, mais aux Autorités, aux Pouvoirs, aux Dominateurs de ce *monde de ténèbres, aux esprits du mal qui sont dans les cieux. 13 Saisissez donc l'armure de Dieu, afin qu'au jour mauvais, vous puissiez résister et demeurer debout, ayant tout mis à son actif. 14 Debout donc ! *à la taille, la vérité pour ceinturon, avec la justice pour cuirasse* 15 et, comme chaussures aux *pieds, l'élan pour annoncer l'*Evangile de la paix.* 16 Prenez surtout le bouclier de la foi, il vous permettra d'éteindre tous les projectiles enflammés du Malin[1]. 17 Recevez enfin le *casque du salut* et le glaive de l'Esprit, c'est-à-dire la *Parole de Dieu.* 18 Que l'Esprit suscite votre prière sous toutes ses formes, vos requêtes, en toutes circonstances; employez vos veilles à une infatigable intercession pour tous les *saints, 19 pour moi aussi : que la parole soit placée dans ma bouche pour annoncer hardi-

---

1. Voir Mt 6.13; Jn 17.15, etc. : personnification du mal.

ment[1] le *mystère de l'Evangile 20 dont je suis l'ambassadeur enchaîné. Puissé-je, comme j'y suis tenu, le dire en toute hardiesse.

Message personnel

21 Je veux que vous sachiez, vous aussi, quelle est ma situation, ce que je fais; Tychique, le frère que j'aime, ministre fidèle dans le Seigneur, vous donnera toutes les nouvelles. 22 Je vous l'envoie tout exprès pour vous dire où nous en sommes et vous réconforter.

23 Paix aux frères, amour et foi de la part de Dieu le Père et du Seigneur Jésus Christ. 24 Que la grâce soit avec tous ceux qui aiment notre Seigneur Jésus Christ d'un amour inaltérable.

1. ou *avec franc-parler.*

ÉPÎTRE DE PAUL AUX PHILIPPIENS

Salutation

1 1 Paul et Timothée, serviteurs de Jésus Christ, à tous les *saints en Jésus Christ qui sont à Philippes[1], avec leurs épiscopes et leurs diacres[2] : 2 à vous grâce et paix de la part de Dieu notre Père et du Seigneur Jésus Christ.

Action de grâce et prière

3 Je rends grâce à mon Dieu chaque fois que j'évoque votre souvenir : 4 toujours, en chaque prière pour vous tous, c'est avec joie que je prie, 5 à cause de la part que vous prenez avec nous à l'*Evangile depuis le premier jour[3] jusqu'à maintenant. 6 Telle est ma conviction : Celui qui a commencé en vous une oeuvre excellente en poursuivra l'achèvement jusqu'au *jour de Jésus Christ. 7 Il est bien juste pour moi d'être ainsi disposé envers vous tous, puisque je vous porte dans mon coeur, vous qui, dans ma captivité[4] comme dans la défense et l'affermissement de l'Evangile,

prenez tous part à la grâce qui m'est faite. 8 Oui, Dieu m'est témoin que je vous chéris tous dans la tendresse de Jésus Christ.

9 Et voici ma prière : que votre amour abonde encore et, de plus en plus, en clairvoyance et en vraie sensibilité, 10 pour discerner ce qui convient le mieux. Ainsi serez-vous purs et irréprochables pour le jour du Christ, 11 comblés du fruit de justice[1] qui nous vient par Jésus Christ, à la gloire et à la louange de Dieu.

La progression de l'Evangile

12 Je veux que vous le sachiez, frères, ce qui m'est arrivé a plutôt contribué au progrès de l'*Evangile. 13 Dans tout le *prétoire, en effet, et partout ailleurs, il est maintenant bien connu que je suis en captivité pour Christ, 14 et la plupart des frères, encouragés dans le Seigneur par ma captivité, redoublent d'audace pour annoncer sans peur la Parole[2]. 15 Certains, il est vrai, le font par envie et par rivalité, mais d'autres proclament le Christ dans une intention bonne. 16 Ceux-ci agissent par amour. Ils savent que je suis ici pour la défense de l'Evangile. 17 Ceux-là, c'est par esprit de rivalité qu'ils annoncent le Christ. Leurs motifs ne sont pas purs; ils pensent rendre ma captivité en-

---

1. A l'époque de Paul *Philippes* était une importante colonie romaine de la Macédoine (4.15). Selon Ac 16.12 Paul s'y arrêta lors de son deuxième voyage missionnaire. Voir 1 Th 2.2.
2. *Episcopes, diacres :* voir 1 Tm 3.1, 8 notes.
3. Voir Ac 16.13-15.
4. Voir Ph 1.13; on ignore où l'apôtre était emprisonné.

1. *justice :* voir Rm 1.17 et note.
2. Certains manuscrits ajoutent ici : *de Dieu,* ou *du Seigneur.*

core plus pénible. 18 Mais qu'importe ? Il reste que de toute manière, avec des arrière-pensées-ou dans la vérité, Christ est annoncé. Et je m'en réjouis ; et même je continuerai à m'en réjouir. 19 Car je sais que *cela aboutira à mon salut* grâce à votre prière et à l'assistance de l'Esprit de Jésus Christ ; 20 suivant ma vive attente et mon espérance, je n'aurai pas à rougir de honte, mais mon assurance restant totale[1], maintenant comme toujours, Christ sera exalté dans mon corps, soit par ma vie soit par ma mort. 21 Car pour moi, *vivre c'est Christ, et mourir m'est un gain.* 22 Mais si vivre ici-bas doit me permettre un travail fécond, je ne sais que choisir. 23 Je suis pris dans ce dilemme : j'ai le désir de m'en aller[2] et d'être avec Christ, et c'est de beaucoup préférable, 24 mais demeurer ici-bas est plus nécessaire à cause de vous. 25 Aussi, je suis convaincu, je sais que je resterai, que je demeurerai près de vous tous, pour votre progrès et la joie de votre foi, 26 afin que grandisse grâce à moi, par mon retour auprès de vous, la gloire que vous avez en Jésus Christ.

Une vie qui s'accorde à l'Evangile

27 Seulement, menez une vie digne de l'*Evangile du Christ*[3], afin que, si je viens vous voir, ou si, absent, j'entends parler de vous, j'apprenne que vous tenez ferme dans un même esprit, luttant ensemble d'un même coeur selon la foi de l'Evangile, 28 sans vous laisser intimider en rien par les adversaires, ce qui est pour eux le signe manifeste de leur ruine et de votre salut : et cela vient de Dieu. 29 Car il vous a fait la grâce, à l'égard de Christ, non seulement de croire en lui mais encore de souffrir pour lui, 30 en livrant le même combat que vous m'avez vu mener et que, vous le savez, je mène encore.

Rechercher l'unité

2 1 S'il y a donc un appel en Christ, un encouragement dans l'amour, une communion dans l'Esprit, un élan d'affection et de compassion, 2 alors comblez ma joie en vivant en plein accord. Ayez un même amour, un même coeur ; recherchez l'unité ; 3 ne faites rien par rivalité, rien par gloriole, mais, avec humilité, considérez les autres comme supérieurs à vous. 4 Que chacun ne regarde pas à soi seulement, mais aussi aux autres.

Jésus, serviteur souverainement élevé

5 Comportez-vous[1] ainsi entre vous, comme on le fait en Jésus Christ :
6 lui qui est de condition divine n'a pas considéré comme une proie à saisir d'être l'égal de Dieu.
7 Mais il s'est dépouillé,

---

1. ou *mais au vu et au su de tout le monde, maintenant comme toujours* ...
2. sous-entendu : de cette vie, ou de cette terre. Voir 2 Tm 4.6.
.3. ou *que votre vie de citoyens soit en accord avec l'Evangile du Christ.*

1. ou *ayez entre-vous ces dispositions-là, comme* ... Les v. 6-11 citent sans doute un hymne chrétien très ancien.

prenant la condition de serviteur,
devenant   semblable   aux
hommes,
et, reconnu à son aspect
comme un homme;

8 il s'est abaissé,
devenant obéissant jusqu'à la
mort,
à la mort sur une croix.

9 C'est pourquoi Dieu l'a souve-
rainement élevé
et lui a conféré le *Nom qui
est au-dessus de tout nom,

10 afin qu'au nom de Jésus *tout
genou fléchisse*,
dans les cieux, sur la terre et
sous la terre[1],

11 et que *toute langue confesse*
que le Seigneur, c'est Jésus
Christ,
à la gloire de Dieu le Père.

Des sources de lumière dans le monde

12 Ainsi, mes bien-aimés, vous
qui avez toujours été obéissants,
soyez-le non seulement en ma
présence, mais bien plus maintenant, en mon absence; avec
crainte et tremblement mettez en
oeuvre votre salut, 13 car c'est
Dieu qui fait en vous et le vouloir
et le faire selon son dessein bienveillant. 14 Agissez en tout sans
murmures ni réticences, 15 afin
d'être sans reproche et sans compromission, *enfants* de Dieu *sans
tache* au milieu d'une *génération
dévoyée et pervertie*, où vous ap-
paraissez comme des sources de
lumière dans le *monde, 16 vous
qui portez la parole de *vie : c'est

ma gloire pour le *jour de Christ,
puisque je n'aurai pas couru pour
rien ni peiné pour rien. 17 Et
même si mon sang doit être versé
en libation dans le *sacrifice et le
service de votre foi[1], j'en suis
joyeux et m'en réjouis avec vous
tous; 18 de même, vous aussi,
soyez joyeux et réjouissez-vous
avec moi.

Missions de Timothée et d'Epaphrodite

19 J'espère, dans le Seigneur Jésus, vous envoyer bientôt Timothée, pour être réconforté moi
aussi par les nouvelles que j'aurai
de vous. 20 Je n'ai personne
d'autre qui partage mes sentiments, qui prenne réellement
souci de ce qui vous concerne :
21 tous ont en vue leurs intérêts
personnels, non ceux de Jésus
christ. 22 Mais lui, vous savez qu'il
a fait ses preuves : comme un fils
auprès de son père, il s'est mis
avec moi au service de l'*Evangile. 23 C'est donc lui que j'espère
vous envoyer dès que j'aurai vu
clair sur mon sort. 24 J'ai d'ailleurs la conviction dans le Seigneur que moi aussi je viendrai
bientôt.

25 Cependant j'ai cru nécessaire
de vous envoyer Epaphrodite[2],
mon frère, mon compagnon de
travail et de combat, envoyé par
vous pour se mettre à mon service alors que j'étais dans le besoin, 26 car il avait un grand désir
de vous revoir tous et se tourmen-
tait parce que vous aviez appris

---

1. Comme en Ap 5.3, 13, l'expression *sous la
terre* vise le séjour des morts. Voir au glossaire
*HADÈS.

1. ou *si mon sang est versé en libation sur le
sacrifice et l'offrande de votre foi ...* — Sur la
libation, voir Ex 29.40-41; Nb 15.1-16; 29.6.
2. Délégué de l'église de Philippes auprès de
Paul (voir Ph 4.18).

sa maladie. 27 De fait, il a été malade, bien près de la mort; mais Dieu a eu pitié de lui, et pas seulement de lui, mais encore de moi, pour que je n'aie pas tristesse sur tristesse. 28 Je m'empresse donc de vous le renvoyer, afin qu'en le voyant vous vous réjouissiez encore et que moi je sois moins triste. 29 Réservez-lui donc dans le Seigneur un accueil vraiment joyeux, et ayez de l'estime pour des hommes tels que lui, 30 puisque pour l'oeuvre de Christ il a failli mourir; il a risqué sa vie, afin de suppléer à ce que vous ne pouviez faire vous-mêmes pour mon service.

Paul pourrait se confier dans ses titres

3 1 Au reste, mes frères, réjouissez-vous dans le Seigneur. Il ne m'en coûte pas de vous écrire les mêmes choses, et pour vous c'est un affermissement. 2 Prenez garde aux chiens[1] ! prenez garde aux mauvais ouvriers ! prenez garde aux faux *circoncis ! 3 Car les circoncis, c'est nous, qui rendons notre culte par l'Esprit de Dieu, qui plaçons notre gloire en Jésus Christ, qui ne nous confions pas en nous-mêmes.

4 Pourtant, j'ai des raisons d'avoir aussi confiance en moimême. Si un autre croit pouvoir se confier en lui-même, je le peux davantage, moi, 5 circoncis le huitième jour, de la race d'Israël, de la tribu de Benjamin[1], Hébreu fils d'Hébreux; pour la loi, *pharisien; 6 pour le zèle, persécuteur de l'Eglise; pour la justice qu'on trouve dans la loi, devenu irréprochable.

Saisi par Jésus Christ

7 Or toutes ces choses qui étaient pour moi des gains, je les ai considérées comme une perte à cause du Christ. 8 Mais oui, je considère que tout est perte en regard de ce bien suprême qu'est la connaissance de Jésus Christ mon Seigneur. À cause de lui j'ai tout perdu et je considère tout cela comme ordures afin de gagner Christ, 9 et d'être trouvé en lui, non plus avec une justice à moi, qui vient de la loi, mais avec celle qui vient par la foi au Christ[2], la justice qui vient de Dieu et s'appuie sur la foi. 10 Il s'agit de le connaître, lui, et la puissance de sa résurrection, et la communion à ses souffrances, de devenir semblable à lui dans sa mort, 11 afin de parvenir, s'il est possible, à la résurrection d'entre les morts. 12 Non que j'aie déjà obtenu tout cela ou que je sois déjà devenu parfait; mais je m'élance pour tâcher de le saisir, parce que j'ai été saisi moi-même par Jésus Christ. 13 Frères, je n'estime pas l'avoir déjà saisi. Mon seul souci : oubliant le chemin parcouru et tout tendu en avant, 14 je m'élance vers le but, en vue du prix attaché à l'appel d'en haut que Dieu nous adresse en Jésus Christ. 15 Nous tous, les

---

1. Comme en Mt 7.6 et Ap 22.15, *chiens* est une appellation péjorative visant ceux que l'on considère comme des adversaires (ici les partisans de la circoncision).

1. Tribu vénérée entre toutes, restée fidèle à la dynastie de David (voir 1 R 12.21).
2. ou *la foi du Christ.* Voir Ga 2.16 et note.

« parfaits », comportons-nous donc ainsi, et si en quelque point vous vous comportez autrement, là-dessus aussi Dieu vous éclairera. 16 En attendant, au point où nous sommes arrivés, marchons dans la même direction.

Suivre l'exemple de l'apôtre

17 Tous ensemble imitez-moi, frères, et fixez votre regard sur ceux qui se conduisent suivant l'exemple que vous avez en nous. 18 Beaucoup, en effet, je vous le disais souvent et le redis maintenant en pleurant, se conduisent en ennemis de la croix du Christ. 19 Leur fin sera la perdition; leur dieu, c'est leur ventre[1], et leur gloire, ils la mettent dans leur honte[2], eux qui n'ont à coeur que les choses de la terre. 20 Car notre cité, à nous, est dans les *cieux, d'où nous attendons, comme sauveur, le Seigneur Jésus Christ, 21 qui transfigurera notre corps humilié pour le rendre semblable à son corps de gloire, avec la force qui le rend capable aussi de tout soumettre à son pouvoir.

4 1 Ainsi donc, frères bien-aimés que je désire tant revoir, vous, ma joie et ma couronne[3], tenez ferme de cette façon dans le Seigneur, mes bien-aimés.

---

1. Sans doute comme en Rm 16.18; Col 2.16, 20-21. Paul vise ici les interdictions alimentaires prescrites par les tenants de la loi juive. Voir au glossaire *PUR.
2. Voir Ga 6.13, 15 : allusion probable à la circoncision.
3. La *couronne* est la récompense des vainqueurs dans les jeux du stade ou au retour de la guerre.

Réjouissez-vous dans le Seigneur

2 J'exhorte Evodie et j'exhorte Syntyche à vivre en plein accord dans le Seigneur. 3 Et toi, Compagnon[1] véritable, je te le demande, viens-leur en aide, car elles ont lutté avec moi pour l'*Evangile, en même temps que Clément et tous mes autres collaborateurs, dont les noms figurent au livre de *vie.

4 Réjouissez-vous dans le Seigneur en tout temps; je le répète, réjouissez-vous. 5 Que votre bonté soit reconnue par tous les hommes. Le Seigneur est proche. 6 Ne soyez inquiets de rien, mais, en toute occasion, par la prière et la supplication accompagnées d'action de grâces, faites connaître vos demandes à Dieu. 7 Et la paix de Dieu, qui surpasse toute intelligence, gardera vos coeurs et vos pensées en Jésus Christ.

8 Au reste, frères, tout ce qu'il y a de vrai, tout ce qui est noble, juste, pur, digne d'être aimé, d'être honoré, ce qui s'appelle vertu, ce qui mérite l'éloge, tout cela, portez-le à votre actif. 9 Ce que vous avez appris, reçu, entendu de moi, observé en moi, tout cela, mettez-le en pratique. Et le Dieu de la paix sera avec vous.

Votre don, un sacrifice qui plaît à Dieu

10 Je me suis beaucoup réjoui dans le Seigneur de ce que votre intérêt pour moi ait enfin pu re-

---

1. En grec *Syzygos*, qui pourrait être un nom propre.

fleurir : oui, l'intérêt vous l'aviez, mais l'occasion vous manquait. 11 Ce n'est pas le besoin qui me fait parler, car j'ai appris en toute situation à me suffire. 12 Je sais vivre dans la gêne, je sais vivre dans l'abondance. J'ai appris, en toute circonstance et de toutes les manières, à être rassasié comme à avoir faim, à vivre dans l'abondance comme dans le besoin. 13 Je peux tout en Celui qui me rend fort. 14 Pourtant, vous avez bien fait de prendre votre part de ma détresse. 15 Vous le savez, vous, Philippiens, dans les débuts de l'*Evangile, quand j'ai quitté la Macédoine[1], aucune église ne m'a fait une part dans un compte de doit et avoir[2], si ce n'est vous seuls, 16 vous qui, à Thessalonique[3] déjà, à plus d'une reprise, m'avez envoyé ce dont j'avais besoin.

17 Ce n'est pas que je sois à la recherche de cadeaux ; ce que je recherche, c'est le fruit qui s'accroît à votre actif. 18 J'ai d'ailleurs en mains tout ce qu'il faut, et même au-delà. Je suis comblé, maintenant que j'ai reçu ce qu'Epaphrodite m'a remis de votre part, *parfum de bonne odeur,* *sacrifice agréé et qui plaît à Dieu. 19 Et mon Dieu comblera tous vos besoins, suivant sa richesse, magnifiquement, en Jésus Christ. 20 À Dieu notre Père soit la gloire pour les *siècles des siècles. *Amen.

Salutations finales

21 Saluez chacun des *saints en Jésus Christ. Les frères qui sont avec moi vous saluent. 22 Tous les saints vous saluent, surtout ceux de la maison de César[1].

23 Que la grâce du Seigneur Jésus Christ soit avec votre esprit.

---

1. Voir Rm 1.16 et note. Départ de Paul pour la Macédoine : Ac 20.1.

2. Sur cet échange de biens spirituels et matériels, voir 1 Co 9.11. Paul recourt ici au vocabulaire des transactions commerciales.

3. Voir 1 Th 1.1 et note; Ac 17.1.

---

1. Voir Ph 1.13 (prétoire) : l'expression *la maison de César* englobe tout le personnel au service de l'empereur (César); elle peut correspondre à toute ville où siégeait un gouverneur romain.

ÉPÎTRE DE PAUL AUX COLOSSIENS

Adresse et salutation

1 1 Paul, *apôtre de Jésus Christ par la volonté de Dieu, et Timothée, le frère, 2 aux *saints de Colosses[1], frères fidèles en Christ; à vous grâce et paix de la part de Dieu, notre Père[2].

L'Evangile est parvenu jusqu'à vous

3 Nous rendons grâce à Dieu, Père de notre Seigneur Jésus Christ, dans la prière que nous ne cessons de lui adresser pour vous; 4 nous avons entendu parler de votre foi en Jésus Christ et de l'amour que vous avez pour tous les *saints, 5 dans l'espérance qui vous attend aux *cieux; cette espérance vous a été annoncée par la parole de vérité, l'*Evangile 6 qui est parvenu jusqu'à vous; tout comme il porte du fruit et progresse dans le monde entier, de même fait-il parmi vous depuis le jour où vous avez reçu et connu dans sa vérité la grâce de Dieu, 7 selon l'enseignement que vous a donné Epaphras; notre ami et compagnon de service, qui nous supplée fidèlement comme *ministre du Christ[1], 8 nous a décrit de quel amour l'Esprit vous anime.

Prière pour l'église de Colosses

9 Voilà pourquoi, de notre côté, du jour où nous l'avons appris, nous ne cessons pas de prier pour vous. Nous demandons à Dieu que vous ayez pleine connaissance de sa volonté en toute sagesse et pénétration spirituelle, 10 pour que vous meniez une vie digne du Seigneur, recherchant sa totale approbation. Par tout ce que vous ferez de bien, vous porterez du fruit et progresserez dans la vraie connaissance de Dieu; 11 vous serez fortifiés à tous égards par la vigueur de sa gloire et ainsi amenés à une persévérance et une patience à toute épreuve.

Le Fils, image du Dieu invisible

Avec joie, 12 rendez grâce au Père qui vous a rendus capables d'avoir part à l'héritage des *saints dans la lumière.

13 Il nous a arrachés au pouvoir des ténèbres et nous a transférés dans le *royaume du Fils de son amour, 14 en qui nous avons la délivrance, le pardon des péchés.

15 Il est l'image du Dieu invisible,

1. Petite ville de Phrygie, située à 200 km à l'Est d'Ephèse, en Turquie actuelle.
2. De nombreux manuscrits ajoutent : *et du Seigneur Jésus Christ.*

1. Autre texte : *qui est un fidèle ministre du Christ à votre égard.*

Premier-né de toute créature,

16 Car en lui tout a été créé,

Dans les cieux et sur la terre,

Les êtres visibles comme les invisibles,

Trônes et Souverainetés, Autorités et Pouvoirs[1],

Tout est créé par lui et pour lui,

17 Et il est, lui, par devant tout;

Tout est maintenu en lui,

18 Et il est, lui, la tête du corps, qui est l'Eglise,

Il est le commencement,

Premier-né d'entre les morts,

Afin de tenir en tout, lui, le premier rang.

19 Car il a plu à Dieu

De faire habiter en lui toute la plénitude[2]

20 Et de tout réconcilier par lui et pour lui,

Et sur la terre et dans les *cieux,

Ayant établi la paix par le *sang de sa croix.

21 Et vous qui autrefois étiez étrangers, vous dont les oeuvres mauvaises manifestaient l'hostilité profonde, 22 voilà que maintenant Dieu vous a réconciliés[3] dans le corps périssable de son Fils, par sa mort, pour vous faire paraître devant lui *saints, irréprochables, inattaquables. 23 Mais il faut que, par la foi, vous teniez, solides et fermes, sans vous laisser déporter hors de l'espérance de l'*Evangile que vous avez entendu, qui a été proclamé à toute créature sous le ciel, et dont moi, Paul, je suis devenu le *ministre.

Le combat de l'apôtre

24 Je trouve maintenant ma joie dans les souffrances que j'endure pour vous, et ce qui manque aux détresses du Christ, je l'achève dans ma chair[1] en faveur de son corps qui est l'Eglise; 25 j'en suis devenu le *ministre en vertu de la charge que Dieu m'a confiée à votre égard : achever l'annonce de la Parole de Dieu, 26 le *mystère[2] tenu caché tout au long des âges et que Dieu a manifesté maintenant à ses *saints. 27 Il a voulu leur faire connaître quelles sont les richesses et la gloire de ce mystère parmi les *païens : Christ au milieu de vous, l'espérance de la gloire ! 28 C'est lui que nous annonçons, avertissant chacun, instruisant chacun en toute sagesse, afin de rendre chacun parfait[3] en Christ. 29 C'est le but de mon labeur, du combat mené avec sa force qui agit puissamment en moi.

2 1 Je veux en effet que vous sachiez quel rude combat je mène pour vous, pour ceux de Laodicée[4], et pour tant d'autres qui ne m'ont jamais vu personnellement; 2 je veux qu'ainsi leurs coeurs soient encouragés et qu'étroitement unis dans l'amour, ils accèdent, en toute sa richesse, à la plénitude de l'intelligence, à la connaissance du *mystère de

---

1. Le v. énumère un certain nombre de puissances spirituelles que l'antiquité considérait comme participant au gouvernement de l'univers physique et du monde religieux. Voir aussi Ga 4.3 et note.

2. D'après Col 2.9 il s'agit de la *plénitude* de la divinité.

3. Autre texte : *vous avez été réconciliés.*

1. ou *j'achève ce qui manque aux détresses du Christ en ma propre chair.* Comme en Mt 24.9; Ap 7.14, etc., le terme grec rendu ici par *détresses* désigne les épreuves liées à la prédication de l'Evangile et particulières à la fin des temps.

2. Voir Ep 3.3 et note.

3. ou *parvenu au but, adulte.*

4. Voir Col 4.13 et note.

Dieu : Christ, 3 en qui sont *cachés*
tous les trésors de la sagesse et de
la connaissance. 4 Je dis cela pour
que personne ne vous abuse par
de beaux discours. 5 Sans doute,
je suis absent de corps, mais d'esprit je suis avec vous, heureux de
vous voir tenir votre poste et rester solides dans votre foi au
Christ.

Vous êtes pleinement comblés en Christ

6 Poursuivez donc votre route
dans le Christ, Jésus le Seigneur,
tel que vous l'avez reçu; 7 soyez
enracinés et fondés en lui, affermis ainsi dans la foi telle qu'on
vous l'a enseignée, et débordants
de reconnaissance. 8 Veillez à ce
que nul ne vous prenne au piège
de la philosophie[1], cette creuse
duperie à l'enseigne de la tradition des hommes, des forces qui
régissent l'univers[2] et non plus du
Christ. 9 Car en lui habite toute la
plénitude de la divinité, corporel-
lement, 10 et vous vous trouvez
pleinement comblés en celui qui
est le chef de toute Autorité et de
tout Pouvoir.

11 En lui vous avez été *circoncis d'une circoncision où la main
de l'homme n'est pour rien et qui
vous a dépouillés[3] du corps charnel : telle est la circoncision du
Christ. 12 Ensevelis avec lui dans
le baptême, avec lui encore vous
avez été ressuscités puisque vous
avez cru en la force de Dieu qui
l'a ressuscité des morts. 13 Et
vous, qui étiez morts à cause de
vos fautes et de l'*incirconcision

de votre chair, Dieu vous a donné
la *vie avec lui :
  il nous a pardonné toutes nos
  fautes,
14 il a annulé le document accusateur[1]
  que les commandements retournaient contre nous,
  il l'a fait disparaître,
  il l'a cloué à la croix,
15 il a dépouillé les Autorités et
les Pouvoirs[2]
  il les a publiquement livrés en
  spectacle
  il les a traînés dans le cortège
  triomphal de la croix.

16 Dès lors, que nul ne vous
condamne pour des questions de
nourriture ou de boisson, à propos d'une fête, d'une nouvelle
lune[3] ou de *sabbats. 17 Tout cela
n'est que l'ombre de ce qui devait
venir, mais la réalité relève du
Christ. 18 Ne vous laissez pas
frustrer de la victoire par des
gens qui se complaisent dans une
« dévotion[4] », dans un « culte des
*anges »; ils se plongent dans
leurs visions et leur intelligence
charnelle les gonfle de chimères;
19 ils ne tiennent pas à la tête de
qui le corps tout entier, pourvu et
bien uni grâce aux articulations
et ligaments, tire la croissance
que Dieu lui donne.

Morts et ressuscités avec le Christ

20 Du moment que vous êtes
morts avec Christ, et donc sous-
traits aux éléments du monde[5],

---

1. Au sens restreint de spéculation religieuse. Ici
seulement dans le N. T.
2. Voir note sur Ga 4.3.
3. Voir notes sur Rm 6.6 et 7.5.

1. C'est-à-dire un billet qui porte une reconnaissance de dette et qui devient donc une accusation
contre des signataires insolvables.
2. *Autorités et Pouvoirs* : cf. Col 1.16 et note.
3. Observance religieuse inspirée du Judaïsme.
4. ou *dans une fausse humilité.*
5. Voir Ga 4.3 et note.

pourquoi vous plier à des règles, comme si votre vie dépendait encore du monde : 21 ne prends pas, ne goûte pas, ne touche pas; 22 tout cela pour des choses qui se décomposent à l'usage[1] : voilà bien *les commandements et les doctrines des hommes !* 23 Ils ont beau faire figure de sagesse : « religion personnelle, dévotion, ascèse », ils sont dénués de toute valeur et ne servent qu'à contenter la chair.

3 1 Du moment que vous êtes ressuscités avec le Christ, recherchez ce qui est en haut, là où se trouve le christ, *assis à la droite de Dieu;* 2 c'est en haut qu'est votre but, non sur la terre. 3 Vous êtes morts, en effet, et votre *vie est cachée avec le Christ en Dieu. 4 Quand le Christ, votre vie, paraîtra, alors vous aussi, vous paraîtrez en pleine gloire.

Le vieil homme et l'homme nouveau

5 Faites donc mourir ce qui en vous appartient à la terre : débauche, *impureté, passion, désir mauvais et cette cupidité, qui est une idolâtrie. 6 Voilà ce qui attire la colère de Dieu, 7 voilà quelle était votre conduite autrefois, ce qui faisait votre vie. 8 Maintenant donc, vous aussi, débarrassez-vous de tout cela : colère, irritation, méchanceté, injures, grossièreté sortie de vos lèvres. 9 Plus de mensonge entre vous, car vous vous êtes dépouillés du vieil homme, avec ses pratiques, 10 et

vous avez revêtu l'homme nouveau, celui qui, pour accéder à la connaissance, ne cesse d'être renouvelé *à l'image* de son créateur; 11 là, il n'y a plus Grec et *Juif, *circoncis et incirconcis, barbare, Scythe[1], esclave, homme libre, mais Christ : il est tout et en tous.

12 Puisque vous êtes élus, *sanctifiés, aimés par Dieu, revêtez donc des sentiments de compassion, de bienveillance, d'humilité, de douceur, de patience. 13 Supportez-vous les uns les autres, et si l'un a un grief contre l'autre, pardonnez-vous mutuellement; comme le Seigneur vous a pardonnés, faites de même, vous aussi. 14 Et par-dessus tout, revêtez l'amour : c'est le lien parfait. 15 Que règne en vos coeurs la paix du Christ, à laquelle vous avez été appelés tous en un seul corps. Vivez dans la reconnaissance.

16 Que la parole du Christ habite parmi vous dans toute sa richesse : instruisez-vous et avertissez-vous les uns les autres avec pleine sagesse; chantez à Dieu, dans vos coeurs, votre reconnaissance, par des psaumes, des hymnes et des chants inspirés par l'Esprit. 17 Tout ce que vous pouvez dire ou faire, faites-le au *nom du Seigneur Jésus, en rendant grâce par lui à Dieu le Père.

Maris et femmes, enfants et parents

18 Epouses, soyez soumises à vos maris, comme il se doit dans le Seigneur. 19 Maris, aimez vos

---

1. ou *l'usage de toutes ces choses mène à la perdition.* Dans ce cas la phrase continuerait à citer les maximes des faux docteurs.

1. les *Scythes* habitaient les rivages Nord de la Mer Noire et passaient pour les plus arriérés des hommes — *barbare :* voir 1 Co 14.11 et note.

femmes et ne vous aigrissez pas contre elles.

20 Enfants, obéissez en tout à vos parents, voilà ce que le Seigneur attend de vous. 21 Parents, n'exaspérez pas vos enfants, de peur qu'ils ne se découragent.

Esclaves et maîtres

22 Esclaves, obéissez en tout à vos maîtres d'ici-bas. Servez-les, non parce qu'on vous surveille, comme si vous cherchiez à plaire aux hommes, mais avec la simplicité de coeur de ceux qui craignent le Seigneur[1]. 23 Quel que soit votre travail, faites-le de bon coeur, comme pour le Seigneur, et non pour les hommes, 24 sachant que vous recevrez du Seigneur l'héritage en récompense[2]. Le Maître, c'est le Christ; vous êtes à son service. 25 Qui se montre injuste sera payé de son injustice, et il n'y a d'exception pour personne.

4 1 Maîtres, traitez vos esclaves avec justice et équité, sachant que vous aussi, vous avez un Maître dans le *ciel.

Attitude à l'égard des non-chrétiens

2 Tenez-vous à la prière; qu'elle vous garde sur le qui-vive dans l'action de grâce. 3 En même temps, priez aussi pour nous : que Dieu ouvre une porte à notre prédication afin que j'annonce le *mystère du Christ, pour lequel je suis en prison; 4 que je le publie comme je suis tenu d'en parler.

5 Trouvez la juste attitude à l'égard des non-chrétiens; saisissez l'occasion. 6 Que vos propos soient toujours bienveillants, relevés de sel, avec l'art de répondre à chacun comme il faut.

Messages personnels

7 En ce qui concerne ma situation, vous aurez toutes les nouvelles par Tychique, le frère que j'aime, le ministre fidèle, mon compagnon de service dans le Seigneur. 8 Je vous l'envoie tout exprès pour vous donner de nos nouvelles et vous réconforter. 9 Onésime, ce frère fidèle et très cher, l'accompagne; il est des vôtres. Ils vous mettront au courant de tout ce qui se passe ici.

10 Vous avez les salutations d'Aristarque qui est en prison avec moi, ainsi que de Marc, le cousin de Barnabas, — vous avez reçu des instructions à son sujet : s'il vient chez vous, faites-lui bon accueil. 11 Vous avez également les salutations de Jésus, celui qu'on appelle Justus. Seuls parmi les Juifs à travailler avec moi pour le *royaume de Dieu, ils ont été pour moi une consolation. 12 Vous avez les salutations d'Epaphras qui est de chez vous; ce serviteur de Jésus Christ ne cesse de mener pour vous le combat de la prière, afin que vous demeuriez fermes, parfaits, donnant plein consentement à toute volonté de Dieu. 13 Je lui rends ce témoignage qu'il se donne beaucoup de peine, pour vous, pour ceux de Laodicée et de Hiérapolis[1].

---

1. ou *le Maître*.
2. Voir Ga 4.1-2. Dans la société antique l'esclave ne pouvait pas hériter.

1. *Hiérapolis* et *Laodicée* : deux villes voisines de Colosses, également situées dans la vallée du Lycus.

14 Vous avez les salutations de Luc, notre ami le médecin, et de Démas.

15 Saluez les frères de Laodicée, ainsi que Nympha et l'église qui se réunit dans sa maison. 16 Quand vous aurez lu ma lettre, transmettez-la à l'église de Laodicée, qu'elle la lise à son tour. Lisez, de votre côté, celle qui viendra de Laodicée[1]. 17 Enfin, dites à Archippe : Veille au *ministère que tu as reçu dans le Seigneur, et tâche de bien l'accomplir.

18 La salutation de ma main, à moi Paul, la voici : Souvenez-vous de mes chaînes. La grâce soit avec vous !

1. Lettre perdue, à moins que ce ne soit notre actuelle épître « aux Ephésiens » (voir Ep 1.1 et note).

PREMIÈRE ÉPÎTRE
DE PAUL AUX THESSALONICIENS

Salutation

1 1 Paul, Silvain et Timothée à l'église des Thessaloniciens[1] qui est en Dieu le Père et dans le Seigneur Jésus Christ. À vous grâce et paix.

Votre foi, votre amour, votre espérance

2 Nous rendons continuellement grâce à Dieu pour vous tous quand nous faisons mention de vous dans nos prières; sans cesse, 3 nous gardons le souvenir de votre foi active, de votre amour qui se met en peine, et de votre persévérante espérance en notre Seigneur Jésus Christ, devant Dieu notre Père, 4 sachant bien, frères aimés de Dieu, qu'il vous a choisis. 5 En effet, l'*Evangile que nous annonçons ne vous a pas été présenté comme un simple discours, mais il a montré surabondamment sa puissance par l'action de l'Esprit Saint. C'est là, vous le savez, ce que nous avons fait parmi vous pour votre bien. 6 Et vous, vous nous avez imités, nous et le Seigneur, accueillant la Parole en pleine détresse, avec la joie de l'Esprit Saint : 7 ainsi, vous êtes devenus un modèle pour tous les croyants de Macédoine[1] et d'Achaïe[2]. 8 De chez vous, en effet, la parole du Seigneur a retenti non seulement en Macédoine et en Achaïe, mais la nouvelle de votre foi en Dieu s'est si bien répandue partout que nous n'avons pas besoin d'en parler. 9 Car chacun raconte, en parlant de nous, quel accueil vous nous avez fait, et comment vous vous êtes tournés vers Dieu en vous détournant des idoles pour servir le Dieu vivant et véritable 10 et pour attendre des *cieux son Fils qu'il a ressuscité des morts, Jésus, qui nous arrache à la colère qui vient.

Comment nous vous avons apporté l'Evangile

2 1 Vous-mêmes le savez bien, frères, ce n'est pas en vain que vous nous avez accueillis. 2 Mais, alors que nous venions de souffrir et d'être insultés à Philippes[3], comme vous le savez, nous avons trouvé en notre Dieu l'assurance qu'il fallait pour vous prêcher son *Evangile à travers bien des luttes. 3 C'est que notre prédication ne repose pas sur l'erreur, elle ne s'inspire pas de motifs *impurs, elle n'a pas recours à la ruse. 4 Mais Dieu nous ayant éprouvés pour nous confier l'E-

---

1. *Thessalonique* (voir 2 Co 1.16 et note) : la ville porte aujourd'hui le nom de Salonique; elle est située au Nord de la Grèce. Sur le premier séjour qu'y fit Paul voir Ac 17.1-9 et 1 Th 2.1-2.

1. Voir 2 Co 1.16 et note.
2. Voir 2 Co 1.1 et note.
3. Voir Ph 1.1 et note; Ac 16.19-24.

vangile, nous prêchons en conséquence; nous ne cherchons pas à plaire aux hommes, mais à Dieu qui éprouve nos coeurs. 5 C'est ainsi que jamais nous n'avons eu de paroles flatteuses, vous le savez, jamais d'arrière-pensée de profit, Dieu en est témoin, 6 et jamais nous n'avons recherché d'honneurs auprès des hommes, ni chez vous, ni chez d'autres, 7 alors que nous aurions pu nous imposer, en qualité d'*apôtres du Christ. Au contraire, nous avons été au milieu de vous pleins de douceur, comme une mère réchauffe sur son sein les enfants qu'elle nourrit. 8 Nous avions pour vous une telle affection que nous étions prêts à vous donner non seulement l'Evangile de Dieu, mais même notre propre vie, tant vous nous étiez devenus chers. 9 Vous vous rappelez, frères, nos peines et nos fatigues : c'est en travaillant nuit et jour, pour n'être à la charge d'aucun de vous, que nous avons annoncé l'Evangile de Dieu. 10 Vous êtes témoins de Dieu aussi, que nous nous sommes conduits envers vous, les croyants, de manière sainte, juste, irréprochable. 11 Et vous le savez : traitant chacun de vous comme un père ses enfants, 12 nous vous avons exhortés, encouragés et adjurés de vous conduire d'une manière digne de Dieu qui vous appelle à son *royaume et à sa gloire.

Vous avez imité les Eglises de Judée

13 Voici pourquoi, de notre côté, nous rendons sans cesse grâce à Dieu : quand vous avez reçu la parole de Dieu que nous vous faisions entendre, vous l'avez accueillie, non comme une parole d'homme, mais comme ce qu'elle est réellement, la parole de Dieu, qui est aussi à l'oeuvre en vous, les croyants. 14 En effet, frères, vous avez imité les églises de Dieu qui sont en Judée, dans le Christ Jésus, puisque vous aussi avez souffert, de vos propres compatriotes, ce qu'elles ont souffert de la part des *Juifs; 15 eux qui ont tué le Seigneur Jésus et les *prophètes, ils nous ont aussi persécutés, ils ne plaisent pas à Dieu et sont ennemis de tous les hommes, 16 ils nous empêchent de prêcher aux *païens pour les sauver, et mettent ainsi, en tout temps, le comble à leur péché. Mais la colère[1] est tombée sur eux, à la fin.

La mission de Timothée à Thessalonique

17 Pour nous, frères, séparés de vous pour un temps, loin des yeux mais non du coeur, nous avons redoublé d'efforts pour aller vous voir, car nous en avions un vif désir. 18 C'est pourquoi nous avons voulu nous rendre chez vous — moi-même, Paul, à plusieurs reprises — et *Satan nous en a empêchés. 19 En effet, quelle est notre espérance, notre joie, l'*orgueil qui sera notre couronne[2] en présence de notre Seigneur Jésus, lors de sa venue, sinon vous ? 20 Oui, c'est vous qui êtes notre gloire et notre joie.

---

1. la colère *de Dieu*, ainsi que le précisent quelques manuscrits.
2. Voir Ap 2.11 et note.

3 1 Aussi, n'y tenant plus, nous avons pensé que le mieux était de rester seuls à Athènes[1], 2 et nous vous avons envoyé Timothée, notre frère, le collaborateur de Dieu[2] dans la prédication de l'*Evangile du Christ, pour vous affermir et vous encourager dans votre foi, 3 afin que personne ne soit ébranlé au milieu des épreuves présentes, car vous savez bien que nous y sommes destinés. 4 Quand nous étions chez vous, nous vous prévenions qu'il faudrait subir des épreuves, et c'est ce qui est arrivé, vous le savez. 5 C'est pour cela que, n'y tenant plus, j'ai envoyé prendre des nouvelles de votre foi, dans la crainte que le *Tentateur ne vous ait tentés et que notre peine ne soit perdue.

Nous revivons puisque vous tenez bon

6 Maintenant, Timothée vient de nous arriver de chez vous[3] et de nous apporter la bonne nouvelle de votre foi et de votre amour; il dit que vous gardez toujours un bon souvenir de nous, et que vous désirez nous revoir autant que nous désirons vous revoir. 7 Ainsi, frères, nous avons trouvé en vous un réconfort, grâce à votre foi, au milieu de toutes nos angoisses et de nos épreuves, 8 et maintenant nous revivons, puisque vous tenez bon dans le Seigneur. 9 Quelle action de grâce pourrions-nous rendre à Dieu à votre sujet, pour toute la joie que nous éprouvons à cause

de vous devant notre Dieu, 10 lorsque nous prions, nuit et jour, avec insistance, pour qu'il nous soit donné de vous revoir et de compléter ce qui manque à votre foi ?

11 Que Dieu lui-même, notre Père, et que notre Seigneur Jésus dirigent notre route vers vous. 12 Que le Seigneur fasse croître et abonder l'amour que vous avez les uns pour les autres et pour tous, à l'image de notre amour pour vous. 13 Qu'il affermisse ainsi vos coeurs dans une *sainteté irréprochable devant Dieu notre Père, lors de la venue de notre Seigneur Jésus avec tous ses *saints.

Comment vous conduire pour plaire à Dieu

4 1 Au demeurant, frères, voici nos demandes et nos exhortations dans le Seigneur Jésus : vous avez appris de nous comment vous devez vous conduire pour plaire à Dieu, et c'est ainsi que vous vous conduisez; faites encore de nouveaux progrès.

2 Vous savez, en effet, quelles instructions nous vous avons données de la part du Seigneur Jésus. 3 La volonté de Dieu, c'est que vous viviez dans la *sainteté, que vous vous absteniez de la débauche, 4 que chacun de vous sache avoir sa propre femme[1] et vivre avec elle dans la sainteté et le respect, 5 sans se laisser emporter par le désir comme font *les *païens qui ne connaissent pas Dieu.* 6 Que nul n'agisse au détri-

1. Voir Ac 17.15-16.
2. Autres textes : *serviteur de Dieu,* ou *notre collaborateur.*
3. Voir Ac 18.5 : Paul écrit de Corinthe.

1. Autre traduction : *sache tenir son corps pour vivre dans la sainteté et l'honneur.*

ment de son frère et ne lui cause du tort en cette affaire, car le Seigneur *tire vengeance* de tout cela, comme nous vous l'avons déjà dit et attesté. 7 En effet, Dieu ne nous a pas appelés pour que nous soyons *impurs, mais pour que nous vivions dans la sainteté. 8 Ainsi donc, celui qui rejette ces instructions, ce n'est pas un homme qu'il rejette, c'est Dieu, lui qui vous donne son Esprit Saint.

9 Sur l'amour fraternel, vous n'avez pas besoin qu'on vous écrive, car vous avez appris vous-mêmes de Dieu à vous aimer les uns les autres, 10 et vous le faites d'ailleurs à l'égard de tous les frères, dans la Macédoine[1] entière; nous vous exhortons, frères, à faire encore de nouveaux progrès : 11 Ayez à cœur de vivre dans le calme, de vous occuper de vos propres affaires, et de travailler de vos mains, comme nous vous l'avons ordonné, 12 pour que votre conduite soit honorable au regard des gens du dehors, et que vous n'ayez besoin de personne.

Au sujet des morts

13 Nous ne voulons pas, frères, vous laisser dans l'ignorance au sujet des morts[2], afin que vous ne soyez pas dans la tristesse comme les autres, qui n'ont pas d'espérance. 14 Si en effet nous croyons que Jésus est mort et qu'il est ressuscité, de même aussi ceux qui sont morts, Dieu les ramènera par Jésus et avec lui. 15 Voici ce que nous vous disons, d'après un

enseignement du Seigneur : nous, les vivants, qui seront restés jusqu'à la venue du Seigneur, nous ne devancerons pas du tout ceux qui sont morts. 16 Car lui-même, le Seigneur, au signal donné, à la voix de l'*archange et au son de la trompette de Dieu, descendra du *ciel : alors les morts en Christ ressusciteront d'abord; 17 ensuite nous, les vivants, qui seront restés, nous serons enlevés avec eux sur les nuées, à la rencontre du Seigneur, dans les airs, et ainsi nous serons toujours avec le Seigneur. 18 Réconfortez-vous donc les uns les autres par cet enseignement.

En attendant le jour du Seigneur

5 1 Quant aux temps et aux moments, frères, vous n'avez pas besoin qu'on vous écrive. 2 Vous-mêmes le savez parfaitement : le *Jour du Seigneur vient comme un voleur dans la nuit. 3 Quand les gens diront : « Quelle paix, quelle sécurité ! », c'est alors que soudain la ruine fondra sur eux comme les douleurs sur la femme enceinte, et ils ne pourront y échapper. 4 Mais vous, frères, vous n'êtes pas dans les ténèbres, pour que ce jour vous surprenne comme un voleur. 5 Tous, en effet, vous êtes fils de la lumière[1], fils du jour : nous ne sommes ni de la nuit, ni des ténèbres. 6 Donc ne dormons pas comme les autres, mais soyons vigilants et sobres. 7 Ceux qui dor-

---

1. Voir 2 Co 1.16 et note.
2. Ou *ceux qui dorment*. Tant chez les Juifs que chez les Grecs le sommeil était une image fréquente de la mort.

1. *fils de …* ou *enfant de …* est une tournure sémitique très fréquente dans la Bible pour exprimer en particulier l'appartenance ou la dépendance. Voir Mt 8.12 (fils du royaume). En 2 Th 2.3 la même tournure (fils de perdition) exprime la destinée. Voir Lc 20.36.

ment, c'est la nuit qu'ils dorment, et ceux qui s'enivrent, c'est la nuit qu'ils s'enivrent; 8 mais nous qui sommes du jour, soyons sobres, revêtus de la cuirasse de la foi et de l'amour, avec le casque de l'espérance du salut. 9 Car Dieu ne nous a pas destinés à subir sa colère, mais à posséder le salut par notre Seigneur Jésus Christ, 10 mort pour nous afin que, veillant ou dormant[1], nous vivions alors unis à lui. 11 C'est pourquoi, réconfortez-vous mutuellement et édifiez-vous l'un l'autre, comme vous le faites déjà.

Recommandations et bénédiction finale

12 Nous vous demandons, frères, d'avoir des égards, pour ceux qui parmi vous se donnent de la peine pour vous diriger dans le Seigneur et pour vous reprendre; 13 ayez pour eux la plus haute estime, avec amour, en raison de leur travail. Vivez en paix entre vous.

14 Nous vous y exhortons, frères : reprenez ceux qui vivent de manière désordonnée, donnez du courage à ceux qui en ont peu; soutenez les faibles, soyez patients envers tous. 15 Prenez garde que personne ne rende le mal pour le mal, mais recherchez toujours le bien, entre vous et à l'égard de tous.

16 Soyez toujours dans la joie, 17 priez sans cesse, 18 rendez grâce en toute circonstance, car c'est la volonté de Dieu à votre égard dans le Christ Jésus.

19 N'éteignez pas l'Esprit, 20 ne méprisez pas les dons de *prophétie; 21 examinez tout avec discernement : retenez ce qui est bon; 22 tenez-vous à l'écart de toute espèce de mal.

23 Que le Dieu de paix lui-même vous *sanctifie totalement, et que votre esprit, votre âme et votre corps[1] soient parfaitement gardés pour être irréprochables lors de la venue de notre Seigneur Jésus Christ. 24 Celui qui vous appelle est fidèle : c'est lui encore qui agira.

25 Frères, priez aussi pour nous. 26 Saluez tous les frères d'un *saint baiser.

27 Je vous en conjure par le Seigneur : que cette lettre soit lue à tous les frères.

28 Que la grâce de notre Seigneur Jésus Christ soit avec vous.

---

1. Voir note sur 1 Th 4.13.

1. ou *que toute votre personne, corps et âme ...*

DEUXIÈME ÉPÎTRE
DE PAUL AUX THESSALONICIENS

Salutation

1 1 Paul, Silvain et Timothée à l'église des Thessaloniciens[1] qui est en Dieu notre Père et dans le Seigneur Jésus Christ. 2 À vous grâce et paix de la part de Dieu le Père et du Seigneur Jésus Christ.

Votre persévérance dans les épreuves

3 Nous devons rendre continuellement grâce à Dieu pour vous, frères, et c'est bien juste, car votre foi fait de grands progrès et l'amour que vous avez les uns pour les autres s'accroît en chacun de vous tous, 4 au point que vous êtes notre *orgueil parmi les églises de Dieu, à cause de votre persévérance et de votre foi dans toutes les persécutions et épreuves que vous supportez. 5 Elles sont le signe du juste jugement de Dieu; leur but est de vous rendre dignes du *royaume de Dieu pour lequel vous souffrez.

Quand le Seigneur Jésus viendra

6 Il est juste, en effet, que Dieu rende détresse pour détresse à vos oppresseurs, 7 et qu'il vous donne, à vous les opprimés, le repos avec nous, lors de la *révélation[1] du Seigneur Jésus, qui viendra du *ciel avec les *anges de sa puissance, 8 *dans un feu flamboyant, pour tirer vengeance de ceux qui ne connaissent pas Dieu et qui n'obéissent pas à l'*Evangile de notre Seigneur Jésus. 9 Leur châtiment sera la ruine éternelle, *loin de la face du Seigneur et de l'éclat de sa majesté, 10 lorsqu'il viendra, en ce *jour-là, pour être glorifié en la personne de ses *saints et pour être admiré en la personne de tous ceux qui auront cru : or, vous, vous avez cru à notre témoignage.

11 Voilà pourquoi nous prions continuellement pour vous, afin que notre Dieu vous trouve dignes de l'appel qu'il vous a adressé; que, par sa puissance, il vous donne d'accomplir tout le bien désiré et rende active votre foi. 12 Ainsi le *nom de notre Seigneur Jésus sera glorifié en vous et vous en lui, selon la grâce de notre Dieu et du Seigneur Jésus Christ.

Avant la venue de notre Seigneur

2 1 Au sujet de la venue de notre Seigneur Jésus Christ et de notre rassemblement auprès

---

1. Voir 1 Th 1.1 et note.

1. Comme en 1 Co 1.7 Paul use ici du mot *révélation* pour désigner la venue finale de Jésus Christ. Voir au glossaire *RÉVÉLATION.

de lui, nous vous le demandons, frères : 2 n'allez pas trop vite perdre la tête ni vous effrayer à cause d'une *révélation *prophétique, d'un propos ou d'une lettre présentés comme venant de nous, et qui vous feraient croire que le *jour du Seigneur est arrivé. 3 Que personne ne vous séduise d'aucune manière. Il faut que vienne d'abord l'apostasie[1] et que se *révèle l'Homme de l'impiété, le Fils de la perdition[2], 4 celui qui se dresse et *s'élève contre tout ce qu'on appelle *dieu* ou qu'on adore, au point de *s'asseoir* en personne *dans le* *temple *de Dieu* et de proclamer qu'il est Dieu. 5 Ne vous rappelez-vous pas que je vous parlais de cela quand j'étais encore près de vous ? 6 Et maintenant, vous savez ce qui le retient[3], pour qu'il ne soit révélé qu'en son temps. 7 Car le *mystère de l'impiété est déjà à l'oeuvre; il suffit que soit écarté celui qui le retient[4] à présent. 8 Alors se révélera l'*Impie,* que le Seigneur Jésus *détruira du souffle de sa bouche* et anéantira par l'éclat de sa venue. 9 Quant à la venue de l'Impie, marquée par l'activité de *Satan, elle se manifestera par toutes sortes d'oeuvres puissantes, de miracles, de prodiges trompeurs 10 et par toutes les séductions de l'injustice pour ceux qui se perdent, faute d'avoir accueilli l'amour de la vérité qui les aurait sauvés. 11 C'est pourquoi Dieu leur envoie une puissance d'égarement qui les fait croire au mensonge, 12 afin que soient jugés tous ceux qui n'ont pas cru à la vérité mais ont pris plaisir à l'injustice.

Dieu vous a choisis; tenez bon

13 Quant à nous, nous devons continuellement rendre grâce à Dieu pour vous, frères aimés du Seigneur, car Dieu vous a choisis dès le commencement, pour être sauvés par l'Esprit qui sanctifie et par la foi en la vérité. 14 C'est à cela qu'il vous a appelés par notre *Evangile, à posséder la gloire de notre Seigneur Jésus Christ. 15 Ainsi donc, frères, tenez bon et gardez fermement les traditions que nous vous avons enseignées, de vive voix ou par lettre. 16 Que notre Seigneur Jésus Christ lui-même et Dieu notre Père, qui nous a aimés et nous a donné, par grâce, une consolation éternelle et une bonne espérance, 17 vous consolent et vous affermissent dans tout ce que vous faites et tout ce que vous dites pour le bien.

Le Seigneur est fidèle

3 1 Au demeurant, frères, priez pour nous, afin que la parole du Seigneur poursuive sa course, qu'elle soit glorifiée comme elle l'est chez vous, 2 et que nous échappions aux hommes méchants et mauvais; car tous n'ont pas la foi. 3 Le Seigneur est fidèle : il vous affermira et vous gardera du Mauvais[1]. 4 Pour vous, nous en sommes persuadés dans le Sei-

---

1. C'est-à-dire l'abandon de la foi.
2. Sur l'emploi de l'expression *fils de* voir 1 Th 5.5 et note.
3. Ou *vous savez ce qui le retient maintenant.*
4. Il est difficile de reconnaître à quoi et à qui Paul fait allusion en parlant de ce *quelque chose* (v. 6) et de ce *quelqu'un* qui retardent l'apparition de l'Antichrist.

1. Ou *du mal.* Voir au glossaire *SATAN.

gneur : ce que nous vous ordonnons, vous le faites, et vous continuerez à le faire. 5 Que le Seigneur conduise vos coeurs à l'amour de Dieu et à la persévérance du Christ.

Imiter l'apôtre en travaillant

6 Nous vous ordonnons, frères, au *nom du Seigneur Jésus Christ, de vous tenir à distance de tout frère qui mène une vie désordonnée et contraire à la tradition que vous avez reçue de nous. 7 Vous, vous savez bien comment il faut nous imiter : nous n'avons pas vécu parmi vous d'une manière désordonnée; 8 nous n'avons demandé à personne de nous donner le pain que nous avons mangé, mais, dans la peine et la fatigue, de nuit et de jour, nous avons travaillé pour n'être à la charge d'aucun de vous. 9 Bien sûr, nous en avions le droit, mais nous avons voulu être pour vous un exemple à imiter. 10 En effet, lorsque nous étions près de vous, nous vous donnions cet ordre : si quelqu'un ne veut pas travailler, qu'il ne mange pas non plus !

11 Or, nous entendons dire qu'il y en a parmi vous qui mènent une vie désordonnée, affairés sans rien faire. 12 À ces gens-là, nous adressons, dans le Seigneur Jésus Christ, cet ordre et cette exhortation : qu'ils travaillent dans le calme et qu'ils mangent le pain qu'ils auront eux-mêmes gagné.

13 Quant à vous, frères, ne vous lassez pas de faire le bien. 14 Si quelqu'un n'obéit pas à ce que nous disons dans cette lettre, notez-le et n'ayez aucun rapport avec lui, pour qu'il en ait honte; 15 ne le considérez pourtant pas comme un ennemi, mais reprenez-le comme un frère.

Bénédiction

16 Que le Seigneur de la paix vous donne lui-même la paix, toujours et de toute manière. Que le Seigneur soit avec vous tous. 17 La salutation est de ma main, à moi Paul. Je signe ainsi chaque lettre : c'est mon écriture. 18 Que la grâce de notre Seigneur Jésus Christ soit avec vous tous.

PREMIÈRE ÉPÎTRE
DE PAUL A TIMOTHÉE

Paul s'adresse à Timothée

1 1 Paul, *apôtre du Christ Jésus, selon l'ordre de Dieu notre Sauveur et du Christ Jésus notre espérance, 2 à Timothée, mon véritable enfant dans la foi : grâce, miséricorde, paix de la part de Dieu le Père et du Christ Jésus notre Seigneur.

Des doctrines qui s'écartent de la ligne

3 Selon ce que je t'ai recommandé à mon départ pour la Macédoine, demeure à Ephèse¹ pour enjoindre à certains de ne pas enseigner une autre doctrine, 4 et de ne pas s'attacher à des légendes et à des généalogies sans fin² ; cela favorise les discussions plutôt que le dessein de Dieu, qui se réalise dans la foi. 5 Le but de cette injonction, c'est l'amour qui vient d'un coeur *pur, d'une bonne conscience et d'une foi sincère. 6 Pour s'être écartés de cette ligne, certains se sont égarés en un bavardage creux; 7 ils prétendent être *docteurs de la loi, alors

qu'ils ne savent ni ce qu'ils disent, ni ce qu'ils affirment si fortement.

Le rôle de la Loi

8 La loi¹, nous le savons en effet, est bonne, dans la mesure où on la prend comme loi. 9 En effet, comprenons bien ceci : la loi n'est pas là pour le juste, mais pour les gens insoumis et rebelles, impies et *pécheurs, sacrilèges et profanateurs, parricides et matricides, meurtriers, 10 débauchés, pédérastes, marchands d'esclaves, menteurs, parjures, et pour tout ce qui s'oppose à la saine doctrine. 11 Voilà ce qui est conforme à l'*Evangile de gloire du Dieu bienheureux, qui m'a été confié.

Reconnaissance envers le Christ

12 Je suis plein de reconnaissance envers celui qui m'a donné la force, Christ Jésus notre Seigneur : c'est lui qui m'a jugé digne de confiance en me prenant à son service, 13 moi qui étais auparavant *blasphémateur, persécuteur et violent. Mais il m'a été fait miséricorde², parce que j'ai agi par ignorance, n'ayant pas la foi. 14 Oui, elle a surabondé pour moi, la grâce de notre Seigneur, ainsi que la foi et l'amour qui est dans le Christ Jésus.

---

1. *Macédoine* : Voir 2 Co 1.16 et note — *Ephèse* : Voir 2 Co 1.8 et note. Le voyage auquel Paul fait allusion ici est postérieur de plusieurs années à celui que rapporte Ac 20.1.
2. Il s'agit sans doute de théories sur la descendance des patriarches et des héros de l'A. T., théories fondées sur des passages comme Gn 4-5; 9-11, etc.

1. Il s'agit de la *loi de Moïse*.
2. Sur ce genre de tournure impersonnelle voir Mt 7.1 et note.

15 Elle est digne de confiance, cette parole, et mérite d'être pleinement accueillie par tous : Christ Jésus est venu dans le monde pour sauver les *pécheurs dont je suis, moi, le premier. 16 Mais s'il m'a été fait miséricorde, c'est afin qu'en moi, le premier, Christ Jésus démontrât toute sa générosité, comme exemple pour ceux qui allaient croire en lui, en vue d'une *vie éternelle.
17 Au roi des *siècles,
    au Dieu immortel, invisible et
    unique,
    honneur et gloire
    pour les siècles des siècles.
    *Amen.

Encouragement à mener le beau combat

18 Voilà l'instruction que je te confie, Timothée, mon enfant, conformément aux *prophéties prononcées jadis sur toi, afin que, fortifié par elles, tu combattes le beau combat, 19 avec foi et bonne conscience. Quelques-uns l'ont rejetée et leur foi a fait naufrage. 20 Parmi eux se trouvent Hyménée et Alexandre ; je les ai livrés à *Satan[1], afin qu'ils apprennent à ne plus *blasphémer.

La prière pour tous les hommes

2 1 Je recommande donc, avant tout, que l'on fasse des demandes, des prières, des supplications, des actions de grâce, pour tous les hommes, 2 pour les rois et tous ceux qui détiennent l'autorité, afin que

1. Voir 1 Co 5.5 et note. *Hyménée :* voir 2 Tm 2.17 ; *Alexandre :* voir 2 Tm 4.14.

nous menions une vie calme et paisible en toute piété et dignité. 3 Voilà ce qui est beau et agréable aux yeux de Dieu notre Sauveur, 4 qui veut que tous les hommes soient sauvés et parviennent à la connaissance de la vérité.
5 Car
    il n'y a qu'un seul Dieu,
    qu'un seul médiateur aussi
    entre Dieu et les hommes,
    un homme : Christ Jésus,
6 qui s'est donné en rançon pour tous.
   Tel est le témoignage qui fut rendu aux temps fixés 7 et pour lequel j'ai été, moi, établi héraut et *apôtre, — je dis vrai, je ne mens pas —, docteur des nations dans la foi et la vérité.

Hommes et femmes dans la communauté

8 Je veux donc que les hommes prient en tout lieu, levant vers le ciel des mains saintes[1], sans colère ni dispute.
9 Quant aux femmes, qu'elles aient une tenue décente, qu'elles se parent avec pudeur et modestie : ni tresses ni bijoux d'or, ou perles ou toilettes somptueuses, 10 mais qu'elles se parent au contraire de bonnes oeuvres, comme il convient à des femmes qui font profession de piété.
11 Pendant l'instruction la femme doit garder le silence, en toute soumission. 12 Je ne permets pas à la femme d'enseigner ni de dominer l'homme. Qu'elle se tienne donc en silence. 13 C'est Adam, en effet, qui fut formé le

1. Voir Ex 9.29 ; 1 R 8.22 ; Lm 2.19 : *lever les mains vers le ciel* était un des gestes de la prière dans l'ancien Israël.

premier. Eve ensuite. 14 Et ce n'est pas Adam qui fut séduit, mais c'est la femme qui, séduite, tomba dans la transgression. 15 Cependant elle sera sauvée par sa maternité, à condition de persévérer dans la foi, l'amour et la *sainteté, avec modestie.

Les responsables de la communauté

3 1 Elle est digne de confiance, cette parole : si quelqu'un aspire à l'épiscopat[1], c'est une belle tâche qu'il désire. 2 Aussi faut-il que l'épiscope soit irréprochable, mari d'une seule femme, sobre, pondéré, de bonne tenue, hospitalier, capable d'enseigner, 3 ni buveur, ni batailleur, mais doux; qu'il ne soit ni querelleur, ni cupide. 4 Qu'il sache bien gouverner sa propre maison et tenir ses enfants dans la soumission, en toute dignité : 5 quelqu'un, en effet, qui ne saurait gouverner sa propre maison, comment prendrait-il soin d'une église de Dieu ? 6 Que ce ne soit pas un nouveau converti, de peur qu'il ne tombe, aveuglé par l'orgueil, sous la condamnation portée contre le *diable. 7 Il faut de plus que ceux du dehors lui rendent un beau témoignage, afin qu'il ne tombe dans l'opprobre en même temps que dans les filets du diable.

Les diacres

8 Les diacres[1], pareillement, doivent être dignes, n'avoir qu'une parole, ne pas s'adonner au vin ni rechercher des gains honteux. 9 Qu'ils gardent le *mystère de la foi dans une conscience *pure. 10 Qu'eux aussi soient d'abord mis à l'épreuve; ensuite, si on n'a rien à leur reprocher, ils exerceront le ministère du diaconat.

11 Les femmes, pareillement, doivent être dignes, point médisantes, sobres, fidèles en toutes choses.

12 Que les diacres soient maris d'une seule femme, qu'ils gouvernent bien leurs enfants et leur propre maison. 13 Car ceux qui exercent bien le ministère de diacre s'acquièrent un beau rang ainsi qu'une grande assurance fondée sur la foi qui est dans le Christ Jésus.

Le mystère auquel s'attache la piété

14 Je t'écris cela, tout en espérant te rejoindre bientôt.

15 Toutefois, si je tardais, tu sauras ainsi comment se conduire dans la maison de Dieu, qui est l'église du Dieu vivant, colonne et soutien de la vérité.

16 Assurément, il est grand, le *mystère de la piété.

Il a été manifesté dans la chair[2]
justifié par l'Esprit,

---

1. Terme technique dans l'Eglise ancienne pour désigner la charge des *épiscopes* (surveillants), c'est-à-dire de ceux qui étaient responsables des communautés. Ailleurs les mêmes responsables sont appelés *anciens* (Tt 1.5-7; Ac 20.17, 28).

1. Autre terme technique de l'Eglise ancienne, désignant ceux qui sont chargés de venir en aide aux pauvres et aux malades. *Diacres* pourrait être traduit par *serviteurs* ou *assistants*. Leur service est appelé *diaconat* au v. 10.
2. D'autres traduisent : *il est apparu comme un être humain.*

Contemplé par les *anges,
proclamé chez les *païens,
Cru dans le monde,
exalté dans la gloire.

Des doctrines à rejeter

4 1 L'Esprit le dit expressément : dans les derniers
temps, certains renieront la foi,
s'attacheront à des esprits séducteurs et à des doctrines inspirées
par les *démons, 2 égarés qu'ils
seront par l'hypocrisie des menteurs marqués au fer rouge[1] dans
leur conscience : 3 ils interdiront
le mariage; ils proscriront l'usage
de certains aliments, alors que
Dieu les a créés pour que les fidèles, eux qui connaissent pleinement la vérité, les prennent avec
action de grâce. 4 Car tout ce que
Dieu a créé est bon, et rien n'est à
rejeter si on le prend avec action
de grâce. 5 En effet, la parole de
Dieu et la prière le sanctifient.

6 Expose tout cela aux frères :
tu seras ainsi un bon diacre[2] du
Christ Jésus, nourri des paroles
de la foi et de la belle doctrine
que tu as suivie avec empressement. 7 Quant aux fables impies,
commérages de vieille femme, rejette-les.

Dieu, sauveur de tous les hommes

Exerce-toi plutôt à la piété.
8 L'exercice corporel, en effet, est
utile à peu de choses, tandis que
la piété, elle, est utile à tout, ne
possède-t-elle pas la promesse de
la *vie, de la vie présente comme
de la vie future ?

9 Elle est digne de confiance,
cette parole, et mérite d'être pleinement accueillie par tous. 10 Car
si nous peinons et si nous combattons, c'est que nous avons mis
notre espérance dans le Dieu vivant, qui est le Sauveur de tous
les hommes, surtout des croyants.
11 Voilà ce que tu dois prescrire
et enseigner.

Un modèle pour les fidèles

12 Que personne ne méprise
ton jeune âge. Tout au contraire,
sois pour les fidèles un modèle en
parole, en conduite, en amour, en
foi, en *pureté. 13 En attendant
ma venue, consacre-toi à la lecture de l'Ecriture[1], à l'exhortation,
à l'enseignement. 14 Ne néglige
pas le don de la grâce qui est en
toi, qui te fut conféré par une
intervention *prophétique, accompagnée de l'*imposition des
mains par le collège des *anciens.
15 Voilà ce que tu dois prendre à
coeur. Voilà en quoi il te faut
persévérer. Ainsi tes progrès seront manifestes aux yeux de tous.

16 Veille sur toi-même et sur
ton enseignement. Mets-y de la
persévérance. C'est bien en agissant ainsi que tu sauveras et
toi-même et ceux qui t'écoutent.

Comme dans une grande famille

5 1 Ne reprends pas avec dureté un vieillard, mais exhorte-le comme un père. Traite
les jeunes gens comme des frères,

---

1. La *marque au fer rouge* était réservée aux
criminels et aux esclaves fugitifs.
2. Le mot *diacre* est pris ici au sens général de
serviteur.

1. Il s'agit d'une lecture publique, comme celle
qu'on pratiquait dans les synagogues (Lc 4.16-21;
Ac 13.14-16).

2 les femmes âgées comme des mères, les jeunes filles comme des soeurs, en toute *pureté.

Recommandations au sujet des veuves

3 Honore les veuves, celles qui le sont réellement[1]. 4 Si, en effet, une veuve a des enfants ou des petits-enfants, c'est à eux en premier d'apprendre à pratiquer la piété envers leur propre famille et à payer de retour leurs parents. Voilà, certes, qui est agréable aux yeux de Dieu. 5 Quant à celle qui est réellement veuve, qui est demeurée tout à fait seule, elle a mis son espérance en Dieu et persévère nuit et jour dans les supplications et les prières. 6 Par contre, celle qui ne pense qu'au plaisir est morte, quoique vivante. 7 Voilà aussi ce que tu dois prescrire, afin qu'elles soient irréprochables. 8 Si quelqu'un ne prend pas soin des siens, surtout de ceux qui vivent dans sa maison, il a renié la foi, il est pire qu'un incroyant. 9 Une femme ne sera inscrite au groupe des veuves[2] que si elle est âgée d'au moins 60 ans et n'a eu qu'un mari. 10 Il faut qu'elle soit connue pour ses belles oeuvres : qu'elle ait élevé des enfants, exercé l'hospitalité, lavé les pieds des saints[3], assisté les affligés, qu'elle se soit appliquée à toute oeuvre bonne. 11 Quant aux jeunes veuves, tu les écarteras. Car, lorsque leurs désirs les détournent du Christ, elles veulent

se remarier, 12 encourant ainsi le jugement pour avoir rompu leur premier engagement. 13 De plus, comme elles sont désoeuvrées, elles apprennent à courir les maisons; non seulement elles sont désoeuvrées, mais encore bavardes et indiscrètes, elles parlent à tort et à travers. 14 Je veux donc que les jeunes veuves se remarient, qu'elles aient des enfants, dirigent leur maison et ne donnent aucune prise aux médisances de l'adversaire. 15 Car il en est déjà quelques-unes qui se sont égarées en suivant *Satan. 16 Si une croyante a des veuves dans sa parenté, qu'elle les assiste; il ne faut pas que l'église en ait la charge, afin qu'elle puisse assister celles qui sont réellement veuves.

Recommandations au sujet des anciens

17 Les *anciens qui exercent bien la présidence méritent double honneur[1], surtout ceux qui peinent au ministère de la parole et à l'enseignement. 18 L'Ecriture dit en effet :

Tu ne muselleras pas le boeuf qui foule le grain,

et encore :

L'ouvrier mérite son salaire.

19 N'accepte d'accusation contre un ancien que sur déposition de deux ou trois témoins. 20 Ceux qui pèchent, reprends-les en présence de tous, afin que les autres aussi éprouvent de la crainte. 21 Je t'adjure en présence de Dieu et du Christ Jésus, ainsi que des *anges élus[2],

---

1. C'est-à-dire celles qui sont privées de tout appui familial.
2. Il s'agit des veuves que l'église doit assister (voir v. 16).
3. Voir Rm 1.7 et note.

1. Ou des honoraires doubles (cf. v. 18).
2. Ces anges sont ici désignés comme élus, peut-être par opposition aux anges déchus (voir 2 P 2.4; Jude v. 6).

observe ces règles avec impartia-
lité, sans rien faire par favori-
tisme.

22 N'*impose hâtivement les
mains à personne, ne participe
pas aux péchés d'autrui. Toi-
même, garde-toi *pur.

23 Cesse de ne boire que de
l'eau. Prends un peu de vin à
cause de ton estomac et de tes
fréquentes faiblesses.

24 Il est des hommes dont les
péchés sont manifestes avant
même qu'on les juge; chez d'autres au contraire, ils ne le deviennent qu'après. 25 Les belles oeuvres, pareillement, sont manifestes; même celles qui ne le sont
pas ne peuvent rester cachées.

Recommandations au sujet des esclaves

6 1 Tous ceux qui sont sous
le joug[1] de l'esclavage doivent considérer leurs maîtres
comme dignes d'un entier respect,
afin que le *nom de Dieu et la
doctrine ne soient pas *blasphé-
més. 2 Ceux qui ont des maîtres
croyants, qu'ils ne leur manquent
pas de considération sous prétexte qu'ils sont frères. Au
contraire, qu'ils les servent encore
mieux, puisque ce sont des
croyants et frères bien-aimés qui
bénéficient de leurs bons offices.

Le piège des fausses doctrines

Voilà ce que tu dois enseigner
et recommander. 3 Si quelqu'un
enseigne une autre doctrine, s'il
ne s'attache pas aux saines paroles de notre Seigneur Jésus

1. *joug*: voir Mt 11.29-30 et note. Le mot *joug*
est employé ici au sens imagé.

Christ et à la doctrine conforme
à la piété, 4 c'est qu'il se trouve
aveuglé par l'orgueil. C'est un
ignorant, un malade en quête de
controverses et de querelles de
mots. De là viennent envie, disputes, *blasphèmes, soupçons
malveillants, 5 altercations sans
fin entre gens à l'esprit corrompu,
privés de la vérité, qui pensent
que la piété est source de profit.
6 Oui, elle est d'un grand profit, la
piété, pour qui se contente de ce
qu'il a. 7 En effet, nous n'avons
rien apporté dans le monde; de
même, nous n'en pouvons rien
emporter. 8 Si donc nous avons
nourriture et vêtement, nous nous
en contenterons. 9 Quant à ceux
qui veulent s'enrichir, ils tombent
dans le piège de la *tentation,
dans de multiples désirs insensés
et pernicieux, qui plongent les
hommes dans la ruine et la perdition. 10 La racine de tous les
maux, en effet, c'est l'amour de
l'argent. Pour s'y être livrés, certains se sont égarés loin de la foi
et se sont transpercé l'âme de
tourments multiples.

Consignes de l'apôtre à Timo-thée

11 Pour toi, homme de Dieu,
fuis ces choses. Recherche la justice, la piété, la foi, l'amour, la
persévérance, la douceur. 12 Combats le beau combat de la foi,
conquiers la *vie éternelle à laquelle tu as été appelé, comme tu
l'as reconnu dans une belle profession de foi en présence de
nombreux témoins. 13 Je t'ordonne en présence de Dieu qui
donne vie à toutes choses, et en
présence du Christ Jésus qui a

rendu témoignage devant Ponce Pilate dans une belle profession de foi : 14 garde le commandement en demeurant sans tache et sans reproche, jusqu'à la manifestation de notre Seigneur Jésus Christ, 15 que fera paraître aux temps fixés

le bienheureux et unique Souverain,

le Roi des rois et Seigneur des seigneurs,

16 le seul qui possède l'immortalité,

qui habite une lumière inaccessible,

que nul homme n'a vu ni ne peut voir.

À lui gloire et puissance éternelle.

*Amen.

Conseils pour les riches

17 Aux riches de ce monde-ci, ordonne de ne pas s'enorgueillir et de ne pas mettre leur espoir dans une richesse incertaine, mais en Dieu, lui qui nous dispense tous les biens en abondance, pour que nous en jouissions. 18 Qu'ils fassent le bien, s'enrichissent de belles oeuvres, donnent avec largesse, partagent avec les autres. 19 Ainsi amasseront-ils pour eux-mêmes un bel et solide trésor pour l'avenir, afin d'obtenir la *vie véritable.

Dernières recommandations

20 Ô Timothée, garde le dépôt, évite les bavardages impies et les objections d'une pseudo-science. 21 Pour l'avoir professée, certains se sont écartés de la foi.

La grâce soit avec vous !

DEUXIÈME ÉPÎTRE
DE PAUL A TIMOTHÉE

Paul s'adresse à Timothée

1 1 Paul, *apôtre du Christ Jésus par la volonté de Dieu, selon la promesse de la *vie qui est dans le Christ Jésus, 2 à Timothée, mon enfant bien-aimé : grâce, miséricorde, paix de la part de Dieu le Père et du Christ Jésus notre Seigneur.

Reconnaissance envers Dieu

3 Je suis plein de reconnaissance envers Dieu, que je sers à la suite de mes ancêtres[1] avec une conscience *pure, lorsque sans cesse, nuit et jour, je fais mention de toi dans mes prières. 4 En me rappelant tes larmes[2], j'ai un très vif désir de te revoir, afin d'être rempli de joie. 5 J'évoque le souvenir de la foi sincère qui est en toi, foi qui habita d'abord en Loïs ta grand-mère et en Eunice ta mère, et qui, j'en suis convaincu, réside aussi en toi.

Souffre avec moi pour l'Evangile

6 C'est pourquoi je te rappelle d'avoir à raviver le don de Dieu qui est en toi depuis que je t'ai *imposé les mains. 7 Car ce n'est pas un esprit de peur que Dieu nous a donné, mais un esprit de force, d'amour et de maîtrise de soi. 8 N'aie donc pas honte de rendre témoignage à notre Seigneur et n'aie pas honte de moi, prisonnier pour lui[1]. Mais souffre avec moi pour l'*Evangile, comptant sur la puissance de Dieu, 9 qui nous a sauvés et appelés par un saint appel, non en vertu de nos œuvres, mais en vertu de son propre dessein et de sa grâce. Cette grâce, qui nous avait été donnée avant les temps éternels dans le Christ Jésus, 10 a été manifestée maintenant par l'apparition de notre Sauveur le Christ Jésus. C'est lui qui a détruit la mort et fait briller la *vie et l'immortalité par l'Evangile 11 pour lequel j'ai été, moi, établi héraut, *apôtre et docteur. 12 Voilà pourquoi j'endure ces souffrances. Mais je n'en ai pas honte, car je sais en qui j'ai mis ma foi et j'ai la certitude qu'il a le pouvoir de garder le dépôt qui m'est confié jusqu'à ce *Jour-là.

13 Prends pour norme les saines paroles que tu as entendues de moi, dans la foi et l'amour qui sont dans le Christ Jésus. 14 Garde le bon dépôt par l'Esprit Saint qui habite en nous.

---

1. Voir Ph 3.4-5 : les ancêtres de Paul étaient des Juifs pratiquants.
2. Voir 1 Tm 1.3. Paul fait allusion à la tristesse exprimée par Timothée lorsque l'apôtre dut le laisser à Ephèse.

1. Selon 2 Tm 1.17 Paul est en prison à Rome.

Fidélité d'Onésiphore et de sa famille

15 Tu le sais, toux ceux d'Asie m'ont abandonné, entre autres Phygèle, et Hermogène. 16 Que le Seigneur répande sa miséricorde sur la famille d'Onésiphore, car il m'a souvent réconforté et n'a pas eu honte de mes chaînes. 17 Au contraire, dès son arrivée à Rome, il m'a cherché avec zèle et m'a trouvé. 18 Que le Seigneur lui donne de trouver miséricorde auprès du Seigneur en ce *Jour-là. Et tous les services qu'il m'a rendus à Ephèse, tu les connais mieux que personne.

Un soldat du Christ

2 1 Toi donc, mon enfant, fortifie-toi dans la grâce qui est dans le Christ Jésus. 2 Ce que tu as appris de moi en présence de nombreux témoins[1], confie-le à des hommes fidèles qui seront eux-mêmes capables de l'enseigner encore à d'autres. 3 Prends ta part de souffrance[2] en bon soldat du Christ Jésus. 4 Personne, en s'engageant dans l'armée, ne s'embarrasse des affaires de la vie civile s'il veut donner satisfaction à celui qui l'a enrôlé. 5 Et de même, dans la lutte sportive, l'athlète ne reçoit la couronne[3] que s'il a lutté selon les règles. 6 C'est au cultivateur qui peine que doit revenir d'abord sa part de fruits. 7 Comprends ce

que je dis. Du reste, le Seigneur te fera comprendre tout cela.

Souviens-toi de Jésus ressuscité

8 Souviens-toi de Jésus Christ
ressuscité d'entre les morts,
issu de la race de David,
selon l'*Evangile que j'annonce
9 et pour lequel je souffre jusqu'à être enchaîné comme un malfaiteur. Mais la parole de Dieu n'est pas enchaînée ! 10 C'est pourquoi je supporte tout à cause des élus, afin qu'eux aussi obtiennent le salut, qui est dans le Christ Jésus, avec la gloire éternelle. 11 Elle est digne de confiance, cette parole :
Si nous mourons avec lui,
avec lui nous vivrons.
12 Si nous souffrons avec lui[1],
avec lui nous régnerons.
Si nous le renions,
lui aussi nous reniera.
13 Si nous lui sommes infidèles,
lui demeure fidèle,
car il ne peut se renier
lui-même.

Un ouvrier qui n'a pas à rougir

14 Tout cela, rappelle-le, attestant devant Dieu qu'il faut éviter les querelles de mots : elles ne servent de rien, sinon à perdre ceux qui les écoutent. 15 Efforce-toi de te présenter à Dieu comme un homme éprouvé, un ouvrier qui n'a pas à rougir, qui dispense avec droiture la parole de vérité. 16 Quant aux bavardages impies, évite-les. Ceux qui s'y livrent, en effet, progresseront dans l'impiété; 17 leur parole est comme une gangrène qui s'étend. Tels sont Hyménée et Philétos. 18 Ils se

---

1. ou *par l'intermédiaire de nombreux témoins;* il s'agirait alors des gens qui ont été témoins de l'Evangile auprès de Timothée.
2. Ou *souffre avec moi* (voir 2 Tm 1.8).
3. Voir Ph 4.1 et note.

1. Ou *si nous tenons ferme.*

sont écartés de la vérité en prétendant que la résurrection a déjà eu lieu; ils renversent ainsi la foi de plusieurs.

Le fondement posé par Dieu

19 Néanmoins, le solide fondement posé par Dieu demeure. Il a pour sceau cette parole :
Le Seigneur connaît les siens
et encore :
*Qu'il s'éloigne de l'iniquité, quiconque invoque le *nom du Seigneur.*
20 Dans une grande maison, il n'y a pas seulement des vases d'or et d'argent; il en est aussi de bois et d'argile. Les uns sont pour un usage noble, les autres pour un usage vulgaire. 21 Celui qui se *purifie de ces souillures, sera un vase noble, *sanctifié, utile au Maître, propre à toute oeuvre bonne.

Un serviteur du Seigneur

22 Fuis les passions de la jeunesse, recherche la justice, la foi, l'amour, la paix avec ceux qui, d'un coeur *pur, invoquent le Seigneur. 23 Mais les controverses vaines et stupides, évite-les. Tu sais qu'elles engendrent les querelles. 24 Or, un serviteur du Seigneur ne doit pas se quereller, mais être affable envers tous, capable d'enseigner, supportant les contrariétés. 25 C'est avec douceur qu'il doit instruire les contradicteurs : qui sait si Dieu ne leur donnera pas de se convertir pour connaître la vérité, 26 de revenir à eux-mêmes en se dégageant des

filets du *diable qui les tenait captifs et assujettis à sa volonté ?

Les difficultés des derniers temps

3 1 Sache bien ceci : dans les derniers jours surviendront des temps difficiles. 2 Les hommes, en effet, seront égoïstes, âpres au gain, fanfarons, orgueilleux, *blasphémateurs, rebelles à leurs parents, ingrats, sacrilèges, 3 sans coeur, implacables, médisants, sans discipline, cruels, ennemis du bien, 4 traîtres, emportés, aveuglés par l'orgueil, amis des plaisirs plutôt qu'amis de Dieu; 5 ils garderont les apparences de la piété, mais en auront renié la puissance. Détourne-toi aussi de ces gens-là ! 6 Car ils sont des leurs, ceux qui s'introduisent dans les maisons et prennent dans leurs filets des femmelettes chargées de péchés, entraînées par toutes sortes de désirs, 7 toujours en train d'apprendre mais sans jamais être capables de parvenir à la connaissance de la vérité. 8 De même que Jannès et Jambrès[1] s'opposèrent à Moïse, ainsi ces gens-là s'opposent à la vérité; ce sont des hommes à l'esprit perverti, à la foi inconsistante[2]. 9 Mais ils n'iront pas plus avant, car leur folie deviendra manifeste pour tous, comme le devint celle de ces deux-là.

---

1. C'étaient les noms que la tradition juive donnait aux magiciens d'Egypte mentionnés en Ex 7.11, 22, etc.
2. Ou *ils seront réprouvés en ce qui concerne la foi.*

Mais toi, demeure ferme

10 Mais toi, tu m'as suivi avec empressement dans l'enseignement, la conduite, les projets, la foi, la patience, l'amour, la persévérance, 11 les persécutions, les souffrances que j'ai connues à Antioche[1], à Iconium, à Lystres. Quelles persécutions j'ai subies ! Et de toutes le Seigneur m'a délivré ! 12 D'ailleurs, tous ceux qui veulent vivre avec piété dans le Christ Jésus seront persécutés. 13 Quant aux hommes mauvais et aux imposteurs, ils progresseront dans le mal, trompant les autres et trompés eux-mêmes.

14 Mais toi, demeure ferme dans ce que tu as appris et accepté comme certain : tu sais de qui tu l'as appris. 15 Depuis ta tendre enfance tu connais les Saintes Ecritures; elles ont le pouvoir de te communiquer la sagesse qui conduit au salut par la foi qui est dans le Christ Jésus. 16 Toute Ecriture est inspirée de Dieu[2] et utile pour enseigner, pour réfuter, pour redresser, pour éduquer dans la justice, 17 afin que l'homme de Dieu soit accompli, équipé pour toute oeuvre bonne.

Proclame la Parole

4 1 Je t'adjure en présence de Dieu et du Christ Jésus, qui viendra juger les vivants et les morts, au nom de sa manifestation et de son *règne : 2 proclame la Parole, insiste à temps et à contretemps, reprends, menace, exhorte, toujours avec patience et souci d'enseigner. 3 Viendra un temps, en effet, où certains ne supporteront plus la saine doctrine, mais, au gré de leurs propres désirs et l'oreille leur démangeant, s'entoureront de quantité de maîtres. 4 Ils détourneront leurs oreilles de la vérité, vers les fables ils se retourneront. 5 Mais toi cependant, sois sobre en toutes choses, supporte la souffrance, fais oeuvre d'*évangéliste, remplis ton *ministère.

J'ai achevé ma course, j'ai gardé la foi

6 Pour moi, voici que je suis déjà offert en libation et le temps de mon départ[1] est arrivé. 7 J'ai combattu le beau combat, j'ai achevé ma course, j'ai gardé la foi. 8 Dès maintenant m'est réservée la couronne de justice qu'en retour me donnera le Seigneur, en ce *Jour-là, lui le juste juge; et non seulement à moi, mais à tous ceux qui auront aimé sa manifestation.

Nouvelles personnelles et recommandations

9 Efforce-toi de venir me rejoindre au plus vite. 10 Car Démas m'a abandonné par amour pour le monde présent. Il est parti pour Thessalonique, Crescens pour la Galatie, Tite pour la Dalmatie. 11 Luc seul est avec moi. Prends Marc et amène-le avec toi, car il m'est précieux

---

1. Antioche de Pisidie (Ac 13-14).
2. Ou Toute Ecriture inspirée de Dieu est utile ...

1. Libation : voir Ph 2.17 et note — Mon départ : le terme utilisé par l'apôtre sert parfois à décrire le départ d'un navire qui quitte le port. C'est l'image d'une mort prochaine. Voir Ph 1.23.

pour le *ministère. 12 J'ai envoyé Tychique à Ephèse.

13 Le manteau que j'ai laissé à Troas chez Carpos, apporte-le en venant, ainsi que les livres, surtout les parchemins.

14 Alexandre le fondeur a fait preuve de beaucoup de méchanceté à mon égard. *Le Seigneur* lui *rendra selon ses oeuvres.* 15 Toi aussi, prends garde à lui, car il s'est violemment opposé à nos paroles.

16 La première fois que j'ai présenté ma défense[1], personne ne m'a assisté, tous m'ont abandonné. Qu'il ne leur en soit pas tenu rigueur. 17 Le Seigneur, lui, m'a assisté; il m'a revêtu de force, afin que par moi le message fût pleinement proclamé et qu'il fût entendu de tous les *païens. Et j'ai été délivré de la *gueule du lion !*

18 Le Seigneur me délivrera de toute entreprise perverse et me sauvera pour son *Royaume céleste. À lui la gloire dans les *siècles des siècles ! *Amen.

Salutations

19 Salue Prisca et Aquilas, ainsi que la famille d'Onésiphore. 20 Eraste est demeuré à Corinthe. J'ai laissé Trophime malade à Milet.

21 Efforce-toi de venir avant l'hiver.

Tu as le salut d'Eubule, de Pudens, de Lin, de Claudia et de tous les frères.

22 Le Seigneur soit avec ton esprit. La grâce soit avec vous tous.

ÉPÎTRE DE PAUL A TITE

Paul s'adresse à Tite

1 1 Paul, serviteur de Dieu, *apôtre de Jésus Christ pour amener les élus de Dieu à la foi et à la connaissance de la vérité conforme à la piété, 2 dans l'espérance de la *vie éternelle promise avant les temps éternels par le Dieu qui ne ment pas, 3 et qui, aux temps fixés, a manifesté sa parole dans un message qui m'a été confié, suivant l'ordre de Dieu notre Sauveur,

4 à Tite, mon véritable enfant dans la foi qui nous est commune :

grâce et paix de la part de Dieu le Père et du Christ Jésus notre Sauveur.

Instructions pour établir des anciens

5 Si je t'ai laissé en Crète, c'est pour que tu y achèves l'organisation et que tu établisses dans chaque ville des *anciens, suivant mes instructions.

6 Chacun d'eux doit être irréprochable, mari d'une seule femme, avoir des enfants croyants qu'on ne puisse accuser d'inconduite ou d'insoumission. 7 Il faut en effet que l'épiscope[1] soit irréprochable en sa qualité d'intendant de Dieu : ni arrogant, ni coléreux, ni buveur, ni batailleur, ni avide de gains honteux. 8 Il doit être hospitalier, ami du bien, pondéré, juste, saint, maître de soi, 9 fermement attaché à la parole digne de foi, qui est conforme à l'enseignement. Ainsi sera-t-il capable d'exhorter dans la saine doctrine et de réfuter les contradicteurs.

Les propagateurs de fausses doctrines

10 Nombreux sont en effet les insoumis, vains discoureurs et trompeurs, surtout parmi les *circoncis. 11 Il faut leur fermer la bouche. Ils bouleversent des familles entières, en enseignant pour un gain honteux ce qu'il ne faut pas. 12 L'un d'entre eux, leur propre *prophète, a dit :

« Crétois, perpétuels menteurs, bêtes méchantes, panses fainéantes[1]. »

13 Ce témoignage est vrai. C'est pourquoi reprends-les sévèrement, pour qu'ils aient une foi sainte. 14 Qu'ils ne s'attachent pas aux fables *juives et aux préceptes d'hommes qui se détournent de la vérité.

15 Tout est *pur pour ceux qui sont purs. Mais pour ceux qui sont *souillés et qui refusent de croire, rien n'est pur ; au contraire,

---

1. Voir 1 Tm 3.1 et note.

1. Citation du poète crétois Epiménide de Cnossos (plus de 500 ans avant Jésus Christ).

leur intelligence et leur conscience sont souillées. 16 Ils font profession de connaître Dieu, mais par leurs oeuvres ils le renient. Ils sont abominables, rebelles, inaptes à toute oeuvre bonne.

Fidèles âgés, jeunes gens, esclaves

2 1 Pour toi, enseigne ce qui est conforme à la saine doctrine. 2 Que les vieillards soient sobres, dignes, pondérés, pleins d'une foi saine, d'amour, de persévérance.

3 Les femmes âgées, pareillement, doivent se comporter comme il sied à des personnes saintes[1] : ni médisantes, ni adonnées aux excès de vin. Qu'elles enseignent le bien, 4 qu'elles apprennent ainsi aux jeunes femmes à aimer leur mari et leurs enfants, 5 à être modestes, chastes, dévouées à leur maison, bonnes, soumises à leur mari, pour que la Parole de Dieu ne soit pas *blasphémée.

6 Exhorte aussi les jeunes gens à la pondération 7 en toutes choses.

Montre en ta personne un modèle de belles oeuvres : pureté de doctrine, dignité, 8 parole saine et inattaquable, afin que l'adversaire, ne trouvant aucun mal à dire à notre sujet, soit couvert de confusion.

9 Que les esclaves soient soumis à leurs maîtres en toutes choses; qu'ils se rendent agréables en évitant de les contredire, 10 et en ne commettant aucun détournement. Qu'ils fassent continuellement

preuve d'une parfaite fidélité; ainsi feront-ils honneur en tout à la doctrine de Dieu notre Sauveur.

Un peuple qui appartient à Jésus Christ

11 Car elle s'est manifestée, la grâce de Dieu, source de salut pour tous les hommes. 12 Elle nous enseigne à renoncer à l'impiété et aux désirs de ce *monde, pour que nous vivions dans le temps présent avec réserve, justice et piété, 13 en attendant la bienheureuse espérance[1] et la manifestation de la gloire de notre grand Dieu et Sauveur Jésus Christ[2]. 14 Il s'est donné lui-même pour nous, afin de nous racheter de toute iniquité et de *purifier un peuple qui lui appartienne, qui soit plein d'ardeur pour les belles oeuvres.

15 C'est ainsi que tu dois parler, exhorter et reprendre avec pleine autorité. Que personne ne te méprise.

Consignes pour la conduite des fidèles

3 1 Rappelle à tous qu'ils doivent être soumis aux magistrats, aux autorités, qu'ils doivent obéir, être prêts à toute oeuvre bonne, 2 n'injurier personne, éviter les querelles, se montrer bienveillants, faire preuve d'une continuelle douceur envers tous les hommes.

---

1. Voir Rm 1.7 et note.

1. Certains traduisent : *en attendant l'heureux jour que nous espérons.* Voir aussi 1 Tm 1.1.
2. Certains traduisent : *de notre grand Dieu et de notre Sauveur Jésus Christ.*

3 Car nous aussi, autrefois, nous étions insensés, rebelles, égarés, asservis à toutes sortes de désirs et de plaisirs, vivant dans la méchanceté et l'envie, odieux et nous haïssant les uns les autres. 4 Mais lorsque se sont manifestés la bonté de Dieu notre Sauveur et son amour pour les hommes, 5 il nous a sauvés non en vertu d'oeuvres que nous aurions accomplies nous-mêmes dans la justice, mais en vertu de sa miséricorde, par le bain de la nouvelle naissance et de la rénovation que produit l'Esprit Saint. 6 Cet Esprit, il l'a répandu sur nous avec abondance par Jésus Christ notre Sauveur, 7 afin que, justifiés par sa grâce, nous devenions, selon l'espérance, héritiers de la *vie éternelle.

8 Elle est digne de confiance, cette parole, et je veux que tu sois tout à fait attentif à ce sujet, afin que tous ceux qui ont mis leur foi en Dieu s'appliquent à exceller dans les belles oeuvres. Voilà qui est beau et utile pour les hommes. 9 Mais les recherches vaines, les généalogies[1], les disputes, les controverses relatives à la *Loi, évite-les : elles sont inutiles et vaines. 10 Celui qui est hérétique[1],

écarte-le après un premier et un second avertissement : 11 tu sais qu'un tel homme est dévoyé, pécheur, qu'il se condamne lui-même.

Dernières recommandations et salutations

12 Lorsque je t'aurai envoyé Artémas ou Tychique, efforce-toi de venir me rejoindre à Nicopolis[2]. C'est là, en effet, que j'ai décidé de passer l'hiver.

13 Veille avec zèle au voyage de Zénas le juriste et d'Apollos, afin qu'ils ne manquent de rien. 14 Les nôtres aussi doivent apprendre à exceller dans les belles oeuvres, pour faire face aux nécessités urgentes. Ainsi ne seront-ils pas sans fruits.

15 Tous ceux qui sont avec moi te saluent. Salue ceux qui nous aiment dans la foi.

La grâce soit avec vous tous.

---

1. Voir 1 Tm 1.4 et note.

1. Certains traduisent : *ceux qui causent des divisions.*
2. Plusieurs villes portaient ce nom dans le monde antique. Paul semble désigner ici la ville de *Nicopolis* située sur la côte Ouest de la Grèce.

ÉPÎTRE DE PAUL A PHILÉMON

Paul s'adresse à Philémon

1 Paul, prisonnier de Jésus Christ[1] et Timothée, le frère, à Philémon, notre bien-aimé collaborateur 2 et à Apphia, notre soeur, et à Archippe, notre compagnon d'armes, et à l'église qui s'assemble dans ta maison. 3 À vous grâce et paix, de la part de Dieu notre Père et du Seigneur Jésus Christ.

L'amour et la foi de Philémon

4 Je rends grâce à mon Dieu en faisant continuellement mention de toi dans mes prières 5 car j'entends parler de l'amour et de la foi que tu as envers le Seigneur Jésus et en faveur de tous les *saints[2]. 6 Que ta participation à la foi soit efficace : fais donc connaître tout le bien que nous pouvons accomplir pour la cause du Christ. 7 Grande joie et consolation m'ont été apportées : par ton amour, frère, tu as réconforté le coeur des saints.

L'accueil que Philémon doit à Onésime

8 Aussi, bien que j'aie, en Christ, toute liberté de te pre-

scrire ton devoir, 9 c'est de préférence au nom de l'amour que je t'adresse une requête. Oui, moi Paul, qui suis un vieillard, moi qui suis maintenant prisonnier de Jésus Christ, 10 je te prie pour mon enfant, celui que j'ai engendré en prison, Onésime[1], 11 qui jadis t'a été inutile et qui, maintenant, nous est utile, à toi comme à moi. 12 Je te le renvoie, lui qui est comme mon propre coeur[2]. 13 Je l'aurais volontiers gardé près de moi, afin qu'il me serve à ta place, dans la prison où je suis à cause de l'*Evangile; 14 mais je n'ai rien voulu faire sans ton accord, afin que ce bienfait n'ait pas l'air forcé, mais qu'il vienne de ton bon gré. 15 Peut-être Onésime n'a-t-il été séparé de toi pour un temps qu'afin de t'être rendu pour l'éternité, 16 non plus comme un esclave mais comme bien mieux qu'un esclave : un frère bien-aimé; il l'est tellement pour moi, combien plus le sera-t-il pour toi, et en tant qu'homme et en tant que chrétien.

17 Si donc tu me tiens pour ton frère en la foi, reçois-le comme si c'était moi. 18 Et s'il t'a fait quelque tort ou s'il a quelque

1. Paul est en prison (v. 13, 22, 23), mais c'est pour le service du Christ (v. 13).
2. Voir Rm 1.7 et note.

1. engendré : expression raccourcie pour dire qu'Onésime est né à la foi, c'est-à-dire qu'il est devenu chrétien, grâce à Paul. Voir 1 Co 4.15 — Onésime : un esclave qui s'était enfui de chez son maître Philémon; son nom signifie Utile, et fait jeu de mot au v. 11.
2. Autre texte : je te le renvoie, et toi, reçois-le comme mon propre coeur.

dette envers toi, porte cela à mon compte. 19 — C'est moi, Paul, qui l'écris de ma propre main : c'est moi qui paierai ... Et je ne te rappelle pas que toi, tu as aussi une dette envers moi, et c'est toi-même ! 20 Allons, frère, rends-moi ce service dans le Seigneur; donne à mon coeur son réconfort en Christ ! 21 C'est en me fiant à ton obéissance que je t'écris : je sais que tu feras plus encore que je ne dis.

Recommandation et salutations finales

22 En même temps, pré-pare-moi un logement : j'espère en effet, grâce à vos prières, vous être rendu. 23 Epaphras, mon compagnon de captivité en Jésus Christ, te salue, 24 ainsi que Marc, Aristarque, Démas et Luc, mes collaborateurs. 25 La grâce du Seigneur Jésus Christ soit avec vous.

ÉPÎTRE AUX HÉBREUX

Dieu nous a parlé par son Fils

1 1 Après avoir, à bien des reprises et de bien des manières, parlé autrefois aux pères[1] dans les *prophètes, Dieu, 2 en la période finale où nous sommes, nous a parlé à nous en un Fils qu'il a établi héritier de tout, par qui aussi il a créé les mondes. 3 Ce Fils est resplendissement de sa gloire et expression de son être et il porte l'univers par la puissance de sa parole. Après avoir accompli la *purification des péchés, il s'est assis à la droite[2] de la Majesté[3] dans les hauteurs, 4 devenu d'autant supérieur aux *anges qu'il a hérité d'un nom bien différent du leur.

Le Fils de Dieu supérieur aux anges

5 Auquel des anges, en effet, a-t-il jamais dit :

Tu es mon fils,
moi, aujourd'hui, je t'ai engendré ?

Et encore :

Moi, je serai pour lui un père
et lui sera pour moi un fils ?

6 Par contre, lorsqu'il introduit le premier-né dans le monde[1], il dit :

Et que se prosternent devant
lui tous les anges de Dieu.

7 Pour les anges, il a cette parole :

Celui qui fait de ses anges des
esprits
et de ses serviteurs une flamme
de feu.

8 Mais pour le Fils, celle-ci :

Ton trône, Dieu, est établi à
tout jamais !

Et :

Le sceptre de la droiture est
sceptre de ton règne[2].

9 *Tu aimas la justice et détestas*
l'iniquité,
C'est pourquoi, ô Dieu, ton
*Dieu te donna l'*onction*
D'une huile d'allégresse, de
préférence à tes compagnons.

10 Et encore :

C'est toi qui, aux origines, Sei-
gneur, fondas la terre,
Et les cieux sont l'oeuvre de tes
mains.

11 *Eux périront, mais toi, tu de-*
meures.
Oui, tous comme un vêtement
vieilliront

12 *Et comme on fait d'un man-*
teau, tu les enrouleras[3],
Comme un vêtement, oui, ils
seront changés,

---

1. ou *à nos pères*, les ancêtres du peuple israélite.
2. Voir *Ps 110.1.* La droite est le côté honorifique.
3. un des titres de Dieu, adopté par les Juifs pour n'avoir pas à prononcer son nom.

---

1. Voir *2.5* où le même terme grec désigne le monde à venir.
2. ou *son règne.*
3. autre texte (influencé par *Es 34.4*) : *tu les changeras.*

mais toi, tu es le même et tes années ne tourneront pas court.

13 Et auquel des anges a-t-il jamais dit :

Siège à ma droite,
de tes ennemis, je vais faire ton marchepied ?

14 Ne sont-ils pas tous des esprits remplissant des fonctions et envoyés en service pour le bien de ceux qui doivent recevoir en héritage le salut ?

Prendre au sérieux le message entendu

2 ¹ Il s'ensuit que nous devons prendre plus au sérieux le message entendu, si nous ne voulons pas aller à la dérive. 2 Car si la parole annoncée par des *anges[1] entra en vigueur et si toute transgression et toute désobéissance reçurent une juste rétribution, 3 comment nous-mêmes échapperons-nous, si nous négligeons un pareil salut, qui commença à être annoncé par le Seigneur, puis fut confirmé pour nous par ceux qui l'avaient entendu, 4 et fut appuyé aussi du témoignage de Dieu par des *signes et des prodiges, des miracles de toute sorte, et par des dons de l'Esprit Saint répartis selon sa volonté !

Abaissement et couronnement de Jésus

5 Car ce n'est pas à des *anges qu'il a soumis le monde à venir, dont nous parlons. L'attestation

1. Selon une tradition rabbinique la révélation de la Loi au Sinaï a été promulguée par des anges (Ga 3.19 ; Ac 7.53).

en fut donnée quelque part en ces termes :

6 *Qu'est-ce que l'homme pour que tu te souviennes de lui ?*
Ou le fils de l'homme pour que tu portes tes regards sur lui ?

7 *Tu l'abaissas quelque peu par rapport aux anges ;*
de gloire et d'honneur tu le couronnas ;

8 *tu mis toutes choses sous ses pieds.* En lui soumettant toutes choses, il n'a rien laissé qui puisse lui rester insoumis. Or, en fait, nous ne voyons pas encore que tout lui ait été soumis, 9 mais nous faisons une constatation : celui qui a été *abaissé quelque peu*[1] par rapport au anges, Jésus, se trouve, à cause de la mort qu'il a soufferte, *couronné de gloire et d'honneur.* Ainsi, par la grâce de Dieu, c'est pour tout homme qu'il a goûté la mort.

Le Frère des hommes

10 Il convenait, en effet, à celui pour qui et par qui[2] tout existe et qui voulait conduire à la gloire une multitude de fils, de mener à l'accomplissement par des souffrances l'initiateur[3] de leur salut. 11 Car le *sanctificateur et les sanctifiés ont tous une même origine ; aussi ne rougit-il pas de les appeler *frères* 12 et de dire :

*J'annoncerai ton *nom à mes frères,*
au milieu de l'assemblée, je te louerai,

13 et encore :

Moi, je serai plein de confiance en lui,

1. à un niveau un peu inférieur, ou bien pendant un peu de temps.
2. Dieu.
3. Le Fils.

et encore :

Me voici, moi et les enfants que Dieu m'a donnés.

14 Ainsi donc, puisque *les enfants* ont en commun le *sang et la chair, lui aussi, pareillement, partagea la même condition, afin de réduire à l'impuissance, par sa mort, celui qui détenait le pouvoir de la mort, c'est-à-dire le *diable, 15 et de délivrer ceux qui, par crainte de la mort, passaient toute leur vie dans une situation d'esclaves. 16 Car ce n'est pas à des *anges qu'il vient en aide, mais c'est à la descendance d'Abraham. 17 Aussi devait-il en tous points se faire semblable à ses *frères, afin de devenir un *grand prêtre miséricordieux en même temps qu'accrédité auprès de Dieu pour effacer[1] les péchés du peuple. 18 Car puisqu'il a souffert lui-même l'épreuve, il est en mesure de porter secours à ceux qui sont éprouvés.

Jésus comparé à Moïse

3 1 Ainsi donc, frères *saints, qui avez en partage une vocation céleste, considérez l'apôtre[2] et le *grand prêtre de notre confession de foi, Jésus. 2 Il est *accrédité* auprès de celui qui l'a constitué[3], comme *Moïse* le fut *dans toute sa maison.* 3 En fait, c'est une gloire supérieure à celle de Moïse qui lui revient, dans toute la mesure où le constructeur de la maison est plus honoré que la maison elle-même. 4 Toute

maison, en effet, a son constructeur, et le constructeur de tout est Dieu. 5 Or *Moïse* fut *accrédité dans toute sa maison* comme *serviteur* en vue de garantir ce qui allait être dit, mais Christ l'est comme *Fils*, et sur sa maison. 6 Sa maison, c'est nous, si nous conservons la pleine assurance et la fierté de l'espérance[1].

La foi et l'entrée dans le repos de Dieu

7 C'est pourquoi, comme dit l'Esprit Saint :

Aujourd'hui, si vous entendez sa voix,
8 *N'endurcissez pas vos *coeurs comme au temps de l'exaspération,*
Au jour de la mise à l'épreuve dans le désert,
9 *Où vos pères me mirent à l'épreuve en cherchant à me sonder,*
Et ils virent mes oeuvres 10 *pendant 40 ans.*
C'est pourquoi je me suis emporté contre cette génération *Et j'ai dit : Toujours leurs coeurs s'égarent;*
Ces gens-là n'ont pas trouvé mes chemins,
11 *Car j'ai juré dans ma colère :* *On verra bien s'ils entreront dans mon repos !*

12 Prenez garde, frères, qu'aucun de vous n'ait un *coeur* mauvais que l'incrédulité détache du Dieu vivant, 13 mais encouragez-vous les uns les autres, jour après jour, tant que dure la proclamation de *l'aujourd'hui,* afin qu'aucun d'entre vous ne *s'endur-*

---

1. Lv 4.20, 26, 35; 16.6, 10, 11 donnent un aperçu des rites de purification opérés par le grand prêtre de l'ancienne alliance.
2. au sens étymologique d'*envoyé.*
3. ou *celui qui l'a établi* (dans sa fonction de grand prêtre).

1. *certains manuscrits ajoutent :* fermement jusqu'à la fin *(mots empruntés à 3.14).*

cisse, trompé par le péché. 14 Nous voici devenus, en effet, les compagnons du Christ, pourvu que nous tenions fermement jusqu'à la fin notre position initiale, 15 alors qu'il est dit :

Aujourd'hui, si vous entendez sa voix,
N'endurcissez pas vos coeurs comme au temps de l'exaspération.

16 Quels sont, en effet, ceux qui *entendirent* et qui provoquèrent *l'exaspération ?* N'est-ce pas tous ceux qui sortirent d'Egypte grâce à Moïse ? 17 Et contre qui s'est-il *emporté pendant 40 ans ?* N'est-ce pas contre ceux qui avaient péché, dont les cadavres tombèrent dans le désert ? 18 Et à qui *jura-t-il qu'ils n'entreraient pas dans son repos,* sinon à ces indociles ? 19 Et nous constatons qu'ils ne purent pas entrer à cause de leur incrédulité.

4 1 Craignons donc, alors que subsiste une promesse d'entrer dans son repos, craignons que quelqu'un d'entre vous ne soit convaincu d'être resté en retrait. 2 Car nous avons reçu la bonne nouvelle tout comme ces gens-là, mais la parole qu'ils avaient entendue ne leur fut d'aucun profit, car les auditeurs ne s'en sont pas pénétrés par la foi[1]: 3 Nous qui sommes venus à la foi, nous entrons dans le repos, dont il a dit :

Car j'ai juré dans ma colère :
On verra bien s'ils entreront dans mon repos !

Son ouvrage, assurément, ayant été réalisé dès la fondation du monde, 4 car on a dit du septième jour : *Et Dieu se reposa le septième jour de tout son ouvrage,* 5 et de nouveau dans notre texte : *S'ils entreront dans mon repos.*

6 Ainsi donc, puisqu'il reste décidé que certains y entrent, et que les premiers à avoir reçu la bonne nouvelle n'y entrèrent pas à cause de leur indocilité, 7 il fixe de nouveau un jour, *aujourd'hui,* disant beaucoup plus tard, dans le texte de David déjà cité :

Aujourd'hui, si vous entendez sa voix,
N'endurcissez pas vos *coeurs.

8 De fait, si Josué leur avait assuré le repos, il ne parlerait pas, après cela, d'un autre jour. 9 Un repos sabbatique reste donc en réserve pour le peuple de Dieu. 10 Car celui qui est entré dans son repos s'est mis, lui aussi, à *se reposer de son ouvrage,* comme Dieu s'est reposé du sien. 11 Empressons-nous donc d'entrer dans ce repos, afin que le même exemple d'indocilité n'entraîne plus personne dans la chute[1].

12 Vivante, en effet, est la parole de Dieu, énergique et plus tranchante qu'aucun glaive à double tranchant. Elle pénètre jusqu'à diviser âme et esprit[2], articulations et moelles. Elle passe au crible les mouvements et les pensées du *coeur. 13 Il n'est pas de créature qui échappe à sa vue; tout est nu à ses yeux, tout est subjugué par son regard. Et c'est

1. ou afin que personne ne tombe en donnant le même exemple d'indocilité.
2. ou jusqu'au point de division de l'âme et de l'esprit.

1. autre texte : car ils n'ont pas fusionné par la foi avec les auditeurs de la parole.

à elle que nous devons rendre compte.

Nous avons un grand prêtre

14 Ayant donc un *grand prêtre éminent, qui a traversé les *cieux, Jésus, le Fils de Dieu, tenons ferme la confession de foi. 15 Nous n'avons pas, en effet, un grand prêtre incapable de compatir à nos faiblesses; il a été éprouvé en tous points à notre ressemblance, mais sans pécher. 16 Avançons-nous donc avec pleine assurance vers le trône de la grâce, afin d'obtenir miséricorde et de trouver grâce, pour être aidés en temps voulu.

Le Christ, grand prêtre

5 1 Tout *grand prêtre, en effet, pris d'entre les hommes, est établi en faveur des hommes pour leurs rapports avec Dieu. Son rôle est d'offrir des dons et des *sacrifices pour les péchés. 2 Il est capable d'avoir de la compréhension pour ceux qui ne savent pas et s'égarent, car il est, lui aussi, atteint de tous côtés par la faiblesse 3 et, à cause d'elle, il doit offrir pour lui-même aussi bien que pour le peuple, des sacrifices pour les péchés. 4 On ne s'attribue pas à soi-même cet honneur, on le reçoit par appel de Dieu, comme ce fut le cas pour Aaron.

5 C'est ainsi que le Christ non plus ne s'est pas attribué à lui-même la gloire de devenir grand prêtre; il l'a reçue de celui qui lui a dit : *Tu es mon fils; moi, aujourd'hui, je t'ai engendré*, 6 conformément à cette autre pa-

role : *Tu es prêtre pour l'éternité à la manière de Melchisédek.* 7 C'est lui qui, au cours de sa vie terrestre, offrit prières et supplications avec grand cri et larmes à celui qui pouvait le sauver de la mort, et il fut exaucé en raison de sa soumission. 8 Tout Fils qu'il était, il apprit par ses souffrances l'obéissance, 9 et, conduit jusqu'à son propre accomplissement[1], il devint pour tous ceux qui lui obéissent cause de salut éternel, 10 ayant été proclamé par Dieu grand prêtre *à la manière de Melchisédek.*

Devenir des chrétiens adultes

11 Sur ce sujet, nous avons bien des choses à dire et leur explication s'avère difficile, car vous êtes devenus lents à comprendre. 12 Vous devriez être, depuis le temps, des maîtres et vous avez de nouveau besoin qu'on vous enseigne les tout premiers éléments des paroles de Dieu. Vous en êtes arrivés au point d'avoir besoin de lait, non de nourriture solide. 13 Quiconque en est encore au lait ne peut suivre un raisonnement sur ce qui est juste, car c'est un bébé. 14 Les adultes, par contre, prennent de la nourriture solide, eux qui, par la pratique, ont les sens exercés à discerner ce qui est bon et ce qui est mauvais.

6 1 Ainsi donc, laissons l'enseignement élémentaire sur le *Christ pour nous élever à une perfection d'adulte, sans revenir sur les données fondamentales : repentir des oeuvres mortes et foi

---

1. ou *rendu parfait.*

en Dieu, 2 doctrine des baptêmes[1] et *imposition des mains, résurrection des morts et jugement définitif. 3 Voilà ce que nous allons faire, si du moins Dieu le permet.

4 Il est impossible, en effet, que des hommes qui un jour ont reçu la lumière, ont goûté au don céleste, ont eu part à l'Esprit Saint, 5 ont savouré la parole excellente de Dieu et les forces du monde à venir, 6 et qui pourtant sont retombés — il est impossible qu'ils trouvent une seconde fois le renouveau de la conversion, alors que, pour leur compte, ils remettent sur la croix le Fils de Dieu et l'exposent aux injures.

7 Lorsqu'une terre boit les fréquentes ondées qui tombent sur elle et produit une végétation utile à ceux qui la font cultiver, elle reçoit de Dieu sa part de bénédiction. 8 Mais produit-elle épines et chardons, elle est jugée sans valeur, bien près d'être maudite et finira par être brûlée.

9 Quant à vous, bien-aimés, nous sommes convaincus, tout en parlant ainsi, que vous êtes du bon côté, celui du salut. 10 Dieu, en effet, n'est pas injuste; il ne peut oublier votre activité et l'amour que vous avez montré à l'égard de son *nom en vous mettant au service des *saints dans le passé, et encore dans le présent. 11 Mais notre désir est que chacun de vous montre la même ardeur à porter l'espérance à son épanouissement jusqu'à la fin, 12 sans ralentir votre effort, mais

en imitant ceux qui, par la foi et la persévérance, reçoivent l'héritage des promesses.

La promesse de Dieu et notre espérance

13 Lorsque Dieu fit sa promesse à Abraham, comme il n'avait personne de plus grand par qui jurer, il jura par lui-même 14 et dit :

Oui, de bénédictions je te comblerai,
Une immense expansion je te donnerai.

15 Ayant alors persévéré, Abraham vit se réaliser la promesse. 16 Les hommes jurent par plus grand qu'eux-mêmes, et pour mettre un terme à toute contestation, ils recourent à la garantie du serment. 17 En ce sens, Dieu, voulant bien davantage montrer aux héritiers de la promesse le caractère irrévocable de sa décision, intervint par un serment. 18 Ainsi, deux actes[1] irrévocables, dans lesquels il ne peut y avoir de mensonge de la part de Dieu, nous apportent un encouragement puissant, à nous qui avons tout laissé pour saisir l'espérance proposée. 19 Elle est pour nous comme une ancre de l'âme, bien fermement fixée, qui pénètre au-delà du voile[2], 20 là où est entré pour nous, en précurseur, Jésus, devenu *grand prêtre *pour l'éternité à la manière de Melchisédek.*

---

1. Ce pluriel peut désigner soit les rites d'ablution pratiqués par les Juifs et les païens, soit l'ensemble des actes accompagnant le baptême chrétien, soit conjointement le baptême de Jean et le baptême chrétien (Ac 18.25; 19.1).

1. la promesse et le serment.
2. Allusion au voile qui, dans le temple de Jérusalem, isolait le saint des saints, lieu de la présence de Dieu (9.3). Il s'agit ici du sanctuaire céleste.

Melchisédek

7 1 *Ce Melchisédek, roi de Salem, *prêtre du Dieu très-haut, est allé à la rencontre d'Abraham, lorsque celui-ci revenait du combat contre les rois, et l'a béni.* 2 C'est à lui qu'*Abraham* remit *la dîme de tout.* D'abord, il porte un nom qui se traduit « roi de justice », et ensuite il est aussi *roi de salem*[1], c'est-à-dire roi de paix. 3 Lui qui n'a ni père, ni mère, ni généalogie, ni commencement pour ses jours, ni fin pour sa vie[2], mais qui est assimilé au Fils de Dieu[3], reste prêtre à perpétuité.

4 Contemplez la grandeur de ce personnage, à qui Abraham a donné en dîme la meilleure part du butin, lui, le patriarche. 5 Or, ceux des fils de Lévi qui reçoivent le *sacerdoce ont ordre, de par la *loi, de prélever la dîme sur le peuple, c'est-à-dire sur leurs frères, qui sont pourtant des descendants d'Abraham. 6 Mais lui, qui ne figure pas dans leurs généalogies, a soumis Abraham à la dîme et a béni le titulaire des promesses. 7 Or sans aucune contestation, c'est l'inférieur qui est béni par le supérieur. 8 Et ici, ceux qui perçoivent la dîme sont des hommes qui meurent, là c'est quelqu'un dont on atteste qu'il vit. 9 Et pour tout dire, en la personne d'Abraham, même Lévi, qui perçoit la dîme, a été soumis à la dîme. 10 Car il était encore dans les reins[1] de son ancêtre, lorsque eut lieu *la rencontre avec Melchisédek.*

Grand prêtre à la manière de Melchisédek

11 Si on était parvenu à un parfait accomplissement par le *sacerdoce lévitique, — car il était la base de la législation donnée au peuple —, quel besoin y aurait-il eu encore de susciter un autre *prêtre, *dans la ligne de Melchisédek,* au lieu de le désigner *dans la ligne* d'Aaron ? 12 Car un changement de sacerdoce entraîne forcément un changement de loi. 13 Et celui que vise le texte fait partie d'une tribu dont aucun membre n'a été affecté au service de l'*autel. 14 Il est notoire, en effet, que notre Seigneur est issu de Juda[2], d'une tribu pour laquelle Moïse n'a rien dit dans ses textes sur les prêtres. 15 Et l'évidence est plus grande encore si l'autre prêtre suscité ressemble à Melchisédek, 16 et n'accède pas à la prêtrise en vertu d'une loi de filiation humaine, mais en vertu de la puissance d'une vie indestructible. 17 Ce témoignage, en effet, lui est rendu :

Tu es prêtre pour l'éternité
à la manière de Melchisédek.

18 De fait, on a là, d'une part, l'abrogation du précepte antérieur en raison de sa déficience et de son manque d'utilité, 19 — car la *loi n'a rien mené à l'accomplissement —, et, d'autre part, l'introduction d'une espérance

---

1. *Roi de justice* est le sens étymologique de *Melchisédek* — D'autre part *Salem* signifie *paix* et désigne Jérusalem, ville de la paix.
2. Gn 14 ne parle ni de l'ascendance, ni de la naissance, ni de la mort de Melchisédek ; voir note suivante.
3. Certaines tendances du Judaïsme considéraient Melchisédek comme un être divin, une sorte de Sauveur céleste.

1. Siège de la vigueur physique, les reins étaient censés contenir à l'avance toute la postérité d'un homme (Gn 35.11 ; 1 R 8.19).
2. par l'intermédiaire de David, lui-même descendant de Juda.

meilleure, par laquelle nous approchons de Dieu.

Jésus possède un sacerdoce exclusif

20 Et dans la mesure où cela ne s'est pas réalisé sans prestation de serment, — car s'il n'y a pas eu prestation de serment pour le *sacerdoce des autres, 21 pour lui il y a eu le serment prononcé par celui qui a dit à son intention : *Le Seigneur l'a juré et il ne reviendra pas sur cela : Tu es *prêtre pour l'éternité —*, 22 dans cette mesure, c'est d'une meilleure *alliance que Jésus est devenu le garant. 23 De plus, les autres sont nombreux à être devenus prêtres, puisque la mort les empêchait de rester; 24 mais lui, puisqu'il demeure pour l'éternité, possède un sacerdoce exclusif. 25 Et c'est pourquoi il est en mesure de sauver d'une manière définitive ceux qui, par lui, s'approchent de Dieu, puisqu'il est toujours vivant pour intercéder en leur faveur. 26 Et tel est bien le grand prêtre qui nous convenait, saint, innocent, immaculé, séparé des pécheurs, élevé au-dessus des *cieux. 27 Il n'a pas besoin, comme les autres grands prêtres, d'offrir chaque jour des *sacrifices, d'abord pour ses propres péchés, puis pour ceux du peuple. Cela, il l'a fait une fois pour toutes en s'offrant lui-même. 28 Alors que la *loi établit grands prêtres des hommes qui restent déficients, la parole du serment qui intervient après la loi établit un Fils qui, pour l'éternité, est arrivé au parfait accomplissement.

Médiateur d'une bien meilleure alliance

8 1 Or, point capital de notre exposé, c'est bien un tel *grand prêtre que nous avons, lui qui s'est assis à la droite du trône de la Majesté[1] dans les cieux, 2 comme *ministre du vrai *sanctuaire et de la véritable tente dressée par le Seigneur et non par un homme. 3 Tout grand prêtre est établi pour offrir des dons et des *sacrifices; d'où la nécessité pour lui aussi d'avoir quelque chose à offrir. 4 Si le Christ était sur la terre, il ne serait pas même prêtre, la place étant prise par ceux qui offrent les dons conformément à la *loi; 5 mais leur culte, ils le rendent à une image[2], à une esquisse des réalités célestes, selon l'avertissement divin reçu par Moïse pour construire la tente :

Vois, lui est-il dit,
Tu feras tout d'après le modèle
qui t'a été montré sur la montagne.

6 En réalité, c'est un ministère bien supérieur qui lui revient, car il est médiateur d'une bien meilleure *alliance, dont la constitution repose sur de meilleures promesses.

De la première à la nouvelle alliance

7 Si, en effet, cette première *alliance[3] avait été sans reproche, il ne serait pas question de la

---

1. Voir 1.3 et note.
2. ou *à une figure.* Voir Ex 25.40 : le sanctuaire terrestre construit par Moïse d'après le modèle qui lui fut montré sur la montagne n'était qu'une copie, nécessairement déficiente, de l'habitation de Dieu.
3. celle conclue au Sinaï (Ex 24.3-8).

remplacer par une deuxième. 8 En fait, c'est bien un reproche qu'il leur adresse :

> Voici : des jours viennent, dit le Seigneur,
> Où je conclurai avec la maison d'Israël
> Et avec la maison de Juda une alliance nouvelle,
> 9 Non pas comme l'alliance que je fis avec leurs pères
> Le jour où je les pris par la main
> Pour les mener hors du pays d'Egypte.
> Parce qu'eux-mêmes ne se sont pas maintenus dans mon alliance,
> Moi aussi je les ai délaissés, dit le Seigneur.
> 10 Car voici l'alliance par laquelle je m'allierai avec la maison d'Israël
> Après ces jours-là, dit le Seigneur :
> En donnant mes lois, c'est dans leur pensée
> Et dans leurs coeurs que je les inscrirai.
> Je deviendrai leur Dieu,
> Ils deviendront mon peuple.
> 11 Chacun d'eux n'aura plus à enseigner son compatriote
> Ni son frère en disant : Connais le Seigneur !
> Car tous me connaîtront,
> Du plus petit jusqu'au plus grand,
> 12 Parce que je serai indulgent pour leurs fautes,
> Et de leurs péchés, je ne me souviendrai plus.

13 En parlant d'une alliance *nouvelle*, il a rendu ancienne la première; or ce qui devient ancien et qui vieillit est près de disparaître.

Le culte de la première alliance

9 1 La première alliance avait donc un rituel pour le culte et un temple terrestre. 2 En effet, une tente fut installée, une première tente appelée le Saint, où étaient le chandelier, la table et les pains d'offrande. 3 Puis, derrière le second voile, se trouvait une tente, appelée Saint des Saints, 4 avec un brûle-parfum en or et l'arche de l'alliance toute recouverte d'or; dans celle-ci un vase d'or qui contenait la manne, le bâton d'Aaron qui avait fleuri et les tables de l'alliance. 5 - Au-dessus de l'arche, les chérubins de gloire couvraient de leur ombre le propitiatoire. Mais il n'y a pas lieu d'entrer ici dans les détails. 6 L'ensemble étant ainsi installé, les *prêtres, pour accomplir leur service, rentrent en tout temps dans la première tente. 7 Mais, dans la seconde, une seule fois par an, seul entre le grand prêtre, et encore, ce n'est pas sans offrir du *sang pour ses manquements et pour ceux du peuple. 8 Le Saint Esprit a voulu montrer ainsi que le chemin du *sanctuaire n'est pas encore manifesté, tant que subsiste la première tente. 9 C'est là un symbole pour le temps présent : des offrandes et des *sacrifices y sont offerts, incapables de mener à l'accomplissement, en sa conscience, celui qui rend le culte. 10 Fondés sur des aliments, des boissons et des ablutions diverses, ce ne sont que rites humains, admis jusqu'au temps du relèvement[1].

Le Christ s'est offert lui-même

11 Mais Christ est survenu, *grand prêtre des biens à venir[2]. C'est par une tente plus grande et plus parfaite, qui n'est pas oeuvre des mains, — c'est-à-dire qui n'appartient pas à cette création-ci —, 12 et par le *sang, non pas des boucs et des veaux, mais par son propre sang, qu'il est entré une fois pour toutes dans le *sanctuaire, et qu'il a obtenu une libération définitive. 13 Car si le sang de boucs et de taureaux et si la cendre de génisse répandue sur les êtres *souillés les *sanctifient en *purifiant leurs corps, 14 combien plus le sang du Christ, qui, par l'esprit éternel, s'est offert lui-même à Dieu comme une victime sans tache, purifiera-t-il notre conscience des oeuvres mortes pour servir le Dieu vivant.

L'alliance scellée par le sang

15 Voilà pourquoi il est médiateur d'une *alliance nouvelle, d'un testament nouveau[3]; sa mort étant intervenue pour le rachat des transgressions commises sous la première alliance, ceux qui sont appelés peuvent recevoir l'héritage éternel déjà promis. 16 Car là où il y a *testament, il est nécessaire que soit constatée la mort du testateur. 17 Un testament ne devient valide qu'en cas de décès; il n'a pas d'effet tant que le testateur est en vie. 18 Aussi

la première alliance elle-même n'a-t-elle pas été inaugurée sans effusion de *sang. 19 Lorsque Moïse eut proclamé à tout le peuple chaque commandement conformément à la *loi, il prit le sang des veaux et des boucs, puis de l'eau, de la laine écarlate et de l'hysope, et il en aspergea le livre lui-même et tout le peuple, 20 en disant : *Ceci est le sang de l'alliance que Dieu a ordonnée pour vous*[1]; 21 puis, il aspergea aussi avec le sang la tente et tous les ustensiles du culte, 22 et c'est avec du sang que, d'après la loi, on *purifie presque tout, et sans effusion de sang, il n'y a pas de pardon. 23 Si donc les images de ce qui est dans les *cieux sont purifiées par ces rites, il est nécessaire que les réalités célestes elles-mêmes le soient par des *sacrifices bien meilleurs.

L'entrée du Christ au sanctuaire céleste

24 Ce n'est pas, en effet, dans un *sanctuaire fait de main d'homme, simple copie du véritable, que Christ est entré, mais dans le ciel même, afin de paraître maintenant pour nous devant la face de Dieu. 25 Et ce n'est pas afin de s'offrir lui-même à plusieurs reprises, comme le *grand prêtre qui entre chaque année dans le sanctuaire avec du *sang étranger. 26 Car alors il aurait dû souffrir à plusieurs reprises depuis la fondation du monde. En fait, c'est une seule fois, à la fin des temps, qu'il a été

---

1. le temps de la nouvelle alliance.
2. autre texte : *des biens arrivés*.
3. Le texte original n'a qu'un seul mot pour désigner à la fois *l'alliance* et *le testament*.

1. L'auteur a rapproché Ex 24.8 des paroles de la Cène en remplaçant *voici* par *ceci* (Mt 26.68; Mc 14.24).

manifesté pour abolir le péché par son propre sacrifice. 27 Et comme le sort des hommes est de mourir une seule fois, — après quoi vient le jugement —, 28 ainsi le Christ fut offert une seule fois pour enlever les péchés de la multitude et il apparaîtra une deuxième fois, sans plus de rapport avec le péché, à ceux qui l'attendent pour le salut.

Une fois pour toutes et pour toujours

10 1 Ne possédant que l'esquisse des biens à venir et non l'expression même des réalités, la loi[1] est à jamais incapable, malgré les *sacrifices, toujours les mêmes, offerts chaque année indéfiniment, de mener à l'accomplissement[2] ceux qui viennent y prendre part. 2 Sinon, n'aurait-on pas cessé de les offrir pour la simple raison que, *purifiés une bonne fois, ceux qui rendent ainsi leur culte n'auraient plus eu conscience d'aucun péché ? 3 Mais, en fait, par ces sacrifices, on remet les péchés en mémoire chaque année.

4 Car il est impossible que du *sang de taureaux et de boucs enlève les péchés. 5 Aussi, en entrant dans le monde, le Christ dit :

De sacrifice et d'offrande, tu n'as pas voulu,
Mais tu m'as façonné un corps.

6 *Holocaustes et *sacrifices pour le péché*
Ne t'ont pas plu.

7 *Alors j'ai dit :*
Me voici, car c'est bien de moi

Qu'il est écrit dans le rouleau du livre :
Je suis venu, ô Dieu, pour faire ta volonté.

8 Il déclare tout d'abord :
Sacrifices, offrandes, sacrifices pour le péché,
Tu n'en as pas voulu, ils ne t'ont pas plu.

Il s'agit là, notons-le, des offrandes prescrites par la Loi. 9 Il dit alors :

Il supprime le premier culte pour établir le second. 10 C'est dans cette volonté que nous avons été *sanctifiés par l'offrande du corps de Jésus Christ, faite une fois pour toutes.

11 Et tandis que chaque *prêtre se tient chaque jour debout pour remplir ses fonctions et offre fréquemment les mêmes sacrifices, qui sont à jamais incapables d'enlever les péchés, 12 lui, par contre, après avoir offert pour les péchés un sacrifice unique, *siège pour toujours à la droite de Dieu*[1] 13 et il attend désormais que ses *ennemis en soient réduits à lui servir de marchepied.* 14 Par une offrande unique, en effet, il a mené pour toujours à l'accomplissement ceux qu'il sanctifie. 15 C'est ce que l'Esprit Saint nous atteste, lui aussi. Car après avoir dit :

16 *Voici l'*alliance par laquelle je m'allierai avec eux après ces jours-là,* le Seigneur a déclaré :
En donnant mes lois,
C'est dans leurs coeurs et dans leur pensée que je les inscrirai,

17 *Et de leurs péchés et de leurs iniquités je ne me souviendrai plus.*

---

1. la loi de Moïse.
2. ou à la perfection.

1. Voir He 1.3 et note.

18 Or, là où il y a eu pardon, on ne fait plus d'offrande pour le péché.

Vous avez besoin d'endurance

19 Nous avons ainsi, frères, pleine assurance d'accéder au *sanctuaire par le *sang de Jésus. 20 Nous avons là une voie nouvelle et vivante, qu'il a inaugurée à travers le voile, c'est-à-dire par son humanité. 21 Et nous avons un *prêtre éminent établi sur la maison de Dieu. 22 Approchons-nous donc avec un coeur droit et dans la plénitude de la foi, le coeur *purifié de toute faute de conscience et le corps lavé d'une eau pure; 23 sans fléchir, continuons à affirmer notre espérance, car il est fidèle, celui qui a promis. 24 Veillons les uns sur les autres, pour nous exciter à la charité et aux oeuvres bonnes. 25 Ne désertons pas nos assemblées, comme certains en ont pris l'habitude, mais encourageons-nous et cela d'autant plus que vous voyez s'approcher le *Jour.

26 Car si nous péchons délibérément après avoir reçu la pleine connaissance de la vérité, il ne reste plus pour les péchés aucun *sacrifice, 27 mais seulement une attente terrible du jugement et l'ardeur d'un feu qui doit dévorer les rebelles. 28 Quelqu'un viole-t-il la loi de Moïse? Sans pitié, *sur la déposition de deux ou trois témoins, c'est pour lui la mort.* 29 Quelle peine plus sévère encore ne méritera-t-il pas, vous le pensez, celui qui aura foulé aux pieds le Fils de Dieu, qui aura profané le sang de l'*alliance dans lequel il a été *sanctifié, et qui aura outragé l'Esprit de la grâce? 30 Nous le connaissons, en effet, celui qui a dit:

À moi la vengeance, c'est moi qui rétribuerai!

Et encore:

Le Seigneur jugera son peuple.

31 Il est terrible de tomber aux mains du Dieu vivant.

32 Mais souvenez-vous de vos débuts: à peine aviez-vous reçu la lumière[1] que vous avez enduré un lourd et douloureux combat, 33 ici, donnés en spectacle sous les injures et les persécutions; là, devenus solidaires de ceux qui subissaient de tels traitements. 34 Et en effet, vous avez pris part à la souffrance des prisonniers et vous avez accepté avec joie la spoliation de vos biens, vous sachant en possession d'une fortune meilleure et durable. 35 Ne perdez pas votre assurance, elle obtient une grande récompense. 36 C'est d'endurance, en effet, que vous avez besoin, pour accomplir la volonté de Dieu et obtenir ainsi la réalisation de la promesse.

37 Car encore *si peu, si peu de temps,*

Et celui qui vient sera là, il ne tardera pas.

38 *Mon juste par la foi vivra,*

Mais s'il fait défection,

Mon âme ne trouve plus de satisfaction en lui.

39 Nous, nous ne sommes pas hommes à faire défection pour notre perte, mais hommes de foi pour le salut de nos âmes.

1. l'illumination de la foi.

La foi et ses témoins : Abel, Hénoch, Noé

11 1 La foi est une manière de posséder déjà ce qu'on espère, un moyen de connaître des réalités qu'on ne voit pas. 2 C'est elle qui valut aux anciens un bon témoignage.

3 Par la foi, nous comprenons que les mondes ont été organisés par la parole de Dieu. Il s'ensuit que le monde visible ne prend pas son origine en des apparences.

4 Par la foi, Abel offrit à Dieu un *sacrifice meilleur que celui de Caïn. Grâce à elle, il reçut le témoignage qu'il était juste et Dieu rendit témoignage à ses dons. Grâce à elle, bien que mort, il parle encore.

5 Par la foi, Hénoch fut enlevé afin d'échapper à la mort et *on ne le retrouva pas, parce que Dieu l'avait enlevé;* avant son enlèvement, en effet, il avait reçu le témoignage *qu'il avait été agréable à Dieu.* 6 Or, sans la foi, il est impossible d'être agréable à Dieu, car celui qui s'approche de Dieu doit croire qu'il existe et qu'il récompense ceux qui le cherchent.

7 Par la foi, Noé, divinement averti de ce qu'on ne voyait pas encore, prit l'oracle au sérieux, et construisit une arche pour sauver sa famille. Ainsi, il condamna le monde et devint héritier de la justice qui s'obtient par la foi.

La foi d'Abraham et de sa famille

8 Par la foi, répondant à l'appel, Abraham obéit et partit pour un pays qu'il devait recevoir en héritage, et il partit sans savoir où il allait. 9 Par la foi, il vint résider en étranger dans la terre promise, habitant sous la tente avec Isaac et Jacob, les cohéritiers de la même promesse. 10 Car il attendait la ville munie de fondations[1], qui a pour architecte et constructeur Dieu lui-même.

11 Par la foi, Sara, elle aussi, malgré son âge avancé, fut rendue capable d'avoir une postérité, parce qu'elle tint pour fidèle l'auteur de la promesse. 12 C'est pourquoi aussi, d'un seul homme, — déjà marqué par la mort —, naquit une multitude comparable à celle des *astres du ciel, innombrable comme le sable du bord de la mer.*

13 Dans la foi, ils moururent tous, sans avoir obtenu la réalisation des promesses, mais après les avoir vues et saluées de loin et après s'être reconnus pour étrangers et voyageurs sur la terre. 14 Car ceux qui parlent ainsi montrent clairement qu'ils sont à la recherche d'une patrie; 15 et s'ils avaient eu dans l'esprit celle dont ils étaient sortis, ils auraient eu le temps d'y retourner; 16 en fait, c'est à une patrie meilleure qu'ils aspirent, à une patrie céleste. C'est pourquoi Dieu n'a pas honte d'être appelé leur Dieu; il leur a, en effet, préparé une ville.

17 Par la foi, Abraham, mis à l'épreuve, a offert Isaac; il offrait le fils unique, alors qu'il avait reçu les promesses 18 et qu'on lui avait dit :

C'est par Isaac qu'une descendance te sera assurée.

---

1. *Voir He 11.16; 12.22; c'est la Jérusalem céleste que la cité de David ne faisait que préfigurer.*

19 Même un mort, se disait-il, Dieu est capable de le ressusciter; aussi, dans une sorte de préfiguration, il retrouva son fils.

20 Par la foi aussi, Isaac bénit Jacob et Esaü en vue de l'avenir. 21 Par la foi, Jacob, sur le point de mourir, bénit chacun des fils de Joseph et *se prosterna appuyé sur l'extrémité de son bâton.* 22 Par la foi, Joseph approchant de sa fin, évoqua l'exode des fils d'Israël et donna des ordres au sujet de ses ossements.

La foi de Moïse et d'Israël

23 Par la foi, Moïse, après sa naissance, fut caché trois mois durant par ses parents, çar ils avaient vu la beauté de leur enfant et ils ne craignirent pas le décret du roi. 24 Par la foi, Moïse, devenu grand, renonça à être appelé fils de la fille de *Pharaon. 25 Il choisit d'être maltraité avec le peuple de Dieu plutôt que de jouir pour un temps du péché. 26 Il considéra l'humiliation du Christ comme une richesse plus grande que les trésors de l'Egypte, car il avait les yeux fixés sur la récompense. 27 Par la foi, il quitta l'Egypte sans craindre la colère du roi et, en homme qui voit celui qui est invisible, il tint ferme. 28 Par la foi, il a célébré la *Pâque et fait l'aspersion du sang afin que le Destructeur ne touchât point aux premiers-nés d'Israël. 29 Par la foi, ils traversèrent la Mer Rouge comme une terre sèche, alors que les Egyptiens, qui s'y essayèrent, furent engloutis. 30 Par la foi, les remparts de Jéricho tombèrent, après qu'on en eut

fait le tour pendant sept jours. 31 Par la foi, Rahab, la prostituée, ne périt pas avec les rebelles, car elle avait accueilli pacifiquement les espions.

La foi de tous ceux qui ont tenu bon

32 Et que dire encore? Le temps me manquerait pour parler en détail de Gédéon, Barak, Samson, Jephté, David, Samuel et les *prophètes, 33 eux qui, grâce à la foi, conquirent des royaumes, mirent en oeuvre la justice, virent se réaliser des promesses, muselèrent la gueule des lions, 34 éteignirent la puissance du feu, échappèrent au tranchant de l'épée, reprirent vigueur après la maladie, se montrèrent vaillants à la guerre, repoussèrent les armées étrangères; 35 des femmes retrouvèrent leurs morts par résurrection. Mais d'autres subirent l'écartèlement, refusant la délivrance pour aboutir à une meilleure résurrection; 36 d'autres encore subirent l'épreuve des moqueries et du fouet et celle des liens et de la prison; 37 ils furent lapidés, ils furent sciés; ils moururent tués à coups d'épée; ils menèrent une vie errante, vêtus de peaux de moutons ou de toisons de chèvres; ils étaient soumis aux privations, opprimés, maltraités, 38 eux dont le monde n'était pas digne; ils erraient dans les déserts et les montagnes, dans les grottes et les cavités de la terre. 39 Eux tous, s'ils ont reçu bon témoignage grâce à leur foi, n'ont cependant pas obtenu la réalisation de la promesse. 40 Puisque Dieu prévoyait pour nous mieux encore, ils ne de-

vaient pas arriver sans nous à l'accomplissement.

Endurance dans l'épreuve

12 1 Ainsi donc, nous aussi, qui avons autour de nous une telle nuée de témoins[1], rejetons tout fardeau et le péché qui sait si bien nous entourer, et courons avec endurance l'épreuve qui nous est proposée, 2 les regards fixés sur celui qui est l'initiateur de la foi et qui la mène à son accomplissement, Jésus, lui qui, renonçant à la joie[2] qui lui revenait, endura la croix au mépris de la honte et s'est assis à la droite du trône de Dieu. 3 Oui, pensez à celui qui a enduré de la part des pécheurs une telle opposition contre lui, afin de ne pas vous laisser accabler par le découragement. 4 Vous n'avez pas encore résisté jusqu'au *sang dans votre combat contre le péché 5 et vous avez oublié l'exhortation qui s'adresse à vous comme à des fils :

> *Mon fils, ne méprise pas la correction du Seigneur,*
> *Ne te décourage pas quand il te reprend.*
> 6 *Car le Seigneur corrige celui qu'il aime,*
> *Il châtie tout fils qu'il accueille.*

7 C'est pour votre éducation que vous souffrez. C'est en fils que Dieu vous traite. Quel est en effet le fils que son père ne corrige pas ? 8 Si vous êtes privés de la correction, dont tous ont leur part, alors vous êtes des bâtards et non des fils.

9 Nous avons eu nos pères terrestres pour éducateurs, et nous nous en sommes bien trouvés; n'allons-nous pas, à plus forte raison, nous soumettre au Père des esprits et recevoir de lui la *vie ? 10 Eux, en effet, c'était pour un temps, selon leurs impressions, qu'ils nous corrigeaient; lui, c'est pour notre profit, en vue de nous communiquer sa *sainteté. 11 Toute correction, sur le moment, ne semble pas sujet de joie, mais de tristesse. Mais plus tard, elle produit chez ceux qu'elle a ainsi exercés, un fruit de paix et de justice. 12 *Redressez donc les mains défaillantes et les genoux chancelants,* 13 et *pour vos pieds, faites des pistes droites,* afin que le boiteux ne s'estropie pas, mais plutôt qu'il guérisse.

Notre Dieu est un feu dévorant

14 Recherchez la paix avec tous, et la *sanctification sans laquelle personne ne verra le Seigneur. 15 Veillez à ce que personne ne vienne à se soustraire à la grâce de Dieu; qu'aucune racine amère ne se mette à pousser, à causer du trouble et à infecter ainsi la communauté.

16 Veillez à ce qu'il n'y ait pas de débauché ou de profanateur, tel Esaü qui, pour un seul plat, vendit son droit d'aînesse. 17 Car, vous le savez, lorsqu'il voulut par la suite hériter de la bénédiction, il fut exclu et il n'y eut pour lui aucune possibilité de changement, malgré ses supplications et ses larmes !

---

1. non pas des spectateurs mais tous ceux qui, selon le chapitre précédent, ont témoigné de leur foi.

2. ou *en vue de la joie qui lui était réservée.*

18 Vous ne vous êtes pas approchés d'une réalité palpable[1], feu qui s'est consumé, obscurité, ténèbres, ouragan, 19 son de trompette et bruit de voix; ceux qui l'entendirent refusèrent d'écouter davantage la parole. 20 Car ils ne pouvaient supporter cette injonction :

*Qui touchera la montagne —
fût-ce une bête — sera lapidé !*

21 Et si terrifiant était ce spectacle que Moïse dit :

Je suis terrifié et tremblant.

22 Mais vous vous êtes approchés de la montagne de Sion et de la ville du Dieu vivant, la Jérusalem céleste, et des myriades d'*anges en réunion de fête, 23 et de l'assemblée des premiers-nés, dont les noms sont inscrits dans les *cieux et de Dieu, le juge de tous, et des esprits des justes parvenus à l'accomplissement, 24 et de Jésus, médiateur d'une *alliance neuve, et du *sang de l'aspersion qui parle mieux encore que celui d'Abel.

25 Veillez à ne pas refuser d'entendre celui qui vous parle ! Car s'ils n'ont pas échappé au châtiment lorsqu'ils refusèrent d'entendre celui qui les avertissait sur la terre, à plus forte raison nous non plus n'y échapperons pas, si nous nous détournons de qui nous parle du haut des cieux. 26 Lui, dont la voix ébranla alors la terre, fait maintenant cette proclamation : *Une dernière fois je ferai trembler* non seulement *la terre* mais aussi *le ciel.* 27 Les mots *une dernière fois* annoncent la disparition de tout ce qui participe à l'instabilité du monde créé, afin que subsiste ce qui est inébranlable. 28 Puisque nous recevons un *royaume inébranlable, tenons bien cette grâce. Par elle, servons Dieu d'une manière qui lui soit agréable, avec soumission et avec crainte. 29 Car notre Dieu est un feu dévorant.

Les sacrifices qui plaisent à Dieu

13 1 Que l'amour fraternel demeure ! 2 N'oubliez pas l'hospitalité, car, grâce à elle, certains, sans le savoir, ont accueilli des *anges. 3 Souvenez-vous de ceux qui sont en prison, comme si vous étiez prisonniers avec eux, de ceux qui sont maltraités, puisque vous aussi, vous avez un corps. 4 Que le mariage soit honoré de tous et le lit conjugal sans souillure, car les débauchés et les adultères seront jugés par Dieu. 5 Que l'amour de l'argent n'inspire pas votre conduite; contentez-vous de ce que vous avez, car le Seigneur lui-même a dit :

Non, je ne te lâcherai pas, je ne t'abandonnerai pas !

6 Si bien qu'en toute assurance nous pouvons dire :

*Le Seigneur est mon secours,
Je ne craindrai rien;
Que peut me faire un homme ?*

7 Souvenez-vous de vos dirigeants, qui vous ont annoncé la parole de Dieu; considérez comment leur vie s'est terminée et imitez leur foi. 8 Jésus Christ est le même, hier et aujourd'hui; il le sera pour l'éternité. 9 Ne vous laissez pas égarer par toutes

---

1. Voir Ex 19 : allusion aux phénomènes terrifiants qui accompagnaient la révélation de Dieu au Sinaï.

sortes de doctrines étrangères. Car il est bon que le *coeur soit fortifié par la grâce et non par des aliments, qui n'ont jamais profité à ceux qui en font une question d'observance. 10 Nous avons un *autel[1] dont les desservants de la tente n'ont pas le droit de tirer leur nourriture. 11 Car les corps des animaux dont le *grand prêtre porte le *sang dans le *sanctuaire pour l'expiation du péché, sont brûlés hors du camp. 12 C'est la raison pour laquelle Jésus, pour *sanctifier le peuple par son propre sang, a souffert en dehors de la porte. 13 Sortons donc à sa rencontre en dehors du camp, en portant son humiliation. 14 Car nous n'avons pas ici-bas de cité permanente, mais nous sommes à la recherche de la cité future. 15 Par lui, offrons sans cesse à Dieu *un *sacrifice de louange*, c'est-à-dire *le fruit de lèvres* qui confessent son *nom. 16 N'oubliez pas la bienfaisance et l'entraide communautaire, car ce sont de tels sacrifices qui plaisent à Dieu. 17 Obéissez à vos dirigeants et soyez-leur dociles; car ils veillent personnellement sur vos âmes, puisqu'ils en rendront compte. Ainsi pourront-ils le faire avec joie et non en gémissant, ce qui ne tournerait

pas à votre avantage. 18 Priez pour nous, car nous avons la conviction d'avoir une conscience pure avec la volonté de bien nous conduire en toute occasion. 19 Faites-le, je vous le demande instamment, afin que je vous sois plus vite rendu[1].

Bénédiction et salutations

20 Que le Dieu de la paix qui a fait remonter d'entre les morts, par le *sang d'une *alliance éternelle, le grand pasteur des brebis, 21 notre Seigneur Jésus, vous rende aptes à tout ce qui est bien pour faire sa volonté; qu'il réalise en nous ce qui lui est agréable, par Jésus Christ, à qui soit la gloire dans les siècles des siècles. *Amen!

22 Frères, je vous engage à supporter ce sermon! D'ailleurs, je ne vous envoie que quelques mots.

23 Apprenez que notre frère Timothée a été libéré. S'il vient assez vite, j'irai vous voir avec lui.

24 Saluez tous vos dirigeants et tous les *saints.

Ceux d'Italie[2] vous saluent.

25 La grâce soit avec vous tous!

---

1. Voir He 9.11-14: l'autel du sanctuaire céleste. Les *desservants de la tente* sont les prêtres lévitiques.

1. l'auteur est retenu par des circonstances qu'il ne précise pas.
2. soit des personnes résidant en Italie, soit un groupe d'Italiens habitant une des provinces de l'empire romain.

ÉPÎTRE DE JACQUES

Salutation

1 1 Jacques, serviteur de Dieu et du Seigneur Jésus Christ, aux douze tribus[1] vivant dans la dispersion, salut.

Epreuve, endurance, perfection

2 Prenez de très bon cœur, mes frères, toutes les épreuves par lesquelles vous passez, 3 sachant que le test auquel votre foi est soumise[2] produit de l'endurance. 4 Mais que l'endurance soit parfaitement opérante, afin que vous soyez parfaits et accomplis, exempts de tout défaut.

La prière pour recevoir la sagesse

5 Si la sagesse fait défaut à l'un de vous, qu'il la demande au Dieu qui donne à tous avec simplicité[3] et sans faire de reproche; elle lui sera donnée. 6 Mais qu'il demande avec foi, sans éprouver le moindre doute; car celui qui doute ressemble à la houle marine que le vent soulève. 7 Que ce personnage ne s'imagine pas que le Seigneur donnera quoi que ce soit 8 à un homme partagé, fluctuant dans toutes ses démarches.

Le pauvre et le riche

9 Que le frère de condition modeste tire fierté de son élévation 10 et le riche, de son déclassement, parce qu'il passera comme la fleur des prés. 11 Car le soleil s'est levé avec le sirocco[1] et a desséché l'herbe, dont la fleur est tombée et dont la belle apparence a disparu; de la même façon, le riche, dans ses entreprises, se flétrira.

Epreuve et tentation

12 Heureux l'homme qui endure l'épreuve, parce que, une fois testé, il recevra la couronne de la vie[2], promise à ceux qui L'aiment. 13 Que nul, quand il est *tenté, ne dise : « Ma tentation vient de Dieu. » Car Dieu ne peut être tenté de faire le mal et ne tente personne. 14 Chacun est tenté par sa propre convoitise, qui l'entraîne et le séduit. 15 Une fois fécondée, la convoitise enfante le péché et le péché, arrivé à la maturité, engendre la mort. 16 Ne vous y trompez pas, mes frères bien-aimés. 17 Tout don de valeur et tout cadeau parfait descendent d'en-haut, du Père des lumières[3]

---

1. Voir Mt 19.28; Ac 26.7. Jacques s'adresse à des chrétiens d'origine juive vivant hors de Palestine (voir Jn 7.35 et note). Selon d'autres les 12 tribus représentent l'ensemble du peuple de Dieu (Ap 7.4).

2. Autre texte : *l'authenticité de votre foi.*

3. Certains traduisent : *avec générosité.*

---

1. Vent brûlant venant du désert.

2. Voir Ph 4.1 et note; Ap 2.10.

3. C'est-à-dire *Dieu* (voir Gn 1.3, 14-18; 1 Jn 1.5, etc.).

chez lequel il n'y a ni balance-
ment ni ombre due au mouvement. 18 De sa propre volonté, il
nous a engendrés par la parole de
vérité, afin que nous soyons pour
ainsi dire les prémices de ses
créatures.

Ne pas se contenter d'écouter la parole

19 Vous êtes savants[1], mes
frères bien-aimés. Pourtant, que
nul ne néglige d'être prompt à
écouter, lent à parler, lent à se
mettre en colère, 20 car la colère
de l'homme ne réalise pas la justice de Dieu. 21 Aussi, débarrassés
de toute souillure et de tout dé-
bordement de méchanceté, accueillez avec douceur la parole
plantée en vous et capable de
vous sauver la vie. 22 Mais soyez
les réalisateurs de la parole, et
pas seulement des auditeurs qui
s'abuseraient eux-mêmes. 23 En
effet, si quelqu'un écoute la parole et ne la réalise pas, il ressemble à un homme qui observe
dans un miroir le visage qu'il a de
naissance : 24 il s'est observé, il est
parti, il a tout de suite oublié de
quoi il avait l'air. 25 Mais celui
qui s'est penché sur une *loi parfaite, celle de la liberté, et s'y est
appliqué, non en auditeur distrait,
mais en réalisateur agissant, celui-là trouvera le bonheur dans ce
qu'il réalisera. 26 Si quelqu'un se
croit religieux sans tenir sa
langue en bride, mais en se trompant lui-même, vaine est sa religion. 27 La religion pure et sans
tache devant Dieu le Père, la

voici : visiter les orphelins et les
veuves dans leur détresse; se garder du *monde pour ne pas se
*souiller.

Pas de partialité en faveur des riches

2 1 Mes frères, ne mêlez pas
des cas de partialité à
votre foi en notre glorieux Seigneur Jésus Christ. 2 En effet, s'il
entre dans votre assemblée un
homme aux bagues d'or, magnifiquement vêtu, s'il entre aussi un
pauvre vêtu de haillons, 3 si vous
vous intéressez à l'homme qui
porte des vêtements magnifiques
et lui dites : «Toi, assieds-toi à
cette bonne place», si au pauvre
vous dites : «Toi, tiens-toi debout» ou «assieds-toi là-bas, au
pied de mon escabeau[1]», 4 n'a-
vez-vous pas fait en vous-mêmes
une discrimination ? N'êtes-vous
pas devenus des juges aux raisonnements criminels ? 5 Ecoutez,
mes frères bien-aimés ! N'est-ce
pas Dieu qui a choisi ceux qui
sont pauvres aux yeux du *monde
pour les rendre riches en foi et
héritiers du *Royaume qu'Il a
promis à ceux qui L'aiment ?
6 Mais vous, vous avez privé le
pauvre de sa dignité. N'est-ce pas
les riches qui vous oppriment ?
Eux encore qui vous traînent devant les tribunaux ? 7 N'est-ce pas
eux qui diffament le beau *nom
qu'on invoque sur vous[2] ?
8 Certes, si vous exécutez la loi

---

1. Ou *sachez-le, mes frères bien-aimés, que nul
ne néglige pourtant ...* Autre texte : *Par conséquent,
mes frères bien-aimés, que nul ne néglige ...*

1. *Escabeau :* sorte de tabouret bas utilisé pour
poser les pieds quand on était assis (Mt 5.35; Lc
20.43; Ac 7.49).

2. Il s'agit du nom du Seigneur Jésus (Voir Jc
1.1; 2.1).

royale[1], conformément au texte : *Tu aimeras ton prochain comme toi-même*, vous agissez bien. 9 Mais si vous êtes partiaux, vous commettez un péché et la *loi vous met en accusation comme transgresseurs. 10 En effet, observer toute la loi et trébucher sur un seul point, c'est se rendre passible de tout, 11 car Celui qui a dit : *Tu ne commettras pas d'adultère* a dit aussi : *Tu n'assassineras pas* et si sans commettre d'adultère, tu commets un meurtre, tu contreviens à la loi. 12 Parlez et agissez en hommes appelés à être jugés d'après la loi de liberté. 13 En effet, le jugement est sans pitié pour qui n'a pas eu pitié : la pitié dédaigne le jugement.

Sans actes, la foi est morte

14 À quoi bon, mes frères, dire qu'on a de la foi, si l'on n'a pas d'oeuvres ? La foi peut-elle sauver, dans ce cas ? 15 Si un frère ou une soeur n'ont rien à se mettre et pas de quoi manger tous les jours, 16 et que l'un de vous leur dise : « Allez en paix, mettez-vous au chaud et bon appétit », sans que vous leur donniez de quoi subsister, à quoi bon ? 17 De même, la foi qui n'aurait pas d'oeuvres est morte dans son isolement[2]. 18 Mais quelqu'un dira : « Tu as de la foi; moi aussi, j'ai des oeuvres; prouve-moi ta foi sans les oeuvres et moi, je tirerai de mes oeuvres la preuve de ma foi. 19 Tu crois que Dieu est un ? Tu fais bien. Les *démons le croient, eux

aussi, et ils frissonnent. » 20 Veux-tu te rendre compte, pauvre être, que la foi est inopérante[1] sans les oeuvres ? 21 Abraham, notre père, n'est-ce pas aux oeuvres qu'il dut sa justice[2], pour avoir mis son fils Isaac sur l'*autel ? 22 Tu vois que la foi coopérait à ses oeuvres, que les oeuvres ont complété la foi 23 et que s'est réalisé le texte qui dit : *Abraham eut foi en Dieu et cela lui fut compté comme justice* et il reçut le nom d'ami de Dieu. 24 Vous constatez que l'on doit sa justice[3] aux oeuvres et pas seulement à la foi. 25 Tel fut le cas aussi pour Rahab la prostituée : n'est-ce pas aux oeuvres qu'elle dut sa justice, pour avoir accueilli les messagers et les avoir fait partir par un autre chemin ? 26 En effet, de même que, sans souffle, le corps est mort, de même aussi, sans oeuvres, la foi est morte.

La langue

3 1 Ne vous mettez pas tous à enseigner, mes frères. Vous savez avec quelle sévérité nous serons jugés, 2 tant nous trébuchons tous. Si quelqu'un ne trébuche pas lorsqu'il parle, il est un homme parfait, capable de tenir en bride son corps entier. 3 Si nous mettons un mors dans la bouche des chevaux pour qu'ils nous obéissent, nous menons aussi leur corps entier. 4 Voyez

---

1. C'est-à-dire la loi qui est au-dessus des autres lois. Certains traduisent cependant : *la loi du Royaume* (de Dieu).

2. ou *tout à fait morte*.

1. Autre texte : la foi *est morte*.

2. Certains traduisent : *il fut reconnu juste* (par Dieu).

3. Certains traduisent : *l'homme est reconnu juste* (par Dieu).

aussi les bateaux : si grands soient-ils et si rudes les vents qui les poussent, on les mène avec un tout petit gouvernail là où veut aller celui qui tient la barre. 5 De même, la langue est un petit membre et se vante de grands effets. Voyez comme il faut peu de feu pour faire flamber une vaste forêt ! 6 La langue aussi est un feu, le monde du mal ; la langue est installée parmi nos membres, elle qui souille le corps entier, qui embrase le cycle de la nature, qui est elle-même embrasée par la *géhenne. 7 Il n'est pas d'espèce, aussi bien de bêtes fauves que d'oiseaux, aussi bien de reptiles que de poissons, que l'espèce humaine n'arrive à dompter. 8 Mais la langue, nul homme ne peut la dompter : fléau fluctuant[1], plein d'un poison mortel ! 9 Avec elle nous bénissons le Seigneur et Père ; avec elle aussi nous maudissons les hommes, qui sont à l'image de Dieu ; 10 de la même bouche sortent bénédiction et malédiction. Mes frères, il ne doit pas en être ainsi. 11 La source produit-elle le doux et l'amer par le même orifice ? 12 Un figuier, mes frères, peut-il donner des olives, ou une vigne des figues ? Une source saline[2] ne peut pas non plus donner d'eau douce. 13 Qui est sage et intelligent parmi vous ? Qu'il tire de sa bonne conduite la preuve que la sagesse empreint ses actes de douceur.

Sagesse terrestre et sagesse d'en haut

14 Mais si vous avez le coeur plein d'aigre jalousie et d'esprit de rivalité, ne faites pas les avantageux et ne nuisez pas à la vérité par vos mensonges. 15 Cette sagesse-là ne vient pas d'en-haut ; elle est terrestre, animale, démoniaque. 16 En effet, la jalousie et l'esprit de rivalité s'accompagnent de remous et de force affaires fâcheuses. 17 Mais la sagesse d'en haut est d'abord pure, puis pacifique, douce, conciliante, pleine de pitié et de bons fruits, sans façon et sans fard. 18 Le fruit de la justice est semé dans la paix pour ceux qui font oeuvre de paix.

Des hommes au coeur partagé

4 1 D'où viennent les conflits, d'où viennent les combats parmi vous ? N'est-ce pas de vos plaisirs qui guerroient dans vos membres ? 2 Vous convoitez et ne possédez pas ; vous êtes meurtriers et jaloux, et ne pouvez réussir ; vous combattez et bataillez. Vous ne possédez pas parce que vous n'êtes pas demandeurs ; 3 vous demandez et ne recevez pas parce que vos demandes ne visent à rien de mieux que de dépenser pour vos plaisirs. 4 Femmes infidèles[1] ! Ne savez-vous pas que l'amitié envers le *monde est hostilité contre Dieu ? Celui qui veut être ami du monde se fait donc ennemi de Dieu. 5 Ou bien pensez-vous que ce soit pour rien que l'Ecriture

---

1. Autre texte : *fléau sans frein* (c'est-à-dire qu'on ne peut maîtriser).
2. Certains manuscrits comportent : *De même une source saline ...*

1. Certains traduisent : *Adultères !* (au sens imagé ; cf. Mt 12.39 ; 16.4). Autre texte : *Hommes et femmes infidèles !*

dit : Dieu désire jalousement l'esprit qu'Il a fait habiter[1] en nous ? 6 Mais il fait mieux pour se montrer favorable; voilà pourquoi l'Ecriture dit : *Dieu résiste aux orgueilleux, mais se montre favorable aux humbles.* 7 Soumettez-vous donc à Dieu; mais résistez au *diable et il fuira loin de vous; 8 approchez-vous de Dieu et il s'approchera de vous. Nettoyez vos mains, *pécheurs, et purifiez vos cœurs, hommes partagés ! 9 Reconnaissez votre misère, prenez le deuil, pleurez; que votre rire se change en deuil et votre joie en abattement ! 10 Humiliez-vous devant le Seigneur et Il vous élèvera.

Qui es-tu, pour juger ton frère ?

11 Ne médisez pas les uns des autres, frères. Celui qui médit d'un frère ou juge son frère médit d'une *loi et juge une loi; mais si tu juges une loi, tu agis en juge et non en réalisateur de la loi. 12 Or un seul est législateur et juge : celui qui peut sauver et perdre. Qui es-tu, toi, pour juger le prochain ?

Ceux qui font des projets orgueilleux

13 Alors, vous qui dites : « Aujourd'hui, — ou demain —, nous irons dans telle ville, nous y passerons un an, nous ferons du commerce, nous gagnerons de l'argent », 14 et qui ne savez même pas, le jour suivant, ce que sera votre vie, car vous êtes une va-

peur, qui paraît un instant et puis disparaît ! 15 Au lieu de dire : « Si le Seigneur le veut bien, nous vivrons et ferons ceci ou cela », 16 vous tirez fierté de vos fanfaronnades. Toute fierté de ce genre est mauvaise. 17 Qui donc sait faire le bien et ne le fait pas se charge d'un péché.

Avertissement aux riches

5 1 Alors, vous les riches, pleurez à grand bruit sur les malheurs qui vous attendent ! 2 Votre richesse est pourrie, vos vêtements rongés des vers; 3 votre or et votre argent rouillent et leur rouille servira contre vous de témoignage, elle dévorera vos chairs comme un feu. Vous vous êtes constitué des réserves à la fin des temps ! 4 Voyez le salaire des ouvriers qui ont fait la récolte dans vos champs : retenu[1] par vous, il crie et les clameurs des moissonneurs sont parvenues aux oreilles du Seigneur Sabaoth[2]. 5 Vous avez eu sur terre une vie de confort et de luxe, vous vous êtes repus au jour du carnage. 6 Vous avez condamné, vous avez assassiné le juste : il ne vous résiste pas.

Patience, le Seigneur approche

7 Prenez donc patience, frères, jusqu'à la venue du Seigneur. Voyez le cultivateur : il attend le fruit précieux de la terre sans s'impatienter à son propos tant qu'il n'en a pas recueilli du pré-

1. Ou *L'Esprit que Dieu a fait habiter en nous a des désirs jaloux.* Ce texte ne figure ni dans l'A. T. ni dans le N. T.

1. Autre texte : *volé par vous.*
2. *Sabaoth* : Transcription d'un terme hébreu que l'A. T. accole parfois au titre de Seigneur, pour désigner le Dieu d'Israël. Le sens est discuté; certains traduisent : le Seigneur *des armées.*

coce et du tardif[1]. 8 Vous aussi, prenez patience, ayez le coeur ferme, car la venue du Seigneur est proche. 9 Frères, ne gémissez pas les uns contre les autres, pour éviter d'être jugés. Voyez : le juge se tient aux portes. 10 Pour la souffrance et la patience, le modèle à prendre, frères, ce sont les *prophètes, qui ont parlé au nom du Seigneur. 11 Voyez : nous félicitons les gens endurants; vous avez entendu l'histoire de l'endurance de Job et vu le but du Seigneur parce que *le Seigneur a beaucoup de coeur et montre de la pitié.*

Que votre oui soit oui

12 Mais avant tout, mes frères, ne jurez pas, ni par le *ciel, ni par la terre, ni d'aucune autre manière. Que votre oui soit oui et votre non, non, afin que vous ne tombiez pas sous le jugement.

La prière

13 L'un de vous souffre-t-il ? qu'il prie. Est-il joyeux ? Qu'il chante des cantiques. 14 L'un de vous est-il malade ? Qu'il fasse appeler les *anciens de l'église et qu'ils prient après avoir fait sur lui une onction d'huile au *nom du Seigneur. 15 La prière de la foi sauvera le patient; le Seigneur le relèvera et, s'il a des péchés à son actif, il lui sera pardonné[1]. 16 Confessez-vous donc vos péchés les uns aux autres et priez les uns pour les autres, afin d'être guéris. La requête d'un juste agit avec beaucoup de force. 17 Elie était un homme semblable à nous; il pria avec ferveur pour qu'il ne plût pas et il ne plut pas sur la terre pendant trois ans et six mois; 18 puis il pria de nouveau, le ciel donna de la pluie, la terre produisit son fruit ...

Celui qui ramène un égaré

19 Mes frères, si l'un de vous s'est égaré loin de la vérité et qu'on le ramène, 20 sachez que celui qui ramène un *pécheur du chemin où il s'égarait lui sauvera la vie[2] et fera disparaître une foule de péchés.

---

1. Autre texte : tant qu'il n'a pas reçu *les pluies* précoces et (les pluies) tardives.

1. Sur cette tournure impersonnelle voir notes sur Mt 3.2; 7.1.
2. Autres textes : *sauvera une vie* — ou. *arrachera une vie à la mort du pécheur.*

PREMIÈRE ÉPÎTRE DE PIERRE

L'auteur et les destinataires de la lettre

1 ¹ Pierre, apôtre de Jésus Christ, aux élus qui vivent en étrangers dans la dispersion, dans le Pont, la Galatie, la Cappadoce, l'Asie et la Bythynie¹, ² élus selon le dessein de Dieu le Père, par la sanctification de l'Esprit, pour obéir à Jésus Christ et avoir part à l'aspersion de son sang².

Que la grâce et la paix nous viennent en abondance !

Une espérance vivante

3 Béni soit Dieu, le Père de Notre Seigneur Jésus Christ : dans sa grande miséricorde, il nous a fait renaître
pour une espérance vivante, par la résurrection de Jésus Christ d'entre les morts,
4 pour un héritage qui ne se peut corrompre, ni *souiller, ni flétrir; héritage vous est réservé dans les *cieux,
5 à vous que la puissance de Dieu garde par la foi
pour le salut prêt à se révéler au moment de la fin.
6 Aussi tressaillez-vous d'allégresse
même s'il faut que, pour un peu de temps, vous soyez affligés par diverses épreuves,
7 afin que la valeur éprouvée de votre foi — beaucoup plus précieuse que l'or périssable qui pourtant est éprouvé par le feu —
provoque louange, gloire et honneur lors de la *révélation de Jésus Christ,
8 Lui que vous aimez sans l'avoir vu,
en qui vous croyez sans le voir encore;
aussi tressaillez-vous d'une joie ineffable et glorieuse,
9 en remportant comme prix de la foi,
le salut de vos âmes¹.

Les recherches des prophètes sur le salut

10 Sur ce salut ont porté les recherches et les investigations des *prophètes, qui ont prophétisé au sujet de la grâce qui vous était destinée : 11 ils recherchaient à quel temps et à quelles circonstances se rapportaient les indications données par l'Esprit du Christ qui était présent en eux, quand il attestait par avance les

---

1. *la dispersion :* ce terme technique, désignant habituellement les Juifs vivant hors de Palestine, est appliqué ici aux chrétiens dispersés dans le monde — *le Pont ... la Bithynie :* cinq provinces romaines de l'actuelle Asie mineure.

2. *l'aspersion de son sang :* les effets de la mort du Christ sont décrits ici à l'aide du vocabulaire sacrificiel de l'Ancien Testament. Voir Ex 24.3-8; Lv 16.14-15.

1. C'est-à-dire le salut de vos personnes tout entières.

souffrances réservées au Christ et la gloire qui les suivrait. 12 Il leur fut révélé que ce n'était pas pour eux-mêmes, mais pour vous qu'ils transmettaient ce message, que maintenant les prédicateurs de l'*Evangile vous ont communiqué sous l'action de l'Esprit Saint envoyé du *ciel, et dans lequel les *anges désirent plonger leurs regards.

Devenez saints dans toute votre conduite

13 C'est pourquoi, l'esprit prêt pour le service[1], soyez vigilants et mettez toute votre espérance dans la grâce qui doit vous être accordée lors de la *révélation de Jésus Christ. 14 Comme des enfants obéissants, ne vous conformez pas aux convoitises d'autrefois, du temps de votre ignorance; 15 mais, de même que celui qui vous a appelés est *saint, vous aussi devenez saints dans toute votre conduite, 16 parce qu'il est écrit :

Soyez saints, car je suis saint …

17 et si vous invoquez comme Père celui qui, sans partialité, juge chacun selon son oeuvre, conduisez-vous avec crainte durant le temps de votre séjour sur la terre, 18 sachant que ce n'est point par des choses périssables, argent ou or, que vous avez été rachetés de la vaine manière de vivre héritée de vos pères, 19 mais par le *sang précieux, comme d'un agneau sans défaut et sans tache, celui du Christ, 20 prédes-

tiné avant la fondation du monde et manifesté à la fin des temps à cause de vous. 21 Par lui vous croyez en Dieu qui l'a ressuscité des morts et lui a donné la gloire, de telle sorte que votre foi et votre espérance reposent sur Dieu.

La croissance des enfants de Dieu

22 Vous avez *purifié vos âmes, en obéissant à la vérité[1], pour pratiquer un amour fraternel sans hypocrisie. Aimez-vous les uns les autres d'un coeur pur[2], avec constance, 23 vous qui avez été engendrés à nouveau par une semence non pas corruptible mais incorruptible, par la parole de Dieu vivante et permanente. 24 Car

toute chair est comme l'herbe,
et toute sa gloire comme la
fleur de l'herbe :
l'herbe sèche et sa fleur tombe;
25 *mais la parole du Seigneur demeure éternellement.*

Or, cette parole, c'est l'*Evangile qui vous a été annoncé.

2 1 Rejetez donc toute méchanceté et toute ruse, toute forme d'hypocrisie, d'envie et de médisance. 2 Comme des enfants nouveau-nés, désirez le lait pur de la parole, afin que, par lui, vous grandissiez pour le salut, 3 si *vous avez goûté que le Seigneur est bon.*

La pierre vivante et la nation sainte

4 C'est en vous approchant de lui, pierre vivante,

---

1. Litt. *ayant ceint les reins de votre esprit. Ceindre ses reins :* expression imagée signifiant qu'un homme se met en tenue de travail ou de voyage, pour être libre de ses mouvements et disponible.

1. Certains manuscrits ajoutent : *par l'Esprit.*
2. autre texte : *de tout coeur.*

rejetée par les hommes
mais choisie et précieuse devant Dieu,
5 que vous aussi, comme des
pierres vivantes,
vous êtes édifiés en maison
spirituelle,
pour constituer une *sainte
communauté sacerdotale[1],
pour offrir des *sacrifices spirituels,
agréables à Dieu par Jésus
Christ.
6 Car on trouve dans l'Ecriture :
*Voici, je pose en *Sion une
pierre angulaire,
choisie et précieuse,
et celui qui met en elle sa
confiance   ne   sera   pas
confondu.*
7 À vous donc, les croyants,
l'honneur;
mais pour les incrédules
*la pierre qu'ont rejetée les bâ-
tisseurs est devenue la pierre
de l'angle,*
8 et aussi *une pierre d'achoppement,
un roc qui fait tomber.*
Ils s'y heurtent, parce qu'ils refusent de croire à la Parole, et
c'est à cela qu'ils étaient destinés.
9 Mais, vous, vous êtes
*la race élue, la communauté
sacerdotale du roi, la nation
*sainte, le peuple que Dieu
s'est acquis,
pour que vous proclamiez les
hauts faits* de celui qui
vous a appelés des ténèbres à
sa merveilleuse lumière,
10 *vous qui jadis n'étiez pas son
peuple,*

mais qui maintenant êtes le
peuple de Dieu;
vous qui *n'aviez pas obtenu
miséricorde,*
mais qui maintenant *avez obtenu miséricorde.*

Une belle conduite parmi les païens

11 Bien-aimés, je vous exhorte,
comme des gens de passage et
des étrangers, à vous abstenir des
convoitises charnelles[1], qui font la
guerre de l'âme. 12 Ayez une belle
conduite parmi les *païens, afin
que, sur le point même où ils vous
calomnient comme malfaiteurs,
ils soient éclairés par vos bonnes
oeuvres et glorifient Dieu au
*jour de sa venue.

Le respect dû aux autorités

13 Soyez soumis à toute institu-
tion humaine, à cause du Seigneur : soit au roi, en sa qualité
de souverain, 14 soit aux gouverneurs, délégués par lui pour punir
les malfaiteurs et louer les gens
de bien. 15 Car c'est la volonté de
Dieu qu'en faisant le bien vous
réduisiez au silence l'ignorance
des insensés. 16 Comportez-vous
en hommes libres, sans utiliser la
liberté comme un voile pour votre
méchanceté, mais agissez en serviteurs de Dieu. 17 Honorez tous
les hommes, aimez vos frères,
craignez Dieu, honorez le roi.

---

1. *C'est-à-dire une communauté qui exerce une
fonction de prêtre.*

1. C'est-à-dire les convoitises humaines habi-
tuelles. Voir Rm 1.3 et note.

La patience des serviteurs chrétiens

18 Serviteurs[1], soyez soumis avec une profonde crainte à vos maîtres, non seulement aux bons et aux doux, mais aussi aux acariâtres. 19 Car c'est une grâce de supporter, par respect pour Dieu, des peines que l'on souffre injustement. 20 Quelle gloire y a-t-il, en effet, à supporter les coups si vous avez commis une faute ? Mais si, après avoir fait le bien, vous souffrez avec patience, c'est là une grâce aux yeux de Dieu. 21 Or, c'est à cela que vous avez été appelés, car le Christ aussi a souffert pour vous, vous laissant un exemple afin que vous suiviez ses traces :

22 Lui qui *n'a pas commis de péché*
    et dans la bouche duquel il ne s'est pas trouvé de tromperie;
23 lui qui, insulté, ne rendait pas l'insulte,
    dans sa souffrance, ne menaçait pas,
    mais s'en remettait au juste Juge;
24 lui qui, dans son propre corps, a porté nos péchés sur le bois, afin que, morts à nos péchés, nous vivions pour la justice[2]; lui dont les meurtrissures vous ont guéris.
25 Car vous étiez égarés comme des brebis, mais maintenant vous vous êtes tournés vers le *berger et le gardien de vos âmes[3].

La vie conjugale des chrétiens

3 1 Vous, de même, femmes, soyez soumises à vos maris, afin que, même si quelques-uns refusent de croire à la Parole, ils soient gagnés, sans parole, par la conduite de leurs femmes, 2 en considérant votre conduite *pure, respectueuse. 3 Que votre parure ne soit pas extérieure : cheveux tressés, bijoux d'or, toilettes élégantes; 4 mais qu'elle soit la disposition cachée du coeur, parure incorruptible d'un esprit doux et paisible, qui est d'un grand prix devant Dieu. 5 C'est ainsi qu'autrefois se paraient les saintes femmes qui espéraient en Dieu, étant soumises à leurs maris : 6 telle Sara, qui obéissait à Abraham, l'appelant son seigneur, elle dont vous êtes devenues les filles en faisant le bien, et en ne vous laissant troubler par aucune crainte.

7 Vous les maris, de même, menez la vie commune en tenant compte de la nature plus délicate de vos femmes; montrez-leur du respect, puisqu'elles doivent hériter avec vous la grâce de la *vie, afin que rien n'entrave vos prières.

La pratique de l'amour fraternel

8 Enfin, soyez tous dans de mêmes dispositions, compatissants, animés d'un amour fraternel, miséricordieux, humbles. 9 Ne rendez pas le mal pour le mal, ou l'insulte pour l'insulte; au contraire, bénissez, car c'est à cela

---

1. ou *Esclaves.*
2. *Le bois :* tournure hébraïque empruntée à Dt 21.22 pour désigner un gibet; il s'agit ici de *la croix — pour la justice :* voir Rm 8.4.
3. Voir 1 P 1.9 et note.

que vous avez été appelés, afin
d'hériter la bénédiction[1].

10 En effet,
qui veut aimer la vie
et voir des jours heureux
doit garder sa langue du mal
et ses lèvres des paroles trom-
peuses,
11 *se détourner du mal et faire le*
bien,
rechercher la paix et la pour-
suivre.
12 Car
les yeux du Seigneur sont sur
les justes,
et ses oreilles sont attentives à
leur prière;
mais la face du Seigneur se
tourne contre ceux qui font le
mal.

Prêts à rendre compte de votre espérance

13 Et qui vous fera du mal, si
vous vous montrez zélés pour le
bien ? 14 Bien plus, au cas où vous
auriez à souffrir pour la justice[2],
heureux êtes-vous.

N'ayez d'eux aucune crainte et
ne soyez pas troublés; 15 mais
*sanctifiez dans vos coeurs le
Christ qui est Seigneur. Soyez
toujours prêts à justifier votre espérance devant ceux qui vous en
demandent compte. 16 Mais que
ce soit avec douceur et respect, en
ayant une bonne conscience, afin
que, sur le point même où l'on
vous calomnie, ceux qui décrient
votre bonne conduite en Christ
soient confondus. 17 Car mieux
vaut souffrir en faisant le bien, si

telle est la volonté de Dieu, qu'en
faisant le mal.

De la mort du Christ à sa victoire

18 En effet le Christ lui-même
est mort pour les péchés, une fois
pour toutes, lui juste pour les injustes, afin de vous présenter[1] à
Dieu, lui mis à mort en sa chair[2],
mais rendu à la *vie par l'Esprit.
19 C'est alors qu'il est allé prêcher
même aux esprits en prison, 20 aux
rebelles d'autrefois, quand
se prolongeait la patience de
Dieu aux jours où Noé construi-
sait l'arche, dans laquelle peu de
gens, huit personnes, furent sauvés par l'eau[3]. 21 C'était l'image
du baptême qui vous sauve maintenant : il n'est pas la purification
des souillures du corps, mais l'engagement envers Dieu[4] d'une
bonne conscience; il vous sauve
par la résurrection de Jésus
Christ, 22 qui, parti pour le *ciel,
est à la droite de Dieu et à qui
sont soumis *anges, autorités et
puissances[5].

Rompre avec le passé

4 1 Ainsi, puisque le Christ a
souffert dans la chair[6],
vous aussi armez-vous de la

---

1. C'est-à-dire la bénédiction de Dieu.
2. Voir 1 P 2.24 et note sur Rm 8.4.

1. Autres textes : le Christ *a souffert* — Après
pour les péchés certains manuscrits ajoutent *en
votre faveur* — D'autres lisent : *afin de nous présenter ...*
2. Sur la fin du verset 18 voir Rm 1.3-4, 1 Tm
3.16 et les notes.
3. Ou *à travers l'eau.*
4. Au lieu de *l'engagement ... envers Dieu* certains traduisent : *la demande, adressée à Dieu,
d'une bonne conscience.*
5. Voir Col 1.16 et note.
6. Après *a souffert* certains manuscrits ajoutent
pour vous, et d'autres *pour nous.* — Sur l'expression *dans la chair* voir 1 P 3.18 et les notes de Rm
1.3-4; 1 Tm 3.16.

même conviction : celui qui a souffert dans la chair a rompu avec le péché, 2 pour vivre le temps qui lui reste à passer dans la chair non plus selon les convoitises des hommes, mais selon la volonté de Dieu. 3 C'est bien assez, en effet, d'avoir accompli dans le passé la volonté des *païens, en vivant dans la débauche, les convoitises, l'ivrognerie, les orgies, les beuveries et les idolâtries infâmes. 4 À ce propos, ils trouvent étrange que vous ne couriez plus avec eux vers la même débauche effrénée, et ils vous outragent. 5 Mais ils en rendront compte à celui qui est prêt à juger les vivants et les morts. 6 C'est pour cela, en effet, que même aux morts la bonne nouvelle a été annoncée, afin que, jugés selon les hommes dans la chair, ils vivent selon Dieu par l'Esprit.

Administrateurs de la grâce de Dieu

7 La fin de toutes choses est proche. Montrez donc de la sagesse et soyez sobres afin de pouvoir prier. 8 Ayez avant tout un amour constant les uns pour les autres, car

l'amour couvre une multitude de péchés.

9 Pratiquez l'hospitalité les uns envers les autres, sans murmurer. 10 Mettez-vous, chacun selon le don qu'il a reçu, au service les uns des autres, comme de bons administrateurs de la grâce de Dieu, variée en ses effets. 11 Si quelqu'un parle, que ce soit pour transmettre les paroles de Dieu ; si

quelqu'un assure le service[1], que ce soit avec la force que Dieu accorde, afin que par Jésus Christ Dieu soit totalement glorifié, lui à qui appartiennent gloire et domination pour les *siècles des siècles. *Amen !

Heureux d'avoir à souffrir pour le Christ

12 Bien-aimés, ne trouvez pas étrange d'être dans la fournaise de l'épreuve, comme s'il vous arrivait quelque chose d'anormal. 13 Mais, dans la mesure où vous avez part aux souffrances du Christ, réjouissez-vous, afin que, lors de la *révélation de sa gloire, vous soyez aussi dans la joie et l'allégresse. 14 Si l'on vous outrage pour le *nom du Christ, heureux êtes-vous, car l'Esprit de gloire[2], l'Esprit de Dieu, repose sur vous. 15 Que nul d'entre vous n'ait à souffrir comme meurtrier, voleur ou malfaiteur, ou comme se mêlant des affaires d'autrui, 16 mais si c'est comme chrétien, qu'il n'en ait pas honte, qu'il glorifie plutôt Dieu à cause de ce nom. 17 C'est le moment en effet où le jugement commence par la maison de Dieu ; or, s'il débute par nous, quelle sera la fin de ceux qui refusent de croire à l'*Evangile de Dieu ? 18 Et

*si le juste est sauvé à grand-peine,
qu'adviendra-t-il de l'impie et du pécheur ?*

1. *Le mot* diacre *appartient à la même racine que le verbe traduit ici par* assurer le service. *On pense que ce service se rapporte plus particulièrement à l'aide fournie aux nécessiteux (cf. Ac 6.2-4 ; Rm 12.7 ; 1 Tm 3.8 note).*
2. *Certains manuscrits ajoutent ici* et de puissance.

19 Ainsi, que ceux qui souffrent selon la volonté de Dieu remettent leur âme au fidèle Créateur, en faisant le bien.

Les responsables du troupeau de Dieu

5 1 J'exhorte donc les *anciens qui sont parmi vous, moi qui suis ancien avec eux et témoin des souffrances du Christ, moi qui ai part à la gloire qui va être *révélée : 2 Paissez le troupeau de Dieu qui vous est confié, non par contrainte, mais de bon gré, selon Dieu; non par cupidité, mais par dévouement. 3 N'exercez pas un pouvoir autoritaire sur ceux qui vous sont échus en partage, mais devenez les modèles du troupeau. 4 Et quand paraîtra le souverain *berger, vous recevrez la couronne de gloire qui ne se flétrit pas.

Fermes dans la foi

5 De même, jeunes gens, soyez soumis aux anciens[1]. Et tous, dans vos rapports mutuels, revêtez-vous d'humilité, car

Dieu s'oppose aux orgueilleux, mais aux humbles il accorde sa grâce.

1. Il s'agit probablement ici des hommes plus âgés, et non pas des anciens d'église comme au v. 1.

6 Humiliez-vous donc sous la main puissante de Dieu, afin qu'il vous élève au moment fixé; 7 déchargez-vous sur lui de tous vos soucis, car il prend soin de vous.

8 Soyez sobres, veillez ! Votre adversaire, le *diable, comme un lion rugissant, rôde, cherchant qui dévorer. 9 Résistez-lui, fermes dans la foi, sachant que les mêmes souffrances sont réservées à vos frères, dans le monde.

10 Le Dieu de toute grâce, qui vous a appelés à sa gloire éternelle en Christ, vous rétablira lui-même après que vous aurez souffert un peu de temps; il vous affermira, vous fortifiera, vous rendra inébranlables. 11 À lui la domination pour les *siècles des siècles ! *Amen.

Salutations finales

12 Je vous ai écrit ces quelques mots par Silvain, que je considère comme un frère fidèle, pour vous exhorter et vous attester que c'est à la véritable grâce de Dieu que vous êtes attachés. 13 La communauté des élus qui est à Babylone[1] vous salue, ainsi que Marc, mon fils. 14 Saluez-vous les uns les autres d'un baiser fraternel. Paix à vous tous qui êtes en Christ !

1. Sans doute faut-il voir ici une désignation symbolique de Rome, la capitale de l'empire romain, comme en Ap 17.5.

DEUXIÈME ÉPÎTRE DE PIERRE

Salutation

1 1 Syméon Pierre, serviteur et *apôtre de Jésus Christ, à ceux qui ont reçu, par la justice de notre Dieu et Sauveur Jésus Christ[1], une foi de même prix que la nôtre : 2 que la grâce et la paix vous viennent en abondance par la connaissance de Dieu et de Jésus, notre Seigneur.

Pour affermir votre vocation

3 En effet, la puissance divine nous a fait don de tout ce qui est nécessaire à la *vie et à la piété en nous faisant connaître celui qui nous a appelés par sa propre gloire et sa force agissante. 4 Par elles, les biens du plus haut prix qui nous avaient été promis nous ont été accordés, pour que par ceux-ci vous entriez en communion avec la nature divine, vous étant arrachés à la pourriture que nourrit dans le *monde la convoitise. 5 Et pour cette raison même, concentrant tous vos efforts, joignez à votre foi la vertu, à la vertu la connaissance, 6 à la connaissance la maîtrise de soi, à la maîtrise de soi la ténacité, à la ténacité la piété, 7 à la piété l'amitié fraternelle, à l'amitié fraternelle l'amour. 8 Car ces qualités, si vous les possédez en abondance, ne vous laissent pas inactifs ni stériles pour connaître notre Seigneur Jésus Christ; 9 en effet, celui à qui elles manquent, c'est un aveugle qui tâtonne[1] : il oublie qu'il a été *purifié de ses péchés d'autrefois. 10 C'est pourquoi, frères, redoublez d'efforts pour affermir[2] votre vocation et votre élection; ce faisant, pas de danger de jamais tomber. 11 C'est ainsi, en effet, que vous sera généreusement accordée l'entrée dans le *Royaume éternel de notre Seigneur et Sauveur Jésus Christ.

Des enseignements qu'il faut conserver

12 Aussi ai-je l'intention de toujours vous rappeler cela, bien que vous le sachiez et que vous demeuriez fermes dans la vérité présente. 13 Mais je crois juste, tant que je suis ici-bas, de vous tenir en éveil par mes rappels, 14 sachant qu'il est proche pour moi le moment de la séparation[3], comme notre Seigneur Jésus Christ me l'a fait connaître; 15 mais je veillerai soigneusement

---

1. Autre traduction possible : *de notre Dieu et du Sauveur Jésus Christ.*

1. Autre traduction possible : *aveugle à force de myopie.*

2. Certains manuscrits comportent : redoublez d'efforts *afin que, par vos bonnes oeuvres, vous affermissiez ...*

3. Le texte grec utilise ici l'image de la *tente* qu'on abandonne, pour faire allusion à la mort. De même au v. 13 (litt. *tant que je suis dans cette tente* : tant que je suis ici-bas) l'existence humaine est comparée à celle des nomades qui vivent sous la tente.

à ce qu'après mon départ vous ayez la possibilité, en toute occasion, de conserver le souvenir de ces enseignements.

16 En effet, ce n'est pas en nous mettant à la traîne de fables sophistiquées que nous vous avons fait connaître la venue puissante de notre Seigneur Jésus Christ, mais pour l'avoir vu de nos yeux dans tout son éclat. 17 Car il reçut de Dieu le Père honneur et gloire quand la voix venue de la splendeur magnifique de Dieu lui dit : *Celui-ci est mon Fils bien-aimé, celui qu'il m'a plu de choisir.* 18 Et cette voix, nous-mêmes nous l'avons entendue venant du *ciel quand nous étions avec lui sur la montagne *sainte.

19 De plus, nous avons la parole des *prophètes qui est la solidité même[1], sur laquelle vous avez raison de fixer votre regard comme sur une lampe brillant dans un lieu obscur, jusqu'à ce que luise le *jour et que l'étoile du matin se lève dans vos coeurs.

20 Avant tout, sachez-le bien : aucune prophétie de l'Ecriture n'est affaire d'interprétation privée[2]; 21 en effet, ce n'est pas la volonté humaine qui a jamais produit une prophétie, mais c'est portés par l'Esprit Saint que des hommes ont parlé de la part de Dieu.

Les propagateurs de fausses doctrines

2 1 Il y eut aussi des faux *prophètes dans le peuple; de même il y aura parmi vous de faux docteurs, qui introduiront sournoisement des doctrines pernicieuses, allant jusqu'à renier le maître qui les a rachetés, attirant sur eux une perdition qui ne saurait tarder; 2 et beaucoup les suivront dans leurs débauches : à cause d'eux, le chemin de la vérité sera l'objet de *blasphèmes; 3 et, dans leur cupidité, ils vous exploiteront par des discours truqués; pour eux, depuis longtemps déjà, le jugement ne chôme pas et leur perdition ne dort pas. 4 Car Dieu n'a pas épargné les *anges coupables, mais les a plongés, les a livrés aux antres ténébreux du Tartare[1], les gardant en réserve pour le jugement. 5 Il n'a pas épargné non plus l'ancien monde, mais il préserva, lors du déluge dont il submergea le *monde des impies, Noé le huitième des survivants, lui qui proclamait la justice; 6 puis il condamna à l'anéantissement les villes de Sodome et Gomorrhe en les réduisant en cendres à titre d'exemple pour les impies à venir; 7 et il délivra Lot le juste, accablé par la manière dont vivaient ces criminels débauchés; 8 car ce juste, vivant au milieu d'eux, les voyait et les entendait : jour après jour, son âme de juste, était à la torture, à cause de leurs oeuvres scandaleuses. 9 C'est donc que le Seigneur peut arracher à l'épreuve les hommes droits et garder en réserve, pour les châtier au *jour du jugement, les hommes injustes, 10 et d'abord ceux qui courent après la chair dans leur appétit d'ordures et n'ont que mépris pour la Souveraineté. Trop sûrs d'eux, arro-

---

1. Autre traduction possible : *aussi nous tenons pour d'autant plus solide la parole des prophètes ...*
2. Autre traduction possible : *aucune prophétie ... ne provient de la propre pensée du prophète.*

1. Dans la mythologie grecque le *Tartare* était la partie des enfers réservée à la punition des dieux rebelles.

gants, ils n'ont pas peur d'insulter les Gloires[1], 11 alors que les *anges, qui leur sont supérieurs en force et en puissance, ne portent pas contre elles de jugement insultant devant le Seigneur. 12 Mais ces gens comme des bêtes stupides vouées par nature aux pièges et à la pourriture, insultent ce qu'ils ignorent et pourriront comme pourrissent les bêtes ; 13 ils récolteront ainsi le salaire de l'injustice. Ils trouvent leur plaisir à se dépraver en plein jour ; ce sont des souillures et des ordures qui se délectent de leurs mensonges[2] quand ils font bombance avec vous. 14 Les yeux pleins d'adultère, ils sont insatiables de péché, appâtant les âmes chancelantes, champions de cupidité, enfants de malédiction. 15 Abandonnant le droit chemin, ils se sont fourvoyés en suivant la route de Balaam de Bosor[3], lequel se laissa tenter par un salaire injuste, 16 mais il reçut une leçon pour sa transgression : une bête de somme muette, empruntant une voix humaine, arrêta cette folie du *prophète. 17 Ces gens sont des fontaines sans eau et des nuages emportés par la bourrasque : les ténèbres obscures leur sont réservées. 18 En effet, débitant des énormités pleines de vide, ils appâtent par des désirs obscènes de la chair ceux qui viennent à peine de s'arracher aux hommes qui vivent dans l'erreur. 19 Ils leur promettent la liberté alors qu'eux-mêmes sont es-

claves de la pourriture, car on est esclave de ce par quoi on est dominé. 20 Si ceux qui en effet qui se sont arrachés aux *souillures du *monde par la connaissance de notre Seigneur et Sauveur Jésus Christ se laissent de nouveau entortiller et dominer par elles, leur situation devient finalement pire que celle du début. 21 Car il aurait mieux valu pour eux ne pas avoir connu le chemin de la justice que, l'ayant connu, de s'être détournés du *saint commandement[1] qui leur avait été transmis. 22 Il leur est arrivé ce que dit à juste titre le proverbe : *Le chien est retourné à son vomissement,* et : « La truie à peine lavée, se vautre dans le bourbier. »

Le retard de la venue du Seigneur

3 1 Mes amis, c'est déjà la deuxième lettre que je vous écris ; dans ces deux lettres je fais appel à vos souvenirs pour stimuler en vous[2] la juste manière de penser. 2 souvenez-vous des paroles dites à l'avance par les *saints *prophètes et du commandement[3] de vos *apôtres, celui du Seigneur et Sauveur. 3 Tout d'abord sachez-le : dans les derniers *jours viendront des sceptiques moqueurs menés par leurs passions personnelles 4 qui diront : « Où en est la promesse de son *avènement ? Car depuis que les pères[4] sont morts, tout demeure dans le même état qu'au début de

---

1. *La Souveraineté :* voir Jude 8 et la note — *les Gloires :* catégorie d'êtres célestes considérés ici comme opposés à Dieu (v. 11).
2. Au lieu de *leurs mensonges* certains manuscrits lisent *dans vos repas fraternels* (voir Jude 12).
3. ou *Beor* (comme en Nb 22.15).

1. *le commandement :* comme en 2 P 3.2 et 1 Tm 6.14 ce terme au singulier est sans doute à prendre ici au sens collectif.
2. ou *je stimule en vous par mes rappels.*
3. voir 2 P 2.21 et note.
4. *les pères :* cette appellation vise sans doute ici les chrétiens de la première génération.

la création. » 5 En prétendant cela, ils oublient[1] qu'il existait il y a très longtemps des cieux et une terre tirant origine de l'eau et gardant cohésion par l'eau grâce à la Parole de Dieu. 6 Par les mêmes causes, le *monde d'alors périt submergé par l'eau. 7 Quant aux cieux et à la terre actuels, la même Parole les tient en réserve pour le feu, les garde pour le jour du jugement et de la perdition des impies. 8 Il y a une chose en tout cas, mes amis, que vous ne devez pas oublier : pour le Seigneur un seul jour est comme mille ans et mille ans comme un jour. 9 Le Seigneur ne tarde pas à tenir sa promesse, alors que certains prétendent qu'il a du retard, mais il fait preuve de patience envers vous, ne voulant pas que quelques-uns périssent mais que tous parviennent à la conversion. 10 Le jour du Seigneur viendra comme un voleur, jour où les cieux disparaîtront à grand fracas, où les éléments embrasés se dissoudront et où la terre et ses oeuvres seront mises en jugement[2]. 11 Puisque tout cela doit ainsi se dissoudre, quels hommes devez-vous être ! Quelle *sainteté de vie ! Quel respect de Dieu ! 12 Vous qui attendez et qui hâtez la venue du jour de Dieu, jour où les cieux enflammés se dissoudront et où les éléments embrasés se fondront ! 13 Nous attendons selon sa promesse *des cieux nouveaux et une terre nouvelle* où la justice[1] habite.

La patience du Seigneur, c'est votre salut

14 C'est pourquoi, mes amis, dans cette attente, faites effort pour qu'il vous trouve dans la paix, nets et irréprochables. 15 Et dites-vous bien que la longue patience du Seigneur, c'est votre salut ! C'est dans ce sens que Paul, notre frère et ami, vous a écrit selon la sagesse qui lui a été donnée. 16 C'est aussi ce qu'il dit dans toutes les lettres où il traite de ces sujets : il s'y trouve des passages difficiles dont les gens ignares et sans formation tordent le sens, comme ils le font aussi des autres Ecritures pour leur perdition. 17 Eh bien, mes amis, vous voilà prévenus : tenez-vous sur vos gardes, ne vous laissez pas entraîner par les impies qui s'égarent et ne vous laissez pas arracher à votre assurance ! 18 Mais croissez dans la grâce et la connaissance de notre Seigneur et Sauveur Jésus Christ. À lui soit la gloire dès maintenant et jusqu'au *jour de l'éternité. *Amen.

1. Autre traduction possible : *ils oublient volontairement qu'il existait …*
2. *Autre texte : seront consumées.*

1. Voir note sur Rm 8.4.

PREMIÈRE ÉPÎTRE DE JEAN

Le message d'un témoin oculaire

1 1 Ce qui était dès le commencement,
ce que nous avons entendu,
ce que nous avons vu de nos yeux,
ce que nous avons contemplé
et que nos mains ont touché
du Verbe de vie[1],
2 — car la *vie s'est manifestée,
et nous avons vu
et nous rendons témoignage
et nous vous annonçons la vie éternelle,
qui était tournée vers le Père et s'est
manifestée à nous —,
3 ce que nous avons vu et entendu,
nous vous l'annonçons, à vous aussi,
afin que vous aussi, vous soyez
en communion avec nous.
Et notre communion est communion avec le Père
et avec son Fils Jésus Christ.
4 Et nous vous écrivons cela,
pour que notre joie[2] soit complète.

Marcher dans la lumière

5 Et voici le message que nous
avons entendu de lui
et que nous vous dévoilons :

Dieu est lumière, et de ténèbres, il n'y a pas trace en lui.
6 Si nous disons : « Nous sommes
en communion avec lui »,
tout en marchant dans les ténèbres,
nous mentons
et nous ne faisons pas la vérité.
7 Mais si nous marchons dans la
lumière comme lui-même est
dans la lumière,
nous sommes en communion
les uns avec les autres,
et le *sang de Jésus, son Fils,
nous *purifie de tout péché.
8 Si nous disons : « Nous n'avons
pas de péché »,
nous nous égarons nous-mêmes
et la vérité n'est pas en nous.
9 Si nous confessons nos péchés,
fidèle et juste comme il est,
il nous pardonnera nos péchés
et nous purifiera de toute iniquité.
10 Si nous disons : « Nous ne
sommes pas pécheurs »,
nous faisons de lui un menteur
et sa parole n'est pas en nous.

2 1 Mes petits enfants,
je vous écris cela pour que
vous ne péchiez pas.
Mais si quelqu'un vient à pécher,
nous avons un défenseur devant le Père,
Jésus Christ, qui est juste;
2 car il est, lui, victime d'expiation pour nos péchés;

1. ou *au sujet de la parole de vie.*
2. Certains manuscrits lisent *votre joie.*

et pas seulement pour les nôtres,
mais encore pour ceux du
*monde entier.

Le commandement ancien et nouveau

3 Et à ceci nous savons que nous
le connaissons :
si nous gardons ses commandements.
4 Celui qui dit : « Je le connais »,
mais ne garde pas ses commandements,
est un menteur
et la vérité n'est pas en lui.
5 Mais celui qui garde sa parole,
en lui, vraiment, l'amour de
Dieu est accompli;
à cela nous reconnaissons que
nous sommes en lui.
6 Celui qui prétend demeurer en
lui,
il faut qu'il marche lui-même
dans la voie où lui, Jésus, a
marché.
7 Mes bien-aimés,
ce n'est pas un commandement
nouveau que je vous écris,
mais un commandement an-
cien,
que vous avez depuis le commencement;
ce commandement ancien, c'est
la parole que vous avez entendue.
8 Néanmoins, c'est un commandement nouveau que je vous
écris,
— cela est vrai en lui et en
vous —,
puisque les ténèbres passent
et que déjà luit la lumière véritable.
9 Celui qui prétend être dans la
lumière,

tout en haïssant son frère,
est toujours dans les ténèbres.
10 Qui aime son frère
demeure dans la lumière,
et il n'y a rien en lui pour le
faire trébucher[1].
11 Mais qui hait son frère
se trouve dans les ténèbres;
il marche dans les ténèbres,
et il ne sait pas où il va,
parce que les ténèbres ont
aveuglé ses yeux.

Face au monde et aux anti-christs

12 Je vous l'écris, mes petits enfants :
« Vos péchés[2] vous sont pardonnés à cause de son *nom à
lui, Jésus. »
13 Je vous l'écris, pères :
« Vous connaissez celui qui est
dès le commencement. »
Je vous l'écris, jeunes gens :
« Vous êtes vainqueurs du
Mauvais. »
14 Je vous l'ai donc écrit, mes petits enfants :
« Vous connaissez le Père »;
je vous l'ai écrit, pères :
« Vous connaissez celui qui est
dès le commencement. »
Je vous l'ai écrit, jeunes gens :
« Vous êtes forts,
et la parole de Dieu demeure
en vous,
et vous êtes vainqueurs du
Mauvais. »

15 N'aimez pas le *monde ni ce
qui est dans le monde.

---

1. ou *il n'y a rien en lui qui risque de faire
tomber (les autres).*
2. ou *je vous écris, mes petits enfants, parce que
vos péchés vous sont pardonnés.* De même aux v.
13-14 certains traduisent : *je vous écris ... parce
que ...*

Si quelqu'un aime le monde,
l'amour du Père n'est pas en
lui,

16 puisque tout ce qui est dans le
monde,
— la convoitise de la chair,
la convoitise des yeux,
et la confiance orgueilleuse
dans les biens —,
ne provient pas du Père,
mais provient du monde.

17 Or le monde passe, lui et sa
convoitise;
mais celui qui fait la volonté
de Dieu demeure à jamais.

18 Mes petits enfants,
c'est la dernière heure.
Vous avez entendu annoncer
qu'un antichrist vient;
or dès maintenant beaucoup
d'antichrists sont là;
à quoi nous reconnaissons que
c'est la dernière heure.

19 C'est de chez nous qu'ils sont
sortis,
mais ils n'étaient pas des nôtres.
S'ils avaient été des nôtres,
ils seraient demeurés avec
nous.
Mais il fallait que fût manifesté
que tous, tant qu'ils sont, ils ne
sont pas des nôtres.

20 Quant à vous, vous possédez
une *onction, reçue du *Saint,
et tous, vous savez[1].

21 Je ne vous ai pas écrit que
vous ne savez pas la vérité,
mais que vous la savez,
et que rien de ce qui est mensonge ne provient de la vérité.

22 Qui est le menteur,
sinon celui qui nie que Jésus
est le *Christ ?

Voilà l'antichrist,
celui qui nie le Père et le Fils.

23 Quiconque nie le Fils
n'a pas non plus le Père;
qui confesse le Fils
a le Père, aussi.

24 Pour vous, que le message entendu dès le commencement
demeure en vous.
S'il demeure en vous,
le message entendu dès le commencement,
vous aussi, vous demeurerez
dans le Fils et dans le Père;

25 et telle est la promesse que
lui-même nous a faite,
la *vie éternelle.

26 Voilà ce que j'ai tenu à vous
écrire à propos de ceux qui
cherchent à vous
égarer.

27 Pour vous, l'*onction que vous
avez reçue de lui
demeure en vous,
et vous n'avez pas besoin qu'on
vous enseigne;
mais comme son onction vous
enseigne sur tout,
— et elle est véridique
et elle ne ment pas —,
puisqu'elle vous a enseignés,
vous demeurez[1] en lui.

28 Ainsi donc, mes petits enfants,
demeurez en lui,
afin que, lorsqu'il paraîtra
nous ayons pleine assurance
et ne soyons pas remplis de
honte,
loin de lui,
à son *avènement.

Les enfants de Dieu

29 Puisque vous savez qu'il est
juste,

---

1. au lieu de *tous, vous savez*, certains manuscrits lisent : *vous savez tout*.

1. ou *demeurez en lui* !

reconnaissez que quiconque pratique lui aussi la justice est né de lui.

3 1 Voyez de quel grand amour le Père nous a fait don,
que nous soyons appelés enfants de Dieu;
et nous le sommes !
Voilà pourquoi le *monde ne peut pas nous connaître :
il n'a pas découvert Dieu.

2 Mes biens-aimés,
dès à présent nous sommes enfants de Dieu,
mais ce que nous serons n'a pas encore été manifesté.
Nous savons que, lorsqu'il paraîtra[1],
nous lui serons semblables,
puisque nous le verrons tel qu'il est.

3 Et quiconque fonde sur lui une telle espérance
se rend *pur comme lui, Jésus, est pur.

4 Quiconque commet le péché commet aussi l'iniquité;
car le péché, c'est l'iniquité.

5 Mais vous savez que lui, Jésus, a paru pour enlever les péchés;
et il n'y a pas de péché en lui.

6 Quiconque demeure en lui ne pèche plus.
Quiconque pèche, ne le voit ni ne le connaît.

7 Mes petits enfants,
que nul ne vous égare.
Qui pratique la justice est juste,
comme lui, Jésus, est juste.

8 Qui commet le péché est du *diable,
parce que depuis l'origine le diable est pécheur.

Voici pourquoi a paru le Fils de Dieu :
pour détruire les oeuvres du diable.

9 Quiconque est né de Dieu ne commet plus le péché,
parce que sa semence demeure en lui;
et il ne peut plus pécher,
parce qu'il est né de Dieu.

10 À ceci se révèlent les enfants de Dieu et les enfants du diable :
quiconque ne pratique pas la justice n'est pas de Dieu,
ni celui qui n'aime pas son frère.

L'amour fraternel

11 Car tel est le message que vous avez entendu dès le commencement :
que nous nous aimions les uns les autres.

12 Non comme Caïn :
étant du Mauvais[1], il égorgea son frère.
Et pourquoi l'égorgea-t-il ?
Ses oeuvres étaient mauvaises,
tandis que celles de son frère étaient justes.

13 Ne vous étonnez pas, frères,
si le *monde vous hait.

14 Nous, nous savons que nous sommes passés de la mort dans la *vie,
puisque nous aimons nos frères.
Qui n'aime pas demeure dans la mort.

15 Quiconque hait son frère est un meurtrier.
Et, vous le savez, aucun meurtrier n'a la vie éternelle demeurant en lui.

---

1. Ou *lorsque cela sera manifesté.*

1. c'est-à-dire sous la dépendance du diable.

16 C'est à ceci que désormais nous connaissons l'amour :
lui, Jésus, a donné sa vie pour nous;
nous aussi, nous devons donner notre vie pour nos frères.

17 Si quelqu'un possède les biens de ce monde
et voit son frère dans le besoin,
et qu'il se ferme à toute compassion,
comment l'amour de Dieu demeurerait-il en lui ?

18 Mes petits enfants,
n'aimons pas en paroles et de langue,
mais en acte et dans la vérité;

19 à cela nous reconnaîtrons que nous sommes de la vérité,
et devant lui nous apaiserons notre coeur,

20 car, si notre coeur nous accuse,
Dieu est plus grand que notre coeur
et il discerne tout.

21 Mes bien-aimés,
si notre coeur ne nous accuse pas,
nous nous adressons à Dieu avec assurance;

22 et quoi que nous demandions, nous l'obtenons de lui,
parce que nous gardons ses commandements
et faisons ce qui lui agrée.

23 Et voici son commandement :
adhérer avec foi à son Fils Jésus Christ et nous aimer les uns les autres,
comme il nous en a donné le commandement.

24 Celui qui garde ses commandements demeure en Dieu et Dieu en lui.
Par là nous reconnaissons qu'il demeure en nous.

grâce à l'Esprit dont il nous a fait don.

Comment reconnaître ce qui vient de Dieu

4 1 Mes bien-aimés,
n'ajoutez pas foi à tout esprit,
mais éprouvez les esprits,
pour voir s'ils sont de Dieu;
car beaucoup de *prophètes de mensonge se sont répandus dans le monde.

2 À ceci vous reconnaissez l'Esprit de Dieu :
tout esprit qui confesse Jésus Christ venu dans la chair
est de Dieu,

3 et, tout esprit qui divise[1] Jésus n'est pas de Dieu;
c'est l'esprit de l'antichrist,
dont vous avez entendu annoncer qu'il vient,
et dès maintenant il est dans le monde.

4 Vous, mes petits enfants, qui êtes de Dieu,
vous êtes vainqueurs de ces prophètes-là,
parce que celui qui est au milieu de vous
est plus grand que celui qui est dans le monde.

5 Eux, ils sont du *monde;
aussi parlent-ils le langage du monde,
et le monde les écoute.

6 Nous, nous sommes de Dieu.
Celui qui s'ouvre à la connaissance de Dieu nous écoute.
Celui qui n'est pas de Dieu ne nous écoute pas.
C'est à cela que nous reconnaissons

1. de nombreux manuscrits lisent ici : *tout esprit qui ne confesse pas (sa foi en) Jésus ...* voir au v. 2.

l'Esprit de la vérité et l'esprit de l'erreur.

Dieu est amour

7 Mes bien-aimés,
aimons-nous les uns les autres,
car l'amour vient de Dieu,
et quiconque aime
est né de Dieu et parvient à la
connaissance de Dieu.
8 Qui n'aime pas n'a pas découvert Dieu,
puisque Dieu est amour.
9 Voici comment s'est manifesté
l'amour de Dieu au milieu de
nous :
Dieu a envoyé son Fils unique
dans le *monde,
afin que nous vivions par lui.
10 Voici ce qu'est l'amour :
ce n'est pas nous qui avons
aimé Dieu,
c'est lui qui nous a aimés
et qui a envoyé son Fils en
victime d'expiation pour nos
péchés.
11 Mes bien-aimés,
si Dieu nous a aimés ainsi,
nous devons, nous aussi, nous
aimer les uns les autres.
12 Dieu, nul ne l'a jamais contemplé.
Si nous nous aimons les uns les
autres,
Dieu demeure en nous,
et son amour, en nous, est accompli.
13 À ceci nous reconnaissons
que nous demeurons en lui et
lui en nous :
il nous a donné de son Esprit.
14 Et nous, nous témoignons,
pour l'avoir contemplé,
que le Père a envoyé son Fils
comme Sauveur du monde.

15 Quiconque confesse que Jésus
est le Fils de Dieu,
Dieu demeure en lui et lui en
Dieu.
16 Et nous, nous connaissons,
pour y avoir cru,
l'amour que Dieu manifeste au
milieu de nous.
Dieu est amour :
qui demeure dans l'amour
demeure en Dieu et Dieu demeure en lui.
17 En ceci, l'amour, parmi nous,
est accompli,
que nous avons pleine assurance pour le *jour du jugement,
parce que, tel il est, lui, Jésus,
tels nous sommes, nous aussi,
dans ce monde.
18 De crainte, il n'y en a pas dans
l'amour;
mais le parfait amour jette dehors la crainte,
car la crainte implique un châtiment;
et celui qui craint n'est pas accompli dans l'amour.
19 Nous, nous aimons,
parce que lui, le premier, nous
a aimés.
20 Si quelqu'un dit : « J'aime
Dieu »,
et qu'il haïsse son frère,
c'est un menteur.
En effet, celui qui n'aime pas
son frère,
qu'il voit,
ne peut pas aimer Dieu qu'il ne
voit pas.
21 Et voici le commandement que
nous tenons de lui :
celui qui aime Dieu,
qu'il aime aussi son frère.

Croire le témoignage de Dieu

5 1 Quiconque croit que Jésus est le *Christ
est né de Dieu;
et quiconque aime Dieu qui
engendre aime aussi celui qui
est né de Dieu.

2 À ceci nous reconnaissons que
nous aimons les enfants de
Dieu,
si nous aimons Dieu et mettons en pratique ses commandements.

3 Car voici ce qu'est l'amour de
Dieu :
que nous gardions ses commandements.
Et ses commandements ne
sont pas un fardeau,

4 puisque tout ce qui est né de
Dieu est vainqueur du *monde.
Et la victoire qui a vaincu le
monde,
c'est notre foi.

5 Qui est vainqueur du monde,
sinon celui qui croit que Jésus
est le fils de Dieu ?

6 C'est lui qui est venu par l'eau
et par le sang,
Jésus Christ,
non avec l'eau seulement,
mais avec l'eau et le sang;
et c'est l'Esprit qui rend témoignage,
parce que l'Esprit est la vérité.

7 C'est qu'ils sont trois à rendre
témoignage,

8 l'Esprit, l'eau et le sang,
et ces trois convergent dans
l'unique témoignage :

9 si nous recevons le témoignage
des hommes,
le témoignage de Dieu est plus
grand;
car tel est le témoignage de
Dieu :
il a rendu témoignage en faveur de son Fils.

10 Qui croit au Fils de Dieu
a ce témoignage en lui-même.
Qui ne croit pas Dieu
fait de lui un menteur,
puisqu'il n'a pas foi dans le
témoignage que Dieu a rendu
en faveur de son Fils.

11 Et voici ce témoignage :
Dieu nous a donné la *vie éternelle,
et cette vie est en son Fils.

12 Qui a le Fils a la vie;
qui n'a pas le Fils de Dieu n'a
pas la vie.

L'assurance du chrétien

13 Je vous ai écrit tout cela,
pour que vous sachiez que
vous avez la vie éternelle,
vous qui avez la foi au *nom
du Fils de Dieu.

14 Et voici l'assurance que nous
avons devant lui :
si nous lui demandons quelque
chose selon sa volonté,
il nous écoute.

15 Et sachant qu'il nous écoute
quoi que nous lui demandions,
nous savons que nous possédons ce que nous lui avons demandé.

16 Si quelqu'un voit son frère
commettre un péché,
un péché qui ne conduit pas à
la mort,
qu'il prie et Dieu lui donnera
la *vie,
si vraiment le péché commis ne
conduit pas à la mort.
Il existe un péché qui conduit
à la mort :
ce n'est pas à propos de celui-là que je dis de prier;

17 toute iniquité est péché;

mais tout péché ne conduit pas
à la mort.

18 Nous savons que quiconque est
né de Dieu ne pèche plus,
mais l'Engendré de Dieu[1] le
garde,
et le Mauvais n'a pas prise sur
lui.

19 Nous savons que nous sommes
de Dieu,

1. Il s'agit de Jésus, le Fils de Dieu (3.8). Certains manuscrits lisent ici : *celui qui est né de Dieu se garde lui-même.*

mais le *monde tout entier gît
sous l'empire du Mauvais.

20 Nous savons que le Fils de
Dieu est venu
et nous a donné l'intelligence
pour connaître le Véritable.
Et nous sommes dans le Véritable en son Fils Jésus Christ.
Lui est le Véritable[1], il est Dieu
et la vie éternelle.

21 Mes petits enfants
gardez-vous des idoles.

1. Dans ce verset cette appellation est appliquée successivement à Dieu lui-même et à son Fils.

DEUXIÈME ÉPÎTRE DE JEAN

Le commandement reçu du Père

1 L'*Ancien, à la Dame élue et à
ses enfants[1],
que j'aime dans la lumière de
la vérité,
— non pas moi seulement,
mais encore tous ceux qui possèdent la connaissance de la
vérité, —
2 en vertu de la vérité qui demeure en nous
et sera avec nous à jamais :
3 avec nous seront grâce, miséricorde, paix,
qui nous viennent de Dieu le
Père,
et de Jésus Christ, le Fils du
Père,
dans la vérité et l'amour.
4 J'ai éprouvé une très grande
joie
à trouver de tes enfants qui
marchent dans la voie de la
vérité,
selon le commandement que
vous avons reçu du Père.
5 Et maintenant, Dame[2], je te le
demande,
— je ne t'écris pas là un commandement nouveau,
mais celui que nous avons depuis le commencement, —
aimons-nous les uns les autres;

6 et voici ce qu'est l'amour :
que nous marchions dans la
voie de ses commandements.
Tel est le commandement que
vous avez entendu depuis le
commencement,
pour que vous marchiez dans
cette voie.

La doctrine du Christ

7 Car de nombreux séducteurs se
sont répandus dans le monde :
ils ne professent pas la foi à la
venue de Jésus Christ dans la
chair.
Le voilà, le séducteur et l'antichrist !
8 Prenez garde à vous-mêmes,
afin de ne pas perdre le fruit
de vos oeuvres[1],
mais de recevoir pleine récompense.
9 Quiconque va trop avant
et ne demeure pas dans la doctrine du Christ,
n'a pas Dieu.
Celui qui demeure dans la doctrine,
il a, lui, et le Père et le Fils.
10 Si quelqu'un vient à vous
sans être porteur de cette doctrine,
ne l'accueillez pas chez vous
et ne lui souhaitez pas la bienvenue.
11 Qui lui souhaite la bienvenue

1. Certains pensent que *la Dame élue* désigne ici
une église locale, dont les membres sont appelés
ses enfants.
2. Voir v. 1 et note.

1. certains manuscrits lisent ici : *le fruit de nos
oeuvres*.

communie à ses oeuvres mauvaises.

En attendant le revoir

12 J'ai bien des choses à vous écrire,
pourtant je n'ai pas voulu le faire avec du papier et de l'encre.

Car j'espère me rendre chez vous
et vous parler de vive voix,
afin que notre joie soit complète.
13 Te saluent les enfants de ta Soeur l'élue[1].

1. c'est-à-dire l'église à laquelle appartient l'Ancien; voir v. 1 et note.

TROISIÈME ÉPÎTRE DE JEAN

1 L'*Ancien, à Gaïus, très aimé, que j'aime dans la lumière de la vérité. 2 Cher ami, je souhaite que tu te portes bien à tous égards, et que ta santé soit bonne; qu'il en aille comme pour ton âme, qui, elle, se porte bien.

Gaïus et les missionnaires itinérants

3 J'ai en effet éprouvé une très grande joie, car des frères arrivés ici rendent témoignage à la vérité qui transparaît dans ta vie : toi, tu marches dans la lumière de la vérité. 4 Ma plus grande joie, c'est d'apprendre que mes enfants marchent dans la lumière de la vérité. 5 Cher ami, tu agis selon ta foi dans les soins que tu prends pour les frères, et cela pour des étrangers. 6 Ils ont rendu devant l'église[1] témoignage à ta charité. Tu agiras bien en pourvoyant à leur mission d'une manière digne de Dieu. 7 Car c'est pour le *Nom qu'ils se sont mis en route, sans rien recevoir des *païens. 8 Nous donc, nous devons venir en aide à ces hommes, afin de nous montrer coopérateurs de la vérité.

Diotréphès l'opposant et Démétrius

9 J'ai écrit un mot à l'église[1]. Mais Diotréphès, qui aime à tout régenter, ne nous reconnaît pas. 10 Aussi, lorsque je viendrai, je dénoncerai ses procédés, lui qui se répand contre nous en paroles mauvaises; et non content de cela, il refuse lui-même de recevoir les frères, et ceux qui voudraient les recevoir, il les en empêche et les chasse de l'église. 11 Cher ami, ne prends pas exemple sur le mal mais sur le bien. Celui qui fait le bien est de Dieu, celui qui fait le mal ne voit pas Dieu. 12 Quant à Démétrius, tout le monde lui rend un bon témoignage. La vérité elle-même témoigne pour lui, mais nous aussi, nous lui rendons témoignage, et tu sais que notre témoignage est vrai.

En attendant le revoir

13 J'aurais bien des choses à t'écrire, mais je ne veux pas le faire avec l'encre et la plume; 14 car j'espère te revoir prochainement, et nous nous entretiendrons de vive voix. 15 La paix soit avec toi ! Les amis te saluent, salue aussi les amis, chacun en particulier.

---

1. D'après le v. 3 il s'agit de l'église locale où réside l'Ancien.

1. il s'agit ici de l'église locale à laquelle appartient Gaïus, et où Diotréphès jette le trouble.

ÉPÎTRE DE JUDE

Salutation

1 Jude, serviteur de Jésus Christ, frère de Jacques, à ceux qui sont appelés, qui sont aimés de Dieu le Père et gardés pour Jésus Christ. 2 Que la miséricorde, la paix et l'amour vous viennent en abondance.

Les propagateurs de fausses doctrines

3 Mes amis, alors que je désirais vivement vous écrire au sujet du salut qui nous concerne tous, je me suis vu forcé de le faire afin de vous encourager à combattre pour la foi qui a été transmise aux *saints[1] définitivement. 4 Car il s'est infiltré parmi vous des individus dont la condamnation est depuis longtemps inscrite à l'avance, impies qui travestissent en débauche la grâce de notre Dieu et qui renient notre seul Maître et Seigneur Jésus Christ[2].

5 Je veux vous rappeler, bien que vous sachiez tout définitivement, que le Seigneur[3] après avoir sauvé son peuple du pays d'Egypte a fait périr ensuite ceux qui s'étaient montrés incrédules.

6 Les *anges qui n'avaient pas gardé leur rang mais qui avaient abandonné leur demeure, il les garde éternellement enchaînés dans les ténèbres pour le jugement du grand *Jour. 7 Quant à Sodome et Gomorrhe et aux villes d'alentour qui s'étaient livrées de semblable manière à la prostitution et avaient couru après des êtres d'une autre nature[1], elles gisent comme un exemple sous le châtiment du feu éternel. 8 C'est de la même façon que ces gens-là, dans leur délire, *souillent la chair, méprisent la Souveraineté, insultent les Gloires[2]. 9 Pourtant même l'archange Michel, alors qu'il contestait avec le *diable et disputait au sujet du corps de Moïse[3], n'osa pas porter contre lui un jugement insultant, mais il dit : *Que le Seigneur te châtie !* 10 Mais ces gens-là, ce qu'ils ne connaissent pas ils l'insultent; et ce qu'ils savent à la manière instinctive et stupide des bêtes, cela ne sert qu'à les perdre. 11 Malheur à eux, parce qu'ils ont suivi le chemin de Caïn; pour un salaire ils se sont abandonnés aux égarements de Balaam et ils ont péri dans la révolte de Coré. 12 Ce sont bien

---

1. Allusion aux vices contre nature des habitants de Sodome et Gomorrhe. Ce verset évoque Gn 19.1-25, où les anges venus sauver Lot sont pris par les Sodomites pour des êtres humains.

2. *la Souveraineté* : sans doute une manière de parler de la puissance du Christ — *les Gloires* : une catégorie d'êtres célestes.

3. L'auteur se réfère à un récit qui ne figure pas dans la Bible.

---

1. Voir Rm 1.7 et note.

2. ou *qui renient le seul Maître* (c'est-à-dire Dieu) et *notre Seigneur Jésus Christ.*

3. Appellation de Dieu, comme dans l'A. T. grec; mais certains manuscrits lisent ici *Jésus.*

eux qui souillent vos repas fraternels lorsqu'ils font bombance et se gavent sans pudeur : nuages sans eau emportés par les vents; arbres de fin d'automne, sans fruits, deux fois morts, déracinés; 13 flots sauvages de la mer crachant ' l'écume de leur propre honte; astres errants réservés pour l'éternité à l'épaisseur des ténèbres. 14 C'est sur eux aussi qu'a *prophétisé Hénoch, le septième depuis Adam, en disant : *Voici que vient le Seigneur avec ses saintes milices 15 pour exercer le jugement universel et convaincre tous les impies de toutes leurs impiétés criminelles et de toutes les insolentes paroles que les *pécheurs impies ont proférées contre lui*[1].

16 Ce sont bien eux ! Des gens de hargne et de rogne, qui sont menés par leurs passions, leur bouche profère des énormités et ils ne considèrent les personnes qu'en fonction de leur intérêt.

Recommandations aux fidèles

17 Quant à vous, mes amis, souvenez-vous des paroles que vous ont dites à l'avance les *apôtres de notre Seigneur Jésus Christ.

18 Ils vous disaient : « À la fin des temps il y aura des railleurs qui seront menés par leurs passions impies. » 19 Ce sont bien eux ! Ils introduisent des divisions, ils ont des pensées terrestres, ils ne possèdent pas l'Esprit. 20 Mais vous, mes amis, construisez-vous sur la base de votre foi très *sainte; priez dans l'Esprit Saint; 21 maintenez-vous dans l'amour de Dieu; placez votre attente dans la miséricorde de notre Seigneur Jésus Christ pour la *vie éternelle. 22 Ceux qui hésitent, prenez-les en pitié[1]; 23 sauvez-les en les arrachant du feu; pour les autres, prenez-les en pitié mais avec crainte, haïssant jusqu'à la tunique souillée par leur chair.

Louange finale

24 À celui qui peut vous garder de toute chute et vous faire tenir sans tache devant sa gloire dans l'allégresse, 25 au Dieu unique notre Sauveur par Jésus Christ notre Seigneur, gloire, grandeur, puissance et autorité, avant tous les temps, maintenant et à jamais. *Amen.

---

1. Aux v. 14-15 l'auteur cite le livre juif d'*Hénoch* (1.9).

1. Au lieu de *prenez-les en pitié* certains manuscrits lisent : *cherchez à les convaincre.*

APOCALYPSE DE JEAN

Présentation

1 1 *Révélation[1] de Jésus Christ :
Dieu la lui donna pour montrer à ses serviteurs ce qui doit arriver bientôt.
Il la fit connaître en envoyant son *ange à Jean son serviteur,

2 lequel a attesté comme Parole de Dieu et témoignage de Jésus Christ tout ce qu'il a vu[2].

3 Heureux celui qui lit[3],
et ceux qui écoutent les paroles de la *prophétie,
et gardent ce qui s'y trouve écrit,
car le temps est proche.

4 Jean aux sept églises qui sont en Asie[4] :
Grâce et paix vous soient données,
de la part de Celui qui est, qui était et qui vient,
de la part des sept esprits qui sont devant son trône,

5 et de la part de Jésus Christ, le témoin fidèle, le premier-né d'entre les morts et le prince des rois de la terre.
À celui qui nous aime,

qui nous a délivrés[1] de nos péchés par son *sang,

6 qui a fait de nous un royaume, des *prêtres pour Dieu son Père,
à lui gloire et pouvoir pour les *siècles des siècles. *Amen.

7 Voici, il vient au milieu des nuées,
et tout oeil le verra,
et ceux mêmes qui l'ont percé :
toutes les tribus de la terre seront en deuil à cause de lui.
Oui ! Amen !

8 Je suis l'Alpha et l'Oméga[2], dit le Seigneur Dieu,
Celui qui est, qui était et qui vient,
le Tout-Puissant.

Jean voit le Christ glorifié

9 Moi, Jean, votre frère et votre compagnon dans l'épreuve, la royauté et la persévérance en Jésus, je me trouvais dans l'île de Patmos[3] à cause de la Parole de Dieu et du témoignage de Jésus.

10 Je fus saisi par l'Esprit au jour du Seigneur[4], et j'entendis derrière moi une puissante voix,

---

1. En grec *apocalupsis*, dont on a fait apocalypse.
2. Voir v. 11, 12 etc.; Jean va rapporter une *vision*.
3. sous-entendu *à haute voix* (pendant le culte).
4. Voir 2 Co 1.8 et note — Les *sept églises* sont mentionnées au v. 11.

1. Autre texte : *nous a lavés*.
2. Première et dernière lettres de l'alphabet grec. Comme en Ap 21.6 et 22.13 l'expression correspond à *le commencement et la fin*.
3. Petite île de la Mer Egée, à une centaine de km d'Ephèse; lieu d'exil des personnes jugées indésirables par les autorités romaines.
4. Un dimanche.

telle une trompette,

11 qui proclamait : Ce que tu vois,
écris-le dans un livre, et en-
voie-le aux sept églises : à
Éphèse, à Smyrne, à Pergame,
à Thyatire, à Sardes, à Philadelphie et à Laodicée.

12 Je me retournai pour regarder
la voix qui me parlait; et, m'é-
tant retourné, je vis sept chandeliers d'or;

13 et, au milieu des chandeliers,
quelqu'un qui semblait un fils
d'homme.
Il était vêtu d'une longue robe,
une ceinture d'or lui serrait la
poitrine;

14 sa tête et ses cheveux étaient
blancs comme laine blanche,
comme neige,
et ses yeux étaient comme une
flamme ardente;

15 ses pieds semblaient d'un
bronze précieux, purifié au
creuset,
et sa voix était comme la voix
des océans;

16 dans sa main droite, il tenait
sept étoiles,
et de sa bouche sortait un
glaive acéré,
à deux tranchants.
Son visage resplendissait, tel le
soleil dans tout son éclat.

17 À sa vue, je tombai comme
mort à ses pieds,
mais il posa sur moi sa droite
et dit :
Ne crains pas,
je suis le Premier et le Dernier,

18 et le Vivant;
je fus mort, et voici, je suis
vivant pour les *siècles des siècles,
et je tiens les clefs de la mort
et de l'Hadès[1].

19 Écris donc ce que tu as vu, ce
qui est et ce qui doit arriver
ensuite.

20 Quant au mystère des sept
étoiles que tu as vues dans ma
droite et aux sept chandeliers
d'or, voici : les sept étoiles sont
les *anges des sept églises, et
les sept chandeliers sont les
sept églises.

Lettre à l'église d'Éphèse

2   1 À l'*ange de l'église qui
est à Éphèse, écris :
Ainsi parle celui qui tient les
sept étoiles dans sa droite,
qui marche au milieu des sept
chandeliers d'or :

2 Je sais tes oeuvres, ton labeur
et ta persévérance,
et que tu ne peux tolérer les
méchants.
Tu as mis à l'épreuve ceux qui
se disent *apôtres et ne le sont
pas,
et tu les as trouvés menteurs.

3 Tu as de la persévérance :
tu as souffert à cause de mon
*nom et tu n'as pas perdu cou-
rage.

4 Mais j'ai contre toi que ta ferveur première[2], tu l'as abandonnée.

5 Souviens-toi donc d'où tu es
tombé :
repens-toi et accomplis les
oeuvres d'autrefois.
Sinon je viens à toi,
et si tu ne te repens, j'ôterai
ton chandelier de sa place.

1. *les clefs* : voir Es 22.22; Ap 3.7 et note. *L'Hadès* : nom que les grecs donnaient au royaume de
la mort. Ailleurs le même mot est rendu par *séjour
des morts*.
2. Ou *ton premier amour*.

6 Mais tu as ceci en ta faveur : comme moi-même, tu as en horreur les oeuvres des Nicolaïtes[1].

7 Celui qui a des oreilles, qu'il entende ce que l'Esprit dit aux églises. Au vainqueur, je donnerai à manger de l'arbre de *vie qui est dans le paradis[2] de Dieu.

Lettre à l'église de Smyrne

8 À l'*ange de l'église qui est à Smyrne, écris :
Ainsi parle le Premier et le Dernier,
Celui qui fut mort, mais qui est revenu à la vie :

9 Je sais ton épreuve et ta pauvreté,
— mais tu es riche —,
et les calomnies de ceux qui se prétendent *juifs;
ils ne le sont pas : c'est une *« synagogue de *Satan. »

10 Ne crains pas ce qu'il te faudra souffrir.
Voici, le *diable va jeter des vôtres en prison pour vous *tenter,
et vous aurez dix jours[3] d'épreuve.
Sois fidèle jusqu'à la mort et je te donnerai la couronne de vie[4].

11 Celui qui a des oreilles, qu'il entende ce que l'Esprit dit aux églises.

Le vainqueur ne souffrira nullement de la seconde mort.

Lettre à l'église de Pergame

12 À l'*ange de l'église qui est à Pergame, écris :
Ainsi parle celui qui a le glaive acéré à deux tranchants :

13 Je sais où tu demeures : c'est là qu'est le trône de *Satan.
Mais tu restes attaché à mon *nom et tu n'as pas renié ma foi,
même aux jours d'Antipas, mon témoin fidèle, qui fut mis à mort chez vous, là où Satan demeure.

14 Mais j'ai quelque reproche à te faire :
il en est chez toi qui s'attachent à la doctrine de ce Balaam qui conseillait à Balak de tendre un piège aux fils d'Israël pour les pousser à manger des viandes sacrifiées aux idoles et à se prostituer[1].

15 Chez toi aussi, il en est qui s'attachent de même à la doctrine des Nicolaïtes[2].

16 Repens-toi donc.
Sinon je viens à toi bientôt, et je les combattrai avec le glaive de ma bouche.

17 Celui qui a des oreilles, qu'il entende ce que l'Esprit dit aux églises.
Au vainqueur je donnerai de la manne cachée[3],
je lui donnerai une pierre blanche,
et, gravé sur la pierre, un nom nouveau

---

1. Les vv. 2, 14, 20, 24 font sans doute allusion aux doctrines et à la morale de la secte hérétique des Nicolaïtes, mentionnés encore au v. 15, mais dont nous ne savons rien par ailleurs.
2. Le terme grec, emprunté au vieux perse, désigne un parc; il renvoie ici au jardin d'Eden (Gn 2.8).
3. Comme en Gn 24.55; Dn 1.12, etc.; ce nombre indique seulement une durée relativement courte.
4. Voir Ph 4.1 et note.

1. Voir Nb 31.16 et 25.1-2. Pour *Balaam :* Nb 22-24. Voir aussi Ap 2.20 et note.
2. Voir Ap 2.6 et note.
3. Voir Ex 16.32-34; He 9.4.

que personne ne connaît sinon
qui le reçoit.

Lettre à l'église de Thyatire

18 À l'*ange de l'église qui est à
Thyatire, écris :
Ainsi parle le Fils de Dieu,
celui dont les yeux sont comme
une flamme ardente et les
pieds semblables à du bronze
précieux.

19 Je sais tes oeuvres, ton amour,
ta foi, ton service, et ta persévérance;
tes dernières oeuvres dépassent
en nombre les premières.

20 Mais j'ai contre toi que tu to-
lères Jézabel[1].
Cette femme qui se dit *prophétesse et qui égare mes serviteurs, leur enseignant à se
prostituer et à manger des
viandes sacrifiées aux idoles.

21 Je lui ai laissé du temps pour
se repentir,
mais elle ne veut pas se repentir de sa prostitution.

22 Voici, je la jette sur un lit d'a-
mère détresse,
ainsi que ses compagnons d'a-
dultère,
à moins qu'ils ne se repentent
de ses oeuvres.

23 Ses enfants[2], je les frapperai
de mort;
et toutes les Eglises sauront
que je suis celui qui scrute les
reins et les coeurs,
et à chacun de vous je rendrai
selon ses oeuvres.

24 Mais je vous le déclare à vous
qui, à Thyatire, restez sans
partager cette doctrine et sans
avoir sondé leurs prétendues
« profondeurs » de *Satan[1],
je ne vous impose pas d'autre
fardeau.

25 Seulement, ce que vous possédez, tenez-le ferme jusqu'à ce
que je vienne.

26 Le vainqueur, celui qui garde
jusqu'à la fin mes oeuvres,
je lui donnerai pouvoir sur les
nations,

27 et il les mènera paître avec une
verge de fer,
comme on brise les vases d'argile,

28 de même que moi aussi j'en ai
reçu pouvoir de mon père,
et je lui donnerai l'étoile du
matin[2].

29 Celui qui a des oreilles, qu'il
entende ce que l'Esprit dit aux
églises.

Lettre à l'église de Sardes

3 1 À l'*ange de l'église qui
est à Sardes, écris :
Ainsi parle celui qui a les sept
esprits de Dieu et les sept
étoiles.
Je sais tes oeuvres : tu as renom de vivre,
mais tu es mort !

2 Sois vigilant ! Affermis le reste
qui est près de mourir, car je
n'ai pas trouvé tes oeuvres par-
faites aux yeux de mon Dieu.

3 Souviens-toi donc de ce que tu
as reçu et entendu[3].
Garde-le et repens-toi !

---

1. *Jézabel* : nom probablement symbolique ici;
voir 1 R 16.31-34; 19.1-2, etc. Depuis Os 5.3; 6.10,
l'*idolâtrie* du peuple de Dieu a souvent été quali-
fiée de *prostitution*.
2. Tournure sémitique, comme en Lc 7.35, pour
désigner ici les *adeptes* de « Jézabel. »

1. Allusion à des enseignements secrets, réservés
aux initiés de la secte.
2. Voir Ap 22.16.
3. Ou *rappelle-toi comment tu as reçu et entendu* (la Parole).

Si tu ne veilles pas, je viendrai comme un voleur,
sans que tu saches à quelle heure je viendrai te surprendre.

4 Cependant, à Sardes, tu as quelques personnes qui n'ont pas souillé leurs vêtements.
Elles m'accompagneront, vêtues de blanc, car elles en sont dignes.

5 Ainsi le vainqueur portera-t-il des vêtements blancs;
je n'effacerai pas son nom du livre de *vie,
et j'en répondrai devant mon père et devant ses *anges.

6 Celui qui a des oreilles, qu'il entende ce que l'Esprit dit aux églises.

Lettre à l'église de Philadelphie

7 À l'*ange de l'église qui est à Philadelphie, écris :
Ainsi parle le *Saint, le Véritable,
qui tient la clé de David[1],
qui ouvre et nul ne fermera,
qui ferme et nul ne peut ouvrir.

8 Je sais tes oeuvres.
Voici, j'ai placé devant toi une porte ouverte que nul ne peut fermer.
Tu n'as que peu de force, et pourtant tu as gardé ma parole et tu n'as pas renié mon *nom.

9 Voici, je te donne des gens de la *synagogue de *Satan, de ceux qui se disent *juifs, mais ne le sont pas, car ils mentent.
Voici, je les ferai venir se prosterner à tes pieds,

et ils reconnaîtront que je t'ai aimé.

10 Parce que tu as gardé ma parole avec persévérance,
moi aussi je te garderai de l'heure de l'épreuve,
qui va venir sur l'humanité entière,
et mettre à l'épreuve les habitants de la terre.

11 Je viens bientôt.
Tiens ferme ce que tu as, pour que nul ne te prenne ta couronne[1].

12 Le vainqueur, j'en ferai une colonne dans le *temple de mon Dieu, il n'en sortira jamais plus,
et j'inscrirai sur lui le nom de mon Dieu,
et le nom de la cité de mon Dieu,
la Jérusalem nouvelle qui descend du ciel d'auprès de mon Dieu,
et mon nom nouveau.

13 Celui qui a des oreilles, qu'il entende ce que l'Esprit dit aux églises.

Lettre à l'église de Laodicée

14 À l'*ange de l'église qui est à Laodicée, écris :
Ainsi parle l'*Amen, le Témoin fidèle et véritable,
le Principe de la création de Dieu.

15 Je sais tes oeuvres : tu n'es ni froid ni bouillant.
Que n'es-tu froid ou bouillant !

16 Mais parce que tu es tiède, et non froid ou bouillant, je vais te vomir de ma bouche.

---

1. Voir Es 22.22 : celui qui détient *la clef de* (la maison de) *David* est investi d'une mission de confiance et des pleins pouvoirs pour la remplir. Par ailleurs le Christ est descendant du roi David (Ac 2.30).

1. Voir Ap 2.10 et note.

17 Parce que tu dis : je suis riche, je me suis enrichi, je n'ai besoin de rien, et que tu ne sais pas que tu es misérable, pitoyable, pauvre, aveugle et nu,

18 je te conseille d'acheter chez moi de l'or purifié au feu pour t'enrichir, et des vêtements blancs pour te couvrir et que ne paraisse pas la honte de ta nudité, et un collyre pour oindre tes yeux et recouvrer la vue.

19 Moi, tous ceux que j'aime, je les reprends et les corrige.
Sois donc fervent et repens-toi !

20 Voici, je me tiens à la porte et je frappe.
Si quelqu'un entend ma voix et ouvre la porte,
j'entrerai chez lui et je prendrai la Cène avec lui
et lui avec moi.

21 Le vainqueur, je lui donnerai de siéger avec moi sur mon trône, comme moi aussi j'ai remporté la victoire et suis allé siéger avec mon père sur son trône.

22 Celui qui a des oreilles, qu'il entende ce que l'Esprit dit aux églises.

Le trône de Dieu et le culte céleste

4 1 Après cela je vis :
Une porte était ouverte dans le ciel,
et la première voix que j'avais entendue me parler, telle une trompette, dit :
Monte ici et je te montrerai ce qui doit arriver ensuite.

2 Aussitôt je fus saisi par l'Esprit.

Et voici, un trône se dressait dans le ciel,
et, siégeant sur le trône, quelqu'un.

3 Celui qui siégeait avait l'aspect d'une pierre de jaspe et de sardoine.
Une gloire[1] nimbait le trône de reflets d'émeraude[2].

4 Autour du trône 24 trônes,
et, sur ces trônes, 24 *anciens siégeaient, vêtus de blanc,
et, sur leur tête, des couronnes d'or.

5 Du trône sortaient des éclairs, des voix et des tonnerres.
Sept lampes ardentes brûlaient devant le trône,
ce sont les sept esprits de Dieu.

6 Devant le trône, comme une mer limpide, semblable à du cristal.
Au milieu du trône et l'entourant, quatre animaux couverts d'yeux par-devant et par-derrière.

7 Le premier animal ressemblait à un lion,
le deuxième à un jeune taureau,
le troisième avait comme une face humaine,
et le quatrième semblait un aigle en plein vol.

8 Les quatre animaux avaient chacun six ailes couvertes d'yeux tout autour et au-dedans.
Ils ne cessent jour et nuit de proclamer :
Saint, Saint, Saint,
Le Seigneur, le Dieu Tout-Puissant,
Celui qui était, qui est et qui vient !

---

1. Le même mot grec désigne aussi l'*arc-en-ciel*, ou encore une *auréole*.
2. Voir Ap 21.11, 20 et notes.

9 Et chaque fois que les animaux rendaient gloire, honneur et action de grâce à celui
qui siège sur le trône, au Vivant pour les *siècles des siècles,

10 les 24 anciens se prosternaient
devant celui qui siège sur le
trône,
ils adoraient le Vivant pour les
siècles des siècles,
et jetaient leurs couronnes devant le trône en disant :

11 Tu es digne, Seigneur notre
Dieu,
de recevoir la gloire, l'honneur
et la puissance,
car c'est toi qui créas toutes
choses ;
tu as voulu qu'elles soient, et
elles furent créées.

Le livre scellé et l'Agneau

5 1 Et je vis, dans la main
droite de celui qui siège sur
le trône,
un livre écrit au-dedans et au-
dehors[1],
scellé de sept sceaux.

2 Et je vis un *ange puissant qui
proclamait d'une voix forte :
Qui est digne d'ouvrir le livre
et d'en rompre les sceaux ?

3 Mais nul, dans le *ciel, sur la
terre ni sous la terre[2],
n'avait pouvoir d'ouvrir le livre
ni d'y jeter les yeux.

4 Je me désolais de ce que nul ne
fût trouvé digne d'ouvrir le
livre ni d'y jeter les yeux.

5 Mais l'un des *anciens me dit :
Ne pleure pas !
Voici, il a remporté la victoire,

le lion de la tribu de Juda, le
rejeton de David[1] :
Il ouvrira le livre et ses sept
sceaux.

6 Alors je vis :
au milieu du trône et des
quatre animaux,
au milieu des anciens,
un agneau se dressait qui semblait immolé.
Il avait sept cornes[2] et sept
yeux qui sont les sept esprits
de Dieu envoyés sur toute la
terre.

7 Il s'avança pour recevoir le
livre de la main droite de celui
qui siège sur le trône.

8 Et, quand il eut reçu le livre,
les quatre animaux et les 24
anciens se prosternèrent devant l'agneau. Chacun tenait
une harpe et des coupes d'or
pleines de parfum,
qui sont les prières des *saints.

9 Ils chantaient un cantique
nouveau :
Tu es digne de recevoir le livre
et d'en rompre les sceaux,
car tu as été immolé,
et tu as racheté pour Dieu, par
ton *sang,
des hommes de toute tribu,
langue, peuple et nation.

10 Tu en as fait, pour notre Dieu,
un royaume et des *prêtres,
et ils régneront sur la terre.

11 Alors je vis :
Et j'entendis la voix d'anges
nombreux autour du trône, des
animaux et des anciens.
Leur nombre était myriades de
myriades et milliers de milliers.

---

1. Les livres d'alors avaient la forme d'un rouleau ; celui-ci est écrit sur les deux faces. Pour les
sceaux voir Ap 7.2 et note.
2. Voir Ph 2.10 et note.

1. Voir note sur Ap 3.7 (deuxième partie).
2. D'après Dt 33.17 ; Dn 7.7, 24, etc., la *corne*
était symbole de puissance (cf. Ap 17.12) et, d'a-
près Za 4.10, les *yeux* symboles de l'omniscience.
Le chiffre *sept* est souvent symbole de plénitude et
de totalité (cf. Rt 4.15).

12 Ils proclamaient d'une voix forte :
Il est digne, l'agneau immolé,
de recevoir puissance, richesse, sagesse,
force, honneur, gloire et louange.

13 Et toute créature au ciel, sur terre, sous terre et sur mer,
tous les êtres qui s'y trouvent,
je les entendis proclamer :
À celui qui siège sur le trône et à l'agneau,
louange, honneur, gloire et pouvoir
pour les *siècles des siècles.

14 Et les quatre animaux disaient : *Amen !
Et les anciens se prosternèrent et adorèrent.

Ouverture des six premiers sceaux

6 1 Alors je vis :
Quand l'agneau ouvrit le premier des sept sceaux,
j'entendis le premier des quatre animaux s'écrier
d'une voix de tonnerre :
Viens !

2 Et je vis : c'était un cheval blanc.
Celui qui le montait tenait un arc.
Une couronne lui fut donnée,
et il partit en vainqueur et pour vaincre.

3 Quand il ouvrit le deuxième sceau,
j'entendis le deuxième animal s'écrier :
Viens !

4 Alors surgit un autre cheval, rouge-feu.

À celui qui le montait fut donné le pouvoir de ravir la paix de la terre pour qu'on s'entretue,
et il lui fut donné une grande épée.

5 Quand il ouvrit le troisième sceau,
j'entendis le troisième animal s'écrier :
Viens !
Et je vis : c'était un cheval noir.
Celui qui le montait tenait une balance à la main.

6 Et j'entendis comme une voix,
au milieu des quatre animaux,
qui disait :
Une *mesure de blé pour un denier[1]
et trois mesures d'orge pour un denier,
quant à l'huile et au vin, n'y touche pas.

7 Quand il ouvrit le quatrième sceau,
j'entendis le quatrième animal s'écrier : Viens !

8 Et je vis : c'était un cheval blême.
Celui qui le montait, on le nomme « la mort » et l'*Hadès le suivait.
Pouvoir leur fut donné sur le quart de la terre,
pour tuer par l'épée, la famine, la mort et les fauves de la terre.

9 Quand il ouvrit le cinquième sceau,
je vis sous l'*autel les âmes de ceux qui avaient été immolés à cause de la parole de Dieu et du témoignage qu'ils avaient porté.

10 Ils criaient d'une voix forte :

1. Voir au glossaire POIDS ET MESURES.

Jusques à quand, maître *saint
et véritable,
tarderas-tu à faire justice,
et à venger notre *sang sur les
habitants de la terre ?

11 Alors il leur fut donné à chacun une robe blanche,
et il leur fut dit de patienter
encore un peu,
jusqu'à ce que fût au complet
le nombre de leurs compa-
gnons de service et de leurs
frères,
qui doivent être mis à mort
comme eux.

12 Et je vis :
Quand il ouvrit le sixième
sceau,
il se fit un violent tremblement
de terre.
Le soleil devint noir comme
une étoffe de crin,
et la lune entière comme du
sang.

13 Les étoiles du ciel tombèrent
sur la terre,
comme fruits verts d'un figuier
battu par la tempête.

14 Le ciel se retira comme un
livre qu'on roule[1],
toutes les montagnes et les îles
furent ébranlées.

15 Les rois de la terre, les grands,
les chefs d'armée,
les riches et les puissants,
tous, esclaves et hommes libres,
se cachèrent dans les cavernes
et les rochers des montagnes.

16 Ils disaient aux montagnes et
aux rochers :
Tombez sur nous et ca-
chez-nous loin de la face de
celui qui siège sur le trône,
et loin de la colère de l'a-
gneau !

17 Car il est venu le grand *jour
de leur colère,
et qui peut subsister ?

Les 144000, marqués du sceau de Dieu

7 1 Après cela, je vis quatre
*anges debout aux quatre
coins de la terre.
Ils retenaient les quatre vents
de la terre,
afin que nul vent ne souffle sur
la terre,
sur la mer ni sur aucun arbre.

2 Et je vis un autre ange monter
de l'Orient.
Il tenait le sceau[1] du Dieu vivant.
D'une voix forte il cria aux
quatre anges qui avaient reçu
pouvoir de nuire à la terre et à
la mer :

3 Gardez-vous de nuire à la
terre, à la mer ou aux arbres,
avant que nous ayons marqué
du sceau le front des serviteurs
de notre Dieu.

4 Et j'entendis le nombre de
ceux qui étaient marqués du
sceau :
144.000 marqués du sceau,
de toutes les tribus des fils
d'Israël.

5 De la tribu de Juda 12.000
marqués du sceau.
De la tribu de Ruben 12.000,
de la tribu de Gad 12.000,

6 de la tribu d'Aser 12.000,
de la tribu de Nephtali 12.000,
de la tribu de Manassé 12.000,

7 de la tribu de Siméon 12.000,
de la tribu de Lévi 12.000,
de la tribu d'Issachar 12.000,

---

1. Voir note sur Ap 5.1.

1. Petit instrument gravé en creux servant à
marquer les objets personnels ou les lettres qu'on
envoyait.

de la tribu de Zabulon 12.000,
8 de la tribu de Joseph 12.000
de la tribu de Benjamin 12.000
marqués du sceau.

La foule innombrable devant le trône

9 Après cela je vis :
C'était une foule immense que
nul ne pouvait dénombrer,
de toutes nations, tribus, peuples et langues.
Ils se tenaient debout devant le
trône et devant l'agneau,
vêtus de robes blanches et des
palmes à la main.

10 Ils proclamaient à haute voix :
Le salut est à notre Dieu qui
siège sur le trône
et à l'agneau.

11 Et tous les *anges rassemblés
autour du trône, des anciens et
des quatre animaux,
tombèrent devant le trône, face
contre terre,
et adorèrent Dieu.

12 Ils disaient :
*Amen ! Louange, gloire, sa-
gesse, action de grâce, honneur, puissance et force
à notre Dieu pour les *siècles
des siècles ! Amen !

13 L'un des *anciens prit alors la
parole et me dit :
Ces gens, vêtus de robes blanches, qui sont-ils et d'où
sont-ils venus ?

14 Je lui répondis : Mon Seigneur,
tu le sais !
Il me dit : Ils viennent de la
grande épreuve.
Ils ont lavé leurs robes et les
ont blanchies dans le *sang de
l'agneau.

15 C'est pourquoi ils se tiennent
devant le trône de Dieu,

et lui rendent un culte jour et
nuit dans son *temple.
Et celui qui siège sur le trône
les abritera sous sa tente.

16 Ils n'auront plus faim,
ils n'auront plus soif,
le soleil et ses feux ne les frapperont plus,

17 car l'agneau qui se tient au
milieu du trône sera leur berger,
il les conduira vers des sources
d'eaux vives.
Et Dieu essuiera toute larme
de leurs yeux.

Le septième sceau et l'encensoir d'or

8 1 Quand il ouvrit le septième sceau,
il se fit dans le *ciel un silence
d'environ une demi-heure ...

2 Et je vis les sept *anges qui se
tiennent devant Dieu.
Il leur fut donné sept trompettes.

3 Un autre ange vint se placer
près de l'*autel.
Il portait un encensoir d'or,
et il lui fut donné des parfums
en grand nombre,
pour les offrir avec les prières
de tous les saints
sur l'autel d'or qui est devant le
trône.

4 Et, de la main de l'ange,
la fumée des parfums monta
devant Dieu,
avec les prières des saints.

5 L'ange alors prit l'encensoir,
il le remplit du feu de l'autel et
le jeta sur la terre :
et ce furent des tonnerres, des
voix,

des éclairs et un tremblement
de terre.

Les six premières trompettes

6 Les sept *anges qui tenaient
les sept trompettes[1] se préparèrent à en sonner.
7 Le premier fit sonner sa trompette :
grêle et feu mêlés de sang tombèrent sur la terre;
le tiers de la terre flamba,
le tiers des arbres flamba,
et toute végétation verdoyante
flamba.
8 Le deuxième ange fit sonner sa
trompette :
on eût dit qu'une grande montagne embrasée était précipitée
dans la mer.
Le tiers de la mer devint du
sang.
9 Le tiers des créatures vivant
dans la mer périt,
et le tiers des navires fut détruit.
10 Le troisième ange fit sonner sa
trompette :
et, du ciel, un astre immense
tomba,
brûlant comme une torche.
Il tomba sur le tiers des fleuves
et sur les sources des eaux.
11 Son nom est : Absinthe[2].
Le tiers des eaux devint de
l'absinthe,
et beaucoup d'hommes moururent à cause des eaux qui
étaient devenues amères.
12 Le quatrième ange fit sonner
sa trompette :

le tiers du soleil, le tiers de la
lune et le tiers des étoiles furent frappés.
Ils s'assombrirent du tiers : le
jour perdit un tiers de sa clarté
et la nuit de même.
13 Alors je vis :
Et j'entendis un aigle qui volait
au zénith proclamer d'une voix
forte :
Malheur ! Malheur ! Malheur
aux habitants de la terre,
à cause des sonneries de trompettes des trois anges qui doivent encore sonner !

9 1 Le cinquième ange fit
sonner sa trompette :
je vis une étoile précipitée du
ciel sur la terre.
Et il lui fut donné la clé du
puits de l'abîme.
2 Elle ouvrit le puits de l'abîme,
et il en monta une fumée,
comme celle d'une grande
fournaise.
Le soleil en fut obscurci, ainsi
que l'air.
3 Et, de cette fumée, des sauterelles[1] se répandirent sur la
terre.
Il leur fut donné un pouvoir
pareil à celui des scorpions[2] de
la terre.
4 Il leur fut défendu de faire aucun tort à l'herbe de la terre, à
rien de ce qui verdoie, ni à
aucun arbre,
mais seulement aux hommes
qui ne portent pas sur le front
le sceau de Dieu.

---

1. Voir 1 Th 4.16 : la trompette est souvent citée
comme signal du jugement de Dieu.
2. Plante contenant un principe amer et déjà
connue en Israël comme vénéneuse (Am 6.12).

1. Insectes volant en colonies innombrables et
dévorant toute la végétation des zones où ils
s'arrêtent.
2. Petit animal des régions chaudes muni d'un
dard venimeux à l'extrémité de la queue.

5 Il leur fut permis non de les faire mourir, mais d'être leur tourment cinq mois durant.
Et le tourment qu'elles causent est comme celui de l'homme que blesse un scorpion.

6 En ces jours-là, les hommes chercheront la mort et ne la trouveront pas.
Ils souhaiteront mourir et la mort les fuira.

7 Les sauterelles avaient l'aspect de chevaux équipés pour le combat,
sur leurs têtes on eût dit des couronnes d'or,
et leurs visages étaient comme des visages humains.

8 Elles avaient des cheveux comme des cheveux de femmes,
et leurs dents étaient comme des dents de lion.

9 Elles semblaient être comme cuirassées de fer,
et le bruit de leurs ailes était comme le bruit de chars à plusieurs chevaux courant au combat.

10 Elles ont des queues comme celles des scorpions, armées de dards,
et dans leurs queues réside leur pouvoir de nuire aux hommes cinq mois durant.

11 Elles ont comme roi l'ange de l'abîme qui se nomme, en hébreu, Abaddon et,
en grec, porte le nom d'Apollyon[1].

12 Le premier « malheur » est passé :
voici, deux « malheurs » viennent encore à la suite.

13 Le sixième ange fit sonner sa trompette :
j'entendis une voix venant des cornes de l'*autel d'or qui se trouve devant Dieu.

14 Elle disait au sixième ange qui tenait la trompette :
Libère les quatre anges qui sont enchaînés sur le grand fleuve Euphrate[1].

15 On libéra les quatre anges qui se tenaient prêts pour l'heure, le jour, le mois et l'année où ils devaient mettre à mort le tiers des hommes.

16 Et le nombre des troupes de la cavalerie était : deux myriades de myriades.
J'en entendis le nombre.

17 Tels m'apparurent, dans la vision, les chevaux et leurs cavaliers :
ils portaient des cuirasses de feu, d'hyacinthe et de soufre.
Les têtes des chevaux étaient comme des têtes de lion,
et leurs bouches vomissaient le feu, la fumée et le soufre.

18 Par ces trois fléaux, le feu, la fumée et le soufre, que vomissaient leurs bouches,
le tiers des hommes périt.

19 Car le pouvoir des chevaux réside dans leurs bouches ainsi que dans leurs queues.
En effet leurs queues ressemblent à des serpents,
elles ont des têtes et par là peuvent nuire.

20 Quant au restant des hommes, ceux qui n'étaient pas morts sous le coup des fléaux,

---

1. *Abaddon* : en hébreu *perdition, destruction*
¬ *Apollyon* : en grec *destructeur*.

1. Grand fleuve de Mésopotamie qui marqua la frontière orientale de l'empire romain. Il traverse l'Irak d'aujourd'hui.

ils ne se repentirent pas des
oeuvres de leurs mains, ils
continuèrent à adorer les *démons, les idoles d'or ou d'argent,
de bronze, de pierre ou de bois,
qui ne peuvent ni voir, ni entendre, ni marcher.

21 Ils ne se repentirent pas de
leurs meurtres ni de leurs sortilèges,
de leurs débauches ni de leurs
vols.

L'ange et le petit livre ouvert

10 1 Et je vis un autre *ange
puissant qui descendait du
ciel.
Il était vêtu d'une nuée,
une gloire[1] nimbait son front,
son visage était comme le soleil,
et ses pieds comme des colonnes de feu.

2 Il tenait dans la main un petit
livre ouvert.
Il posa le pied droit sur la mer,
le pied gauche sur la terre,

3 et cria d'une voix forte, comme
rugit un lion.
Quand il eut crié, les sept tonnerres firent retentir leurs
voix :

4 Et quand les sept tonnerres eurent retenti, comme j'allais
écrire,
j'entendis une voix qui, du ciel,
me disait :
Garde secret le message des
sept tonnerres et ne l'écris pas.

5 Et l'ange que j'avais vu debout
sur la mer et sur la terre,

leva la main droite vers le ciel
6 et jura,
par celui qui vit pour les *siècles des siècles,
qui a créé le ciel et ce qui s'y
trouve,
la terre et ce qui s'y trouve,
la mer et ce qui s'y trouve :
il n'y aura plus de délai.

7 Mais aux jours où l'on entendra le septième ange, quand il
commencera de sonner de sa
trompette, alors sera l'accomplissement du *mystère de
Dieu,
comme il en fit l'annonce à ses
serviteurs les *prophètes.

8 Et la voix que j'avais entendue
venant du ciel, me parla de
nouveau et dit :
Va, prends le livre ouvert dans
la main de l'ange qui se tient
debout sur la mer et sur la
terre.

9 Je m'avançai vers l'ange et le
priai de me donner le petit
livre.
Il me dit :
Prends et mange-le.
Il sera amer à tes entrailles,
mais dans ta bouche il aura la
douceur du miel.

10 Je pris le petit livre de la main
de l'ange et le mangeai.
Dans ma bouche il avait la
douceur du miel.
Mais quand je l'eus mangé,
mes entrailles en devinrent
amères.

11 Et l'on me dit :
Il te faut à nouveau prophétiser sur des peuples, des nations, des langues[1] et des rois
en grand nombre.

---

1. Voir Ap 4.3 et note.   1. Voir Ap 5.9.

Les deux témoins

11 1 Alors on me donna un roseau semblable à une règle d'arpenteur,
et l'on me dit : Lève-toi et mesure le *temple de Dieu
et l'*autel et ceux qui y adorent.

2 Mais. le parvis extérieur du temple,
laisse-le de côté et ne le mesure pas,
car il a été livré aux nations qui fouleront aux pieds la cité sainte pendant 42 mois[1].

3 Et je donnerai à mes deux témoins de *prophétiser, vêtus de sacs[2], 1.260 jours.

4 Ce sont les deux oliviers et les 2 chandeliers qui se tiennent devant le Seigneur de la terre.

5 Si quelqu'un veut leur nuire, un feu sort de leur bouche et dévore leurs ennemis.
Oui, si quelqu'un voulait leur nuire,
ainsi lui faudrait-il mourir.

6 Ils ont pouvoir de fermer le ciel,
et nulle pluie n'arrose les jours de leur prophétie.
Ils ont pouvoir de changer les eaux en sang,
et de frapper la terre de maints fléaux,
autant qu'ils le voudront.

7 Mais quand ils auront fini de rendre témoignage,
la bête qui monte de l'abîme leur fera la guerre, les vaincra et les fera périr.

8 Leurs corps resteront sur la place de la grande cité qu'on nomme symboliquement Sodome et Égypte, là même où leur Seigneur a été crucifié.

9 Des peuples, des tribus, des langues et des nations, on viendra pour regarder leurs corps pendant trois jours et demi,
et sans leur accorder de sépulture.

10 Les habitants de la terre se réjouiront à leur sujet, ils seront dans la joie, ils échangeront des présents, car ces 2 prophètes leur avaient causé bien des
tourments.

11 Mais après ces trois jours et demi, un souffle de vie, venu de Dieu, entra en eux et ils se dressèrent.
Alors une grande frayeur tomba sur ceux qui les regardaient.

12 Ils entendirent une voix forte qui, du ciel, leur disait :
Montez ici.
Et ils montèrent au ciel dans la nuée,
sous les yeux de leurs ennemis.

13 À l'heure même il se fit un violent tremblement de terre, le dixième de la cité s'écroula et 7.000 personnes périrent dans cette catastrophe.
Les survivants, saisis d'effroi, rendirent gloire au Dieu du ciel.

14 Le deuxième « malheur » est passé.
Voici, le troisième « malheur » vient bientôt.

La septième trompette

15 Le septième *ange fit sonner sa trompette :

---

1. Trois ans·et demi : la moitié de 7 ans : 1.260 jours (v. 3).
2. Voir Jr 6.26; Jon 3.8. Le *sac* : tenue de *deuil* et de repentance.

il y eut dans le ciel de grandes voix qui disaient :
Le royaume du monde est maintenant à notre Seigneur et à son Christ; il régnera pour les *siècles des siècles.

16 Les 24 *anciens qui, devant Dieu, siègent sur leurs trônes tombèrent face contre terre, et adorèrent Dieu 17 en disant :
Nous te rendons grâces, Seigneur Dieu Tout-Puissant, qui es et qui étais, car tu as exercé ta grande puissance, et tu as établi ton règne.

18 Les nations se sont mises en colère, mais c'est ta colère qui est venue.
C'est le temps du jugement pour les morts, le temps de la récompense pour tes serviteurs les *prophètes, les *saints et ceux qui craignent ton *nom, petits et grands, le temps de la destruction pour qui détruisent la terre.

19 Et le *temple de Dieu dans le ciel s'ouvrit, et l'arche de l'*alliance apparut dans son temple.
Alors il y eut des éclairs, des voix, des tonnerres, un tremblement de terre et une forte grêle.

La femme et le dragon

12 ¹ Un grand *signe apparut dans le ciel :
une femme, vêtue du soleil, la lune sous les pieds, et sur la tête une couronne de douze étoiles.

2 Elle était enceinte et criait dans le travail et les douleurs de l'enfantement.

3 Alors un autre signe apparut dans le ciel :
C'était un grand dragon rouge-feu.
Il avait sept têtes et dix cornes¹, et sur ses têtes, sept diadèmes.

4 Sa queue, qui balayait le tiers des étoiles du ciel, les précipita sur la terre.
Le dragon se posta devant la femme qui allait enfanter, afin de dévorer l'enfant dès sa naissance.

5 Elle mit au monde un fils, un enfant mâle;
c'est lui qui doit mener paître toutes les nations avec une verge de fer.
Et son enfant fut enlevé auprès de Dieu et de son trône.

6 Alors la femme s'enfuit au désert, où Dieu lui a fait préparer une place, pour qu'elle y soit nourrie 1.260 jours.

7 Il y eut alors un combat dans le *ciel :
Michaël et ses *anges combattirent contre le dragon.
Et le dragon lui aussi combattait avec ses anges,

8 mais il n'eut pas le dessus :
il ne se trouva plus de place pour eux dans le ciel.

9 Il fut précipité le grand dragon, l'antique serpent, celui qu'on nomme

---

1. Voir Ap 5.6 et note.

*Diable et Satan, le séducteur du monde entier,

il fut précipité sur la terre et ses anges avec lui.

10 Et j'entendis une voix forte qui, dans le ciel, disait :

Voici le temps du salut,

de la puissance et du règne de notre Dieu,

et de l'autorité de son Christ; car il a été précipité l'accusateur[1] de nos frères,

celui qui les accusait devant notre Dieu, jour et nuit.

11 Mais eux, ils l'ont vaincu par le *sang de l'agneau, et par la parole dont ils ont rendu témoignage : Ils n'ont pas aimé leur vie jusqu'à craindre la mort.

12 C'est pourquoi soyez dans la joie,

vous les cieux, et vous qui y avez votre demeure !

Malheur à vous, la terre et la mer,

car le diable est descendu vers vous,

emporté de fureur,

sachant que peu de temps lui reste.

13 Quand le dragon se vit précipité sur la terre, il se lança à la poursuite de la femme qui avait mis au monde l'enfant mâle.

14 Mais les deux ailes du grand aigle furent données à la femme,

pour qu'elle s'envole au désert, au lieu qui lui est réservé pour y être nourrie,

loin du serpent, un temps, des temps et la moitié d'un temps[2].

15 Alors le serpent vomit comme un fleuve d'eau derrière la femme pour la faire emporter par les flots.

16 Mais la terre vint au secours de la femme :

la terre s'ouvrit et engloutit le fleuve vomi par le dragon.

17 Dans sa fureur contre la femme, le dragon porta le combat contre le reste de sa descendance,

ceux qui observent les commandements de Dieu et gardent le témoignage de Jésus.

18 Puis il se posta sur le sable de la mer.

Les deux bêtes

13 1 Alors, je vis monter de la mer une bête qui avait dix cornes[1] et sept têtes,

sur ses cornes dix diadèmes et sur ses têtes un nom *blasphématoire.

2 La bête que je vis ressemblait au léopard,

ses pattes étaient comme celles de l'ours,

et sa gueule comme la gueule du lion.

Et le dragon lui conféra sa puissance,

son trône et un pouvoir immense.

3 L'une de ses têtes était comme blessée à mort,

mais sa plaie mortelle fut guérie.

Emerveillée, la terre entière suivit la bête.

4 Et l'on adora le dragon parce qu'il avait donné le pouvoir à la bête,

et l'on adora la bête en disant :

---

1. C'est le sens étymologique du nom *Satan*.
2. Soit trois temps (ou trois ans) et demi. Voir Ap 11.2 et note.

1. Voir Ap 5.6 et note; 17.3, 7-12.

Qui est comparable à la bête
et qui peut la combattre ?

5 Il lui fut donné une bouche
pour proférer arrogances et
blasphèmes,
et il lui fut donné pouvoir d'a-
gir pendant 42 mois[1].

6 Elle ouvrit sa bouche en blasphèmes contre Dieu,
pour blasphémer son *nom,
son tabernacle et ceux dont la
demeure est dans le *ciel.

7 Il lui fut donné de faire la
guerre aux *saints et de les
vaincre,
et lui fut donné le pouvoir sur
toute tribu, peuple, langue et
nation.

8 Ils l'adoreront, tous ceux qui
habitent la terre,
tous ceux dont le nom n'est
pas écrit,
depuis la fondation du monde,
dans le livre de *vie de l'a-
gneau immolé.

9 Que celui qui a des oreilles entende :

10 Qui est destiné à la captivité,
ira en captivité.
Qui est destiné à périr par le
glaive,
périra par le glaive[2].
C'est l'heure de la persévérance
et de la foi des saints.

11 Alors je vis monter de la terre
une autre bête.
Elle avait deux cornes comme
un agneau,
mais elle parlait comme un
dragon.

12 Tout le pouvoir de la première
bête,
elle l'exerce sous son regard.

Elle fait adorer par la terre et
ses habitants la première bête
dont la plaie mortelle a été
guérie.

13 Elle accomplit de grands prodiges, jusqu'à faire descendre
du ciel, aux yeux de tous, un
feu sur la terre.

14 Elle séduit les habitants de la
terre par les prodiges qu'il lui
est donné d'accomplir sous le
regard de la bête.
Elle les incite à dresser une
image en l'honneur de la bête
qui porte la blessure du glaive
et qui a repris vie.

15 Il lui fut donné d'animer l'i-
mage de la bête, de sorte
qu'elle ait même la parole et
fasse mettre à mort quiconque
n'adorerait pas l'image de la
bête.

16 À tous, petits et grands, riches
et pauvres, hommes libres et
esclaves, elle impose une
marque sur la main droite ou
sur le front.

17 Et nul ne pourra acheter ou
vendre,
s'il ne porte la marque, le nom
de la bête ou le chiffre de son
nom[1]. Celui qui a de l'intelligence, qu'il interprète le chiffre
de la bête.

18 C'est le moment d'avoir du discernement :
car c'est un chiffre d'homme :
et son chiffre est 666.

L'Agneau et les rachetés

14 1 Et je vis :
L'agneau était debout sur
la montagne de *Sion,

---

1. Voir Ap 11.2 et note.
2. Autre texte : *Si quelqu'un emmène en captivité, il ira lui-même en captivité; si quelqu'un tue
par le glaive, il sera lui-même tué par le glaive.*

1. *Le chiffre d'un nom* était obtenu en addition-
nant les valeurs numériques attribuées aux lettres
qui le constituent.

et avec lui les 144.000 qui portent son nom et le nom de son père écrits sur leurs fronts.

2 Et j'entendis une voix venant du ciel,
comme la voix des océans,
comme le grondement d'un fort coup de tonnerre,
et la voix que j'entendis était comme le chant de joueurs de harpe touchant de leurs instruments.

3 Ils chantaient un cantique nouveau,
devant le trône, devant les quatre animaux et les anciens.
Et nul ne pouvait apprendre ce cantique,
sinon les 144.000, les rachetés de la terre.

4 Ils ne se sont pas souillés avec des femmes, car ils sont vierges.
Ils suivent l'agneau partout où il va.
Ils ont été rachetés d'entre les hommes comme *prémices pour Dieu et pour l'agneau,

5 et dans leur bouche ne s'est point trouvé de mensonge[1] : ils sont irréprochables.

Les trois anges messagers

6 Et je vis un autre *ange qui volait au zénith.
Il avait un *évangile éternel à proclamer à ceux qui résident sur la terre :
à toute nation, tribu, langue et peuple.

7 Il disait d'une voix forte :
Craignez Dieu et rendez-lui gloire,

car elle est venue, l'heure de son jugement.
Adorez le créateur du ciel et de la terre, de la mer et des sources d'eaux.

8 Et un autre, un second ange, le suivit et dit :
Elle est tombée, elle est tombée, Babylone la grande[1],
elle qui a abreuvé toutes les nations du vin de sa fureur de prostitution.

9 Et un autre, un troisième ange, les suivit et dit d'une voix forte :
Si quelqu'un adore la bête et son image,
s'il en reçoit la marque sur le front ou sur la main,

10 il boira lui aussi du vin de la fureur de Dieu,
versé sans mélange dans la coupe de sa colère,
et il connaîtra les tourments dans le feu et le soufre[2],
devant les *saints anges et devant l'agneau.

11 La fumée de leur tourment s'élève aux siècles des siècles,
et ils n'ont de repos ni le jour ni la nuit,
ceux qui adorent la bête et son image,
et quiconque reçoit la marque de son nom.

12 C'est l'heure de la persévérance des *saints qui gardent les commandements de Dieu et la foi en Jésus.

13 Et j'entendis une voix qui, du ciel, disait : Ecris :

1. Voir Jr 10.14; Rm 1.25 où *mensonge* est en relation avec le culte des faux-dieux.

1. Ancienne capitale de l'empire babylonien, la ville disparaît de l'histoire au DEUXIÈME siècle av. J. C. Comme en 1 P 5.13 l'appellation a donc ici valeur de symbole et pourrait désigner Rome.
2. Minéral de couleur jaune, dont la combustion produit une fumée suffocante.

Heureux dès à présent ceux qui sont morts dans le Seigneur[1] !
Oui, dit l'Esprit, qu'ils se reposent de leurs labeurs, car leurs oeuvres les suivent.

Moisson et vendange de la terre

14 Et je vis :
C'était une nuée blanche, et sur la nuée siégeait comme un fils d'homme.
Il avait sur la tête une couronne d'or et dans la main une faucille tranchante.

15 Puis un autre ange sortit du temple et cria d'une voix forte à celui qui siégeait sur la nuée :
Lance ta faucille et moissonne.
L'heure est venue de moissonner, car la moisson de la terre est mûre.

16 Alors celui qui siégeait sur la nuée jeta sa faucille sur la terre, et la terre fut moissonnée.

17 Puis un autre ange sortit du temple céleste.
Il tenait, lui aussi, une faucille tranchante.

18 Puis un autre ange sortit de l'*autel.
Il avait pouvoir sur le feu et cria d'une voix forte à celui qui tenait la faucille tranchante :
Lance ta faucille tranchante et vendange les grappes de la vigne de la terre,
car ses raisins sont mûrs.

19 Et l'ange jeta sa faucille sur la terre,
il vendangea la vigne de la terre,
et jeta la vendange dans la grande cuve de la colère de Dieu.

20 On foula la cuve hors de la cité,
et de la cuve sortit du sang qui monta jusqu'aux mors des chevaux sur une étendue de 1.600 stades[1].

Les sept anges et les sept fléaux

15 1 Et je vis dans le ciel un autre *signe, grand et merveilleux :
Sept *anges tenaient sept fléaux,
les derniers, car en eux s'accomplit la colère de Dieu.

2 Et je vis comme une mer de cristal mêlée de feu.
Debout sur la mer de cristal, les vainqueurs de la bête, de son image et du chiffre de son nom, tenaient les harpes de Dieu.

3 Ils chantaient le cantique de Moïse, le serviteur de Dieu, et le cantique de l'agneau :
Grandes et admirables sont tes oeuvres,
Seigneur Dieu Tout-Puissant.
Justes et véritables sont tes voies,
Roi des nations.

4 Qui ne craindrait, Seigneur, et ne glorifierait ton *nom ?
car toi seul es saint.
Toutes les nations viendront et se prosterneront devant toi,
car tes jugements se sont manifestés.

5 Ensuite je vis :
Le *temple qui abritait le tabernacle du témoignage s'ouvrit dans le ciel,

---

1. Les mots *dès à présent* peuvent aussi être rattachés à *ceux qui meurent dans le Seigneur*, ou encore à *ils se reposent*.

1. Voir au glossaire POIDS ET MESURES.

6 et les sept anges qui tenaient les 7 fléaux sortirent du temple;
ils étaient vêtus d'un lin pur, resplendissant, la taille serrée de ceintures d'or.

7 L'un des quatre animaux donna aux sept anges sept coupes d'or,
remplies de la colère du Dieu qui vit aux *siècles des siècles.

8 Et le temple fut rempli de fumée à cause de la gloire de Dieu et de sa puissance.
Et personne ne pouvait entrer dans le temple jusqu'à l'accomplissement des sept fléaux des sept anges.

Les sept coupes

16 1 Et j'entendis une grande voix qui,
du *temple, disait aux sept anges :
Allez et répandez sur la terre les sept coupes de la colère de Dieu.

2 Et le premier partit et répandit sa coupe sur la terre. Un ulcère malin et pernicieux frappa les hommes qui portaient la marque de la bête et qui adoraient son image.

3 Le deuxième répandit sa coupe sur la mer :
elle devint comme le sang d'un mort, et tout ce qui, dans la mer, avait souffle de vie mourut.

4 Le troisième répandit sa coupe sur les fleuves et les sources des eaux : ils devinrent du sang.

5 Et j'entendis l'ange des eaux qui disait :

Tu es juste, toi qui es et qui étais, le saint,
car tu as ainsi exercé ta justice.

6 Puisqu'ils ont répandu le sang des *saints et des *prophètes,
c'est également du sang que tu leur as donné à boire.
Ils le méritent !

7 Et j'entendis l'*autel qui disait :
Oui, Seigneur Dieu Tout-Puissant,
tes jugements sont pleins de vérité et de justice.

8 Le quatrième répandit sa coupe sur le soleil :
et il lui fut donné de brûler les hommes par son feu.

9 Et les hommes furent brûlés par une intense chaleur; ils blasphémèrent le *nom de Dieu qui a pouvoir sur ces fléaux,
mais ils ne se repentirent pas pour lui rendre gloire.

10 Le cinquième répandit sa coupe sur le trône de la bête :
son royaume en fut plongé dans les ténèbres.
Les hommes se mordaient la langue de douleur;

11 ils blasphémèrent le Dieu du ciel à cause de leurs souffrances et de leurs ulcères,
mais ils ne se repentirent pas de leurs oeuvres.

12 Le sixième répandit sa coupe sur le grand fleuve Euphrate[1] :
l'eau en fut asséchée pour préparer la voie aux rois qui viennent de l'Orient.

13 Alors, de la bouche du dragon, de la bouche de la bête et de la bouche du faux prophète, je vis sortir trois esprits impurs, tels des grenouilles.

1. Voir Ap 9.14 et note.

14 Ce sont, en effet, des esprits de
   *démons.
   Ils accomplissent des prodiges
   et s'en vont trouver les rois du
   monde entier,
   afin de les rassembler pour le
   combat du grand *jour du
   Dieu Tout-Puissant.
15 Voici, je viens comme un voleur.
   Heureux celui qui veille et
   garde ses vêtements, pour ne
   pas aller nu et laisser voir sa
   honte.
16 Ils les rassemblèrent au lieu
   qu'on appelle en hébreu Har-
   maguedon[1].
17 Le septième répandit sa coupe
   dans les airs,
   et, du temple, sortit une voix
   forte venant du trône.
   Elle dit : c'en est fait !
18 Alors ce furent des éclairs, des
   voix et des tonnerres, et un
   tremblement de terre si violent
   qu'il n'en fut jamais de pareil
   depuis que l'homme est sur la
   terre.
19 La grande cité se brisa en trois
   parties et les cités des nations
   s'écroulèrent.
   Alors, Dieu se souvint de Babylone la grande,
   pour lui donner la coupe où
   bouillonne le vin de sa colère.
20 Toutes les îles s'enfuirent et les
   montagnes disparurent.
21 Des grêlons lourds comme des
   talents[2] tombèrent du ciel sur
   les hommes,

et les hommes blasphémèrent
Dieu à cause du fléau de la
grêle,
car ce fléau était particulièrement redoutable.

La grande prostituée et la bête écarlate

17 1 Et l'un des sept *anges
   qui tenaient les sept coupes
   s'avança et me parla en ces
   termes :
   Viens, je te montrerai le jugement de la grande prostituée
   qui réside au bord des océans;
2 Avec elle les rois de la terre se
   sont prostitués[1],
   et les habitants de la terre se
   sont enivrés du vin de sa prostitution.
3 Alors il me transporta en esprit au désert.
   Et je vis une femme assise sur
   une bête écarlate, couverte de
   noms *blasphématoires, et qui
   avait sept têtes et dix cornes.
4 La femme, vêtue de pourpre et
   d'écarlate[2], étincelait d'or, de
   pierres précieuses et de perles.
   Elle tenait dans sa main une
   coupe d'or pleine d'abominations : les souillures de sa prostitution.
5 Sur son front un nom était
   écrit, *mystérieux :
   Babylone la grande, mère des
   prostitués et des abominations
   de la terre.
6 Et je vis la femme ivre du
   *sang des *saints et du sang
   des témoins de Jésus.
   À sa vue je restai confondu.

---

1. C'est-à-dire *Montagne de Meguiddo*. La ville
cananéenne de Meguiddo, située au pied du mont
Carmel, fut le théâtre de sanglantes batailles (Jg
5.19; 2 R 23.29).
2. *talent :* voir au glossaire POIDS ET
MESURES.

1. Comparer Ap 2.20 et la note (deuxième
partie).
2. *la pourpre* et *l'écarlate :* deux teintures de
luxe. Ces appellations étaient étendues aux vêtements de ces teintes.

7 Alors l'ange me dit : pourquoi cette stupeur ?
Je te dirai le *mystère de la femme et de la bête aux sept têtes et aux dix cornes qui la porte.

8 La bête que tu as vue était, mais elle n'est plus.
Elle va monter de l'abîme et s'en aller à la perdition. Et les habitants de la terre,
dont le nom n'est pas écrit, depuis la fondation du monde, dans le livre de *vie,
s'étonneront en voyant la bête, car elle était, n'est plus, mais reviendra.

9 C'est le moment d'avoir l'intelligence que la sagesse éclaire : les sept têtes sont les sept montagnes où réside la femme.
Ce sont aussi sept rois.

10 Cinq d'entre eux sont tombés, le sixième règne, le septième n'est pas encore venu,
mais quand il viendra, il ne demeurera que peu de temps.

11 La bête qui était et qui n'est plus, est elle-même un huitième roi.
Elle est du nombre des sept et s'en va à la perdition.

12 Les dix cornes que tu as vues sont dix rois qui n'ont pas encore reçu la royauté,
mais, pour une heure, ils partageront le pouvoir royal avec la bête.

13 Ils n'ont qu'un seul dessein : mettre au service de la bête leur puissance et leur pouvoir.

14 Ils combattront l'agneau et l'agneau les vaincra, car il est Seigneur des seigneurs et Roi des rois, et avec lui les appelés, les élus et les fidèles vaincront aussi.

15 Puis il me dit : les eaux que tu as vues, là où réside la prostituée,
ce sont des peuples, des foules, des nations et des langues.

16 Les dix cornes que tu as vues et la bête haïront la prostituée, elles la rendront solitaire et nue.
Elles mangeront ses chairs et la brûleront au feu.

17 Car Dieu leur a mis au coeur de réaliser ce dessein, un même dessein : mettre leur royauté au service de la bête jusqu'à l'accomplissement des paroles de Dieu.

18 Et la femme que tu as vue, c'est la grande cité qui règne sur les rois de la terre.

La chute de Babylone

18 1 Je vis ensuite un autre *ange descendre du ciel. Il avait un grand pouvoir et la terre fut illuminée de sa gloire.

2 Il s'écria d'une voix forte :
Elle est tombée, elle est tombée, Babylone la grande; elle est devenue demeure de *démons, repaire de tous les esprits impurs, repaire de tous les oiseaux impurs et odieux.

3 Car elle a abreuvé toutes les nations du vin de sa fureur de prostitution;
les rois de la terre se sont prostitués avec elle,
et les marchands de la terre se sont enrichis de la puissance de son luxe.

4 Et j'entendis une autre voix qui, du ciel, disait :
Sortez de cette cité, ô mon peuple,

de peur de participer à ses péchés,
et de partager les fléaux qui lui sont destinés.

5 Car ses péchés se sont accumulés jusqu'au ciel,
et Dieu s'est souvenu de ses injustices.

6 Payez-la de sa propre monnaie,
rendez-lui au double ce qu'elle a fait.
Dans la coupe où elle a mêlé ses vins,
mêlez-en pour elle le double.

7 Autant elle s'est complu dans la gloire et le luxe,
autant rendez-lui de tourment et de deuil.
Puisqu'elle dit en son coeur : je trône en reine et ne suis point veuve,
jamais je ne verrai le deuil.

8 À cause de cela, viendront sur elle, en un seul jour, les fléaux qui lui sont destinés :
mort, deuil, famine, et elle sera consumée par le feu.
Car puissant est le Seigneur Dieu qui l'a jugée.

9 Alors ils pleureront et se lamenteront sur elle, les rois de la terre qui ont partagé sa prostitution et son luxe,
quand ils verront la fumée de son embrasement.

10 Ils se tiendront à distance par crainte de son tourment, et ils diront : Malheur ! Malheur !
O grande cité, Babylone cité puissante,
il a suffi d'une heure pour que tu sois jugée !

11 Et les marchands de la terre pleurent et prennent son deuil,
car nul n'achète plus leurs cargaisons,

12 cargaisons d'or et d'argent, de pierres précieuses et de perles, de lin et de pourpre, de soie et d'écarlate[1];
bois de senteur, objets d'ivoire, de bois précieux, de bronze, de fer ou de marbre,

13 cannelle et amome, parfums, myrrhe et encens[2],
le vin et l'huile, la fleur de farine et le blé,
les boeufs et les brebis, les chevaux et les chars,
les esclaves et les captifs[3].

14 Le fruit que désirait ton âme s'en est allé loin de toi. Tout ce qui est raffinement et splendeur est perdu pour toi.
Jamais plus on ne le retrouvera.

15 Les marchands qu'elle avait enrichis de ce commerce, se tiendront à distance par crainte de son tourment.
Dans les pleurs et le deuil, 16 ils diront :
Malheur ! Malheur !
La grande cité, vêtue de lin, de pourpre et d'écarlate, étincelante d'or, de pierres précieuses et de perles,

17 il a suffi d'une heure pour dévaster tant de richesses ! Et tous les pilotes, tous ceux qui naviguent dans les parages,
les marins et tous ceux qui vivent de la mer, se tenaient à distance,

18 et s'écriaient en voyant la fumée de son embrasement : quelle cité était comparable à la grande cité ?

19 Ils se jetaient de la poussière sur la tête,

---

1. Voir Ap 17.4 et note.
2. *cannelle et amome* : des épices; *myrrhe et encens* : des résines aromatiques.
3. ou *des corps et des âmes d'hommes*.

poussaient des cris de larmes et de deuil en disant :

Malheur ! Malheur !

La grande cité dont l'opulence a enrichi tous ceux qui ont des vaisseaux sur la mer,

il a suffi d'une heure pour qu'elle soit dévastée !

20 Réjouis-toi de sa ruine, *ciel ! Et vous aussi, les *saints, les *apôtres et les *prophètes, car Dieu, en la jugeant, vous a fait justice.

21 Alors un ange puissant saisit une pierre comme une lourde meule,

et la précipita dans la mer en disant :

avec la même violence sera précipitée Babylone, la grande cité.

On ne la retrouvera plus.

22 Et le chant des joueurs de harpe et des musiciens, des joueurs de flûte et de trompette,

on ne l'entendra plus chez toi. Aucun artisan d'aucun art ne se trouvera plus chez toi.

Et le bruit de la meule,

on ne l'entendra plus chez toi.

23 La lumière de la lampe ne luira plus chez toi.

La voix du jeune époux et de sa compagne,

on ne l'entendra plus chez toi, parce que tes marchands étaient les grands de la terre, parce que tes sortilèges ont séduit toutes les nations,

24 et que chez toi on a trouvé le sang des prophètes, des saints et de tous ceux qui ont été immolés sur la terre.

Alléluia !

19 1 Ensuite j'entendis comme la grande rumeur d'une foule immense qui, dans le ciel, disait :

Alléluia[1] !

Le salut, la gloire et la puissance sont à notre Dieu.

2 Car ses jugements sont pleins de vérité et de justice.

Il a jugé la grande prostituée qui corrompait la terre de sa prostitution,

et il a vengé sur elle le *sang de ses serviteurs.

3 Et de nouveau ils dirent :

Alléluia !

Et sa fumée s'élève aux siècles des siècles.

4 Les 24 *anciens et les quatre animaux se prosternèrent,

ils adorèrent le Dieu qui siège sur le trône et dirent :

*Amen. Alléluia !

5 Alors sortit du trône une voix qui disait :

Louez notre Dieu, vous tous ses serviteurs,

vous qui le craignez, petits et grands !

6 Et j'entendis comme la rumeur d'une foule immense, comme la rumeur des océans,

et comme le grondement de puissants tonnerres.

Ils disaient :

Alléluia !

Car le Seigneur, notre Dieu Tout-Puissant, a manifesté son règne.

7 Réjouissons-nous, soyons dans l'allégresse et rendons-lui gloire, car voici les noces de l'agneau.

Son épouse s'est préparée,

1. Expression hébraïque signifiant *Louez le Seigneur !*

8 il lui a été donné de se vêtir d'un lin resplendissant et pur, car le lin, ce sont les oeuvres justes des *saints.

9 Un ange me dit : Ecris ! Heureux ceux qui sont invités au festin des noces de l'agneau !
Puis il me dit : : Ce sont les paroles mêmes de Dieu.

10 Alors je me prosternai à ses pieds pour l'adorer,
mais il me dit : Garde-toi de le faire !
Je suis un compagnon de service, pour toi et pour tes frères qui gardent le témoignage de Jésus.
C'est Dieu que tu dois adorer, car le témoignage de Jésus c'est l'esprit de la *prophétie.

Le cavalier sur le cheval blanc

11 Alors je vis le ciel ouvert : c'était un cheval blanc,
celui qui le monte se nomme Fidèle et Véritable.
Il juge et il combat avec justice.

12 Ses yeux sont une flamme ardente;
sur sa tête, de nombreux diadèmes,
et, inscrit sur lui, est un nom qu'il est seul à connaître.

13 Il est revêtu d'un manteau trempé de sang,
et il se nomme : la Parole de Dieu.

14 Les armées du ciel le suivaient sur des chevaux blancs, vêtues d'un lin blanc et pur.

15 De sa bouche sort un glaive acéré pour en frapper les nations.

Il les mènera paître avec une verge de fer,
il foulera la cuve où bouillonne le vin de la colère du Dieu Tout-Puissant.

16 Sur son manteau et sur sa cuisse il porte un nom écrit : Roi des rois et Seigneur des seigneurs.

17 Alors je vis un *ange debout dans le soleil.
Il cria d'une voix forte à tous les oiseaux qui volaient au zénith :
Venez, rassemblez-vous pour le grand festin de Dieu,

18 pour manger la chair des rois, la chair des chefs, la chair des puissants, la chair des chevaux et de ceux qui les montent, la chair de tous les hommes, libres et esclaves, petits et grands.

19 Et je vis la bête, les rois de la terre et leurs armées, rassemblés pour combattre le cavalier et son armée.

20 La bête fut capturée, et avec elle le faux prophète qui, par les prodiges opérés devant elle, avait séduit ceux qui avaient reçu la marque de la bête et adoré son image.
Tous deux furent jetés vivants dans l'étang de feu embrasé de soufre.

21 Les autres périrent par le glaive qui sortait de la bouche du cavalier, et tous les oiseaux se rassasièrent de leurs chairs.

Satan enchaîné pour mille ans

20 1 Alors je vis un *ange qui descendait du ciel.
Il avait à la main la clé de l'abîme et une lourde chaîne.

2 Il s'empara du dragon, l'antique serpent,
qui est le *Diable et Satan, et l'enchaîna pour mille ans.

3 Il le précipita dans l'abîme qu'il ferma et scella sur lui, pour qu'il ne séduise plus les nations jusqu'à l'accomplissement des mille ans.
Il faut, après cela, qu'il soit relâché pour un peu de temps.

4 Et je vis des trônes.
À ceux qui vinrent y siéger il fut donné d'exercer le jugement.
Je vis aussi les âmes de ceux qui avaient été décapités à cause du témoignage de Jésus et de la parole de Dieu, et ceux qui n'avaient pas adoré la bête ni son image et n'avaient pas reçu la marque sur le front ni sur la main.
Ils revinrent à la vie et régnèrent avec le Christ pendant mille ans.

5 Les autres morts ne revinrent pas à la vie avant l'accomplissement des mille ans.
C'est la première résurrection.

6 Heureux et *saints ceux qui ont part à la première résurrection.
Sur eux la seconde mort n'a pas d'emprise :
ils seront *prêtres de Dieu et du Christ, et régneront avec lui pendant les mille ans.

Dernier combat et victoire finale

7 Quand les mille ans seront accomplis, *Satan sera relâché de sa prison,

8 et il s'en ira séduire les nations qui sont aux quatre coins de la terre, Gog et Magog[1].
Il les rassemblera pour le combat : leur nombre est comme le sable de la mer.

9 Ils envahirent toute l'étendue de la terre et investirent le camp des *saints et la cité bien-aimée.
Mais un feu descendit du ciel et les dévora.

10 Et le *diable, leur séducteur, fut précipité dans l'étang de feu et de soufre, auprès de la bête et du faux prophète.
Et ils souffriront des tourments jour et nuit aux siècles des siècles.

Le jugement

11 Alors je vis un grand trône blanc et celui qui y siégeait : devant sa face la terre et le ciel s'enfuirent sans laisser de traces.

12 Et je vis les morts, les grands et les petits, debout devant le trône,
et des livres furent ouverts.
Un autre livre fut ouvert : le livre de *vie,
et les morts furent jugés selon leurs oeuvres, d'après ce qui était écrit dans les livres.

13 La mer rendit ses morts,
la mort et l'*Hadès rendirent leurs morts,
et chacun fut jugé selon ses oeuvres.

14 Alors la mort et l'Hadès furent précipités dans l'étang de feu.

---

1. Depuis Ez 38-39 c'est ainsi qu'on désignait les nations ennemies du peuple de Dieu à la fin des temps.

L'étang de feu, voilà la seconde mort !

15 Et quiconque ne fut pas trouvé inscrit dans le livre de vie fut précipité dans l'étang de feu.

Un ciel nouveau et une terre nouvelle

21 1 Alors je vis un ciel nouveau et une terre nouvelle, car le premier ciel et la première terre ont disparu et la mer n'est plus.

2 Et la cité sainte, la Jérusalem nouvelle, je la vis qui descendait du ciel, d'auprès de Dieu, prête comme une épouse qui s'est parée pour son époux.

3 Et j'entendis, venant du trône, une voix forte qui disait : Voici la demeure de Dieu avec les hommes. Il demeurera avec eux. Ils seront ses peuples et lui sera le *Dieu qui est avec eux.*

4 Il essuiera toute larme de leurs yeux. La mort ne sera plus. Il n'y aura plus ni deuil, ni cri, ni souffrance, car le monde ancien a disparu.

5 Et celui qui siège sur le trône dit : Voici, je fais toutes choses nouvelles. Puis il dit : Ecris : ces paroles sont certaines et véridiques.

6 Et il me dit : C'en est fait. Je suis l'Alpha et l'Oméga, le commencement et la fin. À celui qui a soif, je donnerai de la source d'eau vive, gratuitement.

7 Le vainqueur recevra cet héritage,

et je serai son Dieu et lui sera mon fils.

8 Quant aux lâches, aux infidèles, aux dépravés, aux meurtriers, aux impudiques, aux magiciens, aux idolâtres et à tous les menteurs, leur part se trouve dans l'étang embrasé de feu et de soufre : c'est la seconde mort.

La Jérusalem nouvelle

9 Alors l'un des sept *anges qui tenaient les sept coupes pleines des sept derniers fléaux vint m'adresser la parole et me dit : Viens, je te montrerai la fiancée, l'épouse de l'agneau.

10 Il me transporta en esprit sur une grande et haute montagne, et il me montra la cité sainte, Jérusalem, qui descendait du ciel, d'auprès de Dieu.

11 Elle brillait de la gloire même de Dieu. Son éclat rappelait une pierre précieuse, comme une pierre d'un jaspe cristallin[1].

12 Elle avait d'épais et hauts remparts. Elle avait douze portes, et, aux portes, douze anges et des noms inscrits : les noms des douze tribus des fils d'Israël.

13 À l'orient trois portes, au nord trois portes, au midi trois portes et à l'occident trois portes.

14 Les remparts de la cité avaient douze assises, et sur elles les douze noms des douze *apôtres de l'agneau.

1. *jaspe :* pierre fine teintée de vert et de rouge.

15 Celui qui me parlait tenait une mesure, un roseau d'or,
pour mesurer la cité, ses portes et ses remparts.

16 La cité était carrée : sa longueur égalait sa largeur. Il la mesura au roseau,
elle comptait 12.000 stades[1] : la longueur, la largeur et la hauteur en étaient égales.

17 Il mesura les remparts, ils comptaient 144 coudées,
mesure humaine que l'ange utilisait.

18 Les matériaux de ses remparts étaient de jaspe,
et la cité était d'un or pur semblable au pur cristal.

19 Les assises des remparts de la cité s'ornaient de pierres précieuses de toute sorte.
La première assise était de jaspe, la deuxième de saphir, la troisième de calcédoine, la quatrième d'émeraude,

20 la cinquième de sardoine, la sixième de cornaline,
la septième de chrysolithe, la huitième de béryl,
la neuvième de topaze, la dixième de chrysoprase,
la onzième d'hyacinthe, la douzième d'améthyste[2].

21 Les douze portes étaient douze perles.
Chacune des portes était d'une seule perle.
Et la place de la cité était d'or pur comme un cristal limpide.

22 Mais de *temple, je n'en vis point dans la cité,
car son temple, c'est le Seigneur, le Dieu Tout-Puissant ainsi que l'agneau.

23 La cité n'a besoin ni du soleil ni de la lune pour l'éclairer,
car la gloire de Dieu l'illumine et son flambeau c'est l'agneau.

24 Les nations marcheront à sa lumière,
et les rois de la terre y apporteront leur gloire.

25 Ses portes ne se fermeront pas au long des jours,
car, en ce lieu, il n'y aura plus de nuit.

26 On y apportera la gloire et l'honneur des nations.

27 Il n'y entrera nulle souillure, ni personne qui pratique abomination et mensonge,
mais ceux-là seuls qui sont inscrits dans le livre de *vie de l'agneau.

22 1 Puis il me montra un fleuve d'eau vive, brillant comme du cristal,
qui jaillissait du trône de Dieu et de l'agneau.

2 Au milieu de la place de la cité et des deux bras du fleuve,
est un arbre de *vie produisant douze récoltes.
Chaque mois il donne son fruit,
et son feuillage sert à la guérison des nations.

3 Il n'y aura plus de malédiction. Le trône de Dieu et de l'agneau sera dans la cité et ses serviteurs lui rendront un culte,

4 ils verront son visage et son nom sera sur leurs fronts.

5 Il n'y aura plus de nuit,
nul n'aura besoin de la lumière du flambeau ni de la lumière du soleil, car le Seigneur Dieu répandra sur eux sa lumière,

---

1. Voir au glossaire POIDS ET MESURES.
2. Les v. 19-20 énumèrent 12 variétés de pierres fines ou précieuses.

et ils régneront aux siècles des siècles.

Je viens bientôt

6 Puis il me dit : Ces paroles sont certaines et véridiques; le Seigneur, le Dieu des esprits des *prophètes, a envoyé son *ange, pour montrer à ses serviteurs ce qui doit arriver bientôt.

7 Voici, je viens bientôt[1]. Heureux celui qui garde les paroles prophétiques de ce livre.

8 Moi, Jean, j'ai entendu et j'ai vu cela. Et, après avoir entendu et vu, je me prosternai, pour l'adorer, aux pieds de l'ange qui me montrait cela.

9 Mais il me dit : Garde-toi de le faire ! Je suis un compagnon de service, pour toi et pour tes frères les prophètes, et pour ceux qui gardent les paroles de ce livre. C'est Dieu que tu dois adorer.

10 Puis il me dit : Ne garde pas secrètes les paroles prophétiques de ce livre, car le temps est proche.

11 Que l'injuste commette encore l'injustice et l'impur vive encore dans l'impureté, mais que le juste pratique encore la justice et que le saint se *sanctifie encore.

12 Voici, je viens bientôt, et ma rétribution est avec moi, pour rendre à chacun selon son oeuvre.

13 Je suis l'Alpha et l'Oméga,

le Premier et le Dernier, le commencement et la fin.

14 Heureux ceux qui lavent leurs robes, afin d'avoir droit à l'arbre de *vie, et d'entrer, par les portes, dans la cité.

15 Dehors les chiens[1] et les magiciens, les impudiques et les meurtriers, les idolâtres et quiconque aime ou pratique le mensonge !

16 Moi, Jésus, j'ai envoyé mon ange pour vous apporter ce témoignage au sujet des églises[2]. Je suis le rejeton et la lignée de David, l'étoile brillante du matin.

17 L'Esprit et l'épouse disent : Viens ! Que celui qui entend dise : Viens ! Que celui qui a soif vienne, Que celui qui le veut reçoive de l'eau vive, gratuitement.

18 Je l'atteste à quiconque entend les paroles prophétiques de ce livre : Si quelqu'un y ajoute, Dieu lui ajoutera les fléaux décrits dans ce livre.

19 Et si quelqu'un retranche aux paroles de ce livre prophétique, Dieu retranchera sa part de l'arbre de vie et de la cité sainte qui sont décrits dans ce livre.

20 Celui qui atteste cela dit : Oui, je viens bientôt. Amen, viens Seigneur Jésus[3] !

21 La grâce du Seigneur Jésus soit avec tous !

---

1. Voir Dt 23.19 ; Ph 3.2 : désignation des dépravés.
2. Ou *au milieu des églises*.
3. Voir 1 Co 16.22 et note.

---

1. C'est le Ressuscité qui parle (voir v. 12, 16, etc.).

GLOSSAIRE

Agrippa Voir *HERODE

Alliance Terme technique qui désigne le *lien* que Dieu établit
— soit avec l'humanité tout entière en la personne de Noé (Gn 9.9-17)
— soit avec un homme, comme Abraham (Gn 15.18), ou David (Ps 89.4-5)
— soit avec le peuple d'Israël (Ex 19.5-6).
Cette alliance est toujours accompagnée d'une promesse, et souvent confirmée par un *sacrifice (Gn 15.9-17; Ex 24.3-8).
Les *prophètes annoncent que Dieu conclura une *alliance nouvelle* avec son peuple (Jr 31.31-34). Selon le NT la mort de Jésus établit cette alliance nouvelle et l'étend à tous les hommes (Mt 26.28; cf. 2 Co 3.6).
Le même mot grec a aussi le sens de *testament* (He 9.16-17). L'expression *Ancien Testament* (2 Co 3.14) désigne les livres de l'ancienne alliance, de même que *Nouveau Testament* désigne les livres bibliques de la nouvelle alliance.

Amen Mot hébreu conservé tel quel dans le NT et signifiant : *c'est vrai, il en est bien ainsi*, ou *qu'il en soit bien ainsi !*
En Ap 3.14 il sert de titre pour désigner le Christ.

Anciens
1) Dans le *Judaïsme du temps de Jésus les *anciens* étaient des chefs de famille, qui détenaient une autorité dans la vie civile et religieuse. Les Evangiles (Mt 16.21 etc) et les Actes (4.5; 22.5 etc) associent souvent les anciens aux *scribes et aux *grands prêtres (voir SANHEDRIN).
2) Dans Ac 11-21 et dans les épîtres les *anciens* sont les responsables des communautés chrétiennes locales.
3) En 2 Jn 1 et 3 Jn 1 *l'Ancien* est un titre, qui semble désigner un représentant de la première génération chrétienne.
4) Dans l'Apocalypse (4.4; 5.5 etc) les *vingt-quatre anciens* représentent peut-être symboliquement l'ensemble du peuple de Dieu.

Ange *L'ange du Seigneur* est une expression empruntée à l'AT pour indiquer généralement une intervention de Dieu lui-même (voir Mt 3.2 note).
En général et comme dans le *Judaïsme de la même époque le NT présente les *anges* comme des messagers directs (Lc 2.9-10; Ac 7.30) et même comme des commissionnaires de Dieu (Mt 4.6, 11; 13.49 etc). Le terme *archange* désigne un ange de rang supérieur (1 Th 4.16; Jude 9).
Le NT mentionne aussi des *anges de *Satan* (Mt 25,41; 2 Co 12.7; Ap 12.7, 9) pour désigner des en-

voyés ou des représentants du
*diable.

Enfin les *anges* sont parfois
considérés comme les gardiens de
certains hommes ou leurs représentants auprès de Dieu (Mt
18.30; Ac 12.15). Dans Ap 2-3 les
anges des églises sont probablement les représentants de ces
églises.

Apôtre Ce titre désigne un *envoyé* du Christ. Le NT l'attribue
notamment aux Douze, c'est-à-
dire aux hommes que Jésus avait
choisis pour l'accompagner. Mais
Paul, parce qu'il a vu le Christ
ressuscité (1 Co 9.1), revendique
ce titre lui aussi (Ga 1.1).
Le NT applique également cette
appellation à d'autres personnes
connues pour leur activité missionnaire (Ac 14.14; Rm 16.7).

Autel L'*autel* est l'emplacement
en forme de table où sont offerts
les *sacrifices. Les *cornes* (Ap
9.13) situées aux quatre coins de
l'autel étaient considérées comme
la partie la plus sacrée de celui-ci.

Avènement Ce terme désigne la
venue glorieuse du Christ à la fin
des temps (2 P 3.4; 1 Jn 2.28).
Voir *JOUR.

Berger Homme chargé de
conduire un troupeau vers les pâ-
turages et à veiller à la sécurité
des moutons et des chèvres qui lui
sont confiés.
Dans la Bible ce terme sert souvent d'image pour désigner les
conducteurs du peuple d'Israël
(voir par exemple Mt 9.36). *Jésus*
s'est décrit lui-même comme le
bon berger (Jn 10.11).

La tâche qui revient aux responsables des communautés chrétiennes est souvent comparée,
dans le NT, à celle des bergers
(cf. Jn 21.15-18; Ac 20.28-29 etc).

**Blasphème — Blasphémer —
Blasphémateur** Les *Juifs
contemporains de Jésus considéraient comme *blasphème* toute
parole jugée insultante pour
l'honneur de Dieu. En s'appuyant
sur l'AT (Lv 24.11-16) ils réclamaient la peine de mort contre le
blasphémateur.
Jésus a été accusé de *blasphémer*
(Mt 9.3; Jn 10.33-36), et le *Sanhédrin l'a condamné pour blasphème (Mc 14.62-64).
Le NT qualifie aussi de blasphème l'opposition au Christ (1
Tm 1.13) ou au Saint Esprit (Lc
12.10).

César Nom porté par les premiers empereurs de Rome. Dans
le NT il est l'équivalent courant
du titre d'*empereur.*

Christ (Messie) Les rois d'Israël
(et les *grands prêtres) recevaient
l'*onction* d'huile comme signe de
leur nouvelle fonction (1 S 10.1).
C'est pourquoi les rois portaient
le titre d'*oint* (en hébreu MA-
CHIA, transcrit *Messie* en français; ou en grec CHRISTOS,
transcrit *Christ*).
Le titre de *Messie* ou *Christ* a été
transféré au roi sauveur dont les
*Juifs attendent la venue à la fin
des temps. Le NT rapporte le témoignage des hommes qui ont
reconnu ce *Christ* en la personne
de *Jésus* (Mt 16.16).

Ciel — Cieux — Céleste Le NT reprend l'usage que les *Juifs du premier siècle faisaient du mot *ciel*. Outre son sens habituel (Mt 16.3) ce mot désigne souvent le *domaine particulier de Dieu* (voir Mt 6.9-10; Jn 1.51 etc).

Par extension il en vient à désigner *Dieu lui-même* dans des tournures employées pour parler de Dieu sans avoir à le nommer expressément (voir Mt 3.2 note). C'est en ce sens qu'il faut comprendre, entre autres, des expressions comme « le *royaume des cieux » (voir l'article consacré à cette expression), « un *ange du ciel » (Ga 1.8), ou l'aveu du fils prodigue : « j'ai péché envers le ciel » (Lc 15.18).

Circoncision — Circoncis — Incirconcision — Incirconcis La *circoncision* est pratiquée chez les *Juifs sur les garçons nouveau-nés une semaine après leur naissance (Lc 2.21). C'est une opération rituelle qui consiste à exciser le prépuce.

La circoncision est le signe par excellence qu'un homme est membre d'Israël, le peuple de l'*Alliance (Gn 17). D'où l'appellation de *circoncis* pour désigner les *Juifs. En Ga 2.12 cette appellation est étendue aux chrétiens d'origine juive partisans de maintenir cette pratique. Inversement les *païens sont appelés parfois les *incirconcis*.

L'apôtre Paul a milité pour que la circoncision ne soit pas imposée aux nouveaux chrétiens d'origine païenne (1 Co 7.18-19; Ga 2.3-6; 5.2-4).

La *circoncision du coeur* (Rm 2.28-29) est l'expression imagée d'une disponibilité entière au service de Dieu.

Coeur Le mot *coeur* est assez rarement employé au sens propre dans le NT. Mais au sens figuré les langues bibliques l'utilisent avec des nuances parfois inhabituelles au français.

1) Il désigne ainsi souvent le *centre caché de l'homme,* l'endroit intérieur et secret où la personnalité de l'homme est, pour ainsi dire, concentrée (Mt 12.34; 15.19; 1 Co 4.5; Ep 1.18). Le coeur est alors comme le résumé de l'homme tout entier, si bien que l'expression *dans leur coeur* est sensiblement équivalente à *au plus profond d'eux-mêmes* (par exemple Rm 2.15).

2) Le coeur est parfois regardé comme le siège des *sentiments* (Jn 16.6), mais aussi de la *pensée* (Mc 2.6, 8; 6.52; Lc 3.15 etc) et de la *volonté* (Rm 10.1; 2 Co 9.7).

Démon Expressions synonymes : *esprit impur* ou, plus simplement, *esprit.* L'idée que le NT se fait des *démons* est commune au milieu culturel juif du premier siècle de notre ère : ce sont des êtres spirituels au service de *Satan. On regardait les démons comme responsables de diverses maladies et infirmités, notamment des maladies nerveuses (Mc 9.15-18) ou mentales (Mc 5.2-5). C'est pourquoi *chasser le démon* d'un homme possédé (appelé parfois *démoniaque :* Mt 4.24; 8.16) est synonyme de guérir le malade.

Des gens faisaient métier de chasser les démons (Mt 12.27; Mc 9.38; Ac 19.13); ils utilisaient des procédés plus ou moins magiques. Mais Jésus manifeste sa supériorité sur les démons par le seul pouvoir de sa parole (Mc 5.9). Plusieurs passages du NT considèrent que le culte rendu aux idoles s'adresse en réalité aux démons (1 Co 10.20-21; Ap 9.20).

Diable Voir *SATAN

Disciple Dans le NT le mot *disciple* désigne *l'élève* d'un maître (par exemple Jean le Baptiste : Mc 2.18; voir aussi Mt 10.24-25). Parfois même, en un sens plus large, il qualifie les *adeptes* d'un chef de file (par exemple Moïse : Jn 9.29) ou d'une tendance religieuse (par exemple celle des *pharisiens : Mt 22.16).
L'usage le plus fréquent du mot concerne les *disciples de Jésus*. Le NT désigne ainsi les douze hommes que Jésus avait choisis pour l'accompagner (Mt 10.1), mais aussi un groupe plus étendu (Lc 10.1), et même le cercle encore plus large des gens qui ont accepté son enseignement (Jn 4.1; 7.3; 19.38 etc). Le propre du disciple est de *suivre* Jésus (Mt 8.22; 10.38; 19.27 etc; cf. Mc 9.38).
Dans le livre des Actes (6.1-2 etc) le terme *disciple* sert à désigner les membres de la communauté chrétienne, en alternance avec d'autres appellations comme *les frères* (Ac 1.15), *les croyants* (Ac 2.44), *les chrétiens* (Ac 11.26).

Docteurs de la Loi Voir *LEGISTES

Evangile — Evangéliste *Evangile* est la transcription d'un mot grec signifiant *bonne nouvelle*. Dans le NT cette bonne nouvelle concerne toujours la personne et l'oeuvre de Jésus, même dans l'expression *l'Evangile de Dieu* (Rm 1.1).
Un *évangéliste* est un homme qui transmet cette bonne nouvelle à d'autres (Ac 21.18; Ep 4.11; 2 Tm 4.5).
Le mot *évangile* est utilisé dans notre traduction avec diverses nuances de sens; il peut désigner :
— le *message* même de bonne nouvelle et son contenu, en particulier dans l'expression caractéristique de l'apôtre Paul *mon évangile* (Rm 2.16; cf. 2 Th 2.14), c'est-à-dire « l'évangile que je prêche »;
— mais aussi la *proclamation de ce message,* comme en Ph 4.3; il est alors l'équivalent d'*évangélisation.*
Par extension le langage courant utilise le mot *évangile* pour désigner les livres rapportant les paroles et les actes de Jésus : Evangile selon s. Matthieu, les quatre Evangiles etc (voir Mc 1.1).

Fils de David C'est un titre donné au *Messie attendu par les *Juifs contemporains de Jésus. Il provient de la promesse faite jadis au roi David par l'intermédiaire du prophète Natan (2 S 7.12, 14-16; voir aussi Jr 23.5; 33.15, 17; Mi 5.1; Ps 89.30, 37; 132.11).
Etant donné cette promesse le roi-sauveur attendu devait être un *descendant de David.*

Fils de l'homme Sauf en Ac 7.56
et Jn 12.34 l'expression *le Fils de
l'homme* apparaît toujours dans
le NT comme prononcée par Jésus lui-même. Dans de nombreux
cas il est évident que ce titre lui
servait à se désigner lui-même.
En certains passages l'expression
évoque l'autorité d'un personnage
encore *à venir*, le juge de la fin
des temps (Mt 16.27; 19.28;
25.31-32; 26.64; Lc 19.28; Jn
5.26-29). Cet emploi est sans
doute inspiré de Dn 7.13.
En d'autres passages le même
titre fait au contraire allusion à la
faiblesse, au dénuement (Mt 8.20),
et aussi aux souffrances de Jésus
(Mt 17.22-23; 20.18; 26.2, 24, 45
par.; Mc 8.31; Jn 6.53).
Une troisième catégorie de textes
combine les deux emplois ci-dessus, évoquant à la fois la présence
et l'autorité du Fils de l'homme
(Mt 9.6 par.; 12.8 par.; 13.37; Jn
9.35).
Peut-être Jésus a-t-il préféré ce
titre nouveau et mystérieux pour
éviter celui de *Christ-Messie, que
l'usage populaire interprétait en
un sens difficilement compatible
avec l'Evangile (cf. Mc 8.29-33).

Géhenne Ce mot est la transcription de l'hébreu *Gué-Hinnom*
(vallée de Hinnom). La vallée
ainsi désignée, située au sud de
Jérusalem, était tristement célèbre
par les sacrifices d'enfants et les
cultes idolâtres qu'on y avait pratiqués (2 R 16.3).
Ce nom est devenu synonyme de
lieu de malédiction, où devaient
être envoyés ceux qui tombe-
raient sous la condamnation de
Dieu.

Grand prêtre — Grands prêtres
Le *grand prêtre* (Lv 21.10-12)
était le chef des divers officiants
du *Temple, à savoir les *prêtres
et les lévites (sur ce dernier terme
voir Lc 10.32 note). Responsable
spirituel d'Israël, il était le médiateur entre le peuple et Dieu. Au
grand jour des expiations, c'est
lui qui offrait le sacrifice de sang
dans le lieu très saint du Temple
(He 9.7). Il présidait aussi le
*Sanhédrin.
Le NT emploie plusieurs fois l'expression *les grands prêtres* pour
désigner à la fois les anciens
grands prêtres encore en vie et les
membres des quatre familles sacerdotales au sein desquelles on
choisissait le grand prêtre en
fonction.
L'épître aux Hébreux présente
Jésus comme le grand prêtre
idéal et définitif (He 4.14; 7.26-
27 etc).

Hadès C'est le nom grec du lieu
que les Israélites nommaient le
séjour des morts.
L'Apocalypse (6.8; 20.13-14) personnifie *l'Hadès* comme elle le
fait aussi pour la puissance de la
mort.

Hérode Le NT désigne sous ce
nom trois personnages de la
même famille :
— Hérode le Grand (Mt 2; Lc
1.5); voir 1) ci-après.
— Hérode Antipas (Mt 14; Mc 6;
8.15; Lc 3; 8.3; 9.23; Ac 4.27;
13.1); voir 4) ci-après.
— Hérode Agrippa I (Ac 12):
Voir 6) ci-après.

1) HÉRODE LE GRAND, l'ancêtre de cette famille, régna sur l'ensemble de la Palestine de 37 à 4 av. J. C. (Mt 2.1 note).
Le NT mentionne plusieurs de ses descendants :
A. — ses fils :
2) HÉRODE-PHILIPPE (Mc 6.17 note).
3) ARCHELAÜS (Mt 2.22 note) qui succéda à son père pendant 9 ans à Jérusalem et fut ensuite déposé par les Romains.
4) HÉRODE ANTIPAS, qui régna sur la Galilée et la Pérée de 4 av. J. C. à 39 ap. J. C. avec le titre de *tétrarque*. Voir Mc 1.14 note; 6.14 note.
5) PHILIPPE LE TÉTRARQUE (Mc 8.27 note), qui régna sur les districts Nord-Est de la Palestine entre les années 4 av. J. C. et 34 ap. J. C.
B. — les petits-enfants d'Hérode le Grand :
6) HÉRODE-AGRIPPA I, qui régna sur le Nord puis sur l'ensemble de la Palestine de 37 à 44 ap. J. C. (Ac 12.1 note).
7) HÉRODIADE (Mc 6.17), qui quitta son mari (et oncle) Hérode-Philippe (2) pour épouser Hérode-Antipas (4).
C. — arrière-petits-enfants d'Hérode le Grand :
8) HÉRODE-AGRIPPA II, fils d'Hérode-Agrippa I; il régna avec le titre de roi à partir de l'an 48 ap. J. C. sur un territoire constamment agrandi. C'est devant lui que comparut l'apôtre Paul (Ac 25.13 note).
9) BÉRÉNICE et DRUSILLE (Ac 24.24 note) étaient les soeurs du précédent.

Imposer les mains — Imposition des mains *L'imposition des mains* est un geste qui consiste à poser les mains sur la tête de quelqu'un. Le NT mentionne l'imposition des mains en diverses circonstances :
1) pour accompagner une bénédiction (Mt 19.13);
2) lors de guérisons (Mt 9.18; 16.18; Lc 4.40; Ac 28.8);
3) en relation avec le don du Saint Esprit (Ac 8.17-19) et le baptême (Ac 19.6);
4) lorsqu'un homme se voit confier une responsabilité dans l'Eglise ou dans la mission chrétienne (Ac 6.6; 13.3; 1 Tm 4.14 etc).

Impur — Impureté Voir *PUR

Incirconcis — Incirconcision Voir *CIRCONCISION

Jeûne — Jeûner Le *jeûne* consiste à s'abstenir de manger et de boire pendant un temps déterminé. Comme les Israélites de l'AT les *Juifs pratiquaient le jeûne pour des motifs religieux : on voulait ainsi accompagner la prière ou exprimer une humiliation devant Dieu (Jl 2.12, 15; Jon 3.5-9).
Le jeûne était pratiqué communautairement (par exemple au grand jour des expiations : Nb 29.7-11; Ac 27.9), ou individuellement. Les *pharisiens s'imposaient de jeûner deux fois par semaine (Lc 18.12).
Jésus s'est opposé à l'aspect formaliste de cette pratique (Mt 6.16-18). Les premières communautés chrétiennes ont conservé

la pratique du jeûne occasionnel (Ac 13.2-3; 14.23).

Joug Le *joug* est une pièce de bois assez pesante servant à atteler des boeufs à un chariot ou à une charrue; on l'attache sur la nuque des animaux.
Le NT n'emploie ce mot qu'au sens symbolique pour exprimer la *contrainte* qui pèse sur certains hommes : par exemple les esclaves (1 Tm 6.1), ou les *Juifs, soumis aux obligations de la *Loi. En contraste avec ces obligations le *joug* que Jésus propose à ses *disciples est doux à supporter. C'est sans doute une manière imagée de parler de son enseignement (Mt 11.29-30).

Jour Les *prophètes avaient annoncé le *jour du Seigneur* (Es 2.12; Am 5.18) comme le jour où Dieu viendrait juger définitivement aussi bien Israël que les nations païennes.
Le NT reprend cette attente d'un jour décisif, mais il applique l'expression à l'*avènement glorieux du Christ (Ph 1.6; 2.16 etc).
Selon les situations ce *jour* est attendu soit comme le *jour de la colère* de Dieu (Rm 2.5), le jour du jugement (Mt 10.15; 1 Co 3.13), soit au contraire comme le jour de la *délivrance* (Ep 4.30). L'expression *en ce jour-là* (Mt 7.22; Lc 10.12 etc) est presque toujours une allusion à cette période finale.

Juif — Juifs — Judaïsme Depuis le retour de l'exil l'appellation *les Juifs* désigne les membres du peuple d'Israël. Les Juifs se distinguent des autres peuples en particulier par leur observance du *sabbat et la pratique de la *circoncision (voir aussi *PUR — IMPUR). Leur religion est le Judaïsme (Ga 1.13).
Les *païens convertis au judaïsme étaient appelés *prosélytes* (voir Mt 23.15 note), et les sympathisants *adorateurs de Dieu* ou *ceux qui craignent Dieu* (Ac 13.16 note).
En Ga 2.13 l'appellation *les Juifs* est appliquée à des chrétiens d'origine juive.
Dans l'Evangile selon Jean la même appellation désigne souvent les *autorités* civiles ou religieuses du peuple juif.

Légistes Comme les *scribes auxquels ils sont parfois assimilés, les *légistes* ou *docteurs de la Loi* étaient les spécialistes de la Bible d'Israël (notre Ancien Testament). Ils étaient chargés de l'expliquer et de l'enseigner.

Lèpre — Lépreux La Bible utilise le même terme pour désigner, à côté de la lèpre proprement dite, aussi d'autres maladies de peau.
Tout homme déclaré *lépreux* était considéré comme *impur, c'est-à-dire qu'il était exclu de la vie communautaire : les lépreux devaient vivre hors des villes et des villages, à bonne distance des bien-portants (Lc 17.12).
Jésus ne s'est pas laissé arrêter par ces interdictions; il a approché et guéri (le NT dit *purifié) de nombreux lépreux (Mt 8.3; 11.5 etc).
La *loi juive exigeait que la guérison d'un lépreux soit constatée par un *prêtre et suivie d'un *sa-

crifice (Lv 14.1-32; cf. Mt 8.4; Lc 17.14).

Levain C'est un ferment naturel qu'on mélange à la pâte à pain pour la faire lever. Voir *PAINS SANS LEVAIN.
Le mot est employé d'une manière imagée en Mt 16.6, 11-12 et par., ainsi qu'en 1 Co 5.6-8 et Ga 5.9, avec des nuances péjoratives.

Loi Ce terme désigne d'abord l'ensemble des commandements de Dieu pour Israël, en particulier ceux que Moïse promulga au Sinaï (Ex 20).
Par extension *la Loi* en vint à désigner parfois les livres où sont consignés ces commandements, c'est-à-dire essentiellement les *cinq premiers livres de la Bible*. *La Loi* équivaut alors à l'expression *les livres de Moïse* (voir 2 Co 3.15 note). En un sens encore plus large elle désigne l'ensemble de l'AT (Jn 10.34; Rm 3.19 etc), dans le même sens que l'expression *la Loi et les prophètes*.
L'apôtre Paul utilise parfois le même mot pour parler d'une force qui pousse l'homme à agir — en bien ou en mal selon les cas; par exemple Rm 7.22-23; 8.2.

Messie Voir *CHRIST

Ministère — Ministre *ministère* traduit le mot grec *diaconia,* qui exprime l'idée de *service;* et *ministre* rend un mot de la même racine qui signifie *serviteur*.
Ces termes de *ministère* (Rm 11.13; 1 Co 12.5 etc) et de *ministre* (2 Co 3.6; Ep 3.7 etc) ont été adoptés pour la traduction lorsqu'il s'agissait du service as-

suré par des hommes qui travaillent à propager l'*Evangile.
Le même mot grec a été traduit par *diacre* (Ph 1.1) — au féminin *diaconesse* (Rm 16.1) — lorsque le service portait plutôt sur l'entr'aide fraternelle (voir 1 Tm 3.8 note).

Monde Trois mots grecs ont été traduits par *monde :*
1) Le premier désigne la terre habitée, le monde entier; il ne fait pas difficulté.
2) Le second est parfois rendu par *siècle (voir ce mot); quand il a été traduit par *monde,* il désignait le monde *actuel,* en général par opposition au monde *à venir*.
3) Les renvois au présent article ne concernent que le troisième. Selon les contextes celui-ci peut désigner :
a) *l'univers créé* par Dieu (Jn 1.10; Rm 4.13);
b) *le monde d'ici-bas,* par contraste avec le monde de Dieu (voir *CIEL) et Dieu lui-même (Jn 17.14; 18.36);
c) *l'humanité dans son ensemble* (Mt 5.14; Jn 3.16-17; 17.11, 13);
d) *l'humanité* considérée du point de vue de son *opposition à Dieu* et au Christ (Jn 7.7; 17.14; 1 Jn 2.15-16 etc). C'est dans cette même ligne de pensée que le NT évoque parfois la figure du *prince de ce monde* (voir *SATAN) : Jn 12.31 etc.

Monnaies Le *denier :* unité de monnaie romaines (Jn 6.7; 12.5; Ap 6.6). Il représentait le salaire journalier d'un ouvrier agricole (Mt 20.2). Pièce en argent.

La *drachme :* ancienne monnaie grecque, en argent; elle équivalait au denier.

Le *didrachme :* cette pièce valait deux drachmes, et représentait le montant de l'impôt personnel que les Israélites devaient verser annuellement pour le *Temple (Mt 17.24).

Le *statère :* 4 drachmes, (c'est-à-dire deux fois le montant de l'impôt pour le Temple : Mt 17.27).

La *mine* (Lc 19.16) correspondait à 100 deniers.

Le *talent* valait 6.000 deniers (Mt 18.24; 25.13).

La *mine* et le *talent* étaient des unités de compte : il n'existait pas de pièce correspondant à cette valeur. Voir *POIDS ET MESURES.

Mystère — Mystérieux Dans le NT le mot *mystère* évoque en général le *plan de Dieu* pour sauver le monde; mais ce mot indique en même temps que
a) ce plan était resté *caché;*
b) il est maintenant *dévoilé* (en la personne du Christ).

Ce terme apparaît surtout dans les écrits de l'apôtre Paul : Rm 11.25; 1 Co 2.7; Ep 3.3; Col 1.27 etc.

En Mc 4.11 il désigne la *présence cachée* du *règne de Dieu en la personne de Jésus. En Ap 10.7 il représente le plan de Dieu au moment de son achèvement.

En Ap 17.5 l'adjectif *mystérieux* évoque le secret du nom porté par la « grande prostituée. » En 2 Th 2.7 le *mystère de l'impiété* semble désigner une force secrète adversaire de Dieu, qui sera démasquée au dernier jour.

Nom Pour le NT comme pour l'AT le *nom* d'une personne est étroitement lié à celle-ci; à tel point que ce nom désigne parfois *la personne elle-même,* par exemple Dieu, ou le Christ (Jn 12.28; 17.6, 11; Ac 3.16 etc).

L'expression *au nom de ...* est très fréquente; elle exprime diverses nuances :

1) faire des miracles (Mt 7.22 etc), chasser des *démons (Mc 9.38 etc), prier (Jn 14.13-14) *au nom de Jésus,* c'est faire ces choses en prononçant le nom de Jésus, donc en communion avec lui.

2) *Baptiser au nom de ...* (Mt 28.19; Ac 8.16; 1 Co 1.13), c'est attacher quelqu'un, par le baptême, à celui dont on prononce le nom.

3) *Prophétiser (Mt 7.22 etc), être envoyé (Jn 14.26) ou accueillir quelqu'un (Mt 18.5) *au nom de Jésus,* c'est faire ces choses comme un représentant de Jésus. *Invoquer le nom* (du Seigneur) est une expression empruntée à l'AT. Elle signifie, au sens propre, qu'on fait appel à Dieu ou qu'on s'adresse à lui par la prière. Le NT l'emploie aussi au sens figuré : *ceux qui invoquent le nom du Seigneur* sont ceux qui se réclament du Seigneur, c'est-à-dire ses disciples.

Onction — Oindre Lors de la cérémonie antique d'*onction* (voir *CHRIST) on versait de l'huile sainte sur la tête du nouveau roi — ou du nouveau *grand prêtre. Ce personnage était désormais un *oint du Seigneur* (cf. Za 4.14; Ac 4.27 etc).

Au sens figuré le qualificatif *oint* désigne donc l'homme que Dieu a *choisi* pour une mission de salut (Lc 4.18).

Dans le NT *l'onction* sert aussi d'image pour décrire le don du Saint Esprit (2 Co 1.21) ou de la Parole de Dieu (1 Jn 2.20) reçu par le croyant.

Orgueil — S'enorgueillir Notre traduction a rendu ainsi en particulier un nom et un verbe grecs de la même famille, fréquents surtout dans les écrits de l'apôtre Paul. Ils expriment les idées de satisfaction personnelle, de fierté, et parfois même de vantardise. A un premier niveau (Rm 2.17, 23; 3.27; 1 Co 1.29; 3.21; 4.7; 5.6 etc) ces termes font allusion à la prétention orgueilleuse de l'homme qui croit à sa propre valeur, et qui oublie qu'il doit à Dieu tout ce qu'il est et tout ce qu'il a.
A un second niveau (Rm 5.2-3, 11; 15.17 etc) ces mots expriment la nouvelle assurance que l'homme trouve en se confiant au Christ et en travaillant à son service (voir aussi, bien que la traduction soit différente : 2 Co 1.12; 7.4; Ph 1.26; 2.16; 1 Th 2.19).

Païen — Païens — Paganisme Dans le NT le terme *païen* désigne essentiellement des individus ou des nations *qui ne sont pas* *juifs.
Mais en des passages comme Ga 2.11; Ep 3.1 (voir aussi Rm 16.4) cette appellation est étendue à des *chrétiens d'origine païenne* (par opposition à des chrétiens d'origine juive).

Enfin en 1 P 2.12; 4.3 l'appellation *les païens* semble même désigner les non-chrétiens.

Pains sans levain Voir *LE-VAIN
Au moment de la *Pâque les *Juifs étaient tenus de faire disparaître de leurs maisons toute trace de pain levé et de ne consommer pendant une semaine que des pains non levés (Ex 12.15-20; 13.3-10).
En 1 Co 5.8 l'expression *pains sans levain* est employée au sens figuré pour souligner la nouveauté de la vie chrétienne.

Pâque *La Pâque* est l'une des grandes fêtes que les *Juifs contemporains de Jésus venaient célébrer à Jérusalem. Elle avait lieu au printemps et commémorait la sortie d'Egypte (Dt 16.1-8). La célébration de la Pâque était marquée par les *jours des *pains sans levain* (Ex 12.15-20; cf. Ac 12.3; 20.6) et par le repas familial au cours duquel était consommé *l'agneau pascal* (Ex 12.1-14).
Les trois premiers Evangiles décrivent le dernier repas de Jésus comme un repas pascal (Mc 14.12-25 par.). Le quatrième Evangile fait ressortir que la mort de Jésus a coïncidé avec le sacrifice de l'agneau pascal (Jn 18.28; 19.14, 31, 36, 42; cf. 1 Co 5.7).

Parabole Ce mot est emprunté au grec. Le NT l'emploie comme un terme technique pour désigner *une manière de parler par images*. Ce genre d'enseignement indirect était familier à Jésus : à l'aide de comparaisons brèves

(Mt 5.13, 14) ou de récits plus étoffés empruntés à la vie quotidienne ou à l'actualité (Mt 13.24-30; Lc 15.11-32), Jésus présentait à ses auditeurs une réalité que ceux-ci avaient ignorée ou mal saisie jusqu'alors (Mc 4.33; Mt 13.35).

Cependant des passages comme Mc 4.11; 7.17 utilisent le terme *parabole* avec une nuance différente : la parabole est comprise ici comme un *enseignement énigmatique*. En effet l'image proposée par la parabole n'a effectivement aucun sens pour ceux qui n'accueillent pas le message de Jésus.

Pasteur Voir *BERGER

Pécheur — Pécheresse En de nombreux passages du NT ce terme désigne une personne qui est en état de désobéissance à l'égard de Dieu, donc en situation de rupture avec lui (Mt 26.45; Jn 9.16; Rm 5.8 etc).

Mais dans les Evangiles *pécheur* est aussi l'appellation péjorative que les *scribes et les *pharisiens appliquaient aux *Juifs qui n'observaient pas la *Loi et ne pratiquaient pas la religion commune (Mc 2.16; Lc 7.37; 19.7 etc). On traitait ainsi de *pécheurs* les collecteurs d'impôts (voir Mc 2.15 note). Jésus lui-même a été qualifié de pécheur par ses adversaires (Jn 9.24).

Pentecôte Avant de devenir aussi une fête chrétienne, *la Pentecôte* fut une des grandes fêtes que les *Juifs venaient célébrer à Jérusalem (Ac 2.1, 5). Elle avait lieu au temps des moissons, cinquante

jours après la *Pâque — d'où son nom (*penteconta* signifie cinquante en grec).

Lors de la Pentecôte les Juifs commémoraient la promulgation de la *Loi au Sinaï.

Pharaon C'était le titre des anciens rois d'Egypte. Le NT fait allusion soit au Pharaon contemporain de Joseph (Ac 7.10, 13; cf. Gn 39; 41-42; 45), soit au Pharaon du temps de Moïse (Ac 7.21; Rm 9.17; cf. Ex 2; 9).

Pharisiens Les *pharisiens* formaient une sorte de parti religieux caractérisé par un zèle très apparent pour les choses de Dieu. Ils exigeaient pour eux-mêmes et pour les autres une obéissance rigoureuse à la *Loi et aux traditions explicatives qui l'accompagnaient (Mc 7.1-23).

Contrairement aux *sadducéens, les pharisiens croyaient à l'existence des *anges et à la résurrection des morts (Ac 23.7-8). Ils étaient nombreux parmi les *scribes et les *légistes.

Jésus s'est heurté de plus en plus à l'opposition des pharisiens. Avant sa conversion l'apôtre Paul avait été un membre zélé du parti pharisien (Ac 23.6; Ph 3.5).

Poids et Mesures
LONGUEUR :
— le *stade* (Jn 6.19 etc) : environ 185 m.
— la *brasse* (Ac 27.28) : environ 185 cm.
— la *coudée* (Jn 21.8; Ap 21.17) : environ 44 cm.
CAPACITE : Trois termes différents ont été traduits par *mesure* :

— En Jn 2.6 chaque mesure est d'environ 40 litres.

— En Mt 13.33; Lc 13.21 la mesure mentionnée vaut environ 15 litres.

— En Ap 6.6 il s'agit d'une mesure de 1,1 litre.

POIDS

— le *talent* (Ap 16.21) : environ 34 kg.

— la *livre*, unité de poids mentionnée en Jn 12.3; 19.39, est sans doute la *livre romaine*, qui correspondait à 336 g.

Prémices Dans l'AT les *prémices* représentaient les *premiers produits* d'une récolte; on les offrait à Dieu en reconnaissance pour la *totalité* de cette récolte (Ex 34.26; Nb 15.20-21; cf. Rm 11.16). Le NT emploie ce terme au sens figuré pour exprimer l'idée qu'*une partie* est donnée ou acquise à l'avance comme garantie de *la totalité*. L'expression peut s'appliquer ainsi au don de l'Esprit (Rm 8.23), aux premiers convertis d'une province (Rm 16.5; 1 Co 16.15) et même au Christ ressuscité (1 Co 15.20, 23).

Prétoire
1) Le NT utilise en général ce terme pour désigner la *résidence d'un gouverneur* (romain) : Mt 27.27; Mc 15.16; Ac 23.35.
2) En Ph 1.13 *prétoire* doit avoir le sens ci-dessus si l'on estime que l'apôtre a rédigé sa lettre à Ephèse ou à Césarée. Mais si l'on pense que Ph a été écrite et envoyée de Rome, le *prétoire* désigne alors la *garde de l'empereur*, ou garde prétorienne.

Prêtre Le *prêtre* est celui qui officie pendant le culte, en particulier pour offrir les *sacrifices au nom de la communauté tout entière. Le NT mentionne ainsi des prêtres païens (Ac 14.13) ou des prêtres juifs (Lc 1.5; Jn 1.19 etc). Ces derniers officiaient exclusivement au *Temple de Jérusalem.

L'Apocalypse présente les chrétiens comme remplissant ensemble une fonction de prêtres (Ap 1.6; 5.10 etc; cf. 1 P 2.5 et note).

Le *sacerdoce* (Lc 3.2; He 7.5) désigne le *ministère — ou la fonction — du prêtre.

Prophète — Prophétiser — Prophétie Dans le NT le terme *prophète* désigne rarement un homme qui annonce l'avenir (Ac 11.27-28). D'une façon plus générale ce titre est réservé à des hommes considérés comme des *porte-paroles de Dieu*. On l'applique donc
1) aux prophètes de l'AT (Jn 8.52-53; Ac 3.18 etc) et à leurs écrits, en particulier dans l'expression *la *Loi et les Prophètes*.
2) au personnage que les Juifs appelaient *le Prophète* et qu'ils attendaient pour la fin des temps selon Dt 18.15 (Ac 3.22-23; 7.37) : voir Jn 1.21 note, 25; 6.14; 7.40.
3) à des hommes comme Jean le Baptiste (Mt 11.9 etc) ou à Jésus lui-même (Jn 4.19 etc), que l'on considérait comme de nouveaux envoyés de Dieu après la longue période sans prophètes qui suivit le retour de l'exil.
4) aux nombreux membres de l'Eglise primitive (Ac 13.1; 21.9-10; 1 Co 12.10; Ep 2.20 etc), qui par-

laient sous l'influence de l'Esprit de Dieu pour exhorter ou pour apporter une *révélation.

La *prophétie* désigne en général le message des prophètes (Jn 11.51; Ap 1.3). Le verbe *prophétiser* (Ac 19.6; 1 Co 11.4-5) indique l'action d'un prophète.

Comme l'AT, le NT connaît de *faux-prophètes* (Ac 16.6; 1 Jn 4.1; Ap 2.20 etc).

En Tt 1.12 le titre de prophète est attribué à un païen, le poète Crétois Epiménide. Une telle appellation souligne la clairvoyance de cet homme lorsqu'il s'exprimait sur le compte de ses contemporains.

Pur — Pureté — Purifier — Purification   Pour le Judaïsme contemporain de Jésus comme pour l'AT un homme doit être en état de *pureté* s'il veut être en communion avec Dieu et pouvoir, par exemple, participer au culte et prier.

Les causes d'*impureté* et de *souillure* étaient nombreuses : consommation d'aliments interdits, contacts avec un mort ou avec un païen, maladies comme la *lèpre, etc. On faisait disparaître l'impureté par des rites de *purification* (Mc 7.1-5; Jn 2.6 etc).

Jésus a voulu dépasser le ritualisme de ces pratiques (Mt 7.14-23); les *apôtres de même (Rm 14.14, 20).

Si le NT maintient l'idée d'une purification nécessaire, il présente celle-ci comme l'oeuvre de Dieu (Jn 15.2-3 note) ou du Christ (Jn 13.3; Ep 5.6).

Règne de Dieu (ou des cieux) **— Royaume de Dieu** (ou des cieux)   Le NT ne définit nulle part l'expression très fréquente *le règne* ou *le royaume de Dieu*. La traduction a préféré *règne* quand le contexte exprimait plutôt le *fait* que Dieu est roi, et *royaume* quand il s'agissait plutôt du *domaine* où il est roi.

Cette royauté de Dieu est présentée tantôt comme une réalité *actuelle* (Mt 12.34) et cachée (Lc 17.20), liée à la personne de Jésus (Mt 12.28; Lc 17.21), et tantôt comme une réalité *à venir* (Mc 9.1; 22.30; voir aussi 1 Co 6.9-10; 15.50 etc).

Sur l'expression *le règne des cieux,* qui est propre à Mt, voir Mt 3.2 note.

En des passages comme Rm 14.17; 1 Co 4.20, l'expression *le règne de Dieu* semble avoir un sens plus large et désigner le nouveau régime de salut instauré par le Christ.

Enfin la tournure *entrer dans le royaume de Dieu* (Mt 5.20; 7.21; 18.3; 19.23-24 etc) équivaut sensiblement à *avoir part au salut;* le sens est alors très voisin de celui de « entrer dans la *vie » (Mt 18.8; 19.17).

Révélation — Révéler   Le NT emploie le verbe *révéler* et le mot *révélation* en trois sens principaux :

1) Pour désigner *l'apparition* glorieuse du Christ lors de son *avènement (Rm 2.5; 1 Co 1.7; 2 Th 1.7; voir aussi, en un sens voisin, Rm 8.19). En 2 Th 2.3, 6, 8 *se révéler* est sensiblement équivalent à *se manifester, se démasquer.*

2) Pour désigner l'acte par lequel Dieu (ou le Christ) *fait connaître* à un homme l'*Evangile et la mission apostolique que cet homme devra remplir (Ga 1.12, 16; Ep 3.3).

3) Pour désigner une *communication particulière* de la volonté de Dieu (1 Co 14.6; Ga 2.2).

Sabbat C'est le *septième jour de la semaine juive,* caractérisé par une cessation complète de tout travail. Des règles minutieuses précisaient ce qu'il était interdit de faire ce jour-là. Sur l'expression *un chemin de sabbat,* voir Ac 1.12 note.

Le jour du sabbat les *Juifs se réunissaient à la *synagogue pour la lecture biblique et la prière (Lc 4.16).

Sacerdoce — Sacerdotal Voir *PRETRE

Sacrifice Le *sacrifice,* dans le NT, n'est pas, comme en français moderne, un renoncement coûteux mais une offrande présentée à Dieu. Le NT mentionne des sacrifices *païens (Ac 14.13; 1 Co 10.28) et des sacrifices offerts par les *Juifs (Lc 13.1; 1 Co 10.18). Ces derniers présentaient soit des produits des champs, soit du vin ou de l'huile (c'était alors une *libation :* voir Ph 2.17 note), soit surtout des victimes animales.

On offrait un sacrifice à Dieu par reconnaissance envers lui, ou à l'occasion d'un voeu (Ac 21.26), ou encore pour expier un péché. Le NT interprète souvent *la mort du Christ* comme un sacrifice d'expiation offert en faveur de tous les hommes.

C'est aussi en termes de sacrifice que le NT décrit certains dons faits par les chrétiens (Ph 4.18) et surtout l'offrande que ceux-ci font de leur vie à Dieu (Rm 12.1; Ph 2.17 etc).

Sadducéens Dans le *Judaïsme du temps de Jésus les *sadducéens* formaient un parti religieux qui se recrutait principalement parmi les *prêtres.

Seuls les cinq premiers livres de la Bible (la *Loi) faisaient autorité pour eux; ils n'admettaient ni l'existence des *anges ni la résurrection des morts.

Partisans de l'ordre, ils cherchaient à s'accommoder au mieux de l'occupation romaine.

Bien que les sadducéens diffèrent profondément des *pharisiens, le NT les nomme souvent à côté de ceux-ci parmi les adversaires de Jésus.

Saint — Sainteté Le mot grec traduit par *saint* n'exprime pas l'idée de perfection morale mais désigne *ce qui appartient en propre à Dieu.* Selon que ce terme est appliqué à Dieu lui-même ou à ses créatures, il prend les nuances suivantes :

1. a) *Dieu* est qualifié de *saint* pour indiquer qu'il est *à part,* c'est-à-dire qu'il est Dieu (Jn 17.11; 1 P 1.15 etc);

b) *le Saint (de Dieu)* est un titre appliqué au *Christ* (Jn 6.69; Ac 3.14; 1 Jn 2.20; Ap 3.7) pour souligner que le Christ appartient à Dieu d'une manière particulière;

c) l'*Esprit* est aussi qualifié de *saint* pour préciser qu'il est l'Esprit *de Dieu.*

2. Le NT applique encore le terme de *saint*

a) à des *hommes* pour exprimer qu'ils sont *mis à part pour servir Dieu* (Ac 3.21; 1 Co 7.34; Ep 1.4; 5.26). Ainsi l'expression *les saints* désigne tout simplement *les chrétiens* (1 Co 1.2; 6.1-2 etc);

b) à des *anges* (Ac 10.22) pour exprimer l'idée qu'ils sont *au service de Dieu;*

c) à des *objets,* comme le *Temple, pour exprimer l'idée que ces objets sont *réservés au service de Dieu* (Ac 6.13; 21.28; 1 Co 3.17 etc).

La *sainteté* est alors la qualité d'une personne ou d'un objet qui appartient à Dieu (1 Th 3.13; 1 Tm 2.15 etc).

Samarie — Samaritains Au temps de Jésus la *Samarie* constituait la province centrale de la Palestine. Depuis plusieurs siècles ses habitants, les *Samaritains,* étaient en conflit religieux avec les *Juifs (Lc 9.53; Jn 4.9; Mt 10.5 note). Juifs et Samaritains se méprisaient et se détestaient mutuellement.

Jésus a refusé d'entrer dans cette querelle (Lc 9.55; Jn 4.7). Après la Judée la Samarie fut le premier champ d'action des missionnaires chrétiens (Ac 1.8; 8.5).

Sanctifier — Sanctification Ces termes sont dérivés du mot *saint,* et leurs nuances sont étroitement apparentées à celles de ce mot.

1) Une expression comme *sanctifier le Christ* (1 P 3.15) exprime l'idée que le Christ doit être reconnu pour ce qu'il est en réalité, c'est-à-dire comme le Seigneur. Voir aussi la traduction donnée

pour la première demande du NOTRE PERE en Mt 6.9.

2) La *sanctification* est ce qui *rend* un homme *saint,* c'est-à-dire apte et consacré au service de Dieu (Ac 20.32; Rm 6.19, 22).

Sanctuaire Voir *TEMPLE

Sang L'AT considère que « la vie est dans le sang » (Lv 17.11). Ceci explique les divers emplois figurés du mot *sang* dans le NT.

1) Il est utilisé parfois au sens de *vie* (Mt 27.4; cf. Jn 1.13). Ainsi l'expression *la chair et le sang* (Mt 16.17) désigne-t-elle un homme vivant.

2) Le sang (répandu) évoque la *mort violente* (Mt 27.24-25; Lc 11.50; Ap 6.10).

3) Le sang, comme la vie, appartient à Dieu (c'est pourquoi les *Juifs ne le consomment pas : Lv 17.12; cf. Ac 15.20, 29). Il représente donc la partie la plus importante d'un *sacrifice (He 9.7, 12-13 etc). Il en vient donc à évoquer parfois le sacrifice lui-même, en particulier dans l'expression *le sang du Christ* (Lc 22.20; 1 Co 11.25; Ep 1.7 etc).

Sanhédrin On désignait ainsi le conseil supérieur qui avait autorité sur le peuple juif et siégeait à l'occasion comme tribunal des affaires religieuses.

Il était composé de 71 membres recrutés parmi les *grands prêtres, les *scribes et les *anciens. Il était présidé par le grand prêtre en fonction.

Satan Nom commun d'origine hébraïque désignant l'accusateur auprès d'un tribunal (Ps 109.6; cf.

Jb 1.6; Za 3.1-2). A la suite du *Judaïsme le NT l'a repris comme nom propre personnifiant les forces du mal. C'est à la fois l'adversaire des hommes et l'adversaire de Dieu lui-même.

Cette appellation a de nombreux synonymes dans le NT : le *diable, le Mauvais (Jn 17.15), le Malin (Ep 6.16), le *Tentateur (Mt 4.3), Béliar (2 Co 6.15), le pouvoir des ténèbres (Lc 22.53), le prince de ce monde (Jn 14.30), l'ennemi (Mt 13.39) etc.

L'apparition de Jésus a marqué la défaite de Satan (Lc 10.18).

Scribes Au temps de Jésus les *scribes* étaient les experts de la Bible d'Israël (notre Ancien Testament). Voir LEGISTES.

Le NT mentionne souvent les *scribes* avec les *pharisiens, qui comptaient de nombreux scribes dans leurs rangs. Il les nomme aussi avec les *anciens. Les scribes avaient leurs représentants au *Sanhédrin.

Siècle Dans notre traduction ce terme ne désigne jamais une période de cent ans mais les différents âges entre lesquels on répartissait l'histoire de l'univers.

Avant les siècles (1 Co 2.7) équivaut donc à *avant le commencement du monde*, c'est-à-dire *de toute éternité*.

Roi des siècles (1 Tm 1.17) veut dire *roi depuis toujours et pour toujours*.

L'expression *aux siècles des siècles* (construite sur le même modèle que « roi des rois » ou « cantique des cantiques », qui sont des superlatifs) signifie pratiquement *pour toujours*.

Signe Un signe est une indication qui permet de connaître ou de reconnaître quelque chose ou quelqu'un. L'AT désigne toujours les *miracles* comme des *signes* : c'est qu'ils signalent l'intervention de Dieu.

Le NT a repris cet usage dans l'expression *signes et prodiges* (Jn 4.48; Ac 2.19; 4.30 etc). Mais c'est surtout l'Evangile selon Jn qui qualifie méthodiquement de *signes* les actes (miraculeux) opérés par Jésus (Jn 2.11; 4.54; 6.2 etc). Leur but est en effet de faire reconnaître qui est réellement Jésus (Jn 12.37).

Sion C'est le nom poétique de Jérusalem dans l'AT. La *fille de Sion* (Jn 12.15, qui cite Za 9.9) désigne la population de Jérusalem.

Souiller — Souillure Voir *PUR

Synagogue Désignant d'abord la *communauté juive* d'une ville ou d'un quartier (Jn 9.22; Ac 9.2; Ap 2.9 etc), ce terme sert aussi à nommer *le bâtiment* où cette communauté se réunit pour la prière, la lecture de la Bible et l'enseignement religieux.

Ces réunions avaient lieu le jour du *sabbat. Le culte à la synagogue ne comportait jamais de sacrifices; ceux-ci, en effet, ne pouvaient être offerts qu'au *Temple de Jérusalem.

Les synagogues étaient administrées par un *chef* — ou président — (Mc 5.35-36; Ac 13.15; 18.8 etc), assisté d'un servant (Lc 4.20).

Temple — Sanctuaire Dans le NT le terme s'applique principalement au Temple de Jérusalem, reconstruit à partir du règne d'*Hérode le Grand.

Au sens large du mot, le Temple est l'ensemble architectural comprenant les bâtiments et les cours qui y donnent accès. Celles-ci étaient bordées de portiques (Jn 10.23; Ac 5.12).

Au sens restreint du mot, le Temple est le bâtiment central, ou *sanctuaire*, comprenant le « lieu saint » (où n'entraient que les prêtres) et le « lieu très saint », où seul était admis le grand prêtre, une fois par an, au jour des expiations.

Le Temple, et plus particulièrement le sanctuaire, est considéré comme le lieu où Dieu est présent. C'est pourquoi l'Évangile selon Jn (2.21) parle du corps du Christ comme du temple par excellence. Les épîtres comparent également la communauté chrétienne à un temple de Dieu (1 Co 3.16; 6.19; cf. 1 P 2.5).

Tenter — Tentation — Tentateur *Tenter* traduit le même verbe grec que l'expression *mettre à l'épreuve* — et *tentation* le même terme qu'*épreuve*. La distinction est parfois difficile à établir.

En général on a traduit par *épreuve* lorsqu'il s'agit d'une difficulté à traverser dont la foi doit sortir affermie (Jn 6.6; 2 Co 13.5; Jc 1.2-3; 1 P 1.6; Ap 2.10 etc). On a traduit par *tentation* quand la mise à l'épreuve est accompagnée d'une mauvaise intention.

Par exemple l'homme peut en venir à tenter Dieu (1 Co 10.9); mais Dieu ne tente pas l'homme (Jc 1.13); c'est le *Tentateur* (voir *Satan) qui essaie d'exploiter l'épreuve de l'homme (1 Co 7.5; 1 Th 3.5) ou de Jésus (Mt 4.3) pour le détourner de Dieu.

Testament Voir *ALLIANCE

Vie éternelle Dans le même sens que l'expression *la vie éternelle* on trouve aussi l'expression simplifiée *la vie*. Ainsi en Mt 7.14; 19.16-17; Jn 5.26 (cf. 5.40); 6.63; Ac 11.18; 1 Jn 5.12 etc. Mais le qualificatif *éternelle* reste déterminant pour le sens, même quand il est sous-entendu.

Le terme grec traduit, faute de mieux, par *éternelle* ne précise pas tellement la durée (indéfinie) de cette vie, mais plutôt sa *qualité* profonde : il désigne une vie *différente* de la vie ordinaire, plus précisément la vie qui a cours dans le monde de Dieu (Mt 18.8), la vie de Dieu lui-même (Ep 4.18) et du Christ (Jn 5.26; cf. 5.21). Cette vie peut devenir celle de l'homme (Jn 3.16).

Selon les contextes la *vie éternelle* est présentée comme une réalité *déjà actuelle* (Jn 5.24-25) ou *encore à venir* (Mt 25.46).

En des passages comme Mt 18.8; 19.17.etc l'expression *entrer dans la vie* équivaut à peu près à *entrer dans le *royaume de Dieu*.

TABLE DES CITATIONS

Passages de l'Ancien Testament cités dans le Nouveau Testament

Matthieu

1.23 Esaïe 7.14
2.6 Michée 5.1
2.15 Osée 11.1
2.18 Jérémie 31.15
3.3 Esaïe 40.3
4.4 Deutéronome 8.3
4.6 Psaume 91.11-12
4.7 Deutéronome 6.16
4.10 Deutéronome 6.13
4.16 Esaïe 9.1
5.21 Exode 20.13 ; Deutéronome 5.17
5.27 Exode 20.14 ; Deutéronome 5.18
5.31 Deutéronome 24.1
5.33 Lévitique 19.12
5.34 Esaïe 66.1
5.35 Esaïe 66.1
5.38 Exode 21.24-25 ; Lévitique 20.19-20
5.43 Lévitique 19.18
5.48 Lévitique 19.2 ; Deutéronome 18.13
8.17 Esaïe 53.4
9.13 Osée 6.6
10.35 Michée 7.6
10.36 Michée 7.6
11.5 Esaïe 26.19 ; 29.18 ; 35.5-6 ; 61.1
11.10 Malachie 3.1
11.23 Esaïe 14.13,15
12.7 Osée 6.6
12.21 Esaïe 42.1-4
12.40 Jonas 1.17
13.15 Esaïe 6.9-10
13.35 Psaume 78.2
15.4 Exode 20.12 ; 21.17
15.9 Esaïe 29.13
19.4 Genèse 1.27 ; 5.2
19.5 Genèse 2.24
19.7 Deutéronome 24.1
19.19 Exode 20.12-16 ; Deutéronome 5.16-20
21.5 Zacharie 9.9
21.13 Esaïe 56.7 ; Jérémie 7.11
21.16 Psaume 8.3
21.33 Esaïe 5.2
21.42 Psaume 118.22-23
22.24 Deutéronome 25.5
22.32 Exode 3.6
22.37 Deutéronome 6.5
22.39 Lévitique 19.18
22.44 Psaume 110.1
23.38 1 Rois 9.7-8
23.39 Psaume 118.26
24.21 Daniel 12.1
24.29 Esaïe 13.10 ; 34.4
24.30 Zacharie 12.10
24.31 Deutéronome 30.4
26.15 Exode 21.32 ; Zacharie 11.12
26.31 Zacharie 13.7
27.9 Jérémie 18.2-3 ; 19.1-2 ; 32.6-15 ; Zacharie 11.12-13
27.34 Psaume 69.22
27.35 Psaume 22.19
27.39 Psaume 22.8
27.43 Psaume 22.9 ; *Sagesse* 2.13
27.46 Psaume 22.2
27.48 Psaume 69.22

Marc

1.3 Esaïe 40.3 ; Malachie 3.1
4.12 Esaïe 6.9-10
7.7 Esaïe 29.13
7.10 Exode 20.12 ; 21.17
8.18 Jérémie 5.21 ; Ezéchiel 12.2
10.4 Deutéronome 24.1
10.6 Genèse 1.27 ; 5.2
10.7 Genèse 2.24
10.19 Exode 20.12-16 ; Deutéronome 5.16-20
11.17 Esaïe 56.7 ; Jérémie 7.11
12.11 Psaume 118.22-23
12.19 Deutéronome 25.5-10
12.26 Exode 3.6
12.30 Deutéronome 6.4-5
12.31 Lévitique 19.18
12.32 Deutéronome 6.4 ; 4.35
12.36 Psaume 110.1
13.14 Daniel 9.27
13.25 Esaïe 13.10 ; 34.4
13.27 Deutéronome 13.2-4
14.18 Psaume 41.10
14.27 Zacharie 13.7
14.62 Psaume 110.1
15.24 Psaume 22.19
15.29 Psaume 22.9

15.34	Psaume 22.2
15.36	Psaume 69.22

19.24	Psaume 22.19
19.36	Exode 12.46
19.37	Zacharie 12.10

Luc

1.17	Malachie 3.23-24
1.37	Genèse 18.14
2.23	Exode 13.2
2.24	Lévitique 12.8
3.4	Esaïe 40.3-5
3.22	Psaume 2.7
4.4	Deutéronome 8.3
4.8	Deutéronome 6.13
4.11	Psaume 91.11-12
4.12	Deutéronome 6.16
4.17	Esaïe 61.1-2
7.22	Esaïe 29.18 ; 35.5-6 ; 61.1
7.27	Malachie 3.1
8.10	Esaïe 6.9-10
10.15	Esaïe 14.13-15
10.19	Psaume 91.13
10.27	Deutéronome 6.5 ; Lévitique 19.18
13.35	Psaume 118.26
18.20	Exode 20.12-16 ; Deutéronome 5.16-20
19.38	Psaume 118.26
19.46	Esaïe 56.7 ; Jérémie 7.11
20.17	Psaume 118.22
20.28	Deutéronome 25.5-6
20.37	Exode 3.6
20.43	Psaume 110.1
21.9	Daniel 2.28
21.10	Esaïe 19.2 ; 2 Chroniques 15.6
22.37	Esaïe 53.12
22.69	Psaume 110.1
23.30	Osée 10.8
23.34	Psaume 22.19
23.35	Psaume 22.8-9
23.46	Psaume 31.6

Jean

1.23	Esaïe 40.3
2.17	Psaume 69.10
6.31	Psaume 78.24
7.38	Esaïe 58.11 ; Zacharie 14.8
7.42	2 Samuel 7.12
8.17	Deutéronome 19.15
10.34	Psaume 82.6
12.13	Psaume 118.25-26
12.15	Zacharie 9.9
12.38	Esaïe 53.1
12.40	Esaïe 6.10
13.18	Psaume 41.10
15.25	Psaume 35.19 ; 69.5
18.9	Jean 17.12

Actes des Apôtres

1.20	Psaume 69.26 ; 109.8
2.21	Joël 3.1-5
2.28	Psaume 16.8-11
2.35	Psaume 110.1
3.23	Deutéronome 18.15,19
3.25	Genèse 22.18
4.11	Psaume 118.22
4.26	Psaume 2.1-2
7.3	Genèse 12.1
7.7	Genèse 15.13-14 ; Exode 3.12
7.10	Genèse 41.37
7.11	Genèse 41.54
7.27	Exode 2.14
7.30	Exode 3.1
7.32	Exode 3.6
7.34	Exode 3.7
7.37	Deutéronome 18.15
7.40	Exode 32.1
7.43	Amos 5.25-27
7.50	Esaïe 66.1-2
8.33	Esaïe 53.7-8
13.22	Psaume 89.21 ; 1 Samuel 13.14
13.33	Psaume 3.7
13.34	Esaïe 55.3
13.35	Psaume 16.10
13.41	Habaquq 1.5
13.47	Esaïe 49.6
14.15	Exode 20.11
15.18	Amos 9.11-12
23.5	Exode 22.28
28.27	Esaïe 6.9-10

Romains

1.17	Habaquq 2.4
2.24	Esaïe 52.5
3.4	Psaume 51.6
3.12	Psaume 14.1-3
3.13	Psaume 5.10 ; 140.4
3.14	Psaume 10.7
3.17	Esaïe 59.7-8
3.18	Psaume 36.2
3.20	Ps 143.2
4.3	Genèse 15.6
4.8	Psaume 32.1-2
4.17	Genèse 17.5
4.18	Genèse 15.5
7.7	Exode 20.17 ; Deutéronome 5.21
8.36	Psaume 44.23
9.7	Genèse 21.12
9.9	Genèse 18.10

9.12	Genèse 25.33
9.13	Malachie 1.3
9.15	Exode 33.19
9.17	Exode 9.16
9.20	Esaïe 29.16 ; 45.9
9.26	Osée 2.25 ; 2.1
9.27	Esaïe 10.22-23
9.29	Esaïe 1.9
9.33	Esaïe 8.14 ; 28.16
10.5	Lévitique 18.5
10.8	Deutéronome 30.14
10.11	Esaïe 28.16
10.13	Joël 2.32
10.15	Esaïe 52.7
10.16	Esaïe 53.1
10.18	Psaume 19.5
10.19	Deutéronome 32.21
10.20	Esaïe 65.1
10.21	Esaïe 65.2
11.2	Psaume 94.14 ; 1 Samuel 12.22
11.3	1 Rois 19.10
11.4	1 Rois 19.18
11.8	Deutéronome 29.3
11.10	Psaume 69.23-24
11.27	Esaïe 59.20-21 ; 27.9
11.34	Esaïe 40.13
11.35	Job 41.3
12.16	Proverbes 3.7
12.17	Proverbes 3.4
12.19	Deutéronome 32.35
12.20	Proverbes 25.21-22
13.9	Exode 20.13-17 ; Deutéronome 5.17-21 ; Lévitique 19.18
14.11	Esaïe 45.23
15.3	Psaume 69.10
15.9	2 Samuel 22.50 ; Psaume 18.50
15.10	Deutéronome 32.43
15.11	Psaume 117.1
15.12	Esaïe 11.1,10
15.21	Esaïe 52.15

1 Corinthiens

1.19	Esaïe 29.14
1.31	Jérémie 9.22-23
2.9	Esaïe 64.4
2.16	Esaïe 40.13
3.19	Job 5.13
3.20	Psaume 94.11
5.13	Deutéronome 17.7
6.16	Genèse 2.24
9.9	Deutéronome 25.4
10.5	Nombres 14.29
10.7	Exode 32.6
10.26	Psaume 24.1
14.21	Esaïe 28.11-12
14.25	Esaïe 45.14
15.25	Psaume 110.1

15.32	Esaïe 22.13 ; 56.12
15.45	Genèse 2.7
15.55	Esaïe 25.8 ; Osée 13.14

2 Corinthiens

4.6	Genèse 1.3
4.13	Psaume 116.1
6.2	Esaïe 49.8
6.16	Lévitique 26.11-12
6.18	Esaïe 52.11 ; Jérémie 31.19
8.15	Exode 16.18
9.6	Proverbes 22.8
9.9	Psaume 112.9
10.17	Jérémie 9.22-23
13.1	Deutéronome 17.6 ; 19.15

Galates

2.16	Psaume 143.2
3.6	Genèse 15.6
3.8	Genèse 15.18
3.10	Deutéronome 27.26
3.11	Habaquq 2.4
3.12	Lévitique 18.5
3.13	Deutéronome 21.23
3.16	Genèse 12.7
3.20	Deutéronome 6.4
4.27	Esaïe 54.1
4.30	Genèse 21.10
5.14	Lévitique 19.18

Ephésiens

1.20	Psaume 110.1
1.22	Psaume 8.7
2.13	Esaïe 57.19
2.17	Esaïe 52.7 ; 57.19 ; Zacharie 9.10
4.8	Psaume 68.19
4.25	Zacharie 8.16
4.26	Psaume 4.5
5.2	Exode 29.18 ; Psaume 40.7
5.31	Genèse 2.24
6.3	Exode 20.12 ; Deutéronome 5.16
6.14	Esaïe 11.5 ; 59.17 ; *Sagesse* 5.18
6.15	Esaïe 52.7 ; Nahum 2.7
6.17	Esaïe 59.17 ; 11.4

Philippiens

2.10	Esaïe 45.23
2.15	Deutéronome 32.5
4.18	Exode 29.18 ; Ezéchiel 20.41

Colossiens

3.1	Psaume 110.1

2 Thessaloniciens

1.8	Exode 8.2 ; Psaume 79.6
2.4	Daniel 11.36 ; Ezéchiel 28.2
2.8	Esaïe 11.4 ; Job 4.9

1 Timothée

5.18	Deutéronome 25.4 ; Matthieu 10.10
5.19	Deutéronome 17.6 ; 19.15

2 Timothée

2.19	Nombres 16.5,26 ; Esaïe 26.13
4.14	2 Samuel 3.39 ; Psaume 28.4 ; 62.13 ; Proverbes 24.12

Hébreux

1.5	Psaume 2.7 ; Samuel 7.14
1.6	Psaume 97.7
1.7	Psaume 104.4
1.9	Psaume 45.7-8
1.12	Psaume 102.26-28
1.13	Psaume 110.1
2.8	Psaume 8.5-7
2.12	Psaume 22.23
2.13	Esaïe 8.17
3.2	Nombres 12.7
3.11	Psaume 95.8-11
4.4	Genèse 2.2
5.5	Psaume 2.7
5.6	Psaume 110.4
6.14	Genèse 22.16-17
7.1	Genèse 14.17-20
7.11	Psaume 110.4
7.17	Psaume 110.4
8.5	Exode 25.40
8.12	Jérémie 31.31-34
9.20	Exode 24.8
10.7	Psaume 40.7-9
10.12	Psaume 110.1
10.13	Psaume 110.1
10.17	Jérémie 31.33-34
10.28	Deutéronome 17.6 ; 19.15
10.30	Deutéronome 32.35 ; Psaume 135.14
10.38	Habaquq 2.3-4
11.5	Genèse 5.4
11.12	Genèse 13.16 ; 32.13
11.18	Genèse 21.12
11.21	Genèse 48.15-20
12.6	Proverbes 3.11-12
12.12	Esaïe 35.3
12.20	Exode 19.12
12.21	Deutéronome 9.19
12.26	Aggée 2.6
12.29	Deutéronome 4.24
13.5	Deutéronome 31.6
13.6	Psaume 118.6
13.15	Osée 14.3

Jacques

2.8	Lévitique 19.18
2.11	Exode 20.13-14
2.23	Genèse 15.6 ; Esaïe 41.8
4.6	Proverbes 3.34
5.11	Exode 34.6 ; Psaume 103.8

1 Pierre

1.16	Lévitique 11.44
1.25	Esaïe 40.6-8
2.3	Psaume 34.9
2.6	Esaïe 28.16
2.7	Psaume 118.22
2.8	Esaïe 8.14
2.9	Esaïe 43.20-21 ; Exode 19.5
2.10	Osée 2.25
2.22	Esaïe 53.9
2.24	Esaïe 53.5
3.12	Psaume 34.13-17
3.14	Esaïe 8.12-13
4.8	Proverbes 10.12
4.18	Proverbes 11.31
5.5	Proverbes 3.34

2 Pierre

1.17	Marc 9.2-7
2.22	Proverbes 26.11
3.8	Psaume 90.4
3.13	Esaïe 65.17 ; 66.22

Jude

9	Zacharie 3.2

TABLEAU CHRONOLOGIQUE

Les événements extérieurs à l'histoire d'Israël figurent à gauche de la colonne des dates, ceux de l'histoire d'Israël à droite. Dans les sections I à V, les dates indiquées peuvent n'être qu'approximatives. Les noms des prophètes sont en italique.

I. DES PATRIARCHES A JOSUÉ

	1800	Vers 1800 : première arrivée de clans patriarcaux en Canaan : Abraham, Isaac, Jacob (Gn 12−36).
	1700	Vers 1700 : Joseph, puis ses frères, en Égypte (Gn 37−50). Séjour en Égypte.
Égypte : règne de Ramsès II, 1304-1238.	1300	Moïse ; corvée imposée aux Hébreux pour construire Pi-Ramsès (Ex 1.11).
	1250	Après 1250 : sortie d'Égypte (Ex 12−15). Avant 1200 : pénétration des Israélites en Canaan, sous la conduite de Josué (Jos 1−11).

II. PÉRIODE DES JUGES ET DÉBUT DE LA ROYAUTÉ

	1200	Les Philistins s'installent sur la côte sud de Canaan.
Mésopotamie : prépondérance assyrienne. Vers 1075 : naissance des royaumes araméens (Damas, Çova, Hamath).	1100	1200-1030 environ : période des Juges.

	1050	Vers 1050 : victoire des Philistins à Afeq. Mort de Éli (1 S 4). Vers 1040 : Samuel, prophète et juge (1 S 3—25). 1030-1010 environ : règne de Saül (1 S 9—31).
	1000	1010-970 environ : règne de David, sur Juda, puis sur Israël et Juda (1 S 16—1 R 2).
Damas : règne de Rezôn (1 R 11.23-25).	950	970 env.-933 : règne de Salomon sur Juda et Israël (1 R 1—11). Construction du Temple (1 R 6).

III. DU SCHISME A LA FIN DU ROYAUME DU NORD : 933-722/721 (1 R 12 — 2 R 17)

		ROYAUME D'ISRAËL (ou DU NORD)	ROYAUME DE JUDA (ou DU SUD)
Égypte : Shéshonq Ier (= Shishaq, 1 R 11.40) fait campagne en Palestine (1 R 14.25-26).		933-911 : Jéroboam Ier, fondateur du royaume du Nord.	933-916 : Roboam ; il paie un tribut à Shéshonq.
			915-913 : Abiyam.
		911-910 : Nadab.	
Damas : Ben-Hadad Ier (1 R 15.16-22).	900	910-887 : Baésha.	912-871 : Asa ; il s'allie à Ben-Hadad contre Baésha.
		887-886 : Ela.	
		886 : Zimri (7 jours).	
		886-875 : Omri, constructeur de Samarie.	
Assyrie : Salmanasar III, 858-824.		875-853 : Akhab ; il participe à une coalition anti-assyrienne contre Salmanasar III.	870-846 : Josaphat ; il s'allie à Akhab.
Damas : Ben-Hadad II (1 R 20 ; 22).		*Élie* (1 R 17—2 R 2). 853-852 : Akhazias.	
Moab : Mésha (2 R 3.4).	850	852-841 : Yoram ; campagne contre Mésha de Moab.	848-841 : Yoram.

Damas : Hazaël assassine Ben-Hadad II (2 R 8.15).	*Élisée* jusque vers 800 (2 R 2−13).	841 : Akhazias.
	841-814 : Jéhu.	841-835 : Athalie.
Damas : Ben-Hadad IꞮI (2 R 13.1-9).		835-796 : Joas.
	820-803 : Yoakhaz.	
	803-787 : Joas.	811-782 : Amasias.
800		
	787-747 : Jéroboam II.	781-740 : Azarias (= Ozias).
750	*Amos* puis *Osée.*	750 : Yotam associé à la royauté d'Azarias.
	747 : Zacharie.	
Damas : Recîn (Es 8.6).	747-746 : Shalloum	
Assyrie : Tiglath-Piléser III (= Poul), 747-727 (2 R 15.19.29 ; 16.7).	746-737 : Menahem.	740-735 : Yotam.
	736-735 : Péqahya.	*Esaïe* et *Michée.*
	735-732 : Péqah ; il fait alliance avec Recîn de Damas contre Akhaz.	735-716 : Akhaz (Es 7).
Assyrie : Salmanasar V, 726-722 (2 R 17.3 ; 18.9).	732-724 : Osée ; Samarie assiégée par les Assyriens.	Vers 728 : Ezékias associé à la royauté d'Akhaz.
Assyrie : Sargon II, 722-705 (Es 20.1).	722 ou 721 : prise de Samarie et déportation des habitants. Fin du Royaume du Nord.	

IV. DE LA FIN DU ROYAUME DU NORD A LA PRISE DE JÉRUSALEM (2 R 18−25)

	ROYAUME DE JUDA
Babylone : Mérodak-Baladân (2 R 20.12-13).	716-687 : Ezékias (inscription dans le canal de Siloé ; cf. 2 R 20.20).
Égypte : Tirhaqa (2 R 19.9).	

Assyrie : Sennakérib, 704-681, fait campagne en 701 contre les coalisés de l'ouest, dont Ezékias.	700	701 : siège de Jérusalem par Sennakérib ; Ézékias lui paie un tribut (2 R 18.13 — 19.37).
		687-642 : Manassé.
Assyrie : Asarhaddon, 680-669 (2 R 19.37).	650	*Nahoum* (vers 660 ?).
		642-640 : Amôn.
Assyrie : en 612, Ninive, la capitale, est détruite par les Mèdes et les Babyloniens.		640-609 : Josias ; réforme religieuse dans la ligne du Deutéronome.
		Sophonie (vers 630).
		Jérémie (dès 626 environ).
Égypte : Néko, 609-594 (2 R 23.29-35).		609 : Yoakhaz (trois mois).
605 : Néko vaincu par Nabuchodonosor à Karkémish, en Syrie (Jr 46.2).		609-598 : Yoyaqîm, frère de Yoakhaz.
Babylone : Nabuchodonosor, 604-562, contrôle dès 605 toute l'ancienne Assyrie.	600	*Habaquq.* 598-597 : Yoyakîn ; siège de Jérusalem par Nabuchodonosor ; première déportation de population (dont le prêtre Ézéchiel).
		597-587 : Sédécias, fils de Josias.
		Ézéchiel (dès 593 environ, en Babylonie).
		589 : Sédécias se révolte contre Babylone.
		588 : début du second siège de Jérusalem.
		587, juillet-août : prise de Jérusalem ; destruction du Temple ; deuxième déportation.
		587, septembre-octobre : assassinat du gouverneur Guédalias.
		582 ou 581 : troisième déportation.
		561 : Yoyakîn gracié par Éwil-Mérodak, à Babylone.

V. ÉPOQUE PERSE : 538-333

551-529 : Cyrus ; il s'empare en 539 de Babylone (Es 44. 28 ; 45.1-6).	550	538 : édit de Cyrus (Esd 1.1-4), permettant aux Juifs de retourner à Jérusalem. Rétablissement de l'autel des sacrifices.
522-486 : Darius Ier (Esd 4.24—6.18).		520-515 : reconstruction du Temple de Jérusalem. *Aggée* et *Zacharie*.
486-464 : Xerxès Ier (Est 1.1 ; Esd 4.6).	500	
	450	
464-424 : Artaxerxès Ier (Esd 4.7 ; 7.1).		445 : premier séjour de Néhémie à Jérusalem ; restauration des murs de la ville (Ne 2—3).
423-404 : Darius II.		432 : second séjour de Néhémie à Jérusalem ; réformes diverses (Ne 13.6-31).
404-359 : Artaxerxès II.	400	
359-338 : Artaxerxès III.	350	
336-331 : Darius III.		

VI. ÉPOQUE HELLÉNISTIQUE : 333-63

Dès 334, conquêtes d'Alexandre le Grand, roi de Macédoine, à travers le Proche-Orient jusqu'en Inde (*1 M* 1.1-4).		332 : la Palestine conquise par les armées d'Alexandre le Grand.
323 : mort d'Alexandre ; son empire est partagé : la dynastie des Lagides règne en Égypte, celle des Séleucides en Syrie-Babylonie.	300 / 250	320-200 : la Palestine soumise aux Lagides ; période calme.
175-164 : Antiochus IV Épiphane (*1 M* 1.10).	200	200-142 : la Palestine soumise aux Séleucides ; début des difficultés entre Juifs et dirigeants séleucides.
		167 : interdiction du culte juif ; Antiochus dédie le Temple de Jérusalem à Zeus Olympien. Début de la révolte des Juifs avec le prêtre Mattathias (*1 M* 2).
		166 : Judas Maccabée succède à son père Mattathias, jusqu'en 160 (*1 M* 3).
		164 : le Temple est reconquis par les Juifs et purifié (*1 M* 4.36-61).
	150	160-143 : Jonathan, frère de Judas, chef des Juifs ; nommé grand prêtre en 152 (*1 M* 9.28-31 ; 10.20).

	143-134 : Simon, autre frère de Judas ; grand prêtre et gouverneur dès 142 (*1 M* 13—16).
100	134-104 : Jean Hyrcan, fils et successeur de Simon (*1 M* 16).
	(Dès 142 et jusqu'en 63 : période d'indépendance des Juifs, sous la dynastie des Hasmonéens, descendants de Simon).

VII. ÉPOQUE ROMAINE : A PARTIR DE 63 AV. J.C.

	50	63 : Pompée, général romain, s'empare de Jérusalem.
29 av. - 14 ap. J.C. : Auguste, empereur romain.		37-4 : Hérode le Grand, allié des Romains, règne sur la Palestine (Mt 2).
		20-19 : début de la reconstruction du Temple (Jn 2.20).
		Vers 7 ou 6 : naissance de Jésus de Nazareth.
		4 av. - 39 ap. J.C. : Hérode Antipas, tétrarque de Galilée et Pérée (Lc 3.1 ; 23.6-12).
	1	4 av. - 34 ap. J.C. : Philippe, tétrarque d'Iturée et Trachonitide (Lc 3.1).
6 : la Judée devient province romaine, dirigée par un procurateur.		6-15 : Hanne, grand prêtre (Lc 3.2).
14-37 : Tibère, empereur.	20	18-36 : Caïphe, grand prêtre (Jn 11.49 ; 18.13).
26-36 : Ponce Pilate, procurateur.		Vers 28 : début du ministère de Jésus (Mt 3.1-17 par.).
		Vers 30 : crucifixion de Jésus (Mt 27 par.).
37-41 : Caligula, empereur.		Vers 37 : conversion de Paul (Ac 9).
	40	37 : Hérode Agrippa Ier reçoit de Caligula le titre de roi de Judée et Samarie (Ac 12).
41-54 : Claude, empereur.		43 ou 44 : martyre de Jacques, fils de Zébédée (Ac 12.2).
49 : Claude expulse les Juifs de Rome (Ac 18.2).		45-49 : première mission de Paul (Ac 13).
		50-52 : deuxième mission de Paul (Ac 15.36—17.34).

52 : Gallion, proconsul romain d'Achaïe (Grèce).

52, printemps : Paul comparaît devant Gallion (Ac 18.12-17).

52-60 : Félix, procurateur.

53-58 : troisième mission de Paul (Ac 18.23—21.16).

54-68 : Néron, empereur.

58, Pentecôte : Paul arrêté à Jérusalem (Ac 21.27—23.22) ; il comparaît à Césarée devant Félix (Ac 23.23—24.27).

60

60-62 : Porcius Festus, procurateur.

60 : Paul, à Césarée, comparaît devant Festus (Ac 25—26).

60, automne : voyage de Paul vers Rome (Ac 27.1—28.15).

64, juillet : incendie de Rome ; persécution des chrétiens.

61-63 : Paul en résidence surveillée à Rome (Ac 28.16-31).

68-69 : Galba, empereur.

66-70 : révolte des Juifs contre les Romains, en Palestine.

69-79 : Vespasien, empereur.

70, automne : prise de Jérusalem par les Romains ; destruction du Temple.

TABLE DES MATIÈRES

Présentation de la Traduction œcuménique	VII
Introduction	IX
Abréviations et sigles utilisés	XV
Evangile selon Matthieu	1
Evangile selon Marc	55
Evangile selon Luc	89
Evangile selon Jean	146
Actes des Apôtres	187
Epître aux Romains	242
Première épître aux Corinthiens	264
Deuxième épître aux Corinthiens	285
Epître aux Galates	299
Epître aux Ephésiens	307
Epître aux Philippiens	315
Epître aux Colossiens	321
Première épître aux Thessaloniciens	327
Deuxième épître aux Thessaloniciens	332
Première épître à Timothée	335
Deuxième épître à Timothée	342
Epître à Tite	347
Epître à Philémon	350
Epître aux Hébreux	352
Epître de Jacques	369
Première épître de Pierre	375
Deuxième épître de Pierre	382
Première épître de Jean	386
Deuxième épître de Jean	394
Troisième épître de Jean	396
Epître de Jude	397
Apocalypse de Jean	399
Glossaire	429
Table des citations	447
Tableau chronologique	451

Imprimé en France sur Presse Offset par

BRODARD & TAUPIN

GROUPE CPI

La Flèche (Sarthe).
N° d'imprimeur : 9518 – Dépôt légal Édit. 16194-09/2001
Librairie Générale Française - 43, quai de Grenelle - 75015 Paris.
ISBN : 2 - 253 - 02004 - 4

30/5148/9